Christoph Strohm
Theologische Ethik
im Kampf gegen den Nationalsozialismus

W0325161

S-K 1.0192

Heidelberger Untersuchungen zu Widerstand,
Judenverfolgung und
Kirchenkampf im Dritten Reich
Herausgegeben von Heinz Eduard Tödt
unter Mitarbeit von
Ernst-Albert Scharffenorth
Band 1

Christoph Strohm

Theologische Ethik im Kampf gegen den Nationalsozialismus

Der Weg Dietrich Bonhoeffers mit den Juristen Hans von Dohnanyi und Gerhard Leibholz in den Widerstand

Chr. Kaiser

Universität München
Ev.-Theol. Fakultät
Systematisches Seminar
90/123

›Gedruckt mit Unterstützung des Förderungs- und Beihilfefonds Wissenschaft der VG Wort‹
sowie gefördert von der
Stiftung Volkswagenwerk.

CIP-Titelaufnahme der Deutschen Bibliothek

Strohm, Christoph:
Theologische Ethik im Kampf gegen den Nationalsozialismus: der Weg Dietrich Bonhoeffers mit den Juristen Hans von Dohnanyi und Gerhard Leibholz in den Widerstand / Christoph Strohm. – München : Kaiser, 1989
(Heidelberger Untersuchungen zu Widerstand, Judenverfolgung und Kirchenkampf im Dritten Reich ; Bd. 1)
ISBN 3-459-01791-0
NE: GT

© 1989 Chr. Kaiser Verlag München
Alle Rechte vorbehalten, auch die des auszugsweisen Nachdrucks, der fotomechanischen Wiedergabe und der Übersetzung
Einbandentwurf und Umschlag: Ingeborg Geith, München
Gesamtherstellung: Wagner GmbH, Nördlingen
Printed in Germany

Meinen Eltern

Zur Reihe: Heidelberger Untersuchungen zu Kirchenkampf, Judenverfolgung und Widerstand

Vorwort der Herausgeber

I

Fünfzig Jahre sind im Leben der Menschen eine lange Zeit. Sie könnte ermöglichen, mit abgeklärtem Urteil auf das, was einst geschah, zurückzuschauen. Aber das Verhältnis zum Leben der Deutschen unter dem nationalsozialistischen Regime ist weder rational noch emotional geklärt, sondern voller Widersprüche. Sie brechen in erbitterten Auseinandersetzungen auch zwischen den Generationen dann und wann hervor, besonders intensiv in jüngster Zeit. Schon der amerikanische Holocaust-Film erschütterte eine breitere Öffentlichkeit und sensibilisierte sie für diese Epoche deutscher Geschichte. Weithin flammte Empörung auf, als in der verfehlten Gedenkdemonstration des Bundeskanzlers und des Präsidenten der Vereinigten Staaten in Bitburg auch die Toten der Organisation, die den Völkermord exekutiert hat, wie in die Ehrung mit einbezogen erschienen. Weite Kreise der Bevölkerung und fast alle Massenmedien nahmen dann erregten Anteil an dem »Historikerstreit« über das Dritte Reich, dessen wissenschaftliche Substanz doch nur wenigen zugänglich war. Eine mißratene Rede vor dem Deutschen Bundestag beim Gedenken an die Novemberpogrome von 1938 genügte schließlich, um den Präsidenten des hohen Hauses alsbald um sein Amt zu bringen. Standesorganisationen, zum Beispiel die der Ärzte und Juristen, kommen zunehmend unter den Druck von immer weitergreifenden Enthüllungen über Untaten in ihrem Verantwortungsbereich und über deren Nichtbeachtung oder Verschleierung in vier Nachkriegsjahrzehnten. Weltweit angesehene kirchliche Anstalten für Kranke und Schwerbehinderte sehen sich dem Vorwurf ausgesetzt, sich gegen die Sterilisations- und Euthanasieaktionen für ihre Patienten nur partiell gewehrt zu haben. Sie geraten in den Verdacht, in willfähriger Kollaboration viele der ihnen Anvertrauten preisgegeben und so das christliche Liebesgebot in elementarer Weise verletzt zu haben.

In diesen und ähnlichen Vorwürfen mischen sich in oft nur mühsam zu trennender Weise wahres Interesse an Aufklärung und Lust an Enthüllungen. Undifferenzierte Erfassung der Geschehnisse trifft dabei oft auch diejenigen Minoritäten, die tatsächlich resistent waren oder Widerstand geleistet haben, sich aber einer Tarnung bedienen mußten.

So verworren, widersprüchlich und unabgeschlossen die Forschung zur deutschen Vergangenheit in der Hitlerzeit auch sein mag, so nötig ist es um der politischen Kultur und der Zukunft unseres Landes willen, gesicherte, klar ausgewiesene Erkenntnisse über diese Zeit zu gewinnen. Sie sollten so überzeugend sein, daß sich an ihnen auch orientieren kann, wer nicht Experte auf diesem Gebiet ist. Der »zweiten Schuld«, dem gleichgültigen Vergessen oder feigen Verdrängen von Schuld, muß der entschiedene Wille zur rückhaltlosen Wahrhaftigkeit entgegengesetzt werden; denn nur die eingestandene Wahrheit ist eine tragfähige Grundlage für eine freiere Zukunft.

II

Die deutsche, jüdische und internationale zeitgeschichtliche Forschung hat ein beachtliches Arbeitspensum zur historischen Erfassung der NS-Zeit, ihrer Vorgeschichte und ihrer wichtigsten Ereignisse und Strukturen bewältigt. Riesige Quellenbestände sind erschlossen, publiziert und in Monographien, Aufsätzen und Vorträgen verarbeitet worden. Mit einer kaum überschaubaren Fülle von Konzepten, Theorien, Hypothesen und Deutungen sieht sich der Interessierte konfrontiert. So kann man fragen: Warum eine neue Reihe?

Der durchschlagende Grund liegt in einer Beobachtung, die sich aus vielen Analysen ergibt: Wichtige Forschungsrichtungen, die jede in sich beachtliche Erkenntnisse gebracht haben, stehen ohne zureichenden Austausch, ohne kritische wechselseitige Kommunikation recht beziehungslos nebeneinander. Gewiß überschreiten einzelne Forscher immer wieder einmal diese Grenzen. Aber das widerlegt nicht den strukturellen Befund, die Anzeige eines schwerwiegenden Defizits. Wir wählen zwei Beispiele aus.

In der gesamten deutschen Literatur zum Widerstand werden bisher profunde Erkenntnisse der Erforschung des Antisemitismus nicht effektiv berücksichtigt. Wohl gibt es die Tendenz, einzelnen Richtungen, zum Beispiel dem nationalkonservativen Widerstand, pauschal antisemitische Einstellungen nachzusagen und sich dabei auf partiell judenkritische Äußerungen oder Handlungen von einzelnen zu beziehen. Aber ob und wieweit alle Teilgruppen solcher Richtungen und in diesen Gruppen die meisten den Rassenantisemitismus verstärkt, unterstützt, gebilligt, schweigend geduldet haben oder etwa sich ihm entgegenstellten, ist bisher nicht zureichend geklärt. Es fehlt überdies an differenzierenden Kategorien, die es erlauben, den Unterschied von Rassenantisemitismus, christlichem Antijudaismus, Ablehnung der jüdischen Minderheit aufgrund von ökonomischen, sozialen, politischen und kulturellen Auseinandersetzungen und Vorurteilen zu erfassen. Damit fehlt es auch an Voraussetzungen, die spezifische Wirkungsweise und Gefährlichkeit jeder dieser Einstellungen und ihre kumulative Durchschlagskraft präzise zu bestimmen.

Ein zweiter, wiederum nur als Beispiel genannter Gesichtspunkt ist der mangelnde Austausch zwischen der Kirchenkampfgeschichte, die an sich sehr intensiv erarbeitet wurde, und anderen Forschungen zur Zeitgeschichte. Dies hat unter anderem zur Folge, daß die politische Dimension des Kirchenkampfs kaum in den Blick kommt. Vorherrschende Meinung ist, daß die Kirchen bewußt unpolitisch ihre Auseinandersetzungen mit dem NS-Regime um ihrer Selbsterhaltung willen geführt haben. In der Tat war es sogar vielen, vielleicht den meisten führenden Männern der Bekennenden Kirche zunächst oder auch auf die Dauer nicht bewußt, daß sie einen Kampf führten, der faktisch erhebliche politische Folgen und Implikationen hatte. Die politische Dimension erkennt man leicht, wenn man die Berichte des Sicherheitsdienstes und der Geheimen Staatspolizei über die Kirchen und das Kirchenvolk liest, die oft ausführliche Abschnitte mit der bezeichnenden Überschrift »politische Kirchen« enthalten. Aktionen von Theologen und Kirchenmännern gegen das von der NSDAP und der SS gepflegte »Neuheidentum«, die als primär kirchlich-theologisch-weltanschauliche Auseinandersetzung gemeint waren, wurden von vielen Nationalsozialisten als geschickt verschleierte politische Destruktion betrachtet und behandelt. Vertretern der Bekennenden Kirche wurden notorisch Attribute wie »Staatsfeinde«, »Vaterlandsverräter«, »Bundesgenossen des Weltjudentums« beigelegt. Man beabsichtigte, sie zu beseitigen, sobald gewisse Rücksichten auf die Bevölkerung und das Ausland wegfallen würden. Der Einsatz des großen Repressionsapparates von Partei (SS) und Staat, also die Unzahl von Verhören, Verhaftungen, gerichtlichen Verfahren, Aufenthaltsverboten, Redeverboten, Sammlungsverboten, außergerichtlichen Festnahmen und Einweisungen in Konzentrationslager war bei solcher politischer Beurteilung des Kirchenkampfs konsequent, freilich ohne rechtliche Basis und oft genug zynisch.

Der Kampf der Bekennenden Kirche war nicht bloß ein Kampf um die Freiheit und die Inhalte der Verkündigung und um die Eigenständigkeit kirchlicher Verwaltung bis hinunter in jede Ortsgemeinde. Er war auch ein ständiger Rechtskampf, in dem versucht wurde, mit Hilfe mutiger Juristen unter Einsatz aller rechtlichen und gerichtlichen Mittel die minimalen Existenzbedingungen der Kirche und ihrer Anhänger zu verteidigen. Den Bedrängten mußte Rechtshilfe, ihren Familien Unterstützung in Notlagen gegeben werden. Dieser Rechtskampf der Bekennenden Kirche aber hat, obwohl er die direkteste Auseineinandersetzung mit Partei und Staat war, in der Kirchenkampf-Geschichtsschreibung bisher kaum Beachtung gefunden. Auch das ist nur daraus zu erklären, daß die politische Dimension dieser Auseinandersetzungen nicht erfaßt wurde.

Nicht nur in der Partei, sondern auch in Gruppen des Widerstands wurde die kirchliche Opposition stark, vielleicht sogar zu stark, in ihrer politischen Bedeutung empfunden. Menschen, die vor 1933 recht kirchendistanziert gelebt hatten, änderten ihr Verhalten. Sie entwickelten nun ein starkes Interesse an den Kirchen. Das geschah nicht zuletzt, weil unter den großen öffentlichen Institutionen – Universität und Wissenschaft, Literatur und Kunst, Wirtschaftsverbänden und Juristenvereinigungen und ähnlichen – es allein die Kirchen waren, in denen es zu bemerkenswertem, wenn auch keineswegs einhelligem Widerspruch gegen Weltanschauung und Praxis der Nationalsozialisten gekommen war. Solche Orientierung an den Kirchen ging bei manchen in die Motivation zum aktiven Widerstand ein. Das zeigte sich besonders nach dem Scheitern des Umsturzversuchs am 20. Juli 1944. Bei den mit bösem Druck, oft mit Folter verbundenen Verhören führten erstaunlich viele die Kirchenverfolgung als einen der hauptsächlichen Gründe ihrer Entscheidung an.

III

Die an diesen Beispielen veranschaulichten strukturellen Defizite zeitgeschichtlicher Forschung berechtigen zu dem Versuch, in einem eigenen Projekt den Querverbindungen zwischen den voneinander separierten Forschungsrichtungen planmäßig und methodisch nachzugehen. Man könnte natürlich den Weg einer Sekundäranalyse vorgegebener Forschungsliteratur gehen. In den Heidelberger Untersuchungen wird jedoch eine andere Option bevorzugt. Wir konzentrieren uns auf den Kreis um die Geschwister Bonhoeffer und Hans von Dohnanyi. Das heißt, eine Gruppe, die sowohl am Kirchenkampf als auch an dem solidarischen Eintreten für verfolgte Juden und Christen jüdischer Herkunft und schließlich an verschiedenen Formen des aktiven Widerstands und der Umsturzvorbereitung beteiligt war, wird zum Kern und Ausgangspunkt der Untersuchungen gemacht. In dieser Gruppe waren realiter die Komponenten miteinander verknüpft, die in der Forschung bisher kaum als koordinierter Gegenstandsbereich behandelt worden sind. Untersucht man diese Gruppe, dann hat man die konkreten Verbindungen zwischen den genannten drei Sektoren oppositioneller Aktivität paradigmatisch vor sich.

An einigen Personen läßt sich die sektorenübergreifende Bedeutung dieses Familien- und Freundeskreises schon im voraus knapp illustrieren. Hans von Dohnanyi vor allem bekam als Vertrauter des Reichsjustizministers in den Jahren 1933–1938 Einblick in viele Rechtsbrüche durch das NS-Regime, die weitgehend verheimlicht wurden. Er hat eine Auswahl von ihnen in einem Diensttagebuch des Reichsjustizministeriums festgehalten. Auch Vorfälle aus dem Kirchenkampf hat er in großer Zahl erfaßt. Mit dieser Sammlung wollte er offensichtlich eine Basis für die Anklage gegen die führenden Männer des NS-Regimes im Falle eines Umsturzes schaffen. Wegen dieser Aktivitäten und wegen seines Verhaltens in der Fritsch-Krise 1938 wurde er in das Amt Ausland/Abwehr (Canaris) des Oberkommandos der Wehrmacht kriegsverpflichtet. In engster Verbindung mit Oberst Oster betrieb er hier oppositionelle Handlungen und Planungen des Umsturzes, aber auch Rechtshilfe für Verfolgte, insbesondere für Juden. Durch ihn bekam der Kreis wichtige Informationen über Vorgänge in den Machtzentren des Dritten Reiches. Rüdiger Schleicher, mit einer Bonhoeffer-Schwester verheiratet, und Klaus Bonhoeffer gewannen zusätzliche Einblicke im Umkreis des Luftfahrtministeriums, also im speziellen Machtbereich Hermann Görings. Klaus Bonhoeffer und sein Mitarbeiter Otto John fanden Kontakt zu Widerstandsgruppen aus der Sozialdemokratie und den Gewerkschaften. Dietrich Bonhoeffer war einer der entschlossensten Theologen im Kirchenkampf, verfügte über hervorragende ökumenische Verbindungen, besonders nach England, führte seit April 1933 einen hartnäckigen Kampf gegen die Diskriminierung der Juden, hauptsächlich in der Kirche, aber auch darüber hinaus, und bekam seit 1940 von der Widerstandsgruppe in der Abwehr Aufträge. Friedrich Justus Perels, seit 1937 mit den Bonhoeffers eng befreundet, war einer der wichtigsten Juristen im Rechtskampf der Bekennenden Kirche, galt den Nationalsozialisten als »Vierteljude« und wurde durch seinen Beistand für Verfolgte und Verhaftete immer tiefer in Aktivitäten des Widerstands hineingezogen. Keiner von den hier Genannten – andere Namen müßten hinzugefügt werden – ist den Vernichtungsaktionen vor dem Kriegsende entkommen.

IV

Ein weiterer Grund für die intensive Untersuchung des Bonhoeffer-Dohnanyi-Kreises durch unsere Heidelberger Projektgruppe war und ist die Quellenlage. Besonders mit den Nachlässen von Dietrich Bonhoeffer, Christine und Hans von Dohnanyi und Friedrich Justus Perels stehen uns Quellen zur Verfügung, von denen ein großer Teil bisher nur teilweise für die zeitgeschichtliche Forschung benutzt worden ist. Eberhard Bethges große Biographie »Dietrich Bonhoeffer«, die sich bei unseren Nachforschungen als in erstaunlichem Grade zuverlässig erwies, hat einen erheblichen Teil dieser Quellen berücksichtigt und so den oben genannten Forschungsdefiziten am Beispiel einer Person entgegengewirkt. Aus den uns zugänglichen Nachlässen ist – unter Berücksichtigung anderer Quellen und Publikationen – das überraschend weitverzweigte Netz konspirativer Verbindungen des Bonhoeffer-Dohnanyi-Kreises recht gut zu rekonstruieren. Auch über die biographischen Voraussetzungen eines jeden einzelnen, die bei den Entscheidungen gegen das NS-Regime eine wichtige Rolle gespielt haben, bekommen wir durch unsere Quellen zum Teil genaue Informationen. Politische Einstellungen und weltanschauliche Vorstellungen in der Zeit der Weimarer Republik zeichnen sich in der Regel deutlich ab.

Nach 1933 freilich ist die Quellenlage tief verändert. Wo kein Briefgeheimnis mehr besteht, wo die Bespitzelung bis in die Familien hinein organisiert wird, da ist für Menschen mit einer nicht systemkonformen Einstellung Vorsicht, Schweigen oder raffinierte Verschlüsselung geboten. Der mündliche Austausch ohne fremde Ohrenzeugen, getarnt als familiäres, freundschaftliches oder auch dienstliches Zusammentreffen, wird das wichtigste Kommunikationsmittel. Jetzt entstehen viel weniger Schriftstücke, die als direkt sprechende Quellen für spätere Untersuchungen oppositioneller Einstellung und Aktivität geeignet sind. Die erhaltenen Quellen sind daher mit äußerster Umsicht zu interpretieren. Manche Aussagen, zum Beispiel aus Denkschriften, verfolgen ein Ziel bei den damaligen Adressaten, aus dessen Formulierung man noch nicht ohne weiteres die wirklichen Motive und Einstellungen der Verfasser entnehmen kann.

In der von uns untersuchten Gruppe ist die Quellenlage insofern ungewöhnlich günstig, als es uns möglich ist, vieles bewußt Chiffrierte zu entschlüsseln. Zum Beispiel verstand Hans von Dohnanyi sich auf ironische Darstellungen in Briefen, bei denen seine Frau aus übertriebenen Äußerungen von Begeisterung die gemeinte Kritik herauslesen sollte. Wie wenige andere – man vergleiche die Moltkebriefe – hat Dietrich Bonhoeffer sehr eingehend gerade auch die inneren Prozesse und oft fast unerträglichen Konflikte der in den Widerstand Verwickelten dargestellt, und zwar vor den Augen der Gestapo verhüllt in theologisch-ethischer Terminologie und in kaum lesbarer Handschrift.

V

Mit dem Quellenproblem haben wir bereits methodologische Probleme der Zeitgeschichtsforschung berührt. Es gilt zu beachten, daß am Widerstand Beteiligte in der Regel sich mit einem Minimum an schriftlichen Aufzeichnungen begnügen mußten,um kein Anklage- und Belastungsmaterial entstehen zu lassen. Aber auch nach 1945 haben nicht die, die ihr Leben verloren, sondern ihre Verfolger als Angeklagte und Zeugen vor den Gerichten geredet. Sie prägten so in erheblichem Umfang die Quellen, mit denen notgedrungen die Forschung arbeiten muß. Im Heidelberger Forschungsprojekt haben wir besonders darauf geachtet, ob und wo Aussagen der Verfolger das Nachkriegsbild von Männern aus der von uns untersuchten Gruppe schwerwiegend beeinflußt haben, nicht zuletzt, weil manche Forscher und Publizisten zu unkritisch mit diesen Quellen umgegangen sind. Das ist insbesondere bei Aussagen des in der NS-Zeit so gehässigen Untersuchungsführers Manfred Roeder über Hans von Dohnanyi anhand von sechzehn Bänden Gerichtsakten deutlich nachzuweisen.

VI

Eine erste Stufe unserer Arbeit war und ist die historische Personenforschung, also die Erarbeitung von Biographien, wobei der Schwerpunkt unmittelbar vor und in der Zeit des Dritten Reiches liegt. Sie geben die Grundlage her für die Beurteilung des Bonhoeffer-Dohnanyi-Kreises als Gruppe. Die Rekonstruktion des Netzes von oppositionellen und konspirativen Kontakten und der durch diese ermöglichten Aktivitäten ist ein weiterer Schritt. Keine einzelne Person ist für den ganzen Kreis repräsentativ – darum haben wir möglichst viele Rekonstruktionen der jeweiligen Lebenswege erarbeitet –, und doch gibt es gewichtige Gemeinsamkeiten, zum Beispiel die schon 1933 sich zeigende grundsätzliche, nicht bloß partielle oder taktische Ablehnung des Nationalsozialismus. Einflußreiche Forscher haben den Eindruck erweckt, als sei der sogenannte bürgerliche Widerstand durchweg nationalkonservativ orientiert gewesen, als habe er durchgängig zunächst in systemkonformer Kooperation ähnliche Ziele verfolgt wie die Nationalsozialisten, freilich mit anderen Mitteln, und als sei er erst nach Verlust der eigenen Machtposition zu Gegenwehr und Umsturzplanungen übergegangen. Nichts von alledem trifft auf den Bonhoeffer-Dohnanyi-Kreis zu, und darum ist es besonders interessant, Einstellungen und Aktivitäten der ihm Zugehörigen zu erforschen. Die meisten aus diesem Kreis tendierten vor 1933 zur Deutschen Demokratischen Partei, die ab 1930 Staatspartei hieß, oder zu Stresemanns Deutscher Volkspartei.

Eine Alternative von sozial- und strukturgeschichtlicher oder ereignisgeschichtlicher Methode ist für die Untersuchung dieser Gruppe unangemessen. Darüber hinaus sind andere methodologische Verfahren zu berücksichtigen. Zum Beispiel zeigte der nationalsozialistische Rassenantisemitismus virulente ideengeschichtliche Komponenten, die mit den gesellschaftlichen und religiösen Vorstellungen in dem Bonhoeffer-Dohnanyi-Kreis und mit der Theologie des an Karl Barth orientierten »radikalen« Flügels der Bekennenden Kirche hart kollidierten. In den Schriften und dem Nachlaß Dietrich Bonhoeffers, aber auch in den Entscheidungen Hans von Dohnanyis ist diese Auseinandersetzung bis ins Detail zu verfolgen.

VII

Als erste Untersuchung in dieser Reihe erscheint Christoph Strohms Dissertation über Bonhoeffers theologische Ethik in der Auseinandersetzung mit dem Nationalsozialismus. Sie leistet neben der Erörterung der theologischen Grundentscheidungen in Bonhoeffers Ethik eine Einführung in Grundeinstellungen, die in diesem Kreise vorherrschten und vielleicht am ehesten als republikanisch, rechtsstaatlich und freiheitlich protestantisch zu charakterisieren sind. Damit wird zugleich das Augenmerk auf etwas gelenkt, was ein Charakteristikum der folgenden Untersuchungen sein soll, nämlich die Analyse der ethischen und religiösen Motive, die an der Entscheidung für den Widerstand beteiligt waren. Insofern geht es auch ganz ausdrücklich um die Analyse der »inneren« Geschichte, also der spezifischen Erfahrungen, die in konspirativen Verwicklungen und dann in der Zeit der Haft und der Verhöre bis hin zur Ermordung zu verarbeiten waren. Dies beeinträchtigt jedoch nicht die Aufmerksamkeit für die Ereignisgeschichte sowie die sozialgeschichtliche Untersuchung von Handlungsbedingungen und strukturellen Zusammenhängen.

VIII

Der erste Konflikt mit den Nationalsozialisten ergab sich für Dietrich Bonhoeffer schon im April 1933 durch die Diskriminierung der Juden. Das veranlaßte ihn und Hans von Dohnanyi in den nächsten zehn Jahren bis 1943 zu immer neuen Aktivitäten zugunsten dieser Gruppe der Verfolgten: Rechtsberatung, Lebens- und Auswanderungshilfe, Erweckung von Solidarität in den Kirchen des In- und Auslands. Die Stellung zu den Juden war ein Schlüsselproblem sowohl für die Nationalsozialisten als auch für ihre Gegner im Bonhoeffer-Dohnanyi-Kreis; denn in ihr kamen die Gegensätze in der Staatsauffassung, dem Rechtsverständnis, der Weltanschauung, dem Menschenbild und dem Kirchenkonflikt am schärfsten zum Ausdruck. Daher widmen sich die Untersuchungen von Marikje Smid und Christine-Ruth Müller dieser Thematik im Zeitraum seit der Krise der Weimarer Republik bis zum Ende des NS-Regimes.

Die Untersuchung von Matthias Schreiber über den Justitiar der Bekennenden Kirche Friedrich Justus Perels, der im April 1945 wegen seiner Verwicklung in die Verschwörung des 20. Juli 1944 hinterrücks ermordet wurde, stellt einen ersten Einstieg in eine breitere Erforschung des Rechtskampfes der Bekennenden Kirche dar. Perels agierte in Verbindung mit so bedeutenden Juristen wie Hermann Ehlers, Horst Holstein, Schulze zur Wiesche, Gustav Heinemann, Hans von Dohnanyi und anderen mehr.

Die Arbeit von Jürgen Schäfer über Kurt Gerstein untersucht den Weg eines Mannes, der nicht zum Bonhoeffer-Dohnanyi-Kreis, wohl aber zur Bekennenden Kirche und den Verfolgten in ihren Reihen gehörte. Als er nach dem Euthanasiemord an seiner Schwägerin in die SS eingetreten war, gelang es ihm, die schockierenden, alles Fassungsvermögen übersteigenden Erstinformationen über Vernichtungspraktiken in den Konzentrationslagern Belcec und Treblinka auch in der Bekennenden Kirche so zu verbreiten, daß eine Kommission berufen wurde, deren aktives Mitglied Dietrich Bonhoeffer bis zu seiner Verhaftung am 5. April 1943 wurde.

Zentrale Bedeutung für die »Heidelberger Untersuchungen« hat die Auswertung des umfangreichen Dohnanyi-Nachlasses. Als erstes wird eine textkritisch kommentierte Edition ausgewählter Dokumente aus diesem Nachlaß in der Bearbeitung von Maria Nilius-Staub vorbereitet. Sie wird dem Leser den unmittelbarsten Eindruck von der Einstellung, von Aktivitäten und dem Schicksal der Dohnanyis im Widerstand vermitteln. Sodann soll eine auf dem Nachlaß und der einschlägigen Literatur beruhende Untersuchung von Peter Möser folgen, die aufgrund der Analyse des Quellenmaterials die Auseinandersetzung der Dohnanyis mit dem NS-Regime zusammenfassend darstellt. Schließlich werden die Untersuchungsverfahren, die seit dem April 1943 gegen die drei Verhafteten Hans von Dohnanyi, Joseph Müller und Dietrich Bonhoeffer geführt wurden, rechtsgeschichtlich von Elisabeth Chovaniec analysiert. Aufgrund des Verteidigungsmaterials, das besonders Dohnanyi aus der Zelle herausgeschmuggelt hat, sind sie nach Verlauf, Inhalt und äußeren Einwirkungen besonders gut zu rekonstruieren. Das Reichssicherheitshauptamt wollte mit diesen Verfahren die »Abwehr« (das Amt Canaris) treffen. Es tat damit einen ersten erfolgreichen Schritt, der zur Unterwerfung dieser militärischen Institution unter die Gewalt der SS führte. Schon während der laufenden Verhöre vor dem 20. Juli 1944 zeigte sich, daß Selbständigkeit und Unabhängigkeit der Militärjustiz immer mehr verlorengingen. Elisabeth Chovaniec untersucht jedoch nicht nur diese Verfahren bis zur unrechtmäßigen Hinrichtung der Beteiligten (außer Joseph Müller). Vielmehr analysiert sie auch die Prozesse, die in der Frühzeit der Bundesrepublik gegen die in dieser Sache Schuldigen geführt wurden. Hier stößt man auf erstaunliche Einstellungen von Verfahren oder unglaublich milde Urteile. Die Akten dieser Prozesse, von denen einige besonders anrüchige durch staatliche Stellen bewußt dem zuständigen Staatsarchiv und damit der Forschung vorenthalten wurden, sind auch von manchen Widerstandsforschern wenig kritisch benutzt worden. So wurden gerade auch Nachkriegsprozesse zur Grundlage für Verdächtigungen, die die Opfer des Widerstands trafen. Ihre Angehörigen und Nachkommen konnten sich nur schwer dagegen wehren. Es kommt hinzu, daß meist nicht erkannt und berücksichtigt wurde, wie gern die nationalsozialistischen Ankläger vor 1945 die Familien der Verhafteten mit Gerüchten über angebliche Geständnisse von einzelnen zu Lasten anderer gegeneinander aufgehetzt haben. Und nach 1945 hatten die Verfolger, nun als Beschuldigte, reichlich Gelegenheit, ihre Aussagen zwecks eigener Entlastung zu frisieren, aufeinander abzustimmen und zugleich ihre Opfer zu belasten. Alles das hat das Nachkriegsbild vom deutschen Widerstand schwer beeinträchtigt und muß an Stellen, wo heute noch beweiskräftige Untersuchungen möglich sind, aufgedeckt und im Rahmen des Möglichen korrigiert werden.

IX

Die Heidelberger Untersuchungen zu Widerstand, Judenverfolgung und Kirchenkampf im Dritten Reich entstanden und entstehen in einer kooperativen Forschungsgruppe. In ihr eröffnen Diskussionen mit wechselseitiger Kritik, Austausch von Informationen aus mühsamer Archivarbeit, aus Nachlässen und Literatur und schließlich intensive Beratung den einzelnen Möglichkeiten, die sie isoliert arbeitend nicht haben würden. Eine Gruppe von »Kernuntersuchungen« ist seit 1983 durch die Stiftung Volkswagenwerk innerhalb des Programms »Forschungen zum Deutschen Widerstand 1933–1945« gefördert worden. Auch hat diese Stiftung einen Teil der Druckkostenzuschüsse für die Publikation beigesteuert. Ihr gilt unser besonderer Dank. Von den vielen, die mit Rat und Tat, mit Kritik und Ermutigung uns begleitet haben, seien Eberhard Bethge und Marianne Meyer-Krahmer geb. Goerdeler – zugleich als Zeitzeugen – besonders genannt. Dem Chr. Kaiser Verlag, insbesondere Manfred Weber, ist zu danken, daß er das Risiko einer neuen Reihe mit hochgesteckten Zielen auf sich genommen und den Bänden eine anziehende Gestalt gegeben hat.

Der Streit um unser Verhältnis zum Nationalsozialismus und Antisemitismus, zu Kollaboration und Widerstand, zu Verfolgung und zu den Minoritätshilfen für jüdische Bürger, zu kirchlicher Anpassung und bekennendem Widersprechen, zu Verschulden und mutiger Resistenz von Deutschen im Dritten Reich ist noch längst nicht abgeschlossen. Was er erbringt, wird auch mit darüber entscheiden, mit welchen Augen man die Anfänge und Geschichte der Bundesrepublik und der Deutschen Demokratischen Republik sehen wird.

Heinz Eduard Tödt
Ernst-Albert Scharffenorth

Heidelberg
30. Januar 1989

Inhaltsverzeichnis

Vorwort des Verfassers

In der vorliegenden Arbeit versuche ich, Dietrich Bonhoeffers Theologie und Ethik im Kontext des Familien- und Freundeskreises zu erfassen. Aus Eberhard Bethges Biographie wissen wir, welch' große Bedeutung das Gespräch mit Familienangehörigen und Freunden für Bonhoeffer gehabt hat. Der Vater und der älteste Bruder waren anerkannte Naturwissenschaftler, der eine Psychiater und Neurologe, der andere Physiker. Die Juristen in dem Familien- und Freundeskreis aber überwiegen und haben diesen politisch entscheidend geprägt. In den politischen Krisen am Ende der Weimarer Republik wurde der Austausch mit ihnen für Dietrich Bonhoeffer zunehmend wichtiger.

Als die Herrschaft der Nationalsozialisten begann, ging es Bonhoeffer um vitale theologisch-ethische und kirchenpolitische Grundentscheidungen. Dabei war der Dialog, insbesondere mit den Juristen, die in Politik und Wissenschaft wichtige Positionen übernommen hatten, von erheblichem Einfluß. Dietrich Bonhoeffers singulärer Weg in Theologie und Kirche in den Jahren 1933 bis 1945 wird verständlicher, wenn man diese Kontakte berücksichtigt.

Hier liegt auch ein wesentlicher Grund für die anhaltende Aktualität seiner Theologie und Ethik: das Miteinander zweier nur scheinbar fremder Welten in Gestalt von nüchterner und kompetenter Analyse der politischen Wirklichkeit auf der einen Seite und konzentrierter, teilweise schroffer Hinwendung zum Zentrum christlichen Glaubens auf der anderen Seite. Die Suche nach deren Einheit, die Bonhoeffer in der biblisch-christlichen Rede von Gott als dem Menschgewordenen theologisch begründet sah, zieht sich gleich einem cantus firmus durch seine theologische Ethik des Politischen.

Die notwendige Erörterung der juristischen und weltanschaulich-politischen Positionen der Schwäger und Freunde Gerhard Leibholz und Hans von Dohnanyi hat neben ihrem Rückbezug auf Bonhoeffers Theologie und Ethik ein eigenes Gewicht. Weder zu Leibholz noch zu Dohnanyi gibt es trotz ihrer kaum bestrittenen, wohl aber umstrittenen Bedeutung bisher umfassendere rechtsgeschichtliche Untersuchungen. Während sich die Darlegungen über Leibholz präziser auf Bonhoeffers Äußerungen beziehen lassen, bleibt die Kommunikation mit dem als persönlicher Referent des Reichsjustizministers tätigen Dohnanyi über nicht selten hochbrisante und geheime Hintergründe der Politik des »Dritten Reiches« naturgemäß ohne viele Spuren in den erhaltenen Akten. So lege ich nicht nur die wenigen eindeutigen Belege für einen Informationsaustausch zwischen Dohnanyi und Bonhoeffer vor, sondern auch ein umfangreiches, aus neu erschlossenen Quellen erarbeitetes Kapitel über »Hans von Dohnanyis Tätigkeit im Reichsjustizministerium in den Jahren 1933 bis 1938«.

Die Untersuchung wurde im Rahmen eines in den Jahren 1984 bis 1987 von der Stiftung Volkswagenwerk finanzierten und von Heinz Eduard Tödt geleiteten Forschungsprojekts zum »Widerstand des Dohnanyi-Bonhoeffer-Kreises gegen Hitler« verfaßt und im Jahre 1987 von der Theologischen Fakultät der Universität Heidelberg als Dissertation angenommen. Die Fülle des Materials wäre nicht ohne die Zusammenarbeit mit den anderen Projektmitarbeitern Peter Möser, Christine-Ruth Müller und Marikje Smid sowie dem stellvertretenden Projektleiter Ernst-Albert Scharffenorth zu bewältigen gewesen. Heinz Eduard Tödt hat neben umfassender und kritischer Begleitung auch das Erstgutachten zu der Arbeit geschrieben. Gottfried Seebaß nahm die Mühe des Korreferats auf sich. Zahlreiche und unersetzliche Hinweise auf historische Hintergründe und neue Quellenfunde gaben Renate Bethge, geb. Schleicher, und Eberhard Bethge, die mich wie viele andere in meinem Nachdenken über Dietrich Bonhoeffer großzügig begleitet haben. Ebenso gaben mir die Gespräche und Diskussionen mit Frau Marianne Meyer-Krahmer, geb. Goerdeler, immer wieder neue Anstöße zum Verstehen. Frau Barbara Bayer, geb. von Dohnanyi, und Frau Sabine Leibholz, geb. Bonhoeffer, haben dem Eindringling bereitwillig und freundlich Auskunft und Gastfreundschaft gewährt. Stellvertretend für alle, die an der Transkription der Dokumente des Dohnanyi-Nachlasses mitgearbeitet haben, sei Frau Renate Allmenröder genannt. Ihnen allen danke ich.

Neben der Stiftung Volkswagenwerk, welche die Entstehung der Untersuchung durch ihr Stipendium und einen Zuschuß ermöglicht hat, danke ich der Studienstiftung des deutschen Volkes für großzügige, nicht nur materielle Förderung während und nach meinem Studium. Die Verwertungsgesellschaft Wort und der Landeskirchenrat der Evangelisch-Lutherischen Kirche in Bayern ermöglichten durch ihre Druckkostenbeihilfen die Publikation der Untersuchung.

Würzburg, im März 1989 Christoph Strohm

Einleitung

I. Explikation des Themas

Vierzig Jahre nach dem Attentat vom 20. Juli 1944 scheiden sich die Geister an der Frage einer angemessenen Beurteilung der sogenannten nationalkonservativen Hitler-Gegner. Vor allem ihr Verhalten am Ende der Weimarer Republik und in den ersten Jahren des Dritten Reiches sowie ihre Pläne für die Zeit nach dem Ende der nationalsozialistischen Herrschaft sind Gegenstand der Kontroverse.[1] Nachdem in den ersten Jahrzehnten nach Beendigung des zweiten Weltkriegs die Widerstandsforschung häufig den Dienst einer ideellen Begründung der neugeschaffenen Bundesrepublik erfüllt hatte, herrscht heute eine kritische Beurteilung der bürgerlichen Vertreter des deutschen Widerstands vor.[2] Die »nationalkonservative Opposition« habe sich zumindest bis Ende der dreißiger Jahre weitgehend den nationalsozialistischen Machthabern angepaßt und mit ihnen kooperiert. Ferner sei eine partielle Identität der gesellschaftlichen und politischen Ziele mit denen der Nationalsozialisten festzustellen.[3] Im

1 Die jüngste Diskussion ist umfassend dokumentiert in den Beiträgen der Internationalen Konferenz zum 40. Jahrestag des 20. Juli 1944 »Die deutsche Gesellschaft und der Widerstand gegen Hitler – Eine Bilanz nach 40 Jahren«, die vom 2. bis 6. Juli 1984 in Berlin stattfand (vgl. J. Schmädeke u. P. Steinbach (Hg.), Der Widerstand gegen den Nationalsozialismus. Die deutsche Gesellschaft und der Widerstand gegen Hitler, München-Zürich 1985).

2 Vgl. die Forschungsüberblicke bei R. Büchel, Der deutsche Widerstand im Spiegel von Fachliteratur und Publizistik seit 1945 (Schriften der Bibliothek für Zeitgeschichte, H. 15), München 1975, bes. 1–68; K. Hildebrand, Das Dritte Reich (Oldenbourg Grundriß der Geschichte, Bd. 17), 2. Aufl., München-Wien 1980, 181–186. A. Hillgruber, Zum Stand der wissenschaftlichen Erforschung der NS-Zeit. Schwerpunkte und Kontroversen, in: Geschichte, Politik und ihre Didaktik 9 (1981), 5–22; G.R. Ueberschär, Gegner des Nationalsozialismus 1933– 1945. Volksopposition, individuelle Gewissensentscheidung und Rivalitätskampf konkurrierender Führungseliten als Aspekte der Literatur über Emigration und Widerstand im Dritten Reich zwischen dem 35. und 40. Jahrestag des 20. Juli 1944, in: Militärgeschichtliche Mitteilungen 35,1 (1984), 141–196.

3 Vgl. zuerst H. Mommsen, Gesellschaftsbild und Verfassungspläne des deutschen Widerstands, in: W. Schmitthenner u. H. Buchheim (Hg.), Der deutsche Widerstand gegen Hitler. Vier historisch-kritische Studien, Köln-Berlin 1966, 73–167 (zur Bedeutung des Aufsatzes für die Forschungsgeschichte vgl. Hildebrand, Reich, 183f); K.-J. Müller, Die nationalkonservative Opposition vor dem Zweiten Weltkrieg. Zum Problem ihrer begrifflichen Erfassung, in: Militärgeschichte. Probleme-Thesen-Wege, Stuttgart 1982, 215–242; ders., Die Nationalkonservative Opposition in Deutschland, in: Nationalsozialismus im Unterricht. Studieneinheit 6: Widerstand und Opposition im Dritten Reich, Tübingen 1984; ders., Struktur und Entwicklung der nationalkonservativen Opposition, in: Aufstand des

Folgenden ist die Frage zu klären, ob dies auch für den Theologen Dietrich Bonhoeffer zutrifft. Hat Bonhoeffer autoritäre oder monarchistische Staatsvorstellungen vertreten und ist er dem sogenannten nationalkonservativen Widerstand zuzurechnen?[4]

Um zu einer angemessenen Bewertung zu gelangen, gilt es, die zwei entscheidenden Horizonte, durch die seine weltanschaulich-politischen Auffassungen bestimmt waren, zu untersuchen. Bonhoeffer hat den größten Teil seiner Überlegungen bewußt als theologischer Ethiker der Kirche verfaßt und seine theologischen Grundentscheidungen als für alles weitere bestimmend angesehen. So ist zum einen Bonhoeffers Konzept einer Ethik des Politischen und dessen theologische Grundentscheidungen, wie er es am Ende der Weimarer Republik formuliert hat, zu entfalten. Als zweiter Horizont, der Bonhoeffers politisch-ethische Stellungnahme beeinflußt und geprägt hat, wird die Welt liberaler rechtsstaatlicher Politik, wie sie im Freundeskreis um die Familie Bonhoeffer lebendig war, dargestellt. Hier sind vor allem die Juristen des Familien- und Freundeskreises, der Bruder Klaus sowie die Schwäger Rüdiger Schleicher, Hans von Dohnanyi und Gerhard Leibholz zu nennen. Selbst in den Zeiten stärkster Konzentration auf die kirchliche Arbeit während des Kirchenkampfes und ebenso in den letzten Lebensjahren in der Haft hat er die enge Bindung an das Elternhaus und den Freundeskreis nicht aufgegeben.

Unter liberal-rechtsstaatlichen Überzeugungen werden im Folgenden nicht die Leitvorstellungen des klassischen Liberalismus – die Auffassung, daß Gemeinschaften durch Verträge entstehen, und die Ausrichtung staatlichen Lebens auf einen größtmöglichen Wohlfahrtseffekt für den Einzelnen – verstanden.[5] Vielmehr orientiert sich der in der vorliegenden Arbeit

Gewissens. Militärischer Widerstand gegen Hitler und das NS-Regime 1933–1945, Herford u. Bonn o.J. (1984), 263–309; ders., Nationalkonservative Eliten zwischen Kooperation und Widerstand, in: Schmädeke/Steinbach, Widerstand, 24–49; H. Mommsen, Der Widerstand gegen Hitler und die deutsche Gesellschaft, in: Schmädeke/Steinbach, Widerstand, 3–23; B. Martin, Das außenpolitische Versagen des Widerstands 1943/44, in: Schmädeke/Steinbach, Widerstand, 1037–1060.

4 Vgl. H. Mommsen, Verfassungs- und Verwaltungsreformpläne der Widerstandsgruppen des 20. Juli 1944, in: Schmädeke/Steinbach, Widerstand, 570–597, bes. 573; ders., Gesellschaftsbild und Verfassungspläne, 83, 91f, 142 u. 164; H. Müller hält Bonhoeffer für einen Monarchisten (vgl. ders., Von der Kirche zur Welt. Ein Beitrag zu der Beziehung des Wortes Gottes auf die societas in Dietrich Bonhoeffers theologischer Entwicklung, 2. Aufl., Leipzig (Diss. theol. 1956) 1966, 320 u. 516 Anm. 917). Yorick Spiegel sieht Bonhoeffers Staatslehre stark bestimmt von »Zügen eines antidemokratisch-konservativen Denkens« (ders., Dietrich Bonhoeffer und die »protestantisch-preußische Welt«, in: E. Feil (Hg.), Verspieltes Erbe? Dietrich Bonhoeffer und der deutsche Nachkriegsprotestantismus (IBF 2), München 1979, 63).

5 Zum Problem eines Liberalismus-Begriffs vgl. R. Vierhaus, Art. »Liberalismus«, in: O. Brunner, W. Conze u. R. Koselleck, Geschichtliche Grundbegriffe,

zugrundegelegte Liberalismus-Begriff an der besonderen Situation der späten zwanziger und der dreißiger Jahre. Liberal galt damals eine Haltung, die dem Individuum unveräußerliche Rechte gegenüber Staat und Volk zusprach und die Rechtsordnung demgemäß gestaltete. Anfang der dreißiger Jahre prägte der Gegensatz eines solchen vielgeschmähten liberalen zu dem nicht nur von den nationalsozialistischen Gegnern der Republik vertretenen völkischen Rechtsdenken, das dem einzelnen kein Eigenrecht gegenüber Volk und Staat zugestand, das politische Bewußtsein. Den klassischen Liberalismus gab es Anfang der dreißiger Jahre nicht mehr, so daß selbst die bedrängten Weimarer Mittelparteien nur noch einen modifizierten Liberalismus vertraten.

Das Gespräch mit den nahestehenden Juristen, das in den Texten des Winters 1932/33 zum ersten Mal belegt und bis in die Haftzeit hinein nicht abgerissen ist, sowie dessen Zusammenwirken mit Bonhoeffers theologischer Entwicklung sollen im Folgenden dargestellt werden. Aus sachlichen Gründen sowie aufgrund der Quellenlage ist jedoch eine Konzentration auf bestimmte Aspekte und Personen notwendig. Gerhard Leibholz wird als der Partner in den Blick genommen, durch den Bonhoeffer mit der geistesgeschichtlichen Einordnung und der staatsrechtlichen Beurteilung der Welt liberaler rechtsstaatlicher Politik wie auch deren Feinde vertraut wurde. In Hans von Dohnanyi hatte Bonhoeffer einen Ratgeber und Vertrauten, der an zentraler Stelle in der politischen Verwaltung tätig und in außergewöhnlichem Maße über die Zerstörung des liberalen Rechtsstaats durch die Nationalsozialisten informiert war.

Die Auswahl der Gesprächspartner Leibholz und Dohnanyi liegt in zwei Sachverhalten begründet. Leibholz, der im Jahre 1926 Dietrich Bonhoeffers Zwillingsschwester Sabine geheiratet hatte, spielte schon in der staatsrechtlichen Diskussion der Weimarer Zeit eine wichtige Rolle und war in dieser Hinsicht das bedeutendste Mitglied des Freundeskreises. Dohnanyi, seit 1925 mit der älteren Schwester Christine verheiratet, besaß eine Kenntnis der Methoden und Ziele der nationalsozialistischen Führer und der politischen Verhältnisse seit dem Ende der zwanziger Jahre wie kein anderer des Kreises. Zudem wurde der Austausch zwischen Dohnanyi und Dietrich Bonhoeffer in der Zeit des Kirchenkampfes zunehmend intensiver und führte in den Jahren nach 1938 zu dessen Beteiligung an Umsturzvorbereitungen gegen das NS-Regime.

Die Wahl der Gesprächspartner Leibholz und Dohnanyi aus dem Kreis der Juristen wird zum anderen durch die Quellenlage nahegelegt. Von keinem anderen ist annähernd so viel juristisches Schrifttum erhalten wie

Bd. 3, Stuttgart 1982, 741–785, bes. 782ff; ferner V. Sellin, Art. »Liberalismus«, in: Marxismus im Systemvergleich (Geschichte), hg.v. C.D. Kernig, Bd. 3: Liberalismus bis Pariser Kommune, Sp. 1–31; vgl. auch den von L. Gall hg. Sammelband »Liberalismus« (Neue Wissenschaftliche Bibliothek 85, Geschichte), 2. Aufl., Königstein i.Taunus 1980.

von Leibholz. Hans von Dohnanyi hat kaum juristische Arbeiten zu politisch relevanten Themen verfaßt, aber seine dienstliche Stellung in den dreißiger Jahren und seine kritische Auseinandersetzung mit dem Nationalsozialismus von den Traditionen liberaler Rechtsstaatlichkeit her ist durch die Berichte seiner Frau, Dokumente aus dem Nachlaß und dienstliche Akten in Umrissen sichtbar. Für die übrigen Juristen des Freundeskreises, Justus Delbrück, Rüdiger Schleicher und Klaus Bonhoeffer läßt die Quellenlage bisher keine fundierte Analyse der politisch relevanten juristischen Standpunkte und Tätigkeiten zu.[6]

Wenn im Folgenden von einem Bonhoeffer-Dohnanyi-Kreis die Rede ist, soll damit nicht behauptet werden, daß sich eine solche Gruppe klar aus ihrem Umfeld ausgrenzen läßt. Mit dem Begriff »Kreis« wird lediglich der Tatsache Rechnung getragen, daß hier mehrere Personen in der Opposition gegen Hitler schon durch langewährende freundschaftliche und familiäre Beziehungen miteinander verbunden waren, bevor sie dann im Widerstand gegen Hitler wiederum eng zusammenarbeiteten und eine weitgehend übereinstimmende geistig-politische Grundhaltung einnahmen. Das Interesse an den Wirkungen des Austausches mit den Juristen des Bonhoeffer-Dohnanyi-Kreises auf Bonhoeffers Theologie darf jedoch nicht zu der einseitigen These führen,[7] Grundentscheidungen und Konkretionen seiner theologischen Ethik des Politischen seien allein von diesem Gespräch her zu verstehen. Vielmehr ist die theologische Entwicklung als eigenständige gedankliche Leistung zu würdigen – bei aller Bedingtheit durch gesellschaftliche, familiäre und psychologische Faktoren.[8] Bonhoef-

6 Vgl. Klaus Bonhoeffer, Grundformen des Rechts, in: Weiße Blätter. Monatsschrift für Geschichte, Tradition und Staat, hg.v. K.L. Freiherr zu Guttenberg, November/Dezember 1942, 165–174; zu K. Bonhoeffer u. R. Schleicher vgl. Zeugnis für ein anderes Deutschland. Ehemalige Tübinger Studenten als Opfer des 20. Juli 1944 (Werkschriften des Universitätsarchivs Tübingen, hg.v. V. Schäfer), 2. Aufl., Tübingen 1984, 44ff u. 68ff. u. E.u.R. Bethge (Hg.) Letzte Briefe im Widerstand. Aus dem Kreis der Familie Bonhoeffer, München 1984 (dort auch zu J. Delbrück).

7 Vgl. D. Graf Schwerin, Der Weg der »Jungen Generation« in den Widerstand, in: Schmädeke/Steinbach, Widerstand, 460–471; P. Steinbach, Gruppen, Zentren und Ziele des deutschen Widerstands, in: R. Lill u. H. Oberreuter (Hg.), 20. Juli. Portraits des Widerstands, Düsseldorf-Wien 1984, 29–46; P. Steinbach, Zum Verhältnis der Ziele der militärischen und zivilen Widerstandsgruppen, in: Schmädeke/Steinbach, Widerstand, 977–1002, bes. 987ff; gruppensoziologische Überlegungen bei J. Gerhard, Bedingungen und Chancen der Widerstandsgruppe ›Weiße Rose‹ in: Kölner Zeitschrift für Soziologie und Sozialpsychologie, Sonderheft 25/1983, 343–359.

8 Vgl. z. B. die nicht in jeder Hinsicht überzeugende Erklärung Bonhoefferscher Theologumena aus seiner Biographie bei C. Green, Soteriologie und Sozialethik bei Bonhoeffer und Luther, in: C. Gremmels (Hg.), Bonhoeffer und Luther. Zur Sozialgestalt des Luthertums in der Moderne (IBF 6), München 1983,

fers theologisches Konzept erwies sich als fähig, nicht nur einem Einfließen völkisch-ideologischen Gedankengutes in die Theologie zu widerstehen, sondern auch zu eigenständigen Konkretionen in der theologischen Ethik des Politischen zu gelangen.

Carl Friedrich von Weizsäcker hat Bonhoeffers theologische Entwicklung einmal als »Reise in die Wirklichkeit« bezeichnet. Die gesuchte Wahrheit habe von Anfang an nicht die Form einer Aussage, sondern eines wirklichen Lebens gehabt.[9] In der Tat kann der Wille, sich auf die Wirklichkeit einzulassen, als ein Spezifikum der Theologie Bonhoeffers bezeichnet werden. Bei aller Fähigkeit, sich auf besondere Situationen einzustellen, sind jedoch bestimmte theologische Grundentscheidungen kontinuierlich durchgehalten. Beides, den Bezug der Äußerungen auf die politischen Verhältnisse und die Kontinuität der theologischen Grundentscheidungen, gilt es im Folgenden aufzuzeigen.

Wenn Bonhoeffer in besonderem Maße am Wirklichkeitsbezug und an der Konkretion theologisch-ethischer Aussagen interessiert ist, stellt sich eine weitere Frage: Hat Bonhoeffer Anteil an einer im Luthertum verbreiteten Kairos-Theologie, die durch ihre Rede von der »deutschen Stunde« des Jahres 1933 der nationalsozialistischen Revolution eine wirkungsvolle religiöse Legitimation bot? Erhalten die Ereignisse der geschichtlichen Wirklichkeit bei Bonhoeffer die gleiche theologische Dignität wie im jungen, bewußt national orientierten Luthertum?

Es geht somit im Folgenden wesentlich um den Zusammenhang von theologischen Grundentscheidungen und Urteilen in der politischen Ethik. Hat in der Urteilsfindung die theologische Erkenntnis oder die Analyse der politischen Wirklichkeit den Vorrang? Nur eine solchermaßen breit angelegte Untersuchung kann Bonhoeffers Haltung zum Nationalsozialismus und sein Verhalten im Dritten Reich angemessen erfassen. Und nur so kann das Charakteristische der Bonhoefferschen Stellungnahme im Vergleich zu anderen später an Umsturzvorbereitungen Beteiligten herausgearbeitet werden.

Die vorliegende Untersuchung behandelt den Zeitraum der Jahre 1929 bis 1938. Wie im Schlußkapitel zu zeigen sein wird, bildete das Krisenjahr 1938 in Bonhoeffers Biographie wie auch in politischer und kirchengeschichtlicher Hinsicht einen tiefen Einschnitt. Seit dem Jahre 1938 war Bonhoeffer durch seinen Schwager und Freund Dohnanyi Mitwisser und eineinhalb Jahre später auch aktiv Beteiligter an konspirativen Umsturz-

93–128. Green spricht von einer »spätadoleszenten Identitätskrise« Bonhoeffers Anfang der dreißiger Jahre als »Angelpunkt« seiner theologischen Entwicklung (aaO., 94).

9 »Ich empfinde ihn als einen, der sich zur selbständigen Reise nach der Wirklichkeit aufgemacht hat« (C.F. von Weizsäcker, Gedanken eines Nichttheologen zur theologischen Entwicklung Dietrich Bonhoeffers (u. Diskussion), in: H. Pfeifer (Hg.), Genf 76. Ein Bonhoeffer-Symposion (IBF 1), München 1976, 32 u. 37).

vorbereitungen. Thema der Arbeit sind die Vorgeschichte und die Voraussetzungen dieser von Bonhoeffers Freund und Biographen Eberhard Bethge detailliert nachgezeichneten Aktivitäten.[10]

Wenn im Folgenden Bonhoeffers Lebensgeschichte als »Weg in den Widerstand« charakterisiert wird, so ist unter Widerstand im engeren Sinn ein auf Umsturz oder Ablösung der nationalsozialistischen Herrschaft gerichtetes Tun verstanden. Bonhoeffers Auseinandersetzung mit dem Nationalsozialismus bis 1938 läßt sich angemessener mit dem umfassenden Begriff »Widerspruch« beschreiben. Ein Gebrauch der Vokabel »Widerstand« als nur loser Oberbegriff, mit dem jede Nonkonformität bezeichnet würde, ist abzulehnen, da er zu einer Nivellierung des bedeutsamen Unterschieds zwischen grundsätzlichem Bestreben zur Beseitigung des Systems einerseits und Aktionen, die mehr oder weniger zufällige, äußerliche Erscheinungsformen kritisieren, auf der anderen Seite führt.[11] Zugleich ist jedoch jede starre Definition zu vermeiden, denn es geht, wie der Passauer Politologe Peter Steinbach formuliert hat, darum, »in der Analyse gradueller Steigerung und zeitlicher Differenzierung Widerstand als einen Prozeß« zu beschreiben.[12]

Die Arbeit versucht ferner, die falsche Alternative einer ausschließlich auf die subjektive Motivation von oppositionellem Verhalten ausgerichteten Darstellung einerseits und einem – heute verbreiteten – rein wirkungsgeschichtlichen oder funktionalen Widerstandsbegriff, der lediglich die faktischen Auswirkungen widerständigen Verhaltens beachtet, andererseits zu überwinden.[13] Schließlich ist für Bonhoeffers Haltung gegenüber

10 Vgl. E. Bethge, Dietrich Bonhoeffer, Theologe. Christ. Zeitgenosse, 6. Aufl., München (1967) 1986, 760ff.

11 Vgl. Walther Hofers Ausführungen auf der Internationalen Konferenz zum 40. Jahrestag des 20. Juli 1944 in: Schmädeke/Steinbach, Widerstand, 1120f. Hofer wendet sich zu Recht gegen den Begriff der »Resistenz« als Oberbegriff, da er dem französischen und italienischen »resistance« bzw. »resistanza« zum Verwechseln ähnlich sei, aber etwas anderes meine. Diese bezeichnen gerade den aktiven Widerstand, wohingegen das mit dem deutschen Resistenzbegriff bezeichnete teilweise unter »collaboration« fällt (aa0, 1121).

12 Diskussionen zur Geschichte des Widerstands. Ein Tagungsresümee, in: Schmädeke/Steinbach, Widerstand, 1122f; vgl. 1126f.

13 Vgl. vor allem den Aufsatz von Peter Hüttenberger »Vorüberlegungen zum Widerstandsbegriff«, in: J. Kocka (Hg.), Theorien in der Praxis des Historikers (Geschichte und Gesellschaft, Sonderheft 3), Göttingen 1977, 117–134. Infolge seines spieltheoretischen Ansatzes unterstellt Hüttenberger dem Widerstand, er habe genauso um die Macht gekämpft wie die Herrschenden. Moralische Ansprüche hätten zur Kaschierung des eigenen Herrschaftswillens gedient. Wenn auch zu Recht vor einem Übergewicht moralischer Kategorien gewarnt wird, so ist die Unfähigkeit des Ansatzes von Hüttenberger, dem Ineinander moralischer, religiöser und rechtlicher Motive sowie materieller Interessen gerecht zu werden, offensichtlich. Eine Vernachlässigung der ethisch-moralischen oder religiösen Dimen-

dem Dritten Reich charakteristisch, daß sich seine Opposition bewußt nicht gegen die noch vorhandenen Gestalten staatlicher Autorität, sondern gegen die Kräfte richtete, die staatliche Macht in den Dienst ihres völkisch-rassischen Wahns stellten. Die *Formen des Widerspruchs und des Widerstands* sind darum unter Berücksichtigung der *Formen der Herrschaft* im totalen Staat, welche die Partei und ihre Gliederungen in allen Lebensbereichen durchzusetzen suchte, zu bestimmen.[14]

Wenn Bonhoeffer sich im Kirchenkampf zwar gegen die von der nationalsozialistischen Bewegung mißbrauchte staatliche Autorität wandte, zugleich aber den Gehorsam gegen die rechten Gestalten staatlicher Autorität hervorhob, muß dann von partieller Anpassung gesprochen werden? Oder handelt es sich um eine durch christliche Traditionen abgesicherte Gegnerschaft, die sich durch Zurückhaltung oder Verstellung dem Zugriff der Machthaber zu entziehen suchte und eben in der Beschränkung umso erfolgversprechender schien? Um diese Fragen zu beantworten, ist zuvor zu klären, ob Bonhoeffer sich der politischen Implikationen seiner Haltung im Kirchenkampf bewußt war und sie nicht nur in Kauf nahm, sondern auch intendierte.[15]

II. Stand der Forschung und Ziel der Untersuchung

Zu den verschiedenen angesprochenen Gesichtspunkten liegen mehrere Aufsätze und Monographien vor. Zumeist vernachlässigen die systematisch-theologisch ausgerichteten Arbeiten jedoch den Rückbezug auf die historische Situation, die Beiträge der Widerstandsforschung wiederum

sion ist zum Beispiel auch in den Arbeiten K.-J. Müllers festzustellen (vgl. oben Anm. 3).

14 Dies hat Richard Löwenthal konsequent durchgeführt. Seiner Auffassung nach kann man gemäß den drei institutionellen Monopolen der herrschenden Partei im totalen Staat: politische Macht, gesellschaftliche Organisation und Information, drei Grundformen des Widerstands unterscheiden: den bewußten politischen Kampf, die gesellschaftliche Verweigerung und die weltanschauliche Dissidenz (vgl. R. Löwenthal, Widerstand im totalen Staat, in: ders. u.P. von zur Mühlen, Widerstand und Verweigerung in Deutschland 1933 bis 1945, 2. Aufl., Berlin-Bonn 1984, 11–24, bes. 14; wiederabgedr. in: K.D. Bracher, M. Funke, H.-A. Jacobsen (Hg.), Nationalsozialistische Diktatur 1933–1945. Eine Bilanz (Schriftenreihe der Bundeszentrale für politische Bildung, Bd. 192), Bonn 1983, 618–632, bes. 621). Problematisch bleibt an diesem Ansatz jedoch der Begriff »Widerstand« als loser Oberbegriff und die etwas starre Festlegung der Formen der Opposition und des Widerstands auf die drei institutionellen Monopole der herrschenden Partei. Wie wären mit diesem Modell zum Beispiel interessenbedingte Konflikte mit den alten Machteliten angemessen zu erfassen?

15 Vgl. H. Mommsens Rede von der »Lebenslüge« der Kirchen, das eigene Verhalten als unpolitisch zu verstehen (Diskussionen zur Geschichte des Widerstands. Ein Tagungsresümee, in: Schmädeke/Steinbach, 1126).

werden den theologischen Grundentscheidungen und dem kirchlichen Umfeld Bonhoeffers nur selten gerecht.

Eine erste Arbeit über Dietrich Bonhoeffers theologische Ethik des Politischen hat der (Ost-)Berliner Theologe Hanfried Müller im Jahre 1956 vorgelegt. Unter dem programmatischen Titel »Von der Kirche zur Welt« sucht er »die Beziehung des Wortes Gottes auf die societas« in Bonhoeffers theologischem Denken aufzuhellen.[16] Nach Müllers Darstellung läuft Bonhoeffers theologische Entwicklung konsequent auf die Entfaltung der »ganze(n) Universalität der Beziehung des Wortes Gottes auf die *menschliche Gesellschaft* als solche« zu.[17] Am Anfang habe noch die Frage nach Gottes Wort und der *Kirche* als menschlicher Gemeinschaft gestanden. Müller gelangt zu der These einer ungebrochenen Entwicklung »von der Kirche zur Welt«, indem er eine kritische, keine objektiv-historische Darstellung versucht. Die Kriterien einer solchen »kritischen« Betrachtung werden freilich auch offengelegt: es walte in ihr »eine Parteinahme für die entwicklungsfähigen Elemente in Bonhoeffers Theologie und Weltanschauung gegen die retardierenden Elemente«.[18] Zwar scheint es ihm auf diese Weise zu gelingen, »*systematisch* die *Entwicklung* Bonhoeffers zu erfassen, das heißt *Geschichte* und *System* miteinander zu versöhnen,« aber eben nur um den Preis unhistorischer Urteile.[19] Maßstab der Beurteilung von Bonhoeffers theologischem Denken sind die im Jahre 1944 verfaßten theologischen Briefe aus der Haft.[20]

Die Frage nach der theologischen Ethik des Politischen im engeren Sinne, der ethischen Urteilsbildung und den theologischen Erörterungen seiner Opposition und seines Widerstands gegen den Nationalsozialismus stellt Müller nicht ausdrücklich. Wo er Andeutungen dazu macht, gelangt er aufgrund seines marxistischen Faschismusbegriffs zu problematischen Urteilen.[21] Im Zuge der Unterscheidung von »entwicklungsfähigen Elementen« und »retardierenden Momenten« in Bonhoeffers Theologie stellt er eine im Sinne Bonhoeffers, dem es gerade um eine kritische Prüfung der überkommenen Traditionen im Blick auf ihre Tauglichkeit für die Zukunft ging, falsche Alternative auf: »Die ›Ethik‹ zeigt den Versuch, den Nationalsozialismus primär nicht von einer zu erstrebenden Zukunft her, sondern von einer fast unbegrenzt, wenn auch nicht unkritisch bejahten Vergangenheit her zu bekämpfen.«[22] In der vorliegenden Untersuchung wird

16 Vgl. oben Anm. 4.

17 AaO., 50.

18 AaO., 13.

19 Ebd. So kann Müller die Schrift »Gemeinsames Leben« nur als einen »Holzweg« in Bonhoeffers Entwicklung interpretieren (aaO., 20, 244 u. 252).

20 Vgl. auch die treffende Rezension des Müllerschen Buches von E. Bethge, in: MW IV, 169–174.

21 Vgl. z. B. aaO., 38f u. 43ff.

22 AaO., 44.

es darum gehen, Müllers Urteil, die Traditionen, auf die sich Bonhoeffer stützt, seien »selbst, ohne daß ihm das bewußt wird, zum Teil vorfaschistisch,« zu differenzieren.[23]

Müllers erste große Bonhoeffer-Darstellung mußte noch auf zahlreiches Quellenmaterial, das E. Bethge seit dem Jahre 1958 in den »Gesammelte(n) Schriften« herausgegeben hat, verzichten.[24] Im Jahre 1967 erschien E. Bethges große Bonhoeffer-Biographie, die gegenüber den pauschalen Theologisierungen vieler früherer Beiträge erstmalig die biographischen Zusammenhänge und Hintergründe detailliert beschrieben hat.[25] Bethge hat Bonhoeffers Mitwisserschaft und aktive Beteiligung an Umsturzvorbereitungen so kompetent nachgezeichnet, daß dem nur noch einzelne Gesichtspunkte nachzutragen sind. Auch hat er eine Fülle von Einzelbeobachtungen zur Bedeutung der Familie und des Freundeskreises für Bonhoeffers Theologie und Ethik des Politischen zusammengetragen. Freilich bleibt die Arbeit notwendigerweise auf die Person Dietrich Bonhoeffers zentriert und das Thema eines »Bonhoeffer-Dohnanyi-Kreises« wird noch nicht erörtert. Zudem konnte und wollte die Biographie eine systematische Klärung der Bedeutung des Austausches mit den Juristen Leibholz und Dohnanyi für Bonhoeffers theologische Ethik des Politischen nicht leisten.

Ein zweites für Bonhoeffers Biographie wichtiges Werk stellen die im Jahre 1969 von dem Dänen Jörgen Glenthoj herausgegebenen und kommentierten »Dokumente zur Bonhoeffer-Forschung 1928–1945« dar.[26] Diese und andere Arbeiten Glenthojs geben zahlreiche interessante Einblicke in Bonhoeffers ökumenische Tätigkeit, vor allem die Auseinandersetzung mit dem aufkommenden und Ökumene-feindlichen Nationalsozialismus.[27]

23 Ebd. Nach H. Müllers Auffassung fehlt Bonhoeffers Versuch, »Traditionen, auf die sich der Nationalsozialismus beruft, für dessen Gegner zurückzugewinnen, ...der kritische Maßstab, den allein die historische Entwicklung selbst zu bieten vermag und den Bonhoeffer wenige Jahre später auch selbst entdeckt. Vor dieser Entdeckung aber muß der Versuch, den Faschismus gewissermaßen von hinten her aus feudalistischen Traditionen heraus, mit patriarchalischen und sogar monarchistischen Ideen zu überwinden, notwendig scheitern, weil er in einer Zeit unternommen wird, in der diese Ideen selbst nur noch im faschistischen Sinne realisierbar sind«(ebd.).

24 So blieb die umfangreiche und wichtige Tätigkeit in der Ökumene ganz im Dunkeln.

25 Vgl. oben Anm. 10.

26 Die Mündige Welt V, München 1969.

27 Vgl. J. Glenthoj, Zu Dietrich Bonhoeffers Eintritt in die ökumenische Arbeit, in: Aktiver Friede. Gedenkschrift für Friedrich Siegmund-Schultze (1885–1969), hg.v.H. Delfs (Schriften des ökumenischen Archivs der Evangelischen Kirche in Deutschland, Bd. VII), Soest 1972, 194–200; ders., Zu Dietrich Bonhoeffers Eintritt in die ökumenische Arbeit. Dokumente 1931–32, Fredericia 1974.

Karl Barth reagierte auf E. Bethges Bonhoeffer-Biographie in einem Brief vom 22. Mai 1967 mit der Frage, »ob die theologische Systematik (ich denke da auch an seine ›Ethik‹) überhaupt Bonhoeffers Stärke« war.[28] Kurze Zeit später hat Ernst Feil mit seiner Untersuchung über »Die Theologie Dietrich Bonhoeffers. Hermeneutik, Christologie, Weltverständnis« eine umfassende Antwort auf diese Frage gegeben.[29] Er legt überzeugend die dogmatische Konsistenz in Bonhoeffers Werk dar, ohne allerdings die politische Ethik miteinzubeziehen.[30]

In Reaktion auf Feils Defizit hat Tiemo Rainer Peters – wie Feil Schüler von Johann Baptist Metz – vom Standpunkt einer politischen Theologie aus »Die Präsenz des Politischen in der Theologie Dietrich Bonhoeffers« untersucht.[31] Peters setzt sich das Ziel einer »lebensgeschichtlichen Interpretation« Bonhoeffers[32] und sucht sein theologisches Denken aus derjenigen Lebenswelt heraus zu verstehen, in der und gegen die es sich artikulierte. Bonhoeffers Theologie soll dadurch in eine mehrfache hermeneutische Beziehung gebracht werden: »zu ihren historisch-gesellschaftlichen

28 K. Barth, Brief an Eberhard Bethge, in: EvTh 28(1968), 555f.

29 E. Feil, Die Theologie Dietrich Bonhoeffers, Hermeneutik. Christologie. Weltverständnis (Gesellschaft und Theologie, Abteilung Systematische Beiträge Nr. 6), 3. Aufl., München-Mainz 1971. Auch R. Mayer hat im Jahre 1969 eine Gesamtinterpretation der Theologie Dietrich Bonhoeffers vorgelegt (Christuswirklichkeit. Grundlagen, Entwicklung und Konsequenzen der Theologie Dietrich Bonhoeffers (Arbeiten zur Theologie, II. Reihe, Bd. 15), Stuttgart 1969). Mayer spricht von einem »Zusammenbruch des ontologischen Systems«, der jedoch keinen Bruch in seiner Theologie impliziere (aaO., 227). Zur Beurteilung der Arbeit vgl. die kritische Rezension E. Feils, in: EvKom 3 (1970), 176f; Feil schließt mit dem zutreffenden Urteil: »Trotz aller Gegnerschaft bleibt Mayer Hanfried Müller verpflichtet und zugleich hinter ihm zurück, weil auch Mayer noch die theologische Entwicklung Bonhoeffers in einer Weise darstellt, daß sie nun nicht mehr durch einen ›qualitativen Sprung‹ wie bei Müller, sondern nur durch den Zusammenbruch seines Systems zur Theologie von ›Widerstand und Ergebung‹ führt« (ebd.).

30 E. Feil hat in einer Sammelrezension sieben bis zum Jahre 1967 erschienene wichtige Monographien zur Theologie Bonhoeffers besprochen und kommt zu dem Ergebnis, daß es in dreifacher Hinsicht Übereinstimmung gebe. Einmal werde die Frage, ob Bonhoeffers Theologie von 1927 bis 1944 eine Einheit darstelle, bejaht. Übereinstimmung bestehe auch in der Annahme, daß Bonhoeffers Theologie von einem einheitlichen Grundaspekt her interpretiert werden könne (vgl. E. Feil, Standpunkte der Bonhoeffer-Interpretation. Versuch einer kritischen Zusammenfassung, in: ThRv 64 (1968), 1–14).

31 T.R. Peters, Die Präsenz des Politischen in der Theologie Dietrich Bonhoeffers. Eine historische Untersuchung in systematischer Absicht (Gesellschaft und Theologie, Systematische Beiträge, Nr. 18), München-Mainz 1976; vgl. auch ders., Jenseits von Radikalismus und Kompromiß. Die politische Verantwortung der Christen nach Dietrich Bonhoeffer, in: IBF 2, 94–115.

32 AaO., 13f.

Bedingungen, ihren traditionalen Voraussetzungen und ihren innovatorischen, zukunftsbezogenen Implikationen.«[33]

Peters wird trotz zahlreicher origineller Interpretationsvorschläge diesem hochgesteckten Ziel nur teilweise gerecht.[34] Ein Hauptmangel liegt in der Vernachlässigung historischer Detailarbeit zugunsten übergreifender Systematisierungen.[35] Bonhoeffers Stellungnahmen zu Fragen einer theologischen Ethik des Politischen werden kaum im Kontext der Zeitgeschichte interpretiert.[36] Zudem beschränkt sich die Analyse traditionaler Voraussetzungen der theologischen Ethik des Politischen auf den Bereich des Theologischen und vernachlässigt den Einfluß der Welt liberaler rechtsstaatlicher Politik, wie sie die Juristen des Freundes- und Familienkreises vertraten.

Der Mangel an zeitgeschichtlicher Erarbeitung dürfte zudem durch Peters' Ziel, mithilfe Bonhoeffers »das Anliegen der ›politischen Theologie‹ (zu) unterstreichen und (zu) verdeutlichen«, mitbedingt sein.[37] Zwar habe Bonhoeffer den Begriff des Politischen nicht im Sinne der neueren politischen Theologie verwendet, aber: »Jenseits von Politisierung und zeitloser Abstraktion verfolgte Bonhoeffer seine kämpferische theologische Alternative und gab so – das ist die These – ›politischer Theologie‹ eine ganz neue, heute noch aktuelle Wendung.«[38]

Hanfried Müller hat in einer Rezension der Arbeit Peters' zurecht eingewandt, daß mit dieser Bestimmung des Begriffs »politische Theologie« zwischen falscher Politisierung und apolitischer Abstraktion dessen Ambivalenz noch nicht zureichend überwunden sein dürfte.[39] »Der Irrweg in Bereiche natürlicher Theologie in Gestalt der Geschichtstheologie, die Versuchung, statt des Wortes Gottes gesellschaftliche Gegebenheiten zur Basis der Kirche zu machen, ist damit noch nicht gänzlich abgewiesen. So halte ich es z. B. für sehr bedenklich, wenn Peters meint, ›daß die Theolo-

33 AaO., 14.

34 Peters konzediert das am Ende seiner Einleitung selbst (aaO., 17).

35 Insofern trifft Peters' Vorwurf gegen Feil, das von diesem erarbeitete Weltverständnis bleibe im Grunde abstrakt, letztlich auch ihn selbst (aaO., 11). Peters geht weder auf die für Bonhoeffers kirchenpolitische Stellungnahme und seine theologische Ethik des Politischen wichtigen Fronten innerhalb der Bekennenden Kirche noch auf seine Rolle in der Konspiration ein.

36 So bleibt z. B. Bonhoeffers wichtige Auseinandersetzung mit den nationalsozialistischen Propagandabegriffen »Reich«, »Revolution« und »Führertum« weitgehend unbeachtet.

37 AaO., 17.

38 AaO., 8.

39 Vgl. H. Müller, Die theologische Entdeckung des politischen Bonhoeffer in der BRD. Die Präsenz des Politischen in der Theologie Dietrich Bonhoeffers, in: ThLZ 102 (1977), Sp. 324.

gie »Sinn« nur konstituieren kann, wenn sie sich konditionieren läßt durch die gesellschaftliche Wirklichkeit, in der sie verstanden sein will‹.«[40]

Weil der Katholik Peters Geschichte und Wort Gottes einander so zuordnet, daß Geschichte und Wirklichkeit zur Bedingung und Basis des Wortes und der Kirche beziehungsweise Wort und Kirche zur Sinngebung und Deutung von Geschichte und Wirklichkeit werden, erfaßt er Bonhoeffers Theorie einer theologischen Ethik des Politischen nur unzureichend.[41] Dieser hat seine Versuche, die Erkenntnis der Wirklichkeit in das theologisch-ethische Urteil miteinzubeziehen, ja gerade in ständiger Auseinandersetzung mit den einflußreichen Entwürfen, die der geschichtlichen Wirklichkeit Offenbarungscharakter unabhängig von Jesus Christus zusprachen, entfaltet.

Diesen Mängeln in der zeitgeschichtlichen und theologischen Analyse ist Heinz Eduard Tödt in mehreren Untersuchungen zu Bonhoeffers theologisch-ethischem Konzept begegnet.[42] Tödt hat erstmalig die ökumenische Friedensethik als Teil von Bonhoeffers theologischem Konzept herausgearbeitet und konsequent die Frage nach der Art der ethischen Urteilsbildung gestellt. Da er sieht, wie stark es Bonhoeffer um ethische Konkretion und die Wahrnehmung der Wirklichkeit geht, versucht er, in zeitgeschichtlicher Analyse dessen Entscheidungen um 1933 aus dem theologischen Konzept abzuleiten und dabei die politische Realität in Anschlag zu bringen.[43]

Die vorliegende Arbeit geht den von H.E. Tödt vorgezeichneten Weg weiter, indem sie untersucht, inwiefern sich der Austausch mit Familie und Freunden, insbesondere den Juristen Leibholz und Dohnanyi, in Bonhoef-

40 Ebd. Das Zitat aus Peters' Buch findet sich auf S. 15.

41 Vgl. Peters, Präsenz, 47, 80 u. 87. Daraus resultiert auch Peters' mangelndes Verständnis der Religionskritik Bonhoeffers. Dieser gelangt zu seiner Kritik der Religion dadurch, daß er »die Barmer Verwerfung aller natürlichen Theologie getreu weiterdenkt« (Müller, Theologische Entdeckung, 325).

42 H.E. Tödt, Judendiskriminierung 1933 – Der Ernstfall für Bonhoeffers Ethik, in: W. Huber u. I. Tödt (Hg.), Ethik im Ernstfall. Dietrich Bonhoeffers Stellung zu den Juden und ihre Aktualität (IBF 4), München 1982, 139–183; ders., Dietrich Bonhoeffers ökumenische Friedensethik, in: H. Pfeifer (Hg.), Frieden – das unumgängliche Wagnis. Die Gegenwartsbedeutung der Friedensethik Dietrich Bonhoeffers (IBF 5), München 1982, 85–117; ders., Kirche und Ethik. Dietrich Bonhoeffers Entscheidungen in den Krisenjahren 1929 bis 1933, in: Kirche. FS für Günther Bornkamm, hg.v. D. Lührmann u. G. Strecker, Tübingen 1980, 447–463.

43 Vgl. auch E.-A. Scharffenorth, Die Kirche vor der Bekenntnisfrage. Bonhoeffers Aufruf zur Solidarität mit den Juden, in: Huber/Tödt, Ethik im Ernstfall, 184–234; ders., Bonhoeffers Pazifismus, in: C. Frey u.W. Huber (Hg.), Schöpferische Nachfolge. FS für Heinz Eduard Tödt (Texte und Materialien der Forschungsstätte der Evangelischen Studiengemeinschaft, Reihe A, Nr. 5), Heidelberg 1978, 363–387.

fers theologischer Ethik niedergeschlagen hat. Dabei gilt es zu zeigen, daß Bonhoeffers Anfang der dreißiger Jahre entwickeltes theologisch-ethisches Konzept, gerade weil es ihm um die Wahrnehmung der Wirklichkeit und ethische Konkretion ging, darauf ausgerichtet war, die Analyse der staatlichen Wirklichkeit durch die Juristen Leibholz und Dohnanyi aufzunehmen. Es sind sowohl die theologischen Grundentscheidungen der Ethik des Politischen als auch die Welt liberaler rechtsstaatlicher Politik, wie sie Bonhoeffer durch seine als Juristen tätigen Schwäger und Freunde präsent war, in den Blick zu nehmen. Nur so kann dem Forschungsdesiderat, das die Herausgeber des Berichtsbands über die eingangs erwähnte Internationale Konferenz zum 40. Jahrestag des 20. Juli 1944 formuliert haben, Rechnung getragen werden: der »Erhellung zeitgeschichtlicher und geistesgeschichtlicher Hintergründe des Denkens und Handelns von Widerstandskämpfern«.[44]

III. Methoden, Quellen und Gliederung

Die Arbeit verfolgt sowohl ein theologisches als auch ein historisches Interesse. Theologische Ethik des Politischen wird nicht isoliert behandelt, sondern im Rahmen eines Gesamtkonzepts von Theologie, wie es bei Bonhoeffer vorliegt. Insofern ist die Untersuchung zunächst eine *theologiegeschichtliche* mit einem *systematischen* Interesse an der Stellung der Ethik des Politischen in der Theologie der Gegenwart. Bonhoeffers Ethikkonzept und Wirklichkeitsverständnis nötigt aber dazu, den politischen *Kontext*, in dem sich sein Denken entwickelt, in die Untersuchung miteinzubeziehen.

Die Frage nach den Einflüssen des Austausches mit den nahestehenden Juristen auf Bonhoeffers theologische Ethik des Politischen ist nur im Rahmen interdisziplinärer Forschung zu beantworten. Der theologiegeschichtliche Vergleich muß mit der zeitgeschichtlichen Erforschung des Widerstands und des Kirchenkampfes verbunden werden. Zudem bezieht die Arbeit mit der Darstellung von Leibholz' Rolle in der staatsrechtlichen Diskussion am Ende der Weimarer Republik und der Beteiligung Dohnanyis an der Umgestaltung des Strafrechts nach 1933 in umfangreichem Maße rechtsgeschichtliche Aspekte ein. Auch wenn sich das Hauptinteresse auf Bonhoeffers theologische Ethik des Politischen richtet, kommt den beiden Kapiteln über Leibholz und Dohnanyi ein eigenes Gewicht zu.[45]

44 J. Schmädeke u.P. Steinbach, Einleitung. Die deutsche Gesellschaft und der Widerstand gegen Hitler. Zu einer Bilanz nach vierzig Jahren, in: Schmädeke/Steinbach, Widerstand, XXXV.

45 Die Leitfrage bei dem Versuch, die Einflüsse eines kontinuierlichen Austausches mit juristisch gebildeten Gesprächspartnern auf den Entwurf einer theologi-

Die Untersuchung zieht neben den von E. Bethge herausgegebenen »Gesammelte(n) Schriften« Dietrich Bonhoeffers und den von J. Glenthoj veröffentlichten »Dokumente(n) zur Bonhoeffer-Forschung 1928–1945« bislang nicht oder nur ansatzweise ausgewertete Quellen heran.[46] Hier ist vor allem der seit dem Jahre 1983 im Bundesarchiv zugängliche Nachlaß Bonhoeffers zu nennen. Mithilfe der auf Mikrofiches fotographierten Originalmanuskripte wurde die für die Interpretation entscheidende Entstehungsgeschichte wichtiger Texte rekonstruiert.[47] Vorlesungen, deren Text in den Gesammelten Schriften aus Nachschriften zusammengestellt wurde, konnten an einigen für die Argumentation wichtigen Stellen überprüft und ergänzt werden.

Eine wichtige Quelle stellen ferner die von Jelle van der Kooi im Betheler Hauptarchiv aufgefundenen Akten zur Entstehung des Betheler Bekenntnisses dar, an dessen Erarbeitung Bonhoeffer maßgeblich beteiligt war.[48] Gerhard Leibholz' umfangreiches Schrifttum ist in Monographien und verschiedenen Zeitschriften publiziert.[49] Biographische Hinweise verdanke ich der Witwe Sabine Leibholz geb. Bonhoeffer.[50] Über Hans von Dohnanyi gibt es trotz seiner zentralen Rolle in den Umsturzvorbereitungen der Jahre 1939 bis 1943 bislang weder eine Biographie noch irgendeine andere umfassende Würdigung. Das umfangreiche für die Darstellung Dohnanyis herangezogene Quellenmaterial, vor allem der Nachlaß des Ehepaares von Dohnanyi, wird unten im betreffenden Kapitel noch genauer erläutert.[51]

Die Gliederung der Untersuchung ist primär chronologisch orientiert, versucht aber systematische Gesichtspunkte geltend zu machen. Bei der Abgrenzung der Kapitel werden nicht nur Stadien in Bonhoeffers Vita und einschneidende Veränderungen des politischen Lebens, sondern auch Entwicklungen in seiner theologischen Ethik des Politischen berücksichtigt.

schen Ethik des Politischen aufzuzeigen, ist weniger eine wissenschafts-soziologische oder ideologiekritische (exemplarisch hierfür Th. Strohm, Theologie im Schatten politischer Romantik. Eine wissenschafts-soziologische Anfrage an die Theologie Friedrich Gogartens (Gesellschaft und Theologie, Systematische Beiträge, Nr. 2), München-Mainz 1970; vgl. dort bes. den Nachweis des großen Einflusses Carl Schmitts auf Gogartens theologische Frühschriften). Die vorliegende Arbeit versucht vielmehr neben dem Aufweis der Tatsache eines Einflusses die Frage zu klären, welche Voraussetzungen in Bonhoeffers theologisch-ethischem Konzept die Einbeziehung eben dieser juristischen Positionen und Problemstellungen in die ethische Urteilsfindung ermöglicht haben.

46 D. Bonhoeffer, Gesammelte Schriften, hg.v. E. Bethge, Bd. 1–6, München 1958ff.

47 Vgl. bes. unten 3.u.4. Kap.

48 Vgl. unten 4. Kap. Einführung.

49 Vgl. unten Anm. II/3.

50 Gespräch am 20. Juli 1985; vgl. unten Anm. II/4 u. II/5.

51 Vgl. 6. Kap. Einführung.

Die Darstellung wird unterbrochen durch zwei Kapitel, die Dohnanyis und Leibholz' berufliche Stellung und ihre juristischen Positionen herausarbeiten. Diesen Einschüben kommt zugleich die Aufgabe zu, in die Problemlage und die juristisch-politische Diskussion, auf die Bonhoeffers Ethik des Politischen Bezug nimmt, einzuführen. Der Ort der Kapitel über Leibholz und Dohnanyi ergibt sich auch aus der Tatsache, daß jener Bonhoeffers Überlegungen vor allem am Ende der Weimarer Republik beeinflußt hat, während letzterer nach 1933 eine wachsende Bedeutung für ihn gewann.

1. Kapitel: Grundzüge einer theologischen Ethik des Politischen in Auseinandersetzung mit der nationalsozialistischen Bedrohung am Ende der Weimarer Republik

Einführung

Erste Überlegungen zum Problem einer christlichen Ethik hat Bonhoeffer im Jahre 1929 geäußert. Bis dahin war, wie E. Bethge formuliert hat, die Ethik ein »Stiefkind« in seiner theologischen Arbeit gewesen.[1] Nach der Rückkehr von einem einjährigen Auslandsvikariat in Barcelona im Februar 1929 trat er eine Stelle als Voluntärassistent am systematischen Seminar der Berliner Universität an und erarbeitete innerhalb des folgenden Jahres seine Habilitationsschrift.[2] Bonhoeffer erlebte die sich zuspitzenden politischen Auseinandersetzungen in Berlin aus nächster Nähe. Er hat sich aber während dieser Zeit an keiner Stelle über die politischen Verhältnisse geäußert und konzentriert auf seine theologische Arbeit gelebt. Nach der Habilitation im Juni 1930 brach er zu einem einjährigen Studienaufenthalt nach den USA auf.

Mit diesem Schritt und der Wahl zu einem der drei ökumenischen Jugendsekretäre für Europa begann ein umfassendes Engagement in der ökumenischen Bewegung. Die ökumenischen Aktivitäten zwangen Bonhoeffer schon zwei Jahre vor der Machtergreifung zu einer dauernden Auseinandersetzung mit den verschiedenen Gruppierungen des »jungen Nationalismus«, vor allem den Nationalsozialisten.[3] Im Zuge dieser Arbeit gelangt er zu neuen Standpunkten in den Grundfragen einer theologischen Ethik des Politischen. Sein Konzept einer Ethik des konkreten Gebotes der Kirche versucht nun die theologische Ethik des Politischen konsequent von der Christusoffenbarung her zu begründen.

Hinweise auf einen Einfluß der »Welt liberaler rechtsstaatlicher Politik«, wie sie Bonhoeffers als Juristen tätige Schwäger beziehungsweise der Bruder Klaus vertraten, auf seine theologische Ethik des Politischen sind in den Jahren 1929 bis Mitte 1932 kaum nachweisbar. So sollen in einem ersten Kapitel Entwicklungen und Grundentscheidungen seiner theologi-

1 DB, 154.

2 D. Bonhoeffer, Akt und Sein. Transzendentalphilosophie und Ontologie in der systematischen Theologie (ThB: Systematische Theologie 5), 4. Aufl., München (1931) 1976.

3 Zur Charakterisierung des sog. jungen Nationalismus vgl. K. Sontheimer, Antidemokratisches Denken in der Weimarer Republik. Die politischen Ideen des deutschen Nationalismus zwischen 1918 und 1933, TB.Ausgabe der 2. Aufl., München 1978, 113ff.

schen Ethik des Politischen in den Jahren 1929 bis 1932 im Kontext seines kirchlich-theologischen, besonders seines ökumenischen Engagements dargestellt werden. Dabei gilt es darauf zu achten, inwiefern sich Bonhoeffers Ethik-Konzept am Beginn der dreißiger Jahre darauf hinentwickelt hat, ein Gespräch mit Juristen wie Leibholz und Dohnanyi zu ermöglichen oder sogar zu suchen.

I. Der nationalprotestantische Einfluß auf die ersten ethischen Überlegungen im Jahre 1929

Den ersten Entwurf einer christlichen Ethik hat Bonhoeffer wenige Tage nach seinem 23. Geburtstag als Vikar der deutschen Gemeinde in Barcelona entfaltet. Der Vortrag über »Die Grundfragen einer christlichen Ethik« enthält in seinem gesamten theologisch-ethischen Werk singuläre Überzeugungen,[4] die zum Teil wohl durch die besondere Lage des verunsicherten Auslandsdeutschtums in der Zeit der Weimarer Republik mitbedingt sind.[5] Nur wenige Jahre später hat Bonhoeffer jedenfalls das natio-

4 T.R. Peters sieht in dem Vortrag eine »›titanische‹..., der Krisen-Mentalität jener Zeit entsprechende Augenblicks-Ethik« (ders., Präsenz, 34; mit Bezug auf E. Bethge). Nicht die demokratischen Elemente der Dissertation würden aufgegriffen, sondern ihre »ganz sporadischen und untypischen völkisch-irrationalen Implikationen« (aaO., 36). H. Müller spricht in seiner Untersuchung »Von der Kirche zur Welt« von »gewissen Tendenzen, die sich bei flüchtigem Zusehen geradezu als vorfaschistisch verstehen ließen« (ders., Von der Kirche zur Welt, 162). 1977 hat er dieses Urteil noch verschärft: »Bei gründlichem Zusehen erscheinen jene Tendenzen nur um so präfaschistischer!« (ders., Entdeckung, Sp. 327). Der Begriff »präfaschistisch« ist freilich untauglich für eine Charakterisierung der Bonhoefferschen Äußerungen, da er die Differenzen zur völkisch-rassistischen Ideologie der Nationalsozialisten verschleiert.

5 Die pointierte Schilderung der »unerhörten Wirren in bezug auf die ethischen Probleme...in Deutschland« am Anfang des Vortrags weist darauf hin, daß man die Auseinandersetzungen um den Weimarer Staat und die umfassende geistig-kulturelle Umwälzung in der deutschen Heimat unter den Auslandsdeutschen als Quelle starker Verunsicherung empfand (vgl. GS V, 158). Die deutsche Gemeinde, in der Bonhoeffer sein Vikariat ableistete, bestand zum großen Teil aus Handwerkern und Kaufleuten, die in der damaligen schwierigen wirtschaftlichen Lage durch die harte Konkurrenz in der Handelsstadt am Mittelmeer schwer bedrängt wurden (vgl. DB, 141 u. Tödt, Judendiskriminierung, 143). T.R. Peters urteilt, daß die Ethik in dem Vortrag »ganz im Schatten der sozio-kulturellen Krise steht, die Bonhoeffer aus der vergröbernden Distanz des Auslandes wahrnimmt« (ders., Präsenz, 36). Dieses Urteil ist dahingehend zu präzisieren, daß vor allem die Hörer des Vortrags unter dem Eindruck einer solchen Krise standen, und Bonhoeffer versuchte, darauf einzugehen, um sie in dieser Situation zu ermutigen. Jedenfalls läßt sich für ihn selbst aus anderen Schriften und Briefen der Barcelonaer Zeit ein undifferenziertes Krisenbewußtsein nicht belegen. Aus einer am 13. November

nalprotestantische Gedankengut, wie es sich in dem genannten Vortrag findet, zurückgewiesen. Auch für die Jahre vor dem Barcelonaer Auslandsvikariat fehlen Zeugnisse über vergleichbare Auffassungen Bonhoeffers.[6]

1928 in Barcelona geäußerten Bemerkung ist Kritik an nationalprotestantischen Auffassungen zu hören. Bonhoeffer bezeichnet in unverkennbarer Anspielung auf die Gegenwart die alttestamentlichen Propheten als Männer, die mit Gott und ihrer Zeit gerungen hätten, »einer Zeit, in der alles aus den Fugen ging, in der nationaler und völkischer Hochmut sich paarte mit Gottlosigkeit und Sittenlosigkeit« (GS V, 119).

6 Die drei für Bonhoeffers frühen theologischen Werdegang bedeutsamsten Lehrer haben sich während des Ersten Weltkriegs und in der Zeit der Weimarer Republik dezidiert zu den politischen Verhältnissen geäußert. Der eine, Bonhoeffers Doktor- und Habilitationsvater Reinhold Seeberg, zählte zu den exponiertesten Vertretern eines religiös verklärten Nationalismus und hielt auch während der Weimarer Republik an seinen alldeutschen Zielen fest. Er war eine führende Persönlichkeit der Vaterlandspartei und vertrat bis zuletzt die Auffassung, daß nur ein territorial vergrößertes Deutschland einer Friedensregelung nach dem Krieg zustimmen könne. Günther Brakelmann resümiert in seiner Untersuchung über »Reinhold Seeberg als Theologe(n) des deutschen Imperialismus«, dessen theologische Ethik des Politischen sei aus einem »erbitterte(n) Kampf gegen das Erbe der europäischen Aufklärung mit ihren liberalen und demokratischen Tendenzen« hervorgegangen (ders., Protestantische Kriegstheologie im 1. Weltkrieg. Reinhold Seeberg als Theologe des deutschen Imperialismus, Bielefeld 1974, 133).
Obwohl Bonhoeffer Seeberg, der die von ihm bervorzugte Systematische Theologie vertrat, als Doktorvater wählte, hielt er zu dessen politischer Grundhaltung auf Distanz. Auch der große Einfluß Seebergscher Theologie auf seine Dissertation von 1927 (vgl. DB, 98–101 u. J. von Soosten, Nachwort zu: D. Bonhoeffer, Sanctorum Communio. Eine dogmatische Untersuchung zur Soziologie der Kirche (DBW 1), München (1930) 1986, 313) weicht in den folgenden Jahren einer wachsenden Orientierung an Karl Barth. Bezeichnend für Bonhoeffers Verhältnis zu Seeberg am Ende der zwanziger Jahre sind zwei Sätze aus einem Brief vom 23. Februar 1930: »Von R. Seeberg hörte ich neulich eine Predigt, die beschämend war. Ein flaches religiöses Geplauder 45 Minuten, es war qualvoll« (GS I, 54).
Wie auch das nahe Verhältnis zu dem als Vernunftrepublikaner bekannten Kirchenhistoriker Adolf von Harnack zeigt, blieben ihm abgesehen von grundlegenden Differenzen spätestens seit Ende der zwanziger Jahre vor allem Seebergs nationalistisch und expansionistisch geprägte politische Anschauungen fremd (vgl. DB, 52, 57 u. 79). Auf den starken Einfluß, den Adolf von Harnack auf Bonhoeffer ausgeübt hat, ist von E. Bethge, C.-J. Kaltenborn und zuletzt R. Staats hingewiesen worden (vgl. DB, 95f; C.-J. Kaltenborn, Adolf von Harnack als Lehrer Dietrich Bonhoeffers (ThA 6), Berlin 1973 u. R. Staats, Adolf von Harnack im Leben Dietrich Bonhoeffers, in: ThZ Basel 37(1981), 94–122). Es bestanden nicht nur über das Elternhaus enge Beziehungen, sondern Bonhoeffer war bis zum Jahre 1929 – unterbrochen durch die Vikariatszeit in Barcelona (15. Februar 1928 bis 17. Februar 1929) – Teilnehmer in Harnacks Seminar (vgl. Staats, Harnack, 105).
Zwar wandte sich Bonhoeffer spätestens seit der Vikariatszeit in Barcelona der von

Karl Barth initiierten sog. dialektischen Theologie zu (vgl. Tödt, Friedensethik, 114 Anm. 3; anders Staats, Harnack, 116), aber diese Umorientierung vollzog sich ohne Bruch mit dem von jener heftig kritisierten Harnack. Wie die bis in die letzten Lebensjahre anhaltende Hochschätzung Harnacks (vgl. z. B. Bonhoeffers Gedächtnisrede auf A. von Harnack (GS V, 106–115; vgl. DB, 96) und Äußerungen in den Gefängnisbriefen (WEN, 141, 225, 232, 245f u. 255)) zeigen, bezog sich die in den Barcelonaer Vorträgen von 1928/29 sichtbare Distanzierung im Wesentlichen auf Fragen theologischer Lehre. Schon die freundschaftlichen Beziehungen der Familie zu Harnack legten eine gewisse Orientierung an dessen maßvoll konstruktivem Republikanertum nahe (zu Harnacks Republikanertum vgl. A. von Zahn-Harnack, Adolf von Harnack, Berlin 1936, 545).
Als dritter Berliner Lehrer, der großen Einfluß auf Bonhoeffers frühe theologische Ethik des Politischen ausgeübt hat, ist der freilich schon im Jahre 1926 verstorbene Kirchenhistoriker und Lutherforscher Karl Holl zu nennen. Von ihm hat Bonhoeffer nicht nur wichtige Impulse für seine Dissertation erhalten, sondern darüber hinaus ist sein Lutherverständnis durch ihn entscheidend geprägt (vgl. von Soosten, DBW 1, 307 u. 309ff). Holls Neuentdeckung der paulinischen Rechtfertigungslehre bei Luther und vor allem der Ernst seines Sündenverständnisses haben auf Bonhoeffer großen Eindruck gemacht. Er kritisierte an Holl aber bald die mangelnde christologische Fundierung seiner »Gewissensreligion«, womit jener die Pointe von Luthers Glauben erfaßt zu haben meinte (vgl. GS V, 224).
Holl war wie Seeberg Mitglied der Vaterlandspartei und wandte sich nach dem verlorenen Krieg scharf gegen die sogenannte »Kriegsschuldlüge« und den Versailler Vertrag (vgl. z. B. seine Predigten am 1. Dezember 1918 und am 1. Advent 1923, in: ders., Christliche Reden, Gütersloh 1926, 50 u. 110). Er hatte die berühmte »Seeberg-Eingabe«, in der im Gegensatz zu der Gruppe um Adolf von Harnack und den Historiker Hans Delbrück annexionistische Kriegsziele vertreten wurden, mitunterzeichnet (vgl. W. Huber, Kirche und Öffentlichkeit (Forschungen und Berichte der Evangelischen Studiengemeinschaft, Bd. 28), Stuttgart 1973, 156 u. 161). Gegenüber den Thesen Ernst Troeltschs und Max Webers suchte Holl die Wirkungen des Luthertums – nicht nur des Calvinismus – auf die Kultur der Neuzeit hervorzuheben (vgl. bes. die Arbeit über »Die Kulturbedeutung der Reformation«, in: ders., Gesammelte Aufsätze zur Kirchengeschichte, Bd. 1: Luther, 4.u.5. Aufl., Tübingen 1927, 468–543). Erwägungen über die Völker als Gottes Schöpfungsordnungen nehmen breiten Raum in seiner Theologie und Ethik ein. Von ihnen ist der junge Bonhoeffer, wie der dritte Barcelonaer Vortrag zeigt, nicht unbeeinflußt geblieben.
Probleme einer theologischen Ethik des Politischen werden in Bonhoeffers Dissertation von 1927 kaum thematisiert. Überlegungen zur theologischen Staatsauffassung begegnen lediglich in einem historischen Exkurs (vgl. SC, 243–245/DBW 1, 236–238) und in der Auseinandersetzung mit dem metaphysischen Staatsverständnis des Aristoteles (vgl. SC, 17f/DBW 1, 20). Auf den Begriff des Volkes, der seit den frühen zwanziger Jahren eine ständig wachsende Bedeutung in der Theologie erlangte, geht Bonhoeffer an mehreren Stellen ein (vgl. SC, 59, 67, 77 u. 241/DBW 1, 57, 64, 73 u. 234f). Bonhoeffers Kritik an der Bürgerlichkeit der Kirche in der Dissertation war dem Doktorvater Seeberg anstößig, so daß das betreffende Kapitel »Kirche und Proletariat« für die Drucklegung gestrichen wurde (vgl. SC, 274–279/DBW 1, 290–293 u. E. Bethges Vorwort, in: SC, 6).

Universität München
Ev.-Theol. Fakultät
Systematisches Seminar

Die Ausführungen zur Beteiligung des Christen am Krieg verharmlosen das Problem nicht, sondern lassen die Not der ethischen Entscheidung in voller Schärfe stehen. Im Sinne der politischen Ethik des Neuluthertums geht Bonhoeffer von einem Widerstreit der Liebesordnung der Bergpredigt mit den Geschichtsordnungen Gottes aus.[7] Zwar läßt sich aufgrund des christlichen Gottesgedankens eine Rangordnung der göttlichen Ordnungen aufstellen, in der die Liebesordnung den höchsten Platz einnimmt. Das Problem des Krieges aber bleibt dennoch bestehen als das Dilemma, entweder den Feind oder den Nächsten zu lieben. Die Entscheidung, den Feind zu lieben, würde Verrat am Nächsten, am eigenen Volk bedeuten. In diesem Dilemma kann die Entscheidung nicht lauten, den Nächsten dem Verderben preiszugeben.[8]

Die Begründung, die Bonhoeffer hierfür gibt, stimmt zum Teil wörtlich mit den Aussagen führender Vertreter des Nationalprotestantismus wie Paul Althaus und Emanuel Hirsch überein. »Gott hat mich meiner Mutter,

7 Beispielhaft hierfür ist ein Aufsatz K. Holls mit dem Titel »Luthers Anschauung über Evangelium, Krieg und Aufgabe der Kirche im Lichte des Weltkriegs«, der 1928 im dritten Band der Gesammelten Aufsätze zur Kirchengeschichte wiederveröffentlicht wurde (zuerst erschienen 1917) und den Bonhoeffer mit großer Wahrscheinlichkeit gekannt hat. Holl setzt sich wie Bonhoeffer in seinem Barcelonaer Ethik-Vortrag mit einem gesetzlichen Verständnis des Liebesgebots, wie es Tolstoj und die Schweizer Religiös-Sozialen vertreten würden, auseinander (vgl. K. Holl, Luthers Anschauung über Evangelium, Krieg und Aufgabe der Kirche im Lichte des Weltkriegs, in: Gesammelte Aufsätze zur Kirchengeschichte, Bd. III: Der Westen, Tübingen 1928, 157ff u. 163f sowie GS V, 156f u. 163ff).
Ebenso stimmen beide im Verständnis des Abnehmens der einen Völker, das aus dem Wachsen anderer folgt, als Schöpfungsordnung Gottes überein (vgl. Holl, Luthers Anschauung, 162ff u. GS V, 171 u. 173f; Bonhoeffer spricht von »göttlicher Ordnung«). Holl bezeichnet es als »einfache(n) natürliche(n) Lebensdrang«, wenn es Völker über ihre bisherigen Grenzen hinaustreibt (Holl, Luthers Anschauung, 162). Für die sittliche Beurteilung folgt daraus: »Wir treffen zuletzt auf Mächte, die jenseits des Willens und des Bewußtseins der Menschen liegen. Oder um es richtiger zu sagen: Wir stoßen hier auf Gottes Schöpferordnung. Es ist Gott, der die einen Völker natürlich wachsen, die anderen abnehmen läßt, wie Gott es ist, der den einzelnen wie den Völkern die Gaben verschieden austeilt, die einen befähigt, Schwierigkeiten zu meistern, an denen die anderen zugrunde gehen« (aaO., 162). Auf diesem Hintergrund erscheint Holl wie Bonhoeffer der Krieg als etwas Unvermeidliches. Freilich sieht Bonhoeffer die problematischen Folgen klarer, wenn er offen ausspricht, daß damit auch ein Angriffskrieg christlich gerechtfertigt werden kann. Holl hingegen bleibt bei der negativen Feststellung stehen, daß es keine Gerechtigkeit sei, wenn ein absterbendes Volk weite Räume innehabe, während ein »jugendkräftiges« in engen Grenzen verkümmern soll (aaO., 173). Das Grundproblem der theologischen Ethik des Politischen sehen beide in dem Widerspruch von göttlichen Schöpfungsordnungen in der Geschichte und der Liebesordnung des Evangeliums (vgl. GS V, 169 u. Holl, Luthers Anschauung, 163).

8 Vgl. GS V, 170f.

meinem Volk gegeben; was ich habe, danke ich diesem Volk; was ich bin, bin ich durch mein Volk; so soll auch, was ich habe, ihm wieder gehören, das ist so göttliche Ordnung, denn Gott schuf die Völker.«[9] Im Bewußtsein der Schuldhaftigkeit der Entscheidung zieht er auch die Konsequenz aus solcher Begründung des Krieges: »...ich werde die Waffe erheben in der furchtbaren Erkenntnis, etwas Entsetzliches zu tun, aber doch nicht anders zu können...Die Liebe zu meinem Volk wird den Mord, wird den Krieg heiligen.«[10]

Das Eingebundensein in das Volk als eine geschichtliche Schöpfungsordnung Gottes rechtfertigt nach Bonhoeffers Auffassung auch einen von der eigenen Seite begonnenen Krieg. Wenn ein Volk um seines geschichtlichen Wachstums willen einen Angriffskrieg führen müsse, folge es darin Gottes geschichtslenkendem Willen. Völker sind nach Bonhoeffers Auffassung wie Menschen. Sie wachsen heran zur Blüte der Jugend und zum Mannesalter und sie sterben wieder. So habe jedes Volk einen Ruf Gottes in sich, Geschichte zu gestalten und in das Leben der Völker ringend miteinzutreten.[11]

Bonhoeffer füllt diesen Ruf mit drastischem Inhalt: »Gott ruft das Volk zur Mannhaftigkeit, zum Kampf und Sieg, denn Gott schafft die Jugend bei Mensch und Volk und liebt die Jugend, denn Gott selbst ist ewig jung und stark und sieghaft.«[12] Wie Paul Althaus und andere Vertreter des jungen, bewußt national gesinnten Luthertums lehnt Bonhoeffer ein gesetzliches Mißverständnis der christlichen Ethik vehement ab.[13] Das Hauptgewicht seiner Argumentation liegt auf dem rein formalen Postulat der Augenblicklichkeit der ethischen Entscheidung. Ausschlaggebend ist die völlige Hingabe des selbstischen Willens an den göttlichen Willen im Augenblick der Entscheidung.[14]

Im Unterschied zu den meisten nationalprotestantischen Theologen hält Bonhoeffer scheinbar am Gebot der Liebe als einzigem inhaltlichem Kriterium der christlichen Ethik fest. So formuliert er das grundsätzliche Problem als einen Widerstreit zweier Liebesordnungen Gottes, nicht wie Althaus den zwischen Liebes- und Schöpfungsordnung. Implizit geht es den-

9 GS V, 171; vgl. z. B. P. Althaus, Das Erlebnis der Kirche, 2. Aufl., Leipzig 1924, 7.

10 GS V, 172.

11 GS V, 173.

12 Ebd.

13 Vgl. GS V, 164ff. Im Blick auf Jesu Liebesgebot betont Althaus, es finde seine Grenze an dem von Gott dem Schöpfer gewollten Ringen der Völker in der Geschichte. Man dürfe nicht aus der Freiheit Jesu ein armseliges Gesetz machen, denn das würde einen »fremde(n) Legalismus« bedeuten (ders., Staatsgedanke und Reich Gottes (Schriften zur politischen Bildung, 10. Reihe, Christentum H.1), 3. Aufl., Langensalza 1926, 77).

14 Vgl. GS V, 163.

noch um den Widerspruch zwischen Liebes- und Schöpfungsordnung, da diese letztlich entscheidend für die stärkere Gültigkeit der einen Liebesordnung ist. Mit dem Beharren auf einer rein formalen Augenblicksgebundenheit der Entscheidung begünstigt er das unreflektierte Einfließen der vermeintlichen (Schöpfungs-)Ordnungen Volk und Familie als Kriterien der Entscheidung.[15]

Zwar kommt Bonhoeffer in der Frage der Teilnahme des Christen am Krieg nationalprotestantischen Auffassungen sehr nahe, aber er unterscheidet sich von diesen durch die hochgradige Spannung, die er in die Darstellung bringt. Das Töten im Krieg wird unmißverständlich als Mord bezeichnet und der Widerspruch von Bergpredigt und Geschichtsordnung in großer Schärfe herausgestellt. Die hochgradige Spannung treibt Bonhoeffer über dieses Ethik-Konzept hinaus. Allein darum können die neuen Erfahrungen in Amerika und das plötzliche Mächtigwerden der Bergpredigt-Botschaft in ihm nur wenige Jahre später zu den unten dargestellten, entschiedenen Wirkungen führen.[16]

Für ein Gespräch mit den Juristen des Freundeskreises gab es in dem Ethik-Konzept von 1929 keine Ansatzpunkte. Sowohl der dezisionistische Impetus als auch die Nähe zu einer romantisch-irrationalen Geschichtssicht liefen juristischer Argumentation und völkerrechtlichen Regelungen zuwider.[17] Eben das Völkerrecht war nicht nur ein Thema der Tätigkeit

15 Bonhoeffer hat Anteil an den dezisionistischen Denkformen, die weite Bereiche des Geisteslebens am Ende der zwanziger Jahre erfaßt hatten (vgl. Ch. Graf von Krockow, Die Entscheidung. Eine Untersuchung über E. Jünger, C. Schmitt, M. Heidegger (Göttinger Abhandlungen zur Soziologie, Bd. 3), Stuttgart 1958). Auch andere lutherische Theologen, z. B. Friedrich Gogarten (vgl. Th. Strohm, Theologie im Schatten politischer Romantik, 53ff), P. Althaus, Emanuel Hirsch und Rudolf Bultmann (vgl. H.E. Tödt, Rudolf Bultmanns Ethik der Existenztheologie (Ethiker des Protestantismus, Bd. 1), Gütersloh 1978, 40, 58, 64 u. 96) zeigten eine Nähe zum Dezisionismus. T. Strohm hat auf eine Ursache für die »enge Verbundenheit von lutherischer Theologie und Dezisionismus« in den zwanziger Jahren hingewiesen: »Luthers Antithese gegen den aus aristotelischen Traditionen gespeisten Legalismus der mittelalterlichen, humanistischen und auch reformierten Naturrechtslehre zugunsten des unverfügbaren, aus eigensten Motiven gespeisten Willens Gottes (Was Gott tut, ist das Gute, nicht Gott tut das Gute, weil es gut ist) wurde im Zuge der Luther-Renaissance zu Beginn dieses Jahrhunderts repristiniert und konnte in die Bahnen des politischen Dezisionismus gelenkt werden«(aaO., 59).

16 Vgl. Tödt, Judendiskriminierung, 148.

17 Wiederum ist der Vergleich mit P. Althaus, der seine romantisch-irrationale Geschichtssicht genauer expliziert hat, erhellend. Althaus kann trotz Jesu Liebesgebot Krieg als sittliche Pflicht am Beruf des Volkes bezeichnen (vgl. d. gleichnamigen Abschnitt bei A. Schäfer, Die theologische Beurteilung des Krieges in der deutschen protestantischen Theologie zwischen den Weltkriegen, dargestellt an den Beispielen P. Althaus, E. Hirsch, D. Bonhoeffer und dem sogenannten »Fall Dehn«, Diss. theol., Heidelberg 1978, 71ff). Da seine romantische Volkstumsmeta-

Gerhard Leibholz' am Berliner Institut für ausländisches öffentliches Recht und Völkerrecht bis zum Jahre 1929, auch Dietrich Bonhoeffers Bruder Klaus arbeitete Ende der zwanziger Jahre über Themen dieses Bereichs.

II. Die neuen Anstöße und Einsichten durch Amerika-Aufenthalt und ökumenische Tätigkeit 1930 bis 1932

A. Die ersten Ansätze einer »ökumenischen Friedensethik«[18] während des Amerika-Aufenthalts

Dadurch, daß Bonhoeffer den für einen deutschen Theologen am Beginn der dreißiger Jahre ungewöhnlichen Schritt nach Amerika tat, erschloß sich ihm die Welt angelsächsischer Theologie und Ethik. Sein Beharren auf Konkretion und Sachgemäßheit der christlichen Ethik hat eine wesentliche Ursache in einer intensiven Auseinandersetzung mit der pragmatischen Philosophie und ihrem Einfluß auf die amerikanische Theologie.[19]

Ferner beeindruckten ihn die positiven Wirkungen des Pragmatismus im »social gospel«.[20] Dieses sozial engagierte Christentum, wie es sein Lehrer am Union Theological Seminary, Harry F. Ward, vertrat, hielt er »in seiner Nüchternheit und seinem Ernst« für unwiderlegbar. Und doch muß seiner Auffassung nach protestiert werden, wenn das als *das* Christentum verkündigt wird »unter Verkürzung aller entscheidenden christlichen Gedanken«.[21] Bonhoeffer war der Auffassung, daß reformatorisches Chri-

physik keine anderen Kriterien bietet als die Wachstumsinteressen eines Volkes, betont er den unauflöslichen Wagnischarakter der Berufsfrage (vgl. P. Althaus, Staatsgedanke, 73 u. 100ff sowie Schäfer, Beurteilung, 58, 65, 69 u. 72ff, bes. 83). Rechtliche Regelungen der internationalen Beziehungen werden als letztlich »ohnmächtig, ja lächerlich« bezeichnet. »Denn der wahre geschichtliche Beruf der etwa um die Führung Ringenden ist für Dritte auch bei dem besten Willen zur ›Gerechtigkeit‹ nicht feststellbar. Die beteiligten Völker selbst wissen ja um ihn nicht anders als in freier Entscheidung, in der Form wagender Tat«(Althaus, Staatsgedanke, 73). Althaus meint, im Konkreten sei hier jede Erkenntnis nur als Bekenntnis möglich, das heißt eben als »wagende Tat des Entschlusses« (ebd.).

18 Vgl. Tödt, Friedensethik, 94ff.

19 Vgl. Peters, Präsenz, 145ff; dagegen H. Müller, Entdeckung, Sp. 332. Heranzuziehen ist besonders Bonhoeffers für das Kirchenbundesamt verfaßter Bericht über den Studienaufenthalt in Amerika (vgl. GS I, 84 u. 91f).

20 »Der Eindruck, den ich von den heutigen Vertreter des social gospel empfangen habe, wird für mich auf lange Zeit hinaus bestimmend sein« (GS I, 102). Charakterisierung des social gospel am Ende der zwanziger Jahre bei W.A. Visser't Hooft, The Background of the Social Gospel in America, 1928.

21 GS I, 102.

stentum diese Dinge durchaus nicht aus-, sondern einschließe, aber daß die Bewertung unterschiedlich sei.[22]

Die Auseinandersetzung mit dem social gospel war vor allem in zweifacher Hinsicht für Bonhoeffers künftige Entfaltung einer theologischen Ethik des Politischen fruchtbar. Zum einen findet er hier ein wirkliches Eingehen auf die konkrete Gegenwart, verbunden mit einem unerbittlichen Ernst, in dem die praktische soziale Notlage gezeigt und die Christenheit in ihren Dienst gerufen wird.[23] Zum anderen nimmt das social gospel nach Bonhoeffers Auffassung das Reich Gottes als ein *Reich auf Erden* wirklich ernst. Zwar kritisiert er die Mißachtung der Unterscheidung des Reiches Gottes von dem der Welt aufgrund einer optimistischen Fortschrittsideologie;[24] das Verständnis des Reiches Gottes als eines anbrechenden Reiches auf der Erde macht ihm jedoch von nun an eine Zustimmung zu der im Neuluthertum verbreiteten diastatischen Verhältnisbestimmung der zwei Regimente Gottes unmöglich.[25]

Die Kenntnis von Pragmatismus und social gospel ermöglichte Bonhoeffer eine differenziertere Kritik des Friedensengagements der westlichen Ökumeniker als vielen anderen deutschen Theologen.[26] Seine Äußerungen zum Problem von Krieg und Frieden sind seit dem Amerika-Aufenthalt von zwei theologischen Grundentscheidungen geprägt: dem erwähnten Ernstnehmen der neutestamentlichen Eschatologie, wie er sie am social

22 Ebd.

23 Vgl. GS I, 82 u. 110.

24 Vgl. GS I, 110f. Aus Bonhoeffers Widerspruch, daß das Reich Gottes nicht die Demokratie sei, folgt keineswegs deren prinzipielle Ablehnung. Damit, daß eine religiöse Überhöhung abgelehnt wird, ist nicht das relative Recht einer Sache bestritten. Im gleichen Sinne kritisiert Bonhoeffer die Identifikation des Ideals des internationalen Zusammenlebens auf der Basis des Wertes der Persönlichkeit mit dem Reich Gottes, bestreitet aber nicht das relative Recht eines solchen Ideals. Es sei schlichte Aufklärungsideologie und habe neben anderen Ideologien durchaus sein Recht (vgl. GS I, 111).
Bonhoeffer wendet sich gegen ein vom social gospel vertretenes Verständnis der Gesellschaftsordnung, deren Neubau gedacht wird in der Nachbildung der Gestalt der Familie. In ihr fehlen Profitmotiv und Konkurrenz, an deren Stelle tritt vielmehr das Prinzip der gegenseitigen Hilfe. Auf dieser Basis soll die neue Gesellschaftsordnung der »brotherhood of mankind« aufgebaut werden. Der Versuch, die Gesellschaftsordnung nach der Familienordnung zu gestalten, beruht für Bonhoeffer »auf mangelnder Einsicht in den Unterschied von Gemeinschaft, Gesellschaft, Staat«(ebd.; vgl. GS I, 105). Für den lutherischen Theologen Bonhoeffer war es unmöglich, von staatlicher Ordnung zu reden, ohne ihre von den Reformatoren betonte Funktion im Blick zu haben, die Folgen der Sünde in Schranken zu halten und für Recht und Frieden zu sorgen – wenn nötig auch mit Gewalt.

25 Vgl. U. Duchrow u. W. Huber (Hg.), Die Ambivalenz der Zweireichelehre in lutherischen Kirchen des 20. Jahrhunderts (Texte zur Kirchen- und Theologiegeschichte, 22), Gütersloh 1976, 30ff.

26 Vgl. z. B. GS I, 114.

gospel schätzen gelernt hatte, sowie der biblischen Auffassung von der Kirche als dem einen universalen Leib Christi in der Welt. Vom Ringen der jungen mit den altgewordenen Völkern als einer Schöpfungsordnung ist nicht mehr die Rede. Vielmehr verwendet Bonhoeffer nun den Begriff des Volkes vornehmlich für das eine universale Volk Gottes.

Zwar trat er in den Ansprachen vor seinen amerikanischen Hörern mit Entschiedenheit als Deutscher auf und wies den verhängnisvollen Artikel 231 des Versailler Vertrages, der Deutschland die alleinige Schuld am Ersten Weltkrieg zusprach, als unzutreffend zurück.[27] Aber diese Klarstellungen standen »im Dienst eines unbedingten Versöhnungs- und Verständigungswillens«.[28] Besonders deutlich wird das am Ende einer Ansprache vor jungen Leuten in New York im Herbst 1930: »Was auch immer kommen mag, laßt uns nie mehr vergessen, daß das Volk Gottes ein christliches Volk ist, daß kein Nationalismus, kein Rassen- oder Klassenhaß seine Anschläge ausführen kann, wenn wir eins sind, und dann wird die Welt für immer Frieden haben.«[29] Im Unterschied zu den Barcelonaer Äußerungen hat hier nicht mehr das einzelne Volk und das Ringen der Völker die Würde einer natürlichen oder geschichtlichen Schöpfungsordnung, sondern die Argumentation geht von dem einen universalen Volk Gottes aus. Es stiftet gerade im Gegensatz zu einem Selbstbehauptungskampf der Völker Frieden.

B. Die theologische Auseinandersetzung mit dem Nationalsozialismus als Schwerpunkt von Bonhoeffers ökumenischer Arbeit

Neben den Erfahrungen des Amerika-Aufenthalts haben vielfältige ökumenische Aktivitäten Bonhoeffers Überlegungen zu einer Ethik des Politischen am Beginn der dreißiger Jahre beeinflußt. Den Schwerpunkt der verschiedenen Tätigkeitsbereiche bildete die theologische Auseinandersetzung mit dem Nationalsozialismus.[30] Auf mehreren nationalen und inter-

27 Vgl. GS I, 69ff.

28 Tödt, Judendiskriminierung, 149.

29 GS I, 424 (Hervorheb. hinzugef., CS). Ähnlich begründet auch der französische Pazifist Jean Lasserre, den Bonhoeffer am Union Theological Seminary kennengelernt hat, 1953 (deutsch: 1956) in seinem Buch »La Guerre et l'Évangile« das Friedensgebot (vgl. ders., Der Krieg und das Evangelium, München 1956, 31). Zweifellos übte die Freundschaft mit Jean Lasserre, der ihn mit einem bisher nicht gekannten Gehorsam gegen das Friedensgebot Jesu konfrontierte, einen großen Einfluß auf Bonhoeffer aus. Am Ende des Studienjahres in Amerika reiste Bonhoeffer mit Lasserre nach Mexiko, wo sie – der Franzose und der Deutsche – im Lehrerseminar von Victoria sogar gemeinsam über die Friedensfrage sprachen (vgl. DB, 188ff).

30 Zur Friedensfrage als Schwerpunkt ökumenischer Arbeit sowie den Angriffen auf die deutschen Ökumeniker vgl. K. Nowak, Evangelische Kirche und Weimarer

nationalen Konferenzen wurde der Nationalsozialismus in Referaten und Diskussionen analysiert – zum großen Teil auf Bonhoeffers Veranlassung.

Er stimmte seiner ersten Entsendung auf eine internationale ökumenische Tagung in einer Zeit zu, als die Hetze nationalistischer Kreise gegen die deutschen Ökumeniker an einen vorläufigen Höhepunkt gelangt war. Die Theologieprofessoren Paul Althaus und Emanuel Hirsch hatten am 2. Juni 1931, dem Tag der Eröffnung eines Treffens, das die Tagung in Cambridge vorbereiten sollte, in den »Hamburger Nachrichten« eine Erklärung unter dem Titel »Evangelische Kirche und Völkerversöhnung« veröffentlicht. Darin wurde behauptet, es gebe in einer Lage, in der dem deutschen Volk durch Kriegskontributionen unter dem »lügnerischen Namen« der Wiedergutmachung ein neuer furchtbarer Krieg mitten im Frieden aufgezwungen werde, keine andere aufrichtige Pflege der Gemeinschaft, als daß man ihren trügerischen Schein zerstöre. Hier bekomme die Forderung volle Wucht: »Durch allen künftigen Schein der Gemeinschaft hindurch zu stoßen und rückhaltlos zu bekennen, daß eine christliche und kirchliche Verständigung und Zusammenarbeit in den Fragen der Annäherung der Völker unmöglich ist, solange die anderen eine für unser Volk mörderische Politik gegen uns treiben.«[31] Althaus und Hirsch machten den deutschen Weltbundmitarbeitern nicht nur den Vorwurf, das deutsche Schicksal zu verleugnen, sondern auch die in lutherischer Tradition besonders schwerwiegende Vorhaltung, die Gewissen zu verwirren.[32]

Der »infame Heckenschuß von Althaus und Hirsch gegen die Verständigungsbemühungen des Weltbundes« rief zwar sofort Gegenaktionen von Professoren wie Adolf Deißmann, Friedrich Niebergall und Martin Rade oder von Kirchenführern wie Karl Horn und Max Diestel hervor, doch blieben diese eine Minderheit.[33] Bezeichnend für die Einschätzung des Vorgangs durch den eben aus Amerika zurückgekehrten Bonhoeffer ist eine auf die Frage, was über die Freundschaftsarbeit der Kirchen zu sagen sei, hin geschriebene Bemerkung: »Immerhin vielleicht nicht solche(r) Unsinn, wie Hirsch kürzlich in Th.Bl. (Theologische Blätter, CS).«[34] Einige Monate später äußerte er die Ansicht, daß die ökumenische Arbeit in

Republik. Zum politischen Weg des deutschen Protestantismus zwischen 1918 und 1932, Göttingen 1981, 187ff. Nachdem Mitte der zwanziger Jahre ökumenische Bestrebungen in Deutschland an Boden gewannen, verschob sich das Kräfteverhältnis in den letzten Jahren der Weimarer Republik wieder erheblich zugunsten nationalistischer Stimmen im deutschen Protestantismus. Besonders die deutsche Gruppe des Weltbundes für Freundschaftsarbeit der Kirchen sah sich wachsenden Anfeindungen ausgesetzt.

31 Abdruck der Erklärung in: ThBl 10 (1931), 177f u. Neuwerk 13 (1931/32), 120f.

32 AaO., 121.

33 Vgl. Nowak, Kirche, 203.

34 GS I, 18.

Deutschland auch darum so geringe Früchte trage, weil sie von »nationalistischen Theologieprofessoren« abgelehnt würde.[35]

Bonhoeffer wurde bereits auf der ersten ökumenischen Konferenz, an der er teilnahm, der Jahrestagung des Weltbundes für Freundschaftsarbeit der Kirchen vom 1. bis 5. September 1931, zu einem der drei Jugendsekretäre des Weltbundes gewählt. Damit eröffnete sich ihm der Weg in zahlreiche weitere ökumenische Aktivitäten. Aufgrund der Tätigkeit als Jugendsekretär trat er mit der ersten Sitzung der »Mittelstelle für ökumenische Jugendarbeit« am 20. Oktober 1931 als Schriftführer in deren Arbeit ein. Nach E. Bethges grundlegenden Forschungen hat J. Glenthoj neue Quellen zugänglich gemacht, die zeigen, wie stark die Arbeit der Mittelstelle von Anfang an durch den Gegensatz zum Nationalsozialismus bestimmt war.[36]

Gleichzeitig haben Glenthojs Veröffentlichungen deutlich gemacht, daß die Forderung einer theologischen Fundierung der ökumenischen Aktivitäten nicht erst durch Dietrich Bonhoeffer erhoben wurde. Vielmehr hatte schon einer der Väter der Mittelstelle, Wilhelm Stählin, in einer Denkschrift als ein Ziel die »Klärung der religiösen und theologischen Grundlagen der Arbeit« genannt.[37] Jedoch stieß Bonhoeffer so früh zur Mittelstelle, daß er die Arbeit »praktisch von Anfang an« mitgestalten konnte.[38]

Eine Klärung der theologischen Grundlagen der ökumenischen Arbeit schien vor allem geboten, um die verbreiteten Ressentiments und Angriffe nationalistisch oder nationalsozialistisch gesinnter Kreise gegen die deutschen Ökumeniker abzuwehren. In der zweiten Besprechung über die Gründung einer Vermittlungsstelle für ökumenische Jugendarbeit am 24. April 1931 wurde die Notwendigkeit der »theologischen Fundierung« damit begründet, daß »etwa 75 % der kirchlich erfaßten Jugend nationalsozialistisch beeinflußt sei und daß diese Jugend z. B. eine Erörterung über ›Kirche und Politik‹ kaum noch für nötig erachte, da diese Frage für sie schon entschieden sei.«[39] Einer der Teilnehmer, Ministerialdirektor i.R.

35 GS I, 118.

36 Vgl. Anm. Einl/27.

37 Zit. in: Glenthoj, Eintritt, 198. Aus Stählins Denkschrift und anderen Niederschriften wird ersichtlich, welche wesentlichen Ziele seiner Arbeit Bonhoeffer von den Gründern der Mittelstelle für ökumenische Jugendarbeit übernommen hat. »Es handelt sich dabei, um nur die wichtigsten Punkte zu nennen, um die Forderung einer theologischen Begründung der ökumenischen Arbeit, die Auseinandersetzung mit dem angelsächsischen Reichs-Gottes-Begriff, die Konfessionsfrage, die Kriegsschuldfrage, die Auseinandersetzung mit dem Nationalsozialismus, die sozialethischen und politischen Fragen, die Frage nach der sachlichen und persönlichen Eignung der jugendlichen Delegierten und um die Bemühungen zu einer Beeinflussung der akademischen Welt« (zit.aaO., 199).

38 Glenthoj, Eintritt, 195f.

39 AaO., 198f.

von Kameke, betonte, neben den Fragen des Pazifismus bedürften vor allem die des Nationalsozialismus dringend einer Klärung.[40]

Auch die Sitzung der Mittelstelle am 20. Oktober 1931, die erste, an welcher der neu ernannte ökumenische Jugendsekretär Bonhoeffer teilnahm, stand unter dem Zeichen der Bedrängnis durch Nationalismus und Nationalsozialismus. In dem von ihm mitverfaßten Bericht über die Sitzung wird eine Äußerung Stählins zitiert, daß die Pflege des ökumenischen Gedankens im Religionsunterricht und unter der heranwachsenden Jugend wegen der starken nationalsozialistischen Welle jetzt ebenso notwendig wie schwierig sei. In der gleichen Sitzung wurde der zum Studentenseelsorger an der Technischen Hochschule Berlin-Charlottenburg berufene Dietrich Bonhoeffer gebeten, bei der Konferenz der Studentenpfarrer eine Behandlung des Problems der Vertretung des ökumenischen Gedankens in der immer stärker vom Nationalsozialismus beherrschten Studentenschaft anzuregen.[41]

Auf den ökumenischen Jugendkonferenzen des Jahres 1932, an denen Bonhoeffer als einer der drei internationalen Jugendsekretäre des Weltbundes teilnahm und die er zum Teil mit vorbereitete, trat das Thema des Nationalsozialismus mehr und mehr in den Vordergrund des Bewußtseins und der Aussprachen. Vor allem zwei Konferenzen befassen sich ausführlich mit dem Nationalsozialismus: die deutsch-französische Regionalkonferenz auf der Westerburg vom 12. bis 14. Juli 1932[42] und die vom Zentralrat der tschechoslowakischen Kirche veranstaltete Jugendfriedenskonferenz in Ciernohorskè Kùpele eine Woche später.

Die deutsch-französische Regionalkonferenz auf der Westerburg bot die Chance, die Fragen des deutschen und französischen Nationalismus im kleinen Kreis zu diskutieren. Für Bonhoeffer war die Abgrenzung zwischen französischem und deutschem Nationalismus und die Erkenntnis, daß die Auseinandersetzung mit ihnen jeweils verschieden verlaufen müsse, sehr lehrreich.[43] Nach seinem Bericht stand das Problem des Natio-

40 AaO., 199.

41 Vgl. D. Bonhoeffer/W. Stählin, Niederschrift vom 20. 10. 1931. Bericht über die Sitzung der Mittelstelle für ökumenische Jugendarbeit, abgedr. in: Glenthoj, Dokumente, 18.

42 Bonhoeffer sah in seinem Programmentwurf sowohl am Abend des 12. Juli als auch am Abend des 13. Juli die Behandlung des Nationalsozialismus vor. Am ersten Abend sollte der Göttinger August de Haas ein Referat über den »Deutsche(n) Nationalsozialismus« halten. Schon die Tatsache, daß Bonhoeffer neben zwei Referaten über die katholische Frage und zweien über den Bolschewismus zwei ganze Abende für die Behandlung des deutschen Nationalsozialismus vorsah, obwohl das Thema der Tagung »Die Einheit des deutsch-französischen Protestantismus zwischen Katholizismus und Bolschewismus« war, zeigt deutlich, wo Bonhoeffer – in zutreffender Weise – die wahre Bedrohung des deutschen Protestantismus sah (vgl. GS VI, 242).

43 Vgl. GS I, 171f.

nalsozialismus im Mittelpunkt des Interesses. Er wendet sich nachdrücklich gegen eine strikte und verständnislose Verurteilung des Nationalsozialismus »auf diesen Konferenzen« und betont – gleich seinem Schwager Hans von Dohnanyi – daß die Politik des Auslandes »sich selbst das größte Maß der Verantwortung für den Nationalsozialismus in seiner gegenwärtigen Gestalt zuzumessen habe.«[44]

Wie wenig aus diesen Äußerungen irgendeine Sympathie Bonhoeffers für den Nationalsozialismus herauszulesen ist, zeigen die Berichte über seine überraschend direkte Warnung vor dem Nationalsozialismus in Ciernohorskè Kùpele eine Woche später. Er wollte darauf hinwirken, daß sich die Westmächte, insbesondere die Franzosen, nicht durch eine lautstarke Verurteilung des Nationalsozialismus aus ihrer Verantwortung stahlen, sondern durch Zugeständnisse in der Abrüstungsfrage der nationalsozialistischen Propaganda den Wind aus den Segeln nähmen.[45]

Bonhoeffers warnende Haltung in Ciernohorskè Kùpele ist in einer umfangreichen, noch unveröffentlichten Studie des tschechoslowakischen Pfarrers Adolf Mádr über Vorbereitung und Ablauf der Jugendfriedenskonferenz belegt.[46] J. Glenthoj gibt in seiner Dokumentensammlung einige Passagen des von Mádr rekonstruierten Textes einer Rede wieder, die Bonhoeffer am 27. Juli 1932 dort gehalten hat: »Die hitlernationalistische Partei mißbraucht die demokratischen Möglichkeiten und strebt nach Errichtung einer Diktatur. Gerade die nächsten Tage werden entscheidend sein, wieweit die antihitlerischen Parteien imstande sein werden, die Übernahme der Regierung durch die Nazisten zu verhindern. Der Nazismus drängt auch in die Kirche hinein. Die verantwortliche theologische Arbeit, unterstützt von der ökumenischen Welt, steht vor dem Auftrag, den Teil der Deutschen und der Christen in Deutschland, die gegen Hitler kämpfen, zu stärken. Der Sieg der Hitlerpartei hätte unabsehbare Folgen nicht nur für die Entwicklung des deutschen Volkes, sondern auch für die Entwicklung der ganzen Welt. Die Christen müssen sich im Kampfe gegen die Kräfte vereinen, welche die Völker zu einem falschen Nationalismus verführen, welche den Militarismus fördern und die Welt mit einer Unruhe bedrohen, aus welcher ein Krieg entstehen könne.«[47]

Auch wenn die Zuverlässigkeit des Textes fraglich ist, geht aus ihm hervor, daß Bonhoeffer angesichts der Reichstagswahl vom 31. Juli 1932 die Gefahr einer nationalsozialistischen Regierungsbeteiligung sowohl für

44 GS I, 172.

45 J. Glenthojs Charakterisierung der Haltung Bonhoeffers zum Nationalsozialismus auf der Westerburg als einer »mehr interpretierende(n) Haltung« ist darum mißverständlich (vgl. Glenthoj, MW V, 41).

46 Teilw. zit. in: Glenthoj, MW V, 41ff; vgl. A. Mádr, Eine Friedenskonferenz vor 35 Jahren. Ciernohorskè Kùpele Juli 1932, in: JK 12 (1967), 692–697 sowie DB, 295.

47 Zit. in: Glenthoj, MW V, 42f.

die Kirche als auch für den Weimarer Staat klar gesehen hat.[48] Nach Bonhoeffers Auffassung konnte die ökumenische Bewegung in der Auseinandersetzung mit dem stark angewachsenen Nationalsozialismus nur bestehen, wenn sie zu einem theologischen Selbstverständnis als Kirche gelangte. Die Mentalität der alten Praktiker, die sich einer theologischen Begründung ihres Handelns entzögen, gefährde die ökumenische Arbeit, insbesondere die des Weltbundes.[49] Bonhoeffer betont, daß der Weltbund nicht eine Zweckorganisation kirchlichen Handelns, sondern eine Gestalt der Kirche selbst sei. Er ist »die erschreckte, hellhörig gewordene, geängstigte Kirche Christi.«[50]

III. Die Begründung einer theologischen Ethik des Politischen von der Christusoffenbarung her

Im Zusammenhang seiner ökumenischen Aktivitäten entfaltet Bonhoeffer Anfang der dreißiger Jahre ein neues Konzept einer theologischen Ethik des Politischen. Es hat sein Zentrum in einer pointierten Christus praesens-Ekklesiologie. Bonhoeffer distanziert sich einerseits von einer Schöpfungsordnungstheologie, die unter den deutschen Ökumenikern verbreitet war. Auf der anderen Seite grenzt er sich gegen einen angelsächsischen Reich Gottes-Begriff ab, der die Ordnung des internationalen Friedens als ein »Stück Reich Gottes auf Erden« versteht und das Ideal des Friedens verabsolutiert.[51] Seine christologisch begründete Ethik des Politischen versucht, eine Alternative zu den gegensätzlichen Konzepten der kontinentalen und der angelsächsischen Theologie zu sein. Die Grundgedanken sind in einem Vortrag »Zur theologischen Begründung der Weltbundarbeit« entfaltet, den Bonhoeffer auf der erwähnten Jugendfriedenskonferenz in Ciernohorskè Kùpele am 26. Juli 1932 gehalten hat.[52]

A. Die Erkenntnis des konkreten Gebotes als Akt gegenwärtiger Offenbarung in der Kirche

Bonhoeffer bindet die Christusoffenbarung als Grundnorm jeder ethischen Entscheidung an die vorfindliche Kirche als den Christus praesens. Mit Hilfe der Analogie der gegenwärtigen Offenbarung des Gebotes zum Offenbarungsgeschehen der Menschwerdung Gottes wird zugleich die

48 AaO., 42.

49 Vgl. GS I, 141 u. DB, 295f.

50 GS I, 165; vgl. 164.

51 Vgl. bes. GS I, 121ff, 149ff u. 152. Nach Bonhoeffers Auffassung sind die verschiedenen Reich Gottes-Begriffe in der kontinentalen und der angelsächsischen Theologie ein Hauptproblem der ökumenischen Arbeit (vgl. GS I, 173 u. DB, 300).

52 GS I, 140–161.

Grundstruktur seiner Ethik theologisch begründet: das unauflösliche Ineinander der Perspektive der Herrschaft Christi über die Welt einerseits und des kompetenten Wissens um die Gesetzlichkeiten am jeweiligen Ort der Welt andererseits in der Verkündigung des konkreten Gebotes.

1. Die Vollmacht der Kirche als Christus praesens

Da es keine Eigengesetzlichkeiten und Bereiche des Lebens gibt, die der Herrschaft Jesu Christi entzogen wären und sein Wort nicht zu hören bedürften, hat die Kirche seinen Anspruch auf die *ganze* Welt vernehmlich zu machen.[53] Die Vollmacht dazu gewinnt sie allein aus der Gegenwart des lebendigen Christus in ihr. »Die Kirche ist die Gegenwart Christi auf Erden, die Kirche ist der Christus praesens. . .Das Wort der Kirche ist das Wort des gegenwärtigen Christus, es ist Evangelium und Gebot.«[54] Im Zuge der christologischen Konzentration, wie sie E. Feil für die Zeit nach der Rückkehr aus Amerika aufgewiesen hat,[55] betont Bonhoeffer die Unmittelbarkeit nicht nur der Gnadenzusage des Evangeliums, sondern auch der Gehorsamsforderung des Gebotes Gottes.

An der Auseinandersetzung mit Karl Barth werden die Folgen für das Ethik-Konzept deutlich. Nach Bonhoeffers Auffassung schließt Barths Verständnis der Ethik als Demonstration, das er selbst in seinem Barcelonaer Ethik-Vortrag aufgenommen hatte, jede Prinzipienethik aus, aber sie verhindert auch jede *konkrete* Ethik.[56] Demgegenüber gelte, daß in Jesus Christus konkrete, kontingente Offenbarung geschehen sei und geschehe. Hier tritt das Wort Gottes wirklich in die empirische Geschichte ein. Jesus Christus ist der »Gegenlogos in der Geschichte«, der sich als Widerspruch zum Weltgesetz entfaltet.[57] Er ist fleischgewordenes Wort und damit wirklich präsent im Geschehen. »Christus als Wort im Sinn der Anrede ist also nicht zeitlose Wahrheit, er ist die in den konkreten Augenblick hineingesprochene Wahrheit; Anrede, welche in die Wahrheit vor Gott stellt.«[58] Wie von Jesus Christus so kann von der Kirche nur in zweifacher Weise angemessen geredet werden. »Es ist ein und dieselbe Kirche, ihre sichtbare (menschliche, CS) Gestalt und ihre verborgene Göttlichkeit. Wie es ein und derselbe Herr ist, der Zimmermannssohn von Nazareth und der Sohn Gottes.«[59] Der konkrete Anspruch und Zuspruch Jesu Christi ist für Bonhoeffer ganz an die Kirche als den gegenwärtigen Christus gebunden.

53 Vgl. GS I, 144. »Der Wille Gottes richtet sich nicht nur auf die Neuschaffung des Menschen, sondern auch auf die Neuschaffung der Zustände« (GS I, 156).

54 GS I, 144.

55 Vgl. Feil, Theologie, 161ff u. Tödt, Friedensethik, 93f.

56 Vgl. GS V, 226f.

57 GS III, 169.

58 GS III, 185; vgl. Tödt, Friedensethik, 93.

59 GS III, 288.

2. Die Perspektive der Christusherrschaft und die Notwendigkeit detaillierter Sachkenntnis in der Verkündigung des konkreten Gebotes

Bonhoeffers Forderung, daß vollmächtiges Reden nur »in vollster Konkretion« geschehen könne, hat weitreichende Folgen für die Konzeption einer theologischen Ethik. Die Kirche kann einerseits nicht einfach einen prinzipiellen Anspruch Christi auf die Welt verkündigen; andererseits darf sie die umfassende Perspektive der Herrschaft Christi über die ganze Welt nicht zugunsten aus detaillierter Sachkenntnis gewonnener Handlungsoptionen aufgeben. Das Gebot der Kirche ergibt sich vielmehr gerade aus dem unauflöslichen Ineinander beider Aspekte. »Das Wort der Kirche an die Welt muß darum aus der *tiefsten Kenntnis der Welt* dieselbe in ihrer ganzen gegenwärtigen Wirklichkeit betreffen, wenn es vollmächtig sein will.«[60] Der Verkündigende hat darauf bedacht zu sein, die jeweilige Sachlage so in die Gestaltung des Gebotes miteinzubeziehen, daß das Gebot in die wirkliche Situation selbst hineintrifft. Es ist geradezu ein Kriterium der Wahrheit des Gebotes Gottes, ob es »in konkretester Form aus der vollsten Kenntnis der Sache heraus« zum Gehorsam aufruft.[61]

Bonhoeffer sieht selbst die »ungeheure Schwierigkeit«, die sich daraus ergibt. »Wenn die Kirche, bevor sie gebieten kann, die Sachlage bis ins einzelne kennen muß, wenn also die Gültigkeit ihres Gebotes abhängig ist von ihrer detaillierten Sachkenntnis. . ., läuft die Kirche immer Gefahr, bei ihrem Gebot nun doch diesen oder jenen sachlichen Gesichtspunkt zu übersehen oder auch nur unterschätzt zu haben, und damit wird dann die Kirche in ihrem Gebot gerade wieder völlig unsicher gemacht.«[62] Die Sachzugewandtheit der gebietenden Kirche ist einerseits Vorbedingung für ein wirkliches Gebot und macht andererseits jedes ihrer Gebote immer wieder unsicher, weil abhängig von der vollen Kenntnis der Wirklichkeit. Für Bonhoeffer gibt es in diesem Dilemma zwei Lösungsversuche. Einmal das »Ausweichen und Sichzurückziehen auf die Etappe der Prinzipien«; oder aber die Schwierigkeit wird klar ins Auge gefaßt, und es wird nun allen Gefahren zum Trotz etwas gewagt, »nämlich *entweder* ein bewußtes und qualifiziertes Schweigen des Nichtwissens *oder* aber es wird das Gebot gewagt, in aller denkbaren Konkretion, Ausschließlichkeit, Radikalität.«[63]

Der erste Weg, den die Kirchen zumeist gegangen sind, läuft letztlich auf eine Leugnung der Geltung des Evangeliums hinaus, denn das Wagnis der Verkündigung des Gebotes ist im Glauben an die Sündenvergebung begründet. Die Kirche wagt ein Gebot als Gottes Gebot zu sagen in der klaren Erkenntnis, daß sie möglicherweise irrt und sündigt, aber sie darf es sprechen im Glauben an das Wort von der Sündenvergebung. Das Ange-

60 GS I, 145 (Hervorheb. hinzugef., CS).
61 Vgl. GS I, 146.
62 GS I, 147.
63 Ebd.

wiesensein der Verkündigung des Gebotes Gottes auf die Kenntnis der Wirklichkeit drückt sich nach Bonhoeffers Auffassung in einer Analogie aus. Wie die Geltung der Verkündigung des Evangeliums durch das Sakrament gewährleistet sei, so stelle die Kenntnis der konkreten Wirklichkeit die Sicherung der Verkündigung des Gebotes dar. »Die Wirklichkeit ist das Sakrament des Gebotes« oder auch das »ethische Sakrament«.[64]

Die über die Wirklichkeit als »ethisches Sakrament« geäußerten Überlegungen hat Bonhoeffer nicht weiter ausgeführt und erläutert. Die Forderung nach detaillierter Sachkenntnis in der Verkündigung des konkreten Gebotes durch die Kirche wird für ihn jedoch zum unaufgebbaren Bestandteil theologischer Ethik. Freilich begnügt sich die Kirche nicht mit Urteilen aus empirischer Sachkenntnis, sondern bettet diese in eine an Christus orientierte Erkenntnis der Gesamtwirklichkeit ein.[65]

3. Die Analogie von gegenwärtiger Offenbarung und der in Jesus von Nazareth

Bislang ist die für den gesamten Ethikentwurf zentrale Frage offen geblieben, woher die Kirche weiß, was Gottes Gebot für die Stunde ist. Bonhoeffer antwortet, daß die Erkenntnis des Gebotes Gottes ein Akt gegenwärtiger Offenbarung Gottes sei.[66] Damit werden zwei mögliche Antworten abgelehnt. Für die eine ist das biblische Gesetz, die Bergpredigt, die absolute Norm des Handelns. Bonhoeffer wendet sich im Jahr 1932 dagegen, die Bergpredigt zum gesetzlichen Buchstaben zu machen. »Sie ist in ihren Geboten die Veranschaulichung dessen, was Gottes Gebot sein kann, aber nicht, was es gerade heute und gerade für uns ist.«[67] So allein sei gewährleistet, daß sich nicht ein Gesetz zwischen Gott und den Menschen schiebt. Die zweite Antwort, die Bonhoeffer im Jahre 1932 ablehnt, will Gott in den Schöpfungsordnungen finden. Sie geht von der Existenz gottgewollter und gottgeschaffener Gegebenheiten aus und findet darin das Gebot Gottes des Schöpfers. Jedoch werde dabei übersehen, daß die Welt gefallen ist und nun die Sünde herrscht. Schöpfung und Sünde sind derart ineinander verflochten, daß kein menschliches Auge sie mehr voneinander zu lösen vermag.[68]

Nach Bonhoeffers Auffassung kann das Gebot »nirgends anders herkommen, als wo die Verheißung und Erfüllung herkommt, von Chri-

64 Ebd. (Der erste Satzteil ist in den Gesammelten Schriften gesperrt gedruckt).

65 Vgl. Tödt, Friedensethik, 96.

66 Vgl. GS I, 148.

67 GS I, 148.

68 Ebd. »Die sogenannten Schöpfungsordnungen an sich sind nicht mehr Offenbarungen des göttlichen Gebotes, sie sind verhüllt und unsichtbar« (GS I, 150; vgl. 149).

stus«.[69] Wie diese Feststellung zu verstehen ist, erhellen Bonhoeffers Äußerungen zur Bergpredigtauslegung. Einerseits ist die Bergpredigt lediglich Veranschaulichung dessen, was Gottes Gebot sein kann, aber nicht, was es gerade heute und gerade für uns ist. Vielmehr muß die Verkündigung des Gebotes die wirkliche Sachlage beurteilen können und in das Gebot einbeziehen, so daß dieses in die Situation selbst hineintrifft. Andererseits fordert Bonhoeffer nur wenige Monate später am Ende des Jahres 1932[70] eine schlichte Nachfolge in einfältigem Glauben. »Der Glaube muß-...einfältig sein, sonst wird er Reflexion, nicht Gehorsam; sonst weiß auch die Linke, was die Rechte tut, und ist keine Nachfolge, die von Gut und Böse nichts weiß.«[71] Dem »einfältigen Leser sagt die Bergpredigt ganz unmißverständliche Dinge.«[72]

Ein Widerspruch zwischen der Forderung nach einfältigem Gehorsam und Einbeziehung der wirklichen Sachlage aufgrund konkreter Sachkenntnis ist nur zu vermeiden, wenn die Reflexion auf die konkrete gegenwärtige Gestalt des in der Bergpredigt veranschaulichten Gebotes als zum Geschehen der Offenbarung des Gebotes selbst zugehörig verstanden wird. Bonhoeffers ethische Theorie kann dies leisten mithilfe des pointierten Verständnisses der Kirche als Christus praesens. Das Bemühen der Kirche um das konkrete Gebot erhält die Dignität der Zugehörigkeit zum Offenbarungsgeschehen. Dieses ist in Analogie zur Offenbarung Gottes in dem konkreten Menschen Jesus von Nazareth verstanden. Die Analogie besteht darin, daß die Doppelheit von Herrschaft beziehungsweise Anspruch Christi und detaillierter Sachkenntnis in der Verkündigung des konkreten Gebotes durch die Kirche dem Gott- und Menschsein Jesu Christi entspricht. Wie der christliche Glaube von Gott nur als dem in Jesus von Nazareth Menschgewordenen reden kann, gibt es Gottes Anspruch nicht als allgemeine oder prinzipielle Forderung, sondern allein als konkretes Gebot unter Einbeziehung der Bedingungen und Gesetzlichkeiten des jeweiligen Ortes der Welt.[73] Die Analogie von gegenwärtiger Offenbarung und der in Jesus von Nazareth folgt aus dem Verständnis der Kirche als

69 GS I, 150.

70 Das Manuskript »Christus und der Friede« stellte nach J.W. Winterhagers Erinnerung eine Diskussionseinleitung im ökumenischen Arbeitskreis der D.C.S.V. vom Winter 1932 dar. Ob es sich um eine Nachschrift oder eine Aufzeichnung von Bonhoeffers Hand handelt, läßt sich nicht mehr klären, da nur eine maschinenschriftliche Fassung vorliegt (vgl. Glenthoj, MW V, 69; GS V, 359f u. DB, 253f).

71 GS V, 360.

72 GS V, 359.

73 Die Kirche darf nach Bonhoeffers Auffassung keine Prinzipien verkündigen, die immer wahr sind, sondern nur Gebote, die heute wahr sind, weil Gott »uns ›immer‹ gerade ›heute‹ Gott« ist (GS I, 145). Hier zeigt sich der Einfluß des Pragmatismus auf Bonhoeffers Ethik (vgl. oben II.A).

dem gegenwärtigen Christus sowie der Auffassung, daß das Gebot nirgends anders herkommen kann, als von eben diesem Christus.

Bonhoeffer hat dabei alle Sozialgestalten der Kirche vor Augen, nicht nur die einzelnen Gemeinden oder Landeskirchen. Im Jahr 1932 ist seine Aufforderung, die Vollmacht der Kirche zur Verkündigung des konkreten Gebotes ernst zu nehmen, vor allem an die ökumenische Bewegung gerichtet, die sich um ein gemeinsames Wort in der Friedensfrage bemühte. Die Auffassung, daß »allein auf dem Boden der christlichen Kirche zu diesem Thema *sachlich*, d.h. neutral, und verantwortlich« gesprochen werden könne, wird in den kommenden Jahren in der Auseinandersetzung mit der nationalsozialistischen Verabsolutierung relativer Gesetzlichkeiten der Welt zu einem Grundsatz seiner Ethik.[74] Allein das Verständnis der Weltwirklichkeit in der Perspektive der Christuswirklichkeit gewährleistet seiner Auffassung nach eine sachgemäße Beachtung ihrer Wesensgesetze.

Die Entstehung dieser für seine späten Ethikentwürfe zentralen Konzeption läßt sich somit bis in die letzten Jahre der Weimarer Republik zurückverfolgen. In der Situation einer permanenten Krise in den internationalen Beziehungen kommt nach Bonhoeffers Auffassung der Kirche, insbesondere in ihrer ökumenischen Gestalt, eine besondere Bedeutung zu. Sie stellt den Ort dar, an dem noch am ehesten eine sachliche Diskussion der Probleme des Umgangs mit der Weltwirklichkeit, gerade auch im Bereich des Politischen, möglich schien. Bonhoeffer spricht ihr sogar die Würde des Ortes zu, an dem die Offenbarung des konkreten Gebotes Gottes geschieht.

B. Das Wagnis des Gebotes und das relative Recht von Volk und Staat als Erhaltungsordnungen auf Christus hin

Der Neuansatz einer von der Christusoffenbarung her entfalteten Ethik hat in den Fragen des politischen Lebens vor allem die – schon angedeutete – Ablehnung der verbreiteten Lehre von den Schöpfungsordnungen zur Folge. Es kann lediglich Erhaltungsordnungen geben, die solange unter der Erhaltung Gottes stehen, als sie für die Neuschöpfung in Christus offen sind.

74 Vgl. GS I, 176 u. EN, 250. Nach Bonhoeffers Auffassung ist gerade von einer recht verstandenen christlichen Kirche als dem »der politischen Konjunktur gegenüber ›neutralen‹ Ort katexochen« her die politische Wirklichkeit der gegenwärtigen internationalen Lage zu beurteilen und in der ihr sachlich angemessenen Weise zu bestimmen (vgl. GS I, 175; vgl. auch G. Dehn, Kirche und Politik. Bemerkungen zu den Angriffen auf Hermann Schafft, in: Neuwerk 13 (1930/31), 120).

1. Die Ersetzung des Begriffs Schöpfungsordnung durch den der »Erhaltungsordnung auf Christus hin«

Auf einer theologischen Konferenz der Mittelstelle für ökumenische Jugendarbeit am 29. und 30. April 1932 in Berlin[75] und dann besonders in dem zitierten Vortrag »Zur theologischen Begründung der Weltbundarbeit« vom 26. Juli 1932 begründet Bonhoeffer, warum der Begriff »Schöpfungsordnung« zugunsten des Ausdrucks »Erhaltungsordnung auf Christus hin« aufgegeben werden müsse.[76] In der Auseinandersetzung mit dem Begriff »Schöpfungsordnung« im Rahmen seiner ökumenischen Friedensethik geht es ihm wesentlich um Abgrenzung gegen nationalistische Ziele und die Überfrachtung der Theologie mit religiös-völkischem Gedankengut.[77] Das Gebot Gottes läßt sich nicht in angeblichen Schöpfungsordnungen finden, weil »jede menschliche Ordnung Ordnung der gefallenen Welt ist und nicht der Schöpfung«.[78]

Wenn das Vorfindliche einfach als gottgewollt angesehen wird, wäre »jedes Daseiende...für Ewigkeit gerechtfertigt, die Zerrissenheit der Menschheit in Völker, nationaler Kampf, der Krieg...«[79] Vielmehr bedarf es eines theologischen Kriteriums, an dem alle Gegebenheiten und Ordnungen der Welt zu messen sind. Dieses Kriterium kann nur sein, inwieweit die Ordnungen offen sind für Christus und die neue Schöpfung in ihm; inwieweit sie den radikalen Verfall der Welt an Tod und Sünde aufzuhalten und dem Evangelium den Weg offenzuhalten vermögen. Von diesem Kriterium her kann es keine Schöpfungsordnungen geben, sondern lediglich »Erhaltungsordnungen Gottes, die nur so lange Bestand haben, als sie offen bleiben für die Offenbarung in Christus«.[80]

Der Begriff »Erhaltungsordnung«, der heute einen konservativen Beiklang hat, dient somit gerade der Destruktion der verbreiteten völkisch-nationalen Argumentation mit den Schöpfungsordnungen. Jedem Sichberufen auf das Recht eines Volkes, sich über die Interessen eines anderen hinwegzusetzen, ist die Grundlage entzogen. Wie alle Ordnungen haben Volk und Volkstum nur Recht und Bestand, sofern sie auf Christus hin

75 GS I, 128–131.

76 Zuerst GS I, 128f (April 1932); zu Bonhoeffers Kritik am Begriff »Schöpfungsordnung« sind zu vergleichen: der erwähnte Vortrag vom 26. Juli 1932 (GS I, 149–152, 154 u. 160); der Erstentwurf des Betheler Bekenntnisses (GS II, 100–102; vgl. unten 5. Kap.II.B.u.C.); zum Begriff »Erhaltungsordnung« bei Bonhoeffer im Jahre 1932 vgl. GS I, 129 (April 1932); 150f u. 160 (Juli 1932); GS V, 292 (SS 1932) u. SF, 113f (WS 1932/33).

77 Vgl. zum Folgenden Tödt, Judendiskriminierung, 151–152 u. Peters, Präsenz, 37–40; Mayer, Christuswirklichkeit, 124–131, vergleicht in einem Exkurs den Begriff »Erhaltungsordnung« bei Bonhoeffer und Walter Künneth.

78 GS I, 149.

79 Ebd.

80 GS I, 151.

ausgerichtet sind. Auch staatliches Handeln ist daran zu messen, ob es der Erhaltung auf Christus und die Neuschöpfung hin dient.

Die Entscheidung, ob eine Ordnung Ordnung der Erhaltung ist, ob sie Gottes Gebot ist, muß immer neu gewagt werden. Bonhoeffer hält es »für ein verantwortliches Denken für geradezu unerläßlich, diese Entscheidung zu wagen, wenn der Augenblick gekommen sei, daß eine nur noch unter der Erhaltung stehende Ordnung zerbrochen werden müsse, weil sie nicht mehr offen sei für die Offenbarung in Christus.«[81] Gemäß seiner Ethik des konkreten Gebotes der Kirche spricht er dieser die Aufgabe solcher wagenden Entscheidung zu; jedoch betont er zugleich, daß das Wagen und Entscheiden der Kirche für oder gegen eine Ordnung der Erhaltung eine Unmöglichkeit wäre, wenn es nicht im Glauben an den Gott, der in Christus auch der Kirche ihre Sünden vergibt, geschehe.

2. Die Erhaltungsordnungen Volk und Staat im Rahmen der ökumenischen Friedensethik

Die Ablehnung des Schöpfungsordnungsbegriffs steht am vorläufigen Ende einer Entwicklung, die schon bald nach dem Barcelonaer Ethik-Vortrag begonnen hatte. In ihm war dem Volk die Dignität einer die Entscheidungen der christlichen Ethik bestimmenden geschichtlichen Schöpfungsordnung Gottes zugesprochen worden. Während des Amerika-Aufenthaltes bahnte sich ein Wandel an, wenn der Begriff »Volk« zunehmend für das eine universale Volk Gottes verwendet wird.[82] Mit dieser Entwicklung verbunden ist eine zunehmende theologische Reflexion auf den Staat als Remedium gegen ein »völkisches Trotzen« und dessen Verabsolutierung der angeblichen Schöpfungsordnung des Volkes.

a. Das Verständnis des Staates als eines Gegenübers zu »völkischem Trotzen« seit dem Jahr 1931

Nur wenige Wochen nach seiner Rückkehr aus Amerika im Sommer 1931 entwarf Bonhoeffer zusammen mit seinem Freund Franz Hildebrandt einen Katechismus mit dem Titel »Glaubst du, so hast du«.[83] Im Zuge der Entfaltung einer ökumenischen Friedensethik wird nun die Kriegs- und Friedensfrage sowie das ökumenische Thema in den »Versuch eines lutherischen Katechismus« einbezogen. Bonhoeffers Bemühen einer Rechtfertigung des Krieges aus dem dritten Barcelonaer Vortrag ist verschwunden. Zwar sieht er auch jetzt nicht die Kriegsdienstverweigerung als Pflicht des einzelnen Christen an, aber von der Kirche sagt er, sie wisse nichts von

81 GS I, 131.
82 Vgl. oben II.A.
83 GS III, 248–257.

einer Heiligkeit des Krieges. Vielmehr werde hier »mit entmenschten Mitteln der Kampf ums Dasein geführt. Die Kirche, die das Vaterunser betet, ruft Gott um den Frieden an.«[84]

Bonhoeffer begründet diese Ablehnung der Heiligkeit des Krieges und die Pflicht der Kirche, um den Frieden zu bitten, antivölkisch aus der Einheit der Menschheitsfamilie. »Gott hat gemacht, daß von *einem* Blut alle Menschengeschlechter auf dem ganzen Erdboden wohnen (Apg. 17,26).«[85] Aus diesem Grunde ist »völkisches Trotzen auf Fleisch und Blut Sünde wider den Geist«.[86] Bonhoeffer stellt hier zum ersten Mal den Staat einem Beharren auf dem Volkstum entgegen. Aufgabe des Staates ist es gerade, dem sündigen »völkische(n) Trotzen« auf Fleisch und Blut und dem blinden Selbstbehauptungswillen zu wehren. »Der blinde Eifer, der nur sich selbst behauptet, wird im Staat gebändigt; ihn hat Gott in sein Amt eingesetzt, daß wir als Christen ihm dienen.«[87] Entsprechend lutherischer Tradition sieht er den Staat als von Gott eingesetzt, um dem Bösen zu wehren. Neu ist die Tatsache, daß er das Böse mit dem hartnäckigen Beharren auf dem Volkstum identifiziert.

b. Die (über-)staatliche Ordnung als Erhaltungsordnung auf Christus hin im Jahre 1932

Bonhoeffer bleibt das von ihm selbst geforderte Wagnis einer Entscheidung über die heute gebotenen Erhaltungsordnungen nicht schuldig. In seinem Vortrag »Zur theologischen Begründung der Weltbundarbeit« vom Juli 1932 bezeichnet er es als in der Situation der nahezu ungebrochenen Aufrüstung auf allen Seiten geboten, eine internationale Friedensordnung zu verwirklichen. »Die Ordnung des *internationalen Friedens* ist heute Gottes Gebot für uns.«[88] Mit dieser im Zuge seiner ökumenischen Tätigkeit gewonnenen Auffassung befindet er sich im Gegensatz zu einem Großteil der von religiös-völkischem und nationalistischem Gedankengut überfremdeten deutschen Theologie. Er spricht sich für eine strikte »Ächtung« des Krieges aus, wendet jedoch gegen das in der ökumenischen Arbeit vorherrschende angelsächsische Denken ein, daß eine internationale Friedensordnung nicht als ein Stück Reich Gottes auf Erden verstanden werden dürfe, sondern nur als Zweckgestaltung und Ordnung des Erhaltens der Welt auf Christus hin.[89]

Der gebrochene Charakter der Friedensordnung kommt darin zum Ausdruck, daß sie zweifach begrenzt ist: durch die Wahrheit und durch das

84 GS II, 252; vgl. DB, 230.
85 GS III, 252.
86 Ebd.
87 Ebd.
88 GS I, 152.
89 Vgl. GS I, 152f.

Recht. »Dort, wo eine Gemeinschaft des Friedens Wahrheit und Recht gefährdet oder erstickt, muß die Friedensgemeinschaft zerbrochen und der Kampf angesagt werden.«[90] Bonhoeffers Auffassung, daß eine internationale Friedensordnung als zur Zeit wichtigste Erhaltungsordnung Gottes aktuelles und konkretes Gebot darstelle, drängt auch zu einer Kritik des unbedingten Primats nationalstaatlicher Formen der in Gottes weltlichem Regiment begründeten weltlichen Ordnung. In einer Predigt am 8. Mai 1932 in Berlin fragt er: »Ist der Nationalstaat oder sind die überstaatlichen Einheiten erstrebenswerter?«[91]

IV. Die Versuche einer Bestimmung des Verhältnisses von Kirche und Staat im Jahre 1932

Aus Bonhoeffers dargestelltem Ethikentwurf folgen im Bereich des Politischen mehrere Versuche einer Bestimmung des Verhältnisses von Kirche und Staat. Es geht ihm in der politischen Ethik primär um die Beziehung von Kirche und Staat, nicht um die von Kirche und Volk. Schon darin liegt eine Kritik an der verbreiteten religiösen Überhöhung des Volkes, die in diesem und nicht den Begriffen »Obrigkeit« oder »Staat« die zentrale Kategorie der politischen Ethik sah.[92]

A. Die Kirche als die von Volk und Staat »ungeliebte, verstoßene Seherin«

Am Beginn des Jahres 1932 geht Bonhoeffer in einer Predigt auf die Auseinandersetzungen um den Berliner Pfarrer Günther Dehn ein.[93] Seit der Rückkehr aus Barcelona im Februar 1929 hatte er zu dem wegen seiner Äußerungen zum ethischen Problem des Krieges heftig angefeindeten

90 GS I, 153.

91 GS I, 135.

92 Vgl. K. Scholder, Die Kirchen und das Dritte Reich, Band 1: Vorgeschichte und Zeit der Illusionen 1918–1934, Frankfurt a.M.-Berlin-Wien 1977, 124ff. Scholder bezeichnet die zahlreichen von einer Volkstumsideologie geleiteten Entwürfe im Unterschied zur dialektischen Theologie Karl Barths als »politische Theologie« (aaO., 124–150 u. 212–238). Die von Scholder diagnostizierte fundamentale Alternative von »politischer« und »dialektischer Theologie« ist jedoch irreführend, da sie fälschlicherweise impliziert, die dialektische Theologie sei an sich unpolitisch. Zudem wird – zumindest implizit – jede Theologie, die bewußt auf ihre politische Konsequenzen reflektiert, mit einer Schöpfungsordnungstheologie, welche vermeintliche natürliche oder geschichtliche Schöpfungsordnungen zu unbedingt gültigen Voraussetzungen theologischen Denkens macht, ineinsgesetzt.

93 Vgl. GS IV, 34–44; vgl. auch DB, 283.

Dehn[94] engen Kontakt gehalten.[95] Er setzte sich ferner für Dehn ein, als dessen Berufung auf einen Lehrstuhl für Praktische Theologie in Halle aus politischen Gründen verhindert werden sollte.[96]

94 Am 6. November 1928 hatte Günther Dehn in der Magdeburger Ulrichskirche einen Vortrag zum Thema »Kirche und Völkerversöhnung« gehalten und war daraufhin vom Völkischen Ausschuß der Deutschnationalen Volkspartei Magdeburg-Anhalt heftig angegriffen worden (vgl.d. Entschließung des Völkischen Ausschusses der Deutschnationalen Volkspartei Magdeburg-Anhalt, in: G. Dehn, Kirche und Völkerversöhnung. Dokumente zum Halleschen Universitätskonflikt, Berlin o.J. (1931), 28). Kurz nach Dietrich Bonhoeffers Rückkehr aus Barcelona, am 26. März 1929, waren die Verleumdungen auch in der Berliner Zeitung »Der Tag« zu lesen (aaO., 30 u. 31 (Berichtigung in »Der Tag« auf Veranlassung Dehns)). Auf eine erneute Darstellung des »Falles Dehn« soll hier verzichtet werden, da eine Anzahl neuerer Untersuchungen dazu vorliegt (vgl. E. Bizer, Der Fall Dehn, in: FS für Günther Dehn, hg.v.W. Schneemelcher, Neukirchen 1957, 239–261; Schäfer, Beurteilung, 224ff; Scholder, Band 1, 216ff sowie als detaillierteste zeitgenössische Schilderung den Bericht Hermann Sasses in: Kirchliches Jahrbuch für die evangelischen Landeskirchen Deutschlands. Ein Hilfsbuch zur Kirchenkunde der Gegenwart, in d.Nachf.v. J. Schneider hg.v.H. Sasse, 59. Jg., Gütersloh 1932, 77–113.

95 Nach Bonhoeffers Rückkehr aus Barcelona im Februar 1929 sind erste Kontakte zwischen ihm und Dehn belegt. Ausgerechnet zu ihm, dessen politische Einstellung und Engagement für die proletarische Jugend bekannt und in bürgerlichen Kreisen weithin verrufen war, fuhr Bonhoeffer – freilich noch unregelmäßig – in den Gottesdienst nach Moabit (vgl. DB, 161). Am 23. Februar 1930 schrieb Bonhoeffer in einem Brief an seinen Bekannten Helmut Rößler, daß Dehn neben dem praktischen Theologen Leonard Fendt fast der einzige Prediger sei, den »ich wirklich hören kann« (GS I, 54). Über Dehns 1929 erschienene Auslegung des Markusevangeliums äußerte er im gleichen Brief, das Buch habe ihn sehr gefreut (vgl. GS I, 54 u. G. Dehn, Der Gottessohn. Eine Einführung in das Evangelium des Markus (Die urchristliche Botschaft 2), Berlin 1929). E. Bethge berichtet, Bonhoeffer habe, als er im Herbst 1931 die frisch gedruckte Habilitationsschrift »Akt und Sein« an seine Freunde verschickte, auch Dehn ein Exemplar mit seiner Widmung überreicht (vgl. DB, 172). Dehn vermittelte Bonhoeffer Kontakt zu Gertrud Staewen, bei der Barth in Berlin zu logieren pflegte und wo sich der kleine Kreis Berliner Mitstreiter Barths traf (vgl. DB, 217; vgl. auch d. Briefwechsel, den G. Staewen betr. Bonhoeffers Eingabe zugunsten Dehns geführt hat, unten Anm. 96).

96 Er bemühte sich, über seinen Vater Professoren verschiedener Fakultäten für den Fall zu interessieren und stellte diesem dafür das gesamte Material zusammen (vgl. GS VI, 224 u. DB, 218). Nachdem der Kampf um Dehns Berufung nach Halle durch dessen Nachwort zu einer Dokumentation seines Falles (vgl. oben Anm. 94) im Dezember 1931 neu eingesetzt und sich Barth in einem Zeitungsartikel mit ihm solidarisiert hatte, plante Bonhoeffer eine Solidaritätsaktion deutscher Theologen für Dehn. Er entwarf im Februar 1932 zusammen mit dem Barth-Schüler Hans Fischer eine »Eingabe zum ›Fall Dehn‹«, die mit Georg Merz' und Karl Barths Unterschrift umlaufen sollte. G. Staewen bat Barth und Merz in zwei Briefen vom 20. Februar 1932 um ihre Unterschrift (Originale im Karl Barth-Archiv, Basel). Barth verbesserte den Text an einer Stelle und sprach sich für ein Vorantreiben der

Die Auseinandersetzungen um den »Fall Dehn« waren ein Vorschein des künftigen Konflikts der Kirche mit einem hemmungslosen Nationalismus. Dehn selbst sah das Exemplarische seines Falles mit großer Klarheit. Er begründete die erneute Veröffentlichung des seinen Fall betreffenden Materials im Dezember 1931 damit, daß hier »ein Kampf modernen, dämonisierten politischen Denkens nicht nur gegen die Freiheit der Wissenschaft (vorliegt, CS), sondern, was mir viel wesentlicher zu sein scheint, gegen die Freiheit der Kirche, der man das Recht bestreiten will, auch in der Kriegsfrage das zu sagen, was sie in der Furcht Gottes zu sagen gehalten ist.«[97]

Da es in dem Halleschen Universitätskonflikt nicht nur um die Lehrfreiheit, sondern auch um die Sache der Kirche gehe, bezeichnet Dehn die Vorkommnisse als ein »Vorspiel kommender Ereignisse, wo ein rein machtpolitisch orientierter Staat, der von seiner Verantwortung Gott gegenüber nichts mehr weiß, von der Kirche entweder völligen Gehorsam verlangen oder sie für staatsgefährlich erklären wird. Es kann sein, daß die Kirche der Gegenwart an der Schwelle schwerster Kämpfe mit dem modernen Nationalismus steht, in denen sie in ihrer Existenz gefordert sein wird. Sollte ich diesen kommenden Auseinandersetzungen dadurch ein trübes Vorzeichen geben, daß ich feige nachgebe und im Interesse meiner persönlichen Ruhe dem Angriff ausweiche? Hier muß Widerstand geleistet werden.«[98]

Eingabe aus, wollte sich aber aus taktischen Gründen selbst nicht noch einmal in diesem Zusammenhang exponieren (vgl. Briefe Charlotte von Kirschbaums an G. Staewen u. G. Merz vom 21. Februar 1932, Durchschläge im Karl-Barth-Archiv, Basel). Einen wichtigen Hinweis auf Bonhoeffers Position in den politischen Auseinandersetzungen am Ende der Weimarer Republik gibt ein Brief, den K. Barth zwei Wochen später an G. Merz in dieser Angelegenheit schrieb: »Ich erfuhr durch (Wilhelm, CS) Niesel, daß du den Bonhoefferschen Aufruf trotz der einwandfreien Fassung, die ich ihm ex cathedra loquens gegeben habe, nicht unterschreiben wolltest. Welches auch deine Beweggründe gewesen sein mögen, ich nehme es dir nicht übel, habe mich vielmehr mit Niesel darüber verständigt, daß es für den wahrscheinlichen Fall, daß doch nur das bekannte Trüpplein der politisch Linksstehenden unterschreiben wollen sollte, besser sei, dieses Unternehmen (das ja letztlich nicht unbedingt nötig ist) wieder abzublasen. Die Beharrlichkeit, mit der die ganze, aber auch die ganze Theologenschaft, auch die von Z.d.Z. (Zeitschrift »Zwischen den Zeiten«, CS), auch die des nächsten Freundeskreises, auch Georg Merz, im entscheidenden Augenblick immer und immer wieder nach rechts kippt, als ob es nie anders sein dürfte, bleibt mir ja erstaunlich und als Gesamtphänomen etwas bedenklich. Aber ich habe nicht im Sinn, in dieser Sache viel Pulver zu verschießen. Das deutsche Gemüt will seinen Gang haben, den zu ändern ich nicht berufen bin« (Brief K. Barths an G. Merz vom 5. März 1932, Auszug von H. Stoevesandt an E. Bethge am 7. März 1986 mitgeteilt).

97 Dehn, Kirche und Völkerversöhnung, 81.

98 AaO., 89f.

Dehn sah nicht nur die Herrschaft eines rein machtpolitisch orientierten Staates voraus, sondern er wies auch unmißverständlich auf den wahren Charakter und die Gefahren des jungen Nationalismus und insbesondere des Nationalsozialismus hin. Man dürfe der Jugend in ihren gegenwärtigen Kämpfen nicht, wie es üblich sei, einen wenn auch irregeleiteten Idealismus lobend zugestehen; vielmehr sei verzerrter Idealismus Dämonie. Es sei einfach nicht wahr, daß die fanatische und religiös gefärbte, tatsächlich aber von Gott gelöste Vaterlandsliebe dem Vaterland wirklich helfe. Im Gegenteil, sie werde das Vaterland ins Verderben führen.[99]

Aus Bonhoeffers Predigt am Volkstrauertag im Februar 1932 geht hervor, daß er diese Einschätzung geteilt hat. Er stellt fest, daß es etwas anderes sei, ob die betroffenen Familien, der Staat oder die Kirche den Volkstrauertag begehen. Die Kirche Christi könne nicht einfach in die Klage um die verlorenen Söhne des Volkes einstimmen, sondern sie habe etwas Besonderes zu sagen.[100] Sie stehe an diesem Tag merkwürdig unfestlich da, wenig stolz, wenig heldisch. »Sie gleicht dem Seher der alten Zeit, der dort, wo sich alles versammelt, um einer großen Tat des Volkes zu gedenken, wohl mit tiefstem Herzen dabei ist, der aber daran leidet, daß er etwas sieht, was die anderen nicht sehen, und der nun davon reden muß, was er sieht, obwohl es keiner hören will. Wir alle empfinden es: Man will hier keine Störung, man will hier keine Disharmonie, man will, daß hier jeder mittut ohne Ausnahme, man will nicht, daß einer etwas besonderes sieht, was andere nicht sehen, und wenn das doch so ist, nun so muß man versuchen, ihn loszuwerden. Und so geschieht es denn, daß solche Seher aus der Festversammlung ausgestoßen werden mit Schimpf und Schande, davongejagt werden von dem Volk, dem sie gerade dienen wollen, das sie lieben wie nichts auf der Welt. Aber gerade, weil sie es so lieben, darum sind sie zu Sehern geworden. Wer am meisten liebt, sieht am tiefsten, sieht das Gefährlichste. Nie ist ein Seher populär gewesen, darum wird auch die Kirche nicht populär, am wenigsten an solchen Tagen.«[101]

Bezeichnend ist nicht allein die Identifizierung Dehns mit dem Seher, der im Unterschied zum Volk die Gefahren vorhersieht, sondern auch die von Seher und Kirche. Die Sicht der Rolle der Kirche gegenüber Volk und Staat als die einer ungeliebten und verstoßenen Seherin zeigt, daß Bonhoeffer das Exemplarische des »Falles Dehn« für die kommenden Auseinandersetzungen erkannt hat.

Bonhoeffer entfaltet das Verhältnis der Kirche zu Volk und Staat weiter anhand des Kriegsproblems. Treusein bedeute für die Kirche Stehen und Fallen mit dem Worte Christi und seiner Predigt vom Reich des Friedens

99 AaO., 90.

100 Eben diese Forderung nach Distanz der Kirche zu Volk und Staat beim Begehen des Volkstrauertages war Dehn nach seinem Magdeburger Vortrag von den Deutschnationalen zum Vorwurf gemacht worden (aaO., 22 u. 28).

101 GS IV, 35f.

und das Wissen, daß Christi Worte trotz allem mächtiger sind als alle Gewalten des Bösen. »Was heißt hier Treue der Gemeinde Christi anderes, als in dies rasende Toben hinein immer wieder bis zum Ermatten, bis zum Ärgernis, bis zum Martyrium die Worte Christi rufen, daß Friede sein soll...und daß er unser Friede ist und daß Gott ein Gott des Friedens ist.«[102] Freilich, wo wirklich Friede gesagt wird, da müsse der Krieg doppelt wüten; aber um so treuer werde die Kirche zu ihrem Herren stehen und sein Wort vom Frieden predigen, auch wenn es Schmähung und Verfolgung mit sich bringe.[103]

Bonhoeffer sah am Beginn des Jahres 1932 wie Dehn einen möglichen Konflikt der Kirche mit den Gruppierungen der nationalen Rechten und einem von ihnen beherrschten Staat voraus. Seit seinem Eintritt in die ökumenische Arbeit im Jahre 1931 führte Bonhoeffer eine ständige Auseinandersetzung mit dem friedensgefährdenden und die Ökumene bedrohenden Nationalsozialismus. Die massiven Angriffe auf seinen Berliner Kollegen und Bekannten Günther Dehn wegen dessen angeblich vaterlandsloser Gesinnung waren ein Vorspiel für die zu erwartenden Konflikte zwischen Kirche und Staat, falls die Nationalsozialisten staatliche Macht übernähmen. Seit ihrem großen Erfolg bei der Reichstagswahl am 14. September 1930 zweifelte man im Freundeskreis um die Bonhoeffers zunehmend daran, daß dies noch zu verhindern sei.[104] Dietrich Bonhoeffer hat im Jahre 1932 mehrere Versuche ausgeführt, das Verhältnis von Kirche und Staat angesichts dieser bedrohlichen Lage neu zu bestimmen.

B. Die Bestimmung des Verhältnisses von Kirche und Staat mithilfe des Begriffes »Grenze«

Nach dem Sturz der Regierung Brüning Ende Mai 1932 prägt vor allem ein Gedanke Bonhoeffers Versuche, das Verhältnis von Kirche und Staat zu bestimmen: die gegenseitige Begrenzung von Kirche und Staat. Bonhoeffer hat wahrscheinlich wie sein Schwager Hans von Dohnanyi allein Brüning noch für fähig gehalten, die Zerstörung des Weimarer Staates und seiner Verfassung aufzuhalten.[105] Wenige Wochen nach Brünings Sturz,

102 GS IV, 42. Auch in anderen Zusammenhängen spricht Bonhoeffer von der Möglichkeit des Martyriums der Kirche (vgl. Predigt am 19. Juni 1932, GS IV, 71).

103 Vgl. GS IV, 42.

104 Vgl. das Interview W. Hills mit G. Leibholz am 9. Februar 1982, in: FAZ vom 22. Oktober 1984.

105 Zu Hans von Dohnanyis politischer Haltung am Ende der Weimarer Republik, besonders seiner Hochschätzung Heinrich Brünings, vgl. die Berichte seiner Frau Christine, geb. Bonhoeffer (vgl. unten Anm. VI/24) und unten 6. Kap.I.A. Der Vater Karl Bonhoeffer betrachtete Brüning als einen Gewährsmann für innenpolitische Kontinuität, wirtschaftlichen Aufstieg und außenpolitische Verständigung (vgl. K. Bonhoeffer, Lebenserinnerungen, in: Karl Bonhoeffer. Zum 100. Ge-

am 23. Juli 1932, urteilt er über die politische Situation und ihre Folgen für die Kirche. Die Entscheidung in dem notwendigen Kampf um die Grenze zwischen Kirche und Staat werde »schwer sein in unserer zukünftigen Staatsentwicklung«.[106]

Die Versuche des seit dem 1. Juni 1932 regierenden Reichskanzlers Franz von Papen, einen christlich orientierten Ständestaat zu errichten, hat er skeptisch betrachtet. In einer Predigt am 12. Juni 1932, nur wenige Tage nach Papens Regierungsantritt, warnt er: »Wir lesen, daß eine Regierung proklamiert, es solle ein ganzes Volk aus dem Zusammenbruch gerissen werden – durch die christliche Weltanschauung. So sind wir auf der Flucht, die einzelnen und die Völker, vor einem unfaßbaren letzten Absturz. ›Im Namen Gottes, Amen‹ soll es wieder heißen, Religion soll wieder gepflegt und christliche Weltanschauung ausgebreitet werden. Wie dürftig, wie schwach, wie jämmerlich klingt das alles.«[107]

Mithilfe des Begriffs »Grenze« betont Bonhoeffer das Gegenüber der Kirche zu einem Staat, der in den beginnenden dreißiger Jahren vielfältigen Bedrohungen ausgesetzt war und einer ungewissen Zukunft entgegenging. Zwar sucht der Gedanke einer gegenseitigen Begrenzung von Kirche und Staat einer Verwicklung der Kirche in die heftigen politischen Auseinandersetzungen zu begegnen; jedoch ist keine diastatische Trennung zweier völlig getrennter Bereiche gemeint, sondern deren unaufhebbarer gegenseitiger Bezug.

Kirche ist nach Bonhoeffers Auffassung einerseits Institution zur Aufrechterhaltung christlicher Frömmigkeit und Sitte im öffentlichen Leben,

burtstag am 31. März 1968, hg.v.H. Zutt u.a., Berlin-Heidelberg-New York 1969, 99; vgl. auch DB, 159ff).
Die Frage, ob Brünings Regierungszeit als letzter Versuch, die Weimarer Republik vor ihrem Untergang zu bewahren, angesehen werden muß, oder ob Brüning gerade die Auflösung der jungen deutschen Demokratie gefördert hat, ist bis heute kontrovers geblieben (vgl. K.D. Bracher, Die Auflösung der Weimarer Republik. Eine Studie zum Problem des Machtverfalls in der Demokratie, Nachdr.d.5. Aufl., Düsseldorf (1955) 1978, 257ff; vgl. auch d. instruktiven Berichte über die jüngste Diskussion bei K.D. Erdmann, Die Weimarer Republik (Gebhardt, Handbuch der deutschen Geschichte, Bd. 19), dtv. Ausg., 3. Aufl., München 1982, 288f u. E. Kolb, Die Weimarer Republik (Oldenbourg Grundriß der Geschichte, Bd. 16), München-Wien 1984, 199ff). Wie man die Kontroverse auch beurteilen mag, Hans von Dohnanyi und wohl ähnlich Dietrich Bonhoeffer stellten sich hinter Brüning, weil er ihrer Auffassung nach noch am ehesten Kontinuität und eine Bewahrung der Errungenschaften der Republik zu gewährleisten schien.

106 GS V, 274. Bonhoeffer äußerte dies am 23. Juli 1932, also wenige Tage nach Papens sogenanntem Preußen-Putsch und eine Woche vor der wichtigen Reichstagswahl vom 31. Juli. Von der zweistündigen Vorlesung des Sommersemesters 1932 existieren nur zwei Nachschriften, die an manchen Stellen unvollständig erscheinen (vgl. GS V, 227f).

107 GS IV, 65.

was bedeutet, daß sie indirekt die staatliche Ordnung unterstützt.[108] Andererseits steht sie aber an der Grenze der menschlichen Möglichkeiten und verkündet deren Durchbrechung von oben her. Im Blick auf das Verhältnis von Kirche und Staat folgt daraus, daß die Kirche zum einen auf die Durchbrechung der Gesetze und Ordnungen der Welt, das heißt auch des Staates, zum anderen aber auf das Begrenzte, auf das Gesetz, auf die Ordnung, auf den Staat hinweist.[109] Wie die Kirche den Staat begrenzt, ist dieser auch Grenze der Kirche.

Weil die Kirche von der Durchbrechung der Grenze, der Ordnungen und Gesetze der Welt durch Gott zeugt, damit aber gerade auf ihr relatives Recht hinweist, ist die Predigt der Kirche notwendig politisch, das heißt »sie richtet sich an die Ordnung der Politik, in die der Mensch gebunden ist.«[110] Da sie aber als politisch Ausgerichtete zunächst gerade die kritische Grenze alles politischen Handelns darstellt, ist die Kirche nach Bonhoeffers Auffassung politisch und apolitisch zugleich.[111] Aus dem sowohl politischen als auch apolitischen Charakter der Kirche folgt, daß sie ein doppeltes Wort in politicis zu sprechen hat.

Das erste politische Wort der Kirche ist der Ruf zur Erkenntnis der eigenen Grenze, zur Nüchternheit. Bonhoeffer wendet sich damit im Jahre 1932 gegen die Verheißungen der extremen politischen Gruppierungen am Ende der Weimarer Republik und ruft die Kirche zur Kritik an den Versprechungen der »jungen deutschen Freiheitsbewegung« des Nationalsozialismus.[112] »Politik in der Endlichkeit – das ist das erste eminent politische Wort der Kirche, und dies Wort entbindet die Kirche von der Parteipolitik, stellt sie in die eigentliche ›politische‹ Sphäre in parteilicher Ungebundenheit.«[113] Gegen die religiös-christlichen Verbrämungen des Papenschen Regierungsprogramms betont er, daß das erste Wort der Kirche

108 Vgl. GS III, 286; vgl. zum Folgenden den Aufsatz »Was ist Kirche?« (GS III, 286–291). Er wurde Anfang 1933 gedruckt in: Der Vormarsch. Evangelische Monatsschrift für Politik und Kultur, hg.v.G. Kunze u.F. Söhlmann, Jg. 3, Heft 1(Januar 1933), 8–10. Der genaue Zeitpunkt der Entstehung des Aufsatzes läßt sich nicht mehr feststellen. Aufgrund der aufgezeigten Auseinandersetzung mit Papens christlicher Fundierung seiner politischen Ziele ist eine Entstehung in der zweiten Hälfte des Jahres 1932 zu vermuten.

109 Vgl. GS III, 289.

110 Ebd.

111 Wie die Kirche die Grenze des Staates darstellt, ist sie auch »Grenze der Politik« (ebd.).

112 »Es mag im heutigen Deutschland manche geben, die, wie einst die gefangenen Israeliten, tief in sich versunken von nichts anderem träumen als von der Freiheit, die in großen Visionen ihr Bild sehen und nach ihm greifen, bis sie erwachen und das Bild zerrinnt« (GS IV, 82; vgl. auch 83). Zum Verständnis des Nationalsozialismus als »junge deutsche Freiheitsbewegung« gerade unter evangelischen Christen vgl. Nowak, Kirche, 205, 216 u. 328.

113 GS III, 289f.

nicht Verchristlichung der Politik sei, da eben das ein Verkennen der Grenze und damit ein Verstoß gegen das Gebot der Endlichkeit jeder Politik bedeuten würde.

Umstrittener ist die Frage der Möglichkeit oder Notwendigkeit eines zweiten Wortes der Kirche zur Politik. Im Sinne seiner Ethik des konkreten Gebotes der Kirche kann dieses Wort nur das *konkrete* Gebot in den Grenzen der Endlichkeit, der Staatlichkeit sein, nicht ein »seine Grenzen verkennendes Programm christlich-politischer Ideologie«.[114] In der Frage des konkreten Gebotes der Kirche in politicis ist eine bis ins Letzte gehende Selbstprüfung erforderlich, »nämlich ob es wirklich gewagt werden soll, die hochpolitische Substanz der Kirche in ihrem ersten Wort jenseits der Parteipolitik dadurch aufs Spiel zu setzen, daß man sie im zweiten Wort selbst in die Parteipolitik eingehen läßt.«[115] Obwohl hier ein Fehlgriff die politische Substanz der Kirche und damit ihre Substanz überhaupt auf's empfindlichste verletzt, dürfe das zweite Wort mit allen Konsequenzen als eine letzte Möglichkeit der Kirche nicht ausgeschlossen werden.

Bonhoeffer wendet sich nicht nur gegen die Überfremdung von Theologie und Kirche durch nationalsozialistisches Gedankengut, sondern ebenso strikt gegen deren Inanspruchnahme durch die »christlich-konservative« Regierung von Papen. Er ist der Auffassung, daß es im Jahre 1932 für die evangelische Kirche vernichtend und substanzzersetzend sein würde, wenn sie als letzte politisch noch unverbrauchte Kraft Deutschlands im Kampf der Parteien ausgespielt würde. »Das wäre ihr gewisses Ende.«[116]

In der Vorlesung über »Das Wesen der Kirche« vom Sommersemester 1932 wird die gegenseitige Begrenzung von Staat und Kirche im Sinne der lutherischen Reiche- und Regimentelehre begründet. Gott handele außer durch die Kirche auch durch den Staat mit seiner Welt. Dieser ist, wie Bonhoeffer betont, der Kirche zur kritischen Warnung gesetzt, daß Gott nicht ihr das richterliche Schwert der Gewalt gegeben hat.

Gegenüber einer verbreiteten Rede von der Eigengesetzlichkeit des politischen Lebens[117] hebt er jedoch ausdrücklich hervor, daß der Staat nicht etwas neben der Herrschaft Gottes sei, sondern »Gottes Wort auch über den Staat Gewalt« habe und dieser wie die Kirche den Maßstab für verantwortliches und treues Handeln in dem ihm eigenen Amt finde.[118] Im Verhältnis von Kirche und Staat könne es kein Über- oder Untereinander geben, wie es die Nationalsozialisten intendierten, sondern nur ein Neben-

114 GS III, 290.

115 Ebd.

116 Ebd.

117 Vgl. W. Huber, »Eigengesetzlichkeit« und »Lehre von den zwei Reichen« in: N. Hasselmann (Hg.), Gottes Wirken in seiner Welt. Zur Diskussion um die Zweireichelehre, 2. Band: Reaktionen, Hamburg 1980, 27–51.

118 GS V, 274.

einander.[119] Der Gehorsam der Kirche gegenüber dem Staat müsse begrenzt sein. Nur wenige Tage vor der entscheidenden Reichstagswahl vom 31. Juli 1932 sieht Bonhoeffer in Übereinstimmung mit Luther die Grenze des Gehorsams gegenüber dem Staat und die Notwendigkeit zur Kritik gegeben, wenn das Wort der Kirche bedroht werde. Der Kampf um die Grenze zwischen Kirche und Staat müsse dann ausgefochten werden.[120]

Im Jahre 1932 greift Bonhoeffer verstärkt auf Luthers Reiche- und Regimentelehre zurück und findet mithilfe ihrer Aktualisierung den für seine Bestimmung des Verhältnisses von Kirche und Staat charakteristischen Begriff der »Grenze«. Seine Aufnahme der Aussagen Luthers unterscheidet sich von der im Neuluthertum verbreiteten Interpretation dadurch, daß er weder irgendwelche Eigengesetzlichkeiten im staatlichen Leben gegenüber Christus als dem Wort Gottes anerkennt noch die zwei Regimente diastatisch und beziehungslos nebeneinanderstellt. Vielmehr hebt er mit dem Begriff »Grenze« gerade ihr spannungsvolles Aufeinanderbezogensein hervor.

119 Am 1. Juli 1929 hatte der nationalsozialistische Fraktionsführer im preußischen Landtag, Wilhelm Kube, für seine Fraktion die Ablehnung des Staatsvertrages mit der katholischen Kirche bekanntgegeben. Als Argument führte er an, daß ein Vertrag zwischen Staat und Kirche von einer Gleichstellung der beiden Kontrahenten ausgehe, daß er aber von seinem Begriff des Staates her keineswegs eine solche Gleichstellung annehmen könne. Die angemessene Art, das Verhältnis zwischen Staat und Kirche zu regeln, sei für ihn der Weg der Gesetzgebung. Obwohl die Nationalsozialisten in den Verhandlungen um die Verträge zwischen Staat und evangelischer Kirche im Jahre 1931 aus wahltaktischen Gründen vorsichtiger argumentierten, war die Ablehnung einer gleichgestellten Beziehung zwischen Staat und Kirche und die mit der Hervorhebung der Schutzfunktion nur notdürftig verkleidete Auffassung von einer Bevormundung der Kirche durch den Staat offensichtlich (vgl. L. Siegele-Wenschkewitz, Nationalsozialismus und Kirchen. Religionspolitik von Partei und Staat bis 1935 (Tübinger Schriften zur Sozial- und Zeitgeschichte 5), Düsseldorf 1974, 15ff).
Bonhoeffers Berliner Kollege, der Herausgeber des Kirchlichen Jahrbuchs Hermann Sasse, sah in Kubes Äußerung, daß die Frage der christlichen Erziehung oder die Gestaltung des kirchlichen Lebens letzten Endes eine Frage der Gesetzgebung durch den Staat sei, eine für die Kirche in keiner Weise akzeptable Bestimmung ihres Verhältnisses zum Staat. »In diesen Erklärungen wird die Herrschaft des Staates über die Kirche offen proklamiert, Aufhebung des bestehenden Rechts durch eine künftige nationalsozialistische Regierung, also ein Rechtsbruch der Kirche gegenüber, angekündigt und damit das Recht des omnipotenten Staates auch über die Seelen seiner Bürger gefordert« (KJ 59(1932), 67).

120 Vgl. GS V, 274f.

C. Die Bestimmung des Verhältnisses von Kirche und Staat mithilfe des Begriffs »Reich Gottes«

Einen weiteren Versuch, im Jahre 1932 das Verhältnis von Kirche und Staat zu bestimmen, unternimmt der zwei Tage nach Papens Rücktritt am 17. November gehaltene Vortrag »Dein Reich komme!«[121] Bonhoeffer setzt darin Kirche und Staat in eine Beziehung zum Reich Gottes und klärt von daher ihr Verhältnis. Der Vortrag beschreibt in mehrfachen Ausprägungen die Doppelheit, in der allein von Gottes Reich geredet werden kann. Einerseits ist es »*Gottes* Reich«, andererseits »Gottes *Reich auf Erden*«.[122]

Es kommt nicht anders zu uns als in Gottes eigener Anwesenheit. Er selbst kommt in der Durchbrechung des Todesgesetzes, zugleich aber in der Bejahung der Erde, im Eintreten in ihre Ordnung. Weil beides ganz zusammen gehört und weil mit Gott sein Reich gegenwärtig ist, wirkt es unter uns nie anders als in der doppelten Gestalt: als das alle Reiche der Erde durchbrechende letzte Reich der Auferstehung, des Wunders und zugleich als das die Erde mit ihren Gesetzen erhaltende Reich der Ordnung. Das *Wunder* als die Durchbrechung aller Ordnung und die *Ordnung* als die Erhaltung auf das Wunder hin sind die beiden Gestalten, in denen sich das Reich Gottes auf der Erde darstellt.[123] Bonhoeffer nennt die erste Gestalt die Kirche, während er die zweite als Staat bezeichnet.

Somit ist das Reich Gottes in unserer Welt nicht anders als in der Zweiheit von Kirche und Staat. Mithilfe dieses Gedankens betont er wiederum ihr Aufeinanderbezogensein.[124] Daneben erläutert der Vortrag den Sinn der Kategorie der »Erhaltungsordnung auf Christus hin«. Die Funktion des Staates als *Ordnung auf das Wunder hin* wird in dreifacher Hinsicht konkretisiert. Das Reich Gottes nimmt Gestalt an in der Kirche, sofern sie Zeugnis ablegt von dem Wunder Gottes in der Auferstehung Christi; entsprechend im Staat, sofern er die Ordnung der Erhaltung des Lebens anerkennt und wahrt. Sodann nimmt es Gestalt an in der Kirche, sofern hier das Alleinsein des Menschen überwunden ist durch das Wunder der Beichte und Vergebung, sowie im Staat, sofern hier die Ordnungen der gegebenen Gemeinschaften in Autorität und Verantwortung erhalten werden. Und schließlich nimmt das Reich Gottes Gestalt an in der Kirche, sofern die Gestalt des ganz auf sich selbst gerichteten Willens durch das Zeugnis des Wunders Gottes vernichtet und als Ausrichtung des Menschen

121 GS III, 270–285.

122 Vgl. GS III, 273.

123 Vgl. GS III, 279.

124 »Die Kirche begrenzt den Staat, wie der Staat die Kirche begrenzt. Und beide müssen sich dieser gegenseitigen Begrenzung bewußt bleiben und das gespannte Nebeneinander, das hier nie ein Ineinander sein darf, tragen« (GS III, 282, Hervorheb. hinzugef., CS).

auf den anderen hin neu geschaffen wird; entsprechend im Staat, sofern er mit Autorität und Verantwortung das selbstbezogene Streben des Menschen bändigt und in der Ordnung hält.[125]

Mithilfe des Begriffes »Reich Gottes« gelingt es Bonhoeffer, das Verhältnis von Kirche und Staat als ein gleichberechtigtes *Nebeneinander in gegenseitiger Bezogenheit* zu bestimmen, wobei ihrer beider Recht und Bestand, aber auch ihre Infragestellung in der eschatologischen Größe des Reiches Gottes begründet liegt. Er gewinnt gleichzeitig Maßstäbe, wie die Aufgabe des Staates, die Welt auf das Wunder der Neuschöpfung in Jesus Christus hin zu erhalten, inhaltlich zu füllen ist, und damit Kriterien dafür, was das Wesen, die Staatlichkeit des Staates ausmacht: die Anerkennung und Wahrung von lebenserhaltender Ordnung, die Erhaltung der Ordnungen der gegebenen Gemeinschaften in Autorität und Verantwortung und schließlich die Bändigung des menschlichen und – wie Bonhoeffer seit dem Jahre 1931 betont – des völkischen Egoismus mit Autorität und Verantwortung.[126]

Da der Staat ausschließlich vom Reich Gottes her begründet wird, spielt die Ordnung des Volkes in dem Vortrag eine nebensächliche Rolle. Sie hat nicht wie der Staat die Dignität einer Erhaltungsordnung auf das Wunder hin und noch weniger den von Bonhoeffer spätestens seit Anfang 1932 überhaupt verworfenen Charakter einer Schöpfungsordnung. Das Volk ist lediglich der »Schauplatz«, auf dem sich die Begegnung von Kirche und Staat vollzieht, und wird neben den anderen Gemeinschaften wie Ehe und Familie von diesem bewahrt.[127]

Im Gegensatz zur Staatsanschauung des jungen nationalen Luthertums wird der Staat nicht dem Volk und seinen Ansprüchen dienstbar gemacht. Vielmehr ist das Handeln des Staates in Übereinstimmung mit Luther ausschließlich durch sein Amt, für Recht und Frieden zu sorgen, legitimiert.[128] In unverkennbarer Kritik an der Rassenideologie des Nationalso-

125 Im Vergleich mit anderen Beiträgen zu einer evangelischen Staatsethik in der Endzeit der Weimarer Republik fällt das starke Zurücktreten des Gewaltbegriffs in dem Vortrag zugunsten des Begriffspaars »Autorität und Verantwortung« auf (vgl. GS III, 280f).

126 Vgl. GS III, 279–281 u. oben II.B.2.a.

127 Vgl. GS III, 282.

128 P. Althaus bezeichnet den Dissens im Blick auf die Staatsauffassung der Barmer Theologischen Erklärung: »Ich stelle fest, daß in dem ganzen Entwurfe das Wort ›Volk‹ nicht vorkommt, außer in These 6 in anderem Sinn. Der Staat kommt vor, das Volk nicht. Echt Barth! – und das machen Lutheraner mit!« Unter Bezug auf die fünfte These der Erklärung fährt Althaus fort: »Der Staatsbegriff, der hier vorliegt, ist der des liberalen Rechtsstaates, wie in allen Schriften Barths. Wir Lutheraner wissen, daß der Staat Dienst am Leben eines Volkes ist, geformter Wille eines Volkes zum Leben in der Geschichte. Das fällt hier ganz aus. Daher werden die tieferen Fragen, um die es zwischen Staat (eines Volkes) und Kirche geht, gar nicht gesehen« (Brief P. Althaus' an Landesbischof Meiser vom 21. Mai

zialismus, die dem Staat die Aufgabe der Förderung und Züchtung der arischen Rasse zusprach, betont Bonhoeffer, daß dieses Amt lediglich die *Erhaltung des gegebenen* und niemals die *Schöpfung neuen Lebens* umfasse.[129]

Ergebnis

Bonhoeffers Äußerungen zum Problem einer christlichen Ethik in den Jahren 1929 bis 1932 spiegeln eine tiefgreifende Entwicklung wider. Vorerst steht sie jedoch nicht im Zusammenhang eines Austausches mit dem Freundeskreis um die älteren Brüder. Die Veränderungen gehen vielmehr auf die neuen ökumenischen Eindrücke und Kontakte sowie die auch im Raum der Kirche sich spürbar verschärfenden politischen Auseinandersetzungen am Ende der Weimarer Republik zurück.[130] Im Jahre 1929 – einer Lebensphase, die Bonhoeffer 1932 rückblickend als Zeit eines ihm »eigentlich frivol« erscheinenden »Desinteressements« an der Politik bezeichnet[131] – scheint er nationalprotestantischem Denken verpflichtet gewesen zu sein. Doch sind Bonhoeffers Überlegungen zur Ethik des Politischen so spannungsgeladen, daß er bald über sie hinausdrängt.

1934, abgedr. in: C. Nicolaisen, Der Weg nach Barmen. Die Entstehungsgeschichte der Theologischen Erklärung von 1934, Neukirchen-Vluyn 1985, 87f). Althaus' Kritik »trifft« in gleicher Weise Bonhoeffers Staatsauffassung.

129 In der Förderung des deutschen Volkstums und der arischen Rasse sah Hitler die eigentliche Aufgabe des Staates (vgl. A. Hitler, Mein Kampf, Zwei Bände in einem Band, 25. Aufl., München 1933, 439f).

130 Im Jahre 1936 berichtete Bonhoeffer einer Bekannten von einer in den Jahren vor 1933 durch einen neuen Zugang zur Bibel erfolgten Befreiung: »Ich war bei aller Verlassenheit ganz froh an mir selbst. Daraus hat mich die Bibel befreit und insbesondere die Bergpredigt. . .Der christliche Pazifismus, den ich noch kurz vorher. . .leidenschaftlich bekämpft hatte, ging mir auf einmal als Selbstverständlichkeit auf. Und so ging es weiter, Schritt für Schritt. Ich sah und dachte gar nichts anderes mehr«(GS VI, 368). Bonhoeffers rückblickender Bericht scheint zwar eine »plötzliche« Wende zu implizieren, jedoch finden sich an keiner anderen Stelle Hinweise auf eine solche rasche Veränderung. Da Bonhoeffer in einer im Winter 1932 entstandenen Diskussionseinleitung schon ausdrücklich von einem einfältigen Bergpredigtgehorsam spricht, ist die »innere Wende« zu dieser Zeit mit hoher Wahrscheinlichkeit abgeschlossen (vgl. GS V, 359ff). Somit bleiben als Zeitraum, in dem die Veränderung stattgefunden haben kann, die eineinhalb Jahre zwischen der Rückkehr aus Amerika im Sommer 1931 und dem Winter 1932. Eine frühere Datierung auf die Zeit des Amerika-Aufenthalts scheidet aus, da Bonhoeffer von einer »kurz vorher« stattgefundenen Disputation, bei der auch der Berliner Kollege Gerhard Jacobi anwesend war, spricht (vgl. GS VI, 368). Das Geschehen einer inneren Wende bleibt insgesamt wenig greifbar. Bonhoeffers rückblickende Äußerungen dazu sind wahrscheinlich nicht unbeeinflußt durch den dreijährigen, sich zuspitzenden Kirchenkampf.

131 GS I, 65.

Bonhoeffer hat am Beginn der dreißiger Jahre den Nationalsozialismus als einen friedensgefährdenden, »dämonischen« Nationalismus verstanden. Aber auch vor dessen Mißbrauch der demokratischen Möglichkeiten und dem Streben nach einer Diktatur warnt er. Die nationalsozialistischen Vorstellungen hinsichtlich einer Neuordnung des Verhältnisses von Kirche und Staat schienen ihm untragbar.[132] Die Kirche könne keinesfalls dem Staat unter- oder auch eingeordnet werden. Vielmehr hätten Kirche und Staat *nebeneinander* in gegenseitiger Bezogenheit zu stehen.

Angesichts der unsicheren Verhältnisse am Ende der Weimarer Republik greift er verstärkt auf die lutherische Reiche- und Regimentelehre zurück, indem er das Verhältnis von Kirche und Staat als das einer gegenseitigen *Begrenzung* bestimmt. Von den verbreiteten neulutherischen Interpretationen der Auffassungen Luthers grenzt er sich in zweifacher Hinsicht ab. Es kann keine Eigengesetzlichkeiten im staatlichen Leben gegenüber dem Wort Gottes geben. Zum anderen betont er gegen jede diastatische Bestimmung des Verhältnisses von Kirche und Staat ihre unaufhebbare gegenseitige Bezogenheit.

Die Qualifikation des Staates als »Erhaltungsordnung auf Christus hin« wird seit dem Jahre 1932 im Rahmen einer Ethik des konkreten Gebotes der Kirche ausgeführt. Das neue Ethik-Konzept ist von vier Grundentscheidungen bestimmt: Zum einen hat jede ethische Entscheidung ihre letzte Norm in der Christusoffenbarung. Sodann ist die Kirche als Christus praesens Ort der gegenwärtigen Offenbarung des Gebotes. Das Gebot der Kirche kann drittens in Analogie zu der Offenbarung Gottes in dem konkreten Menschen Jesus von Nazareth nur als ein *konkretes* Gottes Gebot sein. Schließlich muß in der Verkündigung des konkreten Gebotes – wiederum in Analogie zur Rede von der göttlichen und menschlichen Wirklichkeit in der Person Jesu Christi und der Kirche – ein Zweifaches zusam-

132 Ein anderer Punkt, an dem Bonhoeffer schon 1932 mit den Nationalsozialisten in Konflikt geriet, war deren Versuch mittels der gezielten Beteiligung an den Kirchenwahlen die Kirche zu einem »Instrument nationalsozialistischen Gestaltungswillens« zu machen (so der Erlanger Theologieprofessor Hermann Strathmann, in: L. Klotz (Hg.), Die Kirche und das dritte Reich. Fragen und Forderungen deutscher Theologen, Gotha 1932, Bd. 1, 125; vgl. auch die ähnliche Formulierung des Berliner Professors und Ökumenikers Arthur Titius, aaO., Bd. 2, 125; vgl. zum Ganzen Siegele-Wenschkewitz, Nationalsozialismus, 27ff). Gleich G. Dehn wandte sich Bonhoeffer im Sinne der Theologie K. Barths sowohl gegen eine religiöse Überhöhung oder Heiligsprechung des Staates als auch eine Politisierung der Kirche (vgl. das im August 1932 verfaßte Vorwort zu: K. Barth, Kirchliche Dogmatik, Bd. I,1: Die Lehre vom Wort Gottes. Prolegomena zur Kirchlichen Dogmatik, 6. Aufl., Zollikon-Zürich 1952, XIf). Wie Dehn verstand Bonhoeffer die Kirche als den »der politischen Konjunktur gegenüber ›neutralen‹ Ort katexochen« und kritisierte zugleich den sogenannten Neutralitätskurs der Kirchenleitungen, der letztlich ungebrochen bürgerlich und antisozialistisch ausgerichtet sei (vgl. GS I, 175 u. Dehn, Kirche und Politik, 119f).

menkommen: die Perspektive der Herrschaft Christi über die ganze Welt und die »tiefste« Kenntnis der jeweiligen Weltwirklichkeit.

Zwar hat Bonhoeffer mit seinem Konzept Anteil an einer in der lutherischen Theologie betonten Intention, Situation und »geschichtliche Stunde« in die Ethik einzubeziehen; jedoch geht er an einer entscheidenden Stelle eigene Wege. Die Geschichte kommt nur als eine von Christus beherrschte und von der Christusoffenbarung her zu verstehende in den Blick. Erst in dieser Perspektive kann der jeweilige Ort der Weltwirklichkeit mit seinen Gesetzlichkeiten sachgemäß in die ethische Entscheidung eingebracht werden. Bonhoeffer führt diese Gedanken jedoch nicht über die Kritik an einer Verabsolutierung einzelner Strukturen und Gesetzmäßigkeiten der Welt hinaus. Das Problem einer Theorie des Zusammenspiels von Christuswirklichkeit und Wesensgesetzen der Welt in der ethischen Entscheidung wird erst in den »Ethik«-Fragmenten des Sommers 1941 wieder aufgegriffen.[133]

Bis zum Jahre 1932 lassen sich keine Belege für einen Austausch Dietrich Bonhoeffers mit den Juristen des Geschwister- und Freundeskreises über Grundfragen der Rechts- und Staatsauffassung finden. Wohl hat Bonhoeffer im Blick auf seine Beurteilung des Nationalsozialismus von den Informationen seines im Reichsjustizministerium tätigen Schwagers Hans von Dohnanyi profitiert; aber weder die biographischen Voraussetzungen noch sein ethischer Entwurf am Ende der zwanziger Jahre förderten ein Gespräch mit der Welt liberaler rechtsstaatlicher Politik, wie sie die Juristen des Freundeskreises vertraten.[134] Anders verhält es sich mit dem Konzept seit den Jahren 1931/32. Bonhoeffers Auffassung, daß es ein Kriterium der Wahrheit des Gebotes der Kirche sei, ob dieses »in konkretester

133 Vgl. EN, 238ff.

134 Im Jahre 1929 wirkte sich der Altersunterschied von ca. vier Jahren noch beträchtlich aus. Während Bonhoeffer als gerade zweiundzwanzigjähriger sein Studium abgeschlossen hatte und zur Ableistung der Vikariatszeit nach Barcelona aufbrach, war der schon doppelt promovierte Leibholz Italien-Referent am Berliner Institut für ausländisches öffentliches Recht und Völkerrecht.
Den Altersunterschied zum Freundeskreis um seine älteren Brüder hat Bonhoeffer auch selbst deutlich empfunden. Im Unterschied zum Jahre 1933 spricht Bonhoeffer Anfang 1929 noch von vier völlig verschiedenen geistigen Generationen innerhalb der arbeitenden Bevölkerung (vgl. GS V, 157f u. GS II, 22ff). Während Leibholz und der gesamte Freundeskreis um den älteren Bruder Klaus zu der gehörte, die der Krieg früher oder später gereift hat, rechnet er sich selbst zum »Geschlecht der Revolutionsjugend, deren Erwachen und Werden in den Jahren von 1918 bis, sagen wir, 1923 lag« (GS V, 158). Im Jahre 1933 nimmt Bonhoeffer das Einteilungsschema zwar wieder auf, aber das Gewicht verschiebt sich. Der Unterschied zwischen zweiter und dritter Generation, denen Dietrich Bonhoeffers Bruder Klaus und sein Freundeskreis sowie er selbst angehören, schwindet zugunsten der Hervorhebung der Distanz beider Gruppen zu der »heute jüngsten Generation« (GS II, 24f).

Form aus der vollsten Kenntnis der Sache heraus« gesprochen werde, sucht geradezu nach kompetenten Gesprächspartnern in den aktuellen Fragen der politischen Ethik. Im Winter 1932/33 ist angesichts der akuten Bedrohung der Weimarer Republik zum ersten Mal ein solcher Austausch zwischen dem Theologen Bonhoeffer und dem Staatsrechtler Gerhard Leibholz nachweisbar. Bevor er dargestellt werden kann, sind Leibholz' staatsrechtliche Arbeiten und Positionen am Ende der Weimarer Republik zu charakterisieren.

2. Kapitel: Gerhard Leibholz' staatsrechtliche Analysen und Positionen in der Zeit der Weimarer Republik

Einführung

Gerhard Leibholz zählt zu den führenden Staatsrechtslehrern in der Zeit der Weimarer Republik, obwohl er einen Großteil seines Wirkens erst nach dem Ende des zweiten Weltkriegs und der Rückkehr aus der Emigration in der neu geschaffenen Bundesrepublik entfaltet hat. Sein Bild in Öffentlichkeit und Forschung ist wesentlich durch seine Tätigkeit als Bundesverfassungsrichter und Staatsrechtslehrer nach dem Kriege geprägt. Auf Leibholz' Rolle in den Auseinandersetzungen der Weimarer Staatsrechtslehre weisen lediglich einige, meist wenig differenzierte Bemerkungen in verschiedenen Zusammenhängen hin,[1] eine Gesamtdarstellung seiner juristischen und politikwissenschaftlichen Arbeit fehlt bisher.[2] Hingegen verfügen wir über eine ausführliche Bibliographie[3] und von seiner Frau Sabine Leibholz-Bonhoeffer verfaßte biographische Aufzeichnungen.[4] Anläßlich verschiedener Jubiläen sind einige kurze Würdigungen der wissenschaftlichen Arbeit Leibholz' erschienen.[5]

1 Vgl. z. B. J. Meinck, Weimarer Staatslehre und Nationalsozialismus. Eine Studie zum Problem der Kontinuität im staatsrechtlichen Denken in Deutschland 1928 bis 1936 (Campus: Forschung, Bd. 41), Frankfurt a.M.-New York 1978, 60f; vgl. auch das überzogene Urteil Wolfgang Abendroths, Leibholz habe »erst in der Emigration zu demokratischeren Denkformen gefunden« (W. Abendroth, Die deutschen Professoren und die Weimarer Republik, in: J. Tröger (Hg.), Hochschule und Wissenschaft im Dritten Reich (Reihe Campus Bd. 1009), Frankfurt a.M.-New York 1986, 11–25).

2 Manfred Wiegandt (Göttingen) arbeitet an einer Untersuchung zu diesem Thema.

3 F. Schneider, Bibliographie Gerhard Leibholz. Mit einem Geleitwort v. Ernst Benda, Tübingen 1972.

4 S. Leibholz-Bonhoeffer, Vergangen, erlebt, überwunden. Schicksale der Familie Bonhoeffer, 4. Aufl., Gütersloh 1983, 71ff; vgl. auch das Interview Werner Hills mit G. Leibholz in: FAZ vom 22. Oktober 1984.

5 H. Jäckel, Der Weg zur Massendemokratie. Zu den Werken von Gerhard Leibholz, in: NPL 9 (1964), Sp. 247–258; W. Schaumann, Gleichheit und Gesetzmäßigkeitsprinzip (Zu Ehren von Bundesverfassungsrichter Prof.Dr. Gerhard Leibholz zu dessen 65. Geburtstag), in: JZ 21 (1966), 721–727; K.I. Underberg, Zur Wahlrechts- und Parteienstaatstheorie von Gerhard Leibholz, in: Verfassung und Verfassungswirklichkeit. Jahrbuch 1967, 222–257; W. Euchner, Die Staatslehre von Gerhard Leibholz im Spiegel der Leibholz-Festschrift, in: NPL 15 (1970), 320–331; H.-J. Rinck, Gerhard Leibholz zum 70. Geburtstag, in: JZ 26 (1971), 701; R. Smend, Gerhard Leibholz zum 70. Geburtstag, in: AöR 96 (1971), 568–572; E. Küchenhoff, Nachruf auf Gerhard Leibholz, in: PVS 23 (1982), 362–364 u. C. Link, Zum Tode von Gerhard Leibholz, in: AöR 108 (1983), 153–160; H.-J. Rinck, In

Leibholz' Stellung zum Weimarer Staat und seiner Verfassung wird in der Forschung kontrovers diskutiert. Man wirft ihm vor, durch das gegenseitige Ausspielen von staatsfremdem Liberalismus und sachinhaltlicher Demokratie die bürgerliche Diktatur gerechtfertigt zu haben. Als Beispiel dieser Einschätzung sei Jürgen Meincks Urteil in dessen Marburger Dissertation über »Weimarer Staatslehre und Nationalsozialismus« zitiert: »In seiner (Leibholz', CS) Abhandlung ›Die Auflösung der liberalen Demokratie in Deutschland und das autoritäre Staatsbild‹ wurde der Zerfall der parlamentarischen Staatsform auf den ›fortschreitenden rationalistischen Relativierungsprozeß‹ zurückgeführt, der die staatslegitimierenden Werte aufgelöst habe. Indem der ›rationalistische Relativierungsprozeß‹ als Ursache der Auflösung der demokratischen Republik angesehen wurde, wurden die Voraussetzungen geschaffen, eine künftige, ihre sozialen Grundlagen mystifizierende Diktatur, die keine Möglichkeit zur politischen Einflußnahme zuließ, als ›demokratisch‹ zu legitimieren, ihre Fähigkeit vorausgesetzt, den Glauben an ihre vereinigende Kraft und politische Stärke massenwirksam zu vertreten. Wie in Smends ›Verfassung und Verfassungsrecht‹ wurde auch hier auf den italienischen Faschismus hingewiesen, der ›in Zukunft ein zwar antiliberales, aber doch demokratisches Staatsbild von total-autoritärer Prägung herauszustellen‹ intendiere.«[6]

memoriam Gerhard Leibholz, in: Jahrbuch des öffentlichen Rechts der Gegenwart, N.F. Bd. 35, Tübingen 1986, 133–142; H.H. Klein, Gerhard Leibholz (1901–1982). Theoretiker der Parteiendemokratie und politischer Denker – ein Leben zwischen den Zeiten, in: F. Loos (Hg.), Rechtswissenschaft in Göttingen. Göttinger Juristen aus 250 Jahren, Göttingen 1987, 528–547; vgl. weitere Literatur in der Bibliographie (Anm. II/3), 40ff.

6 Meinck, Staatslehre, 60; auf einer ausgesprochen selektiven Textstellenauswahl beruht das Urteil des Münchener Theologen F.W. Graf, daß »Leibholz mit seiner Liberalismuskritik eine klar antiparlamentarische und damit die Republik unterminierende Position vertreten habe«(Der Weimarer Barth – ein linker Liberaler?, in: EvTh 47 (1987), 562). Nach F.W. Grafs Auffassung gilt der junge Leibholz in der neueren staatsrechtlichen Literatur »als einer jener Staatsrechtslehrer, die-...die Weimarer Reichsverfassung dadurch delegitimiert haben, daß sie das parlamentarische System in eine plebiszitär unterbaute Präsidialdiktatur zu überführen verlangt haben«(aaO., 561). Dieses als repräsentativ für die neuere staatsrechtliche Literatur ausgegebene Urteil beruht auf zwei Ende der sechziger und Anfang der siebziger Jahre geschriebenen Arbeiten, die Leibholz nur ganz am Rande behandeln (W. Bauer, Wertrelativismus, und Meinck, Staatslehre), und läßt z. B. die gegensätzliche Bewertung M. Friedrichs (vgl. unten Anm. 9) völlig unberücksichtigt.

F.W. Grafs Leibholz-Darstellung steht im Dienste der These, daß Karl Barths Liberalismuskritik das Legitimitätsdefizit der Weimarer Republik in Theologie und Kirche verstärkt habe. Ohne daß Barth von Leibholz auch nur ein einziges Mal zitiert wird (von der vielfältigen Gruppe der sogenannten dialektischen Theologie lediglich A. de Quervain, F. Gogarten und E. Brunner – neben den Theologen D. Bonhoeffer, P. Tillich und F. Brunstäd), folgert F.W. Graf: »So belegt sein (Leib-

Dieses Urteil ist in mehrfacher Hinsicht zu korrigieren. Meinck reißt Äußerungen von Leibholz aus ihrem Zusammenhang und läßt dadurch Analysen einer historischen Entwicklung als Werturteile erscheinen. So bedeutet die – wohl kaum zu bestreitende – Feststellung des Zerfalls des repräsentativen Parlamentarismus liberaler Prägung für Meinck eine antiliberale Staatsauffassung, die der nationalsozialistischen Zerstörung des Weimarer Staates den Weg bereitet habe. Es wird zu zeigen sein, daß Leibholz mit seiner kritischen Analyse des gegenwärtigen Zustands der liberalen Demokratie, soweit ihm das möglich schien, gerade deren Intentionen unter den neuen Bedingungen des 20. Jahrhunderts zur Geltung zu bringen suchte.

Noch eklatanter ist Meincks Fehlurteil im Blick auf Leibholz' Beurteilung des italienischen Faschismus. Daß Leibholz im Winter 1932/33 auf ihn verweist, bedeutet mitnichten eine Zustimmung zu seinen Zielen. Er hat sich schon 1928 in einer Untersuchung »Zu den Problemen des fascistischen Verfassungsrechts« von ihnen abgegrenzt.[7] Zudem weist er in eben der von Meinck zitierten Schrift ein »antiliberales, aber doch demokratisches Staatsbild von total-autoritärer Prägung«, wie es der italienische Faschismus intendiere, zurück und hebt die grundlegende Alternative von autoritärem oder autoritär-totalem Staat hervor.

Im Gegensatz zu Meinck und anderen[8] hat der Göttinger Politologe Manfred Friedrich in einer 1977 veröffentlichten Abhandlung über die Grundlagendiskussion der Weimarer Staatsrechtslehre Leibholz neben dem Sozialdemokraten Hermann Heller als Beispiel dafür genannt, daß »die Kritik an liberalen Gedankengängen mit der entschiedenen Bejahung der Demokratie gerade in ihrer besonderen Weimarer Gestalt Hand in Hand« gehen konnte.[9] Sie sei bei Leibholz ebenso eindeutig wie bei Heller auf ein klar beherrschendes demokratisches Grundmotiv zurückzuführen,

holz', CS) Beitrag zur ›Auflösung der liberalen Demokratie in Deutschland‹(!), daß Nichttheologen die Dialektische Theologie in den zwanziger und frühen dreißiger Jahren als ein den Weimarer Parlamentarismus delegitimierendes autoritäres Denken in Anspruch genommen haben« (aaO., 564).

7 Vgl. G. Leibholz, Zu den Problemen des fascistischen Verfassungsrechts (Beiträge zum ausländischen öffentlichen Recht und Völkerrecht 11), Berlin u. Leipzig 1928, bes 19f, 22ff u. 34ff; dagegen meint F.W. Graf, Leibholz habe die zentralen Elemente der faschistischen Staatstheorie in seinen eigenen Begriff des Staates aufgenommen (vgl. aaO., 563 und Anm. 37 (!), mit einer ganz untauglichen »Belegstelle«).

8 Vgl. W. Bauer, Wertrelativismus und Wertbestimmtheit im Kampf um die Weimarer Demokratie. Zur Politologie des Methodenstreites der Staatsrechtslehrer (Beiträge zur Politischen Wissenschaft, Bd. 3), Berlin 1968, (137, 156, 227 (»Neuhegelianer wie...Leibholz...« (!)), 270 u. 342 u. W. Hill, Gleichheit und Artgleichheit, Berlin 1966, 105ff.

9 M. Friedrich, Der Methoden- und Richtungsstreit. Zur Grundlagendiskussion der Weimarer Staatsrechtslehre, in: AöR 102 (1977), 177.

»nämlich auf das Interesse an einem nicht von älteren liberal-›repräsentativen‹ Vorstellungen verstellten Verständnis der neuen ›massendemokratischen‹ Wirklichkeit der Weimarer Parteiendemokratie.«[10]

Dieses Urteil Friedrichs gilt es im Folgenden zu erläutern und im Blick auf Leibholz' Bewertung liberaler Traditionen zu präzisieren. Seine Etikettierung des italienischen Faschismus zugleich als demokratisch und diktatorisch zeigt, daß am Ende der Weimarer Republik weniger die Stellung zur Demokratie als die zum Liberalismus und seinen Traditionen das Schibboleth war, an dem sich die Geister schieden.[11] Wie schon angedeutet, war der klassische Liberalismus damals kein Thema mehr. Der Streit ging nur noch um die grundsätzliche Anerkennung der Institutionen, die der bürgerliche Liberalismus im 19. Jahrhundert erkämpft hatte, in ihrer Bedeutung auch für die Gegenwart.[12]

I. Liberalismus und Demokratie als Thema von Leibholz' Veröffentlichungen in der Zeit der Weimarer Republik

Von der ersten Veröffentlichung, einer 1921 mit neunzehn Jahren bei Richard Thoma in Heidelberg geschriebenen philosophischen Dissertation über Fichte und den demokratischen Gedanken an zieht sich durch Leibholz gesamtes Werk die Frage nach dem Verhältnis von Freiheit und Gleichheit als dem Grundproblem der modernen Demokratie.[13] Eine wichtige Intention seiner staatsrechtlichen Arbeiten ist es, einen Ausgleich zwischen den freiheitsbedrohenden sozialen und den liberalen Grundrechten zu suchen. Er hat es geradezu als die Aufgabe des 20. Jahrhunderts bezeichnet, in der Gleichheit eine Voraussetzung der Freiheit zu sehen, um nicht einem wirklichkeitsfremden Neoliberalismus oder totalitären Konzeptionen zu verfallen.[14]

Leibholz' juristische Doktorarbeit über »Die Gleichheit vor dem Gesetz« aus dem Jahre 1925 fordert eine Deutung des allgemeinen Gleichheitssatzes als ein alle Staatsgewalt bindendes Willkürverbot.[15] Er versteht in der bei dem Berliner Staatsrechtler Heinrich Triepel geschriebenen Arbeit den Artikel 109 Abs. 1 der Weimarer Reichsverfassung ausdrücklich

10 Ebd.

11 Vgl. Leibholz, faschistisches Verfassungsrecht, 37ff.

12 Vgl. oben Einl.I.

13 G. Leibholz, Fichte und der demokratische Gedanke. Ein Beitrag zur Staatslehre, Freiburg i.B., o.J. (1922).

14 Vgl. Die Problematik der sozialen Grundrechte. Vortragsthesen vom 20. Oktober 1956, in: ders., Strukturprobleme der modernen Demokratie, Neuausgabe der 3. erweiterten Aufl. von 1967, Frankfurt a.M. 1974, 130f.

15 G. Leibholz, Die Gleichheit vor dem Gesetz. Eine Studie auf rechtsvergleichender und rechtsphilosophischer Grundlage (Öffentlich-rechtliche Abhandlungen 6), Berlin 1925.

vom Individuum her als subjektives öffentliches Recht und nicht als ein vom Staat nach seiner Interessenlage zu gestaltendes objektives Recht des Individuums.[16]

Die Jahre 1928/29 lassen zwei weitere gewichtige Untersuchungen über Grundprobleme der Demokratie im 20. Jahrhundert folgen. Die erste, die bereits erwähnte Studie »Zu den Problemen des fascistischen Verfassungsrechts«, ist aus der Tätigkeit als Italienreferent am Institut für ausländisches öffentliches Recht und Völkerrecht entstanden.[17] In ihr leistet Leibholz eine kenntnisreiche Auseinandersetzung mit dem italienischen Faschismus, deren Ertrag seine frühe und klare Sicht der Gefahr des Nationalsozialismus für die junge Demokratie in Deutschland mitbedingt hat.

Die zweite, eine zur gleichen Zeit entstandene Habilitationsschrift über »Das Wesen der Repräsentation unter besonderer Berücksichtigung des Repräsentativsystems« versteht sich als Beitrag zur allgemeinen Staats- und Verfassungslehre.[18] Anhand eines nur scheinbaren Einzelproblems wird darin mit dem neu gewonnenen Verständnis der Repräsentation zugleich Leibholz' bekannte Theorie der modernen parteienstaatlichen Massendemokratie entwickelt. Eine ihrer Hauptintentionen ist die Wahrung liberaler Traditionen unter den neuen Bedingungen des 20. Jahrhunderts, nachdem mit der Einführung des uneingeschränkten allgemeinen Wahlrechts die Funktion des Parlaments als repräsentatives Forum der Diskussion unter den Besten des Volkes verlorengegangen war. In zahlreichen Veröffentlichungen zu verschiedenen staatsrechtlichen Einzelproblemen konkretisiert Leibholz, seit 1929 als Professor an der Universität Greifswald, die entwickelten Gedanken in der Endphase der Weimarer Republik.

Als für lange Zeit letzte größere Veröffentlichung Leibholz' in Deutschland erschien 1933 der schon erwähnte, im November 1932 gehaltene und später ergänzte Vortrag zum Thema »Die Auflösung der liberalen Demokratie in Deutschland und das autoritäre Staatsbild«.[19] Die Ausführungen stellen eine Zusammenfassung seiner in der Weimarer Zeit entwickelten Staatsrechtslehre dar und versuchen eine politikwissenschaftliche Einord-

16 Vgl. Leibholz, Gleichheit, 115ff.

17 Vgl. oben Anm. 7.

18 G. Leibholz, Das Wesen der Repräsentation unter besonderer Berücksichtigung des Repräsentativsystems. Ein Beitrag zur allgemeinen Staats- und Verfassungslehre (Beiträge zum ausländischen öffentlichen Recht und Völkerrecht 13), Berlin u. Leipzig 1929; vgl. bes. die detaillierte Auseinandersetzung mit den Thesen und der Methode der Arbeit in A. Köttgens Rezension (in: AöR N.F. 19 (1930), 290–312). Die Habilitation bei Heinrich Triepel war schon im Jahre 1928, ein Jahr vor der Veröffentlichung der Arbeit, erfolgt.

19 G. Leibholz, Die Auflösung der liberalen Demokratie in Deutschland und das autoritäre Staatsbild (Wissenschaftliche Abhandlungen und Reden zur Philosophie, Politik und Geistesgeschichte 12), München u. Leipzig 1933.

nung des Nationalsozialismus, welche die in der Beschäftigung mit dem italienischen Faschismus gewonnenen Erkenntnisse aufnimmt.

Schon in Greifswald, wo Leibholz den Lehrstuhl des früh verstorbenen Staatsrechtlers Günther Holstein übernommen hatte, waren im Zuge des Anwachsens der nationalsozialistischen Bewegung antisemitische Ressentiments lautgeworden. Nicht zuletzt darum nahm Leibholz, der als christlich erzogener Sohn jüdischer Eltern keine Verbindungen zur jüdischen Gemeinde mehr hatte, im Jahre 1931 einen Ruf an die Universität Göttingen an. Hier war er jedoch mit dem Jahre 1933 schweren antisemitischen Angriffen ausgesetzt. Seine im Wintersemester 1933/34 angebotenen Vorlesungen über den »Faschismus« und »Das Staatsbild des 20ten Jahrhunderts und seine geistesgeschichtlichen Grundlagen« mußten bereits wegen Boykotts ausfallen.[20]

II. Leibholz' Anteil an der Positivismus-Kritik der jüngeren Staatsrechtslehre

Die staatsrechtliche Diskussion in der Weimarer Republik wurde seit Mitte der zwanziger Jahre durch die wachsende Kritik an der bisher herrschenden positivistischen Richtung, deren Hauptvertreter Hugo Preuß, Richard Thoma, Georg Jellinek, Hans Kelsen und Gerhard Anschütz waren, bestimmt. Man warf ihnen vor, den notwendigen Fragen nach dem Sinn von Recht, nach dem Inhalt von Gesetzen und dem Zweck politischer Macht auszuweichen und damit eine bedenkliche Trennung der Staatsrechtslehre von Soziologie, Ethik und Metaphysik herbeigeführt zu haben. Zwar sah auch die alte positivistische Schule, daß es neben der juristischen Staatsbetrachtung, die von der gegebenen Verfassung und dem Gesetz ausging, noch eine »dynamische, soziologisch-politische Seite« des Staates gebe. Jedoch bestand man entschieden auf der notwendigen Trennung der beiden Aspekte.[21] Dagegen wandten vor allem jüngere Staatsrechtslehrer

20 Im Jahre 1934 bat Leibholz um seine Emeritierung, um seiner Entlassung zuvorzukommen. Darauf wurde er an die Universitätsbibliothek versetzt, wo man ihm jedoch schon nach wenigen Tagen Hausverbot erteilte (Auskunft von Sabine Leibholz-Bonhoeffer am 20. Juli 1985; vgl. dies., Vergangen, 97ff). Die Deutsche Juristenzeitung meldete im Jahre 1935 seine Versetzung in den Ruhestand (S. 496); vgl. H. Göppinger, Die Verfolgung der Juristen jüdischer Abstammung durch den Nationalsozialismus, Villingen 1963, 97 u. B. Limperg, Personelle Veränderungen in der Staatsrechtslehre und ihre neue Situation nach der Machtergreifung, in: E.-W. Böckenförde (Hg.), Staatsrecht und Staatsrechtslehre im Dritten Reich, Heidelberg 1985, 53.

21 Auf die Spitze getrieben wurde die Auffassung, die Staatsrechtslehre habe es ausschließlich mit dem Recht, nicht aber mit Politik und Soziologie zu tun, in der »reinen Staatslehre« Hans Kelsens; vgl. zum Folgenden die immer noch gültige, ausgewogene Darstellung bei Sontheimer, Antidemokratisches Denken, 63ff sowie

ein, daß die Staatsrechtswissenschaft nicht nur eine juristische, sondern auch eine philosophische und soziologische Disziplin sei. Sie habe nach philosophischen Begründungen des Staates zu fragen sowie mit soziologischen Methoden die Verfassungswirklichkeit zu untersuchen und mit dem Anspruch der Verfassung zu konfrontieren.[22]

Der Methoden- und Richtungsstreit konzentrierte sich im wesentlichen auf das Problem des richterlichen Prüfungsrechts und die Interpretation des Gleichheitssatzes nach Art. 109 Abs. 1 der Weimarer Reichsverfassung.[23] In beiden Zusammenhängen hat Leibholz, dessen spezifischer Beitrag in dem Methoden- und Richtungsstreit in der Ausarbeitung einer »phänomenologischen Methode« bestand,[24] auf der Seite der Positivismus-Kritik Stellung bezogen.

In einer Entscheidung vom 4. November 1925 hatte das Reichsgericht das Recht auf Nachprüfung der vom Parlament verabschiedeten Gesetze für sich in Anspruch genommen. Aber auch nach diesem Urteil standen sich die Meinungen über das richterliche Prüfungsrecht unversöhnt gegenüber.[25] Zwar wuchs die Zahl der Befürworter ständig, jedoch hielten die Vertreter der alten positivistischen Schule an der Gegnerschaft gegen das materielle richterliche Prüfungsrecht fest – nicht zuletzt deshalb, weil man eine unangemessene Beschränkung der Macht der parlamentarisch-demokratischen Reichslegislative befürchtete.[26] Befürworter wie Leibholz waren darum bemüht, die richterliche Kontrollgewalt gegenüber der Gefahr eines »Parlamentsabsolutismus« zu verstärken.[27] Zwar konnte die Forderung nach einem richterlichen Prüfungsrecht durchaus gegen den Weima-

ders., Politische Wissenschaft und Staatsrechtslehre, Freiburg i.B. 1963; Friedrich, Methoden- und Richtungsstreit u. J. Lege, Neue methodische Positionen in der Staatsrechtslehre und ihr Selbstverständnis, in: Böckenförde, Staatsrecht, 23–43.

22 »So entsprach der Ausweitung der Staatsrechtslehre nach oben in den Bereich der Geistesgeschichte und Metaphysik eine Erweiterung nach unten in den Raum der politischen und gesellschaftlichen Wirklichkeit« (Sontheimer, Antidemokratisches Denken, 68).

23 Zu den Begriffen »Methoden- und Richtungsstreit« vgl. Friedrich, Methoden- und Richtungsstreit, 161, 165f u. 208f u. Lege, Positionen, 24.

24 Vgl. bes. die Einleitung zur Habilitationsschrift von 1929, Repräsentation, 13–24 u. ders., Zur Begriffsbildung im Öffentlichen Recht (1931), in: ders., Strukturprobleme, 262–276. R. Smend hat die Dissertation über die Gleichheit vor dem Gesetz als das wohl »umfangreichste und erfolgreichste Dokument der Auseinandersetzung der damaligen neuen Richtung in Staatstheorie und Staatsrechtslehre« bezeichnet (ders., 70. Geburtstag, 568).

25 Vgl. E.R. Huber, Deutsche Verfassungsgeschichte, Bd. 6: Die Weimarer Reichsverfassung, Stuttgart-Berlin-Köln-Mainz 1981, 566f.

26 Zusammenfassung der Positionen bei Huber, Verfassungsgeschichte, Bd. 6, 566 Anm. 23.

27 Vgl. die umfangreiche Auflistung der Positionen aaO., 567 Anm. 24. Vgl. auch Leibholz, Gleichheit, 123f u. ders., Auflösung, 31 u. 33.

rer Staat gerichtet sein.[28] Bei Leibholz stand sie jedoch im Dienste der Sorge um den Schutz der Rechte des Individuums und des Gewaltenteilungssystems als Grundlage des Rechtsstaats.[29]

Die Diskussion um das richterliche Prüfungsrecht hatte sich am Problem einer angemessenen Auslegung des Gleichheitssatzes der Weimarer Reichsverfassung entzündet.[30] In der Anfangszeit der Republik war die Auffassung der alten positivistischen Schule herrschend, daß die Garantie der Gleichheit vor dem Gesetz nur Rechtsanwendungsgleichheit, nicht aber Rechtsgleichheit verbürge.[31] Dagegen wandte die neue Auslegung ein, daß der Gleichheitssatz nicht nur eine gleiche Anwendung der Gesetze fordere, sondern auch den Gesetzgeber selbst binde.[32]

In diesem Sinne verstand Leibholz' Dissertation über »Die Gleichheit vor dem Gesetz« den Gleichheitssatz als Garantie der materiellen Rechtsgleichheit.[33] Für die Annahme, daß sich der Art. 109 Abs. 1 auch unmittelbar an die Adresse des Gesetzgebers wendet, führt er die Entstehungsgeschichte der Grundrechte in der Weimarer Reichsverfassung an. Sie seien in der ausgesprochenen Tendenz geschaffen, das Individuum nicht nur gegen Willkürakte der Verwaltung, sondern auch des Gesetzgebers zu schützen.[34] In einem Großteil der neueren Darstellungen des Methoden- und Richtungsstreites in der Weimarer Staatsrechtslehre wird der »neuen Schule« eine der Geltungskraft der Weimarer Verfassung abträgliche Politisierung des Verfassungsrechts vorgeworfen.[35] Man diagnostiziert Motive und Interessen, die sich gegen die Ziele und Grundlagen der Weimarer Verfassung richteten.[36]

M. Friedrich gesteht zu Recht zu, daß den neuen Auffassungen und

28 Der Sozialdemokrat Hermann Heller sprach im Jahre 1930 die Warnung aus, in der Kampagne der zumeist rechtsstehenden Juristen bahne sich ein Aufgeben des Rechtsstaats durch das verunsicherte Bürgertum an (vgl. H. Heller, Rechtsstaat oder Diktatur? (Recht und Staat in Geschichte und Gegenwart 68), Tübingen 1930, 9).

29 Vgl. Leibholz, Auflösung, 29 u. ders., Gleichheit, 13f u. 115ff.

30 Vgl. Huber, Verfassungsgeschichte, Bd. 6, 104f; Sontheimer, Antidemokratisches Denken, 75ff u. Lege, Positionen, 25.

31 Zusammenstellung der Positionen bei Huber, Verfassungsgeschichte, Bd. 6, 105 Anm. 7.

32 Auflistung der Positionen aaO., 105 Anm. 6.

33 Vgl. Leibholz, Gleichheit, 30ff u. ders., Die Gleichheit vor dem Gesetz. Ein Nachwort zur Auslegung des Art. 109 Abs. 1 RV, in: AöR N.F. 12 (1927), 1ff.

34 Vgl. Leibholz, Gleichheit, 34.

35 Vgl. zum Folgenden die zutreffenden Ausführungen bei Friedrich, Methoden- und Richtungsstreit, 168ff.

36 So Bauer, Wertrelativismus, 133ff; Hill, Gleichheit, 105ff u. I. Maus, Bürgerliche Rechtstheorie und Faschismus. Zur sozialen Funktion und aktuellen Wirkung der Theorie Carl Schmitts, München 1976, 17, 40 u.ö. Vgl. dagegen M. Friedrich, Die Grundlagendiskussion in der Weimarer Staatslehre, in: PVS 13 (1972),

Auslegungen nicht die Bedeutung einer Hilfe und Stütze für den schwachen, ungefestigten Konsens über die Weimarer Verfassung bescheinigt werden könne. Dennoch sei der Vorwurf einer verfassungskonträren Politisierung des damaligen Verfassungsrechts überwiegend fehl am Platze. Er könne nur dann erhoben und aufrechterhalten werden, wenn die verfassungsrechtlichen Probleme unterbewertet würden, die als der eigentliche Gegenstand des Methodenstreits anzusehen seien.[37] Friedrich stellt weiter fest, daß aus der objektiven Wirkung einer Verfassungskonsens-Verunsicherung, die nicht bestritten und bagatellisiert werden solle, nicht einfach auf die Intention einer solchen Verunsicherung zurückgeschlossen werden könne.[38] In Leibholz' Arbeiten läßt sich eine solche Intention an keiner Stelle belegen.[39]

Auch wenn er Verfassungsrecht als politisches Recht oder besser: als Recht für das Politische verstanden hat, war seine Intention nicht die einer größeren Dehnbar- und Verfügbarmachung des Verfassungsrechts gegenüber politischen Interessen. Dies zeigt seine Abgrenzung gegen den großen Positivismus-Kritiker Carl Schmitt. Für diesen sei die Verfassungsgerichtsbarkeit nicht mehr eine besondere Art von Gerichtsbarkeit über politische Rechtsstreitigkeiten, die sich hierdurch zugleich von jeder anderen Gerichtsbarkeit unterscheide, sondern nichts anderes als in Gerichtsform gekleidete Politik.[40] Leibholz selbst war demgegenüber bestrebt, die zwi-

582–598, der Bauers verallgemeinernde Urteile in weiten Teilen zurückweisen kann (590ff).

37 Vgl. Friedrich, Methoden- und Richtungsstreit, 169f.

38 Ebd.

39 Zur »antiparlamentarischen Wirkung« der Schriften G. Leibholz' vgl. unten das Ergebnis zu diesem Kapitel.

40 »In Wirklichkeit wird von C. Schmitt die Problematik, die dem Verfassungsrecht als politischem Recht immanent ist, und die darin besteht, daß dieses weder Politik noch Recht wie anderes Recht, sondern Recht ist, das sich infolge der besonderen Art seines Gegenstandes von Natur aus nach Möglichkeit der rechtlich normativen Umklammerung zu entziehen sucht, aber trotzdem immer noch Recht in dem Sinne ist, daß es ein Objektives voraussetzt, das das menschliche Erkenntnisvermögen unbeschadet aller Trübungen sachlich bindet, gewaltsam durch die Identifizierung von politischem Recht und Politik in Frage gestellt. Diese Identifizierung führt zwangsläufig zu der Konsequenz, daß das Verfassungsrecht, soweit es sich nicht um inhaltlich eindeutiges Verfassungsrecht handelt, nur noch als Politik, die verfassungsrechtlichen Streitigkeiten nur noch als politische Streitigkeiten, gutachtliche und literarische Äußerungen in Fragen des Verfassungsrechtes nur noch als politische Aussagen ohne irgendeine sachliche Verpflichtungskraft betrachtet werden können. Letzthin führt somit die Identifizierung von politischem Recht und Politik zu einer völligen Auflösung des Verfassungsrechts überhaupt« (Leibholz, Auflösung, 32f Anm. 70).
Friedrich, Methoden- und Richtungsstreit, 206, urteilt, Schmitt sei weder von Kaufmann, noch von Triepel noch von Smend und Leibholz, erst recht nicht von Heller als Kampf- und Bundesgenosse – und wenn, dann nur mit erheblichen Vorbehalten

schen Recht und Politik bestehende Antinomie nach Möglichkeit zugunsten des Primats des Rechts zu lösen. Dahinter stand ein ganz im Gegensatz zu C. Schmitt am Individuum orientierter Rechtsbegriff: »Je mehr nämlich hochpolitische Regierungsakte, die infolge ihrer dynamisch irrationalen Wesensart sich grundsätzlich der Erfassung durch das Recht zu entziehen suchen, materiell justitialisiert werden, um so *ungefährlicher für das Individuum* wird der nicht kalkulierbare Unsicherheitsfaktor des Politischen.«[41]

Die neueren Versuche, das materiale Verfassungsdenken der zwanziger Jahre pauschal der konservativen Gegenrevolution zuzuordnen, können sich auf einige wenige Arbeiten aus dieser Zeit berufen.[42] So prangert Otto Mainzers 1929 veröffentlichte Dissertation über »Gleichheit vor dem Gesetz, Gerechtigkeit und Recht« die neue, auf den Gesetzgeber bezogene Aufwertung des Gleichheitssatzes als einen »reaktionären« Revisionsversuch der Weimarer Verfassung an.[43] Teilweise unter ausdrücklichem Bezug auf Mainzers Arbeit werden den Vertretern des Standpunkts: »Verfassungsrecht ist politisches Recht« – mit Ausnahme des Sozialdemokraten Hermann Heller – mehr oder weniger ausgeprägte antiweimarische Tendenzen bescheinigt.

Friedrich warnt zu Recht davor, aus der unbezweifelten Verfassungstreue der prominenten Positivisten der Weimarer Zeit für ihre Gegner pauschal das Gegenteil zu folgern.[44] Kritiker des Positivismus wie Günther Holstein, Heinrich Triepel, Rudolf Smend, Erich Kaufmann oder Gerhard Leibholz hätten es am Willen zum rechtlichen Ernstnehmen der Weimarer Verfassung nicht weniger fehlen lassen als die ersteren.[45] In einer Besprechung der erwähnten Arbeit Mainzers ist Leibholz bereits 1930 einer Anzweiflung seiner diesbezüglichen Haltung energisch entgegengetreten.[46] Gegen die Angriffe auf seine Person und andere Positivismus-Kritiker betont er, es sei »unfair und bisher nicht üblich gewesen, daß Männer, die die Weimarer Verfassung als die selbstverständliche Grundlage unseres politischen Seins bejahen. . .offen und der Wahrheit zuwider reaktionärer

– akzeptiert worden. Das habe seinen Grund darin gehabt, daß Schmitt ebensowenig wie der von ihm abgelehnte »formalistische Positivismus« die leitenden Gesichtspunkte seines verfassungsrechtlichen »Vorverständnisses« offengelegt habe.

41 Leibholz, Auflösung, 31 (Hervorheb. hinzugef.,CS).

42 Vgl. zum Folgenden Friedrich, Methoden- und Richtungsstreit, 171 Anm. 21.

43 O. Mainzer, Gleichheit vor dem Gesetz, Gerechtigkeit und Recht, Berlin 1929, 119.

44 Vgl. Friedrich, Methoden- und Richtungsstreit, 171.

45 Friedrich bemerkt dazu, eine entsprechende Anklage könne nur so verfahren, daß der Sinnzusammenhang juristischer Argumentationen verständnislos auseinandergerissen werde (aaO., 173).

46 Vgl. G. Leibholz, Besprechung von: Mainzer, Otto, Gleichheit vor dem Gesetz, Gerechtigkeit und Recht, in: AöR N.F. 18 (1930), 254–260.

Umtriebe bezichtigt werden.«[47] Auch die angebliche Tatsache, daß die weitere Auslegung des Gleichheitssatzes mehr von parteipolitisch rechts als links stehenden Gelehrten vertreten wird, lasse sich leicht erklären.[48]

Die Unsinnigkeit des Vorwurfs, Leibholz habe mit seiner Auslegung des Gleichheitssatzes als eines auch für den Gesetzgeber verbindlichen Verfassungsgebotes restaurative Absichten verfolgt, wird schließlich in einem anderen Zusammenhang deutlich. Leibholz hat Ende der zwanziger Jahre, als die Hetze der nationalen Rechten gegen die »Weimarer Parteienherrschaft« voll im Gange war, eine neue Parteienstaatslehre entwickelt und Vorschläge zu einer besseren institutionellen Sicherung der Parteien im Weimarer Staat vorgelegt.[49]

Die Gegnerschaft gegen den Positivismus der älteren Weimarer Staatsrechtslehre war bei Leibholz nicht mit einer Affinität zu dem sich ausbreitenden »völkischen Rechtsdenken« verbunden.[50] Während eine wachsende Zahl der Gegner des Positivismus bei ihrer Suche nach einer material-inhaltlichen Bestimmung von Recht und Staat auf den Gedanken der völkischen Gemeinschaft zurückgriff, lehnte er jede absolute, zeitlos gültige Definition der Rechtsidee ab.[51] Von dem für die Weimarer Verfassung zentralen Gleichheitssatz her läßt sie sich nur negativ als das Verbot von Willkür beschreiben.[52] Diese am Individuum orientierte Rechtsauffassung führte Leibholz notwendig in einen Gegensatz zu C. Schmitt und den anderen Vertretern eines völkischen Rechtsdenkens, welche die Erfindung des Willkürverbots als Fiktion des Liberalismus brandmarkten.[53]

47 Leibholz, Besprechung Mainzer, 259.

48 »Wenn tatsächlich heute prozentual vielleicht die weitere Auslegung des Gleichheitssatzes mehr von parteipolitisch rechts als links gerichteten Gelehrten vertreten wird (was im übrigen, wenn man den Trennungsstrich rechts von der Volkspartei zieht, nicht einmal zutreffend ist), so geschieht dies aus der stärkeren Betonung des Rechtsgedankens heraus, der als die einzige Waffe, über die jeweils die Opposition verfügt, immer von den oppositionellen Parteien – weil in diesen stärker lebendig – mehr betont wird als von den jeweiligen Regierungsparteien« (aaO., 257f).

49 Vgl. Leibholz, Repräsentation, 117f u. 122f u. ders., Die Grundlagen des modernen Wahlrechts. Zugleich eine Betrachtung zur Wahlreform (1932), in: ders., Strukturprobleme, 9–40.

50 Vgl. K. Anderbrügge, Völkisches Rechtsdenken. Zur Rechtslehre in der Zeit des Nationalsozialismus (Beiträge zur Politischen Wissenschaft 28), Berlin 1978 u. Lege, Positionen, 30ff sowie unten 4. Kap.II.B.1.

51 Vgl. Leibholz, Gleichheit, 58ff.

52 AaO., 88ff u. unten 4. Kap.II.A.

53 Vgl. C. Schmitt, Der Neubau des Staats- und Verwaltungsrechts, in: Deutscher Juristentag 1933 (4. Reichstagung des Bundes Nationalsozialistischer Deutscher Juristen e.V.), Ansprachen und Fachvorträge, Berlin 1933, 242–252, bes. 242f; vgl. auch G. Dannemann, Legale Revolution, Nationale Revolution. Die

III. Leibholz' differenzierte Würdigung der Traditionen des Liberalismus

An Leibholz' Loyalität gegenüber der Weimarer Verfassung kann kein Zweifel bestehen. Dennoch bleibt die Frage zu klären, welchen Anteil er an der verbreiteten Liberalismus-Kritik und ihren tödlichen Folgen für den Weimarer Staat hatte.

A. Die antiliberale Grundhaltung der Positivismus-Gegner

In der Staatsrechtswissenschaft der zwanziger Jahre vertraten hauptsächlich die Positivisten den Liberalismus, ihre Gegner vornehmlich die Kritik des Liberalismus.[54] Letztere läßt sich jedoch schwer auf einen Nenner bringen, da sie sich aus diffusen Motiven speiste. Man kritisierte ganz allgemein das bürgerliche Sekuritäts- und Selbstbeweihräucherungsdenken der Vorkriegszeit oder die »leeren Abstraktionen« eines »nomokratischen Denkens«, welches einer nach sittlichen Begründungen suchenden und wirklichkeitshungrigen Jugend keine Antwort zu geben vermöge.[55]

Dem Liberalismus wurde zudem vorgeworfen, daß er eine apolitische Haltung und eine Gleichgültigkeit gegenüber Staatsform und Staatszielen befördere. Man verdammte die Institutionen der liberalen Demokratie westlicher Prägung, den Parlamentarismus und sein Parteiensystem, die Kunst des Kompromisses, die Einflußnahme gesellschaftlicher Kräfte auf den Staat und nicht zuletzt den liberalen Rechtsstaat.[56] Der Liberalismus war aufgrund seines Toleranzanspruchs als grundsatzlos verschrieen und wurde für Deutschlands Schwäche und Ohnmacht verantwortlich gemacht.[57] Die vom Liberalismus propagierte Idee des Rechtes und der Freiheit des einzelnen sah man als Grundübel an, da solches Denken Staat und Volksgemeinschaft zersetze.

Als einer der schärfsten Kritiker des »bürgerlichen Liberalismus und Individualismus« tat sich der führende Staatsrechtler Carl Schmitt hervor. Individuelle Freiheit konnte aufgrund seiner ausgesprochen pessimistischen Anthropologie und der damit verbundenen Tendenz zur Verabsolutierung und Totalisierung der Staatsgewalt keinerlei Recht gegenüber dem

Staatsrechtslehre zum Umbruch von 1933, in: Böckenförde, Staatsrecht, 3–22, bes. 16.

54 Vgl. Friedrich, Methoden- und Richtungsstreit, 175ff; Sontheimer, Antidemokratisches Denden, 82ff u. U. Schellenberg, Die Rechtsstaatskritik. Vom liberalen zum nationalen und nationalsozialistischen Rechtsstaat, in: Böckenförde, Staatsrecht, 71–88, bes. 78f.

55 Vgl. Heller, Rechtsstaat, 11.

56 Vgl. Schellenberg, Rechtsstaatskritik, 78.

57 Vgl. z. B. H. Nicolai, Der Staat im nationalsozialistischen Weltbild, Leipzig 1933, 197.

Staat beanspruchen.[58] In seinem 1928 erstmals veröffentlichten Werk »Der Begriff des Politischen« entwickelte er eine absolute Gegenüberstellung von Freund und Feind auf der Grundlage substantieller Verschiedenheit als angeblich entscheidendem Wesenszug alles Politischen.[59] Das Freund-Feind-Schema sei in striktem Gegensatz zu jeder Art Kompromißdenken und Diskussionsbereitschaft zu verstehen, die das Wesen des bürgerlichen Liberalismus ausmachten. Große Beachtung fand Schmitts zuerst 1923 erschienene Arbeit über »Die geistesgeschichtliche Lage des heutigen Parlamentarismus«.[60] In ihr stellt er die durch die veränderte gesellschaftliche Situation hervorgerufene Wandlung des liberal-demokratischen Repräsentativsystems zum Typus der modernen Massendemokratie dar und spricht er dem Parlamentarismus die Existenzberechtigung ab. Seiner Auffassung nach gehören der Liberalismus und die von ihm geprägte parlamentarische Demokratie unwiderruflich der Vergangenheit an und haben jede Relevanz für die Gegenwart verloren.

Starke antiliberale Affekte finden sich auch bei einem anderen Vertreter der Positivismus-Kritik, Rudolf Smend, der Leibholz fachlich und menschlich näher stand als C. Schmitt.[61] Er wollte mit seiner Integrationslehre das Auseinanderfallen des Staates in sich bekämpfende Parteien und Klassen »vermittels der lebendigen Aneignung des geistigen Sinngehalts der staatlichen Lebensgemeinschaften« abfangen und ihn in eine neue Einheit verwandeln. Der liberale Staat samt seinem parlamentarischen Prinzip war für Smend gar keine wirkliche Staatsform, da er sich auf die funktionale Integration beschränke und keine sachlichen Integrationsgehalte kenne.[62] Der Staat könne nie lediglich ein Mechanismus der Machtverteilung und Machtausübung sein, sondern stelle vielmehr eine »Sinneinheit realen geistigen Lebens« dar.[63]

58 Vgl. C. Schmitt, Der Wert des Staates und die Bedeutung des einzelnen, Tübingen 1914, 99 u. 105ff. Die vehement antiliberale Grundhaltung C. Schmitts hat schon J. Fialkowski, Die Wendung zum Führerstaat, Köln 1958, hervorgehoben. Zu Schmitts Verhältnis zum Nationalsozialismus vgl. die in der DDR entstandene Studie von J. Petzold, Wegbereiter des deutschen Faschismus. Die Jungkonservativen in der Weimarer Republik, 2. Aufl., Köln 1983, 244ff u. 361ff.

59 C. Schmitt, Der Begriff des Politischen, unveränd. Neudr. d. Aufl. von 1932, Berlin 1963.

60 C. Schmitt, Die geistesgeschichtliche Lage des heutigen Parlamentarismus, 2. Aufl., München 1926; vgl. Sontheimer, Antidemokratisches Denken, 153ff.

61 Leibholz hat sich häufig auf die von Smend vertretene Integrationslehre bezogen (vgl. z. B. Leibholz, Auflösung, 9 u. 26f); vgl. auch G. Leibholz, Gedenkrede auf Rudolf Smend, in: In memoriam Rudolf Smend (Göttinger Universitätsreden 60), Göttingen 1976, 15–43, bes. 26ff.

62 Vgl. die differenziertere Kritik Leibholz' (ders., Auflösung, 35f).

63 Vgl. R. Smend, Verfassung und Verfassungsrecht (1928), in: Staatsrechtliche Abhandlungen und andere Aufsätze, 2. Aufl., Berlin 1968, 119ff.

Smend hat aus seinen Analysen jedoch nicht die »antiweimarischen« Konsequenzen eines Carl Schmitt gezogen.[64]

Leibholz' Kritik am Liberalismus bezieht sich im wesentlichen auf zwei Zusammenhänge: Zum einen den mit einem konsequenten Liberalismus notwendig verbundenen Relativismus und zum anderen das Versagen des klassischen repräsentativen Parlamentarismus liberaler Prägung unter den Bedingungen des 20. Jahrhunderts. Daneben betont er jedoch – anders als Schmitt und stärker als Smend – auch den unaufgebbaren Wert liberaler Traditionen.

B. Leibholz' kritische Anfragen an den Liberalismus

Der mit dem Liberalismus verbundene Relativismus bedroht nach Leibholz' Auffassung den Bestand an politisch-materialen Werten und damit die metaphysischen Voraussetzungen, ohne die eine Demokratie wie jede echte Staatsform nicht bestehen kann.[65] Die materialen Werte, an denen sich die Demokratie orientiert, sind die politischen Prinzipien der Freiheit und Gleichheit.[66] In der liberalen Demokratie sei die Existenz eines solchen politisch-metaphysischen Weltbildes nicht rechtssatzmäßig gesichert, sondern werde als etwas sich von selbst Verstehendes stillschweigend vorausgesetzt. Für Leibholz besteht darin Größe und Schwäche jedes entscheidend liberalistisch strukturierten Staatssystems gegenüber autoritären

64 Zwar hebt Smend am italienischen Faschismus hervor, daß es zu dessen »starken Seiten« gehöre, daß er die »Notwendigkeit allseitiger Integration« gesehen habe, »die Technik funktioneller Integration mit Meisterschaft gehandhabt und die abgelehnte sozialistische Sachintegration bewußt durch eine andere (nationaler Mythos, Berufsstaat usw.) ersetzt« habe (aaO., 175). Jedoch hat Smend nicht wie etwa Schmitt mehr oder weniger offen für den totalen Führerstaat optiert (vgl. Sontheimer, Antidemokratisches Denken, 84). Friedrich, Methoden- und Richtungsstreit, 177f Anm. 37, betont, wenn man Smends Integrationslehre nicht nach »Nebentönen« beurteile, sondern geschlossene Stellungnahmen zu konkreten Einzelproblemen untersuche, könne man ihm keinen »antiweimarischen« Standpunkt unterstellen. Eben dies vertritt mit Vehemenz Meinck, Staatslehre, 52ff.

65 »Jede echte Staatsform setzt einen festen Bestand von politisch-materialen Werten voraus, durch die die staatliche Gemeinschaft glaubensmäßig legitimiert und inhaltlich zusammengehalten wird. Jede politische Staatsform wird hierdurch zugleich im Metaphysischen begründet. Denn das Politische, das stets auf ein überhistorisch-objektives Ziel gerichtet ist, ist immer im Irrationalen verhaftet. In diesem Sinne ist die Demokratie ebenso wie früher die Monarchie eine echte, politische, ›durch einen Inhalt zusammengehaltene Staatsform‹, die über einen festen ›bloc des idées incontestables‹ verfügt. Durch diese erhält die Demokratie die für jedes Volk auf Grund von Anlage und Umständen näher zu bestimmende Substanz, das ihr eigene Pathos und objektiv metaphysisch bestimmte Ethos. Insbesondere die moderne Demokratie ist religiös verwurzelt« (Leibholz, Auflösung, 9).

66 AaO., 10.

Staatsformen.[67] Die ideellen Triebkräfte des Staates würden untergraben, wenn eine liberalistisch strukturierte Demokratie über den als selbstverständlich vorausgesetzten, inneren geistig-sittlichen Gehalt nicht verfügt, sondern die absoluten politischen Werte zum Gegenstand des Zweifels macht.[68]

Ein solcher Liberalismus wirke wie für den Bestand einer jeden Gemeinschaft so auch für die Demokratie destruktiv. Werden die metaphysischen Grundlagen der liberalen Demokratie von der Diskussion ergriffen, laufe sie Gefahr, sich im Zuge eines solchen skeptischen Rationalisierungsprozesses aufzulösen.[69] »Und tatsächlich geht die Auflösung der parlamentarischen Demokratie vor allem auch in Deutschland entscheidend darauf zurück, daß die ursprünglich religiösen und später säkularisierten Werte, die der parlamentarischen Demokratie die von ihr vorausgesetzten, weltanschaulich metaphysischen Grundlagen vermittelt haben, durch den fortschreitenden rationalistischen Relativierungsprozeß zersetzt worden sind.«[70]

Leibholz nennt Hans Kelsen als Vertreter der offiziellen Staats- und Rechtstheorie der Weimarer Verfassung, welche Kritizismus, Positivismus und Relativismus zum weltanschaulichen Prinzip nicht nur des Liberalismus, sondern auch der Demokratie erhoben habe.[71] Er stellt im Jahr 1933 fest, daß der Relativismus die parlamentarische Demokratie um ihre objektiven Wertgrundlagen, um ihren Mythos und ihre Substanz gebracht habe.[72] Leibholz wendet sich mit dieser Analyse nicht gegen die Weimarer Verfassung und den liberalen Staat, sondern macht einen relativistischen und kritizistischen Liberalismus für die Krise verantwortlich.[73] Unmittel-

67 AaO., 40.

68 Ebd.

69 »Eine solche anarchistisch entartende Demokratie. . .kann sogar völlig ›legal‹ mit ihren eigenen Methoden ohne Revolution und Staatsstreich aus den Angeln gehoben werden. Denn diese Art Demokratie steht, will sie nicht im Widerspruch zu ihren eigenen Voraussetzungen sich selbst ein autoritäres oder sogar diktaturförmiges Gepräge geben, antiliberalen und antiparlamentarischen Bewegungen, die der liberalen Demokratie den von ihr stillschweigend vorausgesetzten Gehorsam auf Grund eines freien Entschlusses aufkündigen,. . .von ihrer politisch grundsätzlich neutralen Einstellung hilflos und selbstmörderisch gegenüber«(aaO., 41f).

70 AaO., 42.

71 Vgl. H. Kelsen, Vom Wert und Wesen der Demokratie, 2. Aufl., Tübingen 1929, z. B. 101. Leibholz nennt als zweites Beispiel G. Radbruch, Rechtsphilosophie, hg. v. E. Wolf u. H.-P. Schneider, 8. Aufl., Stuttgart 1973.

72 »Er hat die bestehenden Bindungen weitgehend aufgelockert, die organischen Daseinsgrundlagen des Volkes gefährdet, die Staatsautorität geschwächt« (Leibholz, Auflösung, 43).

73 Leibholz teilt nicht den Vorwurf, Liberalismus sei per se glaubensloser Rationalismus. Nicht nur die Demokratie, sondern auch der Liberalismus hat seiner Auffassung nach religiöse Wurzeln. Zwar könnten Demokratie und Liberalismus in

bare Folge seiner Herrschaft sei die Entstehung einer gefährlichen politischen Metaphysik. Durch diese neue politisch-religiöse, fast orthodoxe Gläubigkeit, die auch für die evangelische Kirche nicht ohne Gefahr sei, erhalte die nationalsozialistische Bewegung ihren eigentlichen Auftrieb und ihren geistig revolutionären, dynamisch-irrationalen Charakter.[74]

Gegen C. Schmitts Verdammung des Parlamentarismus wendet Leibholz darum ein, das Parlament sei nicht deshalb funktionsunfähig geworden, weil es zum »Schauplatz pluralistischer Aufteilung der organisierten gesellschaftlichen Kräfte und zu einer rein sozialen und wirtschaftlichen Interessenvertretung« geworden sei.[75] Vielmehr hätten die durch die ökonomische Krise bedingten Substanzverluste der Demokratie die politisch-soziale Homogenität, die eine Voraussetzung der Funktionsfähigkeit parlamentarischer Arbeit sei, in Frage gestellt.[76] Anders als Schmitt macht Leibholz also nicht pauschal den Liberalismus und den von ihm geprägten Parlamentarismus, sondern – im Zusammenwirken mit wirtschaftlichen Notsituationen – den Relativismus eines glaubenslos gewordenen Liberalismus für die Krise des Staates verantwortlich.

Nicht ohne Sympathie für den Liberalismus des 19. Jahrhunderts schildert er die Entwicklung, die zu der weitgehenden Entwurzelung seiner Grundlagen geführt habe.[77] Durch den Liberalismus seien nicht nur das individualistisch denkende Bürgertum, sondern auch die Massen vor allem proletarischer Provenienz emanzipiert worden.[78] »Die politisch befreiten Massen wenden sich heute gegen ihren eigenen Schöpfer, das Bürgertum, ...und werden so zum Träger der gegen den Liberalismus selbst gerichteten Bewegung.«[79] Diese Eigendynamik der Demokratie hat nach Leibholz' Auffassung die Funktionsfähigkeit der liberal-repräsentativen Ausformung des Parlamentarismus zerstört.[80]

einen Gegensatz zueinander treten. Jedoch ist der – in der Zeit der Weimarer Republik unter ihren Gegner verbreitete – Versuch, den Liberalismus als glaubenslosen Rationalismus der im Irrationalen verhafteten und der Volksgemeinschaft verpflichteten Demokratie gegenüberzustellen, zurückzuweisen. Denn auch der Liberalismus habe ursprünglich sein umfassendes metaphysisches System gehabt und sei von einem leidenschaftlichen religiösen Glauben an seine große Mission, deren zentrales Thema die Vernunft darstellte, getragen gewesen (aaO., 22).

74 AaO., 56f u. unten 3. Kap.I.B.2.

75 C. Schmitt, Der Hüter der Verfassung, 2. Aufl., Berlin (1931) 1969, 89 u. Leibholz, Auflösung, 49.

76 Ebd.

77 Vgl. z.B. Leibholz, Repräsentation, 167ff u. ders., Wahlrecht, 29f u. unten C.

78 Leibholz, Auflösung, 50f.

79 AaO., 51. Diesen Gedanken nimmt Bonhoeffer in seinen »Ethik«-Fragmenten auf (vgl. EN, 106).

80 »In dialektischer Umformung der gegebenen, liberal-repräsentativen Sachverhalte wird so das Qualitative durch das Quantitative verdrängt, die graduelle

Zu Recht sieht er hier das Grundproblem des Weimarer Staates.[81] Während in der Verfassung die klassisch-liberale parlamentarische Demokratie festgeschrieben wurde, ist an ihre Stelle – wie auch in anderen europäischen Staaten – längst ein mehr oder weniger funktionierender massendemokratischer Parteienstaat getreten.[82] Diese Massendemokratie setzt nach Leibholz' Auffassung im Gegensatz zur repräsentativen Demokratie den Bestand von politischen Parteien als gesetzlich zulässige Funktionseinrichtungen des Ganzen voraus. Sie allein können die emanzipierten Massen der Staatsbürger zu politisch aktions- und handlungsfähigen Gruppen zusammenschließen.[83]

Da die Abgeordneten parteimäßig gebundene, partikulare Interessen-

Differenziertheit im staatlich-politischen Leben zugunsten der demokratischen Tendenz zur egalitären Kollektivität beseitigt« (Leibholz, Auflösung, 51).

81 Vgl. Leibholz, Repräsentation, 98ff; Sontheimer, Antidemokratisches Denken, 85ff u. Bracher, Auflösung, 34ff.

82 Die Weimarer Verfassung erwähnt die Parteien nur in Artikel 130 und dort zudem mit negativer Wertung.

83 »Sie (die parteienstaatliche Massendemokratie, CS) setzt nicht minder voraus, daß diese Parteien – und von ihnen abhängig die Fraktionen – im Sinne der von ihnen zusammengeschlossenen Aktivbürgerschaft nach Möglichkeit auf die Abgeordneten einzuwirken und ihnen die Fähigkeit zu nehmen suchen, im Sinne des klassisch-liberalen Parlamentarismus noch selbständig politische Entscheidungen zu treffen. Das Parlament ist auf diese Weise aus einer ursprünglich repräsentativen Körperschaft zu einem plebiszitären Hilfsorgan...geworden« (Leibholz, Auflösung, 51f).
Mit der Entwicklung von der liberal-repräsentativen zur parteienstaatlichen Massendemokratie haben sich die strukturellen Grundlagen des Wahlrechts völlig verändert. »Dem klassisch-liberalen Repräsentativsystem entspricht nach der dem Liberalismus eigenen, aristokratischen Grundauffassung, daß wesentlich Verschiedenes auch verschieden behandelt werden muß, ein Wahlrecht, das technisch die größtmögliche Gewähr für die Wahl tatsächlich nur staatsmännisch begabter, integrierend wirkender Persönlichkeiten bietet. In dieser Richtung liegt z. B. ein die Wahlberechtigung etwa zensus-, alters- oder bildungsmäßig differenzierendes und beschränkendes Wahlrecht wie weiterhin ein Wahlsystem wie das Mehrheitswahlsystem, das das Volk in die Lage versetzt, in freier, schöpferischer und lebendiger Willensbildung von den Parteien unabhängige, politische Persönlichkeiten herauszustellen, und das im Rahmen des klassischen, repräsentativen Parlamentarismus den Abgeordneten ihre repräsentative Legitimität zu vermitteln vermag. Demgegenüber hat die fortschreitende Demokratisierung in allen demokratisch regierten Staaten zu einem ständig sich weiter radikalisierenden, allgemeinen und gleichen Wahlrecht geführt, mit dem die früheren liberalen Wahlrechtsbeschränkungen nicht vereinbar sind« (aaO., 52; vgl. ders., Repräsentation, 113f).
Leibholz' Überlegungen in dem erwähnten Vortrag über »Die Grundlagen des modernen Wahlrechts« zeigen, welche großen Gefahren er mit der Entwicklung und der Veränderung des alten Mehrheitswahlrechts hin zum demokratischen Verhältniswahlsystem gegeben sah (vgl. oben Anm. 49).

vertreter sind, können die Parlamentsbeschlüsse nicht mehr das Produkt einer schöpferischen Diskussion und eines freien, wechselseitigen Meinungsaustausches der Volksvertreter sein.[84] Damit jedoch entfallen die wesentlichen Kennzeichen des repräsentativ-parlamentarischen Regierungssystems.[85] Nach Leibholz' Auffassung sind die Veränderungen die Folge der Verschiebung des politischen Schwergewichts vom Parlament hin zur Aktivbürgerschaft und zu den diese politisch organisierenden Parteien. »Diese Entwicklung ist im Rahmen der Demokratie unentrinnbar, auch wenn man sie persönlich im Hinblick auf den hohen politisch-kulturellen Wertgehalt des Zeitalters des repräsentativen Parlamentarismus bedauern und negativ bewerten mag.«[86]

Leibholz konstatiert lediglich den faktischen Verfall des liberal-repräsentativen Parlamentarismus, betont dabei aber seine Wertschätzung der Leistungen des Liberalismus im letzten Jahrhundert. Er propagiert nicht das alternative Modell einer unmittelbaren, radikal-egalitären Demokratie, sondern plädiert für eine Fortentwicklung der repräsentativen Demokratie zu einer »parlamentarisch-parteienstaatlichen Massendemokratie liberaler Prägung«.[87] Bemerkenswert ist zum einen seine positive Bewertung der Existenz politischer Parteien, die ja weithin für die Krise des Weimarer Staates verantwortlich gemacht wurden.[88] Zum anderen schließt er sich nicht der verbreiteten pauschalen Verurteilung des Liberalismus an. Zwar müssen wesentliche Positionen des klassischen Liberalismus in der neuen Situation einer parteienstaatlichen Massendemokratie modifiziert

84 Das Parlament hat den ihm früher eigenen Charakter eines das Volksganze repräsentierenden Diskussionsforums herausragender Persönlichkeiten verloren und ist zu einer Stätte geworden, »an der sich gebundene Parteibeauftragte treffen, um anderweitig (in Ausschüssen oder Parteikonferenzen) bereits getroffene Entscheidungen registrieren zu lassen« (Leibholz, Der Strukturwandel der modernen Demokratie (1952), in: ders., Strukturprobleme, 94).

85 Vgl. Leibholz, Repräsentation, 106.

86 Leibholz, Wahlrecht, 29.

87 Zu der Unterscheidung vgl. Leibholz, Auflösung, 18. Der Ausdruck »parteienstaatliche Massendemokratie liberaler Prägung« schließt für Leibholz den des »diktaturförmigen Einparteienstaates« aus. R. Saage (Zum Begriff der Parteien und des Parlaments bei Carl Schmitt und Gerhard Leibholz, in: Das Argument. Zeitschrift für Philosophie und Sozialwissenschaften, Jg. 10(1968), Sonderbd.,174–193) bringt Leibholz' Differenz zu Schmitt in diesem Zusammenhang auf den Punkt: »Was für Carl Schmitt und seine Anhänger gleichsam der Schlüssel zum Verständnis der pluralistischen Massendemokratie ist, nämlich die Konfrontation der in den Parteien organisierten volonté de tous und der vom Volk in seiner Gesamtheit verkörperten volonté générale, ist für Gerhard Leibholz in dieser Form eine Gegenüberstellung, die ›bei Lichte besehen ebenso irreführend wie gefährlich‹ erscheint« (aaO., 179; darin Zitat aus G. Leibholz, Volk und Partei im neuen deutschen Verfassungsrecht (1950), in: ders., Strukturwandel, 75).

88 Vgl. Sontheimer, Antidemokratisches Denken, 155ff.

werden, aber Leibholz bekennt sich grundsätzlich zu dem heftig angefeindeten Parlamentarismus *liberaler Prägung*.

C. Leibholz' Rechtsstaats- und Grundrechtsverständnis in liberaler Tradition

Leibholz hat den Wert der Institutionen des liberalen Rechtsstaates auch unter den gewandelten Bedingungen der parteienstaatlichen Massendemokratie bekräftigt. Grundrechte und Gewaltenteilungssystem als organisatorische Grundlage des Rechtsstaates sind für ihn ein unaufgebbarer Schutz des Individuums gegenüber dem Staat.

1. Die Grundrechte als subjektive öffentliche Rechte

Die Grundrechte der Weimarer Reichsverfassung sind in deren zweitem Hauptteil formuliert. Eingeleitet wird der Grundrechtsteil durch den Satz von der Gleichheit vor dem Gesetz (Art. 109 Abs. 1).[89] In seiner Dissertation über den Gleichheitssatz hatte Leibholz somit Entscheidungen über das Verständnis des gesamten Grundrechtsteils zu fällen. Kontrovers diskutiert wurde vor allem die Frage, ob die Grundrechte als politisch-ethische Empfehlungen und unverbindliche Proklamationen oder aber als den Staat bindende Rechtsnormen zu verstehen seien.[90] Im zweiten Falle wären sie als subjektive öffentliche Rechte dem Staat vom einzelnen mit unmittelbarer Rechtswirkung entgegenzuhalten.[91]

Im Verhältnis des Bürgers zu *Verwaltung und Rechtsprechung* war sich die Staatsrechtslehre einig: Verwaltung und Rechtssprechung hatten die Grundrechte zu beachten. Im Blick auf das Verhältnis zum *Gesetzgeber* blieb man verschiedener Auffassung. Während die einen die Grundrechte lediglich als Richtlinien für die Erstellung von Gesetzen verstanden, sahen die anderen in ihnen den Gesetzgeber unmittelbar bindendes Recht, das den Bürger gegen staatliche Gesetze in Schutz nahm.[92]

Leibholz votiert, wie angedeutet, in seiner 1925 erschienenen Untersuchung über »Die Gleichheit vor dem Gesetz« für eine Bewertung der

89 Vgl. H. Hildebrandt (Hg.), Die deutschen Verfassungen des 19. und 20. Jahrhunderts, 11. erg. Aufl., Paderborn 1979, 96.

90 Im ersten Sinne z. B. A. Finger, Das Staatsrecht des Deutschen Reiches der Verfassung vom 11. August 1919, Stuttgart 1923, 94 u.A. von Freytagh-Loringhoven, Die Weimarer Verfassung in Lehre und Wirklichkeit, München 1924, 291.

91 Vgl. H. Schäfer, Die Rechtsstellung des Einzelnen – Von den Grundrechten zur volksgenössischen Gliedstellung, in: Böckenförde, Staatsrecht, 106–121.

92 Die Wirksamkeit des Schutzes war freilich in jedem Fall durch zwei andere Bestimmungen der WRV eingeschränkt: die Möglichkeit der Verfassungsänderung nach Art. 76 oder die Befugnis des Reichspräsidenten, nach Art. 48 Abs. 2 die wichtigsten Freiheitsrechte außer Kraft zu setzen.

Grundrechte im Sinne eines Schutzes des Individuums vor »Übergriffen des omnipotenten gesetzgebenden Organes«.[93] Auch in einer parlamentarischen Staatsform stelle sich die Frage, ob in der Verfassung Kautelen vorhanden sind, die dem Gesetzgeber in Gestalt einer übermächtigen Parlamentsmehrheit gegebenenfalls eine Schranke setzen.[94] Im Sinne eines Verständnisses der Grundrechte als – auch den Gesetzgeber – unmittelbar bindendes Recht formuliert er das Ziel seiner Untersuchung des Gleichheitssatzes: »Es muß. . .das bewußt oder unbewußt vorhandene Streben ausgeschaltet werden, das in denselben (Grundrechten, CS) möglichst nur allgemeine Grundsätze ohne rechtliche Wirkungen, Schlagworte und Phrasen, sehen und damit die Inhalt- und Wertlosigkeit der Grundrechte erwiesen wissen will.«[95]

Leibholz stellt die Frage, ob man die Grundrechte als subjektive öffentliche Rechte des Individuums oder nur als objektive Rechte, die dem Individuum nicht an sich zukommen, sondern von der Rechtsordnung gewährt werden, versteht. Es gehe um eine grundlegende Alternative: Entweder wird das Ich als vorstaatlich gedacht und die Gemeinschaft vornehmlich auf den Schutz der unveräußerlichen Rechte beschränkt oder man sieht den Staat als allmächtig an, so daß ihm das Individuum restlos unterworfen ist.[96] Leibholz modifiziert diese Alternative,[97] grenzt sich aber klar gegen das von G. Jellinek und anderen vertretene Verständnis des Gleichheitssatzes nur als eines objektiven Rechts ab.[98] Die Gleichheit vor dem Gesetz sei nicht von der Rechtsordnung »erlaubt«, sondern verleihe dem Individuum im Verhältnis zum Staat konkrete Macht.[99] Der Gleichheitssatz verbiete »als ständiger Regulator des Rechtslebens die willkürliche Behandlung der Individuen«.[100]

In den letzten Jahren der Republik wuchs die Kritik an einem aus-

93 Vgl. Leibholz, Gleichheit, 13f u. 119.

94 AaO., 13. Leibholz spricht von einem »Kampf zwischen individueller Libertas und staatlichem Imperium«.

95 AaO., 13f.

96 AaO., 115f.

97 Ursprünglich seien damit tiefgreifende Gegensätze politisch-ethischer Natur zwischen der amerikanischen und der europäischen Staatenwelt verbunden gewesen. Sie sind nach Leibholz' Auffassung aber heute wesentlich gemildert und lassen sich nicht mehr in dieser Ausschließlichkeit nachweisen (aaO., 116).

98 Zu G. Jellineks Grundrechtsverständnis vgl. ders., Die Erklärung der Menschen- und Bürgerrechte, 3. Aufl., München u. Leipzig 1919, bes. 29ff u. 50ff; wiederabgedr. in: R. Schnur (Hg.), Zur Geschichte der Erklärung der Menschenrechte, 2. Aufl., Darmstadt 1974, 1–77; G. Jellinek, System der subjektiven öffentlichen Rechte, 2. Aufl., Freiburg i.B. 1905 (bes. 72 u. 97ff) sowie W. Huber u. H.E. Tödt, Menschenrechte. Perspektiven einer menschlichen Welt, 2. Aufl., Stuttgart-Berlin 1978, 124–126.

99 Vgl. Leibholz, Gleichheit, 117.

100 AaO., 118.

schließlich am Individuum orientierten Grundrechtsverständnis, wie es freilich auch Leibholz nur in modifizierter Form vertreten hatte. Große Wirkung übten die Grundrechtsinterpretation R. Smends im Rahmen seiner Integrationslehre[101] und Ernst Rudolf Hubers These vom Bedeutungswandel der Grundrechte aus.[102] Mit beiden hat sich Leibholz im Winter 1932/33 mehr oder weniger kritisch auseinandergesetzt.[103] Gegen den Schmitt-Schüler Huber wandte er ein, dieser habe den Bedeutungsgehalt der Grundrechte »in eigentümlicher Sinnverkehrung. . .im konservativ-autoritären Sinn« abgewandelt.[104] Dem großen Gegner des Liberalismus, C. Schmitt, der die Grundrechte im Sinne des klassischen bürgerlichen Liberalismus und des reinen status negativus auslegte, um ihre völlige Untauglichkeit in der Gegenwart zu erweisen, warf er die »Verabsolutierung einer bestimmten, früher einmal gegebenen, historischen Situation« vor.[105]

Auch für Leibholz war nicht die freie ungebundene Persönlichkeit der einzige Mittelpunkt des Rechtssystems; aber gegen das am Beginn der dreißiger Jahre sich ausbreitende völkische Rechtsdenken, das allein die Erhaltung und das Gedeihen des Volksganzen im Blick hatte, hob er den Schutz persönlicher Rechte und Freiheiten durch die Grundrechte hervor.[106] Leibholz sieht an der Wende zum Dritten Reich die Grenzen der staatlichen Eingriffsgewalt entsprechend einem dialektisch zu verstehenden Verhältnis von Individuum und Gemeinschaft gezogen. Individuum und Gemeinschaft müssen sich immer gleichzeitig setzen.[107] Ein solches an

101 Smend, Verfassung, 119. Smend verstand das Gemeinwesen als Integrationsvorgang, in dem die Antinomie von Staat und Individuum aufgehoben ist. Die Grundrechte hätten nicht nur staatsbeschränkende Funktion, sondern seien auch staatshervorbringende, integrierende Faktoren. Seiner Auffassung nach proklamieren die Grundrechte ein Kultur- und Wertsystem der Gemeinschaft und garantieren nicht nur subjektive Freiheitsrechte des einzelnen.

102 Vgl. E.R. Huber, Bedeutungswandel der Grundrechte, in: AöR N.F. 23 (1932), 1–98. Huber vertrat die Auffassung, daß der zweite Hauptteil der WRV nicht dem einzelnen einen persönlich unentziehbaren Freiheitsbereich gegenüber der Staatsgewalt gewährleistet (aaO., 1). Die Grundrechte seien vielmehr als »Grundformen der öffentlichen Ordnung« zu verstehen und garantierten dem einzelnen Freiheit nur im Rahmen der staatlichen Notwendigkeiten.

103 Auf Smend wird in der Schrift über die Auflösung der liberalen Demokratie mehrfach unkommentiert oder zustimmend eingegangen (vgl. Leibholz, Auflösung, 24 u. 26f), auf Huber deutlich kritisch (aaO., 26 Anm. 48 u. 52 sowie 54 Anm. 134).

104 AaO., 54 Anm. 134.

105 Vgl. z.B.C. Schmitt, Inhalt und Bedeutung des zweiten Hauptteils der Reichsverfassung, in: G. Anschütz u. R. Thoma (Hg.), Handbuch des Deutschen Staatsrechts, 2. Bd., Tübingen 1932, (572–606) 591f u. Leibholz, Auflösung, 25.

106 Zu den Auffassungen, die die Geltung der Grundrechte von einer Erfüllung der Pflichten als Volksgenosse abhängig machten, vgl. Schäfer, Rechtsstellung, 111ff.

107 Vgl. Leibholz, Auflösung, 27f.

der Gemeinschaft orientiertes Verständnis der individuellen Freiheit[108] liegt für Leibholz auch in der deutschen Geschichte begründet.[109]

Die Modifikation des klassisch-liberalen Standpunkts ist seiner Auffassung nach schließlich durch die gegenseitige Bedingtheit von Liberalismus und Kollektivismus nahegelegt. Sie zeige sich darin, daß der Liberalismus politisch eine bestimmte, ihn begrenzende Kollektivität voraussetze, aber auch seinerseits kollektivitätsneubildend wirke.[110]

108 Leibholz versteht Freiheit auf dem Hintergrund der deutschen Geschichte als gebundene Freiheit. »Denn die Freiheit, die dem Individuum geliehen wird, vor allem auch auf kulturellem Gebiet, ist nicht um des Individuums, sondern der absolut materialen Werte willen da, zu deren Verwirklichung das Individuum berufen ist« (aaO., 73). Darum gebe z. B. die Freiheit der Wissenschaft und Kunst dem einzelnen nicht das Recht, wurzel- und verantwortungslos im Sinne eines relativistischen Nihilismus zu wirken, sondern setze in Wirklichkeit »ein allerdings mit dem Gesetz des Staates nicht identisches, autonomes Gesetz« voraus, das Wissenschaft und Kunst bindet. Entsprechend ist auch die Freiheit der individuellen Gewissensentscheidung, durch die das Individuum zugleich in die höchste Gemeinschaftsordnung eingespannt wird, nur dann in Wahrheit eine wirklich sittliche, wenn sie dem auf diese Gemeinschaft bezogenen Gesetz entspricht. Vom Gedanken der »gebundenen Freiheit« her gilt es, einerseits dem »unstaatlichen und bindungs- und glaubenslosen Individuum« klar zu widersprechen, andererseits aber die »uneingeschränkte Selbstverantwortlichkeit des Individuums« zu respektieren (aaO., 73f).

109 AaO., 24ff. Schon in der preußischen Verfassung von 1850 sind die Grundrechte nicht als »prinzipiell unbegrenzte Individualrechte, die den Einzelnen bourgeoismäßig vom Staat distanzieren und emanzipieren, sondern mehr im Sinne des allgemeinen, objektiven Prinzipes der Gesetzmäßigkeit der Verwaltung verstanden worden« (aaO., 24). Diese Auffassung habe dann in der bismarckschen Verfassung dazu geführt, Freiheitsrechte überhaupt nur noch »reichsgesetzlich« zu begründen. Sie seien nicht mehr reichsverfassungsmäßig gesichert, sondern als »rein staatliche Gewährungen« betrachtet worden.
Leibholz begrüßt, daß mit dieser Betrachtungsweise, die man fälschlicherweise als Staatsmetaphysik ausgab, in der Weimarer Zeit gebrochen worden sei. Freilich könnten die liberalen Freiheitsrechte nicht mehr im Sinne des klassisch bürgerlichen Liberalismus und eines reinen status negativus ausgelegt werden (aaO., 25). So seien in der Praxis der letzten Jahre und Jahrzehnte staatliche Eingriffe die Regel, die den Primat der nationalen Einheit gegenüber den sozial affizierten Freiheitsrechten sicherstellen (aaO., 26). Dieser Vorrang impliziere jedoch nicht eine »Blankovollmacht« zugunsten der jeweiligen politischen Machthaber (aaO., 27).

110 »Die weitgehende Befreiung des Individuums vom Staat hat eine um so stärkere Bindung des Einzelnen an Staat und Nation nicht nur deshalb erzeugt, weil ein innenpolitisch in Freiheit bestimmtes Staatsbild auch konsequenzmäßig die Selbstbestimmung des nationalen Ganzen fordert, sondern weil die ›Souveränerklärung‹ der Nation überhaupt erst die Voraussetzung für die Entfaltung der politisch individuellen Freiheit schafft. Die Nation mußte an staatlicher Integrationskraft gewinnen, je mehr die anderen integrierenden Faktoren an staatlicher Integrationskraft verloren« (aaO., 39).

2. *Das Gewaltenteilungssystem als Grundlage des liberalen Rechtsstaats*

Am Ende der Weimarer Republik erhoben die Kritiker des liberalen Rechtsstaats in wachsendem Maße ihre Stimme.[111] Man beklagte das Fehlen persönlicher Herrschaft im »Gesetzesstaat«[112] und wandte sich gegen eine vermeintliche Instrumentalisierung der politischen Ordnung.[113] Der liberale Rechtsstaat könne nur in Zeiten der Normalität funktionieren, ein Ausnahmezustand hingegen entziehe sich jeder generellen Normierung und erfordere als einzig wirksames Mittel die *politische* Entscheidung.[114] C. Schmitt sah ihn als gescheiterten Versuch an, den für das 19. Jahrhundert charakteristischen Gegensatz von Staat und Gesellschaft zu überwinden.[115] Mit dieser grundsätzlichen, oft pauschalen Kritik am liberalen Rechtsstaat vermischte sich in folgenschwerer Weise die wachsende Ablehnung des Rechtspositivismus der älteren Weimarer Staatsrechtslehre. Man spielte Legitimität gegen Legalität aus und suggerierte, daß es dem Bemühen des liberalen Rechtsstaates um uneingeschränkte Legalität an Legitimität mangele.[116]

Unter den Gegnern des liberalen Rechtsstaates gab es eine Gruppe, die für die Übernahme des Rechtsstaatsbegriffs plädierten, während dies eine andere, zu der in der Hauptsache C. Schmitt und seine Schüler G. Krauß und E. Forsthoff gehörten, ablehnte.[117] Die Befürworter, vor allem O. Koellreutter, E. Tatarin-Tarnheyden u. B. Dennewitz, versuchten den »nationalen Rechtsstaat« als Alternative zum liberalen des 19. Jahrhunderts darzustellen.[118] Die Kritik am liberalen Rechtsstaat konzentrierte sich auf die Ablehnung der Gewaltenteilung. Man sah in ihr eine bedenkliche Schwächung der Staatsgewalt, wohingegen das mit ihr unvereinbare

111 Vgl. U. Schellenberg, Die Rechtsstaatskritik. Vom liberalen zum nationalen und nationalsozialistischen Rechtsstaat, in: Böckenförde, Staatsrecht, 71–88.

112 Vgl. z. B.E. Forsthoff, Der totale Staat, Hamburg 1933, 11.

113 AaO., 27 u. C. Schmitt, Staat, Bewegung, Volk. Die Dreigliederung der politischen Einheit, Hamburg 1933, 26.

114 Vgl. C. Schmitt, Die Diktatur. Von den Anfängen des modernen Souveränitätsgedankens bis zum proletarischen Klassenkampf, 3. Aufl. (unveränd. Nachdr. d.2.Aufl. von 1928), Berlin 1964, XIII u. O. Koellreutter, Der nationale Rechtsstaat. Zum Wandel der deutschen Staatsidee (Recht und Staat in Geschichte und Gegenwart 89), Tübingen 1932, 10.

115 Vgl. C. Schmitt, Die Wendung zum totalen Staat (1931), in: ders., Positionen und Begriffe im Kampf mit Weimar – Genf – Versailles 1923–1939, Hamburg 1940, 146ff.

116 Vgl. C. Schmitt, Legalität und Legitimität, 2. Aufl. (unveränd. Neudr. d. 1. Aufl. von 1932), Berlin 1968.

117 Vgl. Schellenberg, Rechtsstaatskritik, 80ff.

118 Vgl. bes. Koellreutter, Rechtsstaat, 20f.

Führerprinzip dem Volk zu einer ungehemmten Machtentfaltung verhelfen sollte.[119]

Leibholz hat das Gewaltenteilungssystem als organisatorische Grundlage des Rechtsstaats bejaht.[120] Er wendet sich nicht nur gegen eine Ersetzung des Gewaltenteilungsprinzips durch den Führergrundsatz. Er bestreitet ebenso, daß sich die Bedeutung des Gewaltenteilungsprinzips gewandelt habe und es seiner ursprünglichen liberalen Funktion entkleidet sein solle.[121] Auch in dem Falle, daß es sich gegen das Parlament richtet und die Staatsleitung stärkt, beruhe es letzten Endes auf dem gleichen, ursprünglich liberalen Grundmotiv, nämlich dem Schutz der individuellen Freiheit.[122] Der Sinn des in der Weimarer Reichsverfassung festgelegten Gewaltenteilungsprinzips besteht nach Leibholz' Auffassung darin, durch Einschaltung einer Reihe von komplizierten, organisatorisch-mechanischen Gegengewichten zum Schutze des Individuums ein politisches Balancesystem zu schaffen.[123]

Zu den spezifisch rechtsstaatlichen Sicherungen, die nach der nationalsozialistischen Machtübernahme Zug um Zug zerstört wurden, sei die Unabhängigkeit der Rechtspflege, die den Richter nur dem Gesetz unterwirft und damit dem Zugriff der Exekutive entzieht, zu rechnen; ferner das Prinzip der Gesetzmäßigkeit der Verwaltung, das eine willkürliche Eingriffsmöglichkeit der Exekutive in die individuelle Freiheitssphäre ausschließe; und schließlich die Existenz einer unabhängigen Verwaltungsgerichtsbarkeit, durch die die Tätigkeit der Verwaltungsbehörden nachträglich auf ihre Gesetz- und Rechtmäßigkeit hin überprüft werde.[124]

Leibholz wendet sich dagegen, den Rechtsstaat um seiner liberalen Her-

119 Vgl. A. Schaefer, Führergewalt statt Gewaltenteilung, in: Böckenförde, Staatsrecht, 89–105.

120 Vgl. Leibholz, Auflösung, 29ff.

121 AaO., 29 Anm. 64.

122 Ebd.

123 AaO., 29.

124 »Alle diese Grundsätze und Prinzipien setzen, wenn sie zu Kriterien des Rechtsstaatsbegriffes erhoben werden, die Kongruenz von formalem Gesetz und materiellem Gesetz voraus« (aaO., 30). Gegenüber dem gläubigen Vertrauen in den wesensmäßigen Bezug der Form auf den Inhalt im 19. Jahrhundert habe die »Vertiefung des Rechtsstaatsgedankens im letzten Dezennium«, die dem Rechtspositivismus aller Schattierungen gegensätzliche Einsicht gebracht, daß »die Herrschaft und ›Unverbrüchlichkeit‹ des Gesetzes noch nicht sicher den Rechtsstaat zu garantieren vermag« (aaO., 30). Mit Schmitt sieht Leibholz die Ursache dafür letzten Endes in der durch die veränderte Verfassungsstruktur bedingten Erschütterung des Vertrauens in die ursprünglich vorausgesetzte und für selbstverständlich gehaltene Identität von Gesetz und Recht, von Legalität und Legitimität (vgl. zu den Begriffen Schmitt, Legalität, 20ff). Er folgert daraus, daß auch nach der Weimarer Verfassung der Zwang bestehe, »die an sich möglicherweise ›wert- und qualitätsfreie, inhaltslos-formalistisch funktionalistische Legalität‹ ...wieder wie zu Zei-

kunft willen als ein schlechthin bürgerlich-liberales Produkt zu bezeichnen – wie das »fast eine communis opinio will«.[125] Wie verschiedene Arten und Gestaltungen des Liberalismus zu unterscheiden seien, so gebe es auch verschiedene Formen und Ausprägungsmöglichkeiten des Rechtsstaatsgedankens, ohne daß davon die konstanten, formal-rechtsstaatlichen Strukturelemente betroffen wären.[126]

Leibholz' bedenkliche Ausdehnung des Rechtsstaatsbegriffs auf Modelle, die den Schutz individueller Freiheit nur unzureichend garantieren, wirft die Frage auf, ob damit eine Option für den liberalen Rechtsstaat noch zu vereinbaren ist. Seine klare Überzeugung vom unaufgebbaren Wert des Gewaltenteilungsprinzips sowie dessen ausdrückliche Bestimmung zum Schutze der individuellen Freiheit lassen freilich an Deutlichkeit kaum zu wünschen übrig.

IV. Die Alternative von autoritärem oder totalem Staat in der akuten Krise der Weimarer Republik 1932/33

Im Schlußwort der Aussprache über ein Referat, das Leibholz auf einer Tagung der deutschen Staatsrechtslehrer am 29. Oktober 1931 gehalten hat, faßt Leibholz seine Beurteilung des Liberalismus zusammen. Er betont, daß die gegenwärtige hochwertige Prägung gewisser Institutionen wie Grundrechte und Rechtsstaat »entscheidend durch den Liberalismus des letzten Jahrhunderts mitbestimmt« worden sei.[127] Insofern habe der Liberalismus »in seinem Kern, nicht in seiner Entartung, dem manchesterlichen Liberalismus, der ihn zumal in der Form eines planlosen Kapitalismus vollends kompromittiert hat, einen. . .Wertgehalt, dessen Vernichtung das Ende der westlichen Kultur bedeuten würde.«[128]

ten des deutschen Idealismus inhaltlich in Bezug zur Rechtsidee zu setzen« (aaO., 31).

125 AaO., 32.

126 Neben den klassisch-liberalen, das Streben nach individueller Sicherheit betonenden Rechtsstaaten gebe es solche, bei denen der entscheidende Akzent ein mehr gemeinschaftsmäßig gebundener ist und die individuellen Freiheitsrechte daher mehr sozial affiziert sind. Davon müßten »in der Haltung konservative« Rechtsstaaten unterschieden werden, die die individuellen Freiheitsrechte nur in mehr oder weniger autoritär-weltanschauungsmäßiger Gebundenheit anerkennen, sowie sozialistische Rechtsstaaten, in denen das Eigentum im Gegensatz zur persönlichen Freiheit oder sogar Eigentum und Freiheit aufgehoben werden (aaO., 33f). Leibholz fügt den Hinweis an, daß heute – »ob mit Recht, kann hier dahingestellt bleiben« – sogar die diktaturförmig strukturierten Staaten »trotz ihres betonten Antiliberalismus« besonders gern die rechtsstaatliche Ideologie für sich in Anspruch nehmen (aaO., 34).

127 Leibholz, Wahlrecht, 38.

128 Ebd.

Nach Leibholz' Auffassung umfaßt ein so verstandener Liberalismus auch konservative Parteien. Er sieht den wirklichen Kampf am Ende der Weimarer Republik nicht mehr wie früher zwischen den liberal und zugleich sozial oder sogar sozialistisch ausgerichteten Kräften und den mehr oder minder auch sozial eingestellten konservativen Mächten. Er finde vielmehr zwischen »den im weitesten Sinne noch irgendwie demokratischen, den Eigenwert der Persönlichkeit bejahenden Kräfte(n)« und »den mythisch fundierten, die Freiheit des Individuums in einem mehr oder weniger radikalen Kollektivismus aufhebenden Bewegungen« statt.[129]

Ein Jahr später, im November 1932, als sich mit Brünings Sturz und weiteren Stimmengewinnen der Nationalsozialisten die Verhältnisse weiter zu ungunsten der erstgenannten Kräfte verändert hatten,[130] formuliert Leibholz eine grundlegende Alternative.[131] Er stellt wie der Frankfurter Soziologe Heinz O. Ziegler den autoritären dem totalen Staat gegenüber, wählt aber im Unterschied zu diesem die Wahrung liberaler Traditionen als ein wichtiges Kriterium des wahren autoritären Staates.[132]

Für ihn ist die entscheidende Frage am Ende des Jahres 1932, »ob das künftige Staatsbild autoritär unter *grundsätzlicher Respektierung des freiheitlichen Erbgutes der letzten Jahrhunderte* oder zugleich total in dem Sinne strukturiert sein wird, daß die autoritären Instanzen im wesentlichen dazu berufen sind, als Exponenten der diese tragenden Massen (Klasse, Partei, Bewegung) den Staat in einem bestimmten, politischen Sinne radikal umzuformen.«[133] Von der Entscheidung dieser Frage hänge letzten Endes das Schicksal des künftigen deutschen Menschen und der überindividuellen Lebensgemeinschaften, des Föderalismus, der Selbstverwaltung sowie der geistigen und religiösen Lebensbereiche, der künstlerischen und wissenschaftlichen Bildungsanstalten ab. Leibholz entwirft nicht nur ein Szenario der bald darauf in die Tat umgesetzten Gleichschaltung, sondern spricht auch die Folgen für die evangelische Kirche aus. In einem wirklich totalen Staat müsse sie zwangsläufig in einem bestimmten, politischen Sinne umgeformt werden.[134]

129 Ebd.

130 Vgl. Bracher, Auflösung, 424ff.

131 Vgl. Leibholz, Auflösung, 70ff.

132 Vgl. H.O. Ziegler, Autoritärer oder totaler Staat (Recht und Staat in Geschichte und Gegenwart 90), Tübingen 1932. Leibholz' Kritik an der Schrift ist bezeichnend. Ziegler habe aufgrund des genannten Zusammenhangs von nationaler Demokratie und totalem Staat eine tatsächliche Einheit von nationaler Kollektivierung und Totalisierung der Herrschaft schon für das 19. Jahrhundert behauptet (aaO., 21, 34 u. 38). Dies gilt nach Leibholz' Auffassung aber »weder für das vergangene Jahrhundert noch die letztverflossenen Jahrzehnte« (vgl. Leibholz, Auflösung, 70 Anm. 181). Er nimmt mit dieser Abgrenzung ausdrücklich den liberalen Weimarer Staat gegen Zieglers Kritik in Schutz.

133 AaO., 70f (Hervorheb. hinzugef., CS).

134 AaO., 71. Leibholz prophezeiht auch bedrohliche Folgen für das Minderhei-

Neben der grundsätzlichen Respektierung des freiheitlichen Erbes der letzten Jahrhunderte nennt Leibholz als Kriterium des wahren autoritären Staates die unumstößliche Geltung des Rechts. Der autoritäre Staat strebe danach, die als Mängel empfundenen Lücken seiner Rechtsprechung zu beseitigen und das bestehende Recht mit dem Ziel besserer Durchsetzungsfähigkeit zu verändern.[135]

Leibholz charakterisiert den von C. Schmitt seit dem Jahre 1931 in der staatsrechtlichen Diskussion etablierten Begriff des totalen Staates eindeutig negativ.[136] Er tendiere im Gegensatz zum autoritären dahin, seine Herrschaftskompetenzen fortschreitend zu erweitern und nach Möglichkeit alle Lebensbereiche in die Sphäre des Staatlich-politischen zu ziehen.[137] Aufgrund seiner Kenntnis des faschistischen Staates in Italien hebt Leibholz warnend hervor, daß dieser allgemeine Politisierungsprozeß überall dort, wo er zur politischen Wirklichkeit geworden ist, ein radikaleres und zentralistischeres Gepräge als zu Zeiten der absoluten Monarchie und des Polizeistaates erhalten habe. In dem von einer Partei beherrschten totalen Staat werde auch die Wirtschaft in einen mehr oder weniger radikalen Etatisierungsprozeß einbezogen.[138]

tenrecht, das seiner Provenienz nach auf die Ideen der französischen Revolution, auf die Aufklärung und den Liberalismus zurückverweise.

135 AaO., 63. Leibholz greift mit seiner Vorstellung vom autoritären Staat nicht einfach auf ein Machtstaatsdenken zurück, das einseitig machtstaatliche auf Kosten rechtsstaatlicher Elemente zu verstärken sucht. Ihm ist wichtig, daß der Tatbestand der Herrschaft als ein auf freier, innerer und gemeinsamer Überzeugung beruhendes Über- und Unterordnungsverhältnis verstanden wird. Der autoritäre Staat solle wieder echte politische Verantwortung ermöglichen, da in ihm »geradezu ein wesensmäßiges Bezugsverhältnis zwischen politischer Entschließungsfreiheit und echter, d.h. höchst persönlicher Verantwortung« besteht. Während in der radikal-egalitären Demokratie die politische Verantwortung nicht aktualisierbar ist, weil sie vom Volk als real präsenter Einheit anonym getragen wird, hat die freie politische Entscheidung im autoritären Staat »die Übernahme der persönlichen Verantwortung für die politischen Entschließungen gegenüber der Gemeinschaft zur Voraussetzung«(aaO., 64).

136 Vgl. Schmitt, Wendung.

137 »Hier soll das Leben als Ganzheit radikal von dem Gesetz der Polis beherrscht werden. Dieses nimmt das Individuum unbegrenzt für sich in Anspruch, erkennt eine Autonomie der geistigen Bereiche nicht an, schließt eine Gliederung der Individuen in überindividuelle Lebensgemeinschaften außerhalb des Staates aus und sucht die dem Staate feindliche Gesellschaft wieder durch eine möglichst restlose Politisierung in der höheren staatlichen Einheit aufzuheben« (Leibholz, Auflösung, 69; mit Bezug auf den Barth-Schüler Alfred de Quervain, Das Gesetz des Staates, Berlin 1932, 14f).

138 Das Hauptproblem der faschistischen Staatsauffassung sieht Leibholz in dem vom Verfassungsrecht nicht geklärten Dualismus von staatlichen und Parteiinstanzen. Alles hänge an der sich im Duce verkörpernden Exekutivgewalt. Die neben dem Duce stehenden »unmittelbaren Staatsorgane« aus vorfaschistischer Zeit hät-

Ein solcher Staat trage stark kollektivistische Züge, wie das Beispiel Rußlands und Italiens zeige.[139]

Leibholz bezeichnet den totalen Staat weiterhin als »Erbe(n) und Testamentsvollstrecker des liberal-individualistischen Staates«.[140] Er setze das Werk, das ein glaubenslos gewordener Liberalismus mit seinem Relativismus und Kritizismus begonnen habe, fort. Die ursprünglich durch Aufklärung und einen glaubenserfüllten Liberalismus konstituierten metaphysischen Wertwelten der geistig autonomen Lebensbereiche würden dadurch endgültig vernichtet, daß er diese im Sinne der jeweils herrschenden Staatsmetaphysik relativiert.[141] Der totale Staat führt nach Leibholz' Auffassung als entartete liberale Staatsform auch nicht das Prinzip der Autorität wieder ein. Für ihn werde unter Negierung der Weimarer Verfassung

ten im Hinblick auf die staatliche Willensbildung »nur mehr dekorative Bedeutung« (vgl. Leibholz, fascistisches Verfassungsrecht, 24f). Entscheidungen, insbesondere personeller Art, würden allein nach parteipolitischen und somit staatsauflösenden Gesichtspunkten getroffen. Trotz der äußerlichen Selbständigkeit der Partei habe der Faschismus die Intention, Staat und Partei miteinander zu identifizieren. Diesem Zweck soll das umfassende Integrationssystem des faschistischen Staates, vor allem die Sachintegration mit dem religiös-politischen Mythos der Nation, dienen. Die Opposition müsse in der Folge als staatsauflösend gekennzeichnet und als staatsgefährdend vernichtet werden. Dabei erhalte sich der Faschismus den Glauben, daß das diktaturförmige Gepräge des faschistischen Regimes, die Anwendung von Zwang und Gewalt gegen Andersdenkende vorübergehender Natur sei und mit der Ineinssetzung von Staat und Partei verschwinde.
Nach Leibholz' Wahrnehmung im Jahre 1928 ist die auch rechtssatzmäßige Ineinssetzung von Staat und Partei schon soweit verwirklicht worden, daß die unmittelbare Verschmelzung von Staat und Parteiinstanzen äußerlich sichtbare Folgen anzunehmen beginne. Die Partei fungiere nicht mehr als Partei im traditionellen Sinne, sondern als »›classe dirigente‹, als ordensmäßig abgeschlossene Elite der Nation« (aaO., 38). Freilich ist die Einheit von Partei und Staat nach Leibholz' Auffassung lediglich eine äußere und ein nicht geringer Teil der Bevölkerung toleriere den faschistischen Staat nur zwangsweise und widerwillig. Da die stets in der Minderheit befindliche Partei und der Staat nicht ohne Gewaltanwendung zu einigen seien, hafte dem Faschismus das Bestreben einer notwendig gewaltsamen Unifizierung von Staat und Partei als Zeichen seines diktatorischen Charakters an – auch wenn er das zu verbergen suche (aaO., 39).

139 »Dieser kollektive Staat ist zugleich ein nachindividualistischer Staat insofern, als nicht das Individuum, sondern die durch das Individuum emanzipierte Masse, die in Gestalt der Partei oder Klasse nicht die Mehrheit der Bevölkerung zu umfassen braucht, Träger des totalen Politisierungsprozesses ist« (Leibholz, Auflösung, 69f).

140 AaO., 70.

141 Daher ist der totale Staat nach Leibholz' Auffassung nur die »Fortsetzung des liberalen, den totalen Staat bereits im Keim enthaltenden nationaldemokratischen Staats mit gestrichenem liberalen Vorzeichen, der nicht ein wirklich neues Prinzip einführt...« (aaO., 70).

die plebiszitäre Unterbauung zur *alleinigen* Legitimationsquelle der Autorität. Da sie aber lediglich eine von mehreren Voraussetzungen der Funktionsfähigkeit des Prinzips der Autorität ist, werde wahre Autorität gerade untergraben.[142]

Obwohl Leibholz ausdrücklich bestrebt war, sich in seinen staatsrechtlichen Abhandlungen mit politischen Urteilen so weit wie möglich zurückzuhalten, ergab sich aus seinen Analysen notwendig eine bestimmte Option in den politischen Auseinandersetzungen am Ende der Weimarer Republik. Das Ermächtigungsgesetz vom 24. März 1933 zum Beispiel kommentiert er mit den Worten, es diene nicht einer Stärkung der Autorität des Reichspräsidenten als der über den Parteien stehenden, höheren neutralen im Sinne des autoritären Staates, sondern der des Reichskanzlers und der Reichsregierung als den Exponenten politischer Parteien und Bewegungen, deren Macht im totalen Staat beherrschend sei.[143]

Die auch in der politischen Wissenschaft der Gegenwart verwendete Unterscheidung autoritärer Regime von totalen Staaten, die sich als moderne Parteidiktaturen auf eine politische Massenbewegung stützen,[144] hieß für Leibholz aber nicht die Unterstützung beliebiger Ausformungen autoritärer Staaten. An Papens Versuchen der Etablierung eines autoritären Präsidialregimes im Jahre 1932 hat er in verschiedener Hinsicht Kritik geübt.[145] Die Schaffung eines Oberhauses und berufsständischer Körperschaften schien ihm am Ende der Weimarer Republik ein sinnloses Unterfangen.[146] Wie Bonhoeffer hielt er eine religöse Fundierung staatlicher Autorität mithilfe der christlichen Kirchen für sehr bedenklich.[147] Vor allem war sein Plädoyer für eine verfassungsrechtliche Stärkung der Parteien bei gleichzeitiger innerer Demokratisierung mit Papens Ideologie des »Neuen Staates« und dem hinter ihr stehenden aristokratischen Berliner Herrenklub unvereinbar.[148] Zu Brünings autoritärem Kurs in den Jahren 1930 bis 1932 hat er sich in seinen staatsrechtlichen Abhandlungen dieser Zeit nicht unmittelbar geäußert, dürfte ihn aber wie sein Schwager Hans von Dohnanyi im wesentlichen positiv beurteilt haben.[149] Jedoch kann er

142 Schließlich unterscheide den totalen Staat vom autoritären, daß er das für den autoritären Staat konservativer Prägung konstitutive Prinzip der Hierarchie zwar benutze, aber in sein Gegenteil verkehre. Denn über die Aufnahme in die neuen Rangordnungen entscheiden weniger sachliche Leistung und Bewährung als vor allem Rechtgläubikeit (aaO., 70).

143 AaO., 68.

144 Vgl. z. B. Löwenthal, Widerstand, 11f.

145 Zu Papens Ideologie des »Neuen Staates« vgl. Bracher, Auflösung, 465ff.

146 Vgl. Leibholz, Wahlrecht, 37f.

147 Vgl. Leibholz, Auflösung, 62, bes. Anm. 157.

148 Vgl. Bracher, Auflösung, 471ff.

149 Vgl. Ch. von Dohnanyi, Fassung B) des Berichts über die politische Tätigkeit H.v.D.s (NL von Dohnanyi, 26,I/14 u. BA, NL Dietrich Bonhoeffer, Fiche A 87/1–2, 3 (1.)), S.1 sowie unten 6. Kap.I.A.

in Brünings zum Teil gegen den Reichstag gerichteter Politik nur eine Notlösung gesehen haben, da sie im Widerspruch zu seiner Wertschätzung der politischen Parteien als Ort der Willensbildung des Volkes stehen. Zudem ist zu beachten, daß er seine Option für den autoritären Staat als Alternative zum totalen erst nach Brünings Sturz im Mai 1932 in der Zeit der akuten Krise der Republik unter den labilen Kabinetten Papen und Schleicher vertreten hat.

Ergebnis

Leibholz' politischer Standort ist im liberalen Spektrum links der nationalliberalen DVP anzusiedeln.[150] Als der Parteivorsitzende der »linksliberalen« DDP, Erich Koch-Weser, mit der Gründung der Deutschen Staatspartei im Sommer 1930 den Niedergang des politischen Liberalismus aufzuhalten suchte,[151] wurde Leibholz für die Zeit ihrer kurzen Lebensdauer deren Mitglied.[152] In der Diskussion um eine Reform des Wahlrechts warnte er nachdrücklich vor Schritten, die auf Kosten der »bürgerlichen Mittelparteien« gehen und die republikfeindlichen Massenparteien stärken würden.[153]

Ausgehend von der Auffassung, daß es eine voraussetzungslose, wertfreie Wissenschaft nicht gebe und daß insbesondere die öffentlich-rechtlichen Disziplinen einen besonderen politischen Akzent haben, ist Leibholz um sachlich gebundene Erkenntnis bemüht. Gegenüber einer metaphysischen Verklärung diffuser völkisch-politischer Inhalte von Recht und Staat betont er, daß politisches Recht Handhaben nicht einen Freibrief für jede

150 Zu den verschiedenen Strömungen im politischen Liberalismus der Weimarer Republik vgl. L.Albertin, Liberalismus und Demokratie am Anfang der Weimarer Republik. Eine vergleichende Analyse der Deutschen Demokratischen Partei und der Deutschen Volkspartei, Düsseldorf 1972.

151 Vgl. Bracher, Auflösung, 316ff; E. Matthias/R. Morsey (Hg.), Das Ende der Parteien 1933, 2. Aufl., Düsseldorf 1979 u. A. Hillgruber, Die politischen Kräfte der Mitte und die Auflösung der Weimarer Republik, in: H. Bodensiek (Hg.), Preußen, Deutschland und der Westen. Festschrift O. Hauser, Göttingen 1980, 155–175.

152 Auskunft von Frau Sabine Leibholz-Bonhoeffer am 20. Juli 1985. Ende des Jahres 1928 hat der damalige Reichsjustizminister Koch-Weser Leibholz eine Stelle als persönlicher Referent angeboten, was dieser jedoch um einer akademischen Laufbahn willen ablehnte und stattdessen den »besser geeigneten« Hans von Dohnanyi vorschlug (vgl. G. Leibholz, Hans von Dohnanyi, in: H.-J. Schultz (Hg.), Der 20. Juli – Alternative zu Hitler?, Stuttgart-Berlin 1974, 140f). Leibholz und Koch-Weser waren persönlich bekannt (vgl. z. B. Brief Leibholz' an Koch-Weser vom 23. Oktober 1930, BA, NL Koch-Weser, Nr. 110, f. 201f). Die Staatspartei lehnte Papens Regierung »mit aller Bestimmtheit« ab (vgl. Bracher, Auflösung, 470).

153 Vgl. Leibholz, Wahlrecht, 39.

Trübung menschlichen Erkenntnisvermögens oder eine Rechtfertigung willkürlich-subjektivistischer Befangenheit enthalte.[154] Wird das Bemühen um reine Sachlichkeit subjektivistisch aufgelöst und die Intention objektiver Gegenstandserfassung für eine Selbsttäuschung erklärt, so werde nicht nur jede Objektivität, sondern auch die Wahrheit selbst und damit das Fundament jeder wissenschaftlichen Haltung in Frage gestellt.[155] Bezeichnenderweise nennt Leibholz eine solche Auffassung ganz entgegen ihrem Selbstverständnis als striktem Antiliberalismus einen schlechten, entarteten Liberalismus. Er führe dazu, daß man sich über die zentralsten Begriffe der Staats- und Verfassungstheorie nicht mehr verständigen könne und zum Beispiel Demokratien als Diktaturen und Diktaturen als Demokratien ausgegeben würden.[156]

Leibholz' Position innerhalb der Gegner des Positivismus ist dadurch charakterisiert, daß er sich bei aller Kritik eines »liberalistischen« Relativismus um eine differenzierte Würdigung der Errungenschaften des heftig angefeindeten Liberalismus bemühte. Er hat den liberalen Rechtsstaat mit seinen Institutionen wie Grundrechten und Gewaltenteilungssystem verteidigt. Darüber hinaus entwarf er angesichts des Versagens des alten liberal-repräsentativen Parlamentarismus das Konzept einer parteienstaatlichen Massendemokratie, die ausdrücklich das Prädikat »liberaler Prägung« erhält.[157]

Gleichwohl führt Leibholz' Streben, das subjektive politische Urteil in den wissenschaftlichen Arbeiten soweit wie möglich zurückzudrängen, an manchen Stellen seines Werkes, besonders in der schon unter Zensurbedingungen während des Dritten Reiches erschienenen Abhandlung über »Die Auflösung der liberalen Demokratie in Deutschland und das autoritäre Staatsbild«, zu einer Verwischung des eigenen Standpunktes. Der Rechtsstaatsbegriff wird teilweise so weit gefaßt, daß auch das völkische Rechtsdenken sich auf ihn berufen konnte.[158] Er verstößt gegen seine eigene Forderung, die Begriffe der Demokratie und der Diktatur klar auseinanderzuhalten, wenn Demokratien für ihn an anderer Stelle »ein diktaturförmiges...und unter Umständen sogar tyrannisches Gepräge« tragen

154 »Im Gegensatz zu den ›schlechten‹ Werturteilen, die in der reinen Sphäre der Subjektivität des Ichs verhaftet sind, stehen die zwar auch subjektiven, aber seinsverhafteten, die in reiner Sachhingegebenheit an der politischen Wirklichkeit und den gegebenen politischen Phänomenen orientiert sind, ohne daß diese mit den intendierten des geschriebenen Normensystems übereinstimmen müssen« (Leibholz, Auflösung, 5).

155 Ebd.

156 Ebd. Meinck, Staatslehre, 60f, hat diese klare und programmatische Äußerung übersehen, wenn er behauptet, für Leibholz seien unter Aufnahme der Thesen Schmitts und Smends Diktatur und Demokratie keine Gegensätze gewesen.

157 Vgl. Leibholz, Auflösung, 18.

158 Vgl. oben Anm. 126.

können.[159] In der Folge stellte zum Beispiel ein Aufsatz in der Zeitschrift »Die Tat« mit dem Titel »Zur Theorie des Antiparlamentarismus« Leibholz' Habilitationsschrift über das Wesen der Repräsentation – gegen dessen eigene Intention! – als dritte mögliche Theorie eines antiparlamentarischen Staates neben R. Smends Modell des »Staates als Integration« und C. Schmitts Auffassung vom »Staat als Akklamation«.[160]

Zumindest für heutige Ohren nicht unproblematisch klingt auch Leibholz' im Winter 1932/33 geäußerter Ruf nach einem autoritären Staat. Zwar war sein Ziel, Schlimmeres, nämlich den totalen Staat, zu verhindern, aber es ist nicht zu übersehen, daß die autoritären Regierungskonzepte von Brüning über Papen hin zu Schleicher faktisch in nicht geringem Maße an der »Auflösung der Weimarer Republik« mitgewirkt haben.[161]

Bei aller souveränen Analyse der politischen Verhältnisse in der Endzeit der Republik hat Leibholz die nationalsozialistische Bewegung wohl doch in mancher Hinsicht unterschätzt. Noch im Winter 1932/33 hat er in der charakteristischen deutschen Lage eine radikale Kollektivierung des Individuums und eine Vermassung des Geistes für »nicht wahrscheinlich« gehalten.[162] Der Wissenschaftler Leibholz hatte mit seinem Streben nach unbedingter Sachlichkeit Anteil an einer gerade unter liberal gesinnten Verteidigern der Republik verbreiteten Haltung. Befangen in den Kategorien bürgerlichen Anstands und liberaler Selbstbeschränkung erwies sie sich freilich als der maßlosen Polemik und dem nihilistischen Machtstreben der Nationalsozialisten unterlegen.[163]

159 Der Begriff der Demokratie als politisches Formprinzip wird so weit gefaßt, daß er sogar – »wenn auch, auf die Dauer gesehen, meist an der Grenze der Demokratie liegend« – absolutistische Demokratien in parlamentarischer, zäsaristisch-präsidentieller oder monarchischer Form kennt (aaO., 19).

160 Vgl. H. Grüneberg, Zur Theorie des Antiparlamentarismus, in: Die Tat 22, 1(1930), 120ff.

161 Vgl. Bracher, Auflösung, 267, 306ff u. 458ff, sowie die ausgewogenen Urteile bei Kolb, Die Weimarer Republik, 199f; oben Anm. I/105 u. unten 6. Kap. I.A.

162 »Denn der auf die Dauer überhaupt nicht behebbare, letzten Endes auch schöpferisch wirkende Antagonismus von Gemeinschaft und Individuum ist nicht nur in der Natur, sondern vor allem tief in unserer Geschichte begründet. Die Freiheit, die sich durch das Maß ihrer Bindung hier von der klassisch-liberalen Ausprägung des Freiheitsgedankens unterscheidet, ist bei uns seit jeher im Sinne eines selbstverständlichen Protestes gegen jede einseitige, unumschränkte und ungerechte Herrschaft verstanden worden« (Leibholz, Auflösung, 72).

163 Bezeichnend für diese Einstellung ist eine rückschauende Äußerung des ehemaligen DDP- und Staatspartei-Abgeordneten Theodor Heuss über seine 1932 erschienene Studie »Hitlers Weg« (Eine Schrift aus dem Jahr 1932, neu hg. u. eingel. v.E. Jäckel, Stuttgart 1968). Das Buch liege falsch und daran sei sein Vater schuld, der seinen Söhnen eine Erziehung des bürgerlichen Anstands gegeben habe (vgl. Th. Heuss, Erinnerungen 1905–1933, Tübingen 1963, 398).

Der Theologe Dietrich Bonhoeffer hat wie Leibholz, aber weniger gehemmt durch die Selbstbeschränkung des Wissenschaftlers, im Rahmen seiner ökumenischen Tätigkeit vor dem Vordringen des Nationalsozialismus gewarnt. Während bis Sommer 1932 keine konkreten Hinweise auf einen diesbezüglichen Austausch vorhanden sind, häufen sie sich in der akuten Krise der Republik im Winter 1932/33. Das im letzten Kapitel dargestellte Konzept einer theologischen Ethik, welches ausdrücklich die detaillierte Sachkenntnis der jeweiligen Zusammenhänge in der Verkündigung des Gebotes durch die Kirche fordert, läßt Bonhoeffer in der bedrängenden politischen Situation das Gespräch mit dem Staatsrechtler Leibholz suchen.

3. Kapitel: Bonhoeffers theologischer Widerspruch gegen die nationalsozialistische Ideologie in der Zeit der Machtübernahme

Einführung

Als am 5. März 1933 die letzte, nur noch mit Einschränkungen freie Reichstagswahl stattfand, tat Dietrich Bonhoeffer den für einen evangelischen Theologen ungewöhnlichen Schritt und wählte die katholische Zentrumspartei.[1] Welche Einschätzung der politischen Lage am Beginn des Jahres 1933 steht hinter dieser Entscheidung? Liegt sie darin begründet, daß das Zentrum am Ende der Weimarer Republik unter den Mittelparteien die größte Beständigkeit gezeigt hatte?[2] War Bonhoeffer dadurch angesprochen, daß ihr letzter Wahlkampf in den Wochen nach Hitlers Regierungsantritt ganz im Zeichen des Eintretens für die Grundrechte und den Rechtsstaat in liberaler Tradition gestanden hatte?[3]

Schließlich ist zu klären, welche Einschätzung des Nationalsozialismus hinter der klaren Abgrenzung steht. Bis zum Jahre 1932 hatte Bonhoeffer im Rahmen seiner ökumenischen Aktivitäten vor allem den friedensgefährdenden Charakter des Nationalsozialismus hervorgehoben. Die theologische Kritik richtete sich gegen die in Kirche und Theologie verbreiteten Verabsolutierungen vermeintlicher Schöpfungsordnungen wie Volk und Rasse und die gefährlichen, die »Träume von Freiheit« mißbrauchenden Versprechungen der »nationalsozialistischen Freiheitsbewegung«. Seine ökumenische Friedensethik widersprach dezidiert Hitlers sozialdarwinistischem Glauben an ein angebliches Naturgesetz des ewigen Kampfes der Arten und der Völker mit der notwendigen Konsequenz der Vernichtung des Schwächeren.[4]

1 Vgl. DB, 315.

2 Vgl. R. Morsey, Der Untergang des politischen Katholizismus. Die Zentrumspartei zwischen christlichem Selbstverständnis und »Nationaler Erhebung« 1932/33, Stuttgart-Zürich 1977.

3 Sie konnte sich dabei auf starke Traditionen im politischen Katholizismus stützen, da der freiheitliche Rechtsstaat der katholischen Minderheit am ehesten einen Entfaltungsraum gegenüber dem vorwiegend protestantisch geprägten Staat sicherte (vgl. H. Stehkämper, Protest, Opposition und Widerstand im Umkreis der (untergegangenen) Zentrumspartei. Ein Überblick, Teil I: Protest und Opposition, in: Schmädeke/Steinbach, Widerstand, 113–150; dort auch weitere Literatur).

4 In einem Vortrag vom Februar 1932 über »Das Recht auf Selbstbehauptung« meinte Bonhoeffer: »Jede Gemeinschaft, auch die große Gemeinschaft des Volkes lebt nicht für sich selbst, sondern für den anderen, lebt in der Verantwortung für den Bruder, für das Brudervolk« (GS III, 267). Die Leugnung dieser Verantwortlichkeit in dem Versuch des absoluten Allein- und Für-sich-seins eines Volkes, wie

Seit dem Beginn des Jahres 1933 läßt sich eine detailliertere Auseinandersetzung mit den Leitbegriffen der stark angewachsenen republikfeindlichen Ideologie nachweisen. Die Vorlesung des Wintersemesters über »Jüngste Theologie«, in der der Privatdozent Bonhoeffer systematisch-theologische Neuerscheinungen besprach, nimmt mehrfach Bezug auf die politischen Verhältnisse.[5] Auffallend ist, daß zu Beginn der Vorlesung noch drei Bücher ohne besondere politische Relevanz behandelt werden, ab der ersten Januarstunde aber fast ausschließlich theologische Entwürfe zu Fragen der politischen Ethik.

Nach dem Sturz des Kabinetts von Papen, der mehrmals scharfe Kritik an der Weimarer Verfassung geübt und die Sicherung einer machtvollen und überparteilichen Staatsgewalt durch ein »neues Verfassungswerk« gefordert hatte,[6] wurde die zukünftige Entwicklung des Weimarer Staates unsicherer denn je.[7] Zwar war die Gefahr einer Kanzlerschaft Hitlers vorerst abgewendet, aber das neue Kabinett des Generals von Schleicher konnte sich nur wenige Wochen halten. Bonhoeffer dürfte mit der konzentrierten Hinwendung zu theologischen Beiträgen mit konkreter politischer Relevanz auf diese Entwicklung reagiert haben und zwar mit dem Ziel, den Theologiestudenten in der auch für die Kirche bedenklichen Lage Orientierung zu verschaffen.[8]

Die Auswahl der behandelten Ethikentwürfe weist auf einen Austausch Bonhoeffers mit seinem Schwager Leibholz hin. Mit Friedrich Gogarten, Alfred de Quervain und Emil Brunner werden eben die theologischen Ethiker, auf die Leibholz' im November 1932 gehaltener, 1933 in erweiter-

ihn die nationalsozialistische Ideologie propagierte, sei eine »dämonische Möglichkeit des Sichherausreißens aus dem geschichtlichen Zusammenhang« (ebd.).

5 Vgl. GS V, 300–340.

6 Vgl. Bracher, Auflösung, 176.

7 AaO., 564ff.

8 Die Aufzeichnungen Klara Hunsches geben als einzige der erhaltenen Mitschriften das von Bonhoeffer zu Semesterbeginn genannte Programm an (BA, NL DB, Fiche B 4/2–3). Es werden in nachstehender Reihenfolge genannt: Heim, Brunner, Gogarten, Stapel, Schütz, de Quervain, »Johns« (muß heißen: Jones, CS), Gutmann, Hirsch und Vogel. Die Mitschrift gibt keinen Hinweis darauf, daß Bonhoeffer von vorneherein nur einige bestimmte darunter für die Besprechung vorsah (anders O. Dudzus, in: GS V, 302).
Dieser Befund macht wahrscheinlich, daß die ausschließliche Behandlung theologischer Neuerscheinungen mit besonderer politischer Relevanz seit Januar 1933 durch die gespannte politische Situation am Jahreswechsel 1932/33 mitbedingt war. Dafür sprechen auch die am Anfang der Vorlesung noch nicht genannten, im Januar bzw. Februar 1933 besprochenen Schriften von Hinrich Knittermeyer (Grenzen des Staates, Berlin 1932) und Hans Asmussen (Wort und Bekenntnis Altonaer Pastoren in der Not und Verwirrung des öffentlichen Lebens vom 11. 1. 1933, wiederabgedr. in: K.D. Schmidt, Die Bekenntnisse und grundsätzlichen Äußerungen zur Kirchenfrage des Jahres 1933, Göttingen 1934, 19–25).

ter Fassung veröffentlichter Vortrag über »Die Auflösung der liberalen Demokratie in Deutschland und das autoritäre Staatsbild« Bezug nimmt, in der Vorlesung besprochen.[9] Leibholz zitiert in der Abhandlung ferner im Zuge der Darstellung der evangelischen Staatsauffassung aus einem Vortrag Bonhoeffers vom Ende des Jahres 1932. Nicht Schöpfung neuen Lebens, sondern Erhaltung gegebenen Lebens sei das Amt des Staates. Bonhoeffer und Leibholz wenden sich damit gegen die Indienststellung des Staates für völkische und rassische Ziele. Staatliche Macht habe nicht das Wachsen des jungen deutschen Volkes oder der arischen Rasse zu fördern, sondern solle das gegebene Leben durch Recht und Ordnung bewahren.[10]

Bonhoeffer greift in seiner Auseinandersetzung mit der nationalsozialistischen Ideologie auf Gedanken zurück, die Leibholz am Ende der Weimarer Republik entfaltet hat.[11] Wie Leibholz warnt er vor der neuen politischen Metaphysik, deren entscheidendes Kennzeichen ein pseudoreligiöses Reichsdenken ist. Übereinstimmung gibt es auch in der Beurteilung des Nationalsozialismus als einer trotz allen Redens von Legalität revolutionären Bewegung. Beide gestehen nur ein mit Hilfe des Kriteriums der Schaffung besseren Rechts strikt begrenztes Recht auf Revolution zu. Bonhoeffer geht wie Leibholz in der Krise des Winters 1932/33 von der weitreichenden Alternative eines autoritären oder eines totalen Staates aus. Maßgebliches Unterscheidungskriterium ist die Respektierung des freiheitlichen Erbes der letzten Jahrhunderte.

In Bonhoeffers Äußerungen vom Beginn des Jahres 1933 findet sich eine bis dahin nicht nachweisbare Würdigung liberaler Traditionen. Im Moment ihrer pauschalen Verurteilung und akuten Bedrohung durch den Nationalsozialismus gelangt der Theologe Bonhoeffer im Gespräch mit dem Staatsrechtler Leibholz zu einer neuen Wertschätzung dieses Erbes. An beider Verhältnis wird eine Entwicklung sichtbar, die für den gesamten Freundes- und Familienkreis repräsentativ sein dürfte. Als nach dem Sturz Brünings im Mai 1932 kaum mehr Hoffnung auf eine Stabilisierung der Lage bestand, rückt man näher zusammen und besinnt sich auf den unaufgebbaren Wert liberaler Traditionen. Kann man somit dem Zeitraum der Machtergreifung, das heißt der Zeit von November 1932 bis Februar 1933 eine besondere Bedeutung für die späteren Aktivitäten im Widerstand gegen Hitler zuschreiben? Sind in diesem Zeitraum Klärungen vollzogen und Gemeinsamkeiten gestärkt worden, die eine geistige Grundlage der späteren Widerstandstätigkeit bilden?

Die folgenden Ausführungen suchen eine dreifache Fragestellung zu klären. Zum einen soll Bonhoeffers theologische Kritik der nationalsoziali-

9 Vgl. Leibholz, Auflösung, 74f.

10 AaO., 75 u. GS III, 280.

11 In dem erhaltenen Rest der Bibliothek Bonhoeffers findet sich neben Leibholz' Schrift über »Die Auflösung der liberalen Demokratie und das autoritäre Staatsbild« die juristische Dissertation über »Die Gleichheit vor dem Gesetz«.

stischen Ideologie anhand der Ausführungen zu den für diese zentralen Themen »Revolution«, »Reich«, und »Führertum« dargestellt werden. Zum anderen hat ein exemplarischer Vergleich der Bonhoefferschen Überlegungen mit denen des Staatsrechtlers Leibholz die Besinnung auf gemeinsame Traditionen wie das freiheitliche Erbe der letzten Jahrhunderte, welches im Winter 1932/33 einer wachsenden Bedrohung ausgesetzt war, aufzuzeigen. Schließlich wird die Frage nach dem zugrundeliegenden Konzept theologischer Ethik des Politischen gestellt und mit Hilfe vergleichender Betrachtungen beantwortet.

In der Forschung ist Bonhoeffers Auseinandersetzung mit dem Nationalsozialismus und das zugrundeliegende theologische Staatsverständnis nur im Rahmen anderer Fragestellungen untersucht worden.[12] Grundlegende Ausführungen zu den genannten Problemen finden sich nur in E. Bethges Bonhoeffer-Biographie.[13] Aber auch hier ist das liberale Element in Bonhoeffers Argumentation gegen den Nationalsozialismus nicht ausreichend herausgearbeitet. Bethge meint, Bonhoeffer argumentiere eher »von einem konservativen Ordnungsdenken aus«.[14] Der Vergleich mit den Ausführungen des Staatsrechtlers Leibholz sowie mit anderen Entwürfen einer theologischen Ethik des Politischen kann eine differenziertere Sicht eröffnen. Aufschlußreich ist dabei insbesondere eine – bisher fehlende – Analyse der für Bonhoeffers Reaktion auf die Machtergreifung wichtigen, umfangreichen Erweiterungen des Rundfunkvortrags zum »Führerbegriff in der jungen Generation«.[15]

I. Die theologische Beurteilung des Problems der Revolution angesichts der nationalsozialistischen Machtübernahme

Für die Januarstunden der Vorlesung des Wintersemesters wählte Bonhoeffer Friedrich Gogartens im Jahre 1932 erschienene und außerordentlich wirkungsvolle »Politische Ethik« und weitete die Kritik daran zu einer

12 Vgl. Tödt, Friedensethik, 101ff.

13 Peters geht zwar an verschiedenen Stellen auf die wichtige Auseinandersetzung mit Gogartens »Politische(r) Ethik« ein (vgl. bes. Präsenz, 160ff). Jedoch verzichtet er auf eine Analyse der Kritik an W. Stapels Reichsdenken sowie der Überlegungen zum relativen Recht auf Revolution und den Gestalten des Führerbegriffs weitgehend. Er stellt weder den Bezug auf die politischen Entwicklungen des Winters 1932/33 her noch klärt er den Bedeutungsgehalt der für die Ideologie von Nationalsozialismus und jungem Nationalismus zentralen Begriffe (vgl. schon oben Einl.).

14 DB, 308.

15 Vgl. zum Ganzen Ch. Strohm, Der Widerstandskreis um Dietrich Bonhoeffer und Hans von Dohnanyi – Seine Voraussetzungen zur Zeit der Machtergreifung, in: Schmädeke/Steinbach, Widerstand, 295–313; ders., Dietrich Bonhoeffers Ethik des Politischen, in: Civis 4 (1985), 52–59.

grundsätzlichen Beurteilung des Phänomens der Revolution aus.[16] Während Bonhoeffer am 24. und 31. Januar 1933 die Erörterungen zum Problem der Revolution vortrug, waren die Verhandlungen Papens mit Hitler und anderen führenden Nationalsozialisten, die eine Erneuerung der Harzburger Front und eine Ablösung der Regierung Schleicher zum Ziel hatten, bereits voll im Gange beziehungsweise abgeschlossen.[17] Schon bevor dieser am Mittag des 28. Januar seinen Rücktritt eingereicht und Papen am 29. Januar sein illusionäres »Kabinett der Einrahmung« mit Hitler als Reichskanzler zusammengestellt hatte, war die bevorstehende Zerstörung der verfassungsrechtlichen Grundlagen des Weimarer Staates durch die Reichskanzlerschaft eines ihrer schärfsten Gegner vorauszusehen.[18] Am

16 Vgl. F. Gogarten, Politische Ethik, Jena 1932 u. GS V, 321ff.

17 Zwar war man um strenge Geheimhaltung der Verhandlungen bemüht, aber schon das erste entscheidende Treffen Papens mit Hitler am 4. Januar 1933 im Hause des Kölner Bankiers von Schröder wurde – auf bisher nicht geklärte Weise – bekannt. Als Schleicher wenige Stunden nach dem Treffen Photos vorgelegt wurden, die Papen und Hitler beim gemeinsamen Verlassen des Schröderschen Hauses zeigten, »mobilisierte er unverzüglich die Presse und beschwerte sich anschließend bei Hindenburg. Die Nachricht wirkte als Sensation« (Bracher, Auflösung, 607; vgl. auch M. Broszat, Die Machtergreifung. Der Aufstieg der NSDAP und die Zerstörung der Weimarer Republik, München 1984, 159).
Ein weiteres entscheidendes Geschehen der ersten Januartage war der unter Einsatz aller verfügbaren Mittel geführte Wahlkampf der NSDAP für die Landtagswahlen in dem Zwergstaat Lippe am 15. Januar 1933. Zwar hielt sich der Stimmenzuwachs der NSDAP durchaus in mäßigen Grenzen, aber die nervöse Aufmerksamkeit, mit der die gesamte Öffentlichkeit auf jenen 15. Januar blickte, übersteigerte das Votum der hunderttausend lippischen Wähler zu einer »Entscheidung auch über das Schicksal des Schleicher-Experiments und die politische Zukunft eines 68-Millionen-Volkes« (Bracher, Auflösung, 613).
Nach Berlin zurückgekehrt traf Hitler in den Tagen nach dem 17. Januar mit Hugenberg zusammen, um letzte Vorbereitungen für die Bildung einer Regierung der Harzburger Front nach der Ablösung des Kabinetts Schleicher zu besprechen. »Fast jede Stunde brachte jetzt neue Verhandlungen, Gerüchte, Pläne: die am 4. Januar begonnene Entwicklung war in vollen Fluß gekommen. Am 18. Januar wurde von einer neuen Unterredung Hitlers mit Papen gesprochen, die nach nationalsozialistischen Berichten eine weitere Annäherung für die kommende Regierungsbildung vermittelte« (aaO., 616). Durch große Demonstrationen im Sportpalast und vor dem kommunistischen Hauptquartier hielt die NSDAP die öffentliche Meinung der Reichshauptstadt mit verstärkten Macht- und Siegesansprüchen unter Druck und am 21. Januar kündigte auch die Deutschnationale Reichstagsfraktion Schleicher die Gefolgschaft auf.

18 K.D. Bracher beurteilt das Zähmungskonzept Papens, wie es wohl ähnlich Bonhoeffer und seine Freunde kurz vor der Machtergreifung sahen. »Daß seine (Hitlers, CS) ›Einrahmung‹ aber Papen überlassen und seine Absicherung Blomberg (als Reichswehrminister, CS) anvertraut wurde, machte den Regierungswechsel zu einem Umsturz, zu einer Kapitulation der Republik, verlieh ihm den Charakter einer nationalsozialistischen Machtergreifung« (aaO., 632).

30. Januar schließlich konnte es einem wachen Beobachter kaum entgehen, wer der Sieger des Tages war. Die Reaktionen auf Hitlers Regierungsantritt im Hause Bonhoeffer jedenfalls zeugen in dieser Hinsicht von einem klaren Blick.[19]

Bonhoeffers Exkurs zum Problem der Revolution geht auf diese Entwicklung ein, ohne sie ausdrücklich zu nennen. In welcher Weise wollte er in der brisanten Situation Ende Januar 1933 das Urteil seiner Studenten schulen? Konnten seine Ausführungen zum relativen Recht der Revolution als Rechtfertigung der nationalsozialistischen Revolution verstanden werden?

A. Die Rede von der Revolution am Ende der Weimarer Republik

Zur Klärung der Intentionen, die Bonhoeffer mit seinen Ausführungen zum Problem der Revolution im Januar 1933 verfolgt hat, sind neben den im engeren Sinn theologiegeschichtlichen Gesichtspunkten drei Aspekte zu berücksichtigen. Einmal war die Rede über die deutsche Revolution des Jahres 1918/19 auch bei den Anhängern der Weimarer Republik selbst von einer Unsicherheit gegenüber dem Phänomen der Revolution bestimmt. Zum anderen gewann am Ende der Republik eine diese scharf ablehnende Form des Nationalismus, die sich als »konservative Revolution« verstand und einen Revolutionsbegriff im Sinne einer radikalen Gegenrevolution gegen die geistige und politische Entwicklung der letzten Jahrhunderte etablierte, einen wachsenden Einfluß in der geistigen Auseinandersetzung der letzten Jahre des Weimarer Staates. Und schließlich mußte eine Erörterung des Phänomens der Revolution am Ende der Weimarer Republik unter dem Eindruck des revolutionären Pathos der nationalsozialistischen Massenbewegung stehen, das deren Führer geschickt zu lenken und vor dem verunsicherten Bürgertum im jeweils gebotenen Maß zu verbergen verstanden.

Nachdem auch die republikanisch gesinnten Gelehrten, die als Historiker, Juristen oder Soziologen mit dem Geschehen der Revolution von 1918/19 befaßt waren, den Ereignissen eher skeptisch gegenübergestanden hatten, setzte sich im Lauf der Jahre eine Deutung des Phänomens der Revolution als eines komplexen Ineinanders von destruktiven und konstruktiven Elementen durch.[20] Diese Entwicklung und die damit verbun-

19 Vgl. DB, 305f.

20 Der Münchener Historiker Horst Möller sucht in einem kürzlich erschienen Aufsatz die während der zwanziger Jahre »ungemein« lebendige Diskussion über das Problem der Revolution darzustellen. Er geht sowohl auf die unter Historikern als auch auf die von Soziologen bzw. Juristen der Weimarer Zeit vertretenen Revolutionstheorien ein. Nach Möller gingen keineswegs nur die deutschnational-monarchisch oder konservativ Gesinnten, sondern ebenso die Protagonisten der neuen

dene Ablehnung einer bloßen Dualität von Revolution und Evolution kam zu spät und vollzog sich ohne die notwendigen Auswirkungen auf eine breitere Öffentlichkeit. Die schroffe Ablehnung der Revolution von 1918/19 sowohl von linker als auch von rechter Seite, vor allem aber die starken Vorbehalte aus der politischen Mitte gegen die revolutionäre Entstehung der Republik führten zur »Verkennung des unbestreitbar vorhandenen konstruktiven, aufbauenden Gehalts und zur Unterschätzung des durch die Revolution mächtig geförderten Strukturwandels«.[21] Je weniger man sich unter den Anhängern der Republik des konstruktiven Charakters der Revolution von 1918 bewußt war, umso leichter konnte freilich die nationalsozialistische Propaganda die Konstruktivität ihrer in ausdrücklichem Gegensatz zu jener verstandenen »nationalen Revolution« herausstellen.

Das geistige Klima am Ende der Weimarer Republik war maßgeblich durch die Entwürfe des »jungen Nationalismus« geprägt.[22] Einer der profiliertesten Vertreter dieser einflußeichsten unter den antidemokratischen Gruppierungen, die sich auch als »konservative Revolution« verstand, war der 1934 im Zuge des sogenannten Röhm-Putsches ermordete Publizist Edgar Julius Jung.[23]

Nach Jungs Auffassung liefen in Deutschland zwei Revolutionen nebeneinander her: »Eine, die den letzten Rest bester europäischer Tradition vernichten möchte in einem formlosen Kollektivismus; und eine andere, die nichts ist als Aufstand des Blutes gegen das Geld, des Menschen gegen den Apparat, der Würde gegen die Sklaverei.«[24] In schwärmerischer, die künftige Entwicklung völlig falsch einschätzender Weise wird die kommende deutsche Revolution der französischen gegenübergestellt. Jene werde kaum manifestierende Formen annehmen wie die französische im Bastille-Sturm. Vielmehr werde sie langwierig sein wie die Reformation, aber umso gründlicher das Gesicht der Menschheit bestimmen. »Sie wird

Staatsform zur Revolution von 1918/19 auf Distanz. Und das, obwohl die Beendigung der revolutionären Phase mit den von ihnen vorgeschlagenen Mitteln erfolgte (H. Möller, Die nationalsozialistische Machtergreifung. Konterrevolution oder Revolution?, in: VfZ 31 (1983), 25–51).

21 AaO., 36.

22 Vgl. die immer noch gültige Darstellung bei Sontheimer, Antidemokratisches Denken.

23 Zu Jung vgl. die – freilich wenig kritische – Arbeit von E. Forschbach, E.J. Jung, Ein konservativer Revolutionär. 30. Juni 1934, Pfullingen 1984. Der Ausdruck »konservative Revolution« wurde im deutschen Sprachraum erst mit Hugo von Hoffmannsthals wirkungsvoller Rede »Das Schrifttum als geistiger Raum der Nation« im Jahre 1927 virulent (vgl. A. Mohler, Die konservative Revolution in Deutschland 1918–1932. Ein Handbuch, 2. völlig neu bearbeitete und erweiterte Fassung, Darmstadt 1972, 10).

24 E.J. Jung, Deutschland und die konservative Revolution. Nachwort zu: Deutsche über Deutschland. Die Stimme des unbekannten Politikers, München 1932, 379f.

rücksichtslos alle Menschenwerte revidieren und alle mechanischen Formen auflösen. Sie wird entgegengesetzt sein den geistigen Triebkräften, Formen und Zielen, wie sie die französische Revolution gezeitigt hat. Es wird die große konservative Gegenrevolution sein, welche die Auflösung der abendländischen Menschheit verhindert, eine neue Ordnung, ein neues Ethos und eine neue abendländische Einheit unter deutscher Führung begründet.«[25]

Jung stellt im Jahre 1932 nicht nur die französische und die anbrechende deutsche Revolution einander gegenüber, sondern ebenso liberale – wie die von 1789 – und konservative Revolutionen. Während jene Ideen gegen die Überlieferung aufmarschieren lassen, empören sich in diesen »die Kräfte der Überlieferung, Blut und geschichtlicher Geist« gegen Intellektualismus und Doktrin. Deshalb seien Weg und Ziel einer konservativen Revolution schwer zu umschreiben. »Nicht ihr Programm ist wesentlich, sondern ihre Kraft.«[26] Die Sätze machen deutlich, in welchem Maße Jung der von ihm durchaus zwiespältig beurteilten nationalsozialistischen Propaganda in die Arme gearbeitet hat, obwohl er ausdrücklich eine »christliche Revolution« intendierte.[27] Bonhoeffer konnte im Januar 1933 weder von einer »christlichen Revolution« noch von einer wesenhaften Programmlosigkeit der Revolution sprechen. Ihm war vielmehr an einer staatsrechtlichen Klärung und einer theologischen Beurteilung des Revolutionsbegriffs gelegen.

Der dritte Gesichtspunkt, den eine Erörterung des Revolutionsproblems am Ende der Weimarer Republik zu berücksichtigen hatte, war die unter dem Schlagwort der »legalen Revolution« praktizierte Legalitätstaktik der Nationalsozialisten. Dabei ist zu unterscheiden zwischen der konkreten politischen Taktik, mit deren Hilfe Hitler seit Ende der zwanziger Jahre an die Macht zu gelangen suchte, und der ambivalenten Synthese von traditionellen und revolutionären Elementen in der nationalsozialistischen Ideologie. Sie war die wichtigste Voraussetzung dafür, daß Hitlers Legalitätstaktik zum Erfolg führen und der Nationalsozialismus sowohl in traditionell gesinnten als auch in radikalisierten Kreisen eine große Anhängerschaft finden konnte. Karl Dietrich Bracher urteilt, nicht die klare Unterscheidung, sondern »die fast dialektisch zu nennende Verknüpfung. . .von Traditions- und Revolutionsanspruch« habe das Neue, so ungemein Attraktive und Effektive der nationalsozialistischen Politik und Ideologie im

25 AaO., 380.

26 E.J. Jung, Sinndeutung der deutschen Revolution, Oldenburg 1933, 78.

27 So der Titel eines Aufsatzes in Jungs 1933 erschienenem Büchlein »Sinndeutung der deutschen Revolution«. In der Einleitung zu dieser Schrift bekennt er sich zur »nationalen Revolution« der Nationalsozialisten. »Wie könnte er (Jung, CS) anders als die Ereignisse der letzten Monate begrüßen!. . .So bejahe ich die Kraft dieses Aufbruches und bin der Gestaltwerdung des deutschen Geistes gewiß, in der sich diese Revolution krönen wird« (aaO., 9).

Zeitalter des Übergangs von der liberalen Honoratioren- zur demokratischen Massengesellschaft ausgemacht.[28]

Hitler hatte aus dem kläglich gescheiterten Putschversuch des Jahres 1923 die Konsequenz gezogen, daß eine wirkliche Revolution erst nach der Machtergreifung auf sogenanntem legalen Weg stattfinden könne, und darum die Parole der »legalen Revolution« ausgegeben. Zum ersten Mal wurde der Legalitätskurs offensichtlich, als das Reichsgericht im September 1930[29] gegen die nationalsozialistische Zellenbildung in der Reichswehr verhandelte. Hitler legte damals seinen berühmten »Legalitätseid« ab, in dem er schwor, nur auf verfassungsmäßigem Wege zur Macht kommen zu wollen.[30]

28 K.D. Bracher, Zeitgeschichtliche Kontroversen. Um Faschismus, Totalitarismus, Demokratie, 5. Aufl., München-Zürich 1984, 72. Bracher nennt sechs Zusammenhänge, in denen diese charakteristische Verflechtung und Verschränkung traditioneller und revolutionärer Elemente sichtbar wird.
Zum einen habe die Hauptparole eines nationalen Sozialismus, die Versöhnung von Arbeiterschaft und Nationalstaat, in die Mitte der Zeitproblematik getroffen (aaO., 72f). Sodann stelle der Grundgedanke der rassistischen Gliederung und Stufung der Menschheit eine radikale Alternative nicht nur zur liberal-humanitären Idee der Weltzivilisation, sondern auch zur gängigen Nationalstaatsidee dar (aaO., 73). Ebenso wirke der sozialdarwinistische Ansatz, der in den nationalsozialistischen Grundprinzipien enthalten ist, in beiden Richtungen. Als Behauptung vom überlegenen Recht des Stärkeren entspreche er einer eher konservativen Theorie der Politik, aber der pessimistische Grundton der Sozialdarwinisten werde bei der Umsetzung der »Lehre« in politisch aktive Ideologie gerade zur revolutionären Antriebskraft für totalitäre Machtpolitik und rassistische Herrschaftsausweitung umgekehrt (ebd.). Ferner hätten die nationalsozialistischen Vorstellungen zur Struktur der Gesellschaft eine eigentümliche Verbindung von konservativer Kulturromantik und ökonomisch-technischem Progressivismus enthalten. Geradezu plakativ sei diese Kombination des Gegensätzlichen in Erscheinung getreten, wenn die modernste Handhabung der Massenmedien für so traditionalistische Veranstaltungen wie die zahlreichen »agrarromantischen« Kundgebungen eingesetzt wurde (aaO., 73f). Und schließlich sei eine mystische Politikreligion und die Anbetung des technischen Erfolges so geschickt miteinander verbunden worden, daß nicht nur einfach eine Wirkung in der Ausstrahlung nach beiden Seiten bewahrt blieb, sondern die Verbindung des Gegensätzlichen eine besondere Faszination ausüben konnte (aaO., 75). Vor allem die Reichsvision und der Führermythos waren geeignet, diese Funktion der wirkungsvollen Verbindung von Revolutionärem und zutiefst Traditionalistischem zu übernehmen.

29 K.D. Bracher, Die deutsche Diktatur. Entstehung, Struktur, Folgen des Nationalsozialismus, 6. erw. Aufl., Frankfurt a.M.-Berlin-Wien 1979, 203, spricht irrtümlicherweise von Oktober 1930. Vgl. dagegen mit Nachweisen A. Bullock, Hitler. Eine Studie über Tyrannei, Düsseldorf 1959, 161f. Vgl. O.E. Schüddekopf, Heer und Republik. Quellen zur Politik der Reichswehrführung 1918–1933, Hannover-Frankfurt a.M. 1955, 265ff.

30 Einerseits führte Hitler scheinheilig das harte Durchgreifen gegen Otto Strasser, der »tatsächlich mit dem Gedanken der Revolution gespielt« habe, als Beweis

Im Vergleich mit Bonhoeffers Überlegungen zur Frage einer theologischen Beurteilung der Revolution ist die verschleiernde Erklärung des Begriffs »deutsche nationale Revolution« bezeichnend, die Hitler dem Präsidenten des Gerichts auf dessen Frage hin gab: »Der Begriff ›nationale Revolution‹ wird immer als ein rein politischer aufgefaßt. Für die Nationalsozialisten ist das aber lediglich eine Erhebung der geknechteten Menschen von heute. . .Es wird natürlich eine Parteibewegung diese Erhebung repräsentieren, aber dazu bedarf es keiner illegalen Mittel. . .Unsere Propaganda zielt auf die geistige Revolutionierung des deutschen Volkes. Unsere Bewegung hat die Gewalt nicht nötig. Die Zeit wird kommen, in der die deutsche Nation unsere Ideen begreifen wird, und dann werden fünfunddreißig Millionen Deutsche hinter mir stehen. . .wir werden auf legale Weise unsere Partei zu einem entscheidenden Faktor machen. Aber wenn wir dann im Besitz der konstitutionellen Rechte sind, werden wir den Staat so formen, wie wir das für richtig halten.«[31]

Nach Brachers Auffassung ist das zeitgenössische Schlagwort von der legalen Revolution der »Schlüsselbegriff, der den zentralen Zugang zum Charakter und Verlauf der nationalsozialistischen Machtergreifung öffnet.«[32] Nationalsozialistische Propagandisten und Politiker hätten größten Wert darauf gelegt zu betonen, daß Hitlers Regierungsübernahme zwar den Beginn einer Revolution, einer tiefgreifenden Änderung aller Dinge bedeute, daß es sich dabei aber um einen durchaus legalen, im Rahmen von Recht und Verfassung verlaufenden Vorgang handele. Zusammen mit dem Schlagwort von der »nationalen Revolution« habe das Mißverständnis der legalen Revolution erst seine volle Wirkung entfalten können.[33] Durch die Rede von der nationalen Revolution erklärte man die bei aller Wahrung einer äußerlichen Rechtmäßigkeit sehr zahlreichen Rechtsverletzungen nach der Machtergreifung mit dem Hinweis auf das wohlverstandene gemeinsame nationale Interesse für rechtens.

Hitler verfolgte mit der Propagierung der legalen Revolution und seit der Regierungsübernahme auch der nationalen Revolution im Rahmen seiner Legalitätstaktik mehrere Ziele. Zum einen sollte das obrigkeitsgläubige Bürgertum nicht zu sehr verschreckt werden; zum anderen versuchte man zu verhindern, daß die Parteiinstanzen in der Konfrontation mit dem

für seine Gesinnung an. Andererseits machte er zugleich die für die Aktivitäten seiner Parteibasis notwendigen Zugeständnisse an deren revolutionäres Pathos, wenn er betonte, im Falle eines Sieges des »Kampfgeistes« der nationalsozialistischen Bewegung werden auch »Köpfe rollen« (vgl. Bullock, Hitler, 162f).

31 Frankfurter Zeitung vom 26. September 1930; zit. in: Bullock, Hitler, 162 (Zitat aus dem Englischen rückübersetzt).

32 »Die Bedeutung dieser Legalitätstaktik mit ihrem revolutionären Anspruch, die tatsächlich mehr als ein propagandistischer Trick war, kann gar nicht überschätzt werden« (Bracher, Diktatur, 210).

33 AaO., 215.

staatlichen Ämter- und Behördenapparat von vornherein auf der illegalen Seite standen. Weiterhin diente die Legalitätstaktik der Disziplinierung der eigenen Massenbasis und nicht zuletzt konnte man mithilfe teilweise gegen den Reichstag durchgesetzter Verordnungen die Machtergreifung auch »rechtlich« absichern.[34]

B. Bonhoeffers Auffassung vom relativen Recht der Revolution

Aus Bonhoeffers Erörterungen des Problems der Revolution und anderen Stellungnahmen in der Zeit der Machtergreifung geht hervor, daß er sich trotz aller Legalitätstaktik weder von den beschriebenen Zweideutigkeiten der nationalsozialistischen Ideologie noch von denen der Durchführung der pseudolegalen Machtübernahme täuschen ließ.

1. Die Übereinstimmung mit Leibholz' staatsrechtlichen Erörterungen

Bonhoeffer hatte sich schon einmal 1929 in dem erwähnten dritten Barcelonaer Gemeindevortrag zum Problem der Revolution geäußert. Er sprach hier noch im Sinne der Jugendbewegung von einer umfassenden geistigen Revolution. Die Bedeutung des Revolutionsjahres 1918 lag für ihn nur zum kleinen Teil in der politischen Wende Deutschlands. »Von ungleich größerer Tragweite ist die völlige geistige Revolution, die mit zum Ausbruch kam und in der wir noch mitten darin stecken.«[35] Angesichts der akuten Krise der Republik geht es Bonhoeffer im Januar 1933 hingegen um einen Revolutionsbegriff, der strikt auf eine Außerkraftsetzung der geltenden staatlichen Ordnung beschränkt ist.

Schon hierin liegt eine Abgrenzung gegen die schwärmerische Rede des jungen Nationalismus von der konservativen Revolution, die aufgrund ihrer inhaltlichen Unbestimmtheit nur zu leicht von der nationalsozialistischen Propaganda für ihre Zwecke benutzt werden konnte. Ursache des Wandels ist nicht nur die akute Gefährdung des Weimarer Staates im Winter 1932/33, sondern auch der Austausch mit dem Schwager Leibholz. Dieser hatte sich in den vorangegangenen Jahren mehrfach zum Problem der Revolution geäußert. In seiner juristischen Dissertation über »Die Gleichheit vor dem Gesetz« aus dem Jahre 1925 finden sich Überlegungen zur Frage eines Rechts auf Revolution, die denen Bonhoeffers vom Januar 1933 gedanklich und begrifflich naheliegen.

Leibholz stellt im Sinne der Positivismus-Kritik die Frage, ob sich »von einem höheren Gesichtspunkt ein ›Recht zur Revolution‹ herleiten und

34 Zur Frage der Legalität der nationalsozialistischen Machtübernahme vgl. jetzt G. Dannemann, Legale Revolution, Nationale Revolution. Die Staatsrechtslehre zum Umbruch von 1933, in: Böckenförde, Staatsrecht, 3–22.

35 GS V, 158.

begründen« lasse.[36] Für ihn ist weniger das Problem einer sauberen Begriffsdefinition und einer Abgrenzung gegen verwandte staatsrechtliche Begriffe wichtig als die Festlegung des Maßes an Willkür, mit dem eine Rechtsordnung ihr Minimum an Gerechtigkeitsgehalt und damit ihr Wesen als Rechtsordnung verlieren würde.[37] Von daher sei ein etwaiges Recht auf Revolution oder ein Widerstandsrecht des Volkes zu beurteilen.[38] Leibholz sieht ein Recht auf Revolution als »letzten rechtlichen Notbehelf« gegeben, wenn in einer vermeintlichen Rechtsordnung ein bestimmtes Minimum an Gerechtigkeitsgehalt, das heißt die Ausschaltung inhaltlicher Willkür nicht mehr gewährleistet ist.[39]

Bonhoeffers Begründung eines relativen Rechtes auf Revolution mithilfe des Kriteriums der *besseren Gerechtigkeit* hat bei Leibholz eine Parallele, wenn dieser ein Widerstandsrecht des Volkes zur Erhaltung von Recht und Gerechtigkeit im Falle des Mißbrauchs der Herrschaftsgewalt gegeben sieht. Es handelt sich dann nach Leibholz' Auffassung gar nicht um ein – im übrigen widersinniges – »Recht des Rechtsbruchs«, sondern um das Recht, »dem offenbaren Rechtsbruch sein *besseres Recht* entgegenzusetzen.«[40]

36 Leibholz, Gleichheit, 66f.

37 Vgl. unten 4. Kap.II.A.

38 Leibholz gesteht die Möglichkeit zu, daß die positive Rechtsordnung Sätze in sich aufnimmt, die im Widerspruch zum Rechtsbewußtsein der Menschen und zum Gerechtigkeitsgedanken stehen. Damit würde sie jedoch nicht aufhören, verpflichtendes Recht darzustellen. Jedoch dürfe daraus nicht die Bejahung einer unendlichen Spannungsmöglichkeit zwischen apriorischem Wertmaßstab und konkreter Rechtswirklichkeit gefolgert werden. Vielmehr sei ernsthaft zu erwägen, ob es nicht für die Rechtsordnung und damit auch für die zur Wahrung der Rechtsordnung berufenen Gesetzgebungsorgane selbst im Rahmen ihrer verfassungsmäßigen Kompetenzen Schranken gebe, die zu überschreiten ein Rechtsmißbrauch und ein Willkürakt sein würde (vgl. Leibholz, Gleichheit, 66f).

39 Leibholz lehnt den Einwand ab, daß durch die Entwicklung zum Rechtsstaat und die Monopolisierung allen Rechtsschutzes durch den Staat »kein Raum mehr für die Betätigung eines Widerstandsrechtes des Volkes« sei. Denn auch die Elemente des Rechtsstaatsgedankens können in ihrer formalen Natur nur die Wahrscheinlichkeit, nie die Gewißheit verbürgen, daß tatsächlich nach Rechtsgrundsätzen regiert und geurteilt wird. Vor allem aber ist zu beachten, daß der Rechtsstaatsgedanke an sich schon in den streng parlamentarisch regierten Staaten durch die Notwendigkeiten des Bestehens einer Homogenität zwischen Gesetzgebung und Exekutive gefährdet sei. Ferner habe in der Praxis durch die Schaffung weitgehender Ermächtigungsgesetze eine Funktionenvereinigung in einem Maße stattgefunden, die das Prinzip der Trennung der Gewalten in sein Gegenteil zu verkehren geeignet sei (aaO., 70f).

40 AaO., 71 Anm. 1 (Hervorheb. hinzugef., CS). In einem 1932 erschienenen Aufsatz über das Problem der Verfassungsdurchbrechung sieht Leibholz die entscheidende Grenze zwischen der rechtlich zulässigen und unzulässigen Verfassungsdurchbrechung dort, »wo infolge des mangelnden rechtlichen Wertgehaltes die Ver-

Noch in zwei weiteren Hinsichten dürfte Bonhoeffer für seinen Exkurs zum Problem der Revolution im Januar 1933 von Leibholz' staatsrechtlicher Kompetenz profitiert haben. Zum einen hatte dieser unmißverständlich auf den »trotz aller Legalität geistig revolutionären« Charakter der nationalsozialistischen Bewegung hingewiesen.[41] Und zum anderen warnte er vor der Gefahr einer Selbstauflösung der liberalen Demokratie, wenn im Zuge eines skeptizistischen Rationalisierungsprozesses auch deren metaphysische Grundlagen von der allgemeinen Diskussion ergriffen werden. »Eine solche anarchistisch entartende Demokratie. . .kann sogar völlig ›legal‹ mit ihren eigenen Methoden ohne Revolution und Staatsstreich aus den Angeln gehoben werden.«[42] Denn diese Art Demokratie stehe, wenn sie nicht im Widerspruch zu ihren eigenen Voraussetzungen sich selbst ein autoritäres oder sogar diktaturförmiges Gepräge gebe, antiliberalen und antiparlamentarischen Bewegungen hilflos und selbstmörderisch gegenüber.[43]

Schon die Tatsache einer ausführlichen Erörterung der Möglichkeit eines Umsturzes der bestehenden Ordnung in der Situation der unmittelbar bevorstehenden beziehungsweise vollzogenen nationalsozialistischen Machtübernahme zeigt, daß Bonhoeffer wie Leibholz die Legalitätstaktik der Nationalsozialisten durchschaut hat. Ferner bietet er keine theologische Legitimiation für eine scheinbar legale Selbstauflösung der bestehenden Rechtsordnung, vielmehr rechtfertigt allein der Zweck der Schaffung *besserer Gerechtigkeit* eine grundlegende Veränderung der bestehenden staatlichen Ordnung.

2. Parallelen und Differenzen im theologiegeschichtlichen Vergleich des Exkurses zum Problem der Revolution

Bonhoeffer hat bei der Abfassung des Exkurses zum Problem der Revolution den Artikel über »Revolution und Christentum« in der zweiten Auflage der RGG als Vorlage herangezogen.[44] Der religiöse Sozialist Georg Wünsch betont in dem 1930 erschienenen Lexikonartikel, daß Revolution ein politischer Begriff sei, und »eine Handlung oder ein Ereignis auf innerpolitischem Gebiet mit der Tendenz zur Beseitigung der bisher legitimen Regierungsgewalt« bedeute.[45] Er sieht wie Bonhoeffer im Neuen Testa-

fassungsdurchbrechung zugleich aufhört, ein den Forderungen des Gleichheitssatzes entsprechendes Gesetz im materialen Sinne zu sein«(G. Leibholz, Die Verfassungsdurchbrechung (1932), in: ders., Strukturprobleme, 198).

41 Vgl. Leibholz, Auflösung, 57.

42 AaO., 41.

43 AaO., 41f; vgl. Anm. II/69.

44 Vgl. G. Wünsch, Art. »Revolution und Christentum«, in: RGG, 2. Aufl., Bd. IV, Tübingen 1930, Sp. 2005–2008.

45 AaO., Sp. 2005.

ment sowohl eine bejahende als auch eine verneinende Beurteilung der »Ordnungen« der Welt. Sie seien auf der einen Seite Ordnungen Gottes, auf der anderen Seite vergängliche, stets zu überwindende Einrichtungen und unterlägen daher einer »zugleich konservativen und revolutionären Beurteilung«.

Wie Wünsch zeigt Bonhoeffer diese Ambivalenz an der Geschichte der theologischen Beurteilung der Revolution auf. Während Luther und der Katholizismus die Revolution als solche ablehnen,[46] gibt die Aufklärung der Revolution ein geschichtliches und ethisches Recht. Als weitere wichtige Position in der Theologiegeschichte nennt Bonhoeffer wie Wünsch die der Erlanger Schule, nach welcher der Christ zwar eine Revolution nicht mitmachen darf, sich aber der neuen Ordnung unterwerfen soll und sich zu ihr bekennen darf.[47]

Während Wünsch im Folgenden auf die calvinistische Tradition eingeht, weist Bonhoeffer auf seinen Lehrer Adolf von Harnack, der zwar eine Nicht-Beteiligung des Christen an der Revolution, aber auch ihre Nicht-Bekämpfung für richtig gehalten habe. Zur Erklärung seines eigenen Standpunktes beruft sich Bonhoeffer auf den am Ende der Weimarer Republik von der nationalen Rechten scharf angegriffenen Günther Dehn.[48] Wie Dehn neben den schöpfungsmäßigen Rechten der Völker einen unter Umständen gebotenen Verzicht auf Selbstbehauptung hervorgehoben habe, so sei auch von einem relativen Recht der Revolution unter Berufung auf die »bessere Gerechtigkeit« zu sprechen.[49] Der Verweis auf Dehn an dieser Stelle macht Bonhoeffers Frontstellung gegen die republikfeindlichen Gruppierungen offensichtlich, zumal Dehn selbst den Ausdruck »bessere Gerechtigkeit« gar nicht verwendet hat.[50]

46 Vgl. GS V, 328. Bonhoeffer weist wie Wünsch ausdrücklich auf die Lehre des Thomas von Aquin hin, der den herrschenden Tyrannen als Revolutionär und dessen Sturz als staatliches Handeln bezeichnet. Diese Lehre spielt in Bonhoeffers späten »Ethik«-Fragmenten eine große Rolle (vgl. z. B. EN, 116).

47 Vgl. GS V, 328.

48 Vgl. oben 1. Kap.IV.A.

49 Vgl. GS V, 328.

50 In seiner Autobiographie urteilt Dehn über seinen Ruf Ende der zwanziger Jahre: ». . .ich war in normaler kirchlicher Sicht eigentlich ein aufgegebener Mann« (G. Dehn, Die alte Zeit. Die vorigen Jahre. Lebenserinnerungen, München 1962, 247).
Bonhoeffer beruft sich trotz großer inhaltlicher Nähe nicht auf K. Barths Revolutionsverständnis. Dieser hatte 1930 gefragt: »Woher nimmt man christlich das Recht, ausgerechnet die ›Revolution‹. . .als die Inkarnation des Bösen, seinen eigenen anti-revolutionären Willen aber hemmungslos als konform mit dem Willen Gottes zu behandeln?«(K. Barth, Der heilige Geist und das christliche Leben, in: Beiheft Nr. 1 von »Zwischen den Zeiten«, München 1930, 53 Anm. 25). Zu Barths Verständnis der Revolution vgl. auch ders., Der Römerbrief, 12. unveränd. Abdr. d. neuen Bearb. von 1922, Zürich 1978, 461ff.

Ebenfalls eine große Nähe zu Bonhoeffers Bewertung der Revolution zeigen die diesbezüglichen Ausführungen des Züricher Systematikers und ehemaligen »dialektischen« Theologen Emil Brunner, mit dessen 1932 erschienenem Ethikentwurf »Das Gebot und die Ordnungen« sich Bonhoeffer in mehreren Zusammenhängen auseinandergesetzt hat.[51] Brunner wendet wie dieser gegen Gogarten ein, daß das christliche Ethos sowohl konservative als auch revolutionäre Züge trage. Als Schöpfer fordere Gott die Anerkennung der gegebenen Ordnungen, als Erlöser aber deren Nichtanerkennung und ein neues Tun im Hinblick auf das kommende Gottesreich.[52] Für Brunner ist wie für Bonhoeffer Gottes Wille weder prinzipiell »konservativ, wie die Welt konservativ ist, noch radikal oder revolutionär, wie die Welt revolutionär ist, sondern als konservativ und als revolutionär begründet in dem einen unveränderlichen Willen des Schöpfers und Erlösers.«[53] Zwar habe alles politische Handeln auf Ordnung und Frieden zu zielen; wenn aber das Schlagwort »antirevolutionär« in einem prinzipielleren Sinn als Antiliberalismus verstanden wird, so müsse es sofort durch ein ebenso starkes »antikonservativ« vor dem Mißverständnis bewahrt werden, das Konservative sei an sich christlicher als das Revolutionäre oder Liberale.[54]

Differenzen zwischen Brunner und Bonhoeffer werden an der Verwendung des Ausdrucks »bessere Gerechtigkeit« deutlich. Zwar findet er sich in zeitgenössischer theologischer Literatur in Anlehnung an neutestamentlichen Sprachgebrauch relativ häufig, aber Bonhoeffer hat sich bei der Aufnahme des Ausdrucks eventuell an Brunner orientiert. Dieser hatte damit ein Kapitel seiner Ethik überschrieben, in dem der für Bonhoeffers Argumentation in anderen Zusammenhängen wichtige aristotelische Gedanke des »Die-Mitte-Haltens« dargelegt wird.[55]

Für Brunner hat der Ausdruck seinen Platz nicht im weltlichen Regiment, in dem der erste Gebrauch des Gesetzes, der usus civilis, gültig ist;

51 E. Brunner, Das Gebot und die Ordnungen. Entwurf einer protestantisch-theologischen Ethik, 4. Aufl., Zürich (1932) 1978, 112, 201 u. 594; vgl. GS V, 335ff u. Glenthoj, Dokumente 1931–32, 34.

52 Vgl. Brunner, Gebot, 192.

53 AaO., 202f.

54 Brunner wendet gegen Gogarten, dem er wie auch Bonhoeffer einen christlichen und »seltsam ungebrochenen Konservativismus« vorwirft, ein, daß er in seinem – berechtigten – Kampf gegen den Individualismus die Gefahren eines bösen gewalttätigen Kollektivegoismus vergißt. Die französische wie auch die russische Revolution kommen nicht in erster Linie auf das Schuldkonto eines falschen Individualismus, sondern eines falschen Kollektivismus zu stehen. Brunner versteht sie als Gottesgericht, das sich an einer »korrupten ›Bindungswelt‹. . .des degenerierten Feudalismus« vollzog. »Die Empörung gegen lebenszerstörende Bindungen des Einzelnen durch die Kollektivität, die Emanzipation und Revolution, hat so viel relatives Recht wie die (menschliche) Autorität« (aaO., 595).

55 Vgl. unten 4. Kap.II.1., bes. Anm. IV/70.

vielmehr verwendet er ihn im Zusammenhang der Entfaltung des dritten, dem Christen neu ermöglichten Gebrauch des Gesetzes. Bei Bonhoeffer hingegen hat das Gebot oder das Postulat der besseren Gerechtigkeit unmittelbare Relevanz auch im Bereich des weltlichen Regiments. Er versteht den Ausdruck nicht nur als eine dogmatisch-theologische Metapher in Anlehnung an Jesu bessere Gerechtigkeit gegenüber den Pharisäern,[56] sondern er verbindet auch rechtliche und politische Inhalte mit ihm. Im Unterschied zu Brunner gründet er das relative Recht der Revolution auf das Ziel der Verwirklichung besserer Gerechtigkeit. Aufgenommen sind darin Leibholz' juristische Überlegungen zum Recht des Volkes auf Widerstand gegen eine bestehende Ordnung, wenn dem offenbaren Rechtsbruch ein »besseres Recht« entgegengesetzt werden soll.

3. Die kritische Distanz zur sogenannten legalen Revolution der Nationalsozialisten

Die Frage, ob Bonhoeffer mit seinem Exkurs zum Problem der Revolution die sogenannte legale Revolution der Nationalsozialisten theologisch rechtfertigen wollte, ist zu verneinen. Für ihn ist es unmöglich, von einer »legalen Revolution« zu sprechen. Ein relatives Recht kommt ihr allein dann zu, wenn sie der Verwirklichung besserer Gerechtigkeit dient, nicht aber wenn sie, wie die Nationalsozialisten es propagierten, nationale Interessen zu wahren sucht.

Bonhoeffer beschränkt den Begriff der Revolution auf das Phänomen des Umsturzes der staatlichen Ordnung und trägt eine nüchterne theologische Beurteilung vor. Er grenzt sich gegen das verschleiernde Reden von einer primär geistigen Revolution ab, das im jungen Nationalismus verbreitet war und von der nationalsozialistischen Propaganda geschickt für die eigenen Zwecke mißbraucht wurde. Die verbreitete Gegenüberstellung von zersetzenden liberalen Revolutionen und der ersehnten konservativen Gegenrevolution fehlt bei Bonhoeffer völlig.

Er weist sowohl den christlichen Konservativismus, der die vorhandenen Ordnungen verabsolutiert, zurück als auch ein Schwärmertum, das die Erhaltungsordnung des Staates überspringt.[57] In einem Rundfunkvortrag am 1. Februar 1933 wird der Nationalsozialismus als politischer Messianismus, der Anliegen des Schwärmertums der Reformationszeit wiederaufnehme, charakterisiert.[58] Seine unmittelbare Reaktion auf die Reichskanzlerschaft Hitlers ist darum die Sorge vor einer Zerstörung staatlicher Autorität durch die nationalsozialistischen Parteigliederungen. Wie die im allge-

56 Bei seiner Besprechung von Adolf von Harnacks »Wesen des Christentums« im Wintersemester 1931/32 referiert er ausdrücklich dessen Auffassung von der besseren Gerechtigkeit als einem Inhalt der Predigt Jesu (GS V, 200).

57 Vgl. GS V, 329.

58 Vgl. GS I, 33.

meinen zuverlässige Nachschrift Hanns Rüppells festgehalten hat, eröffnete er die Vorlesungsstunde am 31. Januar 1933 mit einer unüberhörbaren Warnung: »Keine Einschränkung der Macht des Staates!«[59]

Aufschlußreich für Bonhoeffers Beurteilung der von den Nationalsozialisten propagierten Revolution ist zudem sein Verhältnis zum bestehenden Staat. Dadurch, daß er sich mit dem Exkurs gerade gegen die schroff antiliberale, auf die Ersetzung des liberalen Weimarer »Nachtwächterstaates« durch einen »echten, autoritären Staat« ausgerichtete »Politische Ethik« Gogartens wendet, verteidigt er die hart bedrängte Republik. Auch die Feststellung, daß Bonhoeffer über seine Vorlage hinausgehend die Positionen des bekannten Vernunftrepublikaners A. von Harnack und des von der nationalen Rechten als Vaterlandsverräter verunglimpften G. Dehn – letzteren sogar als Gewährsmann seiner theologischen Beurteilung des Revolutionsproblems – nennt, zeigt die große Distanz zu den Gegnern der Republik. In die gleiche Richtung deuten die Übereinstimmungen mit Leibholz' juristischen Überlegungen. Dieser hat den trotz allen Redens von Legalität revolutionären Charakter der nationalsozialistischen Bewegung und die Gefahr eines scheinbar legalen Selbstauflösungsprozesses der jungen deutschen Republik gesehen.

Die Auffassung vom relativen Recht der Revolution um der besseren Gerechtigkeit willen, die in Leibholz' staatsrechtlichen Erörterungen eine Parallele hat, läßt sich kaum mit einer dichotomischen Zweireichelehre vereinbaren. Es wurde schon dargestellt, daß Bonhoeffer sich von solchen im Neuluthertum verbreiteten Fehlinterpretationen der lutherischen Reiche- und Regimentelehre abgegrenzt hat, seit er in den USA mit der Ernstnahme des Reiches Gottes als eines Reiches auf der Erde im social gospel konfrontiert war.[60] Die Forderung nach besserem Recht im staatlichen Leben und das Gebot der *besseren Gerechtigkeit* des einzelnen Christen konnte für ihn Anfang 1933 nicht mehr beziehungslos nebeneinander stehen.

II. Die Kritik am staatsauflösenden Reichsdenken

Ein anderer Widerspruch richtet sich gegen die von den Nationalsozialisten propagierte Vision des neuen Reiches. Bonhoeffer hat, wie in einem späteren Abschnitt noch auszuführen ist, in dem erwähnten Rundfunkvortrag vom 1. Februar 1933 der wahren Autorität des *Amtes*, die im *Staat*

59 BA, NL DB, Fiche B 4/1–3, 2 (Nachschrift H. Rüppell, S. 19).

60 Zur Differenz von neulutherischer Zweireichelehre und lutherischer Reiche- und Regimentelehre vgl. H.E. Tödt, Die Bedeutung von Luthers Reiche- und Regimentenlehre für heutige Theologie und Ethik, in: N. Hasselmann (Hg.), Gottes Wirken in seiner Welt. Zur Diskussion um die Zweireichelehre, 2. Band: Reaktionen, Hamburg 1980, 52–126.

Gestalt gewinnt, die Scheinautorität des *Führers*, der an der Spitze eines *Reiches* steht, entgegengehalten.[61] Die aus der Säkularisierung christlicher Lehre hervorgegangene Auffassung, daß mit dem Reich, das durch eine Messiasgestalt heraufgeführt werde, schon das ewige Reich gekommen sei, war für ihn wie für Leibholz das entscheidende Kennzeichen einer gefährlichen neuen politischen Metaphysik.[62]

Eine umfangreiche Auseinandersetzung mit dem Reichsgedanken bietet die Besprechung von Wilhelm Stapels im Jahre 1932 erschienenem Werk »Der christliche Staatsmann. Eine Theologie des Nationalismus« im Rahmen der Vorlesung über »Jüngste Theologie« am 7. und 14. Februar 1933.[63] Anders als der Betheler Dozent für Dogmatik Georg Merz, der das Buch im Jahre 1932 in der Zeitschrift »Zwischen den Zeiten« rezensiert hat,[64] faßt Bonhoeffer das Programm des Buches, das er zu besprechen beabsichtigte, unter dem Stichwort des »Reiches« zusammen. Stapel wolle den deutschen Gedanken des *Reiches* theologisch fundieren. Die Rechtfertigung der deutschen Vision vom Reich sei die ausgesprochene Absicht seines Unternehmens.[65]

A. Der Reichsbegriff im jungen Nationalismus und im Nationalsozialismus

Die Idee des Reiches war einer der verbreitetsten Grundgedanken in allen Schattierungen der antidemokratischen Publizistik am Ende der Weimarer Republik. Gegenüber der als kümmerlich empfundenen Wirklichkeit des Weimarer Staates hatte die Vision des Reiches eine besondere Leuchtkraft, zumal sie an eine große historische Tradition anknüpfen konnte.[66] Fast immer wurde der Reichsgedanke als das spezifisch Deutsche den von der französischen Revolution geprägten Ideen der Menschenrechte und des Nationalstaats gegenübergestellt. Bei diesem Gegensatz ging es angeblich um die Vorherrschaft des französischen oder des deutschen Volkes. Kurt Sontheimer hat die Reichsidee als »die vielleicht wirksamste Anti-

61 Vgl. unten III.

62 Vgl. GS II, 33 u. Leibholz, Auflösung, 56.

63 Die Daten gehen aus den erhaltenen Vorlesungsnachschriften hervor (vgl. BA, NL DB, Fiche B 4/1–3, 2–3 u. 3–3). Zur Zuverlässigkeit des rekonstruierten Textes vgl. O. Dudzus' einleitende Bemerkung zur Vorlesung (GS V, 300–302).

64 G. Merz, Rezension zu: Wilhelm Stapel, Der christliche Staatsmann. Eine Theologie des Nationalismus, in: ZZ 10 (1932), 473–476.

65 GS V, 331.

66 Vgl. zum Folgenden Sontheimer, Antidemokratisches Denken, 222ff; Mohler, Revolution, 24f u. J. Neurohr, Der Mythos vom Dritten Reich. Zur Geistesgeschichte des Nationalsozialismus, Stuttgart 1957, 13ff, 181ff u. 264ff.

these gegen den Staat von Weimar« bezeichnet, da sich in ihr die verschiedenartigsten Gruppen zusammenfinden konnten.[67]

Einen Typus der Reichsideologie stellte das katholische Reichsdenken dar. Einer der einflußreichsten Vertreter war der schon erwähnte Publizist und Mitarbeiter von Papens Edgar Julius Jung, der sich schon bald nach der Machtübernahme zu einem entschiedenen Gegner Hitlers entwikkelte.[68] Jung schrieb Deutschland »infolge seines Reichscharakters« den Beruf zu, nicht nur den passiven Mittelpunkt der Kontinentalpolitik zu bilden, sondern aktiv ordnend in die internationalen Verhältnisse einzugreifen. Seiner Auffassung nach erwächst »aus unserer antiindividualistischen Einstellung. . .das weltpolitische Sendungsgefühl, den abendländischen Kulturkreis vor Zersetzung zu retten« und Träger der Wiederverchristlichung zu werden. Das Reich der Gerechtigkeit, aufgebaut auf dem Gedanken, die Völker nach ihren Werten und ihrer Kulturleistung abzustufen und einzubauen, trete an den Platz der hohlen Scheinbilder Freiheit, Gleichheit, Brüderlichkeit und Menschheit.[69] Wie bei fast allen Vertretern des katholischen Reichsdenkens wird dem »westlichen Staatsideal«, das infolge der französischen Revolution entstanden und durch Liberalismus und Nationalstaatsdenken geprägt sei, das mit einem deutschen Führungsanspruch und dem Willen zur Wiederverchristlichung verbundene Reichsideal gegenüberstellt.[70]

Einer anderen Ausprägung der Reichsidee fehlte die föderalistische und christlich-universale Ausrichtung völlig. Im Unterschied zu den katholisch geprägten Reichsauffassungen wird hier trotz aller antiwestlichen Polemik kein Widerspruch zwischen dem mit der französischen Revolution aufgekommenen Begriff der Nation und der Reichsidee gesehen. Der besondere Inhalt des deutschen Nationalismus sei der Reichsgedanke.[71]

Im Gegensatz zu dieser Gestalt der Reichsidee, die ohne profilierte Entwürfe blieb, erhielten die verbreiteten Tendenzen einer Mythologisierung des Reichsbegriffs sowie eines eigentümlichen Reichsmystizismus in

67 Sontheimer nennt: »Vertreter eines christlich-abendländischen Reichsgedankens vorwiegend katholischer Prägung wie imperialistisch gesinnte Nationalrevolutionäre, Streiter für eine Neuordnung in Mitteleuropa unter Führung des Reiches wie Künder eines gewaltigen Imperiums teutonicum, Gläubige an ein Drittes Reich unter nationalsozialistischer Führung wie Neukonservative, die das Dritte Reich etwas anders verstanden wissen wollten, und schließlich solche, die es ablehnten, die deutschen Reiche mit Nummern zu versehen, weil es immer nur das eine Reich gegeben habe« (Sontheimer, Antidemokratisches Denken, 223).

68 Vgl. oben I.1.

69 Vgl. E.J. Jung, Die Herrschaft der Minderwertigen. Ihr Zerfall und ihre Ablösung durch ein neues Reich, 2. Aufl., Berlin 1930, 112ff, bes. 117f.

70 Vgl. z.B. die Terminologie bei E. Frh.v. Aretin, Das mißverstandene Reich, in: Fritz Büchner, Was ist das Reich? Eine Aussprache unter Deutschen, Oldenburg 1932, 81; zit. in: Sontheimer, Antidemokratisches Denken, 225.

71 AaO., 228f.

Friedrich Hielschers Werk »Das Reich« eine geradezu programmatische Schrift.[72] Das Werk erlangte große Bedeutung, »obwohl es zu den abstrusesten Publikationen der konservativen Revolution zu rechnen ist.«[73] Einerseits sah Hielscher im Westen und in der von dessen Traditionen geprägten Weimarer Republik den zu vernichtenden Feind des Reiches, andererseits war das Reich für ihn in der Gegenwart eine bloß innerliche Wirklichkeit.[74]

Wieder eine andere Ausprägung des Reichsgedankens bilden die zum Teil an Friedrich Naumann orientierten Pläne für eine Neuordnung des Deutschen Reiches. Im Gegensatz zu den schwärmerischen Reichsvisionen waren sie um die Berücksichtigung der soziologischen, ökonomischen und geopolitischen Verhältnisse in den betroffenen Staaten bemüht.[75]

Grundlegend für alle Ausformungen des Reichsgedankens und schließlich auch von großer Bedeutung für die propagandistische Wirksamkeit des nationalsozialistischen Schlagworts vom Dritten Reich war Arthur Moeller van den Brucks zuerst 1923 erschienenes Werk »Das Dritte Reich«.[76] Moellers sowohl politische als auch metaphysisch verstandene Idee vom Dritten Reich, die ganz unbestimmt bleibt, ist in ihrem schillernden Charakter geradezu ein Paradebeispiel der von Bonhoeffer und Leibholz für höchst gefährlich erachteten politischen Metaphysik.[77] Sie bezeichnet sowohl das Reich, das der deutsche Nationalismus in nächster Zukunft errichten wird, als auch jene besondere, nie voll einlösbare Verheißung für das deutsche Volk, das Endreich. Seine enorme Wirksamkeit verdankt das Buch nicht zuletzt der Tatsache, daß die Nationalsozialisten das Titelwort aufgriffen und zu einem Schlüsselbegriff ihrer Propaganda machten.

Für das Verhältnis der gesamten nationalsozialistischen Ideologie zu dem Gedankengut der konservativen Revolution charakteristisch ist die Tatsache, daß es keine genuin nationalsozialistische Ausformung der Reichsidee gegeben hat. Mit der ihr eigenen Programmlosigkeit konnte die nationalsozialistische Bewegung das Schlagwort vom Dritten Reich aufnehmen und sich als die Kraft, der allein eine Verwirklichung der unterschiedlichen Vorstellungen gelingen würde, darstellen. Besonders die mit

72 F. Hielscher, Das Reich, Berlin 1931.

73 Sontheimer, Antidemokratisches Denken, 231.

74 »Es lebt inwendig in den Herzen.« Bis jetzt seien es nur wenige, die an das »unverzichtbare ewige Wesen des Reiches glauben.« Sie sind die »Wissenden« und bilden den innersten Kreis der Menschen des Reiches; daneben gebe es noch die »Vertrauenden« und schließlich die nur »Ahnenden« (Hielscher, Reich, 228; zit. in: Sontheimer, Antidemokratisches Denken, 231).

75 Sontheimer nennt als maßgebliche Vertreter dieser Gestalt des Reichsdenkens den Schriftsteller Franz Schauwecker und den ehemaligen Freikorpsführer Friedrich Wilhelm Heinz (aaO., 228f).

76 A. Moeller van den Bruck, Das Dritte Reich, Berlin 1923.

77 Vgl. unten III.

dem Reichsgedanken verbundene scharfe Kritik an den vom »westlichen Staatsideal« bestimmten Institutionen der Weimarer Republik erleichterte ihren Erfolg.

Die nationalsozialistische Propaganda wollte mithilfe des Begriffs »Drittes Reich« die Überzeugung vermitteln, daß durch das von Adolf Hitler heraufgeführte Reich die große Sehnsucht der besten Teile des deutschen Volkes erfüllt werde.[78] Zugleich suchte man den Ausdruck mit der Vorstellung des tausendjährigen Reiches zu verbinden.[79] Möglich war dies durch die Verbreitung, welche die Reichsidee in den Reihen des jungen Nationalismus gefunden hatte.

B. Wilhelm Stapel als maßgeblicher Vertreter des Reichsdenkens im deutschen Protestantismus

Dem katholischen Reichsdenken entsprach auf evangelischer Seite eine Ausformung der Reichsidee, die ein zukünftiges Reich der Deutschen in die Nähe der Vorstellung vom Reich Gottes rückte. Neben zeitweiligen Anhängern wie dem Brunstäd-Schüler Heinz-Dietrich Wendland[80] vertrat vor allem der im protestantischen Bildungsbürgertum einflußreiche Publizist und Herausgeber der Zeitschrift »Deutsches Volkstum« Wilhelm Stapel diese Gestalt der Reichsidee. Die breiteste Erörterung seiner Vorstellungen gibt er in dem 1932 erschienenen Werk »Der christliche Staatsmann. Eine Theologie des Nationalismus«, das schnell zu einem der meistgelesenen Bücher der damaligen theologischen und politischen Literatur wurde.[81]

Grundlage des Stapelschen Versuchs, den deutschen Gedanken des Reiches theologisch zu fundieren, ist die Volksnomoslehre, um die binnen kurzer Zeit eine heftige Diskussion entbrannte.[82] Mit ihrer Hilfe will Sta-

78 Nach nationalsozialistischer Geschichtsdarstellung bestand das Erste Reich, das Heilige Römische Reich Deutscher Nation, von 962 bis 1806 und das Zweite, das Kaiserreich der Hohenzollern, von 1871 bis 1918, während die Weimarer Republik als »Zwischenreich« bezeichnet wurde.

79 Vgl. H. Schwarz, Das Dritte Reich, Hamburg 1931 u. C. Berning, Vom Abstammungsnachweis zum Zuchtwart. Vokabular des Nationalsozialismus, Berlin 1964, 56.

80 H.-D. Wendland, Die evangelische Staatsanschauung (Schriften des evangelischen Volksdienstes in Baden Nr. 1), Durlach o.J.; vgl. dagegen ders., Reichsidee und Gottesreich, Jena 1934.

81 Vgl. Merz, Rezension, 473.

82 Während Karl Barth und ganz ähnlich das Betheler Bekenntis kompromißlos und grundsätzlich ablehnend reagierten und auch Hans Asmussen die Volksnomoslehre nicht billigte, äußerte Paul Althaus, er sei mit entscheidenden Thesen des »christlichen Staatsmanns« einig und habe das Werk als ganzes freudig begrüßt, gegen die Nomos-Lehre müsse er jedoch »theologischen Einspruch« erheben.

pel dem universal-katholischen Reichsgedanken eine national-lutherische Reichsidee entgegensetzen und »das uralte Schicksalsproblem des deutschen Volkes: Christus und Volksgott, Papst und Kaiser, Christentum und Staat, Frömmigkeit und Politik« in einer der gegenwärtigen Situation gemäßen Weise bewältigen.[83] Wie das Gesetz der Liebe alle Bürger des Gottesreiches bindet, so müsse es in jedem Staat ein Gesetz geben, durch welches das Volk zusammengehalten wird. Für das deutsche sei dies der »nomos germanikos«.[84] Er stehe grundsätzlich gleichwertig neben dem israelitischen Nomos, der nur dadurch ausgezeichnet sei, daß Christus unter ihm geboren wurde. Letzterer ist nach Stapels Auffassung für die Deutschen nicht verpflichtend und hat keine sittliche, sondern ausschließlich »religiöse Bedeutung«.

Der Staat hat im jeweiligen Volksnomos sein metaphysisches Element. Stapel stellt fest, für das deutsche Volk sei dieser Nomos die Idee des Reiches. Da die Deutschen ein imperiales Volk seien, strebten sie danach, die ganze Menschheit unbeschadet der Fülle der Verschiedenheiten unter ihrer Führung in einem Reich zu vereinigen.[85] Weil dieser Gedanke »nur einmal in der Weltgeschichte« und zwar bei den Römern entstanden sei und seinen stärksten Ausdruck eben zu der Zeit, als Christus geboren wurde, gefunden habe, ist das Reich für Stapel nicht nur eine Angelegenheit der Geschichte und des Staatsrechts, sondern es ist seinem Wesen nach eine Angelegenheit der Theologie. »Das Reich ist eine Vorbedingung der Erscheinung Christi.«[86] Wie das Imperium Romanum die Voraussetzung der Erscheinung Christi war, so werde das Imperium Teutonicum die der Wiederkunft Christi sein.

Konkreter wird Stapel, wenn er Konsequenzen seiner Vision des universalen christlichen Reiches in der Gegenwart bedenkt. Er sieht einen Kampf zwischen Deutschen und Franzosen um die Vorherrschaft in Europa, der längst kein nationaler Kampf mehr, sondern ein imperialer geworden sei. Während die Franzosen unter den Ideen ihrer Revolution, den Menschenrechten und dem Nationalstaatsgedanken, streiten, kämpfen die Deutschen für die Idee des Reiches.[87]

Friedrich Gogarten meinte 1933, Stapels Auffassung, im Volkstum sei dem Christen das Gesetz gegeben, »nur schlechtweg zustimmen« zu können. Emanuel Hirsch bekannte sich rückblickend sogar dazu, durch Stapels Volksnomoslehre eine entscheidende geistige Hilfe erhalten zu haben (vgl. die ausführliche Zusammenstellung der Diskussion bei H. Keßler, Wilhelm Stapel als politischer Publizist. Ein Beitrag zur Geschichte des konservativen Nationalismus zwischen den beiden Weltkriegen, Nürnberg 1967, 168 Anm. 3).

83 Vgl. Stapel, Staatsmann, 5.
84 AaO., 174ff.
85 AaO., 228.
86 Ebd.
87 AaO., 256.

Im Gegensatz zu jenen seien diese von Natur ein imperiales Volk und »nahmen von Anfang an nicht die Richtung auf einen *Staat*, sondern auf ein *Reich*.«[88] Nach dem Niedergang der Römer sei das Reich von Gott den Deutschen aufgetragen worden. »Sie sind das *Reichsvolk*. Seitdem ist der Name des Reiches: Das Römische Reich Deutscher Nation.«[89]

Mit der schroffen Entgegensetzung der deutschen Reichsidee und des französischen von der Revolution geprägten Denkens ist bei Stapel eine mannigfache, häufig pauschale Polemik gegen alles »Westlich-französische« verbunden. Der Völkerbund wird ebenso wie die ökumenische Bewegung wegen ihres vermeintlich unwirklichen Gleichheitsdenkens verdammt[90] und humanitäre Bestrebungen der »Angelsachsen« werden mit beißender Ironie bedacht.[91] Neben allen säkularen Bestrebungen ist im besonderen der Liberalismus, als dessen Vertreter und Förderer immer wieder die Juden genannt werden, Stapels geistiger Hauptfeind.[92] Mit besonderer Vehemenz bekämpft er – unter Anlehnung an C. Schmitts Auffassungen – den liberalen Rechtsstaat, da dieser wie auch die Vorstellung allgemeiner Menschenrechte einen staats- und volkstumsfeindlichen Individualismus fördere und ihm die zur Durchsetzung der imperialen Interessen des Volkes notwendige Autorität fehle.

Zwischen Luthers »patriarchalischer« Staatsauffassung und rechtlichen Regelungen jeder Art wird ein grundsätzlicher Widerspruch konstruiert.[93] Die Entstehung von Recht und Gesetz ist für Stapel die Kehrseite des Verlustes an biologischer Substanz eines Volkes. »Je substanzloser ein Volk wird, um so komplizierter wird das System seiner Lebensstützen ... Es ist also nicht eine Entwicklung aufwärts sondern abwärts, wenn man glaubt, es müßten alle Lebensbeziehungen auf ›Recht‹ gestellt werden.«[94]

Von da aus kann Stapel auch zu Aussagen kommen, die seine fatale Nähe zu der Ersetzung des Rechtsstaates durch die Willkürherrschaft eines Führers mit allen ihren Konsequenzen zeigen: »Tut es den Menschen nicht heute wie zu *aller* Zeit Not, daß ihre Führer über Recht und Gesetz hinaus

88 AaO., 228.

89 AaO., 232.

90 Z. B. aaO., 224. Stapel hat die ökumenische Bewegung mit Ausdrücken wie »Religiöse Menschheitsverständigung«, »Religiöse Weihe der Völkerbundsbestrebungen« und »Religiöse Parallele zum Völkerbund« tituliert (vgl. Keßler, Stapel, 161 u. W. Stapel, Volkskirche oder Sekte?, Hamburg 1934, bes, 54 u. 57).

91 AaO., 50f u. 45.

92 Vgl. Keßler, Stapel, 148ff, bes. 157.

93 Nach Stapels Auffassung hatte Luther ein »tiefes Mißtrauen gegen Gesetze und Verfassungen, zumal gegen geschriebene« (Stapel, Staatsmann, 98). Wie wenig das den Tatsachen entspricht zeigt z. B. Luthers Bemühen um eine rechtliche Regelung des Fehdewesens. Schon Ernst Troeltsch hatte Luthers Staatsauffassung als »patriarchalisch« bezeichnet.

94 AaO., 96f.

– Väter (Patres) sind?«[95] Auch an Stapels Lutherinterpretation wird seine grundsätzliche Gegenüberstellung von westlich geprägtem Rechtsstaatsgedanken und dem des ständisch gegliederten Reiches deutlich. Luthers Staat habe einen *ständischen* und *persönlichen* Charakter gehabt und sei kein Rechtsstaat gewesen. Da der Staat ein von Gott geordneter »Stand« in der Schöpfung sei, bedürfe er keiner Begründung durch eine Verfassung. »Seine Autorität beruht nicht auf dem Rechtsgedanken, sondern auf der göttlichen Schöpfung.«[96]

Stapels Polemik gegen Rechtsstaat, Verfassung und Menschenrechte ist die notwendige Folge seines ausgeprägt ständischen Denkens. Wie fast der gesamte junge Nationalismus sieht er in einem dem organischen Volksganzen angemessenen, ständisch strukturierten Staatswesen das eigentliche Charakteristikum eines deutschen Reiches, während die westliche und insbesondere französische »Gleichmacherei« nur den Ausdruck einer Degenerierung darstelle.

Stapel bezieht den Gedanken des einem gesunden Volk unangemessenen Gleichheitsprinzips nicht nur auf das Verhältnis der Individuen, sondern auch auf das der Völker zueinander. Wie im Inneren eines Staates die väterlichen Führer des Volkes Autorität und Macht bis über rechtlich gefaßte Grenzen hinaus haben, gebe es im Verhältnis der Völker keine Gleichberechtigung, sondern auf Grund ihrer verschiedenen Qualität herrschende und beherrschte Völker. Darum steht die deutsche Reichsidee notwendig im strikten Gegensatz zum »französischen« Gedanken des Völkerbundes. Zwar grenzt sich Stapel gegen jede brutale Gewaltherrschaft ab, aber er erstrebt doch für die Deutschen als dem führenden Reichsvolk die »vollkommenste Unterwerfung der anderen Völker« an, die möglich ist. Diese besteht in der »sittlichen Unterwerfung«, die freilich auch nur durch Kampf, nicht auf moralistischem Wege gelinge.[97]

Die für das gesamte Reichsdenken typischen ständischen Vorstellungen werden von Stapel mithilfe schöpfungstheologischer Argumentation metaphysisch begründet. Schon Luther habe damit, daß er den Staat im Paradies begründet und unter der Fülle der soziologischen Beziehungen die Ordnung des »sozialen Oben und Unten« als entscheidende angesehen habe, die Herrschaft und das damit verbundene Über und Unter als metaphysisches Prinzip der Schöpfung erkannt.[98] Stapel begründet die ständische Ordnung als gottverordnete Pflicht aus den Worten Genesis 1,28 »Macht sie euch untertan« und »Herrschet über die Kreatur«.[99] Der Unterschied von Herr und Knecht oder Führern und Geführten könne nur dem

95 AaO., 97; vgl. bes. die Rechtfertigung der Morde anläßlich des sogenannten Röhm-Putsches durch den Staatsrechtler Carl Schmitt unten III.

96 AaO., 98.

97 AaO., 225f.

98 AaO., 97f u. 168.

99 AaO., 167f.

zum Problem werden, der die Schöpfung nicht erkennt oder anerkennt. Darum ist das *eine* Reich als Verwirklichung der Über- und Unterordnung innerhalb des einzelnen Volkes wie zwischen den Völkern »der schöpfungsmäßige Sinn der Weltgeschichte«.[100]

C. Bonhoeffers Widerspruch gegen Stapels theologische Begründung der Reichsidee

Bonhoeffers Besprechung des »Christlichen Staatsmanns« beginnt mit einer grundsätzlichen Zurückweisung des in Stapels Buch entworfenen Programms. Dessen Absicht, den deutschen Gedanken des Reiches theologisch zu fundieren und das Christentum ganz in den Dienst nationaler Selbstbehauptung zu stellen, mache es zu einem »gefährlichen Buch« und widerspreche dem Selbstverständnis theologischer Wissenschaft. Sie kann ». . .nie etwas Bestehendes rechtfertigen wollen, sondern muß sich immer als dessen radikale Infragestellung verstehen.«[101]

Bonhoeffer seinerseits versucht in der Auseinandersetzung mit Stapel diesem Anspruch gerecht zu werden, und unterzieht die Grundentscheidungen des Buches einer strikt auf theologisch-ethische Argumentation konzentrierten Kritik. Daß er dabei zu politisch höchst relevanten Distanzierungen gelangt, zeigen auch seine an anderer Stelle dargelegten Auffassungen zum Zusammenhang von Reich und Führertum.[102]

Bonhoeffers erste und umfassendste Kritik, die auch alle weiteren Zurückweisungen mitbestimmt, ist eine Konsequenz seiner seit Beginn der dreißiger Jahre feststellbaren, grundsätzlichen Ablehnung jeder Art von Schöpfungsordnungstheologie. Theologische Argumentation kann nach Bonhoeffers Auffassung ihren Ausgangspunkt und ihr Kriterium nur in Gottes Offenbarung in Jesus Christus finden. Da Stapels Begründung der Sittlichkeit auf die radikale Autonomie alles biologisch Daseienden hinausläuft, erneuere er nur die Idee von den trotz des Sündenfalls angeblich ungebrochenen und eindeutigen Schöpfungsordnungen. Seine Lehre von den Volksnomoi projiziere unkritisch geschichtlich gewordene Zustände und Gegebenheiten in Gottes Schöpferwillen zurück und verleihe ihnen metaphysische Qualität. Das aber bedeute letztlich nur: »So wie alles realiter ist, ist es ›sehr gut‹.«[103]

Bonhoeffer widerspricht der Behauptung Stapels, es gehe ihm, von Luther herkommend, um eine Ordnung in der gefallenen Welt. Vielmehr seien seine Ordnungen gerade ungebrochen und unmittelbar aus Schöpfung und Geschichte, die primär in biologischen Kategorien betrachtet

100 AaO., 235 u. 244.
101 GS V, 331.
102 Vgl. unten III.C.2.
103 GS V, 333.

werden, abzulesen. Luther sei völlig mißverstanden, wenn man wie Stapel unter Berufung auf ihn die Begründung des Staates in das Paradies verlegt.[104] Vor allem ist die Rechtfertigung einer ständischen Gesellschaftsordnung illegitim, da sich das »Herrschet über. . .« aus Genesis 1,28 auf die Natur und nicht auf den Menschen bezieht.[105]

Stapels Grundfehler, keine kritische Infragestellung des Bestehenden durch die Theologie zuzulassen, sondern mit Hilfe einer Schöpfungsordnungstheologie die eigenen Reichsvisionen und den nationalen Selbstbehauptungswillen christlich legitimieren und rechtfertigen zu wollen, hat nach Bonhoeffers Auffassung zum anderen ein falsches Verständnis des Gesetzes zur Folge. »Stapel hat den christlichen Gesetzesbegriff nicht verstanden. Bei ihm ist der nomos eine gegebene Größe *innerhalb* der Sündenordnung. Christlich ist der nomos aber *gegen* die Sündenordnung gerichtet.«[106] Es gebe keinen Volksnomos, dem die Dignität einer Schöpfungsordnung eigne, vielmehr habe sich auch ein Volksnomos vor Gott zu verantworten.

Gottes nomos ist kritisch gegen jeden natürlichen nomos. »Der biologische nomos muß durch den wirklichen nomos gerichtet werden.«[107] Der nomos der Liebe kritisiert alle biologischen nomoi. Er durchschlägt sie *von oben nach unten*.»[108] Die radikale Kritik des göttlichen nomos »von oben nach unten« trifft nach Bonhoeffers Auffassung selbstverständlich auch den sogenannten Volksnomos der Deutschen, als dessen Charakteristikum Stapel die Herrschaft über andere Völker sowie eine *Ordnung des sozialen Oben und Unten* in einem zukünftigen Reich bezeichnet hatte.

Weiterhin kritisiert Bonhoeffer, daß Stapel die Einzigartigkeit des alttestamentlichen Gesetzes, das sich immer gegen den nomos des Volkes richtet, völlig verkennt. Auch Israel selbst wußte sich mit seinen eigenen nomoi dauernd unter das Gericht gestellt. Immer wenn Israel seinen angeblichen biologischen nomos verwirklichen wollte, hätten ihm die Propheten mit großer Leidenschaft den wahren nomos Gottes entgegengehalten.[109]

104 Zu der in der Forschung kontrovers diskutierten Frage der Begründung einer Herrschaftsordnung im Urstand bei Luther vgl. H. Bornkamm, Luthers Lehre von den zwei Reichen, in: H.-H. Schrey (Hg.), Reich Gottes und Welt. Die Lehre Luthers von den zwei Reichen (WdF 107), Darmstadt 1969, 193f.

105 GS V, 331.

106 GS V, 333.

107 GS V, 333f.

108 GS V, 334 (Hervorheb. hinzugef., CS).

109 Bonhoeffer weiß um den heilsgeschichtlichen Vorrang Israels, wenn er den alttestamentlichen nomos nicht auf eine Stufe mit den nomoi der übrigen Völker stellen will, sondern diese durch ihn gerichtet sieht. Der nomos im theologischen Sinn darf nicht wie bei Stapel mit irgendwelchen positiven Gesetzen verwechselt werden. »Christlich verstanden durchschlägt der nomos die Welt mit ihren Ordnungen. Er kann nur eine Auslegung des ersten Gebotes in die verschiedensten Dimensionen des Lebens hinein sein. Das jedenfalls ist der alttestamentliche nomos« (GS

Schließlich zieht Bonhoeffer in seiner Besprechung des »Christlichen Staatsmanns« die sich ergebenden Folgerungen für die theologische Beurteilung der Reichsvision. »Der deutsche Gedanke des ›Reiches‹ ist gerichtet durch den göttlichen nomos, der im Kreuz sein Ende und seine Vollendung fand. Der eine Gott gibt dem Volk sein Recht innerhalb der Grenzen des einen göttlichen Gesetzes.«[110] Stapels Frage, was der deutsche nomos sein könnte, mag wichtig sein, Vorrang jedoch hat der alttestamentliche nomos. Bonhoeffer betont, daß dieser wie alles Bestehende auch die Idee des Reiches kritisiert. Neben der theologischen Zurückweisung der hybriden Reichsvision hebt er hervor, daß »der Gedanke des Reiches der Deutschen in der Theologie nichts zu suchen« habe.[111] Jedem Versuch, ihm eine besondere religiöse Weihe durch eine Analogisierung oder gar Identifizierung mit dem Reich Gottes zu verschaffen, stellt er die biblische Aussage entgegen, daß das wahre Reich ein Schatz im verfluchten Acker sei.

Bonhoeffer grenzt sich damit in dreifacher Hinsicht von Stapels Entwurf einer theologischen Ethik des Politischen ab. Zum einen identifiziert er Stapels Volksnomoslehre als eine Gestalt der Schöpfungstheologie, die letztlich nur die gegebenen Dinge der Welt religiös überhöht und sich in den Dienst nationaler Selbstbehauptung stellt.[112] Damit verbunden ist der Versuch, das in den Kreisen der »konservativen Revolution« verbreitete ständische Denken biblisch-theologisch zu begründen, zurückzuweisen. Der Herrschaftsauftrag in Genesis 1,28 begründe nicht das soziale Oben und Unten als gottgewollte Schöpfungsordnung, sondern bezieht sich ausschließlich auf die außermenschliche Kreatur. Gegenüber der Auffassung, der deutsche Volksnomos fordere ein Oben und Unten im Verhältnis der Völker und der Individuen innerhalb eines Volkes, betont Bonhoeffer, daß der nomos der Liebe alle biologischen nomoi kritisiere und sie geradezu »von oben nach unten« durchschlage.[113] Auch die Idee des Reiches als angeblicher Volksnomos der Deutschen ist durch den göttlichen nomos infragegestellt.[114]

Stapel sucht das westliche Staatsideal, das er von den Menschenrechts- und Nationalstaatsgedanken infolge der französischen Revolution geprägt sieht, mit scharfer Polemik lächerlich zu machen und verkündigt die deutsche Vision des Reiches als allein zukunftsträchtig. Dagegen findet sich bei Bonhoeffer eine völlig andere Wertung der Begriffe Reich und Staat. In

V, 334). Er steht keinesfalls auf einer Stufe mit den nomoi der Völker, vielmehr richtet er sie alle.

110 GS V, 334.

111 Ebd.

112 Vgl. auch die Verwerfung im Betheler Bekenntnis (GS V, 103).

113 Vgl. GS V, 334. Bonhoeffer kann auch nicht die pauschale Kritik des »gleichmacherischen« Völkerbundes und der Ökumene als dessen »religiöse Weihung« teilen.

114 Vgl. GS V, 334 u.ö.

dem erwähnten, wenige Tage vor der Besprechung des Stapelschen Buches gehaltenen Rundfunkvortrag stellt auch er die Alternative von Reich und Staat auf. Jedoch sieht er mit dem Stichwort *Staat* die klare Autorität des *Amtes* verbunden, mit dem des *Reiches* hingegen das politisch-messianische *Führertum*, dem es an echter Autorität mangele.[115] Hier wird noch einmal Bonhoeffers kritische Distanz zu den verschiedenen Schattierungen der antirepublikanischen nationalen Rechten offensichtlich. Er verwirft nicht nur den von diesen Gruppierungen favorisierten Reichsbegriff, sondern er würdigt auch implizit den Wert westeuropäischer Traditionen, indem er den Begriff des Staates dem des Reiches bewußt vorzieht.

Auch die Kritik an dem mit der Reichsidee verbundenen ständischen Denken, das einen am Organismus des Volkes orientierten ständischen Staat einer vermeintlich formalisierten und verkrusteten Rechtsstaatlichkeit entgegensetzt, ist in diesem Sinn zu verstehen. Während Stapel Luther als Zeugen gegen eine abzulehnende Verrechtlichung, die nur Ausdruck der Überalterung und Krankheit eines Volkes sei, anruft, enthält sich Bonhoeffer jeder Polemik gegen den Rechtsstaatsgedanken.

III. Die neue Wertschätzung liberaler Traditionen in der Auseinandersetzung mit dem nationalsozialistischen Führerprinzip

Bonhoeffer war schon zu Beginn der nationalsozialistischen Herrschaft der Auffassung, daß die christlichen Kirchen mit dem Führerprinzip und dessen unbedingtem, totalem Geltungsanspruch in Konflikt geraten mußten. Das erste Dokument einer Auseinandersetzung mit dem nationalsozialistischen Führertum bildet der mehrfach erwähnte Rundfunkvortrag »Wandlungen des Führerbegriffes in der jungen Generation« vom 1. Februar 1933.[116]

Anfang März 1933 hielt Bonhoeffer den Vortrag in erweiterter Form im Auftrag Theodor Heuss' an der Berliner Hochschule für Politik. Der neue Titel lautet bezeichnenderweise »Der Führer und der einzelne in der jungen Generation«. Schon am 23. Februar hatte Bonhoeffer den Vortrag unter dem veränderten Titel und wahrscheinlich auch in ergänzter Fassung in der Technischen Hochschule referiert. Die zweite Fassung wurde an mehreren Stellen mit teilweise umfangreichen Erweiterungen versehen, die in charakteristischer Weise auf die nationalsozialistische Machtergreifung bezugnehmen. Hier hat Bonhoeffer schon in den ersten Wochen des Dritten Reiches die beginnende Entrechtung und Entmündigung unmißverständlich angeprangert.

115 Vgl. GS II, 33 u. unten III.C.3.

116 GS II, 22–38. Bonhoeffer ließ den Vortrag im wesentlichen unverändert in der Kreuz-Zeitung vom 25. Februar 1933 unter der Überschrift »Drei Führertypen in der jungen Generation« veröffentlichen (BA, NL DB, Fiche A 36/1–2, 2).

A. Der Führerbegriff im jungen Nationalismus und im Nationalsozialismus

Die Auffassung, daß es Führer und Geführte geben müsse, war eine gemeinsame Überzeugung aller Gruppen der antidemokratischen Rechten am Ende der Weimarer Republik.[117] Man interpretierte Max Webers charismatischen Herrschaftstypus als eine Führerschaft, die persönliche Verantwortung auf sich nahm und sich nicht hinter Organisationen und Satzungen verschanzte.[118] Die nationalsozialistische Propaganda wußte in geschickter Weise die Unzufriedenheit mit den Entscheidungsfindungsprozessen in der parlamentarischen Demokratie und die verbreitete Führersehnsucht für ihre Ziele auszunutzen. Schon seit Mitte der zwanziger Jahre war Hitler der weitgehend unangefochtene Führer der NSDAP und vermochte maßgeblich mit Hilfe seines herausragenden Rednertalents, einen ins Religiöse weisenden Führerkult um seine Person zu entfachen. Martin Broszat urteilt, daß solches Führertum sich jedoch kaum biographisch fassen und erklären lasse, sondern daß es sich vielmehr »nur im Fluidum einer bestimmten Krisenatmosphäre und Kollektiv-Psychologie entfalten konnte. Die ungewöhnliche Leidenschaft, mit der Hitler der allgemeinen Pathologie des deutschen Nationalismus verfiel und sich mit seiner ganzen Existenz darauf konzentrierte, sie zum Ausdruck zu bringen und in Aktion umzusetzen, ließ ihn zum ›Führer‹ werden.«[119]

117 Vgl. Sontheimer, Antidemokratisches Denken, 214ff. Repräsentativ für die weitgehend unkritische Verherrlichung des Führertums im Bereich von Kirche und Theologie: K. Heim, Das Führerproblem in der Gegenwart und das Christentum, in: Wort und Tat, Jg. 1932, Heft 3, 33–40 und H. Kügler, Der Führer, der einzelne und die Gemeinde, in: Wort und Tat, Jg. 1932, Heft 5, 86–89 u. Heft 6, 111–115; differenzierter H. Gollwitzer, Amt und »Führertum« in der Kirche. Ein Beitrag zur Frage konfessioneller Verständigung, in: EvTh 1 (1934/35), 79–113.

118 K. Sontheimer beurteilt treffend die Funktion und den Stellenwert des verabsolutierten Führergedankens in den antidemokratischen Gruppierungen am Ende der Weimarer Republik: »Die Antidemokraten machten aus der an sich richtigen Einsicht, daß eine Demokratie im Massenzeitalter nicht der Führungspersönlichkeiten entraten kann, ein extremes Prinzip. Sie verabsolutierten den Führergedanken, machten ihn quasi zum Angelpunkt der neuen Staatsidee und gaben in blindem Vertrauen in den charismatischen Führerstaat zum Heile des Volkes alle kritischen Gesichtspunkte preis. Durch die Verbreitung ihres Mythos vom Führer machten sie eigentlich erst die Heraufkunft des »Führers« möglich, denn sie schufen für weite Kreise ein geistiges Klima, in dem die bestehende Demokratie als schwach und undeutsch verhöhnt wurde, während alle emotionalen Energien sich auf einen neuen Staat richteten, dessen Einheit und souveräne Entscheidungsgewalt in der Gestalt eines vom Volksvertrauen getragenen Führers repräsentiert sein sollten« (Sontheimer, Antidemokratisches Denken, 221f).

119 M. Broszat, Der Staat Hitlers. Grundlagen und Entwicklung seiner inneren Verfassung, 10. Aufl., München 1983, 42.

In der Forschung wird heute zumeist der von Max Weber geprägte Begriff des »charismatischen Führertums« gewählt, um das Verhältnis zwischen Hitler und seiner Gefolgschaft zu beschreiben.[120] Karl Dietrich Erdmann betont zutreffend, daß im Falle des Nationalsozialismus die mit dem Begriff des charismatischen Führertums bezeichnete Irrationalität und besonders die in den Massenversammlungen erzeugte rauschhafte Identifikation mit der in der Person des Führers inkarnierten Idee »zugleich das Ergebnis einer kühlen Zweckrationalität« waren.[121] Wohlorganisierte Deutschlandflüge und eine bis dahin nicht dagewesene Technik der Massenführung, die vor allem pseudoreligiöse Riten wie die Standartenweihen mit der Blutfahne, den Märtyrerkult und die »Liturgie« der Massenversammlungen zu benutzen verstand, erlaubten es Hitler und seinen Getreuen, die harrende Menge »durch die Erscheinung des gleichsam allpräsenten ›Führers‹ hinzureißen.«[122]

Der ständig in Gang gehaltene Prozeß einer Legitimierung von der Basis her versetzte Hitler zugleich in die Lage, seinen Führungsanspruch auch innerhalb der Parteiorganisationen im Verhältnis zu den Unterführern und gegenüber der Parteiapparatur zur schließlich unbestrittenen Geltung zu bringen.[123] Nach Erdmanns Auffassung hat der Kult des Führers im Vergleich zur Verherrlichung des Duce mehr pseudo-religiöse Züge getragen, die Diktatur jedoch in beiden Fällen »eine plebiszitär-akklamatorische Grundlage« gehabt.[124]

Der Führergrundsatz wurde nicht nur aus taktischen politischen Erwägungen propagiert, sondern er gehörte auch zum zentralen Bestand der nationalsozialistischen Ideologie. Hitler verstand das Führertum neben dem notwendigen Kampf der Arten und den verabsolutierten Ordnungen Rasse und Volk als das Zentrum der nationalsozialistischen Weltanschauung. »Das gesamte Leben läßt sich in drei Thesen zusammenfassen: Der Kampf ist der Vater aller Dinge, die Tugend ist eine Angelegenheit des Blutes, *Führertum ist primär und entscheidend*...«[125] Im Jahr 1928 formulierte Hitler sinngemäß als eines der wichtigsten Ziele der nationalsozialistischen Bewegung, das deutsche Volk sei dazu zu erziehen, »gegen den Irrsinn der Demokratie zu kämpfen und wieder die Notwendigkeit von Autorität und Führertum einzusehen.«[126] Das Führerprinzip bestand für

120 So M. Broszat, K.D. Bracher u. K.D. Erdmann, Deutschland unter der Herrschaft des Nationalsozialismus 1933–1939 (Gebhardt. Handbuch der deutschen Geschichte, Bd. 20), TB- Ausg., 3. Aufl., München 1982, 43 u. 51.

121 AaO., 43f.

122 AaO., 44.

123 Ebd.

124 AaO., 65.

125 Zit. in: W. Hofer, Der Nationalsozialismus. Dokumente 1933–1945, 6. Aufl., Frankfurt a.M. 1981, 17 (Hervorheb. hinzugef., CS).

126 Zit aaO., 37.

Hitler vor allem in dem Grundsatz der unbedingten Führerautorität, die mit höchster Verantwortung gepaart sei. Der Führer solle immer von oben eingesetzt und gleichzeitig mit uneingeschränkter Vollmacht ausgestattet sein.[127]

Schon in seinem Buch »Mein Kampf« hatte Hitler hervorgehoben, daß der Führergrundsatz über die nationalsozialistische Bewegung hinaus auf das gesamte deutsche Volk einschließlich seiner staatlichen Einrichtungen angewendet werden sollte. Der völkische Staat hat »die gesamte, besonders aber die oberste, also die politische Leitung restlos vom parlamentarischen Prinzip...zu befreien, um an Stelle dessen das Recht der Person einwandfrei sicher zu stellen.«[128] Hitler bezeichnete es als »eine der obersten Aufgaben der Bewegung, dieses Prinzip zum bestimmenden nicht nur innerhalb ihrer eigenen Reihen, sondern auch für den gesamten Staat zu machen.«[129]

B. »Führergewalt statt Gewaltenteilung«[130]

Die Nationalsozialisten begannen nach der Machtergreifung sogleich mit der Ersetzung der Weimarer parlamentarischen Demokratie durch einen Einparteienstaat unter Hitlers Führerschaft. Dem kundigen Beobachter konnte schnell klar werden, daß die Durchsetzung des personalen Führergrundsatzes mit der uneingeschränkten Vollmacht des Führers bei unbedingtem Gehorsam der Gefolgschaft das bisherige staatliche Leben grundlegend verändern würde. Der liberale Rechtsstaat auf der Grundlage der Gewaltenteilung war damit unvereinbar. Die uneingeschränkte Vollmacht des Führers konnte nicht durch das gegebene Recht begrenzt sein, sondern dem Führer mußte auch die Entscheidung über Recht und Unrecht zukommen.

Vor allen anderen hat Carl Schmitt diese Auffassung in der staatsrechtlichen Diskussion hoffähig gemacht. Seine 1933 erschienene Schrift »Staat, Bewegung, Volk. Die Dreigliederung der politischen Einheit« rechtfertigt ohne Bedenken die Forderung nach Anwendung des Führerprinzips auf das gesamte staatliche Leben.[131] Die organisatorische Durchführung des Führergrundsatzes erfordere zunächst negativ, daß »alle der liberal-demokratischen Denkart wesensgemäßen Methoden entfallen.« Neben den »alten *Abstimmungsprozeduren*« hätten »die typisch liberalen Trennungen und Dualismen von *Legislative* und *Exekutive*, in der Gemeindeorganisa-

127 Vgl. Hitler, Mein Kampf, 378.

128 AaO., 500.

129 AaO., 379.

130 Vgl. Schaefer, Führergewalt, 89.

131 C. Schmitt, Staat, Bewegung, Volk. Die Dreigliederung der politischen Einheit, Hamburg 1933.

tion von Beschluß- und Verwaltungs- oder Ausführungsorganen« ihren Sinn verloren.[132]

Schmitt bezeichnet die Übertragung der Gesetzgebungsbefugnis vom Parlament auf die Reichsregierung durch das sogenannte Ermächtigungsgesetz vom 24. März 1933 als ein erstes, »bahnbrechendes Beispiel dieser Aufhebung künstlicher Zerreißungen«.[133] Was für Leibholz die Grundlage des Rechtsstaats bildete, war für Schmitt ein »System der *Verantwortungsverteilung und -verschiebung*«, das durch die klare Verantwortlichkeit des zu seinem Befehl sich bekennenden Führers abgelöst werden mußte. Seinen Begriff von Führung leitet Schmitt unmittelbar aus dem »konkreten, substanzhaften Denken der nationalsozialistischen Bewegung« ab. Erforderlich sei »eine *unbedingte Artgleichheit zwischen Führer und Gefolgschaft*«.[134]

Auf der Artgleichheit beruht nach Schmitt sowohl der fortwährende, untrügliche Kontakt zwischen Führer und Gefolgschaft als auch ihre gegenseitige Treue. Nur die Artgleichheit kann verhindern, daß die Macht des Führers Tyrannei und Willkür wird. »Artgleichheit des in sich einigen deutschen Volkes ist also für den Begriff der politischen Führung des deutschen Volkes die unumgänglichste Voraussetzung und Grundlage...«[135] In der Folge konnte Schmitt die Artgleichheit des gesamten öffentlichen Rechtes fordern und damit das Gesetz zur Wiederherstellung des Berufsbeamtentums vom 7. April 1933 sowie das Gesetz über die Zulassung zur Rechtsanwaltschaft vom gleichen Tage rechtfertigen.[136]

Ebenso sprach er den Verbrechen Hitlers, Himmlers und Görings im Zusammenhang des sogenannten Röhm-Putsches am 30. Juni und 1. Juli 1934 staatsrechtliche Legalität zu. Nach Schmitts Auffassung schützt der Führer das Recht vor dem schlimmsten Mißbrauch, »wenn er im Augenblick der Gefahr kraft seines Führertums als oberster Gerichtsherr unmittelbar Recht schafft...Der wahre Führer ist immer auch Richter. Aus dem Führertum fließt das Richtertum. Wer beides voneinander trennen oder gar entgegensetzen will, macht den Richter entweder zum Gegenführer oder zum Werkzeug eines Gegenführers und sucht den Staat mit Hilfe der Justiz aus den Angeln zu heben.«[137]

In Schmitts Schriften am Beginn der dreißiger Jahre ist die restlose

132 AaO., 35.

133 AaO., 42.

134 Ebd.

135 Ebd.

136 AaO., 44ff. Vgl. G. Schulz, Die Anfänge des totalitären Maßnahmenstaates, in: K.D. Bracher, G. Schulz, W. Sauer, Die nationalsozialistische Machtergreifung. Studien zur Errichtung des totalitären Herrschaftssystems in Deutschland 1933/34, Bd. 2, Frankfurt a.M.-Berlin-Wien 1974, 187 (bes. Anm. 11) u. 466.

137 C. Schmitt, Der Führer schützt das Recht, wiederabgedr. in: Hofer, Dokumente, 105f.

Zerstörung des Weimarer Rechtsstaates liberaler Provenienz intendiert. Schmitt nennt die Morde im Zusammenhang des 30. Juni und 1. Juli 1934 als Tat des Führers »echte Gerichtsbarkeit«. »Sie untersteht nicht der Justiz, sondern war selbst höchste Justiz. . .Das Richtertum des Führertums entspringt derselben Rechtsquelle, der alles Recht jedes Volkes entspringt. In der höchsten Not bewährt sich das höchste Recht und es scheint der höchste Grad richterlich rächender Verwirklichung des Rechts. Alles Recht stammt aus dem Lebensrecht des Volkes.«[138] Wenn sich Bonhoeffers Kritik an der nationalsozialistischen Ideologie am Beginn des Dritten Reiches vor allem gegen das nationalsozialistische Führerprinzip richtet, so hat er den für die Zerstörung des Rechtsstaats liberaler Prägung entscheidenden Punkt angesprochen. Die konsequente Durchsetzung des Führerprinzips im gesamten staatlichen Leben hatte neben der Aufhebung der Gewaltenteilung auf Reichsebene auch die Beseitigung der föderalen Gewaltentrennung und des Parteienpluralismus zur Folge.[139]

C. Die erste Fassung des Vortrags über das Führer-Problem

Schon zwei eher äußerliche Beobachtungen geben einen Hinweis auf Bonhoeffers Intentionen in dem Rundfunkvortrag über »Wandlungen des Führerbegriffes in der jungen Generation« vom 1. Februar 1933. Zum einen grenzt er sich bereits in der Ankündigung der Sendung von der im jungen Nationalismus verbreiteten und von der nationalsozialistischen Propaganda auf die Spitze getriebenen Verherrlichung der Jugend ab, wie sie der Titel des Vortrags vermuten lassen könnte und wie er selbst sie noch in seinem dritten Barcelonaer Vortrag geteilt hatte.[140] Zum anderen ist seine Reaktion bezeichnend, als der Rundfunkvortrag kurz vor dem Ende – angeblich aus Gründen der Zeitüberschreitung – abgeschaltet wurde. »Bonhoeffer erregte sich so darüber, er könne ohne die Schärfe seines Schlusses dahin mißverstanden werden, als stimme auch er in den allgemeinen Jubel ein, daß er eine Vervielfältigung an alle erreichbaren Freunde und Bekannte schickte mit der Erklärung, er sei fatal abgeschnitten und ›das Gesamtbild dadurch entstellt‹ worden.«[141]

138 Ebd.

139 Vgl. Schaefer, Führergewalt, 89ff; vgl. auch E.R. Huber, Die Einheit der Staatsgewalt, in: DJZ 1934, Sp. 950ff.

140 Vgl. GS II, 19 (anders noch 1929, GS V, 173). Diese Abgrenzung ist im handschriftlichen Vorwort zur erweiterten Fassung des Vortrags vom 6. März 1933 noch verstärkt (BA, NL DB, Fiche A 36/2–2, 4). Vgl. auch die Kritik Th. Heuss' am nationalsozialistischen Schlagwort vom »Generationenkampf«, wie er sie in seiner Abschiedsrede im Reichstag am 11. Mai 1932 geäußert hat (Heuss, Erinnerungen, 432).

141 DB, 308; vgl. GS VI, 258. Es läßt sich nicht mehr klären, ob die Abschaltung schon damals aus Zensurgründen stattgefunden hat.

1. Die verschiedenen Gestalten des Führerbegriffes

Bevor der Vortrag auf die aktuellen Alternativen, die mit dem Ruf nach dem Führer verbunden sind, zu sprechen kommt, gibt Bonhoeffer einen Überblick über die verschiedenen in der Jugend verbreiteten Gestalten des Führerbegriffes.[142] Trotz aller Unterschiede läßt sich über die junge Generation auch als Ganzes etwas sagen. In Übereinstimmung mit Karl Jaspers' vielgelesener Schrift »Die geistige Situation der Zeit (1931)« betont Bonhoeffer, die Jugend sei unter dem Eindruck einer umfassenden Krise herangewachsen, aus der die Masse und die toten Dinge als Sieger hervorzugehen schienen.[143] Aus dieser Not sei der leidenschaftliche Ruf nach neuer Autorität, nach Bindung und Gemeinschaft hervorgegangen. Man konnte sich die neue Autorität nicht anders vorstellen als in dem Ideal des Führers, das den neuen Menschen verkörperte. Während früher Führertum zum Ausdruck kam beim Lehrer, beim Vater, das heißt in den gegebenen Ordnungen und Ämtern, ist jetzt der Führer zu einer selbständigen Gestalt geworden. Der Führer hat sich vom Amt völlig gelöst und ist wesentlich und nur Führer.[144] Der Führer im Sinne der Jugendbewegung sei aus einer kleinen Gruppe hervorgewachsen, er war nicht »Vor-gesetzter«, sondern von der Gruppe erkoren.[145]

Einen dritten Führerbegriff neben dem am Amt orientierten und dem der Jugendbewegung sieht Bonhoeffer ursprünglich nur von der jüngsten, nun aber von der gesamten jungen Generation getragen. Um diesen geht es ihm vor allem, da er im nationalsozialistischen Führertum eine große Wirkung entfaltet hat. Von den Jüngsten sei die Autoritätslosigkeit im politischen Denken und Handeln in noch viel stärkerem Maß als früher als

142 Die Entstehung der verschiedenen Ausformungen resultiert seiner Auffassung nach aus den unterschiedlichen Reifungszeitpunkten der sie tragenden Gruppen innerhalb der jungen Generation. Während die ältesten die Zeit ihrer geistigen Reife noch im Krieg und die nächsten in der Generationenfolge unter dem Eindruck der Jahre nach dem Zusammenbruch durchlebten, geschah die Reifung der heute jüngsten in den letzten Jahren seit 1926 (vgl. GS II, 22ff u. oben Anm. I/134).

143 Vgl. GS II, 26 u. K. Jaspers, Die geistige Situation der Zeit (1931), unveränd. Abdruck der im Sommer 1932 bearbeiteten 5. Aufl., Berlin 1947, 44ff. »Die individualistisch gebildete Persönlichkeit und die von der Wirklichkeit gelöste Idee hatten Bankrott gemacht«(GS II, 26). Diesen leicht zu mißverstehenden Satz ließ Bonhoeffer bezeichnenderweise bei der Veröffentlichung des nur unwesentlich veränderten Vortrags in der Kreuz-Zeitung vom 25. Februar 1933 wegfallen (BA, NL DB, Fiche A 36/1–2, 2).

144 Vgl. H. Sasse, Die Kirche und die politischen Mächte der Zeit, in: KJ 59(1932), 31f.

145 »Sie gibt ihm alles, auch seine Autorität. Es ist seine Person, auf die sich alle Autorität, alle Ehre, alle Glorie der Gruppe überträgt. Führerschaft ist kein Amt, das von der Person unabhängig wäre« (GS II, 29).

letzte Ursache alles Unheils empfunden worden. Darum mußte der Ruf nach der politischen Autorität angesichts des scheinbar völligen Versagens aller bisherigen Ordnungen und Gegebenheiten zum Ruf nach dem großen Mann, nach dem politischen Führer werden. Bonhoeffer gesteht diesem Ruf zu, daß er die Generationsunterschiede durch eine neue Gemeinschaft weithin aufgehoben habe. Jedoch spricht er im Gegensatz zur schroffen Kritik des jungen Nationalismus und der Nationalsozialisten an den Institutionen der Weimarer Republik von einem nur *scheinbaren* völligen Versagen.[146]

2. Der Nationalsozialismus als politischer Messianismus

Der Gegensatz des neuen Führerverständnisses zur christlichen Lehre ergibt sich nach Bonhoeffers Auffassung aus seinem pseudoreligiösen Anspruch. Der Führer, der angeblich der gesammelten Kraft des Volkes entstammt, erscheint im Lichte des vom Volke sehnsüchtig erwarteten Erfüllers seines Lebenssinnes und seiner Lebenskraft. Damit ist der ursprünglich nüchterne Gedanke der politischen Autorität zur politisch-messianischen Führeridee geworden. In ihr »strömt nun auch das ganze religiöse Denken ihrer Anhänger zusammen. Wo der Volksgeist eine göttlich-metaphysische Größe ist, da hat der Führer, der diesen Geist verkörpert, im eigentlichsten Sinn religiöse Funktion, da ist er der Messias, und da ist mit seiner Erscheinung die Erfüllung der letzten Hoffnung angebrochen, da ist mit dem Reich, das er mit sich heraufführen muß, schon das ewige Reich nahegekommen.«[147]

Ähnlich wie der hannoversche Pastor und Barth-Schüler Richard Karwehl zwei Jahre vorher charakterisiert Bonhoeffer den Nationalsozialismus als »politischen Messianismus«, der sich mit seinem pseudoreligiösen Anspruch im Widerspruch zur Lehre der christlichen Kirche befindet.[148] Ein solcher Anspruch hat zwangsläufig zur Folge, daß die nüchterne Idee der politischen Autorität aufgelöst wird. Ganz im Gegensatz zum nationalsozialistischen Selbstverständnis sieht er deren politisch-messianische Führeridee in einer Nähe zu den Zielen der französischen Revolution.[149] Wie Gerhard Leibholz spricht Bonhoeffer von einer gefährlichen politischen Metaphysik, deren »politisch-chiliastisches Denken« sowohl mit der Ver-

146 Vgl. GS II, 31.

147 GS II, 32f.

148 Ebd.; vgl. R. Karwehl, Politisches Messiastum. Zur Auseinandersetzung zwischen Kirche und Nationalsozialismus, in: ZZ 9 (1931), 519–543; wiederabgedr. in: W. Fürst (Hg.), Dialektische Theologie in Scheidung und Bewährung 1933–1936. Aufsätze, Gutachten und Erklärungen, München 1966, 19–41. Angaben zu Person und Weg Karwehls seit 1930 bei E. Klügel, Die lutherische Landeskirche Hannover und ihr Bischof 1933–1945, Berlin 1964, 12f.

149 Vgl. GS II, 33.

kündigung der Kirche als auch mit den Wesensgesetzen der Wirklichkeit in Konflikt gerät.[150]

3. Die für Bonhoeffer und Leibholz entscheidende Alternative im Winter 1932/33

Die Darlegungen in dem Vortrag münden in eine Alternative, die Bonhoeffer als die zentrale der Gegenwart versteht. Die politisch-messianische Führeridee begegnet seiner Auffassung nach in der jungen Generation weithin entschiedener Ablehnung, denn bei aller Übereinstimmung in dem Ruf nach politischer Autorität »klafft der tiefste Gegensatz auf« bei der näheren Bestimmung dieser Autorität.[151] Letztlich geht es um die Frage: Autorität des Führers oder Autorität des Amtes? Bonhoeffer bezeichnet sie geradezu als die »brennendste Frage der Gegenwart«.[152]

Sie entspricht dem oben dargelegten, von Leibholz am Ende des Jahres 1932 herausgestellten Gegensatz eines autoritären Staates, in dem das freiheitliche Erbe der letzten Jahrhunderte grundsätzlich respektiert wird, zu dem von den Nationalsozialisten propagierten totalen Staat.[153] Während der autoritäre Staat danach strebe, die als Mängel empfundenen Lücken

150 Vgl. GS II, 24f u. 32f. »Man nimmt die Wirklichkeit nicht in dem, was sie ist, man reflektiert auch nicht darauf, was sie sein kann und was nicht, sondern nimmt sie als das, was sie sein sollte, man hält sie unskeptisch für beliebig entwicklungs- und gestaltungsfähig, man sieht in ihr die Elemente eines sich jetzt verwirklichenden Reiches Gottes auf Erden« (GS II, 24f). Nach Bonhoeffers Auffassung entsteht dort, wo diese Wirklichkeitsmetaphysik sich mit der Erkenntnis der konkreten Not verbindet, ein sowohl der Verkündigung der Kirche als auch der Gültigkeit der Wesensgesetze der Wirklichkeit widersprechendes »politisch-chiliastisches Denken« (GS II, 25).
Leibholz hat die »Wiederbelebung der politischen Metaphysik und eine Erneuerung der Politik aus dem Glauben« auf den Verlust der stets stillschweigend vorausgesetzten, metaphysischen Grundlagen der parlamentarisch-liberalen Demokratie zurückgeführt und vor den Folgen, insbesondere auch für das Dogma der evangelischen Kirche gewarnt (vgl. Leibholz, Auflösung, 55ff u. Leibholz, fascistisches Verfassungsrecht, 22f). Er sah aufgrund seiner Kenntnis des italienischen Faschismus die Gefahr einer politischen Konfessionalisierung, die jede sachliche Diskussion unmöglich machen würde (vgl. Leibholz, Auflösung, 57). Er prophezeihte zudem, daß die mit dem verbreiteten Ächtungsprozeß der Vernunft, des Intellekts und des Verstandes häufig verbundene Irrationalisierung rein rationaler, eigengesetzlicher Vorgänge, wenn sie ernsthaft verfolgt wird, zu einem ökonomischen und politischen Chaos führen werde, welches das »Ende europäischer Gesittung und Kultur« bedeuten würde (vgl. Auflösung, 59; vgl. auch Bonhoeffers Warnung vor einer drohenden grauenhaften kulturellen Barbarisierung im Februar 1933 (GS VI, 260).

151 GS II, 33.

152 Ebd.

153 Vgl. oben 2. Kap.IV.

seiner Rechtsordnung zu beseitigen, tendiere der totale dahin, seine Herrschaftskompetenzen zu erweitern. Alle Lebensbereiche sollten in die Sphäre des Staatlich-politischen gezogen und das Leben solle als Ganzheit radikal von dem Gesetz der Polis beherrscht werden.[154]

Nach Leibholz' Auffassung bewahrt der autoritäre Staat die durch den Liberalismus errungenen Institutionen der Grundrechte, des Gewaltenteilungssystems als Grundlage des Rechtsstaats und des Minderheitenschutzes. Der totale zerstört sie, stellt aber selbst keine wirkliche Alternative zum liberalen Staat dar, sondern ist nur »Erbe und Testamentsvollstrecker des liberal-individualistischen Staates.«[155] Er führt nicht ein politisch wirklich neues Prinzip ein, auch nicht das der Autorität. Denn im totalen Staat wird die plebiszitäre Unterbauung, die nur eine Voraussetzung der politischen Funktionsfähigkeit des Prinzips der Autorität sein kann, zur alleinigen Legitimationsquelle der Autorität.[156]

Bonhoeffer nimmt die Alternative von autoritärem oder totalem Staat in Gestalt des genannten Gegensatzes der Autorität des Amtes gegenüber der Scheinautorität des Führers auf: »Der Führer hat Autorität von unten, von den Geführten her, das Amt hat Autorität von oben her; die Autorität des Führers hängt an seiner Person, die Autorität des Amtes ist überpersönlich; Autorität von unten her ist Selbstrechtfertigung des Volkes, Autorität des Amtes ist Anerkennung der gegebenen Grenze; Autorität von unten ist geliehene Autorität, Autorität des Amtes ist ursprüngliche Auto-

154 Leibholz, Auflösung, 63 u. 68f.

155 Er ist dies insofern, »als er die urprünglich durch Aufklärung und einen glaubenserfüllten Liberalismus konstituierten metaphysischen Wertwelten der geistig autonomen Lebensbereiche dadurch endgültig vernichtet, daß er diese nach dem Vorbild des von ihm bekämpften, glaubenslos gewordenen Liberalismus im Sinne der jeweils herrschenden Staatsmetaphysik relativiert« (aaO., 70).

156 Übereinstimmend formuliert Bonhoeffer: »Der Führer rückt in ungeheure Distanz zum Geführten, aber – und das ist eben das Entscheidende – er ist Führer nur als der von den Geführten Erkorene, aus ihnen Herausgewachsene, er empfängt seine Autorität allein von seiner Gefolgschaft, von unten, vom Volk« (GS II, 32, Hervorheb. hinzugef., CS).
Leibholz' Schilderung der Führertums im italienischen Faschismus aus dem Jahr 1928 entspricht genau der Bonhoefferschen Kritik am nationalsozialistischen Führertum. Unter Aufnahme von Max Webers Theorie der drei Begründungen von Herrschaft urteilt er, daß neben traditionalen und rationalen Elementen hier vor allem das ins Heroische gesteigerte Charisma des Führers legitimitätsbegründend wirke. »Mit dieser vorwiegend charismatischen Legitimierung hängt es zusammen, daß der Repräsentant, um die Treue der Gefolgschaft und den Glauben der Massen an seine Persönlichkeit sich zu erhalten, immer von Neuem sich bewähren, sozusagen sein Charisma beweisen muß« (Leibholz, fascistisches Verfassungsrecht, 23). »Der fascistische Staat aktualisiert sich. . .dynamisch durch immer erneute Dezisionen des Führers, dessen Charisma. . . die Masse beseelen und wieder die mechanisierte Gesellschaft zu einer Gemeinschaft umbilden soll« (aaO., 41).

rität. Das Stichwort des Führers ist das Reich, das Stichwort des Amtes ist der Staat.«[157]

Der Vergleich mit Leibholz zeigt, daß Bonhoeffer mit diesen scheinbar antidemokratischen Äußerungen gerade den Weimarer Staat gegen die nationalsozialistische Bedrohung in Schutz nehmen wollte. Jener hat, wie ausgeführt, den totalen Staat der Nationalsozialisten ganz entgegen deren Selbstverständnis als entartete Form der liberalen Demokratie verstanden. Den Gegensatz dazu stellt das politische Strukturprinzip der Hierarchie dar, das »die Gleichordnung durch die Über- und Unterordnung, die *von unten nach oben konstruierte, liberalistische* Demokratie durch den *von oben nach unten konstruierten, autoritären* Staat ersetzen will«.[158]

Nach Leibholz' und Bonhoeffers Auffassung gewährleistet der totale Staat kein Mehr an staatlicher Autorität.[159] Vielmehr werden die autoritären Instanzen im wesentlichen zu Exponenten der sie tragenden Massen wie der Partei oder der Bewegung.[160] Der von den Nationalsozialisten angestrebte totale Staat wird daher als liberalistische, das heißt entartete Form der liberalen Demokratie betrachtet.

4. Bonhoeffers Warnung vor dem Nationalsozialismus

Bonhoeffers Rundfunkvortrag vom 1. Februar 1933 endet mit einer schroffen Warnung vor dem nationalsozialistischen Führertum. Der echte Führer habe die Geführten von der Autorität seiner Person weg zur Anerkennung der echten Autorität der Ordnungen und des Amtes zu führen. Vor allem muß er sich der Versuchung, Abgott, das heißt letzte Autorität des Geführten zu werden, radikal versagen.[161] Ist sich der Führer nicht der klaren Begrenzung seiner Autorität bewußt und läßt er sich von dem Geführten dazu hinreißen, dessen Idol darstellen zu wollen, »dann gleitet das Bild des Führers über in das des Verführers, dann handelt er verbrecherisch am Geführten wie an sich selbst.«[162]

Bonhoeffer hat angesichts der gigantischen Aufmärsche der Nationalso-

157 GS II, 33.

158 Leibholz, Auflösung, 65 (Hervorheb. hinzugef., CS).

159 Vgl. auch Leibholz' Bemerkungen zum Dualismus von Partei und Staat im italienischen Faschismus (Leibholz, fascistisches Verfassungsrecht, 38f).

160 Leibholz, Auflösung, 70f. Bezeichnend ist die ganz andere Beurteilung der politischen Verhältnisse durch Hans Asmussen im März 1933: »Soweit der Christ im heutigen Staat als Regierender bestellt ist, wird er freudig davon Gebrauch machen, daß er nicht mehr Exponent irgendeines Volkswillens sein muß, sondern daß er in seinem Kreise Führer sein darf – und soll«(H. Asmussen, Der Christ im heutigen Staate, in: Tägliche Rundschau vom 24. März 1933 (Evangelisches Zentralarchiv, Berlin, EOK Gen.II, 42. Bd.1)).

161 Vgl. GS II, 35f.

162 GS II, 35.

zialisten nach Hitlers Ernennung zum Reichskanzler eine deutliche Warnung ausgesprochen. Wie unerhört sie zu jener Zeit empfunden wurde, zeigt die Tatsache, daß der verantwortliche Rundfunkredakteur das Wort »verbrecherisch« durch den milderen Ausdruck »unsachlich« ersetzt hat.[163]

D. Die Erweiterungen zum Vortrag über das Führerproblem

In den Wochen zwischen dem 1. Februar und dem 6. März 1933 hat Bonhoeffer, wie erwähnt, seinen Vortrag mit charakteristischen Erweiterungen versehen.[164] Sie stellen neben einigen wenigen brieflichen Bemerkungen Bonhoeffers einzige Äußerungen zum neuen Staat aus der Zeit unmittelbar nach der Machtergreifung dar.[165]

1. Das Recht des einzelnen gegenüber Führer und Amt

Schon die Änderung der Überschrift der ersten Fassung »Wandlungen des Führerbegriffes in der jungen Generation« ist charakteristisch für die inhaltliche Tendenz der Erweiterungen. Fast programmatisch lautet der Titel des erweiterten Vortrags vom 23. Februar beziehungsweise 6. März nun »Der Führer und der *einzelne* in der jungen Generation«.[166] Angesichts der Entrechtung des Individuums in dem entstehenden totalen Staat und angesichts einer immensen Massenmobilisierung im Zusammenhang der Machtergreifung ruft Bonhoeffer das Recht, die Mündigkeit und die Verantwortung des einzelnen ins Bewußtsein. Neben der Überschrift thematisieren nicht weniger als sieben der elf Einschübe ausdrücklich das Recht und den Ort des einzelnen im politischen Leben.

Bonhoeffer versucht nicht nur wie in der Erstfassung den Ort des Führers und des Amtes im Aufbau der Autoritäten zu bestimmen, sondern

163 Ebd.

164 Weil die Erweiterungen sich mit einem Prozeß der Entrechtung und Entmündigung auseinandersetzen, könnte man vermuten, daß sie nach dem 28. Februar 1933 entstanden sind, an dem mit der »Verordnung. . .zum Schutz von Volk und Staat« praktisch die politischen Grundrechte der Weimarer Verfassung außer Kraft gesetzt wurden. Jedoch weist die Tatsache, daß Bonhoeffer den Vortrag am Abend des 23. Februar 1933 in der Technischen Hochschule schon mit dem neuen Titel versehen gehalten hat, auf eine Entstehung der Zusätze in den ersten drei Februarwochen. Um einen ganzen Abend damit gestalten zu können, mußte Bonhoeffer den Rundfunkvortrag notwendigerweise erweitern (vgl. GS VI, 219f).

165 Eine Woche nach Hitlers Machtübernahme warnt er in einem Brief vor der drohenden »grauenhafte(n) kulturelle(n) Barbarisierung«, die die Gründung einer – wie er in Anspielung auf eine amerikanische Organisation zum Schutz der Menschenrechte betont – »Civil Liberties Union« notwendig mache. Den Weg der Kirche bezeichnet er als »so dunkel wie selten vorher« (GS VI, 260).

166 GS II, 22.

nun auch den des einzelnen. Der Führer hat dem Amt zu dienen, dem jedoch auch nicht letzte Autorität zukommt; denn das Amt ist die vorletzte Autorität gegenüber einer »letzten, unsagbaren Autorität, gegenüber der Autorität Gottes. Und vor dieser Autorität weiß sich der einzelne erst ganz als einzelner. Vor Gott ist der einzelne verantwortlich. Und diese Einzelheit des Stehens des Menschen vor Gott, des Sichunterwerfens unter eine letzte Autorität, ist dort vernichtet, wo die Autorität des Führers oder des Amtes als letzte Autorität gesehen werden. . .Es ist die furchtbare Gefahr der Gegenwart, daß wir über dem Schreien nach Autorität, des Führers oder des Amtes vergessen, daß der Mensch einzelner ist vor der letzten Autorität und daß jeder, der sich hier am Menschen vergreift, ewige Gesetze verletzt, übermenschliche Verantwortung auf sich lädt, die ihn zuletzt erdrückt.«

Bonhoeffers Ausführungen laufen auf die Schlußsätze zu: »Das ewige Gesetz des Einzelnerwerdens vor Gott rächt sich furchtbar, wo es angetastet und gebeugt wird. So weist der Führer auf das Amt, Führer und Amt aber auf die letzte Autorität selbst, vor der Reich und Staat vorletzte Autorität sind. Führer und Amt, die sich selbst vergotten, spotten Gottes und des vor ihm einsam werdenden einzelnen und müssen zerbrechen.«[167]

Der zitierte lange Einschub stellt eine klare Verschärfung gegenüber der ursprünglichen Fassung des Vortrags dar. In eindrücklicher Weise werden der einzelne und sein Recht gegenüber den Ansprüchen nicht nur eines Führers, sondern auch gegenüber denen eines Amtes, das sich aus einem Vorletzten zu einem Letzten macht, in Schutz genommen. In den zitierten Ausführungen spiegelt sich die neue Situation des an die Macht gekommenen Führers der nationalsozialistischen Bewegung wider. Es wird nicht mehr nur vor der Gefahr eines sich selbst vergottenden Führers gewarnt, sondern auch mehrmals vor einem Amt, das sich letzte Autorität anmaßt.

Bonhoeffer weist nicht nur allein das Amt in den Bereich des Vorletzten und Weltlichen. Vielmehr erwägt er sogar die Möglichkeit beziehungsweise Notwendigkeit eines Widerspruchs des einzelnen gegen das Amt. »Es *kann* sein, daß der einzelne *recht* hat gegen das Amt. . .«[168] Bonhoeffer stellt auch die Frage nach der Begründung solchen Widerspruchs: »Wo kann der einzelne das *Recht* gegen das Amt hernehmen?«[169] In einer Situation, in der maßgebliche Amtsinhaber selbst nicht nur gegen einzelne Rechtssätze verstoßen, sondern offen erklären, den Rechtsstaat liberaler Provenienz durch einen Führerstaat, in dem der Führer als Beauftragter

167 GS II, 37f; vgl. die Predigt am 26. Februar 1933 (GS IV, 111 u. 117).

168 GS II, 36f. Das Wort »kann« ist im Manuskript des im März gehaltenen Vortrags doppelt unterstrichen. Es ist die einzige doppelte Unterstreichung im gesamten Text (BA, NL DB, Fiche A 36/2–2, 4), während das Wort »recht« von mir hervorgehoben wurde.

169 Der zitierte Satz ist im Druck der Gesammelten Schriften ausgefallen (BA, NL DB, Fiche A 36/2–2, 4; Hervorheb. hinzugef., CS).

des Volkes selbstherrlich Recht setzt, ablösen zu wollen, hebt Bonhoeffer die Grenze der Autorität des Amtes hervor. Das Amt hat eine vorletzte Autorität gegenüber einer letzten, unsagbaren Autorität, der Autorität Gottes.[170]

2. Der Zusammenhang von Individualismus und Kollektivismus

Ein weiteres Thema der Ergänzungen des Vortrags ist das Verhältnis von Individualismus und Kollektivismus. Bonhoeffer charakterisiert den Nationalsozialismus als radikal kollektivistische Bewegung und weist wie auch Leibholz auf den Zusammenhang von Kollektivismus und entartetem Liberalismus beziehungsweise Individualismus hin. Die Suche nach Überwindung der Gemeinschaftslosigkeit und einer »neuen Bindungs-Autorität« habe zu einer schlimmen Schematisierung der Begriffe »Individualismus«, »Liberalismus« und »Persönlichkeit« geführt.[171] Sie wurden zu »Ketzernamen für eine vielfach ganz mißverstandene Sache«, die man unter anderen Namen selbst weitertrieb.[172] Bonhoeffer nennt hier vor allem das übersteigerte Führerprinzip, das eine Form des Kollektivismus bedeute, die in potenzierten Individualismus umschlage.

Bonhoeffers Forderung nach einer neuen Würdigung der genannten Begriffe entspricht Leibholz' dargelegter Wertschätzung des Liberalismus und seinem Verständnis des Nationalsozialismus als Folge und Gestalt eines entarteten Liberalismus. Beide sahen die Traditionen des Liberalismus auch in den eher konservativ eingestellten Parteien gewahrt. Der wirkliche Kampf am Ende der Weimarer Republik vollzog sich für sie zwischen »den im weitesten Sinn noch irgendwie demokratischen, den Eigenwert der Persönlichkeit bejahenden Kräften« und »den mythisch fundierten, die Freiheit des Individuums in einem mehr oder weniger radikalen Kollektivismus aufhebenden Bewegungen.«[173]

3. Die Auseinandersetzung mit dem Prozeß der Entrechtung

Die Erweiterungen des Rundfunkvortrags setzen sich an vielen Stellen mit dem Prozeß der Entrechtung des Individuums, wie er schon bald nach der Machtergreifung begann, auseinander.[174] Den Rahmen für die Kommen-

170 Vgl. GS II, 37.

171 R. Karwehl hat in seinem erwähnten Aufsatz eine positive Würdigung eben dieser drei Begriffe gefordert (vgl. Karwehl, Messiastum, 534 u. 538).

172 GS II, 27.

173 Leibholz, Wahlrecht, 38 u. oben 2. Kap.IV.

174 In den Ausführungen ist noch nicht von der Zerstörung des Rechtsstaats die Rede, wie sie das Ermächtigungsgesetz vom 24. März 1933 mit der Aufhebung des Gewaltenteilungsprinzips bedeutete, umso klarer aber wird die Entrechtung des einzelnen im Zuge der Aufhebung der Grundrechte in den Blick genommen. Schon

tierung dieser Entwicklung bildet die Alternative von maßloser, darum aber sich verlierender Autorität des Führers und wahrer Autorität des Amtes. Bonhoeffer charakterisiert die Entwicklung als einen Vorgang der »Selbstentrechtung« und »Selbstentmündigung«.[175] Das Verhältnis des Geführten zum Führer wird nun, nachdem »der Führer« das Amt des Reichskanzlers übernommen hat, als das einer »Übertragung des *eigenen Rechtes* auf ihn« bezeichnet.[176]

Bonhoeffer spricht sogar von einem radikalen Verzicht des Einzelnen auf »sein *Recht als Individuum*«.[177] Er spielt wohl direkt auf die jüngste politische Entwicklung an, wenn er schreibt: »Der Führer nimmt dem einzelnen *vorübergehend* die Entscheidung ab, muß aber diesen Zustand immer wieder als einen notwendig vorübergehenden verstehen und muß den Geführten immer wieder darauf hinweisen. Er darf diese Selbstentrechtung, Selbstentmündigung der einzelnen nur im Hinblick darauf hinnehmen, daß er den einzelnen erst in die eigentliche Mündigkeit zu führen habe.«[178]

Mit der Charakterisierung des Prozesses der Entrechtung als Selbstentrechtung und Selbstentmündigung trifft Bonhoeffer genau das Verhalten eines großen Teils des Volkes, des Parlaments und insbesondere der alten, konservativen Eliten in Politik und Verwaltung im Umgang mit den Institutionen der Weimarer Republik. Es wird ausdrücklich eine vorübergehende Abtretung von Entscheidungsbefugnis konzediert, jedoch wird sie – wie auch die Unterstreichung im Originalmanuskript zeigt – strikt zeitlich begrenzt. Dies entspricht der mit H.v. Dohnanyi und G. Leibholz geteilten Überzeugung von der Notwendigkeit eines autoritären Staates gerade um der Bewahrung der Errungenschaften der Weimarer Verfassung willen.

der wortstatistische Befund sticht in die Augen. Während in der ersten Fassung Begriffe wie »Recht«, »Gesetz« o.ä. fehlen, werden sie in den Erweiterungen – freilich in sehr verschiedenen Zusammenhängen – vierzehnmal verwendet (Recht: 8x, recht: 1x, Gesetz(e): 3x, Ungerechtigkeit: 1x u. Selbstentrechtung: 1x). Bemerkenswert ist dies, zumal der Vortrag schon unter den Bedingungen der Zensur und zudem noch an einem besonders exponierten, gefährdeten Ort gehalten wurde.

175 GS II, 36.

176 Vgl. GS II, 32 (Hervorheb. hinzugef., CS).

177 Vgl. GS II, 34 (Hervorheb. hinzugef., CS).

178 GS II, 36 (Die Hervorheb. findet sich im Originalmanuskript!). Darauf weist auch die Tatsache, daß der Terminus »vorübergehend« in Artikel 48 der Weimarer Verfassung vorkommt. Nach dem Wortlaut des Art. 48 Abs. 2, auf den sich die Notverordnung vom 28. Februar 1933 bezog, konnte der Reichspräsident, »wenn im Deutschen Reiche die öffentliche Sicherheit und Ordnung erheblich gestört oder gefährdet wird, die zur Wiederherstellung der öffentlichen Sicherheit und Ordnung nötigen Maßnahmen treffen, erforderlichenfalls mit Hilfe der bewaffneten Macht einschreiten. Zu diesem Zwecke darf er vorübergehend die in den Art. 114, 115, 123, 124 und 153 festgesetzten Grundrechte ganz oder zum Teil außer Kraft setzen« (Hildebrandt, Verfassungen, 81).

Die Notwendigkeit, daß solche Abtretung von Entscheidungskompetenz, wie sie in Artikel 48 der Weimarer Reichsverfassung ja auch vorgesehen war, zeitlich begrenzt bleiben müsse, markiert die Grenze zwischen autoritärem und totalem Staat.

In die gleiche Richtung zielt die Bedingung, die Bonhoeffer für die Zulässigkeit einer solchen Entrechtung nennt. Sie ist nur dann erlaubt, wenn sie dem Ziel dient, den einzelnen erst in die Mündigkeit zu führen. Dagegen haben die Maßnahmen eines totalen Staates gerade die Tendenz einer ständig wachsenden Entmündigung. Vielleicht war für Bonhoeffer und seine Freunde mit der zwar befristeten, von den Nationalsozialisten jedoch offensichtlich in anderer Absicht durchgesetzten *Verordnung zum Schutz von Volk und Staat*, die praktisch den Grundrechtsteil der Verfassung außer Kraft setzte, eben die entscheidende Grenze eines autoritären Staates hin zum totalen überschritten. Selbst wenn man diese Grenzüberschreitung Ende Februar 1933 noch nicht als gegeben betrachten konnte, war sie doch unmittelbar vorauszusehen.

IV. Die theologischen Grundentscheidungen in der Ethik des Politischen

Die herausgearbeiteten Distanzierungen Bonhoeffers von den Nationalsozialisten und ihren geistigen Wegbereitern im jungen Nationalismus werfen die Frage nach der zu Grunde liegenden theologischen Staatsauffassung auf. Es wurde schon darauf hingewiesen, daß Bonhoeffer seine Äußerungen über das relative Recht der Revolution in Abgrenzung gegen den christlichen Konservativismus F. Gogartens, dem er gleichwohl in einigen grundlegenden Gedanken beipflichten konnte, formuliert hat. Die kritischen und zustimmenden Ausführungen zu Gogartens »Politische(r) Ethik« stellen eine zusammenfassende Darlegung seiner theologischen Ethik des Politischen am Ende der Weimarer Republik dar.

Sie zeigen zugleich seine Stellung zu den führenden Repräsentanten der sogenannten dialektischen Theologie in einer Zeit, in der diese schon kurz vor der endgültigen Trennung standen. Eben die Konkretionen der theologischen Grundentscheidungen auf dem Gebiet der politischen Ethik waren es auch, welche die theologischen Differenzen offensichtlich werden und die Spannungen zum offenen Bruch kommen ließen.

Bonhoeffer lehnt sich in seiner Auseinandersetzung mit Gogartens politischer Ethik sowohl an Überlegungen K. Barths als auch an Ausführungen E. Brunners in dessen 1932 erschienener Ethik an, wobei er sich von letzterem freilich an zentraler Stelle abgrenzt. Schon am Jahreswechsel 1932/33 dürfte sich für Bonhoeffer die Konstellation angebahnt haben, die noch für seine späten Ethikentwürfe bestimmend gewesen ist. Während Barth seit Beginn der dreißiger Jahre eine ausführliche Dogmatik der neuen theologischen Richtung zu schreiben begann,[179] der Bonhoeffer großes Lob zollte,[180] waren Brunners Versuche einer entsprechenden Ethik, aber auch Gogartens Überlegungen dazu, in seinen Augen unzureichend oder gar abzulehnen.[181] Bonhoeffer hat sich dem theologischen Aufbruch der Gruppe um Karl Barth verpflichtet gewußt, drang aber gerade in den Grundfragen der christlichen Ethik zu eigenständigen Aussagen durch.

A. Die Frage der Ambivalenz staatlicher Machtordnung

Anders als in seinen nach dem 2. Weltkrieg erschienenen Schriften beurteilt Gogarten in der »Politische(n) Ethik« die gesamte neuzeitliche Entwicklung negativ.[182] Die seit der Renaissance immer dominierender werdende Idee von der Autonomie des Menschen ist seiner Auffassung nach die Ursache für den Zerfall der Welt und das Auseinanderbrechen ihrer Ordnungen.[183] Zusammen mit einem individualistischen Menschenverständnis habe sie die Entwicklung zu einem atomisierten Massenmenschentum zur Folge, was wiederum zu Chaos und Auflösung führte.

Grundlegend für diese Geschichtssicht ist Gogartens Auffassung von dem für alles menschliche Leben grundlegenden, schöpfungstheologisch begründeten Ich-Du-Gegensatz und sein Verständnis der Sünde als Leugnung des wesenhaften Vom-anderen-her-sein und Für-den-anderen-dasein des Menschen. In Anlehnung an Luthers Unterscheidung von usus politicus legis und usus elenchticus legis findet sich in Gogartens politischer Ethik die Unterscheidung zwischen der uneigentlichen Man-tut-das-und-das-Forderung und der Forderung des Du-sollst-das-und-das, die den »eigentlichen Kern des ethischen Phänomens« darstellt.[184] Die Du-sollst-Forderung des usus elenchticus legis führt den Menschen in die Erkenntnis seines radikalen Böse-Seins, dem er nicht entrinnen kann.

Die theologische Funktion des Staates ist in der Folge, gegen das Bösesein des Menschen, der das Du-sollst als das Vom-anderen-her-sein und das Für-den-anderen-da-sein von sich weist, eine Schranke aufzubauen

179 Barth suchte in seiner Kirchlichen Dogmatik eine verbreitete, ihm problematisch scheinende Trennung von Dogmatik und Ethik zu überwinden.

180 Vgl. z. B. GS II, 39f.

181 Zu Gogarten vgl. GS V, 321–330; zu Brunner vgl. GS V, 335–339 u. GS I, 31 u. zu Barth vgl. GS V, 226f (WS 1931/32) u. 283 (SS 1932).

182 Unter den Nachkriegsschriften vgl. bes. F. Gogarten, Verhängnis und Hoffnung der Neuzeit. Die Säkularisierung als theologisches Problem, Stuttgart 1958.

183 Vgl. Gogarten, Ethik, 14.

184 AaO., 8. Gogarten hat die Rede vom »Man« aus M. Heideggers zuerst 1927 erschienem Werk »Sein und Zeit« übernommen (vgl. M. Heidegger, Sein und Zeit, 15. Aufl., Tübingen 1979, 114ff).

und ihn in die »Hörigkeit« zu weisen.[185] »Allein im Politischen, im Staat und in der mit ihm gegebenen Hörigkeit hat der Mensch gegenüber dieser Erkenntnis (des absoluten Böseseins, CS) noch die Möglichkeit der Existenz.«[186] Wie Luther nennt Gogarten den Staat »poena et remedium peccati«; er akzentuiert jedoch schärfer als dieser dessen schöpfungstheologische Aufgabe, wenn er in der Obrigkeit »die Schöpfung, das Schöpfungswerk Gottes« erkennt.[187]

Wolfgang Tilgner hat auf die problematischen Konsequenzen dieser schöpfungstheologischen Begründung des Staates hingewiesen, auf die auch Bonhoeffers Kritik an Gogartens Entwurf zielt.[188] Gogarten vertrete die Auffassung, »daß das konkrete Staatsgesetz in die Sündenerkenntnis führt, wodurch er eindeutig dem usus politicus legis die Funktion des usus elenchticus legis beigelegt hat.«[189] Es gibt keinen Unterschied mehr zwischen dem Gesetz, das der Mensch im Dienste des Staates erfährt, und dem Gesetz, das in der Verkündigung der Kirche ausgesprochen wird. Die daraus resultierende Gefahr einer Verabsolutierung und Dämonisierung des Staates wird von Gogarten bestritten. Der Staat könnte seine Hoheit lediglich verlieren, wenn er den Menschen nicht mehr in die Hörigkeit zwingen würde und über das Gesetz hinaus zur Kirche fortschreiten wollte.[190]

Bonhoeffer gestand Gogarten zwar in mancher Hinsicht echte reformatorische Erkenntnis zu, aber gegen dessen »christlichen Konservativismus« erhob er schwere Bedenken. Gegen die schöpfungstheologische Sanktionierung der gegebenen weltlichen Ordnungen betont er ihren lediglich vorläufigen Charakter. Ihnen komme nur ein relatives Recht zu, solange sie »Erhaltungsordnungen auf Christus hin« sind. In Gogartens metaphysischer Begründung des Staates in Gottes Schöpferwillen hingegen ist dessen spätere Gleichsetzung von völkischem Staatsgesetz und Gottesgesetz, die Bonhoeffer bei Stapel kritisiert hat, schon angelegt.[191]

Emil Brunner grenzt sich zwar wie Bonhoeffer von Gogartens Konservativismus ab, begründet staatliche Ordnung aber in Gottes Erlöser- und Schöpferhandeln.[192] Er bezeichnet die im Staat verwirklichte Gemein-

185 W. Tilgner, Volksnomostheologie und Schöpfungsglaube. Ein Beitrag zur Geschichte des Kirchenkampfes (AGK 16), Göttingen 1966, 168.

186 Gogarten, Ethik, 118.

187 AaO., 111.

188 Tilgner, Volksnomostheologie, 169ff.

189 AaO., 169.

190 AaO., 170.

191 Vgl. F. Gogarten, Ist Volksgesetz Gottesgesetz?, Hamburg 1934, 10.

192 In jedem wirklichen Staat ist dreierlei zu erkennen: Zum einen ein Schöpfungsmäßiges, das Brunner als Gemeinschaft bezeichnet; sodann eine auf die Sünde bezogene Zuchtordnung, die eine Art von Gemeinschaft erzwingt und die notwendige Basis und den harten Rahmen gesitteten Lebens schafft; und schließlich »ein

schaft als etwas »Schöpfungsmäßiges«. Dennoch sei dieser um der Gefahr seines dämonischen Machtmißbrauches willen von den Schöpfungsordnungen Familie, Wirtschaft und Kultur zu unterscheiden.[193] Anders als bei Gogarten hat der Staat für Brunner sowohl den Charakter einer auf die Sünde bezogenen Zuchtordnung als auch den eines halbdämonischen Machtwesens. Der Staat ist nicht wie bei Gogarten der Zweideutigkeit allen Lebens entnommen und der Sünde gegenübergestellt; vielmehr steht auch er ganz im Zwielicht der gefallenen Schöpfung.

Anders als Gogarten und Brunner begründet Karl Barth den Staat gleich der Kirche als »Lebensordnung der Versöhnung«.[194] Er sieht das Leben des Menschen im neuen Bund in zweifacher Richtung bestimmt: auf Gott hin als Buße und auf den Menschen hin als Dienst.[195] Aus der doppelten Gestalt des Lebens in der Versöhnung ergibt sich das Verhältnis der beiden Versöhnungsordnungen Kirche und Staat.[196]

Der Staat ist das durch Gottes Offenbarung aufgerichtete Zeichen der konkreten, sichtbaren Lebensordnung, durch die und in der die Menschen aufgrund der vollbrachten Versöhnung zum Dienst am Nächsten berufen werden. Wie die Lebensordnung der Kirche wird auch die des Staates wirksam im freien Akt der Gnade Gottes und ist unter Voraussetzung dieses Aktes zugleich göttliche Stiftung und von den Menschen zu gestaltende Gemeinschaft.

Für Barths theologische Ethik des Politischen ist neben der Begründung des Staates in der Versöhnungsordnung die Doppelheit des Staates als göttliche Stiftung und vom Menschen zu gestaltender Bereich charakteristisch. Ganz im Gegensatz zu Gogarten betont er, daß der Staat als menschliches Werk an der Verkehrtheit teilnehme, »in der der Mensch ...mit List und Gewalt im Kampf ums Dasein das Seinige sucht; ein Tun, das durch die kollektive Form, in der es hier stattfindet, nicht besser wird. Die Existenz des konkreten Staates ist als Dienst am Nächsten auf der ganzen Linie fragwürdig.«[197]

durch nichts zu rechtfertigendes, schlechthin faktisches, ungerechtes, machthungriges, halbdämonisches Machtwesen« (Brunner, Gebot, 432).

193 AaO., 445.

194 K. Barth, Ethik II, hg.v.D. Braun (Karl Barth-Gesamtausgabe, Bd. 10, Abt. II), Zürich 1978, 325, 333 u.ö.

195 AaO., 225.

196 »Indem die Buße vor Gott den Dienst am Nächsten zwar in sich schließt, aber zugleich als Anerkennung der Gnade Gottes mehr ist als dieser, ergibt sich als äußerer, umfassender Kreis die Ordnung der Kirche und der Gehorsam als kirchliches Handeln. Indem der Dienst am Nächsten zwar von der Buße vor Gott und also auch von der Anerkennung der Gnade Gottes eingeschlossen ist, aber zugleich als Anerkennung der Sünde des Menschen weniger ist als jene, ergibt sich als innerer und engerer Kreis die Ordnung des Staates und der christliche Gehorsam als staatliches Handeln« (aaO., 326, Hervorheb. hinzugef., CS).

197 AaO., 335.

Barth kommt zu dem Urteil, daß jeder konkrete Staat seinem Wesen als Ordnung des Dienstes am Nächsten zuwider existiere. Davon ist weder der konservative noch der liberale Staat ausgenommen. Die Teilnahme des konkreten Staates an der Sünde kann im einzelnen Fall bedeuten, daß er in seinem Sosein von Gott nicht mehr geduldet, sondern verworfen, daß er also von den ihm Angehörigen zu verändern beziehungsweise zu erneuern ist, wobei man sich freilich darüber klar sein wird, daß auch eine neue, bessere Staatsform in ihrer Weise aufs Neue an der Sünde teilnehmen wird. Barth lehnt die Rede vom Staat als Schöpfungsordnung ab und versteht ihn vielmehr als zweite Gestalt der Versöhnungsordnung neben der Kirche. Dadurch, daß er den Ausgangspunkt der Begründung des Staates beim gehorsamen Leben des Christen in der Versöhnung wählt, vermeidet er die Gefahr einer abstrakten Staatsmetaphysik, wie sie besonders im Neuluthertum infolge des Einfließens idealistischer Philosophie verbreitet war. Vom Staat kann theologisch nur als göttlicher Stiftung *und* durch den Menschen zu gestaltendem Bereich gesprochen werden.

Barth, Brunner und Bonhoeffer kritisieren in gleicher Weise Gogartens Staatsabsolutismus. Auch der Staat unterliege der Zweideutigkeit der Welt und könne nach neutestamentlichem Verständnis die Gestalt des Bösen annehmen.[198] Dabei hat nur Barth eine volle Alternative zu Gogartens Staatsauffassung entwickelt, wenn er den Staat als Versöhnungsordnung, die vom Menschen zu gestalten ist, bezeichnet. Brunner lehnt zwar die Auffassung vom Staat als Schöpfungsordnung ab, gesteht aber den Gemeinschaftsgedanken als etwas »Schöpfungsmäßiges« in der Begründung der staatlichen Ordnung zu. Bonhoeffer hat zwar seit dem Jahre 1932 ebenfalls ein alternatives Konzept zur Lehre von den Schöpfungsordnungen, die er als Hauptursache für die Ausbreitung völkischer Ideologien in Theologie und Kirche ansah, entwickelt; jedoch war sein Konzept der »Erhaltungsordnungen auf Christus hin« nicht gegen die Mißverständnisse einer neulutherischen Ordnungstheologie gefeit, so daß er es im Jahre 1933 wieder fallen ließ.[199]

B. Die Alternative einer Begründung staatlicher Ordnung »von oben« oder »von unten«

Bonhoeffer stimmt zwei Abgrenzungen Gogartens zu, die dieser aus seinem Verständnis des Staates als einer Ordnung der erhaltenden Geduld Gottes folgert. Zum einen ist eine naturrechtliche Begründung aus der Volkssouveränität abzulehnen, weil sie die Autorität des Staates »von unten statt von oben, d.h. von Gott her ableitet«.[200] Zum anderen muß eine

198 Zu Bonhoeffer vgl. GS V, 328.
199 Vgl. unten 5. Kap. Ergebnis.
200 Vgl. GS V, 327.

schwärmerische Staatslehre abgewiesen werden, die die Bergpredigt zur Grundlage ihrer Staatsfeindlichkeit macht. Nach Bonhoeffers Auffassung versucht man auch hier einen »Aufbau von unten«.[201]

1. Die Metapher des »von oben – von unten«

Die Metapher des »von oben – von unten« spielt in Bonhoeffers Auseinandersetzung mit dem Nationalsozialismus und seinen geistigen Wegbereitern eine gewichtige Rolle. Während sie bis zum Jahre 1932 ausschließlich im von neutestamentlichen Aussagen geprägten, strikt theologischen Sinn gebraucht werden,[202] weitet Bonhoeffer ihr Verständnis im Vortrag zum Führerproblem aus.[203] Der wahren, von oben her begründeten Autorität des Amtes wird die von unten her begründete Scheinautorität des Führers, die letztlich nur Selbstrechtfertigung des Volkes ist, gegenübergestellt.[204] In der gleichen antinationalsozialistischen Tendenz wendet Bonhoeffer gegen Stapels Volksnomoslehre ein, daß der nomos der Liebe alle biologischen nomoi »von oben nach unten« durchschlage.[205] In der Auseinandersetzung mit Stapel richtet sich diese Bewegung zudem gegen ein soziales Oben und Unten, das aus der vermeintlichen Schöpfungsordnung hergeleitet wird.[206]

Die Metapher des »von oben nach unten« hat bei Bonhoeffer keine grundsätzlich antidemokratische Bedeutung, sondern dient primär der Erläuterung des Anliegens der Wort-Gottes-Theologie, wie sie von Karl Barth und anderen in den zwanziger Jahren vertreten wurde.[207] Erst im

201 Ebd.

202 Vgl. GS III, 273 u. 289.

203 Vgl. oben III.C.3.

204 Vgl. GS II, 33 u.ö.

205 Vgl. GS V, 334 u. oben II.C.

206 Vgl. oben II.C.

207 Auffällig ist die Verwendung der Metaphern im Rahmen eines zustimmenden Referates der Gogartenschen Überlegungen, da sie in dessen »Politische(r) Ethik« an keiner Stelle verwendet werden. Während sie auch in Brunners Ethik nur eine geringe Rolle spielen, werden sie von Barth häufig aufgenommen. Schon im Römerbriefkommentar von 1922 macht er reichlichen Gebrauch von ihnen, um seinen neuen Ansatz beim Wort Gottes, das »von oben her« alle Welt grundsätzlich infragestellt, darzulegen.
Dafür, daß Bonhoeffers Ausführungen nicht nur allgemein von neutestamentlichem Sprachgebrauch geprägt sind, sondern sich ganz konkret an Barth anlehnen, sprechen die einführenden Bemerkungen über die theologische Lage der Gegenwart anhand der »Frage Karl Barths«, mit der er die Vorlesung des Wintersemesters 1932/33 beginnt. Weil Gott nur in derjenigen Offenbarung ist, die er will – das heißt in Jesus Christus –, ist ein Beweis dafür unmöglich. »Ein Beweis, daß Gott sich in Jesus Christus offenbarte, wäre der Weg von unten nach oben – das Gegenteil des Weges, den Gott aus der Ewigkeit in die Zeit gegangen ist« (GS V, 303).

Zuge der Auseinandersetzung mit dem nationalsozialistischen Führertum und seiner propagandistischen Verherrlichung des Volkes verwendet Bonhoeffer sie in einem umfassenderen, unmittelbar politisch relevanten Sinn. Auch wenn sich in den späten Ethikfragmenten ein Standesdenken mit dem theologischen Gebrauch der Metapher vermischen mag, ist ihre der nationalsozialistischen Bewegung gegenüber kritische Tendenz unübersehbar.

2. Die Frage der naturrechtlichen Begründung des Staates in der Volkssouveränität

Staatliche Autorität aus der Volkssouveränität herzuleiten, heißt für Bonhoeffer eine falsche Begründung des Staates von unten statt von oben, das heißt von Gott her. In der Folge bezeichnet er den ersten Satz der Weimarer Verfassung »Alle Gewalt geht vom Volke aus« als »grundsätzlich falsch«.[208] Der Grund der Ablehnung ist im folgenden Satz genannt: »Autorität hat ihre Vollmacht von Gott her, um den Menschen mit seiner Bosheit in Schranken zu halten.«[209] War Bonhoeffer doch ein Gegner der Republik? Läßt sich die dargelegte Auffassung mit einem demokratischen Verfassungsstaat vermitteln oder bleibt ein unauflöslicher Widerspruch?

Wie schon mehrfach ausgeführt, genoß der Begriff des Volkes unter den antidemokratischen Gruppierungen eine außerordentlich hohe Wertschätzung.[210] Die Nationalsozialisten verstanden sich als die eigentlichen Kämpfer für eine wahre Volksgemeinschaft und begründeten die unbedingte Geltung des Führerprinzips damit, daß gerade der Führer den wahren Willen des Volkes kenne und vertrete.[211]

In Theologie und Kirche war die Auffassung vom Volk als natürlicher und geschichtlicher Schöpfungsordnung Gottes vor allem unter den Anhängern der nationalen Rechten weit verbreitet. Zu nennen ist neben anderen Vertretern des jungen nationalen Luthertums besonders E. Hirsch, der von einem romantisch-idealistischen Volksbegriff her scharfe Kritik an

Menschliches Reden muß nach Bonhoeffers Verständnis der Darlegungen Barths dialektisch sein. »Es muß dem Weg Gottes von oben nach unten angemessen sein. Ich muß in meinem Denken Bezug nehmen auf dies von oben nach unten. Unser natürliches Denken geht immer von uns, d.h. von unten aus« (ebd.).

208 GS V, 327.

209 Ebd.

210 Vgl. z.B.V. Klemperer, LTI. Notizbuch eines Philologen, 3. Aufl., Frankfurt a.M. 1985, 254.

211 Hitler bekannte sich anläßlich der Volksabstimmung über die Zusammenlegung der Ämter des Reichspräsidenten und Reichskanzlers am 19. August 1934 zum Gedanken der plebiszitären Führerdemokratie, »fest durchdrungen von der Überzeugung, daß jede Staatsgewalt vom Volke ausgehen und von ihm in freier und geheimer Wahl bestätigt sein muß« (zit. in: Erdmann, Deutschland, 102).

der parlamentarischen Demokratie übte. Für ihn war die wahre Obrigkeit nach reformatorischem Grundsatz nicht die Regierung und der staatliche Wille, sondern das Volk.[212]

In der antidemokratischen Publizistik sah man vom Standpunkt einer »organischen Demokratie« aus alle verfassungsmäßig festgelegten Formen und Verfahren der politischen Willensbildung des Volkes als Erzeugnisse eines mechanistischen Denkens an, »das den natürlichen Strom völkischen Lebens hemmt.«[213] Neben der Entgegensetzung von echter Demokratie und »mechanischem Mehrheitssystem«[214] wird immer wieder der Widerspruch des Volkswillens gegen jede Art von Verfassung vertreten, die dem Parlament oder den politischen Parteien eine Aufgabe bei der Konstitution oder Durchsetzung des Volkswillens zuweist.[215] Letztlich ging es um zwei grundsätzlich verschiedene Demokratiebegriffe. Während das antiliberale Demokratieverständnis auf der Idee der volklichen Einheit gründete und den Verfassungsstaat grundsätzlich ablehnte, blieb der liberale Demokratie- und Verfassungsgedanke in letzter Instanz auf das Individuum bezogen.[216]

Die Kritik am Gedanken der Volkssouveränität in der Weimarer Zeit ist zudem nur zu verstehen, wenn man das Defizit der Weimarer Verfassung

212 Er verstand das Volk als eine nicht verfügbare, insbesondere durch Abstimmung nicht zu manipulierende »Schöpfungsgröße«, eine »geistige Einheit«, in die auch die Toten und noch Ungeborenen eingeschlossen sind. Eben diese Volkheit sollte der »verborgene Suverän« (!) sein, der über dem »offenbaren Suverän«, der Regierung oder dem staatlichen Willen zu stehen habe (vgl. E. Hirsch, Vom verborgenen Suverän, in: Glaube und Volk, Jg. 2 (1933), 4–13, Suverän: von Hirsch »eingedeutscht«; vgl. auch Nowak, Evangelische Kirche, 235).

213 Vgl. Sontheimer, Antidemokratisches Denken, 165ff.

214 Unter ausdrücklichem Bezug auf Jean Jacques Rousseau, den er als den »Theoretiker des organischen Staates« feiert, schreibt E.J. Jung: »Echte Demokratie, d.h. Herrschaft der nur metaphysisch zu begreifenden volonté générale ist das höchste staatliche Ideal. Es kann aus dem organischen Weltbilde nicht weggedacht werden. In diesem Sinne ist Demokratie vollendeter Konservativismus. Wenn die Volksherrschaft allerdings als mechanisches Mehrheitssystem aufgefaßt wird, dann beginnt eine Auslegung der Demokratie, welcher dieses Werk Kampf bis aufs Messer angesagt hat« (Jung, Herrschaft, 225; vgl. Sontheimer, Antidemokratisches Denken, 170).

215 Repräsentativ sind die Auffassungen Friedrich Georg Jüngers: »Was ist überhaupt demokratisch? Das, was das Volk will. Das heißt aber, daß der Begriff der Demokratie ein Blankettbegriff ist, der durch den bestimmten Willen des Volkes einen konkreten Inhalt erhält. Der Wille des Volkes ist entscheidend. . .keine Verfassung darf es wagen, ihm Widerstand zu leisten, kein Parlament darf ihm in den Weg treten, keine Partei und keine Verbindung von Parteien darf ihm eine Schranke setzen« (Das Gesicht der Demokratie, ein Bilderwerk zur Geschichte der deutschen Nachkriegszeit, hg.v.E. Schultz mit einer Einleitung von F.G. Jünger, Leipzig 1931, 17; zit. in: Sontheimer, Antidemokratisches Denken, 171).

216 Vgl. Bracher, Auflösung, 34ff.

in der Bestimmung der Rolle der Parteien im demokratischen Entscheidungsfindungsprozeß berücksichtigt.[217] Die Berufung auf die Volkssouveränität mußte gerade in einer Sitation suspekt werden, in der der wahre Volkswille häufig im Gegensatz zu Parlament und Parteien gesehen wurde.

Die Tatsache, daß sowohl Leibholz als auch Dohnanyi in den letzten Jahren der Republik an einer Klärung der verfassungsrechtlichen Stellung der Parteien arbeiteten, dürfte nicht ohne Einfluß auf Bonhoeffer geblieben sein. Der Göttinger Politologe Walter Euchner hat es geradezu als den Sinn der Leibholzschen Parteienstaatslehre bezeichnet, herauszuarbeiten, daß es in einem Staatswesen mit Massenparteien »nicht länger angängig« sei, »sich gegenüber den Parteien auf das ›Volk‹ ... zu berufen.«[218]

Bonhoeffer ging es bei seiner theologischen Kritik des ersten Satzes der Weimarer Verfassung nicht um die Verwerfung des Weimarer Staates. Vielmehr sah er durch die Grundsätzlichkeit des Satzes »Alle Gewalt geht vom Volke aus« die unaufgebbare theologische Wahrheit, daß alle Autorität ihre Vollmacht von Gott habe, bedroht. Zwar hat Bonhoeffer den anthropologischen Optimismus, der mit den christlich-aufklärerischen Demokratietraditionen Amerikas verbunden ist, abgelehnt, aber er sah den Wert demokratischer Kontrolle gegenüber den ja auch im Banne der Sünde befindlichen Inhabern staatlicher Macht.[219] Auch wenn Vorbehalte Bonhoeffers gegen die Demokratie nicht zu leugnen sind, bleibt es bemerkenswert, daß er sich abgesehen von der genannten Kritik jeder Polemik gegen die Weimarer Verfassung enthalten und sie gegen ihre rechten Gegner verteidigt hat.

Wenn man sich Bonhoeffers neues Bewußtsein um den Wert liberaler Traditionen angesichts der vollzogenen Machtergreifung vor Augen hält, schwindet auch der scheinbare Widerspruch zwischen einer Ablehnung der Volkssouveränität auf der einen Seite und der Bejahung eines demokratischen Verfassungsstaates auf der anderen Seite. Denn im Verfassungsstaat ist der Begriff der Volkssouveränität sowieso ein »systemwidriger Anachronismus«.[220] Ein Souverän, der über den Gesetzen steht, soll hier gerade nicht existieren. »Nachdem das Volk die Herrschaft an eine im Kernbestand nicht durch Volksbeschlüsse zu ändernde Verfassung gebunden hat (z. B. an Grundrechte), übt es sie unter Respektierung bestimmter und verfügbarer Voraussetzungen aus.«[221]

217 Vgl. oben 2. Kap.III.B.

218 Euchner, Staatslehre, 323.

219 Vgl. GS I, 240.

220 H.E. Tödt, Art. »Demokratie I«, in: TRE, Bd 8, Berlin-New York 1981, 447.

221 Ebd. Bonhoeffers Distanzierung von dem ersten Satz der Weimarer Verfassung dürfte sich in erster Linie gegen den grundsätzlich säkularen Charakter der Weimarer Verfassung gerichtet haben. Richard Karwehl formuliert diese Haltung wie folgt: »Mit einem untheologischen Staatsbegriff aber, mit dem der Weimarer

Denkbar ist auch, daß Bonhoeffer sich gegen eine unkritische Übernahme des Rousseauschen Verständnisses der Volkssouveränität in der Weimarer Reichsverfassung abgrenzt. Rousseau verstand die Volkssouveränität als grundsätzlich unteilbar, das heißt, sie konnte seiner Auffassung nach nicht in eine legislative und eine von dieser effektiv geschiedene exekutive Gewalt aufgespalten werden.[222] Im Winter 1932/33 mußte diese Konsequenz für Bonhoeffer unannehmbar sein.[223]

Läßt sich also ein demokratischer Verfassungsstaat mit Bonhoeffers Auffassung der sündeneindämmenden Funktion des Staates durchaus vermitteln, so ist das im Falle des Gogartenschen Staatsverständnisses kaum möglich. Da dieser den Staat der Sünde enthoben sieht, ist er einseitig auf eine schwer zu begrenzende Maximierung der staatlichen Autorität ausgerichtet. Freilich hat auch Gogartens Ablehnung der Volkssouveränität die Konsequenz einer scharfen Kritik an der nationalsozialistischen Indienstnahme des Staates für nationalistische oder gar rassistische Ziele. Immer wenn der Staat nicht in der rechten Weise begründet wird, drohe seine Entartung.[224]

Viel unbefangener als Bonhoeffer und Gogarten hat sich Barth zum Problem der Volkssouveränität geäußert. Ursache dafür sind über seine politischen Überzeugungen hinaus theologische Grundentscheidungen. Zwar ist auch für Barth die Legitimität und die Güte staatlichen Handelns »von Gottes Gnaden« abhängig, aber verantwortlich für das Handeln des

Verfassung genauso wie mit dem sozialistischen, wie mit dem nationalsozialistischen darf sich die Kirche nur ablehnend, nur kritisch, nur polemisch beschäftigen bei aller faktischen Anerkennung der auch durch einen solchen Staat repräsentierten Autorität« (Karwehl, Messiastum, 537).

222 J.J. Rousseau, Vom Gesellschaftsvertrag oder Grundsätze des Staatsrechts, hg.v.H. Brockard, Stuttgart 1977, Abschn. II.2.

223 Nach dem über die problematische, weil mangelhafte Rechtsstellung der politischen Parteien am Ende der Weimarer Republik Gesagten war auch Rousseaus Auffassung der politischen Parteien für Leibholz, Dohnanyi und wohl ebenso Bonhoeffer abzulehnen. Rousseau sah die Bildung von politischen Parteien als eine Verletzung des Souveräns bzw. des Staates an (aaO., II.3.).
Interessant ist, daß Barth eben dies in seiner Vorlesung über Geschichte und Vorgeschichte der protestantischen Theologie im 19.Jahrhundert referiert hat (vgl. K. Barth, Die protestantische Theologie im 19. Jahrhundert. Ihre Vorgeschichte und ihre Geschichte, 4. Aufl., Zürich 1978, 166f). Schon bevor Barth sie im Wintersemester 1932/33 und im Sommersemester 1933 zum letzten Mal las, kursierten mehrere Nachschriften, von denen Bonhoeffer eventuell eine gelesen hat. Seine Lektüre anderer Mitschriften von Barths Vorlesungen, z. B. der Ethik II-Vorlesung, ist nachgewiesen (vgl. GS I, 18 (1931)).

224 Weil der antiliberale Staat Hitlers ihm endlich seine eigentliche Aufgabe der »Herrschaft« angemessen wahrzunehmen schien, konnte Gogarten jedoch im Jahre 1933 zu keiner Distanzierung von dem neuen Regime durchdringen (vgl. Th. Strohm, Theologie im Schatten politischer Romantik, 156).

Staates und berufen zum Handeln im Staate ist grundsätzlich jeder. In einer wahrscheinlich im Sommer 1933 entstandenen Randbemerkung zu seiner Ethik-Vorlesung fügt er ausdrücklich hinzu: »In diesem Sinn geht alle Staatsgewalt vom Volke aus.«[225]

Bonhoeffers und Barths Differenzen in der Beurteilung der Volkssouveränität haben eine Ursache in der unterschiedlichen Bewertung des Volksbegriffs. Während Barth dem Staat die Aufgabe, die Gemeinschaft des Volkes zu fördern, zusprechen kann,[226] begrenzt Bonhoeffer seinen Auftrag im Sinne Luthers auf die Recht und Ordnung beziehungsweise Frieden schaffende Funktion. Der Volksbegriff wird von ihm primär für das eine Volk Gottes verwendet, seine Würde als Schöpfungsordnung wird ersetzt durch die Bestimmung seines bloß relativen Rechtes als »Erhaltungsordnung auf Christus hin«.[227] Bonhoeffers Skepsis gegen die Herleitung staatlicher Autorität aus der Volkssouveränität war wesentlich mitbedingt durch seine – im 1. Kapitel der Untersuchung dargestellte – Auseinandersetzung mit dem verbreiteten Beschwören der »Volksgemeinschaft« in den letzten Jahren des Weimarer Staates.

C. Die Bestimmung des Verhältnisses von Kirche und Staat

Die zweite grundlegende Anfrage Bonhoeffers an Gogartens politische Ethik hängt mit der genannten Kritik an dessen Leugnung der Zweideutigkeit des Staates unmittelbar zusammen. Sie richtet sich gegen eine Bestimmung des Verhältnisses von Kirche und Staat, die der Kirche ausschließlich staatliches Handeln unterstützende Funktion zuweist.

Nach Gogartens Auffassung besteht die Aufgabe der Kirche darin, die Erkenntnis des Bösen offenzuhalten und dadurch die Notwendigkeit des Staates aufzuzeigen.[228] Die Kirche hat für Bonhoeffer aber neben dem Hinweis auf die bändigende Ordnung »gerade die dauernde Durchbrechung der Ordnungen der Welt im Kreuz und im Wunder der Auferstehung« zu predigen.[229] Entsprechend seiner 1932 entwickelten Lehre von den Erhaltungsordnungen auf Christus hin, betont er im Januar 1933, daß Gott in Christus die Ordnungen bejaht und sich ihnen unterstellt, sie gleichzeitig aber auch relativiert und durchbrochen habe.

Der Staat wird wie in dem Vortrag »Dein Reich komme!« vom Novem-

225 Barth, Ethik II, 332.

226 AaO., 338.

227 Vgl. oben 2. Kap.III.B.1.

228 »Die Hoheit des Staates bedarf keiner Sanktionierung durch die Kirche. Sie ist in ihr selbst sanktioniert. Aber damit ihr Sanktum sichtbar und erkannt wird, ihre die Macht des Bösen bannende Gewalt, dazu bedarf sie allerdings der Kirche« (Gogarten, Ethik, 218).

229 GS V, 329.

ber 1932 als die Gestalt der Ordnung, die Kirche als die des Wunders bezeichnet. Zwar sollen sich Kirche und Staat gegenseitig anerkennen und jeder dem anderen sein Recht geben, aber die Kirche ist, wie Bonhoeffer einen Tag nach der Machtergreifung bekräftigt, auf keinen Fall dazu da, den Staat zu stützen. »Spannung zwischen Staat und Kirche liegt im Wesen der Sache.«[230]

Bonhoeffers Ausführungen zum Verhältnis von Kirche und Staat stehen in Kontinuität zu den dargestellten Überlegungen des Jahres 1932. Zugleich wird aber auch ein kritischerer Umgang mit reformatorischer Tradition sichtbar. Bonhoeffer grenzt sich unter Berufung auf das Neue Testament von einem christlichen Konservativismus ab, der mit der lutherischen Staatslehre verbunden sein kann. Zudem betont er über Luthers Reiche- und Regimente-Lehre hinausgehend und gegen deren neulutherische Interpretation die Spannung zwischen den beiden Regimenten.

Durch das Wissen um das Liebesgebot ist jede Gewaltordnung grundsätzlich in Frage gestellt.[231] Klarer als in dem Vortrag vom November 1932 wird der Kirche die Predigt der dauernden Durchbrechung der Ordnungen der Welt im Kreuz und im Wunder der Auferstehung als *primäre* Aufgabe zugewiesen. Es ist nicht mehr vom Wunder und der Ordnung als den beiden Gestalten die Rede, in denen sich das Reich Gottes auf der Erde darstellt, sondern die Kirche gewinnt eine neue Dignität als grundsätzliche »Infragestellung des Staates durch die Eschatologie«. Während es im November 1932 noch heißt, Kirche und Staat weisen »beide *zusammen*, nie eines allein hin auf das Reich Gottes«,[232] wird die Kirche nun als Ort der Infragestellung des Staates durch die Eschatologie verstanden.

Bonhoeffer spricht nach der nationalsozialistischen Machtübernahme nicht mehr von einer »gegenseitigen Begrenzung«,[233] sondern allein von einer Begrenzung der Ansprüche des Staates durch die Kirche. Die Bestimmung des Verhältnisses von Kirche und Staat als ein »gespanntes Nebeneinander«, das nie ein Ineinander sein darf,[234] wird von Bonhoeffer bekräftigt, wenn er Spannungen zwischen Kirche und Staat als im Wesen der Sache liegend bezeichnet.

230 GS V, 330

231 Der Christ hat zwar wie alle anderen Staatsbürger die »Man-tut-das-und-das«-Forderungen zu erfüllen, aber es ist zu bestreiten, daß seine politische Existenz darin aufgeht. »Als einer, der um die ›bessere Gerechtigkeit‹ weiß, steht er mit der Gewaltordnung des Staates in Spannung. Er verneint die Gewalt nicht. Aber jede Gewaltordnung ist in Frage gestellt durch das Wissen um das Liebesgebot« (GS V, 329). Der Christ erfüllt die »Man-tut-das-und-das«-Forderung im Wissen um ihre Relativität, jedoch kann sich sein Tun nicht in der Erfüllung des Staatsgebotes erschöpfen.

232 GS III, 282.

233 Ebd.

234 Ebd.

Daß Gogarten der Kirche so gut wie keine kritische Funktionen dem Staat gegenüber zuweist, ist zum einen die Kehrseite seiner jede Zweideutigkeit staatlicher Macht leugnenden Staatslehre. Zum anderen aber folgt es aus dem völlig untergeordneten Stellenwert der Ekklesiologie in seinem theologischen Denken. In Gogartens von der grundlegenden Ich-Du-Relation bestimmter Ontologie kommt dem Staat nach dem Sündenfall die entscheidende Aufgabe zu, den Menschen in die Hörigkeit zu zwingen und so menschliches Leben überhaupt zu ermöglichen. Es wurde bereits dargestellt, daß im Gegensatz zu reformatorischer Lehre das Staatsgesetz in die Sündenerkenntnis führt. Dadurch wird ihm nicht nur die Funktion des usus politicus legis, sondern auch die des usus elenchticus legis beigelegt.[235] Der Verkündigung der Kirche kommt nur noch eine periphere Rolle zu.

Die starken Differenzen in der Bestimmung des Verhältnisses von Kirche und Staat angesichts der Machtergreifung dürften somit nicht zuletzt in dem ganz verschiedenen Stellenwert, den die Lehre von der Kirche im bisherigen Werk der beiden Theologen eingenommen hatte, begründet liegen. Im Gegensatz zu Gogartens Defizit in der Ekklesiologie stellt die Kirche in Bonhoeffers Denken von Anfang an ein vorrangiges Thema dar.

Anders als bei Bonhoeffer wird in Brunners Ethik das Verhältnis von Kirche und Staat nur in einem kurzen Abschnitt behandelt.[236] Breiten Raum nehmen hingegen die Ausführungen über das Verhältnis des einzelnen Christen zum Staat ein.[237] Zwar kann man bei Brunner nicht so eindeutig von einem grundsätzlichen ekklesiologischen Defizit wie in Gogartens Werk sprechen, aber auch Bonhoeffers Kritik an Brunner setzt bei dessen »prinzipiellem Individualismus« ein.[238] Auf Grund des gemeinsamen Wissens um die Zweideutigkeit jeder staatlichen Ordnung kommen Brunner und Bonhoeffer zwar zu einer großen Übereinstimmung in zahlreichen Einzelfragen wie zum Beispiel der Stellung des Christen zu Gewalt und Krieg; aber die für letzteren zentrale Frage einer theologischen Ethik des Politischen, die Bestimmung des Verhältnisses von Kirche und Staat, wird bei Brunner lediglich mit einigen eher allgemeinen Bemerkungen abgehandelt.[239]

Im Gegensatz zu Brunner geht es Barth wie Bonhoeffer in der theologischen Ethik des Politischen primär um eine Bestimmung des Verhältnisses von Kirche und Staat. Dies folgt notwendig aus seinem Ansatz der politischen Ethik bei der Versöhnungsordnung in der doppelten Gestalt von Kirche und Staat. Es wurde schon auf Barths Zwei-Kreise-Modell hingewiesen, das die Ordnung der Kirche als äußeren, umfassenden und die des

235 Vgl. oben IV.A.
236 Vgl. Brunner, Ethik, 536–539.
237 AaO., 446–469.
238 Vgl. GS V, 337f.
239 Vgl. Brunner, Ethik, 536–539.

Staates als inneren und engeren Kreis versteht.[240] Das Leben in der Versöhnung hat die doppelte Gestalt der Buße vor Gott und des Dienstes am Nächsten. Barth identifiziert die Buße vor Gott mit der Anerkennung der Gnade Gottes, den Dienst am Nächsten mit der Anerkennung der Sünde des Menschen. Da entsprechend seiner Auffassung von der jeder Gesetzeserkenntnis vorauslaufenden Gnade das Erste »mehr ist« als das Zweite und jener vorausgeht,[241] ergibt sich als äußerer, umfassender Kreis der Gehorsam als kirchliches Handeln und als innerer engerer Kreis der christliche Gehorsam als staatliches Handeln.[242]

Aus dem Gesagten folgt für Barth nicht eine Gleichordnung zwischen Kirche und Staat, sondern die grundsätzliche Überordnung zugunsten der Kirche. Jedoch kann die Kirche, wenn ihre verantwortlichen Vertreter nicht aus der gebotenen Demut heraustreten wollen, ihre *grundsätzliche* Überordnung über den Staat nur zur Ehre Gottes als des Herrn der Kirche und des Staates und also nicht zu ihrer eigenen Ehre geltend machen. Diesem Ziel dient gerade nicht, wie in einem Teil der mittelalterlichen Tradition behauptet, eine direkte oder indirekte Verbindung beider Schwerter in der Hand der Kirche oder ihre Ausübung einer quasi-staatlichen Autorität in Konkurrenz mit der des Staates, sondern der Einsatz der ihr gegebenen Mittel Wortverkündigung und Buße.

Neben der *grundsätzlichen* Überordnung der Kirche über den Staat spricht Barth von einer *praktischen* Überordnung des Staates über die Kirche. Sie besteht darin, daß der Staat Hüter der Rechtsregel ist, die auch für die Gemeinschaft der Kirche Geltung hat. Wenn der Staat freilich über sein Gebiet hinaus zum Verkünder einer der Staatsräson gemäßen Weltanschauung und Moral wird oder mit dem Wunsch nach einem besonderen Staatschristentum auftritt, machen seine verantwortlichen Vertreter die praktische Überordnung über die Kirche nicht mehr zur Ehre Gottes als des Herrn der Kirche und des Staates geltend, sondern zu dessen eigener Ehre.

Schließlich äußert sich Barth auch zur Frage der organisatorischen Trennung von Staat und Kirche.[243] Der Staat könne nicht grundsätzlich an eine konkrete Gestalt der Kirche gebunden sein und ist darum überkonfessionell. Indem er die Kirche, in deren Sinn sein eigener Sinn begründet liegt, anerkennt und unterstützt, ist der Staat jedoch auch nicht religionslos oder

240 Vgl. Barth, Ethik II, 326 u. oben IV.A.

241 AaO., 340.

242 »Das Verhältnis der einen göttlichen Lebensordnung im regnum gratiae ist also dieses: Die Kirche hat immer auch den Staat in sich, aber sie ist nicht der Staat. Sie ist neben dem Staat, den sie in sich hat, in eigentümlicher Weise nur Kirche. Und der Staat ist ganz und gar auch Kirche, er ist aber in seiner Weise Kirche, und er ist nicht die ganze Kirche. Der relative Dualismus dieser beiden Ordnungen ist der Ausdruck der Vorläufigkeit des regnum gratiae« (aaO., 326).

243 AaO., 342.

konfessionslos. Der Staat kann zwar nicht grundsätzlich, aber praktisch eine konkrete Gestalt der Kirche in besonderer Weise als die Gestalt der Kirche ansprechen und behandeln, entsprechend der Anerkennung des konkreten Nationalstaates, der sich auch die Kirche nicht entzieht.[244]

Der Vergleich der Barthschen Erörterungen des Verhältnisses von Kirche und Staat mit dem neulutherischen Modell der zwei Reiche, wie es auch Gogarten vertrat, macht die Differenzen offensichtlich. Während man im Neuluthertum meist peinlich genau zwischen einem innerlichen, geistlichen Reich des Glaubens und einem äußerlichen, weltlichen Reich mit eigenen Gesetzlichkeiten scheidet, spricht Barth gegenüber einem solchen simplifizierenden Dualismus von einem »relativen Dualismus«. Schon von der gemeinsamen Begründung des Staates und der Kirche im Gebot Gottes des Versöhners ist ein Dualismus, der über eine relative Unterschiedenheit hinausgeht, unmöglich. Zudem betont Barth das schließliche Einswerden von Staat und Kirche im Reich Gottes.

Sämtliche Versuche einer Verhältnisbestimmung, die Bonhoeffer im Jahr 1932 entworfen hat, teilen die Intention einer Überwindung der neulutherischen dichotomischen Zweireichelehre. Ähnlich wie bei Barth wird die Zusammengehörigkeit von Kirche und Staat als Gestalten des *einen* Reiches Gottes in pointierter Weise entfaltet. Jedoch fehlt bei Bonhoeffer im Jahre 1932 noch die eindeutige Begründung von Kirche und Staat in Gottes Lebensordnung der Versöhnung. Nur wenige Monate nach der Machtergreifung formuliert er dann ebenfalls eine christologische Begründung des Staates.

Weiterhin vermeidet Bonhoeffer im Jahr 1932 jeden Gedanken einer Überordnung der Kirche über den Staat. Die Differenz zu Barth wird am deutlichsten, wenn der Vortrag »Dein Reich komme!« vom November 1932 ausdrücklich ein »Ineinander« von Staat und Kirche zurückweist.[245] Daß Bonhoeffer damit jedoch in keiner Weise eine dichotomische Bestimmung intendierte, zeigt die geforderte Alternative eines »gespannten Nebeneinanders« mit dem Ziel der gegenseitigen Begrenzung. Er kann sogar von einem »Aneinanderprallen« der Grenzen sprechen und davon, daß – wenn es beginnt, Feuer zu schlagen – die »lebendige Seele des Reiches Gottes selbst zu erblicken« sei.[246]

Zwischen den Überlegungen der genannten Theologen zum Verhältnis von Kirche und Staat sind beträchtliche Differenzen festzustellen. Eine Konzentration der theologischen Ethik des Politischen auf das Verhältnis

244 »Die qualifizierte Anerkennung und Unterstützung einer Kirche ist als Symbol für die letzte Einheit von Kirche und Staat auch vom Staate aus gesehen sachgemäßer als das System einer wirklichen organisatorischen Trennung von Kirche und Staat« (ebd.).

245 ». . .das hier nie ein Ineinander sein darf. . .« (GS III, 282); dagegen Barth: »Staat und Kirche sind wohl ineinander« (Barth, Ethik II, 339).

246 GS III, 282.

von Kirche und Staat findet sich nur bei Bonhoeffer und Barth. In Gogartens politischer Ethik bekommt die Kirche eine völlig untergeordnete, staatliches Handeln lediglich bekräftigende Funktion zugesprochen. Bei Brunner treten die Erörterungen zum Verhältnis von Kirche und Staat ganz in den Hintergrund zugunsten der Klärung des Verhaltens des einzelnen Christen im staatlichen Leben.

Den Entwürfen Barths und Bonhoeffers ist gemeinsam, daß sie eine dichotomische Bestimmung des Verhältnisses von Kirche und Staat zu überwinden suchen. Bei Barth leistet dies eine konsequente Begründung von Kirche und Staat in der von Gott gewährten Lebensordnung der Versöhnung sowie ein Zweikreisemodell, das von einem Ineinander der zwei Anordnungen bei gleichzeitiger grundsätzlicher Überordnung der Kirche ausgeht. Bonhoeffer bleibt stärker als Barth in der Tradition der lutherischen Reiche- und Regimente-Lehre, hebt jedoch die gegenseitige Begrenzung und Infragestellung hervor.

Ergebnis

Bonhoeffer hat Anfang des Jahres 1933 zentrale Inhalte der nationalsozialistischen Ideologie aus theologischen Gründen zurückgewiesen. Der Kritik liegt ein Konzept theologischer Ethik des Politischen zugrunde, das durch folgende Grundentscheidungen gekennzeichnet ist. Zum einen wird dem Staat wie allen anderen weltlichen Ordnungen nicht die Dignität einer Schöpfungsordnung zugesprochen. Ihm kommt lediglich ein relatives Recht zu, solange er seine Aufgabe als Erhaltungsordnung auf Christus hin erfüllt. Er ist ferner als ein Mittel der erhaltenden Geduld Gottes gegen die menschliche Sünde dieser nicht gänzlich enthoben, sondern hat teil an der Zweideutigkeit allen menschlichen Seins. Sodann begrenzt Bonhoeffer im Gegensatz zu weiten Teilen des Neuluthertums, die dem Staat in republikfeindlicher Absicht die Aufgabe des Dienstes an der Volksgemeinschaft zusprechen, seinen Auftrag strikt auf die reformatorische Formulierung, Recht und Ordnung beziehungsweise Frieden zu schaffen.[247] Aufgrund seines theozentrischen Ansatzes schließlich lehnt er den Gedanken der Volkssouveränität ab, ohne jedoch der Weimarer Republik den Charakter legitimer staatlicher Ordnung abzusprechen.[248]

247 Das Thema »Kirche und Gesellschaft« fehlt bei Bonhoeffer völlig. Barth spricht das Thema offenbar unterschwellig an, wenn er dem Staat konstitutive Bedeutung für die Gemeinschaft zuspricht.

248 Zwar hat Karl Barth eine positivere Haltung zum ersten Satz der Weimarer Reichsverfassung eingenommen als Bonhoeffer, aber auch er äußert Bedenken gegen die im säkularen Weimarer Staat verwirklichte weitgehende Trennung von Kirche und Staat. Für beide Theologen war die Wirklichkeit eines völlig säkularisierten Staates nicht erstrebenswert. Zugleich zeigt das Beispiel Karl Barths überzeugend, daß eine solche Haltung mit einer positiven Mitarbeit im Weimarer

Wenn Bonhoeffer auch wie Barth die in die Theologie eingedrungene liberale Ideologie bekämpft, kann er doch aufgrund seines Wissens um die Zweideutigkeit aller staatlichen Gewaltordnung gleich jenem die Errungenschaften des Liberalismus auf praktisch-politischem Gebiet anerkennen.[249] Hier liegt eine wesentliche Ursache dafür, daß Bonhoeffer Einschätzungen und Analysen des Staatsrechtlers Leibholz in seine Ethik des Politischen aufnehmen konnte. Angesichts der akuten Bedrohung liberaler Traditionen durch den Nationalsozialismus hebt Bonhoeffer ihren unaufgebbaren Wert hervor und tritt in ein verstärktes Gespräch mit Leibholz, der in seinen staatsrechtlichen Arbeiten der Weimarer Zeit eine entsprechende Überzeugung verfochten hat.

Was über das Verhältnis Dietrich Bonhoeffers zu Gerhard Leibholz gesagt wurde, dürfte repräsentativ für den gesamten Freundes- und Familienkreis um die Bonhoeffers sein. Die akute Bedrohung des Weimarer Staates durch die Nationalsozialisten hatte einen verstärkten Rückgriff auf gemeinsame Grundüberzeugungen zur Folge. Insofern kann man im Rückblick vom Zeitraum der Machtergreifung als einer Phase sprechen, in der aus dem Freundeskreis ein Vorläufer des späteren Widerstandskreises wurde.

Über die gemeinsame Wertschätzung liberaler Traditionen ist ein zweites zu dem Gespräch des Theologen Bonhoeffer mit dem Staatsrechtler Leibholz zu sagen. Dieser hat als entschiedener Kritiker des Positivismus nach werthaften Begründungen von Recht und Staat gefragt und später auch ausdrücklich christliche Traditionen hierfür in Anspruch genommen. Insofern ist Bonhoeffers Frage im Februar 1933, woher der einzelne das Recht gegen das Amt hernehmen könne, auch Leibholz' Kardinalfrage.

Ebenso finden sich in Bonhoeffers Konzept einer theologischen Ethik des Politischen Grundentscheidungen, die ihn das Gespräch mit einem Staatsrechtler wie Gerhard Leibholz suchen lassen. Christliche Ethik muß seiner Auffassung nach zum *konkreten* Gebot der Kirche führen. Dazu bedarf es neben einer Weltbetrachtung in der Perspektive der Christusherrschaft der Sachkompetenz und Kenntnis der Wesensgesetzlichkeiten

Staatsleben vereinbar war (vgl. E. Busch, Karl Barths Lebenslauf. Nach seinen Briefen und autobiographischen Texten, 3. Aufl., München 1978, 202ff u. 235ff).

249 Vgl. z.B. Barths Würdigung der Menschenrechtstradition und des Gewaltenteilungsprinzips (Barth, Ethik II, 334ff; gegen F.W. Graf, Ein Radikaler unter den Theologen. Zum 100. Geburtstag: Kritische Erinnerung an Karl Barth, in: SZ vom 10./11. Mai 1986). Bonhoeffer hat zudem die besonders in den Kirchen verbreitete Angst vor dem Bolschewismus nicht geteilt (vgl. seine ironische Rede vom »Gespenst des Kommunismus« in einem Brief an Reinhold Niebuhr vom 6. Februar 1933, GS VI, 260). Zum Antibolschewismus als Schlüssel zur Erklärung des kirchlichen Versagens gegenüber dem Nationalsozialismus vgl. Schmädeke/Steinbach, Widerstand, 1126).

am betreffenden Ort der Welt.[250] Im Bereich der Ethik des Politischen ist christliche Ethik somit auf die Sachkenntnis von Staatsrechtlern und Politikern gewiesen, ohne sich freilich darin zu erschöpfen. In der Auseinandersetzung mit der neuen politischen Metaphysik am Ende der Weimarer Republik betont Bonhoeffer, daß gerade eine Weltbetrachtung in der Perspektive der Christuswirklichkeit eine echte Berücksichtigung der Wesensgesetze am jeweiligen Ort der Welt ermögliche.[251] Wie im 1. Kapitel dargelegt, ist für Bonhoeffer die Wirklichkeit von Natur und Geschichte nur von ihrer Mitte, der Christusoffenbarung, her zu erkennen. Dies verhindert die Verabsolutierung bestimmter Gegebenheiten und Momente der Geschichte durch die christliche Ethik, da der Mensch nicht auf einen Ruf der Geschichte, sondern auf den in sie eingegangenen Jesus Christus zu antworten habe. Zugleich befreit es zu einem sachlichen Umgang mit der Welt, wie die breite Übernahme Leibholzscher Analysen und Einschätzungen durch Bonhoeffer zeigt.

Bonhoeffer hat jedoch Anfang 1933 keinen ausgeführten Entwurf einer theologischen Ethik des Politischen vorgelegt. Seine Auseinandersetzung mit der nationalsozialistischen Ideologie und die Forderung an die christliche Ethik, die Kirche zur Verkündigung des konkreten Gebotes zu befähigen, sind kaum miteinander verbunden. Im Aufsatz zum Führer-Problem spielt die Kirche als ethisches Subjekt keine Rolle.[252] Eben dies aber kritisiert Bonhoeffer an Gogartens und Brunners und implizit auch Barths ethischem Entwurf. Die ethische Grundkategorie sei bei ihnen der Einzelne in seiner Entscheidung vor Gott, darum gelte ihm allein das Gebot.[253] Nur der Einzelne könne das Gebot sagen, während die Kirche das Gebot nicht habe und nur Prinzipielles verlautbaren lasse. Bonhoeffer formuliert demgegenüber das Kernproblem christlicher Ethik: »Wie verhalten sich Kirche und Gebot zueinander? Müssen nicht auch konkrete

250 Vgl. oben 1. Kap.III.A.

251 Bezeichnenderweise macht Bonhoeffer die Unterscheidung von Führertum und echter Führung an der Frage der Sachlichkeit und Sachgemäßheit fest. Führung bleibt bei beiden Beteiligten »etwas Neutrisches, Sächliches – um nicht geradezu zu sagen Sachliches; Führertum ist auf die Person beider Beteiligten bezogen. Führung geschieht durch Überlegenheit in etwas Sächlichem, durch Amt, Sachkenntnis, Können; beim Führer geht es wesentlich um die Überlegenheit der Person. Bei beiden geht es um ein Machtverhältnis, in der Führung um die Übermacht von etwas Sächlich-Sachlichem, beim Führer um die Übermacht einer Person«(GS II, 28). Das schlägt sich auch darin nieder, daß Führung eher rationaler Begründung fähig ist als Führertum, während Führertum gerade seinem Wesen nach rational unbegründbar ist.

252 Darin ist der Vortrag zum Führer-Problem den späten Texten in EN u. WEN verwandt. Auch das Stichwort »Mündigkeit« sowie die Unterscheidung von »Letztem und Vorletztem« (GS II, 36ff) werden für Bonhoeffer ab dem Jahre 1940 von neuem wichtig (vgl. EN, 128ff u. WEN, 357ff, 374f, 392ff u.ö.).

253 Vgl. GS V, 338; vgl. auch GS I, 33f.

Entscheidungen möglich sein, wenn die Gemeinde als Ganzes fragt?« Und: »Sollte die Kirche nicht vollmächtig gebieten können?«[254] Das konkrete Gebot der Kirche ist aber nur dort zu finden, wo aus einer akuten Bedrohung heraus gefragt werde.[255]

Bonhoeffer hat Ende Februar 1933 das Bekenntnis Altonaer Pastoren vom 11. Januar 1933 als ein Beispiel hierfür begrüßt, jedoch eine bezeichnende Kritik hinzugefügt.[256] »Der Konflikt des einzelnen mit dem Staat wird noch zu individualistisch gesehen und der Konflikt der Kirche mit dem Staat noch nicht im Zentrum erfaßt.«[257] Wenige Monate später leistet Bonhoeffer selbst diesem Postulat genüge.

254 GS V, 338.
255 Vgl. GS V, 339.
256 »Es bezeugt die Grenzen des Staates und wehrt sich dagegen, die Kirche zu Dekorationsdiensten zu degradieren« (ebd.).
257 Ebd.

4. Kapitel: Die theologische Grundlegung eines Staatsbegriffs in liberal-rechtsstaatlicher Tradition im Frühsommer 1933

Einführung

Bonhoeffers im April 1933 abgefaßter Aufsatz »Die Kirche vor der Judenfrage« bietet den Entwurf einer Ethik des Politischen, in dem am Beginn des Dritten Reiches gleichsam programmatisch der theologische Sinn staatlicher Ordnung und die Handlungsmöglichkeiten der Kirche ihr gegenüber formuliert werden.[1] In den darauffolgenden Wochen des Sommersemesters 1933 legt er im Rahmen einer Vorlesung über Christologie seine theologischen Grundentscheidungen dar und konzentriert sich, wohl mitbedingt durch die umfassenden politischen Umwälzungen, auf die Entfaltung des Christusgeschehens als Zentrum der Theologie.[2] Die hier von Bonhoeffer zum ersten Mal ausgeführte Auffassung des Christus als Mitte der Geschichte stellt die theologische Grundlegung des Entwurfs einer Ethik des Politischen vom April 1933 dar.

In der Literatur ist der April-Aufsatz in verschiedenen Zusammenhängen behandelt worden. Armin Boyens hat ihn in seiner Arbeit über »Kirchenkampf und Ökumene« als eine der wichtigsten Stellungnahmen in der ökumenischen Bewegung zur Judenfrage interpretiert.[3] T.R. Peters hat die Stellungnahme unter der Überschrift »Theologische Kampfpositionen und Strategien Bonhoeffers« referiert, ohne jedoch genauer auf sie einzugehen.[4] Wolfgang Huber sieht in ihr den Ansatz zu einer Theorie kirchlichen Handelns im Kirchenkampf.[5] K. Scholder hat Bonhoeffers kleiner Abhandlung im ersten Band seiner Geschichte des Kirchenkampfes mehrere Seiten Darstellung gewidmet und zählt sie »zum aufschlußreichsten und politisch wie theologisch bedeutendsten, was diese Jahre überhaupt her-

1 Vgl. GS II, 44–53. Der Anfang der dreißiger Jahre auch unter Juden verbreitete Ausdruck »Judenfrage« wird im Folgenden als historischer Begriff verwendet, obwohl die tatsächliche Existenz einer Judenfrage am Ende der Weimarer Republik zurecht bestritten worden ist.

2 Vgl. GS III, 166–242.

3 Vgl. A. Boyens, Kirchenkampf und Ökumene 1933–1939. Darstellung und Dokumentation, München 1969, 46ff.

4 Vgl. Peters, Präsenz, 51f u. 99 Anm. 35.

5 Vgl. W. Huber, Wahrheit und Existenzform. Anregungen zu einer Theorie der Kirche bei Dietrich Bonhoeffer, in: E. Feil u.I. Tödt (Hg.), Konsequenzen. Dietrich Bonhoeffers Kirchenverständnis heute (IBF 3), München 1980, 87–139, bes. 105ff; vgl. auch W. Huber, Die Kirche vor der »Judenfrage«, in: R. Rendtorff u.E. Stegemann (Hg.), Auschwitz – Krise der christlichen Theologie. Eine Vortragsreihe (Abhandlungen zum christlich-jüdischen Dialog, Bd. 10), München 1980, 70f.

vorgebracht haben.«[6] Ende 1979 hat sich E. Bethge in einem Vortrag anläßlich der Verleihung des Dr. Leopold-Lucas-Preises der gegen Bonhoeffers theologisches Urteil über die Juden gerichteten Kritik gestellt und das Thema »Dietrich Bonhoeffer und die Juden« erörtert.[7]

Anders als die genannten Beiträge hat H.E. Tödt in seinen beiden Untersuchungen über »Judendiskriminierung 1933 – der Ernstfall für Bonhoeffers Ethik« und »Dietrich Bonhoeffers ökumenische Friedensethik« Bonhoeffers Stellungnahme im Rahmen seiner frühen Ethikentwürfe interpretiert.[8] Die Frage nach dem Verhältnis von Kirche und Staat wird hier wie auch in E.-A. Scharffenorths Aufsatz »Die Kirche vor der Bekenntnisfrage – Bonhoeffers Aufruf zur Solidarität mit den Juden« im Vergleich mit Stellungnahmen anderer Theologen zur Judenfrage im Frühjahr 1933 erörtert.[9] Zuletzt hat Marikje Smid in einer Dissertation zum Thema »Deutscher Protestantismus und Judentum 1932/33. Dietrich Bonhoeffers Wendung gegen die Diskriminierung des Judentums zu Beginn des Dritten Reiches« Bonhoeffers Votum in ein breites Spektrum von Äußerungen über das Judentum im Bereich von Theologie und Kirche eingeordnet.[10]

Trotz der Fülle der Untersuchungen sind die Abgrenzungen und Frontstellungen der Ethik des Politischen in dem Aufsatz vom April 1933 kaum geklärt. Welches Rechts- und Staatsverständnis liegt Bonhoeffers Warnung vor einem Zuviel oder Zuwenig an Recht und Ordnung zugrunde? Inwiefern nimmt Bonhoeffer mit seiner Aufgabenbestimmung staatlichen Handelns auf die von völkischem Rechtsdenken beherrschte staatsrechtliche Diskussion Bezug? Finden sich in Wortwahl und Argumentation Hinweise auf Zustimmung oder Ablehnung der verschiedenen Ausprägungen dieses völkischen Rechtsdenkens?[11]

Zur Beantwortung der Fragen wird ergänzend Leibholz' Rechtsverständnis herangezogen. Das im letzten Kapitel aufgezeigte Gespräch mit diesem ermöglichte Bonhoeffer eine im Bereich von Kirche und Theologie

6 Scholder, Band 1, 350. »Hier wurde mit unvergleichlicher Präzision die theologische Problematik staatlichen Handelns auf einen Begriff gebracht, der auch unter den veränderten Bedingungen der Gegenwart noch immer Gültigkeit besitzt« (ebd.).

7 Vgl. E. Bethge, Dietrich Bonhoeffer und die Juden, in: E. Feil u.I. Tödt (Hg.), Konsequenzen. Dietrich Bonhoeffers Kirchenverständnis heute (IBF 3), München 1980, 171–214, bes. 183ff u. E. Bethge, Dietrich Bonhoeffer und die Juden, in: H. Kremers (Hg.), Die Juden und Martin Luther – Martin Luther und die Juden: Geschichte, Wirkungsgeschichte, Herausforderung, Neukirchen-Vluyn 1985, 211–248.

8 Vgl. Tödt, Ernstfall, 154ff u. ders., Friedensethik, 101ff.

9 Vgl. Scharffenorth, Bekenntnisfrage, 192ff.

10 Vgl. M. Smid, Deutscher Protestantismus und Judentum 1932/33. Dietrich Bonhoeffers Wendung gegen die Diskriminierung des Judentums zu Beginn des Dritten Reiches, Diss. theol., Heidelberg 1986.

11 Vgl. Anderbrügge, Völkisches Rechtsdenken.

seltene Freiheit von den gängigen antiliberalen Kategorien. Vor dem Hintergrund von Leibholz' Rechtsverständnis wird deutlich, daß Bonhoeffer sich im Gegensatz zu weiten Teilen der Kirche der Welt liberaler, rechtsstaatlicher Politik, wie sie die Juristen des Freundes- und Familienkreises um das Haus Bonhoeffer vertraten, verpflichtet wußte. Er fordert die Kirche mit theologischen Argumenten auf, die Politik der neuen Machthaber an einem solchen Staatsbegriff in liberal-rechtsstaatlicher Tradition zu messen.

Aktueller Anlaß der Ausführungen ist die Behandlung der sogenannten Judenfrage in den ersten Monaten des Dritten Reiches. Hier wurde die Abkehr von dem Rechts- und Staatsverständnis, das den Weimarer Staat hervorgebracht und getragen hatte, vielleicht am frühesten und deutlichsten sichtbar. Bonhoeffer hatte die einschneidenden Folgen der Maßnahmen gegen die Juden durch seinen »nichtarischen« Schwager Gerhard Leibholz und dessen Familie unmittelbar vor Augen.[12] Durch die Juristen unter den Schwägern dürfte er zudem das rigorose Vorgehen gegen Juden in der preußischen Justiz schon im März wahrgenommen haben.[13] Als Ausgangsfrage seiner Erörterungen zum theologischen Sinn des Staates und seinem Verhältnis zur Kirche formuliert er das Problem, wie die Kirche die in der Geschichte einzigartige Tatsache beurteilen soll, daß der Jude unabhängig von seiner Religionszugehörigkeit allein um seiner Rassenzugehörigkeit willen vom Staat unter Sonderrecht gestellt wird.[14]

Die Entstehungsgeschichte des Aufsatzes ist von E. Bethge und den genannten Autoren schon dargestellt worden, so daß nur einige neue Gesichtspunkte nachzutragen sind.[15] Eine Analyse der Nachlaßpapiere Bonhoeffers ergibt, daß neben handschriftlichen Überarbeitungen und Korrekturen nicht nur – wie bisher angenommen – zwei, sondern drei Abfassungsstadien anzunehmen sind, bevor der Aufsatz im Juni-Heft der Zeitschrift »Der Vormarsch« veröffentlicht wurde.[16]

12 Zu den nationalsozialistischen Maßnahmen gegen die Juden vgl. U.D. Adam, Judenpolitik im Dritten Reich, Düsseldorf 1979. Noch vor Abschluß des Aufsatzes am 15. April 1933 wurde Gerhard Leibholz' älterer Bruder Hans von den Nationalsozialisten aus seinem Amt als Landgerichtsrat vertrieben. Kurz vor seinem Tod am 11. April 1933 wurde der Vater als Stadtrat entlassen (vgl. S. Leibholz-Bonhoeffer, Vergangen, 96).

13 »In den Justizbehörden. . .trieb der offizielle Antisemitismus neben dem allenthalben aufquellenden offiziösen die frühesten und ärgsten Blüten. Die Verdrängung jüdischer Beamter und Richter setzte in Preußen nicht nur vor Verkündigung des Berufsbeamtengesetzes vom 7. April ein; sie ging auch weiter als in anderen Ministerien und Verwaltungen (G. Schulz, Die Anfänge des totalitären Maßnahmenstaates, in: Bracher/Schulz/Sauer, Machtergreifung, Bd. 2, Frankfurt a.M.-Berlin-Wien 1974, 187).

14 Vgl. GS II, 44.

15 Vgl. DB, 321ff u. Bethge, Bonhoeffer und die Juden, 1980, 183ff.

16 Der Vormarsch, hg.v.F. Söhlmann u.G. Kunze, 3. Jg. (1933), Heft 6,

Am Beginn stand (1.) eine Ausarbeitung zur Frage der Kirchenmitgliedschaft ehemaliger Juden, die Bonhoeffer als Einführung für eine Diskussion der »Judenfrage« in einem Kreis Berliner Pfarrer verfaßt hat.[17] Nachdem Bonhoeffer die sechs Diskussionssätze dazu entworfen hatte, erfolgte die großangelegte Boykottaktion gegen jüdische Geschäftsleute am 1. April und die folgenschwere Nichtariergesetzgebung vom 7. April 1933.[18] Zudem wurden die wahren kirchenpolitischen Absichten der Nationalsozialisten auf der ersten Reichstagung der Deutschen Christen vom 3. bis 5. April 1933 in alarmierender Weise offenbar. Unter dem Eindruck dieser Ereignisse stellte Bonhoeffer den sechs Diskussionssätzen (2.) einen mehr als doppelt so langen Abschnitt voran. In ihm wird das Verhältnis von Kirche und Staat anhand der konkreten Frage, wie sich die Kirche zur staatlichen Judenpolitik zu verhalten habe, erörtert.[19] Bonhoeffer überarbeitete dann das maschinenschriftliche Manuskript und versah es mit geringfügigen handschriftlichen Verbesserungen.[20]

Für die Druckfassung wurde der Aufsatz schließlich (3.) noch um zwei Luther-Zitate am Anfang und eines am Ende sowie um einen längeren Abschnitt am Schluß des ersten Teils, der die heilsgeschichtliche Bedeutung der Juden als auserwähltes Volk hervorhebt, erweitert.[21] Die Hinzufügungen heben – bei gleichzeitiger inhaltlicher Nähe zu einer Passage der Christologie-Vorlesung – den heilsgeschichtlichen Vorrang der Juden als auserwähltes Volk hervor und weisen auf die daraus folgende Unmöglichkeit, die Judenfrage durch staatliches Handeln zu »lösen«.

Die folgende Darstellung der theologischen Ethik des Politischen in dem Aufsatz vom April 1933 und der Christologievorlesung des Sommersemesters 1933 orientiert sich an der für Bonhoeffer grundlegenden Feststellung, daß ein Staat seine Existenz bedroht, wenn er hemmungslos zuwenig oder zuviel Recht und Ordnung schafft. Unter einem »Zuwenig« versteht Bonhoeffer die Entrechtung einzelner Bürger oder Bevölkerungsteile, während durch ein »Zuviel« vor allem staatliche Eingriffe in das Leben der Kirche bezeichnet werden.[22]

171–176; vgl. BA, NL DB, Fiche A 37/1–1, 3 u.4. Die neuen Erkenntnisse sind teilweise aufgenommen in: Bethge, Bonhoeffer und die Juden, 1985, 224 Anm.15.

17 Die Behandlung dieses Themas erregte solchen Anstoß, daß Bonhoeffers Kollege an der Berliner Universität, der Pfarrer und Privatdozent Leonard Fendt, den er als Prediger sehr geschätzt hat, den Kreis verließ (vgl. DB, 321).

18 Vgl. Adam, Judenpolitik, 46ff.

19 Vgl. GS II, 44–50.

20 Vgl. BA, NL DB, Fiche A 37/1–1, 3.

21 Vgl. GS II, 49f. Die Einfügung beginnt auf S. 49: »Die staatlichen Maßnahmen gegen das Judentum...« und endet auf S. 50: »...bei der zweiten Frage angelangt.«

22 Als Beispiele nennt Bonhoeffer den zwangsmäßigen Ausschluß der getauften Juden aus den christlichen Gemeinden oder das Verbot der Judenmission (vgl GS II, 49).

Nach einer Darstellung der Entwicklungen im Verhältnis von Kirche und Staat in den ersten Monaten des Jahres 1933 ist in einem zweiten Abschnitt Bonhoeffers Staatsauffassung in liberal-rechtsstaatlicher Tradition herauszuarbeiten. Ein dritter Gedankengang soll die neuen Akzente in Bonhoeffers Bestimmung des Verhältnisses von Kirche und Staat im Frühsommer 1933 aufzeigen.

I. Kirche und Staat in den ersten Monaten des Jahres 1933

In den Monaten zwischen Machtergreifung und Abschluß des Aufsatzes zur Judenfrage am 15. April lassen sich verschiedene Phasen im Verhältnis von Kirche und Staat unterscheiden. Dies gilt für die *nationalsozialistische Kirchenpolitik* auf der einen wie auch für die *Reaktionen der Kirchenführer* auf der anderen Seite.[23]

A. Die nationalsozialistische Kirchenpolitik

Am Beginn des Dritten Reiches stand das Bemühen der nationalsozialistischen Führer, eine zustimmende Haltung der Kirchenleitungen und des Kirchenvolkes zur nationalen Revolution und dem neuen Staat zu wecken. Im Zuge der ersten Reichstagung der Deutschen Christen vom 3. bis 5. April 1933 in Berlin wurde jedoch die Absicht der Nationalsozialisten offenkundig, ihren Herrschaftsanspruch auch im Bereich der Kirche durchzusetzen.

1. Die Inanspruchnahme christlicher Traditionen durch führende Nationalsozialisten

Hitler hatte in seinem Werk »Mein Kampf« den Gegensatz von Christentum und Nationalsozialismus, der eine eigene Weltanschauung darstelle, ausgesprochen.[24] Seit Beginn der dreißiger Jahre vermied er aus taktischen Gründen jeden Konflikt mit den christlichen Kirchen. Nach dem Antritt der Reichskanzlerschaft suchte er den Eindruck eines christlichen Staatsmannes zu vermitteln, um die Kirchenleitungen aus ihrer reservierten Hal-

23 Vgl. zum Folgenden J.S. Conway, Die nationalsozialistische Kirchenpolitik 1933–1945. Ihre Ziele, Widersprüche und Fehlschläge (übers. v.C. Nicolaisen), München 1969, 26ff; J.R.C. Wright, »Über den Parteien«. Die politische Haltung der evangelischen Kirchenführer 1918–1933 (AkZG, Reihe B: Darstellungen, Bd. 2), Göttingen 1977, 183ff; Siegele-Wenschkewitz, Nationalsozialismus, 63ff; Scholder, Band 1, 277ff sowie G. van Norden, Der deutsche Protestantismus im Jahr der nationalsozialistischen Machtergreifung, Gütersloh 1979, 13ff.

24 Vgl. Hitler, Mein Kampf, 506f.

tung gegenüber dem Nationalsozialismus zu locken und die Anhänger der christlichen Kirchen für sich zu gewinnen.

Schon in dem »Aufruf der Reichsregierung an das deutsche Volk«, der am Abend des 1. Februar 1933 vom Rundfunk übertragen wurde, bediente sich Hitler eines pseudoreligiösen Vokabulars, um seine Verbundenheit mit christlichen Traditionen darzustellen. Er sprach von dem Segen, den der Allmächtige dem deutschen Volk seit den Tagen des Verrats entzogen habe, und von dem Gelöbnis, das »wir als nationale Führer Gott, unserem Gewissen und unserem Volke« ablegen. Die nationale Regierung »wird das Christentum als Basis unserer gesamten Moral, die Familie als Keimzelle unseres Volks- und Staatskörpers in ihren festen Schutz nehmen.« Hitler schloß mit der fast liturgisch formulierten Bitte: »Möge der allmächtige Gott unsere Arbeit in seine Gnade nehmen, unseren Willen recht gestalten, unsere Einsicht segnen und uns mit dem Vertrauen unseres Volkes beglücken.«[25]

Am 10. Februar eröffnete Hitler den Wahlkampf für die Reichstagswahlen mit einer Rede im Berliner Sportpalast, die wiederum in pseudoreligiösen Bekenntnisformulierungen gipfelte. Hitler ließ die Ansprache in einer dem Vaterunser nachempfundenen Glorifizierung des deutschen Reiches gipfeln und schloß mit einem »Amen«.[26] Die nationalsozialistischen Medien hoben in Leitartikeln »Hitlers Bekenntnis zum christlichen Staat« hervor[27] und berichteten unaufhörlich von den Zügen der SA-Stürme in die Gotteshäuser.[28] Man erwog den Plan eines Bittgottesdienstes für Volk und Vaterland[29] und förderte zunächst den Eintritt zahlreicher Parteigenossen und SA-Männer in die Kirche.[30]

Am 4. Februar wurde eine vom nationalsozialistischen Innenminister Frick vorbereitete Verordnung »zum Schutze des deutschen Volkes« erlassen, die die Beschimpfung und Verächtlichmachung religiöser Einrichtungen und Gebräuche mit Strafverfolgung bedrohte.[31] Noch im selben Monat führte die kommissarische preußische Regierung gleichzeitig mit dem Abbau der religionslosen »weltlichen Schulen« den Religionsunterricht als ordentliches Lehrfach auch in den Berufs- und Fortbildungsschulen wieder

25 M. Domarus, Hitler. Reden und Proklamationen. 1932–1945, kommentiert von einem deutschen Zeitgenossen, Bd. I: Triumph, 1. Halbbd. 1932–1934, München 1965, 191–194.

26 AaO., 208.

27 Vgl. die Beispiele bei Scholder, Band 1, 282.

28 G. Kretschmar (Hg.), Dokumente zur Kirchenpolitik des Dritten Reiches, Bd. 1: Das Jahr 1933, bearb.v.C. Nicolaisen, München 1971, 6–8.

29 AaO., 11–13; vgl. Scholders editorischen Einwand (ders., Bd. 1, 794 Anm. 26).

30 Vgl. Bracher, Stufen, 444.

31 Vgl. RGBl. 1933, Teil I, 35ff, bes. 36f; vgl. auch K. Repgen u.H. Borms (Hg.), Akten der Reichskanzlei. Regierung Hitler 1933–1938, Teil 1: 1933/34, Bd. 1, bearb. v.K.-H. Minuth, Boppard a.Rh. 1983, 29 Anm. 7 u. 34.

ein. Der preußische Ministerpräsident Göring hatte während einer Besprechung der Reichskommissare am 22. Febr. 1933 erklärt, »er halte es *aus politischen Gründen* für sehr wertvoll, gerade jetzt einen Erlaß über die Einführung des Religionsunterrichts in den Berufsschulen herauszubringen.«[32]

Immer wieder hoben führende Nationalsozialisten die Bedeutung der christlichen Kirchen im Kampf gegen den Bolschewismus hervor. Der am 3. Februar zum kommissarisch waltenden preußischen Kultusminister ernannte ehemalige Studienrat Bernhard Rust suchte in seiner ersten Rede vor den Angestellten des Ministeriums alle Ängste vor einem neuen Kulturkampf, die mit der Ernennung eines Nationalsozialisten zum Kultusminister verbunden waren, zu zerstreuen. Sein Hauptanliegen, das der Völkische Beobachter als Überschrift eines Leitartikels aufgriff, war die Beschwörung der gemeinsamen Front der christlichen Kirchen und des Nationalsozialismus in dem »erbitterten Existenzkampf gegen den Bolschewismus«.[33] Wie andere Nationalsozialisten beendete er seine Vorstellungsrede mit verschleiernden christlichen Floskeln: »Im Vertrauen auf Gott und im Glauben an unser Volk gehen wir an unsere Aufgaben. Kann es etwas Schöneres geben?«[34]

Einen vorläufigen Höhepunkt der nationalsozialistischen Beschwichtigungstaktik gegenüber den Kirchen bildete die geschickt inszenierte Eröffnung des Reichstags in der Potsdamer Garnisonskirche am 21. März und Hitlers zwei Tage später vorgetragene Regierungserklärung. Schon der Termin, den man im Anklang an die feierliche Eröffnung des ersten Reichstags des »zweiten Reiches« am 21. März 1871 wählte, und ebenso der traditionsreiche Ort der Garnisonskirche diente dazu, die Kontinuität der jungen nationalsozialistischen Bewegung mit den großen Traditionen des alten Preußen sichtbar zu machen. Auch die Kirchen hatten die ihnen

32 AaO., 107 (Hervorheb. hinzugef., CS). Aufschlußreich für die taktischen Absichten der Verfügung ist auch die auf Görings Äußerung folgende Diskussion (aaO., 107ff).

33 Vgl. Kretschmar/Nicolaisen, Dokumente, 4–6.

34 AaO., 6. So augenscheinlich wie nie zuvor wurde die nationalsozialistische Beschwichtigungstaktik gegenüber den Kirchen in den Vorgängen um Hitlers abschließende Wahlkampfrede am Vorabend der Reichstagswahlen. Der Rundfunk verbreitete diese Kundgebung, die sich wiederum in Gebet und pseudochristliche Bekenntnisse zu Gott dem Allmächtigen steigerte, von Königsberg aus in alle Teile Deutschlands. Den Abschluß der Rundfunkübertragung bildete das allen Deutschen noch aus kaiserlicher Zeit vertraute sogenannte »Niederländische Dankgebet« und das dröhnende Geläut der Glocken des Königsberger Doms. Bezeichnenderweise hatten die Nationalsozialisten den Choral und das Geläut nur von einer Schallplatte eingespielt, nachdem das Läuten der Glocken vom Königsberger Konsistorium verboten worden war. Zwar gab es scharfe Proteste gegen diesen Betrug, aber den Nationalsozialisten war es gelungen, vor den Wahlen am 5. März eine wirkungsvolle christliche Weihung ihrer Bewegung zur Schau zu stellen (vgl. Scholder, Band 1, 283f u. Kretschmar/Nicolaisen, Dokumente, 13f).

zukommende Rolle dabei zu spielen und die erwünschte religiöse Weihe der Zeremonie zu liefern. Obwohl vereinzelter Widerspruch kirchlicherseits gewisse Einschränkungen notwendig machte, erreichten die Nationalsozialisten ihr Ziel einer christlichen Aufwertung der »nationalen Revolution«.[35]

Zwei Tage später sicherte Hitler in seiner Regierungserklärung den christlichen Kirchen nicht nur ganz allgemein den Schutz und die Förderung des Staates zu, sondern garantierte auch ihre rechtliche Unantastbarkeit. Er hob hervor, daß die nationale Regierung in den beiden christlichen Konfessionen »wichtigste Faktoren der Erhaltung unseres Volkstums« sehe. »Ihre Rechte sollen nicht angetastet werden.«[36] Damit sollten die Ängste vor einer in den Jahren zuvor angedrohten Kündigung der bestehenden Kirchenverträge oder einer Änderung der Artikel der Weimarer Reichsverfassung, die das Verhältnis von Kirche und Staat regelten, zerstreut werden. Zugleich machte Hitler den Kirchen auch Hoffnungen auf eine Steigerung ihres Einflusses, wenn er eine großzügige Haltung des künftigen Staates in der umstrittenen Frage der Stellung der Kirchen im Schul- und Erziehungswesen zur Schau stellte. »Die nationale Regierung wird in Schule und Erziehung den christlichen Konfessionen den ihnen zukommenden Einfluß einräumen und sicherstellen.«[37] Zwar wies Hitler den Kirchen ihren Platz im »Kampf gegen die materialistische Weltauffassung« sowie bei der »Arbeit an der nationalen und sittlichen Erhebung unseres Volkes« zu; einem künftigen Arrangement der Kirchen mit dem neuen Staat schien jedoch wenig im Wege zu stehen.

2. Die Versuche einer Gleichschaltung der evangelischen Kirche mithilfe der Deutschen Christen

Die wahren kirchenpolitischen Ziele der nationalsozialistischen Führer wurden freilich zwei Wochen später auf der mit großem Propagandaaufwand veranstalteten ersten Reichstagung der Glaubensbewegung Deutsche Christen offenbar. Neben der offiziellen Kirchenpolitik, wie sie die in staatliche Ämter gelangten nationalsozialistischen Parteiführer vertraten, suchten die Nationalsozialisten auf dem Wege der Gründung und Förderung einer kirchenpolitischen Gruppierung Einfluß im kirchlichen Bereich zu gewinnen. Zwar blieb diese aus verschiedenen Einzelgruppen zusammengewachsene Glaubensbewegung Deutsche Christen noch lange nach ihrer Entstehung auf einzelne Gebiete des Reiches beschränkt und auch hier ohne größeren Einfluß, aber bereits bei den preußischen Kirchenwah-

35 Vgl. zum Ganzen Bracher, Stufen, 202ff.
36 Vgl. Kretschmar/Nicolaisen, Dokumente, 24.
37 AaO., 24.

len im November 1932 erhielt sie die überraschend große Zahl von einem runden Drittel aller Sitze.[38]

Auch nach diesem Erfolg war der Einfluß der Deutschen Christen in den Landeskirchen sehr beschränkt und selbst nach der nationalsozialistischen Machtübernahme am 30. Januar 1933 blieb der große Zulauf vorerst noch aus. Dic erste Reichstagung vom 3. bis 5. April sollte endlich die ersehnte Aufmerksamkeit und Anerkennung in der kirchlichen Öffentlichkeit bringen.[39] Sie war nicht nur Auslöser für eine Fülle von hektischen Aktivitäten auf Seiten der Kirchenleitungen, sondern bildete auch den Hintergrund der Erörterungen Bonhoeffers zum Verhältnis von Kirche und Staat in dem Aufsatz zur Judenfrage.

Die Tagung bestätigte Bonhoeffers schon im Februar geäußerte Warnung, die Übernahme staatlicher Autorität durch das nationalsozialistische Führertum werde zu einer maßlosen Ausweitung und so gerade zu ihrem Verlust führen. Schon die Einsetzung eines Ehrenausschusses, dem neben anderen die Reichsminister Frick und Göring, der Berliner SA-Führer Graf Helldorf sowie der preußische Landtagspräsident Hans Kerrl angehörten, demonstrierte den Rückhalt der Deutschen Christen bei den in Amt und Würden gelangten nationalsozialistischen Parteiführern.[40] Auch die Tatsache, daß die gesamte Tagung vom Rundfunk übertragen wurde, deutete auf die besondere Förderung der kirchenpolitischen Gruppierung durch Partei und Staat.

Vor allem aber sprach einer der maßgeblichen Initiatoren der Tagung, Wilhelm Kube, die Absicht von Partei und Staat, mit staatlichen Mitteln in das kirchliche Leben einzugreifen, offen aus. Kube betonte, er rede weniger in seiner Eigenschaft als Oberpräsident von Berlin und Brandenburg,

38 Vgl. K. Meier, Die Deutschen Christen. Das Bild einer Bewegung im Kirchenkampf des Dritten Reiches, Göttingen 1964 u. Scholder, Band 1, 239ff, bes. 272. Einer der ersten, die sich mit der in den am 6. Juni 1932 der Öffentlichkeit vorgestellten Richtlinien vertretenen Theologie kritisch auseinandersetzten, war der Berliner Amtskollege und Bekannte Bonhoeffers, Hermann Sasse. In dem von ihm herausgegebenen Kirchlichen Jahrbuch von 1932 äußerte er sich hellsichtig über das Verhältnis der Deutschen Christen zur NSDAP, lange bevor es durch ihre erste Reichstagung im April 1933 offensichtlich geworden war: »So hat die evangelische Kirche Deutschlands das traurige Ereignis erlebt, das vielleicht einmal kirchengeschichtliche Bedeutung haben wird, daß zum ersten Mal eine politische Partei zum Kampf um die Macht in der evangelischen Kirche angetreten ist«(KJ 59 (1932), 68).

39 Zur Reichstagung der Deutschen Christen vgl. Scholder, Band 1, 365ff u. van Norden, Protestantismus, 139ff. Die Referate sind größtenteils abgedr. in: J. Hossenfelder (Hg.), Volk und Kirche. Die amtlichen Berichte der ersten Reichstagung 1933 der Glaubensbewegung »Deutsche Christen«(Schriftenreihe der »Deutschen Christen«, Heft 4), Berlin 1933.

40 Vgl. Scholder, Band 1, 366. G. van Norden berichtet die Anwesenheit der Minister Frick und Göring (ders., Protestantismus, 140).

sondern vielmehr als Führer der preußischen Landtagsfraktion der NSDAP. Er drohte unmißverständlich einen Eingriff mit staatlichen Machtmitteln in das Leben der Kirche an und versicherte vor den versammelten Deutschen Christen: »Sie dürfen die Gewißheit entgegennehmen, daß die preußische Landtagsfraktion der NSDAP rücksichtslos mit allen ihr zu Gebote stehenden Mitteln des Etatrechts und der durch den Kirchenvertrag uns gegebenen Personalpolitik der Umstellung in unserem Volk auch auf dem Gebiet der Kirchenpolitik Rechnung tragen wird.«[41] Damit kündigte der oberste preußische Beamte nicht nur die direkte Einflußnahme einer politischen Partei auf das Leben der Kirche an, sondern auch den pseudolegalen Eingriff staatlicher Instanzen unter Berufung auf die sogenannte »politische Klausel« des preußischen Kirchenvertrages.[42]

Die Beiträge der übrigen Referenten zeigten ebenfalls, daß die nationalsozialistische Parteiführung mit ihrer Förderung der Deutschen Christen lediglich das Ziel verfolgte, die staatliche Gleichschaltungspolitik im Bereich der evangelischen Kirche voranzutreiben. Der junge Berliner Rechtsanwalt Dr. Friedrich Werner forderte in seinem Referat über »Die Rechtsgrundlagen der kommenden Reichskirche« die Gleichschaltung von Staat und Kirche, denn erst sie könne »die unerhörte Kraftsteigerung hervorbringen, deren die Nation zur Erreichung ihrer Ziele bedarf.«[43] Sogar die Einsetzung von Staatskommissaren sei notwendig, um die Reform der Kirche hin zu einer wahren Reichskirche voranzutreiben.

Noch deutlicher wurde die Absicht, die Prinzipien staatlicher Herrschaft in den Bereich der Kirche zu übertragen in einem Referat des Berliner Pfarrers Siegfried Nobiling über »Kirchliches Führertum«.[44] Auch er forderte die »Gleichschaltung der empirischen Kirche mit dem Volksstaat der nationalen Revolution«. In genauer Entsprechung zu dem von den Nationalsozialisten im Staate etablierten Führerprinzip sah er die Notwendigkeit eines neuen kirchlichen Führertums. Es müßte die durch die nationale Revolution geschaffene politische Lage begrüßen und »sein Amt und seine Arbeit immer im Volke selbst und an ihm« haben. Die von den Nationalsozialisten ungebrochen übernommene völkisch-rassische Ideologie hatte zur Folge, daß die Deutschen Christen das Ziel aller kirchlichen Arbeit in der »Erfüllung des Volkstums mit den erlösenden und heiligenden Kräften des Evangeliums« sahen. Nur wenige Tage vor der Verabschiedung der staatlichen Ariergesetzgebung forderte Nobiling darum die Einführung des

41 Kretschmar/Nicolaisen, Dokumente, 30.

42 Die sogenannte politische Klausel besagte, daß niemand zum Vorsitzenden einer Behörde der Kirchenleitung ernannt werden sollte, »von dem nicht die zuständige kirchliche Stelle durch Anfrage bei der preußischen Staatsregierung festgestellt hat, daß Bedenken politischer Art gegen ihn nicht bestehen« (aaO., 30 Anm. 3).

43 Zit. in: Scholder, Band 1, 368.

44 Abgedr. in: van Norden, Protestantismus, 160–164.

Arierparagraphen in den Bereich der Kirche. »Ein kirchliches Ehrenamt kann nur bekleiden, wer kein artfremdes Blut in sich hat...Zum Pfarramt ist nur zuzulassen, wer rein arischen Blutes ist.«[45]

Mit dem Ziel einer in Anlehnung an das neue Reich zu schaffenden *Reichskirche* sowie den Forderungen eines neuen volkhaften *Führertums* und des *Arierparagraphen* in der Kirche lagen die Deutschen Christen Anfang April genau auf der Linie der staatlichen Gleichschaltungspolitik. Ihre von führenden Nationalsozialisten massiv unterstützte erste Reichstagung machte deutlich, daß es sich beim Erstarken der Glaubensbewegung nicht einfach um ein Übergreifen der revolutionären nationalsozialistischen Bewegung in das kirchliche Leben handelte. Vielmehr versuchten die nationalsozialistischen Führer mit ihrer Hilfe die staatliche Macht auch auf den bisher relativ selbständigen Bereich der Kirche auszudehnen.

Anfang April wurde gerade an der nationalsozialistischen Kirchenpolitik jenes für den gesamten Prozeß der Machtergreifung und Gleichschaltung so bedeutsame Ineinander einer *pseudolegalen »Revolution von oben«* und einer *manipulierten »Revolution von unten«* offenkundig wie nie zuvor.[46] Bonhoeffer hatte schon unmittelbar nach der Machtergreifung vor dem revolutionären, echte staatliche Autorität zerstörenden Charakter des nationalsozialistischen Führertums gewarnt, auch wenn dieses sich mit dem Schein der Autorität des Amtes umgeben sollte. Seine Überlegungen zu einer Verhältnisbestimmung von Kirche und Staat unter den neuen Bedingungen der nationalsozialistischen Herrschaft im April 1933 zeigen, daß er den ambivalenten Charakter der nationalsozialistischen Kirchenpolitik weit klarer durchschaute als die meisten anderen Theologen und Kirchenführer.

B. Die Reaktion der Kirchenführer

Die Stellungnahmen der Kirchenführer in den ersten Monaten nach der Machtergreifung spiegeln eine folgenreiche Veränderung im Verhältnis der evangelischen Kirche zum neuen Staat wider. Während in den ersten Wochen eine abwartend-skeptische Haltung vorgeherrscht hatte, sind die Äußerungen seit der zweiten Hälfte des März von teilweise euphorischer Zustimmung zum nationalen Aufbruch gekennzeichnet.

45 AaO., 164.
46 Zu den Formulierungen vgl. Bracher, Stufen, 196.

1. Die Zurückhaltung in der Bewertung der jüngsten politischen Entwicklung

Obwohl große Teile des deutschen Protestantismus von der »nationalen Revolution« ergriffen waren, hielten sich die Kirchenleitungen in der Zeit der ersten Begeisterung mit positiven Stellungnahmen noch zurück. Zu groß schienen die Unwägbarkeiten der mit viel revolutionärem Pathos in Wort und Tat vorangetriebenen nationalen Erhebung für das zukünftige Verhältnis von Kirche und Staat. Bis auf einzelne Gremien wie das Präsidium des evangelischen Bundes, das vor den Märzwahlen offen zur Abstimmung für Hitler und von Papen aufrief,[47] suchten die Kirchenleitungen durchaus noch die Unabhängigkeit und Überparteilichkeit der Kirche zu wahren. So warnte der württembergiche Kirchenpräsident Wurm Anfang März in einer Eingabe an den Deutschen Evangelischen Kirchenausschuß vor einem Verlust der Freiheit der Kirche gegenüber dem Staat. »Die furchtbarste Gefahr des Augenblicks ist die, daß uns das, was wir uns erkämpft haben, eine gewisse Bewegungsfreiheit gegenüber Reich und Staat, verloren geht.«[48]

Am 15. Februar sandte Wurm dem Präsidenten des Kirchenausschusses Hermann Kapler zwei Entwürfe für eine vorgesehene Kundgebung, in denen er an das Bibelwort, daß Gerechtigkeit ein Volk erhöht (Sprüche 14, 34), erinnert.[49] Jedoch wird Gerechtigkeit in einem antiliberalen Sinne ganz von den Lebensnotwendigkeiten des Volkes und des Staates her verstanden. Wurm verband die Mahnung mit einer ausdrücklichen Würdigung der Dienste der Bewegung in Anbetracht der Versäumnisse des Liberalismus gegenüber zersetzenden Einflüssen und der bolschewistischen Bedrohung.

Daneben lag dem Kirchenausschuß der Entwurf für eine Kundgebung vor, den der konservative Lutheraner und Präsident des Kirchentages Freiherr von Pechmann verfaßt hatte. Dieser auch in gekürzter Form in der Sitzung vom 2. und 3. März ohne Zustimmung gebliebene Entwurf wandte sich scharf gegen die nationalsozialistischen Wahlkampf- und Propagandamethoden. Die Kirche könne dazu nicht schweigen, sondern habe ihre Mitglieder aufzurufen: »Je mehr des Hasses, desto mehr Liebe! Röm. 12,12. . .je mehr Lüge, desto strengere Wahrhaftigkeit! Nehmet es ernst mit dem achten Gebot!«[50] Auch wenn der Kirchenausschuß sich insgesamt

47 Vgl. van Norden, Protestantismus, 40.

48 G. Schäfer, Die evangelische Landeskirche in Württemberg und der Nationalsozialismus. Eine Dokumentation zum Kirchenkampf, Bd. 1: Um das politische Engagement der Kirche 1932–1933, Stuttgart 1972, 250.

49 Vgl. Entwurf I, S. 2, abgedr. aaO., 236–238.

50 Abgedr. aaO., 243f; vgl. F.W. Kantzenbach, Widerstand und Solidarität der Christen in Deutschland 1933–1945. Eine Dokumentation zum Kirchenkampf aus den Papieren des D. Wilhelm Freiherrn von Pechmann (Einzelarbeiten aus der Kirchengeschichte Bayerns 51), Neustadt/Aisch 1971.

nicht zu solch klarer Stellungnahme durchringen konnte, waren sich einige der Kirchenführer ihrer Verantwortung nicht nur für die Unabhängigkeit der Kirche, sondern auch die zukünftige Entwicklung des politischen Lebens bewußt.

Großes Aufsehen erregte ein vertrauliches, aber kurze Zeit später in einem nationalsozialistischen Parteiblatt veröffentlichtes Schreiben des kurmärkischen Generalsuperintendenten Otto Dibelius an die Pfarrer seines Sprengels.[51] Auf dem Hintergrund einer bewußt nationalen Haltung begrüßte er Anfang März in einer charakteristischen Fehleinschätzung Hitlers und der nationalsozialistischen Bewegung »die endliche Wiederherstellung klarer verfassungsrechtlicher Verhältnisse«. Das zentrale Problem sah er wie schon Wurm darin, daß die Kirche ihre Überparteilichkeit und Unabhängigkeit bewahre. An vier Punkten würde die Entscheidung fallen: Zum einen gelte es die Reinheit der evangelischen Verkündigung zu wahren, da das Evangelium im Gegensatz zu jeder menschlichen Ideologie stehe. Sodann müsse die Verantwortung der Kirche für die Gesamtheit des Volkes festgehalten und eine Inanspruchnahme des Christentums durch die nationalsozialistischen Führer abgewehrt werden. Daneben sei die kirchliche Disziplin zu wahren und die Übernahme kirchenfremder Gebräuche in das kirchliche Leben zu vermeiden. Schließlich müsse die Kirche gerade jetzt »das Gewissen des Staates« bleiben und im Großen und Kleinen tapfer und offen sagen, was nach Gottes Wort Recht und was Unrecht sei.[52]

Dibelius sah durchaus die Verantwortung der Kirche für die Bewahrung des Rechtes im politischen Leben, aber dessen inhaltliche Bestimmung übernahm er ähnlich wie Wurm unbesehen von der an die Macht gelangten nationalen Bewegung. Neben der katastrophalen Fehleinschätzung der Kanzlerschaft Hitlers war es diese unkritische Teilhabe an dem antiliberalen, von völkischem Gedankengut geprägten Rechts- und Staatsverständnis, welche die Kirche an der Erfüllung der – zumeist selbst gesehenen – Verantwortung für das politische Leben hinderte. Daß die Ursache des Scheiterns weniger in einer Ängstlichkeit gegenüber den neuen Machthabern als in der Unfähigkeit zu selbständigem politischen Urteil lag, macht auch die viel konsequentere Abwehr der Eingriffe von Partei und Staat in die Kirche deutlich. Der mutige Rundbrief Dibelius', über dessen entscheidenden Inhalt sich Karl Barth »aufrichtig froh« zeigte, ist hierfür ein gutes Beispiel.[53]

51 Vgl. zum Folgenden Scholder, Band 1, 293ff.
52 Zit. aaO., 294.
53 AaO., 296.

2. Der Stimmungsumschwung in der zweiten Märzhälfte

Die angedeutete Veränderung des Tenors der kirchlichen Stellungnahmen von einer abwartend-skeptischen hin zu einer freudig-bejahenden Grundhaltung gegenüber der nationalen Revolution erfolgte – wohl nicht ohne Einfluß des »Tages von Potsdam« – in der zweiten Märzhälfte. Symptomatisch dafür war die Predigt Otto Dibelius' anläßlich der Eröffnung des neuen Reichstags in der Potsdamer Nicolaikirche. Trotz brieflicher Aufforderungen Karl Barths und Theodor Heuss', angesichts der nationalsozialistischen Gewaltmaßnahmen Gerechtigkeit anzumahnen,[54] fiel Dibelius in der feierlichen Atmosphäre des 21. März in den schwärmerischen Ton der nationalen Erhebung.

Schon die Wahl des Predigttextes Römer 8,31 »Ist Gott für uns, wer mag wider uns sein?« beinhaltete die Gefahr einer religiösen Überhöhung der nationalen Siegesstimmung. Mit den Worten Heinrich von Treitschkes beschwor Dibelius den begeisternden Aufblick zum eigenen Staat als »eine der erhabendsten Empfindungen im Leben eines Mannes«.[55] Seine Ermahnungen der nationalsozialistischen Machthaber gingen im Pathos des nationalen Aufbruchs unter. Zwar betonte er, daß staatliches Amt sich nicht mit persönlicher Willkür vermengen dürfe, aber diese Forderung wird sogleich wieder eingeschränkt. Ein neuer Anfang staatlicher Geschichte stehe immer irgendwie im Zeichen der Gewalt, denn der Staat sei Macht. Gerechtigkeit und Liebe müßten walten – aber erst wenn die Ordnung wiederhergestellt ist.[56]

Auch die Beiträge der großen protestantischen Wochenzeitschrift »Das evangelische Deutschland« spiegeln den in der zweiten Märzhälfte erfolgten Umschwung der Stimmung von wohlwollender Distanzierung in begeistertes Einverständnis mit der jüngsten politischen Entwicklung wider. In der Ausgabe vom 19.März waren noch die üblichen Aufrufe zur Mitarbeit der Kirche am Kampf des Staates gegen den Bolschewismus und die Bekundung der Verbundenheit mit Volk und Vaterland zu lesen.[57]

Die folgende Ausgabe vom 26. März druckte auf der ersten Seite Otto

54 Zu Barths Brief vgl. ebd. Das Schreiben Theodor Heuss' ist abgedruckt in: M. Vogt u.R. Dahrendorf (Hg), Theodor Heuss. Politiker und Publizist, Aufsätze und Reden, Tübingen 1984, 256f. Auch von Bonhoeffer wird berichtet, daß er anläßlich einer Teestunde bei Dibelius wenige Tage vor dessen Predigt zu ihm geäußert habe, die Kirche dürfe jetzt nicht bei Akklamationen verharren (vgl. DB, 315).

55 Die Predigt ist abgedr. in: van Norden, Protestantismus, 52–55.

56 Auch die Erinnerung an Luthers Fürstenkritik schränkt Dibelius sogleich wieder ein. Luther habe Gerechtigkeit gefordert, »sobald die Ordnung wiederhergestellt« sei (aaO., 54).

57 Vgl. A. Ehrt, Kirche, Staat und Bolschewismus, in: ED 10 (1933), Nr. 12, 94f (wiederabgedr. aaO., 47f) u.d. Bericht »Die evangelischen Preßverbände zur Lage in Volk und Kirche«, in: ED 10 (1933), Nr. 12, 98.

Dibelius' Predigt zur Reichstagseröffnung ab und versah sie mit der bezeichnenden Schlagzeile »Ein Reich, ein Volk, ein Gott«.[58] In den Berichten »aus Kirche, Leben und Zeit« werden vier Kundgebungen zum Verhältnis von Kirche und Staat wiedergegeben. Drei davon, ein Aufruf des Oberkirchenrats der Mecklenburg-Schweriner Landeskirche, ein Aufruf des Thüringischen Landeskirchenrats und eine Kanzelabkündigung der Bischöfe von Schleswig und Holstein begrüßen die Wende im politischen Leben »aufs Freudigste«.[59]

Eine Woche später wurde im »Evangelische(n) Deutschland« unter der Überschrift »Die Würfel sind gefallen. – Die Bischofskonferenz lenkt ein« vom Wandel des katholischen Episkopats in der Beurteilung des Nationalsozialismus berichtet.[60] Nach den Verurteilungen der nationalsozialistischen Weltanschauung Anfang der dreißiger Jahre wird die Kundgebung der Fuldaer Bischofskonferenz am 28. März 1933 in vollem Wortlaut wiedergegeben, da sie »einen grundsätzlichen Wandel in der Einstellung der katholischen Kirche zum Nationalsozialismus« bedeute. Der entscheidende Satz des Bischofswortes lautete: »Ohne die in unseren früheren Maßnahmen liegende Verurteilung bestimmter religiös-sittlicher Irrtümer aufzuheben, glaubt daher der Episkopat das Vertrauen hegen zu können, daß die vorbezeichneten allgemeinen Verbote und Warnungen nicht mehr als notwendig betrachtet zu werden brauchen.« Trotz der zurückhaltenden Formulierungen wurde die Kundgebung, wie auch der Abdruck und die einleitende Bemerkung im »Evangelische(n) Deutschland« zeigt, als Zustimmung zum Dritten Reich verstanden.[61]

Von großer Bedeutung für Bonhoeffers Sicht der zukünftigen Entwicklung des Verhältnisses von Kirche und Staat Mitte April 1933 dürfte die Verabschiedung eines überschwenglichen Bekenntnisses zum neuen Staat durch die versammelte Kirchenleitung der Altpreußischen Union am 11. April gewesen sein. Diese Botschaft, die von allen Kanzeln der größten Landeskirche Deutschlands am Ostersonntag verlesen werden sollte, wurde verbunden mit der Aufforderung an alle Pfarrer, des bevorstehenden Geburtstages des Reichskanzlers im Gottesdienst fürbittend zu geden-

58 AaO., 101f.

59 »Aus deutscher Not ist in nationaler Besinnung eine deutsche Freiheitsbewegung erwachsen« (aaO., 105).

60 AaO., 111 (wiederabgedr. in: B. Stasiewski, Akten deutscher Bischöfe über die Lage der Kirche 1933–1945, Bd. 1: 1933–1934, Mainz 1968, 30–32.

61 Bonhoeffers Kollege als Studentenpfarrer in Berlin, der Dominikanerpater Franziskus Stratmann, schrieb am 10. April 1933 an Paul Haber: »Die Seelen der Gutgesinnten sind durch die nationalsozialistische Gewaltherrschaft aufgewühlt, und ich spreche nichts als eine Tatsache aus, wenn ich sage, daß die bischöfliche Autorität durch die Quasi-Approbation der nationalsozialistischen Bewegung bei zahllosen Katholiken und Nichtkatholiken ins Wanken geraten ist« (zit. in: Scholder, Band 1, 320).

ken. Die Osterbotschaft wandte sich an ein Volk, zu dem Gott angeblich »durch eine große Wende« gesprochen habe. Man wußte sich »mit der Führung des neuen Deutschlands dankbar verbunden« und gab sich »freudig bereit zur Mitarbeit an der nationalen und sittlichen Erneuerung unseres Volkes.«[62] Kein Wort der Mahnung oder der Erinnerung an die Opfer des neuen Kurses war in dieser Kundgebung, vor der als einziger der versammelten Kirchenleitung der Generalsuperintendent der Kurmark, Otto Dibelius, gewarnt hatte, zu hören.

Zwar war in all den zitierten Stellungnahmen auch von der Freiheit der Kirche die Rede, aber die staatliche Gleichschaltungspolitik zeigte schon Anfang April erste Früchte. Nachdem die beiden Gesetze zur Gleichschaltung der Länder mit dem Reich verabschiedet worden waren und die Deutschen Christen auf ihrer ersten Reichstagung lautstark die Forderung nach einer deutschen Reichskirche erhoben hatten, setzte eine breite Diskussion im deutschen Protestantismus ein, wie die Kirche ihre Verfassung den neuen Verhältnissen gemäß umgestalten müsse. Auch die Gerüchte über ein bevorstehendes Reichskonkordat förderten den Plan einer durchgreifenden Reform der gesamtkirchlichen Organisation. Sie sollte eine bessere Vertretung kirchlicher Interessen gegenüber der durch die Gleichschaltung der Länder zentralisierten Staatsgewalt gewährleisten.

Die zahlreichen Beiträge zu der Frage, vor allem in den ersten April-Nummern der »Tägliche(n) Rundschau«, lagen schon auf der Linie der späteren jungreformatorischen Position.[63] Während man mit den Deutschen Christen in der Bejahung des neuen Staates übereinstimmte, wollte man im Gegensatz zu diesen eine von staatlichen Eingriffen unabhängige Reform. Am 13. April forderte ein Artikel Hans Asmussens die Kirchenführer auf, gleichsam dem Beispiel Hindenburgs folgend, die Wünsche der jungen Generation zu berücksichtigen und zuzulassen, daß eine Kirchenreform eingeleitet werde.[64] Drei Tage später veröffentlichte der Generalsuperintendent i.R. D. Wilhelm Zoellner seinen außerordentlich wirkungsvollen Aufruf zur Bildung einer »Evangelischen Kirche Deutscher Nation«.[65]

Nur wenige sahen wie der rheinische Sozialpfarrer Lic. Menn im Gegensatz zu den Kirchenbehörden, den Deutschen Christen und der späteren jungreformatorischen Position schon in den kirchlichen Reformbestrebun-

62 Zit. aaO., 299.

63 Vgl. Wright, Parteien, 200.

64 Ebd.

65 Vgl. Schmidt, Bekenntnisse 1933, 140f. Zoellner forderte zum einen die Einsetzung von Bischöfen an der Spitze der Kirche und die Abschaffung der in »falsche(r) Angleichung an das demokratische Prinzip von Weimar« entstandenen Kirchenparlamente. Zum anderen erstrebte er die Bildung einer evangelischen Kirche Deutscher Nation auf klarer Bekenntnisgrundlage bei gleichzeitiger Unantastbarkeit der Bekenntnisgrundlage der verschiedenen evangelischen Kirchen.

gen einen Einbruch des Politischen in das kirchliche Leben, »ein Erliegen gegenüber der aus dem Politischen in die Kirche hereinschlagenden Revolutionspsychose«.[66] In ähnlichem Sinne warnte der Präsident des Kirchentages Freiherr von Pechmann davor, sich eine Kirchenreform von außen aufdrängen zu lassen.[67] Der Generalsekretär des liberalen Protestantenvereins Wilhelm Schubring sprach am 13. April von dem »Geschrei nach einer Reichskirche« und beschwor die Gefahr einer drohenden Gleichschaltung, die die »Ausschaltung der Kirche, (die) Umschaltung in ein dienstwilliges Organ der Staatsbehörden« bedeute.[68] Die zuletzt genannten Voten, zu denen sich noch Stimmen wie die K. Barths gesellten,[69] blieben freilich seltene Ausnahmen. Der Großteil der Theologen und Kirchenführer wehrte sich zwar entschieden gegen staatliche Eingriffe in das kirchliche Leben, wie sie die Äußerungen Kubes und anderer Deutscher Christen Anfang April befürchten lassen konnten, bemerkte aber nicht, daß schon die kirchlichen Reformbestrebungen in den ersten Aprilwochen eine Anpassung an den Druck von außen bedeuteten.

Als Resümee ist Folgendes festzuhalten: Zwar war man in der Frage der Selbständigkeit der Kirche relativ hellsichtig, aber die an sich schon geringe Zahl der Theologen und Kirchenvertreter, die staatliches Unrecht und Willkür auch außerhalb des Bereiches kirchlicher Selbsterhaltungsinteressen anprangerten, schwand nach dem »Tag von Potsdam« noch weiter. Ohne Bewußtsein um den Wert der Errungenschaften des Liberalismus war man einem antiliberalen, völkischen Rechts- und Staatsdenken verhaftet und konnte maßgeblich bedingt durch ein verbreitetes Zwei-Räume-Denken auch kaum zu einem eigenständigen, biblisch begründeten Urteil in Fragen der politischen Ethik gelangen. In dieser Unfähigkeit lag nicht nur der beschriebene Stimmungsumschwung im Verhältnis zum neuen Staat begründet. Sie war auch die Ursache dafür, daß man die Doppelstrategie der nationalsozialistischen Kirchenpolitik, eine manipulierte Revolution von unten in Gestalt der Deutschen Christen bei gleichzeitigem, scheinbar loyalem Auftreten der Staatsführung gegenüber den Interessen der Kirche, nur selten durchschaute.

66 Brief Menns an Pfarrer Hermann Lutze vom 19. April 1933; zit. in: G. van Norden, Kirche in der Krise. Die Stellung der evangelischen Kirche zum nationalsozialistischen Staat im Jahre 1933, Düsseldorf 1963, 62.

67 »Vor solcher Nötigung kann und darf die Kirche nicht einen Schritt zurückweichen, wenn anders sie Kirche bleiben, wenn sie nicht der tödlichen Gefahr unterliegen will, daß sie ihrer Sendung untreu und zum Dienst daran untauglich werde...« (zit. in: van Norden, Protestantismus, 277).

68 Zit. aaO., 275f.

69 Vgl. K. Barth, Theologische Existenz heute!, München 1933, 3–12; vgl. auch GS II, 43.

II. Bonhoeffers Festhalten am freiheitlich-neuzeitlichen Charakter des Staates

Bonhoeffers Stellungnahme zum Verhältnis von Kirche und Staat unterscheidet sich an einem wichtigen Punkt von den Voten der meisten Theologen und Kirchenführer. Seine Sorge war nicht allein die Frage eventueller Eingriffe der neuen Machthaber in den Bereich der Kirche, sondern ebenso die Frage der Bedrohung des Weimarer Rechtsstaates. Ersteres bezeichnet er als ein Zuviel an Recht und Ordnung, das Zweite als ein Zuwenig.[70] Beide Möglichkeiten verfehlten staatlichen Handelns zwingen die Kirche zum Reden. Sie hat darüber zu wachen, daß der Staat seinen Auftrag, Recht und Ordnung zu schaffen, erfüllt.[71]

Was versteht Bonhoeffer im April 1933 unter »Recht und Ordnung schaffen« und wann ist von einem »Zuwenig« zu sprechen? Bonhoeffer selbst stellt fest, ein Zuwenig an Recht und Ordnung sei dort gegeben, »wo eine Gruppe von Menschen rechtlos wird.«[72] Jedoch bleibt das Problem, wirkliche Rechtlosigkeit von einem wenigstens formaliter zugebilligten Minimum an Recht zu unterscheiden. Das von Bonhoeffer formulierte Problem kann mithilfe von Leibholz' staatsrechtlichen Erörterungen aufgehellt werden. Dieser hat in seiner Dissertation über »Die Gleichheit vor dem Gesetz« grundsätzliche Überlegungen zur Frage des minimalen Gerechtigkeitsgehaltes einer Rechtsordnung entfaltet.

A. Die Bedeutung von Leibholz' Rechtsverständnis für Bonhoeffers April-Aufsatz

In der Grundlegung seiner Staatsrechtslehre grenzt sich Leibholz einerseits gegen einen »übersteigerten Rechtspositivismus« ab, der die metajuristischen Elemente durch seinen kritisch-rationalen Intellektualismus und Formalismus zu zersetzen sucht.[73] Er lehnt andererseits den Versuch zum Beispiel der Naturrechtslehre ab, absolute, zeitlos geltende Definitionen der Rechtsidee zu finden.[74] Damit soll nicht einem Wertrelativismus das

70 Von einem Zuviel oder einem Zuwenig im Zusammenhang des Problems der Gerechtigkeit hat zuerst Aristoteles gesprochen (vgl. Aristoteles, Die Nikomachische Ethik, übers. u.hg.v. O. Gigon, 5. Aufl., München 1984, 2. Buch, 1104a u. 1108a; 5. Buch, 1132a u. 1133b). E. Brunner ist in seinem Werk »Das Gebot und die Ordnungen«, das Bonhoeffer im Wintersemester 1932/33 besprochen hat, auf das aristotelische Gerechtigkeitsverständnis eingegangen und hat die betreffenden Stellen aus dessen Nikomachischer Ethik in einer Fußnote angegeben (ders., Gebot, 590 Anm. 4).

71 Vgl. GS II, 47.

72 Ebd.

73 Vgl. Leibholz, Gleichheit, 60.

74 AaO., 58ff.

Wort geredet werden. In dem Verzicht auf eine inhaltliche Definition der Gerechtigkeit liegt nur eine auf der Erkenntnis des Möglichen beruhende Selbstbeschränkung. Nach Leibholz' Auffassung bleibt die Rechtsidee in ihrer absoluten Werthaftigkeit die unverrückbare Grundlage, der Ausgangspunkt der Rechtswissenschaft. Nur ist sie einer näheren, ihr Wesen erschöpfenden Präzision nicht zugänglich.[75]

Auf dem Hintergrund der Feststellung, daß der Begriff der Gerechtigkeit nicht in eine material gebundene Definition gepreßt werden könne, entfaltet er seine These von der grundlegenden Bedeutung des Gleichheitssatzes für die gesamte Weimarer Verfassung. Das mit dem Grundsatz der Gleichheit gegebene Verbot der Willkür bedeute nichts anderes als die Bindung der Verfassung an eine Rechtsidee. Dadurch werde ein nicht formales Element in den Gerechtigkeitsgedanken eingeführt, der so erst zu Ende gedacht wird.

Die positive Rechtsordnung kann nach Leibholz' Auffassung Sätze in sich aufnehmen, die im Widerspruch zum Rechtsbewußtsein der Menschen und zum Gerechtigkeitsgedanken stehen. Sie hört damit nicht auf, verpflichtendes Recht darzustellen. Das heißt nicht, daß er eine unendliche Spannungsmöglichkeit zwischen apriorischem Wertmaßstab und konkreter Wirklichkeit bejaht. Vielmehr muß ernsthaft erwogen werden, ob es nicht für die Rechtsordnung und damit auch für die zur Wahrung der Rechtsordnung berufenen Gesetzgebungsorgane selbst im Rahmen ihrer verfassungsmäßigen Kompetenzen Schranken gibt, die zu überschreiten ein »Rechts«-Mißbrauch und ein Willkürakt sein würde. »Wenn es richtig ist..., daß unter dem Willkürbegriff in absoluter Negierung der Rechtsidee das offenbar Ungerechte zu verstehen ist, sollte da nicht die Behauptung gewagt werden dürfen, daß eine Ordnung, um als Rechtsordnung zu gelten, *ein bestimmtes Minimum an Gerechtigkeitsgehalt*, die Ausschaltung inhaltlicher Willkür als integrierenden Bestandteil in sich aufnehmen muß?«[76]

Leibholz spricht somit wie Bonhoeffer von einem Minimum an Recht beziehungsweise Gerechtigkeitsgehalt. Es muß gewährleistet sein, wenn eine Ordnung als Rechtsordnung gelten soll. Bonhoeffer dürfte wie Leibholz das Minimum an Recht als Ausschaltung inhaltlicher Willkür verstanden haben. Um diese wahrscheinliche Übereinstimmung weiter zu klären, ist Leibholz' Verständnis des Willkürbegriffs darzustellen.

Leibholz hat die Versuche, eine absolute Gestalt der Rechtsidee festzulegen oder den Gerechtigkeitsgedanken inhaltlich zu fixieren, abgelehnt. Anders hingegen verhält es sich mit dem Begriff des Ungerechten. Er kann nach Leibholz' Auffassung als Willkür in *absoluter* Negierung der Rechtsidee beschrieben werden.[77] Der Willkürbegriff enthält notwendig einen

75 AaO., 60.
76 AaO., 67 (Hervorheb. hinzugef., CS).
77 AaO., 88ff.

Widerspruch zur Rechtsidee.[78] Ist der Willkürbegriff entscheidend für die negative Formulierung, was Gerechtigkeit nicht sein kann, so gilt das entsprechend für das Verhältnis von Gleichheitssatz und Willkürbegriff. Darum kommt dem Gleichheitssatz eine zentrale Bedeutung bei der Klärung der Rechtsidee zu, von der her die Weimarer Verfassung ausgelegt werden muß. Die solchermaßen grundlegende Gleichheitsforderung sollte nach Leibholz' Auffassung auf das Verbot der Willkür beschränkt werden, da in einer positiven Rechtsordnung die Gleichheit nie absolut verwirklicht sein kann.[79]

Bevor Leibholz Kriterien für eine willkürliche Handlungsweise nennt, weist er auf einen Sachverhalt, der gerade in der Judenfrage am Beginn des Dritten Reiches großes Gewicht erhält. Das Problem der Willkür ergibt sich für den Gesetzgeber in weitaus stärkerem Ausmaß als für die Justiz und die Verwaltung. Da die Legislative über einen erheblich größeren Ermessensspielraum verfügt, ist die Möglichkeit eines willkürlichen Verhaltens bei ihr wahrscheinlicher als bei der Rechtsanwendung.[80]

Nach Leibholz' Auffassung entscheidet im wesentlichen ein Kriterium darüber, ob ein Akt des Gesetzgebers auf einer mißbräuchlichen Handhabung des freien Ermessens beruht und somit willkürlich ist: Der Maßnahme muß ein »Motiv zugrunde liegen, dem Maßgeblichkeit für die Determinierung des Gesetzgebers im konkreten Fall durch die Verfassung nicht eingeräumt ist.«[81] Dies dürfte in Leibholz' und Bonhoeffers Augen beim Paragraphen 3 des Gesetzes zur Wiederherstellung des Berufsbeamtentums vom 7. April 1933, der die Entlassung sogenannter nichtarischer Beamter verfügte, der Fall gewesen sein.[82] Diesem lagen völkisch-rassische Motive zugrunde, denen durch die Weimarer Verfassung in keiner Weise Maßgeblichkeit zugestanden worden war. Vor allem drei Aspekte weisen auf die Aktualität der Erörterungen zum Willkürbegriff, die Leibholz schon 1925 verfaßt hatte, im Frühjahr 1933 hin.

Zum einen lehnt er die inhaltliche Beschränkung des Gleichheitssatzes auf die Rechtsanwendung, die Justiz und Verwaltung ab, wie sie zu Zeiten des Kaiserreiches üblich war und auch noch nach Inkrafttreten der Weimarer Reichsverfassung gefordert wurde. Der Art. 109 Abs. 1 über die Gleichheit vor dem Gesetz wendet sich unmittelbar auch an die Adresse des Gesetzgebers.[83] Zum anderen wählt Leibholz bei der Erläuterung der Tatsache der Willkür Formulierungen, die sich auf das Gesetz vom 7. April 1933 beziehen lassen. Zwar kann aus der Tatsache, daß eine Maßnahme, zum Beispiel ein Gesetz, sich nur gegen eine einzelne Person oder eine

78 AaO., 97f.
79 AaO., 77.
80 AaO., 98.
81 Ebd.
82 RGBl. 1933, Teil I, 175.
83 Vgl. oben 2. Kap.III.C.1.

Anzahl von Personen richtet, nicht der Schluß gezogen werden, daß es sich in diesem Falle »begriffsnotwendig« um einen Willkürakt handeln müsse. Von der inhaltlichen Willkürlichkeit eines staatlichen Aktes ist nach Leibholz aber dann zu sprechen, wenn ein »personelles« Motiv vorliegt; das heißt, wenn dieses »durch die Zugehörigkeit der Person zu einer bestimmten Partei, Klasse, Gruppe, Konfession usw. in einem ihr günstigen oder ungünstigen Sinne bestimmt ist«.[84] Im Jahre 1933 hätte man dieser Aufzählung notwendig das Stichwort Rasse anfügen müssen.[85]

Schließlich ist für die Frage der Beurteilung des Gesetzes vom 7. April 1933 bezeichnend, was Leibholz in der Dissertation über den Minderheitenschutz sagt. Der Gleichheitssatz und die von ihm her auszulegenden Grundrechte, die gegen willkürliche Akte des Gesetzgebers und des Rechtsvollzugs schützen sollen, werden in ihrer Bedeutung für den Minderheitenschutz hervorgehoben. In der Einleitung der Dissertation fragt Leibholz programmatisch, ob angesichts der erheblichen Machtfülle des Parlaments nach der Verfassung Kautelen vorhanden seien, die absolutistischen Bestrebungen einer übermächtigen Parlamentsmehrheit gegebenenfalls eine Schranke setzen. Die Grundrechte werden in diesem »Kampf zwischen individueller Libertas und staatlichem Imperium« als Garantien verstanden, »die das Individuum wie überhaupt die *Minoritäten* vor Übergriffen des omnipotenten gesetzgebenden Organes zu schützen in der Lage sind.«[86] Leibholz kritisiert auch, daß die Grundrechte in der Literatur teilweise »sehr erheblich« in ihrer Bedeutung für den Minderheitenschutz unterschätzt werden.[87]

Leibholz' Würdigung der Grundrechte als unaufgebbare Errungenschaf-

84 Leibholz, Gleichheit, 106.

85 Im gleichen Kapitel der Arbeit über »Die Gleichheit vor dem Gesetz« aus dem Jahre 1925 stellt Leibholz auch ausdrücklich den Bezug von Willkürbegriff und Rassenfrage her. »Einen interessanten Beleg zu dem Gleichheits- oder, wenn man will, auch zu dem Willkürbegriff gibt die amerikanische Rechtssprechung zu der Rassenfrage, die in den Vereinigten Staaten bekanntlich eine gewichtige Rolle spielt« (aaO., 114). Obwohl formalrechtlich die Emanzipation der Schwarzen in vollem Umfange durchgeführt sei, habe es die Rechtssprechung doch fertiggebracht, Gesetze aufrechtzuerhalten, die zum Beispiel die Ehe zwischen Schwarzen und Weißen verbieten.
Probleme des Judentums in Deutschland spielen in Leibholz' Schrifttum aus der Zeit der Weimarer Republik keine Rolle. Selbst ein Artikel über »Staatsangehörigkeit und Naturalisation« aus dem Jahre 1925 erwähnt das – zumindest im Bewußtsein vieler Deutscher und Juden vorhandene – Problem des Zusammenlebens von Deutschen und Juden mit keinem Wort (G. Leibholz, Staatsangehörigkeit und Naturalisation, in: Wörterbuch des Völkerrechts und der Diplomatie, hg.v.K. Strupp, Bd. 2, Berlin u. Leipzig 1923, 588–595).

86 Leibholz, Gleichheit, 13 (Hervorheb. hinzugef. CS).

87 AaO., 14 Anm. 1.

ten des Liberalismus wurde im zweiten Kapitel schon dargestellt.[88] Sie gehören wie der Minderheitenschutz und das Gewaltenteilungsprinzip zum freiheitlichen Erbe der letzten Jahrhunderte, das in einer autoritären Staatsordnung gewahrt, von einem totalen Staat hingegen zerstört wird. Welche Schlüsse lassen sich daraus für eine Erläuterung der Rede Leibholz' und Bonhoeffers von einem Minimum an Recht beziehungsweise Gerechtigkeitsgehalt in einer staatlichen Ordnung angesichts der politischen Entwicklung seit dem 30. Januar 1933 ziehen?

Leibholz versteht die Grundrechte im Unterschied zu einem Großteil der Staatsrechtslehrer am Ende der Weimarer Republik nicht als Gewährungen des Staates, die dieser seinen Interessen oder denen des Volkes gemäß wieder entziehen kann. Sie stellen vielmehr unveräußerliche Rechte des Individuums dar, deren primäres Ziel der Schutz der individuellen Freiheit gegen staatliche Macht ist. Weiterhin wendet er sich ausdrücklich gegen ein Verständnis der Grundrechte und insbesondere des Gleichheitssatzes, das in ihnen nur allgemeine Grundsätze ohne rechtlich bindende Wirkung sehen will.[89] Der Gleichheitssatz beziehungsweise das Willkürverbot hat bei Leibholz einerseits die Funktion einer metajuristischen Norm, von der her die gesamte Verfassung auszulegen ist; andererseits stellt der Gleichheitssatz in Art. 109 Abs. 1 der Reichsverfassung auch eine Einzelbestimung neben anderen dar. Leibholz hebt hervor, daß er nicht zu den Grundrechten gehört, die nach Art. 48 der Reichsverfassung durch die Diktaturgewalt des Reichspräsidenten suspendiert werden können.[90]

Leibholz hat sich im Jahre 1933 an keiner Stelle ausdrücklich zu der am 28. Februar erlassenen Verordnung des Reichspräsidenten zum Schutz von Volk und Staat geäußert.[91] Nachdem mit ihr praktisch der Grundrechtsteil der Weimarer Reichsverfassung außer Kraft gesetzt worden war, vollendete das sogenannte Ermächtigungsgesetz vom 24. März 1933 die Zerstörung des Rechtsstaats.[92] Wie schon dargelegt wurde, hat Leibholz das Ermächtigungsgesetz vom 24. März nicht als Stärkung der Autorität des Reichspräsidenten, sondern der herrschenden politischen Parteien beziehungsweise Bewegungen angesehen.[93] Ihm kommt bei der Entwicklung vom autoritären zum totalen Staat eine entscheidende Rolle zu, da das Gewaltenteilungsprinzip in völlig neuartiger Weise liquidiert wird. Der Reichspräsident durchbricht nicht mehr wie bisher mit der Anwendung des

88 Vgl. oben 2. Kap. III.C.1.

89 Vgl. Leibholz, Gleichheit, 13f.

90 AaO., 105.

91 Vgl. RGBl. 1933, Teil I, 83; wiederabgedr. in: Hildebrandt, Verfassungen, 111f.

92 Vgl. RGBl. 1933, Teil I, 141; wiederabgedr. in: Hildebrandt, Verfassungen, 112f.

93 Vgl. Leibholz, Auflösung, 68 u. oben 2. Kap. IV.

Art. 48 das Gewaltenteilungsprinzip an einer Stelle. Es wird nun grundsätzlich aufgehoben, da die Reichsregierung die dem Parlament zustehende allgemeine Gesetzgebungsbefugnis erhält.

Es ist anzunehmen, daß diese Bewertung des Ermächtigungsgesetzes auch hinter Bonhoeffers Erörterung der Frage nach einem Minimum an Recht steht. Leibholz hat einer Ordnung den Charakter einer Rechtsordnung zugesprochen, wenn in ihr ein Minimum an Gerechtigkeitsgehalt, das heißt die Ausschaltung inhaltlicher Willkür gewährleistet ist. Mit dem Erlaß des Ermächtigungsgesetzes war eine solche Ausschaltung inhaltlicher Willkür grundsätzlich gefährdet. Unmittelbar zeigte sich das in dem nur zwei Wochen später von Hitler und seinen Ministern Frick und Graf Schwerin von Krosigk erlassenen »Gesetz zur Wiederherstellung des Berufsbeamtentums«.[94]

In seiner Erörterung des Problems, wie Rechtlosigkeit von einem Minimum an Recht zu unterscheiden sei, oder anders gesagt, wo die Grenze zwischen dem Minimum und einem Zuwenig an Recht liege, greift Bonhoeffer auf das Beispiel der Leibeigenschaft zurück. Auch in ihr sei ein Minimum von Recht und Ordnung gewahrt gewesen und doch würde eine Wiedereinführung der Leibeigenschaft Rechtlosigkeit bedeuten. »Es ist immerhin beachtlich, daß christliche Kirchen achtzehnhundert Jahre lang die Leibeigenschaft ertragen haben und erst in einer Zeit, bei der die christliche Substanz der Kirche mindestens in Frage gezogen werden könnte, mit Hilfe der Kirchen (aber doch nicht wesentlich oder gar allein durch sie) neues Recht geschaffen wurde. Dennoch wäre ein Rückschritt in dieser Richtung heute für die Kirche ein Ausdruck eines rechtlosen Staates.«[95]

E.-A. Scharffenorth hat darauf hingewiesen, daß es Bonhoeffer mit dem Exkurs zur Abschaffung der Leibeigenschaft um eine Kommentierung der Judenemanzipation ging.[96] Das Edikt über die Bauernbefreiung stammt aus dem Jahre 1807, das über die Judenemanzipation von 1812. Bonhoeffer konnte im April 1933 nicht mehr ausdrücklich von Judenemanzipation reden. Im Unterschied zu einer in Kirche und Volk gleichermaßen verbreiteten Mentalität sah er in den Maßnahmen gegen die Juden im April 1933[97] die Gefahr eines Scheiterns des Staates an seinem Auftrag, Recht zu schaf-

94 Vgl. RGBl. 1933, Teil I, 175.

95 GS II, 47.

96 Vgl. Scharffenorth, Bekenntnisfrage, 196f u. 226f Anm. 33–35.

97 Neben dem Boykott jüdischer Geschäftsleute vom 1. April 1933 und dem Gesetz zur Wiederherstellung des Berufsbeamtentums am 7. April 1933 wurde ebenfalls am 7. April ein Gesetz über die Zulassung zur Rechtsanwaltschaft erlassen (veröffentlicht am 10. April 1933). Im § 1 dieses Gesetzes hieß es: »Die Zulassung von Rechtsanwälten, die im Sinne des Gesetzes zur Wiederherstellung des Berufsbeamtentums vom 7. April 1933 (...) nichtarischer Abstammung sind, kann bis zum 30. September 1933 zurückgenommen werden« (RGBl. 1933, Teil I, 188).

fen. Das Rückgängigmachen der Judenemanzipation war für ihn ein sichtbares Zeichen für die drohende Vernichtung des freiheitlichen Erbes der letzten Jahrhunderte durch einen totalen Staat.

Diesen Sachverhalt können wiederum einige Äußerungen Leibholz' aus dem Jahr 1933 belegen. Er verstand wie wohl auch Bonhoeffer unter diesem freiheitlichen Erbe neben den Grundrechten und dem Gewaltenteilungsprinzip als der Grundlage des Rechtsstaats auch das Minderheitenrecht. In der Darstellung der entscheidenden Alternative von autoritärem oder totalem Staat verweist Leibholz auf die Tatsache, daß ersterer im Gegensatz zum zweiten das freiheitliche Erbe der letzten Jahrhunderte grundsätzlich respektiert. Neben der zwangsläufigen Umformung der protestantischen Kirche in einem politischen Sinn sieht er im Falle eines totalen Staates bedrohliche Folgen für das Minderheitenrecht. »Je totaler das Gepräge des eigenen Staates, je mythischer und grenzenloser der Nationalismus ist, um so bedrohlicher gestaltet sich auch das Schicksal der deutschen Minderheiten im Ausland, weil das Minderheitenrecht seiner Provenienz nach auf die Ideen der Französischen Revolution, auf die Aufklärung und auf den Liberalismus zurückverweist.«[98]

Leibholz sprach aus verständlichen Gründen in der schon unter Zensurbedingungen veröffentlichten Schrift nicht ausdrücklich von der jüdischen Minderheit in Deutschland. Aber er verwendet mit dem Hinweis auf die deutschen Minderheiten im Ausland ein unter Kritikern der nationalsozialistischen »Judenpolitik« verbreitetes Argument. Nach Leibholz' Auffassung umfaßte das freiheitliche Erbe der letzten Jahrhunderte im wesentlichen Grundrechte, Gewaltenteilungssystem und Minderheitenrecht, wie es die Weimarer Reichsverfassung in der Tradition der Aufklärung und des Liberalismus festgeschrieben hatte. Den gleichen Sachverhalt dürfte Bonhoeffer mit seinem Ausdruck »Minimum an Recht« im Blick gehabt haben. Im April 1933 waren nach der Verordnung zum Schutz von Volk und Staat vom 28. Februar, dem Ermächtigungsgesetz vom 24. März und der Nichtariergesetzgebung vom 7. April eben diese Errungenschaften weitgehend infragegestellt.[99] Damit schien die Alternative zwischen einem totalen und einem autoritären Staat, der das freiheitliche Erbe der letzten Jahrhundert bewahrt, schon im April 1933 zu Ungunsten des letzteren entschieden zu sein.

Auch wenn einzelne der vermuteten Einflüsse Leibholz' auf Bonhoeffers Rechtsverständnis nicht mit letzter Sicherheit zu belegen sind, wird

98 Leibholz, Auflösung, 71.

99 Ebenso ist von einer Aufhebung der föderalen Gewaltenteilung zu sprechen: durch die Einsetzung von Reichskommissaren in Preußen aufgrund der Notverordnung vom 6. Februar 1933 (RGBl. 1933, Teil I, 43) und durch die Umsetzung des Führerprinzips auch in den Ländern mittels des »Zweite(n) Gesetz(es) zur Gleichschaltung der Länder mit dem Reich« (Reichsstatthaltergesetz) vom 7. April 1933 (RGBl. 1933, Teil I, 173).

doch der Hintergrund der auffälligen Rede von einem Zuviel und einem Zuwenig an Recht und Ordnung in Leibholz' Rechtslehre deutlich. Bonhoeffer hat gleich seinem Schwager Leibholz keine Definition des Gerechtigkeitsbegriffs gegeben, aber wie dieser zu bestimmen versucht, was nicht mehr als Gerechtigkeit, sondern als Unrecht zu verstehen ist. Bei der Beschreibung des zulässigen Minimums an Recht sind beide einem Rechts- und Staatsverständnis in liberaler Tradition verpflichtet.

B. Der Staat als Recht und Ordnung schaffende Macht bei Bonhoeffer

Mit der dargestellten Sicht der politischen Entwicklung im Jahre 1933 verbunden war eine Staatsauffassung, die sich von dem völkischen Rechts- und Staatsdenken der Nationalsozialisten in charakteristischer Weise unterschied. In der Beurteilung des Rechtes und der Kompetenz des Staates, die Judenfrage zu »lösen«, wurden die unterschiedlichen Auffassungen offenkundig.

1. Die Abgrenzung gegen die völkische Relativierung von Recht und Staat

Bonhoeffers Ausführungen zum Wesen staatlichen Handelns sind in erster Linie von der Auseinandersetzung mit den verschiedenen Ausprägungen des völkischen Rechts- und Staatsdenkens her zu interpretieren.[100] Es hatte sich seit Beginn der dreißiger Jahre in vielfältigen Ausprägungen verbreitet und beherrschte im Jahre 1933 unangefochten die Diskussion. Während die vereinzelten Stimmen andersdenkender Staatsrechtler bald ganz verstummten, wetteiferten die verschiedenen Richtungen des völkischen Rechts- und Staatsdenkens darum, die nationalsozialistische Gewaltherrschaft möglichst geistreich zu rechtfertigen.

Bonhoeffers Rede vom Recht- und Ordnungschaffen als dem allein legitimen staatlichen Handeln beinhaltete im April 1933 charakteristische Abgrenzungen. Die erste und umfassendste, die Bonhoeffer in seinen Ausführungen vom April 1933 vollzieht, ist im Sinne eines argumentum e silentio zu verstehen. Mit keinem Wort wird die für das gesamte völkische Rechts- und Staatsdenken grundlegende Auffassung erwähnt, der Staat sei ein Mittel zur Durchsetzung der Interessen und Zwecke des Volkes.[101]

Neben dieser von Bonhoeffer schon Anfang der dreißiger Jahre formulierten Grundentscheidung wurde auch eine zweite Abgrenzung bereits aufgezeigt.[102] Bonhoeffer hat ein wie auch immer modifiziertes Verständnis des liberalen Rechtsstaates gegen die Angriffe der Nationalsozialisten verteidigt und deren Alternative eines totalen Führerstaates zurückgewie-

100 Vgl. Anderbrügge, Völkisches Rechtsdenken.
101 Vgl. z. B. Hitler, Mein Kampf, 420–422.
102 Vgl. oben 1. Kap. III.B.

sen. Diese Ausprägung völkischen Rechts- und Staatsdenkens ist vom völkisch-rassischen Rechtsdenken im engeren Sinne zu unterscheiden.[103] Jedoch vermischten sie sich in Theorien wie der Carl Schmitts, das Führertum sei auf die unbedingte Artgleichheit zwischen Führer und Gefolgschaft gegründet.[104] Der Gedanke der absoluten und totalen Führerherrschaft bot vielen Staatsrechtslehrern, die ursprünglich ein autoritäres Rechtsdenken vertreten hatten, die willkommene Gelegenheit, sich den völkischen Ideen weitgehend zu assimilieren.

Neben der Lehre vom totalen Führerstaat und verschiedenen naturrechtlichen Strömungen war die zweite große Ausprägung völkischer Rechts- und Staatslehre das völkisch-rassische Rechtsdenken im engeren Sinne.[105] In Bonhoeffers Schriften finden sich wie auch bei Leibholz keinerlei zustimmende Äußerungen dazu. Die Kritik an dem verbreiteten völkischen Gedankengut in der Staatslehre impliziert erst recht eine Zurückweisung *rassischer* Zielsetzungen. Gleichwohl gesteht Bonhoeffer im Blick auf die Judenfrage zu, daß der Staat »ohne Zweifel« berechtigt sei, »hier neue Wege zu gehen«.[106] Die Frage ist nun, ob er mit dieser am Anfang seines Aufsatzes »Die Kirche vor der Judenfrage« geäußerten Bemerkung doch einem sich ausbreitenden völkisch-rassischen Rechts- und Staatsdenken Tribut zollte; oder anders gefragt: Was meinte Bonhoeffer mit diesen, im April 1933 kurz nach dem Erlaß der ersten sogenannten »Nichtariergesetzgebung« geäußerten Sätzen?

K. Scholder hat aus ihnen gefolgert, daß Bonhoeffer »im Frühjahr 1933 dem Staat noch ohne allen Zweifel das Recht zuerkannte, die Judenfrage durch eine Ausnahmegesetzgebung zu lösen.«[107] Insoweit habe er also den Standpunkt weiter Teile der Kirche geteilt. Eine solche Interpretation impliziert, Bonhoeffer habe Maßnahmen wie die »Nichtariergesetzgebung« vom 7. April 1933 befürwortet oder akzeptiert. Dem widersprechen jedoch nicht nur das bisher zu seinem Rechts- und Staatsverständnis Gesagte, sondern auch konkrete Formulierungen im Fortgang des Aufsatzes.[108]

Zuerst einmal ist bei der Interpretation des Aufsatzes zu beachten, daß Bonhoeffer nicht seine persönliche Beurteilung der staatlichen Judenpoli-

103 Vgl. Anderbrügge, Völkisches Rechtsdenken, 120ff.

104 Schmitt, Staat, Bewegung, Volk, 42; vgl oben 3. Kap. III.B.

105 Zur Terminologie vgl. Anderbrügge, Völkisches Rechtsdenken, 92ff. Anderbrügge zählt zu den besonderen naturrechtlichen Strömungen die Suche nach einem »Deutschen Naturrecht« und den Neuhegelianismus (aaO., 179ff).

106 GS II, 45.

107 Scholder, Band 1, 350.

108 Vgl. auch H.E. Tödts Kritik an Scholders Interpretation (Tödt, Ernstfall, 168). Tödts These, die Äußerung über das Recht des Staates, in der Judenfrage neue Wege zu gehen, meine eine Lösung der Judenfrage durch den Staat und nicht die Partei, ist gegen das Mißverständnis zu sichern, Bonhoeffer habe staatliche Gesetze wie das vom 7. April 1933 befürwortet.

tik äußern, sondern die notwendige *Stellung der Kirche* dazu erläutern wollte. Er suchte angesichts der grundsätzlichen Konflikte von Kirche und Staat einer Gruppe von Pfarrern zur theologischen Klärung[109] des angemessenen Verhaltens der Kirche in dieser Auseinandersetzung zu verhelfen. Der Gang der Argumentation setzt ein bei der »in der Geschichte einzigartigen Tatsache, daß der Jude unabhängig von seiner Religionszugehörigkeit allein um seiner Rassenzugehörigkeit willen vom Staat unter Sonderrecht gestellt wird.«[110] Bonhoeffer nimmt also deutlich die Nichtariergesetzgebung vom 7. April 1933 zum Ausgangspunkt seiner Überlegungen, wenn er fragt: »Wie beurteilt die Kirche dies staatliche Handeln und welche Aufgabe erwächst ihr daraus?«[111]

Der nächste Schritt in Bonhoeffers Argumentation ist die Abwehr der Vorbehalte, die er notwendig erwartete. Die Kirche moralisiere nicht aus humanitären Gründen an einzelnen Akten staatlichen Handelns herum. Sie wisse auch »um die wesenhafte Notwendigkeit der Gewaltanwendung in dieser Welt und um das mit der Gewalt notwendig verbundene ›moralische‹ Unrecht bestimmter konkreter Akte des Staates.«[112] Ausdrücklich wird dem Staat zugestanden, daß es seine Aufgabe und nicht die der Kirche ist, Recht und Ordnung zu schaffen. Da der Begriff des Rechtes geschichtlichen Wandlungen unterworfen sei, muß jeweils neu entschieden werden, was in der konkreten Situation Recht ist. Darum ist der Staat auch grundsätzlich berechtigt, in der Judenfrage neue Wege zu gehen.

In einem dritten Argumentationsschritt formuliert Bonhoeffer eine Antwort auf die eingangs gestellte Frage. Die Kirche hat die Aufgabe, den Staat im Zweifelsfall konkret zu fragen, ob ein bestimmtes Handeln ein »legitim staatliches« ist. Definition solchen Handelns und Kriterium der Beurteilung ist der Auftrag des Staates, Recht und Ordnung zu schaffen. Dies muß angesichts des herrschenden völkisch-rassischen Rechtsdenkens im April 1933 durchaus exklusiv verstanden werden, das heißt andere Maximen oder gar Kriterien staatlichen Handelns wie der Dienst am Wachsen eines jungen Volkes oder die Verwirklichung rassischer Zielsetzungen läßt Bonhoeffer nicht zu.

Allein das Handeln ist also legitim staatliches Handeln, »in dem Recht und Ordnung, nicht Rechtlosigkeit und Unordnung geschaffen werden.«[113] Die Nichtariergesetzgebung bedeutet aber offensichtlich einen Schritt auf die Rechtlosigkeit einer Gruppe von Menschen hin. Im Blick darauf formuliert Bonhoeffer unmißverständlich: ein Zuwenig an Recht und Ord-

109 Vgl. GS V, 339.

110 Bonhoeffer hat dieses Urteil gegenüber einer früheren Fassung noch verschärft, in der der Satzteil »unabhängig von seiner Religionszugehörigkeit« noch fehlte (BA, NL DB, Fiche A 37/1–1, 3; vgl. GS II, 44).

111 GS II, 44.

112 GS II, 46.

113 Ebd.

nung, das die Kirche zum Reden zwingt, ist »jedesmal dort vorhanden, wo eine Gruppe von Menschen rechtlos wird.«[114] Noch eindeutiger heißt es dann: die Kirche wird die Frage nach dem legitim staatlichen Handeln »mit allem Nachdruck dort zu stellen aufgerufen sein, wo der Staat gerade in seiner Staatlichkeit, das heißt seiner mit Gewalt Recht und Ordnung schaffenden Funktion bedroht erscheint. Sie wird diese Frage heute in bezug auf die Judenfrage in aller Deutlichkeit stellen müssen.«[115]

Eine Frage läßt Bonhoeffer in dem Vortrag offen. Neben einem einfachen Zuwenig oder Zuviel an Recht und Ordnung kennt er auch den Fall, daß der Staat *hemmungslos* zuviel oder zuwenig Recht und Ordnung schafft und damit seine Existenz bedroht ist.[116] Dann wäre die Kirche nicht einfach zur Rückfrage nach dem legitimen Charakter staatlichen Handelns gezwungen, sondern sie müßte selbst unmittelbar politisch handeln. Bonhoeffer äußert kein Urteil darüber, ob die Kirche angesichts der politischen Entwicklung in den ersten Monaten des Dritten Reiches zu solchem Handeln verpflichtet ist. »Die Notwendigkeit des unmittelbar politischen Handelns der Kirche...ist jeweils von einem ›evangelischen Konzil‹ zu entscheiden.«[117]

Bonhoeffer hat somit die Nichtariergesetzgebung vom 7.April 1933 als staatsgefährdend kritisiert. Sie stellt ein Zuwenig an Recht und Ordnung dar, da sie eine Gruppe der Bevölkerung rechtlos zu machen droht. Die Kirche ist angesichts dieser Tatsache zum Reden gezwungen und hat den Staat »mit allem Nachdruck« und »in aller Deutlichkeit« nach dem legitim staatlichen Charakter seines Handelns zu fragen. Damit ist nicht behauptet, daß Bonhoeffer jede Art von Ausnahmegesetzgebung in der Judenfrage grundsätzlich ablehnt.[118] Aber er sieht im Jahre 1933, wie im folgenden Abschnitt zu zeigen sein wird, in der Judenfrage den Prüfstein, ob das Handeln des Staates ein legitim staatliches bleibt, oder ob es in den Dienst pseudomessianischer Ansprüche gestellt wird und damit die eigene Existenzgrundlage gefährdet.

2. Der Umgang mit der Judenfrage als »Nagelprobe« für die Staatlichkeit des neuen Staates

Es wurde schon darauf hingewiesen, daß Bonhoeffer die ursprüngliche Fassung des Aufsatzes um einen längeren Abschnitt erweitert hat.[119] An ihm wird deutlich, was Bonhoeffer unter dem Recht des Staates, neue

114 GS II, 47.

115 GS II, 46.

116 Vgl. GS II, 48.

117 GS II, 49.

118 Dies entsprach im übrigen auch dem Standpunkt mancher jüdischer Gruppierungen (vgl. Tödt, Ernstfall, 181f Anm. 55).

119 Vgl. oben die Einführung zu diesem Kap.

Wege in der Judenfrage zu gehen, nicht verstand. Zusammen mit einer im Juni im Rahmen der Christologie-Vorlesung vorgetragenen Passage zeigt die anderthalbseitige Einfügung ferner, welche besondere Bedeutung Bonhoeffer im Frühjahr 1933 der »Judenfrage« für die künftige Staatsentwicklung zumaß.[120] An ihr wurde die Entscheidung der Alternative einer Autorität des staatlichen Amtes gegenüber einem autoritätszerstörenden Führertum, die Bonhoeffer im Februar 1933 formuliert hatte, offenbar. Oder mit Leibholz' Worten: hier entschied sich die Alternative eines totalen Staates oder eines autoritären, der das freiheitliche Erbe der letzten Jahrhunderte grundsätzlich respektierte.

Bonhoeffer hebt in der Erweiterung hervor, daß die staatlichen Maßnahmen gegen das Judentum für die Kirche »in einem ganz besonderen Zusammenhang« stehen. »Sie weiß, daß kein Staat der Welt mit diesem rätselhaften Volk fertig werden kann, weil Gott noch nicht mit ihm fertig ist. Jeder neue Versuch, die ›Judenfrage‹ zu ›lösen‹, scheitert an der heilsgeschichtlichen Bedeutung dieses Volkes.«[121] Zwar fügt Bonhoeffer hinzu, daß dennoch immer wieder solche Versuche unternommen werden müssen, aber er tritt dem nationalsozialistischen Anspruch, die Judenfrage zu lösen, mit theologischen Argumenten entgegen.

In der ursprünglichen Fassung des Aufsatzes hatte Bonhoeffer das staatliche Handeln in der Judenfrage ganz im Zusammenhang der Gefährdung des Rechtsstaats liberaler Provenienz durch ein Zuwenig an Recht und Ordnung behandelt. Die Erweiterung legt das Gewicht auf die Aussage, daß staatliche *Lösungs*versuche in der Judenfrage aufgrund der heilsgeschichtlichen Bedeutung des Volkes grundsätzlich scheitern müssen.[122] Staatlichem Handeln in der Judenfrage sind enge Grenzen gezogen, da der Staat schnell in einen Widerspruch zur kirchlichen Lehre gerät, wenn er die Vorläufigkeit seiner Lösungsversuche nicht beachtet.

Die Mahnung an die neuen Machthaber im Staat, die Grenzen staatlicher Autorität zu wahren, war schon der Grundtenor des Vortrags zum Führerbegriff vom Februar 1933. Die Bezeichnung des Nationalsozialis-

120 Vgl. oben Anm. 20 u. GS III, 196f.

121 GS II, 50.

122 Richard Karwehl hat in seinem bereits zitierten Aufsatz »Politisches Messiastum«, der Bonhoeffer als Vorlage seines Vortrags zum Führer-Problem diente (vgl. oben 3. Kap. III.C.2.) noch ohne die notwendige Rücksicht auf Zensurbedingungen den gleichen Gedanken geäußert: »Hitler hat richtig gesehen, daß der Jude sozusagen im Brennpunkt der Weltgeschichte steht. Aber er kann diese Erscheinung nicht deuten. Er meint, er könne den Juden aus dem Mittelpunkt der Weltgeschichte verdrängen. Vergebliche Mühe. Das jüdische Volk ist das Volk unter dem Feuer Gottes, ist der brennende Dornbusch. Wer den anfaßt, wird sich die Finger zerreißen und verbrennen. . .Gott läßt seiner nicht spotten. Jeder Versuch, den Dornbusch auszureißen, muß zur Katastrophe führen. . .Die Lösung der Judenfrage kann nur darin bestehen, daß beide, der Jude und der Arier, zur Kirche Jesu Christi erwachen« (Karwehl, Messiastum, 536).

mus als politischen Messianismus erhob eben den Vorwurf der mangelnden Achtung solcher Grenzen. Vor allem aber suchte Bonhoeffer mit dem Ausdruck den Gegensatz zur christlichen Lehre hervorzuheben. Neu im April ist, daß ausdrücklich auf die heilsgeschichtliche Bedeutung des Volkes Israel und deren Folgen für das Handeln des Staates in der Judenfrage hingewiesen wird. In der angesprochenen Passage der Christologievorlesung führt Bonhoeffer beide Gedanken, die heilsgeschichtliche Bedeutung des Volkes Israel und die Charakterisierung des Nationalsozialismus als politischer Messianismus, aus. Die Judenfrage wird als das Feld angedeutet, auf dem der Gegensatz zwischen dem politischen Messiastum der Nationalsozialisten und dem legitimen christlich-jüdischen Messianismus offenbar wird.

Die Geschichte lebt nach Bonhoeffers Auffassung zwischen Verheißung und Erfüllung.[123] Sie trägt die Verheißung in sich, Schoß der Geburt Gottes zu werden. Das Kommen des Messias ist ihr Sinn. Die Geschichte verhält sich dazu jedoch wie der einzelne Mensch zum Gesetz: sie können es nicht erfüllen. Wie der einzelne Mensch das Gesetz nur in der Entartung durch die Sünde bei sich hat, so hat die Geschichte Verheißung nur entartet bei sich.

»Sie lebt von entarteten Verheißungen ›erfüllter Zeit‹, von ihrem kairós. Sie muß immer ihre eigene Mitte selbst anschaulich machen. Sie gerät in die Lage, sich in eigenen Messiassen zu verherrlichen. . .Die Geschichte quält sich mit der unmöglichen Erfüllung entarteter messianischer Verheißungen. Sie weiß um ihre messianische Bestimmung und scheitert an ihr. Nur an einer Stelle bricht sich der Gedanke, daß der Messias nicht anschauliche und vorfindliche Mitte der Geschichte sein kann, sondern von Gott gesetzte und verborgene Mitte sein muß, eine Bahn gegen den Strom entarteter Messianismen. Das ist in Israel. Mit seiner prophetischen Hoffnung steht es allein unter den Völkern. Und Israel wird der Ort, an dem Gott seine Verheißung erfüllt.« In kaum zu überhörender Anspielung auf den angeblichen Beginn des neuen Reiches der Deutschen im Jahre 1933 heißt es dann: »Der Sinn der Geschichte geschieht im erniedrigten Christus. Damit ist jeder andere Anspruch der Geschichte gerichtet und erledigt. Die Geschichte ist hier mit ihren eigenen Verheißungen an ihre Grenze geführt. Sie ist ihrem Wesen nach am Ende.«[124]

Der zitierte Abschnitt, vorgetragen am 14. Juni 1933, ist in mehrfacher Hinsicht bemerkenswert. Schon Bonhoeffers pointierter Gebrauch des Begriffes »entartet« bedeutete damals einen Affront. Während in der nationalsozialistischen Ideologie alles vermeintlich Jüdische im Gegensatz zur arischen Rasse damit gebrandmarkt wurde, bezeichnet er allen Messianismus außerhalb Israels als »Strom entarteter Messianismen«.[125] Daneben

123 Vgl. zum Folgenden GS III, 196f.

124 GS III, 197.

125 Vgl. C. Berning, Vokabular, 65ff.

grenzt sich Bonhoeffer mit der angedeuteten Entgegensetzung von jüdischem Messianismus und politischem Messiastum der Nationalsozialisten scharf gegen das Zentrum der Lehre Hitlers ab. Dieser verstand seinen Kampf gegen den angeblich jüdischen Weltbetrug des Marxismus und dessen Leugnung des Wertes der Rasse als weltgeschichtlichen Auftrag, der ihm von der Vorsehung überantwortet war. »Indem ich mich des Juden erwehre, kämpfe ich für das Werk des Herrn.«[126] Hitlers Staatsverständnis blieb ganz im Banne des vermeintlichen Gegensatzes von arischer und jüdischer Rasse. Im Schlußwort von »Mein Kampf« heißt es: »Ein Staat, der im Zeitalter der Rassenvergiftung sich der Pflege seiner besten rassischen Elemente widmet, muß eines Tages zum Herrn der Erde werden.«[127]

Bonhoeffer wirft dem Judentum weder einen diesseitigen Messianismus vor,[128] noch identifiziert er das Judentum mit dem Marxismus. Er nimmt vielmehr die Entgegensetzung von jüdischem Messianismus und politischem Messiastum der Nationalsozialisten auf und kommt zu einer neuen Wertung Israels. Im Zuge des Gegensatzes zum politischen Messiastum der Nationalsozialisten treten die Differenzen zwischen jüdischem und christlichem Messiasglauben zurück.[129]

In der Christologievorlesung ist ausgeführt, was im Aufsatz zur Judenfrage nur angedeutet war. Die Hervorhebung des Gegensatzes von nationalsozialistischem Messiastum und legitimem Glauben an den Messias Israels hatte im Juni 1933 zweifellos einen aktuellen Bezug auf die »staatliche Lösung« der Judenfrage durch eben dieses politische Messiastum. Von hier aus ist auch der Widerspruch der heilsgeschichtlichen Bedeutung des Volkes Israel gegen alle Versuche des Staates, die Judenfrage zu *lösen*, zu verstehen, wie ihn Bonhoeffer in der letzten Fassung des Aufsatzes vom April 1933 formuliert hat.

Schon in dem zuerst entstandenen Teil des Aufsatzes über die Kirchenmitgliedschaft von getauften Juden lehnt Bonhoeffer die Zuhilfenahme rassischer Kategorien zum Verständnis des Begriffes »Judentum« strikt ab. Er ist »von der Kirche Christi her gesehen *niemals* ein rassischer, sondern ein religiöser Begriff. Nicht die biologisch fragwürdige Größe der jüdischen Rasse, sondern das ›Volk Israel‹ ist gemeint.«[130] Bonhoeffer zeigt nicht nur in der Terminologie, die er bei der Erörterung der Frage der *Kirchenmitgliedschaft sogenannter jüdischstämmiger Christen* wählt, eine innerhalb der protestantischen Theologie ungewöhnliche Distanz zu der

126 Hitler, Mein Kampf, 70.

127 AaO., 782.

128 Vgl. z. B. Jung, Herrschaft, 123.

129 Vgl. die Hinweise auf R. Karwehls Aufsatz »Politisches Messiastum« im 3. Kap. III.C.2.

130 Vgl. GS II, 51 (Hervorheb. hinzugef., CS).

allgegenwärtigen nationalsozialistischen Rasseideologie.[131] Seine Auffassung, daß der Begriff Judentum von der Kirche Christi her gesehen *niemals* ein rassischer Begriff sein kann, bezieht sich auch auf die Erörterung der Frage nach dem *staatlichen Handeln in der Judenfrage*.

In der Einführung des Aufsatzes hatte er ausdrücklich betont, daß *beide* Fragen allein von einem rechten Kirchenbegriff her beantwortet werden können.[132] Die Aussage, »Judentum« sei von der Kirche Christi her gesehen niemals ein rassischer Begriff, bezieht sich somit auch auf die Beurteilung staatlichen Handelns. Hier sah Bonhoeffer schon mit dem Einfließen rassischer Kategorien in die Begründung staatlichen Handelns legitim staatliches Handeln, das heißt die nüchterne Erfüllung des Auftrags, Recht und Ordnung zu schaffen, gefährdet. Ein politisches Messiastum, das rassische Ziele mit pseudoreligiösem Anspruch zu Maximen staatlichen Handelns machte, mußte mit dem christlichen Verständnis der Aufgabe staatlichen Handelns in Konflikt geraten.

Hitler verstand den Staat als reines Mittel zur Durchsetzung seiner rassisch-expansionistischen Ziele. Wenn sich der *Staat* dabei als untauglich erweisen sollte, habe die *Bewegung* an seiner Stelle zu handeln.[133] An den Lösungsversuchen der sogenannten Judenfrage wurde für Bonhoeffer im Jahre 1933 nicht nur der allgemeine Teil der Entrechtung zuerst und am deutlichsten sichtbar, sondern auch die Zerstörung staatlicher Autorität durch eine Indienststellung für pseudoreligiöse Zielsetzungen. Es ging nicht mehr darum, im Sinne eines wahrhaft autoritären Staates Mängel in der Rechtsordnung zu beheben, sondern ein totaler Staat erhob den Anspruch, unbegrenzt über das Leben seiner Bürger zu verfügen. Für die Mehrzahl der Bürger hatte ein solcher pseudoreligiöser Anspruch zur Folge, einem umfassenden Glaubenszwang ausgesetzt zu sein. Minderheiten mußten, wie Leibholz es schon 1932/33 prophetisch formuliert hat, von geistiger oder physischer Vernichtung bedroht sein.[134]

131 Vgl. z. B.W. Künneth, Die Kirche und die Judenfrage in Deutschland, wiederabgedr. in: W. Huber u.I. Tödt (Hg.), Ethik im Ernstfall. Dietrich Bonhoeffers Stellung zu den Juden und ihre Aktualität (IBF 4), München 1982, 255–257.

132 Vgl. GS II, 44.

133 Vgl. das bekannte Wort Hitlers vom 10. September 1935: »Was staatlich gelöst werden kann, wird staatlich gelöst. Was der Staat seinem ganzen Wesen nach eben nicht zu lösen in der Lage ist, wird durch die Bewegung gelöst« (M. Domarus, Hitler. Reden und Proklamationen 1932–1945, kommentiert von einem deutschen Zeitgenossen, Bd. I: Triumph, 2. Halbbd. 1935–1938, 525); vgl. auch Tödt, Ernstfall, 168.

134 »Ein totaler Staat kann sich heute gar nicht konstituieren, ohne daß diffentierende (muß wohl »dissentierende« oder auch »differentierende« heißen, CS) Minderheitsgruppen und Gegenkräfte physisch oder geistig vernichtet werden« (Leibholz, Auflösung, 77).

III. Neue Einsichten in der Verhältnisbestimmung von Kirche und Staat bei Bonhoeffer

In den Monaten März bis Juni 1933 hat sich Bonhoeffer zweimal ausführlich zum Verhältnis von Kirche und Staat geäußert. Der April-Aufsatz erörtert die Möglichkeiten des Verhaltens der Kirche gegenüber dem Staat am Beispiel der staatlichen Judenpolitik. Im Anschluß an die schon behandelten Überlegungen zum wahren und falschen Messianismus in der Geschichte versucht Bonhoeffer in der Christologievorlesung eine theologische Grundlegung von Kirche und Staat unter der Überschrift »Christus als Mitte der Geschichte«.[135] Angesichts der religiösen Überhöhung der politischen Umwälzung des Jahres 1933 mithilfe schöpfungstheologischer Argumente hebt Bonhoeffer die Christologie als Zentrum der Theologie hervor. Diese Entwicklung einer christologischen Konzentration findet ihren vorläufigen Höhepunkt in der Christologievorlesung des Sommersemesters 1933.[136] In den Wochen nach Abschluß des April-Aufsatzes vorgetragen, stellt sie den theologischen Horizont der Stellungnahme zum Verhältnis von Kirche und Staat in dem April-Aufsatz dar.

A. Die Grundorientierung am Kirchenbegriff

Nach Bonhoeffers Auffassung können die Fragen, die sich aus der in der Geschichte einzigartigen Tatsache ergeben, daß der Jude unabhängig von seiner Religionszugehörigkeit willen vom Staat unter Sonderrecht gestellt wird, »allein von einem rechten Kirchenbegriff her« beantwortet werden.[137] Im Sinne seines im ersten Kapitel dargestellten Ethikentwurfes ist die Kirche als Christus praesens der Ort der Offenbarung des konkreten Gebotes.[138] Weil es Bonhoeffer in dem Aufsatz »Die Kirche vor der Judenfrage« um Erörterungen geht, die der Verkündigung des konkreten Gebotes durch die Kirche dienen sollen, argumentiert er nicht von einem humanitären Gesichtspunkt aus.[139]

Die Erkenntnis des konkreten Gebotes gibt es nach Bonhoeffers Auffassung nicht überall, sondern nur dort, wo aus einer akuten Bedrohung heraus gefragt wird.[140] Er sieht diese Situation durch die in der Geschichte einzigartige Tatsache eines staatlichen Sonderrechts aus rassischen Gründen gegeben, wenn er fragt:»Wie beurteilt die Kirche dieses staatliche Handeln und welche Aufgabe erwächst ihr daraus?«[141]

135 Vgl. GS III, 196ff.
136 Vgl. Feil, Theologie, 161ff u. 177ff.
137 GS II, 44.
138 Vgl. oben 1. Kap. III.A.1.
139 Vgl. auch den Titel des Aufsatzes.
140 Vgl. GS V, 331 u. oben 3. Kap. Ergebnis.
141 GS II, 44.

Mit seiner Ablehnung einer Argumentation von humanitären Gesichtspunkten her scheint sich Bonhoeffer in die breite Front der Gegner westlich-liberalen Denkens einzuordnen. Jedoch unterscheidet sich seine Zurückstellung humanitärer Gesichtspunkte hinter den Ausgangspunkt beim rechten Kirchenbegriff von der scharfen Zurückweisung eines weltlichen Humanismus bei Theologen wie zum Beispiel Hans Asmussen.[142]

Bonhoeffer lehnt die Argumentation von humanitären Gesichtspunkten her nicht grundsätzlich ab, sondern er sucht den Unterschied der verschiedenen Vorgehensweisen, die beide zu verfolgen sind, hervorzuheben. Die Kirche frage lediglich danach, ob der Staat Ordnung und Recht schafft oder nicht, aber sie hindert den einzelnen Christen, der sich dazu aufgerufen weiß, nicht daran, »den Staat gegebenenfalls als ›unhuman‹ anzuklagen.«[143]

Bonhoeffer erachtet es sogar ausdrücklich als eine für den Staat wichtige Sache, daß die humanitären Verbände und einzelne, die sich dazu aufgerufen wissen, als »christliche Männer dem Staat die moralische Seite seiner jeweiligen Maßnahmen zu Gesicht...bringen, d.h. gegebenenfalls den Staat des Verstoßes gegen die Moral...verklagen.«[144] Auch für sich selbst schien ihm dieser Weg einzelner christlicher Männer durchaus angemessen zu sein.[145] Angesichts der tiefgreifenden Umwälzungen am Beginn des Dritten Reiches geht es ihm aber um eine grundsätzlichere Argumentation.

B. Das »bessere« Wissen der Kirche um den Sinn der Geschichte und des Staates

Die Kirche als der gegenwärtige Christus weiß um den Sinn der Geschichte und des diese gestaltenden Staates. Bonhoeffer betont, daß die Geschichte jedoch nicht von der Kirche, sondern vom Staat »gemacht« wird.[146] Die Kirche läßt den Staat die Geschichte gestalten, gibt aber zugleich aus ihrem Wissen um das Wesen staatlichen Handelns heraus Zeugnis von der Durchbrechung der Geschichte durch Gott in Christus.[147]

142 »Der gemeinsame Gegner der lutherischen und der reformierten Kirchen ist der weltliche Humanismus mit allen seinen Ausläufern. Er will die Kirchen nicht Kirchen sein lassen, sondern Weltanschauungsgemeinschaften, Vereine, Verwaltungsbezirke und dergleichen...Dieser Feind hat sich in den eigenen Reihen eingenistet« (H. Asmussen, Konfessionalität und politische Haltung, in: ZZ 11(1933), Heft 2(März), 123).

143 Vgl. GS II, 47.

144 GS II, 47.

145 Vgl. GS VI, 260 u. oben Anm. III/165.

146 Vgl. GS II, 45 u. GS III, 197.

147 Das Wort »Durchbrechung« ist im maschinenschriftlichen Manuskript unterstrichen (BA, NL DB, Fiche A 37/1–1, 3).

Da sie sich keine Kenntnis des notwendigen Geschichtsverlaufes anmaßt, kann die Kirche jedoch primär nicht unmittelbar politisch handeln.[148] Nach Bonhoeffers Auffassung kann sie also auch in der Judenfrage dem Staat nicht »unmittelbar ins Wort fallen, und von ihm ein bestimmtes andersartiges Handeln fordern.«[149] Aber das bedeutet nicht, daß die Kirche dem politischen Geschehen teilnahmslos gegenübersteht. Ihr politischer Auftrag ist vielmehr, den Staat immer wieder *konkret* danach zu fragen, ob sein Handeln von ihm als legitim staatliches Handeln verantwortet werden könne. Kriterium dabei ist, ob Recht und Ordnung oder Rechtlosigkeit und Unrecht geschaffen werden. »Sie wird diese Frage mit allem Nachdruck dort zu stellen aufgerufen sein, wo der Staat gerade in seiner *Staatlichkeit*, d.h. in seiner mit Gewalt Recht und Ordnung schaffenden Funktion bedroht erscheint.«[150]

Der politische Auftrag der Kirche ergibt sich somit aus dem besseren Wissen um Auftrag beziehungsweise Funktion des Staates und die *Grenzen* seines Handelns. Die Kirche kennt nicht den notwendigen Geschichtsverlauf, aber sie weiß besser als der Staat selbst, wann er durch ein bestimmtes Handeln oder Nichthandeln seine Staatlichkeit verliert. Es bleibt also nicht bei einem grundsätzlichen besseren Wissen um den Sinn des Staates, sondern die Kirche hat immer wieder konkret die Frage nach der Legitimität staatlichen Handelns zu stellen, wenn der Staat wie im April 1933 in seiner Staatlichkeit bedroht erscheint.

Sie greift mit solchem *mittelbar* politischen Handeln nicht in staatliche Verantwortlichkeit ein, sondern schiebt im Gegenteil dem Staat selbst die ganze Schwere der Verantwortung für das ihm eigentümliche Handeln zu.[151] Solange der Staat Recht und Ordnung schafft – und zwar, wie Bonhoeffer im Blick auf die Judenfrage betont, auch neues Recht und neue Ordnung – kann sich die Kirche »nicht unmittelbar politisch handelnd gegen ihn wenden«.[152] Wenn dies nicht mehr gegeben ist, also im Falle eines Zuviel oder eines Zuwenig an Ordnung und Recht, ist die Kirche zum Reden gezwungen.

Neben der Frage nach dem legitim staatlichen Charakter seines Handelns und dem caritativen Dienst an den Opfern staatlichen Handelns besteht die dritte Möglichkeit kirchlichen Handelns gegenüber dem Staat darin, »nicht nur die Opfer unter dem Rade zu verbinden, sondern dem Rad selbst in die Speichen zu fallen.«[153] Solches *unmittelbar* politische

148 Vgl. GS II, 46. Das Wort »unmittelbar« ist im ms. Manuskript unterstrichen (BA, NL DB, Fiche A 37/1–1, 3).

149 GS II, 46.

150 Ebd. Die Hervorhebung findet sich im ms. Manuskript (BA, NL DB, Fiche A 37/1–1, 3).

151 Vgl. GS II, 46f.

152 GS II, 47.

153 GS II, 48. Der enge Mitarbeiter des preußischen Staatsministers Otto Klep-

Handeln ist gefordert, wenn der Staat in seiner Recht und Ordnung schaffenden Funktion versagt. Dies ist dann gegeben, wenn er *hemmungslos* ein Zuviel oder ein Zuwenig an Recht und Ordnung verwirklicht. In beiden Fällen sieht die Kirche die Existenz des Staates und damit auch ihre eigene bedroht.[154]

Die Tatsache, daß mit der Existenz des Staates auch die der Kirche gefährdet ist, folgt aus der gemeinsamen Begründung in der Versöhnungsordnung.[155] Hierin liegt auch die Ursache dafür, daß Bonhoeffer nicht nur von einem *mittelbar* politischen Handeln der Kirche, sondern auch von einem unter Umständen geforderten *unmittelbar* politischen Handeln spricht. Es ist dann notwendig, wenn der Staat seine Staatlichkeit verliert, das heißt, gegen seinen Auftrag verstößt. Weil er seine Begründung in der Versöhnungsordnung findet, hat er kein Recht an sich, so daß ihm mit dem Verlust seiner Funktion auch das Sein verloren geht. Fällt der Staat aber als die eine Gestalt der Versöhnungsordnung aus, so kann die Kirche als die zweite Gestalt an seine Stelle treten, indem sie selbst unmittelbar politisch handelt.[156]

C. Der Ort von Kirche und Staat in Gottes Versöhnungsordnung

In welcher Weise führt Bonhoeffer die Begründung von Kirche und Staat in Gottes Versöhnungsordnung aus? Ergeben sich Differenzen zu Luthers Reiche- und Regimentelehre sowie dem neulutherischen Zwei-Reiche-

per, Karl Brandt (1899–1975), hat den Ausdruck »Rad der Geschichte« im Frühjahr in einem ähnlichen Sinn verwendet: »Das Rad der Geschichte dreht sich in Deutschland so rasend, die Menschen purzeln so massenweise von ihren Posten, werden so massenweise verhaftet, gestern in Braunschweig 1350 auf einmal, alle negativen Eigenschaften der Bestie Mensch vollführen einen solchen Spuk, daß alles frühere schon als historische Literatur dagegen verblaßt« (Brief Karl Brandts, undatiert, zit. in: M. Schumacher, Der Umschwung in Deutschland 1933. Eine unbekannte Artikelfolge des preußischen Staatsministers Otto Klepper (Dokumentation), in: VfZ 31 (1983), 151 Anm. 13).

154 Unter einem hemmungslosen Zuviel an Recht und Ordnung versteht Bonhoeffer den Vorgang, »daß der Staat seine Gewalt so ausbaut, daß er der christlichen Verkündigung und dem christlichen Glauben. . .sein eigenes Recht raubt – eine groteske Situation, da ja der Staat erst von dieser Verkündigung und von diesem Glauben her sein eigentümliches Recht erhält und sich somit selbst entthront« (GS II, 48). Der Gedanke, daß der Staat sich selbst gefährdet, wenn er die Existenz der Kirche und ihrer Verkündigung bedroht, war verbreitet (vgl. z. B. von Norden, Protestantismus, 64).

155 Zu beachten ist, daß dies nach Bonhoeffers Auffassung auch aus einem Zuwenig an Recht und Ordnung, d.h. einer Entrechtung von Individuen und Minderheiten folgt, nicht nur aus Eingriffen des Staates in den Bereich der Kirche.

156 Bonhoeffer hatte schon 1932 in anderem Sinne von der Möglichkeit unmittelbar politischen Handelns der Kirche gesprochen (vgl. oben 1. Kap. IV.B.).

Konzept? Schließlich ist die Frage nach Gemeinsamkeiten und Unterschieden im Vergleich mit Karl Barths Entwurf zu klären, der Ende der zwanziger Jahre zuerst eine Begründung von Kirche und Staat in Gottes Versöhnungsordnung entfaltet hatte.

1. Die Bedeutung des Kreuzes für Kirche und Staat

Während Bonhoeffer im November 1932 noch von Kirche und Staat als den beiden Gestalten des Reiches Gottes auf Erden gesprochen hatte, heißt es nun in der Christologievorlesung: »Christus ist uns in zweifacher Gestalt gegenwärtig: als Kirche und als Staat.«[157] Die angesprochene christologische Konzentration zeigt sich darin, daß die Eschatologie wie auch die Ekklesiologie strikt von der Person Christi her verstanden wird. Bonhoeffer identifiziert das Reich Gottes sogar mit Christus. »Solange Christus auf Erden war, war er das Reich Gottes. Als er gekreuzigt wurde, zerriß das Reich in eines zur Rechten und eines zur Linken Gottes.«[158] Zur Begründung verweist er auf Luthers Auffassung vom Staat als Gottes »Reich mit der linken Hand«.[159]

Während Bonhoeffer die Kirche in seiner Dissertation vom Jahre 1927 mit dem Osterereignis entstanden sein läßt, ist nun die Kreuzigung das Entstehungsdatum der Kirche und des Staates.[160] Die Zuhörer der Vorlesung dürften es nach dem teilweise euphorischen Jubel im Zusammenhang der »nationalen Erhebung« als eine unmißverständliche Distanzierung von den neuen Machthabern vernommen haben, wenn Bonhoeffer den Ursprung des Staates in der Auflehnung der Staatsmacht gegen Gott ansetzt.[161] Wegen der Auflehnung der Staatsmacht gegen Gott, die in der Kreuzigung sichtbar wurde, hat dieser die Ordnung des Staates zwar zerbrochen und aufgehoben. Das Kreuz ist aber auch das Zeichen der Versöhnung, denn in diesem Zeichen hat Gott die Ordnung des Staates endgültig bejaht und neu eingesetzt. Damit ist jeder Wert des Staates *an sich* abgelehnt, er hat sein Recht allein in Jesus Christus als dem einen Wort Gottes, das ihm als Gesetz und Evangelium zugleich Gericht und Verheißung ist. Sinn dieser schwer nachvollziehbaren Aussagen ist, im Gegenüber zu einer neulutherisch-idealistischen Verabsolutierung des Staates,

157 GS III, 198.

158 Ebd.

159 Bonhoeffer nennt als Belege M. Luther, Werke. Weimarer Ausgabe, 1883ff, Bd. 36, 385, 6–9 u. Bd. 52, 26, 20–26; vgl. GS III, 198.

160 »Es gibt aber nur eine Kreuzgemeinde durch die Osterbotschaft« (SC, 102f/DBW 1, 96; vgl. SC, 99/DBW 1, 92).

161 Wie in Barths Schrift »Rechtfertigung und Recht« aus dem Jahre 1938 wird auch die unrechte, aber in Gottes Heilsplan gewollte Tat des Pilatus als prototypisch für staatliches Handeln verstanden (vgl. K. Barth, Rechtfertigung und Recht (Theologische Studien 1), Zürich 1938, 11ff).

der nach dieser Auffassung als Gegenmittel gegen die Sünde nicht ihrer Macht unterliegt, die Ambivalenz staatlicher Macht hervorzuheben.

Bonhoeffer geht über Luther hinaus, wenn er nicht nur das geistliche, sondern auch das weltliche Regiment Gottes in Gericht und Versöhnung, die in Jesu Kreuzigung erfolgt sind, begründet. Zwar hatte auch Luther das weltliche Regiment von seiner Erhaltungsfunktion für die Neuschöpfung her verstanden; eine direkte Begründung obrigkeitlicher Ordnung in dem richtenden und rechtfertigenden Geschehen am Kreuz findet sich in seinen Schriften jedoch nicht.[162]

2. Die Kirche als »Grenze« und »Mitte« des Staates

Aus dem Gedanken der Entstehung von Staat und Kirche »mit dem Kreuz« ergeben sich für Bonhoeffer neue Akzente bei der Bestimmung des Verhältnisses von Kirche und Staat. Die Kirche ist nicht nur »Grenze« des Staates, sondern auch »Mitte«. War schon in der Kritik an Gogartens »Politische(r) Ethik« vom Januar 1933 die Begrenzung des Staates durch die Kirche betont worden, so fehlen Aussagen zur Begrenzung der Kirche durch den Staat in der Christologievorlesung völlig.

Die Kirche als Ort des gegenwärtigen Christus ist Grenze des Staates, indem sie »die Durchbrechung aller menschlichen Ordnung mit dem Kreuz verkündigt«.[163] Im Vergleich zum Jahre 1932 ist die Rolle des Kreuzes als Symbol der Begrenzung des Staates stark in den Vordergrund gerückt. Bonhoeffer fügt zudem einer solchen Begrenzung der staatlichen Ordnung durch die Verkündigung des *Wunders* die Begrenzung durch die Predigt des selbstverschuldeten *Gerichts* hinzu. Die Durchbrechung der Ordnungen geschieht nicht mehr nur durch Gottes Eintreten in die Geschichte, sondern auch durch die Auflehnung der Staatsmacht in der Tötung Christi am Kreuz.[164]

Die zweite Verhältnisbestimmung von Kirche und Staat in der Christologievorlesung formuliert Bonhoeffer mithilfe des für seine Christologie zentralen Begriffs »Mitte«.[165] Weil Christus Mitte der Geschichte, zugleich aber in der Kirche gegenwärtig ist, muß die Kirche als Mitte der Geschichte verstanden werden. Die Kirche ist auch Mitte des Staates, da dieser die Geschichte gestaltet.[166] Ihr Mitte-Sein bewährt die Kirche je-

162 Vgl. U. Duchrow, Christenheit und Weltverantwortung. Traditionsgeschichte und systematische Struktur der Zweireichelehre (Forschungen und Berichte der Evangelischen Studiengemeinschaft, Bd. 25), 2. Aufl., Stuttgart (1970) 1983, 486ff.

163 GS III, 198.

164 Ebd.

165 Vgl. den gesamten Abschnitt »II. Der Ort des Christus« im 1. Hauptteil der Vorlesung (GS III, 194–200).

166 Vgl. GS III, 197 u. oben B.

doch nur im Verborgenen und nicht sichtbar, indem sie etwa »Staatskirche« wird. Es erweist sich vielmehr darin, daß sie »Sinn und Verheißung des Staates« ist.[167] Nach Bonhoeffers Auffassung braucht der Staat nicht darum zu wissen, auch wenn er faktisch aus dieser Mitte lebt.

Indem Bonhoeffer das Verhältnis von Kirche und Staat konsequent von seinem theologischen Grundgedanken, daß Christus die Mitte der Geschichte ist, her versteht, erhält die lutherische Tradition der zwei Regimente Gottes neue Akzente. Die Begründung in dem einen Christus, der die Mitte der Geschichte ist, impliziert, daß der Staat wie auch die Kirche seinen Maßstab und Zweck in Gottes versöhnendem Willen hat. Wie in Barths oben ausgelegter Ethik-Vorlesung werden Kirche und Staat als Gestalten der einen Versöhnungsordnung betrachtet.[168] Die mit dem gemeinsamen Ursprung gegebene Nähe in der Zielsetzung macht eine dichotomische Verhältnisbestimmung unmöglich.[169]

Während Barth die Beziehung von geistlichem und weltlichem Regiment, von Christengemeinde und Bürgergemeinde, mithilfe des Analogiegedankens ausführt,[170] versucht Bonhoeffer das gleiche Ziel mittels einer ausgeprägten Christus praesens-Ekklesiologie zu erreichen. In Verbindung mit dem Grundgedanken seiner Christologie, daß Christus die Mitte der Geschichte sei, gelangt Bonhoeffer zu dem neuen Konzept der Kirche als – verborgener! – Mitte des Staates. Es bildet die Grundlage der Verhältnisbestimmung von Kirche und Staat mit den drei Verhaltensmöglichkeiten der Kirche, wie sie Bonhoeffer im Aufsatz zur Judenfrage entfaltet.

Die systematische Analyse der Bonhoefferschen Überlegungen in der Christologievorlesung zeigt die Unausgeglichenheiten und Mängel dieses Konzepts. Die Begriffe »Mitte« und »Grenze« bleiben recht vage. Das Bild von der Kirche als der verborgenen Mitte des Staates steht in Spannung zu der Aussage, daß Kirche und Staat beide Gestalten Jesu Christi seien. In der Situation des beginnenden Kirchenkampfes hat Bonhoeffer Formulierungen geäußert, die in der Gefahr stehen, die Unterschiedenheit der Kirche und ihres Herrn zu verwischen. Auch die Überlegungen zur Entstehung des Staates und der Kirche mit dem Kreuz bleiben in ihrer Kürze mißverständlich. Es wird nicht deutlich genug, daß damit lediglich eine *ethische* Aussage über den Sinn und Auftrag staatlicher Macht für den

167 GS III, 197.

168 Vgl. oben 3. Kap. IV.A.

169 Jedoch fehlt bei Bonhoeffer das für Barth seit seinem Buch über Anselms Gottesbeweis im Jahre 1931 charakteristische Analogiedenken (vgl. K. Barth, Fides quaerens intellectum. Anselms Beweis der Existenz Gottes im Zusammenhang seines theologischen Programms, München 1931); vgl. auch Bonhoeffers zustimmende Besprechung (GS V, 318–321) u. die lobende Bemerkung in einem Brief an E. Sutz vom 25. Dezember 1931 (GS I, 25).

170 Vgl. K. Barth, Christengemeinde und Bürgergemeinde (Theologische Studien 20), Zürich 1946.

christlichen Glauben und also eine Weisung für das Verhalten der Christen im Bereich des Politischen gemacht wird. Bonhoeffer weist nicht die Gefahr einer unsinnigen *ontologischen* Begründung des Staates in der Kreuzigung zurück.

Bemerkenswert sind die Ausführungen in der Christologievorlesung jedoch in ihrem konkreten Bezug auf die Situation des Frühsommers 1933. Die Front, gegen die Bonhoeffer kämpft, ist eine Indienststellung staatlichen Handelns für völkisch-rassische Ziele, die in Kirche und Theologie mithilfe schöpfungstheologischer Argumente begründet wurde. In der strikten Konzentration auf eine Begründung und Normierung staatlichen Handelns ausschließlich in der Christologie ist hierfür kein Raum.

3. Die Überwindung des neulutherischen Zwei-Reiche-Konzepts

In den voraufgegangenen Kapiteln der Untersuchung wurden mehrere Elemente in Bonhoeffers theologischer Ethik des Politischen herausgearbeitet, die dem neulutherischen Zwei-Reiche-Konzept zuwiderlaufen.[171] Neben der ausgeprägten Christus praesens-Ekklesiologie sind vor allem das Ernstnehmen des Reiches Gottes als eines Reiches auf Erden sowie die Relativierung des Rechts der weltlichen Ordnungen von der Neuschöpfung in Jesus Christus her zu nennen. Die gemeinsame Begründung von Kirche und Staat im versöhnenden Handeln Gottes im Frühsommer 1933 bedeutet eine weitere Abgrenzung gegen ein dichotomisches und zumeist auch anthropozentrisches Verständnis der zwei Reiche beziehungsweise Regimente.

Bei allen Unterschieden im einzelnen behandelt man hier Obrigkeit und Staat außerhalb der Christologie in dem eher unbestimmten, allgemeinen Zusammenhang von Gottes Wirken als Schöpfer beziehungsweise Erhal-

171 Vgl. auch E. Bethge, Dietrich Bonhoeffer und die theologische Begründung seines politischen Widerstandes, in: ders., Am gegebenen Ort. Aufsätze und Reden 1970–1979, München 1979, 48–62, bes. 53ff; Peters, Präsenz, 96ff, bes. 99 Anm. 35; C. Nicolaisen, »Anwendung« der Zweireichelehre im Kirchenkampf – Emanuel Hirsch und Dietrich Bonhoeffer, in: N. Hasselmann (Hg.), Gottes Wirken in seiner Welt. Zur Diskussion um die Zweireichelehre, 2. Bd.: Reaktionen, Hamburg 1980, 15–26 (im Zitat S. 22 oben ist »er« zu streichen) u. J. Wiebering, Zwei Räume – zwei Reiche? Bonhoeffers »Ethik« in ihrem Verhältnis zur Tradition der lutherischen Sozialethik, in: A. Schönherr u.W. Krötke (Hg.), Bonhoeffer-Studien. Beiträge zur Theologie und Wirkungsgeschichte Dietrich Bonhoeffers, Berlin 1985, 73–85. In fast keinem der Beiträge wird die Frage nach Bonhoeffers Verhältnis zur lutherischen Reiche- und Regimentelehre sowie den neulutherischen Zwei-Reiche-Konzepten anhand der frühen Ethik-Entwürfe untersucht. Man beschränkt sich vielmehr auf den Aufsatz »Die Kirche vor der Judenfrage« und stellt die Ausführungen der »Ethik«-Fragmente aus den Jahren nach 1938 daneben. Zur Unterscheidung der Reiche- und Regimentelehre Luthers von den neulutherischen Zwei-Reiche-Konzepten vgl. Tödt, Luthers Reiche- und Regimentenlehre.

ter.[172] Konnte man sich hierbei noch mit einem gewissen Recht auf Luther berufen, so steht die vergröbernde Auffassung des Staates als Ort des Gesetzes und der Kirche als dem des Evangeliums in doppeltem Widerspruch zu dessen Theologie. Einmal hat Luther das weltliche Regiment nicht auf den Bereich des Staates eingeengt;[173] und zum anderen hat er das Gesetz – jedoch ohne Ausschließlichkeit – dem *weltlichen Regiment Gottes* zugeordnet und nicht den jeweils vorhandenen *menschlichen Obrigkeiten*.[174] Aus der neulutherischen anthropozentrischen Auffassung folgt eine Aufwertung vorfindlicher Strukturen im Bereich des Politischen zu Schöpfungsordnungen, in denen dem Menschen angeblich Gottes Gesetz begegnet.[175] Zudem werden Gottes geistliches und weltliches Regiment durch die in lutherischer Tradition betonte Dialektik von Gesetz und Evangelium auseinandergerissen und im Gefolge Augustins im Sinne des Gegensatzes von Gottes- und Weltreich verstanden.[176]

Bonhoeffer hat diesem Gedankengang im Frühsommer 1933 noch an einer wichtigen Stelle zugestimmt. Auch er bezeichnet in dem April-Aufsatz den Staat als Ort des Gesetzes und die Kirche als den der frohen Botschaft.[177] Die Formulierungen finden sich im Zusammenhang einer

172 Zu nennen sind vor allem Paul Althaus, Werner Elert, Friedrich Gogarten und Walter Künneth. Luthers Aussagen sind an dieser Stelle nicht ganz eindeutig (vgl. aber E. Wolf, Rezension über: Gunnar Hillerdal, Gehorsam gegen Gott und Menschen (1958), in: G. Wolf (Hg.), Luther und die Obrigkeit (WdF 85), Darmstadt 1972, 116–123, bes. 119).

173 Spätestens seit der Auslegung von Psalm 127 im Jahre 1532/33 (WA 40, III, 202ff) gehören für Luther die irdischen Ordnungen insgesamt, vor allem auch die Ehe und das Eigentum, zum weltlichen Regiment. In der Schrift »Von weltlicher Obrigkeit, wie weit man ihr Gehorsam schuldig sei« aus dem Jahre 1523 (WA 11, 245–281) hingegen versteht er das weltliche Regiment wesentlich als »Schwert«, d.h. als Strafgewalt (vgl. W. von Loewenich, Luthers Stellung zur Obrigkeit (1966), in: G. Wolf (Hg.), Luther und die Obrigkeit (WdF 85), Darmstadt 1972, 433).

174 Auch in der Frage des Verhältnisses der Unterscheidung der beiden Regimente zu der von Gesetz und Evangelium sind Verschiebungen in Luthers Äußerungen zu beachten. Während er in der Obrigkeitsschrift von 1523 das weltliche Regiment als Ort des Gesetzes und Reich des göttlichen Zorns verstanden hatte, tritt seit Beginn der dreißiger Jahre sein Charakter als Segensordnung auch für die Christen stärker hervor (vgl. Loewenich, Luthers Stellung, 434f; vgl. auch W. Joest, Das Verhältnis der Unterscheidung der beiden Regimente zu der Unterscheidung von Gesetz und Evangelium (1958), in: H.- H. Schrey (Hg.), Reich Gottes und Welt. Die Lehre Luthers von den zwei Reichen (WdF 107), Darmstadt 1969, 196–220; E. Wolf, Sozialethik. Theologische Grundfragen, hg.v. Th. Strohm, 2. Aufl., Göttingen 1982, 267ff u. E.-W. Wendebourg, Erwägungen zu Ebelings Interpretation der Lehre Luthers von den zwei Reichen, in: KuD 13(1967), 100ff).

175 Vgl. Tödt, Luthers Reiche- und Regimentenlehre, 116ff.

176 Zum Zurücktreten der augustinischen Tradition bei Luther vgl. Duchrow, Christenheit, 439ff u. 479ff.

177 Vgl. GS II, 45; anders EN, 208ff, bes. 209 u. 213; vgl. Huber, Wahrheit, 108.

Kritik der Positionen, die staatliches Handeln allein von humanitären Gesichtspunkten aus beurteilen. Ihr Fehler ist für den Lutheraner Bonhoeffer der Mangel an Wissen um die Sündhaftigkeit der Welt. Die Beurteilung staatlichen Handelns durch die Kirche unterscheide sich darum vom Humanitarismus jederlei Schattierung durch die Radikalität der Trennung des Ortes der frohen Botschaft und des Ortes des Gesetzes.

Immerhin zögert Bonhoeffer, die Konseqenzen aus dieser Feststellung zu ziehen. Die ursprüngliche Formulierung: »Das staatliche Handeln bleibt *unter allen Umständen* frei vom kirchlichen Eingriff,« wird dadurch abgeschwächt, daß er den Ausdruck »unter allen Umständen« im überarbeiteten Manuskript streicht.[178] Auch hat er, wie dargelegt, im gleichen Aufsatz ausdrücklich von der Möglichkeit des unmittelbar politischen Handelns der Kirche gesprochen. Gleichwohl findet sich im April 1933 noch nicht die konsequente Ablehnung eines metaphysisch begründeten Dualismus, wie ihn die Unterscheidung eines Bereiches des Gesetzes und des Evangeliums impliziert.

Ergebnis

Bonhoeffers Überlegungen heben sich von den meisten anderen eingangs aufgeführten Stellungnahmen zum Verhältnis von Kirche und Staat in mehrfacher Hinsicht ab. Er hat den Aufsatz »Die Kirche vor der Judenfrage« zu einem Zeitpunkt verfaßt, als die wohlwollende oder auch skeptisch neutrale Haltung zum neuen Staat im deutschen Protestantismus in eine teilweise euphorische Zustimmung umgeschlagen war. Es wird nicht nur wie in den meisten Voten vor Eingriffen des Staates in den Bereich der Kirche gewarnt, sondern auch die Möglichkeit eines unmittelbar politischen Handelns der Kirche als Reaktion erwogen.

Ohne Parallele ist, soweit ich sehe, Bonhoeffers Auffassung, ein »Zuwenig« an Recht und Ordnung sei für die Staatlichkeit des Staates ebenso gefährlich wie ein »Zuviel«. Die Entrechtung einzelner Bürger oder Minderheiten hat die gleichen zerstörerischen Folgen für die staatliche Autorität wie Übergriffe in das Leben der Kirche. Die Hauptsorge der meisten Kirchenführer und Theologen nach der »nationalen Erhebung« war dagegen eine mögliche Beeinträchtigung des kirchlichen Lebens durch Übergriffe von Partei und Staat. Für die Wahrung der Grundrechte und des Minderheitenschutzes einzutreten, war man kaum bereit. Sie standen im Ruch westlichen Liberalismus und Atomismus, und darin sah man die Hauptbedrohung der ersehnten christlichen Volksgemeinschaft.

Bezeichnend ist, daß Bonhoeffer den Vorwurf der mangelnden staatlichen Autorität, wie ihn die rechten Kritiker der Republik gegen den angeblichen liberalen »Nachtwächterstaat« erhoben hatten, gegen den

178 Vgl. BA, NL DB, Fiche A 37/1–1, 3 (Hervorheb. hinzugef., CS).

neuen, nationalsozialistischen Staat wendet. Nicht der liberale, sondern der totale gefährdet seine Staatlichkeit durch ein Zuwenig an Recht und Ordnung. Dahinter steht die mit Leibholz geteilte Auffassung, der totale Staat sei im Gegensatz zum autoritären ein liberalistischer, das heißt entarteter liberaler Staat.[179]

Der Bonhoefferschen Stellungnahme vom April 1933 liegt das oben dargelegte Verständnis des Nationalsozialismus als eines politischen Messianismus zugrunde.[180] Daraus erklärt sich die Tatsache, daß er gerade die Judenpolitik zum Anlaß einer grundsätzlichen Diskussion des Verhältnisses von Kirche und Staat am Beginn des Dritten Reiches nimmt. Bonhoeffer hat mit der Formulierung, der Staat sei ohne Zweifel berechtigt, in der Judenfrage neue Wege zu gehen, nicht die sogenannte »Nichtariergesetzgebung« vom 7. April 1933 befürwortet.[181] Der Gedanke steht am Beginn der Erörterungen als eine selbstverständliche Voraussetzung. Aufgabe staatlichen Handelns ist natürlich, nicht nur das geltende Recht zu bewahren, sondern auch neues Recht zu setzen. Die folgenden Ausführungen und die Kriterien, die Bonhoeffer für legitim staatliches Handeln nennt, zeigen jedoch eindeutig, daß er eine Ausnahmegesetzgebung wie den Arierparagraphen des Gesetzes zur Wiederherstellung des Berufsbeamtentums vom 7.April 1933 abgelehnt hat.[182]

Bonhoeffer ging es freilich nicht darum, einen eigenen Vorschlag zur »Lösung« der sogenannten Judenfrage zu machen.[183] Er wollte der Kirche Kriterien an die Hand geben, mit deren Hilfe sie die Frage klären konnte, ob ein konkretes Handeln des Staates sich mit seinem klar umgrenzten Auftrag, für Recht und Ordnung zu sorgen, vereinbaren lasse. Die Kirche hat nicht Vorschläge zur Lösung der Judenfrage zu machen, da die Geschichte vom Staat gestaltet werde. Sie muß jedoch aufgrund ihres besseren Wissens um Wesen und Sinn des Staates beurteilen, ob ein bestimmtes Handeln noch legitim staatlich ist.

179 Vgl. oben 3. Kap. III.C.3.

180 Vgl. oben 3. Kap. III.C.2.

181 Vgl. Kl. Scholders mißverständliche Formulierung, in: ders., Band 1, 350 u. oben II.B.1.

182 Leibholz hat in seiner Dissertation von 1925 Ausnahmegerichte u.a. für Juden abgelehnt, da sie auf einem personellen Motiv beruhten und damit »willkürlich« seien. Anders verhalte es sich mit Sondergerichten wie z. B. Militärgerichten (vgl. Leibholz, Gleichheit, 108).

183 E.-A. Scharffenorths interessanter, durch Rückgriff auf Überlegungen des Bochumer Pastors Hans Ehrenberg gewonnener These, Bonhoeffer habe eine »dritte Lösung« zwischen antisemitischer Aussonderung Israels und liberalistischer philosemitischer Assimilationstechnik befürwortet, ist somit nicht zuzustimmen (vgl. Scharffenorth, Bekenntnisfrage, 202ff). Da Juden nach diesem Vorschlag keine führenden politischen Ämter übernehmen sollten, käme man zu der unhaltbaren Folgerung, daß Bonhoeffer die Entlassung des Vaters von Gerhard Leibholz als Stadtrat gebilligt hätte.

Diese Frage verneint Bonhoeffer konkret im Blick auf die Nichtariergesetzgebung vom 7. April 1933. Die Grenzen staatlichen Handelns in der Judenfrage bestehen zum einen in der Wahrung eines Minimums an Recht, das heißt für Bonhoeffer im Jahre 1933, der Grundrechte, des Gewaltenteilungsprinzips als Grundlage des Rechtsstaats und des Minderheitenrechts. Zum anderen ist damit verbunden eine strikte Ablehnung völkisch-rassischer Begründungen staatlichen Handelns, auch in der sogenannten »Judenfrage«.

Und schließlich erhebt er grundsätzliche Vorbehalte dagegen, die Judenfrage durch staatliches Handeln überhaupt »lösen« zu wollen. Dieser Anspruch muß aufgrund der heilsgeschichtlichen Bedeutung des jüdischen Volkes scheitern. Hinter ihm steht ein pseudoreligiöser Messianismus, der die Grenzen staatlicher Autorität nicht achtet und in Konflikt mit dem legitimen jüdisch-christlichen Messiasglauben gerät.

Bonhoeffers Bestreben, gegenüber den verbreiteten schöpfungstheologischen Argumentationen die Christologie als Maßstab und Zentrum der Theologie zu behaupten, gelangt im Frühsommer 1933 an einen vorläufigen Zielpunkt. Im Aufsatz zur Judenfrage und in der Christologievorlesung werden die Folgen für die politische Ethik sichtbar. Kirche und Staat sind Gestalten des versöhnenden Handelns Gottes in Jesus Christus. Die Kirche als der Christus praesens ist nicht nur Grenze des Staates, sondern auch seine – verborgene – Mitte. Zwar wird die Geschichte vom Staat »gemacht«, aber die Kirche kennt beider Sinn besser als sie selbst. Darum hat sie darüber zu wachen, ob staatliches Handeln ein legitim staatliches ist, und notfalls selbst unmittelbar politisch zu handeln.

Die Orientierung der theologischen Ethik des Politischen am Christusgeschehen als Mitte der Geschichte verhindert ein Einstimmen in die verbreitete religiöse Überhöhung des vermeintlichen nationalen Neubeginns. Der Glaube an den verborgenen Messias Christus macht wachsam gegen die »entarteten Verheißungen ›erfüllter Zeit‹« und befähigt zu nüchterner und sachlicher Wahrnehmung der politischen Wirklichkeit.[184] Bonhoeffer grenzt sich von den Verabsolutierungen geschichtlicher Gegebenheiten wie Volk und Rasse bis in die verwendete Terminologie hinein ab. So ist seiner Auffassung nach das Wort »Judentum« von der Kirche her gesehen – auch in der politischen Ethik – niemals ein rassischer, sondern ein religiöser Begriff.[185]

Bonhoeffers theozentrischer Ansatz der theologischen Ethik des Politischen, der streng auf Kirche und Staat als die beiden Gestalten von Gottes versöhnendem Handeln in Jesus Christus konzentriert ist, zeigt in anderer Hinsicht seine Grenzen. Die Gesellschaft als von Kirche und Staat unabhängiger Bereich kommt nicht in den Blick. Unter einem Zuviel an Recht

184 GS III, 196.
185 Vgl. GS II, 51 u. oben II.B.2.

und Ordnung versteht Bonhoeffer Eingriffe in den Bereich der Kirche, kaum aber die Ausweitung des Staates auf Kosten der Gesellschaft. Die Hellsichtigkeit seiner Einschätzung des Nationalsozialismus und die kritische Funktion seines Konzeptes einer Ethik des Politischen unterscheiden sich jedoch von den meisten anderen Voten aus dem Bereich von Theologie und Kirche. Mit Beginn des Kirchenkampfes wurden diese Differenzen in wachsendem Maße offenbar.

5. Kapitel: Bonhoeffers »Isolierung und radikale Opposition« in den ersten Monaten des Kirchenkampfes

Einführung

Die erwähnte erste Reichstagung der Deutschen Christen vom 3. bis 5. April 1933 löste eine turbulente Entwicklung aus, in deren Verlauf die Deutsche Evangelische Kirche in eine ihrer bisher schwersten Krisen stürzte.[1] Auf die mit massiver Unterstützung führender Nationalsozialisten erhobenen Forderungen einer einheitlichen Reichskirche sowie einer Einführung des Arierparagraphen und des Führerprinzips in die Evangelische Kirche reagierte man mit hektischen Aktivitäten. Jedoch dauerte es noch vier Wochen, bis sich eine übergreifende Opposition bildete. Unter Leitung Gerhard Jacobis, Walter Künneths, Helmuth Schreiners und Hanns Liljes taten sich verschiedene Gruppen zur »Jungreformatorischen Bewegung« zusammen. Man wollte einerseits für eine unverkürzte reformatorische Theologie streiten, andererseits aber auch kirchenpolitisch wirksam werden. Ferner sollte der neugewählte Reichsbischof Friedrich von Bodelschwingh gegen die Angriffe der Deutschen Christen unterstützt werden.

Die Lage in den Sommermonaten des Jahres 1933 war durch eine im nachhinein schwer nachvollziehbare Atmosphäre der Spannung und des Drucks gekennzeichnet. Der Gleichschaltung der Gewerkschaften am 2. Mai folgte unmittelbar die erzwungene Selbstauflösung aller Parteien mit Ausnahme der NSDAP im Juni und Juli. Im Bereich der evangelischen Kirche der Altpreußischen Union wurden Ende Juni sämtliche Generalsuperintendenten abgesetzt und die Mitarbeiter des Evangelischen Oberkirchenrates beurlaubt. Stattdessen übernahmen Staatskommissare die Herrschaft in der Kirche. Hitlers Vertrauten, den Wehrkreispfarrer Ludwig Müller, ernannte man zum Leiter der Altpreußischen Union und des Kirchenbundesamtes, welches dieser sogleich am 28. Juni durch SA-Männer besetzen ließ.

Wie schnell sich auch in Bonhoeffers Augen die kirchenpolitische Lage veränderte, zeigt der Wandel in seiner Beurteilung der Rolle der Deutschen Christen zwischen April und Juli 1933. Während er Mitte April noch erwartete, daß sie sich von selbst in eine freikirchliche Existenz zurückziehen würden, zweifelte er Mitte Juli nicht mehr an ihrem Sieg bei den kommenden Kirchenwahlen.[2] Bonhoeffer hat bis zur Kirchenwahl am 23. Juli 1933 starken Anteil an den Aktivitäten der Jungreformatorischen

1 Vgl. Scholder, Band 1, 355ff u.K. Meier, Der evangelische Kirchenkampf. Gesamtdarstellung in drei Bänden, Bd. 1: Der Kampf um die »Reichskirche«, 2. Aufl., Göttingen 1984, 85ff.

2 Vgl. GS I, 37f.

Bewegung genommen.[3] E. Bethge hat dieses Engagement detailliert nachgezeichnet, so daß auf eine nochmalige Schilderung verzichtet werden kann.[4]

Wenige Monate nach Beginn des Kirchenkampfes sah er sich jedoch innerhalb der kirchlichen Opposition gegen die Deutschen Christen so isoliert, daß er den Entschluß faßte, Deutschland zu verlassen und ein Auslandspfarramt in London zu übernehmen. Schon im Juli 1933 tat er die ersten Schritte, um im Oktober einen Dienst als Pfarrer der deutschen Auslandsgemeinden St. Paul und St. Georg anzutreten.[5] Eine Woche nach seinem Wechsel nach London hat er in einem Brief an Karl Barth vom 24. Oktober 1933 die Gründe für den Weggang geschildert. Neben der Einführung des sogenannten Arierparagraphen in die Altpreußische Union Anfang September nennt er seine wachsende Isolierung, ja sogar eine »radikale Opposition« gegen alle seine nächsten Mitstreiter.[6] Zur Erläuterung seiner Isolierung im Kirchenkampf des Sommers 1933 weist er auf die Versuche, eine aktuelle Zusammenfassung des lutherischen Bekenntnisstandes zu formulieren: »Ein Symptom war mir außerdem noch, daß für das Betheler Bekenntnis, an dem ich wirklich leidenschaftlich mitgearbeitet hatte, so fast gar kein Verständnis aufgebracht wurde.«[7]

Im Folgenden soll geklärt werden, worin Bonhoeffers »Isolierung und radikale Opposition« selbst gegenüber den engsten Mitstreitern in der Bekennenden Kirche ihre Ursache hatte. Es ist zu zeigen, daß es wesentlich seine im 3. Kapitel aufgezeigte Einschätzung des Nationalsozialismus als eines gefährlichen politischen Messianismus und die im Aufsatz zur Judenfrage ausgeführte Staatsauffassung in liberal-rechtsstaatlicher Tradition waren, die den Dissens hervorriefen. Bonhoeffer konnte weder das »freudige Ja« zum neuen Staat, wie es die meisten Jungreformatoren von sich gaben, teilen noch ihren theologisch begründeten Nationalismus und Antiliberalismus. Ferner war ihm das Zwei-Reiche-Denken, das einem rein innerkirchlichen Verständnis der Opposition bei gleichzeitiger unkritischer Zustimmung zu fast allem staatlichen Handeln zugrundelag, unannehmbar. Die Differenzen wurden im Zuge der Arbeiten am Betheler Bekenntnis offensichtlich. Bonhoeffers Versuche, eine angemessene theologische Begründung der weltlichen Ordnungen zu finden, wurden im Verlauf der Bekenntnisarbeiten so verwässert, daß er sie nicht mehr mitverantworten konnte.

T.R. Peters gelangte zu dem Urteil, Bonhoeffers Position innerhalb der

3 Sein Name findet sich bereits unter einem Aufruf zur Sammlung vom 12. Mai 1933, den 45 Berliner Pfarrer unterzeichnet hatten (vgl. Glenthoj, MW V, 92f). E. Bethge spricht lediglich von 37 Unterzeichnern (vgl. DB, 332).

4 Vgl. DB, 331ff.

5 Vgl. GS II, 131.

6 Vgl. GS II, 132.

7 Ebd.

kirchlich-theologischen Szene des Jahres 1933 entziehe sich der Möglichkeit einer exakten Abgrenzung.[8] Abgesehen von Bethges Biographie hat sich die Forschung auf Bonhoeffers Kampf gegen den Arierparagraphen in der Kirche und auf seine Mitarbeit am Betheler Bekenntnis konzentriert.[9] E. Bethge hat in einer ausführlichen Vorbemerkung zu seinem Abdruck der *Erstform* des Betheler Bekenntnisses im Jahre 1959 den Weg von dieser über die Einholung von Gutachten bis hin zu der im November 1933 veröffentlichten Endfassung nachgezeichnet.[10] Hinsichtlich der Vorgeschichte des Bekenntnisses wußte Bethge zwar von der Existenz eines »Ur-Entwurfes«, den im wesentlichen Bonhoeffer und Sasse Mitte August 1933 erstellt hatten,[11] aber er wurde erst jetzt von Jelle van der Kooi im Betheler Hauptarchiv aufgefunden.

Im Anschluß an Bethges Forschungen wurde die komplizierte Entstehungsgeschichte des Betheler Bekenntnisses 1973 von Dorothea Friedrich im Rahmen einer unveröffentlichten Zulassungsarbeit an der Theologischen Fakultät der Universität Tübingen[12] und in Scholders Kirchenkampfgeschichte[13] behandelt. Wesentliche, über Bethges Forschungen hinausgehende Erkenntnisse ergaben sich aber erst aus der Auffindung des Aktenmaterials zum Betheler Bekenntnis im Hauptarchiv der Bodelschwinghschen Anstalten. Erste Ergebnisse seines Fundes, der eine umfangreiche Korrespondenz zum Betheler Bekenntnis, ca. zwanzig Gutachten und den Ur- oder Vorentwurf vom August 1933 hervorbrachte, veröffentlichte van der Kooi im August 1983[14] und diskutierte seine Ergebnisse zusammen mit dem amerikanischen Forscher Guy Carter auf einer Tagung des Internationalen Bonhoeffer-Komitees (IBK) in Hirschluch/DDR am 14. Juni 1984.[15]

Neben zahlreichen Einzelheiten, so zum Beispiel den Umständen der

8 Vgl. Peters, Präsenz, 45.

9 Vgl. J. Glenthoj, Dietrich Bonhoeffers Kampf gegen den Arierparagraphen, in: Kirche in der Zeit 20(1965), 439–444 u. C.-R. Müller, »Tue Deinen Mund auf für die Stummen!« Dietrich Bonhoeffer im Kampf gegen die nationalsozialistische Verfolgung und Vernichtung der Juden. Seine Haltung zur Judenfrage im Vergleich mit Stellungnahmen aus der evangelischen Kirche und Kreisen des deutschen Widerstands (Juni 1933 – April 1945), Diss.theol., Heidelberg 1986, 14ff.

10 Vgl. GS II, 80–89.

11 Vgl. GS II, 82. Es entstand jedoch nicht Anfang August, da die Arbeiten am Betheler Bekenntnis erst am 15. August begannen (vgl. Das Betheler Bekenntnis. Mit einer Einführung von Jelle van der Kooi und einem Brief Dietrich Bonhoeffers (Bethel. Beiträge aus der Arbeit der v. Bodelschwinghschen Anstalten in Bielefeld-Bethel, Heft 25), Bielefeld 1983, 10).

12 D. Friedrich, Das Betheler Bekenntnis, unveröffentl. Zulassungsarbeit, Tübingen 1973.

13 Vgl. Scholder, Band 1, 579–582.

14 Vgl. J. van der Kooi, Einführung zu: Das Betheler Bekenntnis, 5–21.

15 Vgl. G. Carter, Bekenntnis aus Bethel, August 1933: Vorläufiger Entwurf oder endgültiges Zeugnis?, ms. Manuskript 1984.

Versendung der zu begutachtenden Exemplare des Erstentwurfes[16] hat van der Kooi die Bedeutung Friedrich von Bodelschwinghs für die Entstehung des Betheler Bekenntnisses herausgearbeitet. An den zitierten Dokumenten wird nicht nur die Verbundenheit Georg Merz' und besonders Gerhard Stratenwerths mit ihm deutlich, sondern auch der starke Einfluß des einundachtzigjährigen Neutestamentlers Adolf Schlatter auf von Bodelschwingh und seinen ehemaligen Schüler Stratenwerth.[17] Ein 1984 veröffentlichter Aufsatz des Betheler Kirchenhistorikers G. Ruhbach über »Das Betheler Bekenntnis« faßt im wesentlichen die Ergebnisse van der Koois zusammen und charakterisiert den Inhalt verschiedener Gutachten.[18] Zuletzt hat C.-R. Müller im Rahmen des Heidelberger Forschungsprojekts »Der Widerstand des Bonhoeffer-Dohnanyi-Kreises 1933–1945« die Bedeutung der Judenfrage in den Auseinandersetzungen um das Betheler Bekenntnis untersucht. Sie kommt zu dem Urteil, »daß Bonhoeffer bei der Konzeption und Ausarbeitung... die entscheidende Rolle spielte«.[19] Gerade die Veränderungen und Abschwächungen in dem Abschnitt »Kirche und Juden« aufgrund der eingeholten Gutachten habe Bonhoeffer eine weitere Mitarbeit unmöglich gemacht.

Einschließlich des Ur- beziehungsweise Vorentwurfes sind fünf Textfassungen des Betheler Bekenntnisses zu berücksichtigen: (1.) Der Mitte August durch Sasses und Bonhoeffers Hand entstandene *Vorentwurf*;[20] sodann (2.) der im wesentlichen von Bonhoeffer, dem Betheler Dogmatiklehrer G. Merz und dem Mitarbeiter von Bodelschwinghs, Pastor G. Stratenwerth als Redakteur im August 1933 verfaßte sogenannte *Erstentwurf*,[21] der den ca. zwanzig eingeholten *Gutachten*[22] als Grundlage diente. Davon unterscheidet sich nur geringfügig (3.) die von E. Bethge in den Gesammelten Schriften unter der Bezeichnung »*Erstform*« abgedruckte

16 Am 31. August waren lediglich ca. 12 Hefte abgesandt worden, da der Gutachterkreis ursprünglich nicht größer sein sollte. Aus einer Auflistung Stratenwerths geht aber hervor, daß vor dem 10. September weitere Testhefte, insgesamt 42, versandt wurden (vgl. van der Kooi, Einführung, 14).

17 AaO., 11f, 15 u. 18.

18 G. Ruhbach, Das Betheler Bekenntnis, in: Die lutherischen Kirchen und die Bekenntnissynode von Barmen. Referate des Internationalen Symposiums auf der Reisensburg 1984, hg.v. W.-D. Hauschild, G. Kretschmar u.C. Nicolaisen, Göttingen 1984, 57–72.

19 Vgl. C.-R. Müller, Judenverfolgung, 10f.

20 Hauptarchiv der v. Bodelschwinghschen Anstalten 2/72–6, 21.

21 Vgl. z.B. HA 2/39–209, 3. Hinzuweisen ist auf die Mitarbeit des Betheler Alttestamentlers Wilhelm Vischer an dem Abschnitt »Die Kirche und die Juden«. Er hat zwar an keiner Sitzung teilgenommen, aber nach eigenen Angaben den Abschnitt im Zusammenhang ausführlicher Gespräche mit Bonhoeffer verfaßt (vgl. C.-R. Müller, Judenverfolgung, 121f u. van der Kooi, Einführung, 13).

22 Vgl. HA 2/39–209.

sogenannte *Berliner Abschrift*.[23] Aufgrund der von bekannten Theologen und Pfarrern erbetenen Gutachten entstand (4.) eine weitere Überarbeitung, die sogenannte *November-Fassung*.[24] In diesem Stadium der Arbeiten konnte oder wollte sich Bonhoeffer kaum mehr Gehör verschaffen, während G. Merz einen wachsenden Einfluß ausübte. Eine letzte, nur geringfügig veränderte Textform stellt (5.) die sogenannte *Endfassung* dar, die, wie erwähnt, vom Christian Kaiser-Verlag am Jahreswechsel 1933/34 unter Martin Niemöllers Verantwortung veröffentlicht wurde.[25]

Im folgenden Kapitel soll Bonhoeffers Beitrag zu den Arbeiten am Betheler Bekenntnis, insbesondere seine umstrittenen Auffassungen zur theologischen Begründung weltlicher Ordnungen mithilfe der neuen Quellen aufgezeigt werden. Zuvor sind die in der Jungreformatorischen Bewegung, an deren Aktivitäten sich Bonhoeffer in den ersten Monaten des Kirchenkampfes beteiligt hat, vertretenen Grundentscheidungen der Ethik des Politischen zu charakterisieren und mit denen Bonhoeffers zu vergleichen.

I. Die Differenzen mit der Jungreformatorischen Bewegung

Schon Bonhoeffers erstes öffentliches Auftreten in dem beginnenden Kirchenstreit offenbarte seine Distanz zu den in der Jungreformatorischen Bewegung vorherrschenden Auffassungen in den Fragen der theologischen Ethik des Politischen.[26] Der »Arbeitsausschuß evangelischer Studenten« organisierte am 22. Juni 1933 in der Berliner Universität eine Diskussionsveranstaltung zum Thema »Der Kampf um die Kirche«, an der zweitausend Studenten teilnahmen.[27] Bonhoeffer trat neben dem Berliner Professor Fabricius als Vertreter der Deutschen Christen und dem Studentenpfarrer Bronisch-Holtze, der für die Jungreformatoren sprach, als dritter Hauptredner auf. Bonhoeffer wird in dem ausführlichen Diskussionsbe-

23 GS II, 90–119.

24 HA 2/39–209, 12.

25 Das Bekenntnis der Väter und die bekennende Gemeinde. Zur Besinnung dargeboten von einem Kreis von evangelischen Theologen und in ihrem Namen herausgegeben von Martin Niemöller, München 1934; nachgedr. in: Schmidt, Bekenntnisse 1933, 105–131; Das Betheler Bekenntnis. Mit einer Einführung von J. van der Kooi, 22–60; K.H. Potthast (Hg.), Vergessene Bekenntnisse des Jahres 1933 (Materialien für den Dienst in der Evangelischen Kirche von Westfalen, Reihe A: Theologie und Verkündigung, Heft 21), Bielefeld 1984, 39–59.

26 Zu Entstehung, Entwicklung und Zusammensetzung der Jungreformatorischen Bewegung vgl. P. Neumann, Die Jungreformatorische Bewegung (AGK 25), Göttingen 1971.

27 Der Ausschuß war 1930 gegründet worden, um die seit einigen Jahren bestehende Studentenseelsorge auf eine breitere Grundlage zu stellen (vgl. GS II, 54 Anm. 3).

richt über die Veranstaltung lediglich als »Privatdozent« eingeführt, nicht wie die beiden anderen Hauptredner als Vertreter einer kirchenpolitischen Gruppierung.[28] Bronisch-Holtzes Ausführungen über die gegenwärtige kirchenpolitische Lage widersprechen den Auffassungen Bonhoeffers, wie sie in den beiden vorangegangenen Kapiteln dargelegt wurden, an zentralen Stellen.

Die neue Situation führt Bronisch-Holtze auf die veränderte Stellung der Kirche zum Staat zurück.[29] Während im alten Staat »eiskalte Neutralität« auf beiden Seiten gehalten wurde, habe im neuen Staat die Neutralität ein Ende. Der Staat verlange, daß die Kirche am Aufbau mitwirke. Statt des vollen Einsatzes der Kirche habe aber ein Kampf eingesetzt. Bronisch-Holtze gesteht den Deutschen Christen zu, in ihnen steckten »irrationale Lebendigkeiten, vitale Werte, die zu bejahen seien, da sie sich gegen den Liberalismus richteten. Die Dynamik des Nationalen dürfe aber nicht als Absolutheit sanktioniert werden. Die Omnipotenz des Staates vernichte die Kirche und verschlinge sich selbst.«[30]

Die Aufgabe der Kirche, meinte Bronisch-Holtze, läge darin, zum nationalen Einsatz zu rufen, zugleich sei aber eine klare Grenze zwischen Himmel und Erde zu ziehen. Die Kirche müsse mit sachlicher Nüchternheit sagen, daß das Heilige nicht aus dem Volke stamme, sondern das Erbarmen sei die Erlösung durch Jesus Christus. In Bronisch-Holtzes Vortrag finden sich die für die politische Ethik der Jungreformatorischen Bewegung typischen Grundgedanken: Aufforderung zur Mitarbeit der Kirche am neuen Staat, Abgrenzung gegenüber dem »alten« Weimarer Staat, Kampf gegen den Liberalismus und der Aufruf zum nationalen Einsatz bei gleichzeitiger Warnung vor einer Verabsolutierung und Vergötzung von Nation und Staat.

Bonhoeffers Votum hingegen enthält nichts von alledem. Er war sich des unaufgebbaren Wertes der Traditionen des Liberalismus bewußt und hatte in den vorangegangenen Monaten mehrfach vor den neuen Machthabern gewarnt. Seine Argumentation beschränkt sich ganz im Sinne von Karl Barths wenige Tage später erschienener, programmatischer Schrift »Theologische Existenz heute!« strikt auf theologische und theologiegeschichtliche Gesichtspunkte.[31]

Auf den aktuellen Streit um die Einführung des Arierparagraphen in den Bereich der Kirche geht er ein, indem er den im 14. Kapitel des Römerbriefes bezeichneten Streit zwischen Glaubensstarken und Glaubensschwachen darstellt. Diejenigen, die in der Gegenwart ein Rassegesetz einführen wollen, werden als die Glaubensschwachen bezeichnet. Wie-

28 Vgl. Glenthoj, MW V, 95f.

29 Ebd.

30 AaO., 95.

31 Die Schrift erschien am 24./25. Juni 1933; vgl. K. Barth, Theologische Existenz heute!(1933), neu hg.v. H. Stoevesandt (TEh 219), München 1984.

derum im Rückgriff auf biblische Geschichte stellt er die Notwendigkeit eines Konzils fest, wenn das Bekenntnis – wie es durch die Deutschen Christen geschehe – bagatellisiert werde. Ein Konzil habe gegenwärtig über zwei Bestandteile des Bekenntnisses bindende Entscheidungen zu fällen: Die Lehre von der Kirche und die Lehre von der Schöpfung.[32] Bonhoeffer wollte gerade nicht bei einer theologisch ungeklärten und damit unverbindlichen Beurteilung der kirchenpolitischen Lage stehen bleiben. Sein Ziel war eine aktuelle und für die evangelische Kirche verbindliche Neuformulierung des Bekenntnisses durch ein Konzil. Mit der Forderung nach einem Konzil, das kirchliche Lehrentscheidungen zu fällen habe, nahm er auch die Stellung der Kirche zur jüngsten politischen Entwicklung in den Blick. Zwei Monate vorher hatte er einem evangelischen Konzil die Aufgabe zugewiesen, über die Frage eines unmittelbar politischen Handelns der Kirche anstelle eines Staates, der in seiner Recht und Ordnung schaffenden Funktion versagt, zu entscheiden.[33]

Wirft man einen Blick auf die Äußerungen der führenden jungreformatorischen Theologen zu Fragen der theologischen Ethik des Politischen im Sommer 1933, so ist die Differenz zu den oben dargestellten Auffassungen Bonhoeffers offensichtlich. Auch wenn die einzelnen Stellungnahmen in verschiedener Hinsicht eine große Vielfalt widerspiegeln, ziehen sich doch zwei Grundüberzeugungen wie ein roter Faden durch die meisten Voten. Zum einen ist das ein vehementer Antiliberalismus und der Aufruf zur Mitarbeit am neuen Staat, der den zersetzenden Wirkungen des Liberalismus ein Ende bereite. Und zum anderen forderte man zum vorbehaltlosen Einsatz für die nationale Sache auf, um Gottes Willen im Dienst an der Schöpfungs- oder Erhaltungsordnung des Volkes zu erfüllen.[34]

Eine repräsentative Zusammenfassung der jungreformatorischen Auffassungen über Kirche, Volk und Staat bietet das an Pfingsten 1933 von W. Künneth und H. Schreiner herausgegebene Werk »Die Nation vor Gott«.[35] Darin sprechen auch Theologen wie Künneth, die sich ausdrücklich gegen Stapels Volksnomoslehre und andere Schöpfungsordnungstheorien wandten, den Ordnungen des Volkes und des Staates eine metaphysische Qualität zu. In seinem Beitrag »Die biblische Offenbarung und die Ordnungen Gottes« in dem genannten Werk bezeichnet Künneth Volk und Staat als

32 Vgl. Glenthoj, MW V, 97.

33 Vgl. GS II, 46f u. oben 4. Kap. II.B.1.

34 In der Zeitschrift »Junge Kirche« vom 2. August 1933 wurden Zitate aus früheren Nummern aufgelistet, um zu beweisen, daß die Jungreformatorische Bewegung »alles getan (habe), um sich. . .auf den Boden der staatspolitisch gegebenen Tatsache, d.h. auf den Boden des nationalsozialistischen Dritten Reiches zu stellen« (JK 1 (1933), 81; vgl. 1, 13, 20 u. 15).

35 An jungreformatorischen Autoren sind vor allem zu nennen: W. Jeep, W. Künneth, O. von Verschuer, H. Schreiner u. H.-D. Wendland; vgl. W. Künneth u.H. Schreiner (Hg.), Die Nation vor Gott, Berlin 1933.

Erhaltungsordnungen Gottes, die in der »biblischen Offenbarungserkenntnis« gründeten.[36] Zwar könnten Volk und Staat in jedem Augenblick von der Wirklichkeit Gottes her in Frage gestellt werden, andererseits jedoch dienten die Erhaltungsordnungen Gottes dazu, »in einer für menschliches Begreifen nicht feststellbaren Weise den geheimen Bau des Reiches Gottes zu ermöglichen und aufzurichten.«[37] Weil Gottes Willen in Volk und Staat begegne, sei der Mensch dieser »schicksalshaften Ordnung« gegenüber zum Gehorsam verpflichtet.[38] Die bei Künneth vorhandenen theologischen Gesichtspunkte, die eine allzu ungebrochene Verklärung der gegebenen Ordnungen als Gottes Willen hätten verhindern können, kommen nicht zur Wirkung. In den Bahnen eines neulutherischen Zwei-Reiche-Denkens befangen, ist Künneths Hauptintention, die Christen zum Dienst an den Ordnungen des Volkes und des Staates zu rufen und zugleich vor Übergriffen staatlicher Organe in den Bereich der Kirche zu warnen.[39]

Die zweite gemeinsame Grundauffassung der meisten jungreformatorischen Stellungnahmen zu Fragen der Ethik des Politischen ist ein theologisch begründeter Antiliberalismus. Häufig bezieht man sich auf die im Jahre 1932 erschienene »Politische Ethik« Gogartens, der neben Werner Elert einen großen Einfluß auf jungreformatorische Ansichten ausübte.[40] Der Gegensatz Bonhoeffers zu jungreformatorischen Auffassungen in der Frage der Bewertung liberaler Traditionen wird besonders deutlich an den Beiträgen des Heidelberger Privatdozenten Heinz-Dietrich Wendland in dem genannten Werk »Die Nation vor Gott«.[41] In Wendlands Aufsatz über »Volk und Volkstum« tritt das völkische Denken zurück zugunsten einer theologischen Begründung des Staates als Herrschaftsamt, das im Gefolge und unter ausdrücklichem Bezug auf Gogartens »Politische Ethik« entfaltet wird.[42] Mit der Forderung, die Macht der politischen Führer nicht zugunsten des Volkes einzuschränken, verbindet Wendland eine geschichtstheologische Beurteilung der liberalen französischen und der antiliberalen nationalsozialistischen Revolution.

36 W. Künneth, Die biblische Offenbarung und die Ordnungen Gottes, in: Künneth/Schreiner, Nation, 18.

37 AaO., 22.

38 Künneth hat jedoch an der – zumindest verbal – klaren Ablehnung des Schöpfungsordnungsgedankens festgehalten (vgl. Künneth, Offenbarung, 20f).

39 Künneths Zwei-Reiche-Konzept verhindert eine klare Begrenzung der Hingabe des Christen im Dienst an den Ordnungen des Volkes und des Staates.

40 Wie im 3. Kapitel dargestellt wurde, hat sich Bonhoeffer im Jahre 1933 eingehend mit Gogartens unkritischer Verherrlichung und Verabsolutierung der staatlichen Ordnung auseinandergesetzt (vgl. 3. Kap. IV.A.).

41 H.-D. Wendland, Volk und Volkstum, in: Künneth/Schreiner, Nation, 106–137 u. H.-D. Wendland, Staat und Reich, aaO., 174–193; vgl. auch Bonhoeffers ablehnende Haltung in der Frage einer Beteiligung Wendlands an der ökumenischen Arbeit (GS I, 226).

42 AaO., 182.

Er sieht die französische Revolution in Deutschland durch den pluralistischen Parteienstaat der liberalen Weimarer Demokratie verkörpert, während sie in Rußland den »dämonisch-absoluten Staat des kommunistischen Ordens« hervorgebracht habe. Wie für den oben zitierten katholischen Publizisten E.J. Jung ist der Durchbruch der nationalsozialistischen Revolution für ihn hingegen die Gegenrevolution gegen die liberal-demokratische Auflösung des Staates und die Errichtung des wirklichen Staates, der zugleich Herrschaftsordnung und Volksordnung ist.[43]

Es wurde schon dargestellt, daß Bonhoeffer nicht nur sehr viel stärker um eine Würdigung des Wertes liberaler Traditionen für die Gegenwart bemüht war, sondern sich auch von einem Revolutionsverständnis, wie es Wendland vertrat, klar abgegrenzt hat. Auch wenn er mit führenden Vertretern der Jungreformatorischen Bewegung eng zusammenarbeitete, konnte er deren Programm einer »reformatorischen Kirche auf dem Boden des revolutionären Nationalsozialismus« nicht zustimmen. Ein Verständnis des Nationalsozialismus als »deutsche Freiheitsbewegung« hatte er schon im Jahre 1932 als gefährliche Illusion bezeichnet.[44] Wenn man sich zu ihr als einem »Geschenk Gottes an unser deutsches Volk« sowie zu dem »von ihr geschaffenen, unter der Führung Adolf Hitlers stehenden Staat« bekennen zu müssen glaubte, konnte ihm das nur als ein verhängnisvoller Irrtum erscheinen.[45]

Bezeichnend für den grundlegenden Dissens mit den meisten Jungreformatoren in der Ethik des Politischen sind Bonhoeffers kritische Äußerungen über Martin Niemöllers diesbezügliche Ansichten, zumal ihn mit diesem im Sommer 1933 vielfältige kirchenpolitische Aktivitäten verbanden.[46] Am 28. April 1934 schrieb er aus London an seinen alten Schweizer Studienfreund Erwin Sutz: »Phantasten und Naive wie Niemöller glauben immer noch, die wahren Nationalsozialisten zu sein...«[47] Niemöller hat sich in der Tat erst im Laufe des Kirchenkampfes zu einem unzweideutigen Gegner des Nationalsozialismus gewandelt. Als nach 1933 die kirchenfeindlichen Strömungen und Tendenzen des Nationalso-

43 AaO., 193. Es »muß noch der letzte Rest von Liberalismus ausgetrieben werden, der darin steckt, daß man zwar eine autoritäre Regierung fordert, aber diese durch den Volkswillen legitimieren will« (H.-D. Wendland, Staat und Reich, in: Künneth/Schreiner, Nation, 1. Aufl., 1933, 184).

44 Vgl. GS IV, 82 u. 87 sowie oben Anm. I/110.

45 Unter Punkt 6 der Schrift »Was will die Jungreformatorische Bewegung?« heißt es: »Wir glauben, daß die deutsche Freiheitsbewegung ein Geschenk Gottes an unser deutsches Volk ist. Wir bekennen uns deshalb zu ihr und zu dem von ihr geschaffenen, unter der Führung Adolf Hitlers stehenden Staat«(zit. in: Neumann, Jungreformatorische Bewegung, 95f Anm. 29).

46 Vgl. bes. die Aktivitäten im Zusammenhang der Gründung des Pfarrernotbundes (DB, 361ff).

47 GS I, 40.

zialismus hervortraten, begann er sich von ihm in zunehmendem Maße zu distanzieren.[48]

Bonhoeffers Differenzen mit der Jungreformatorischen Bewegung lagen nicht einfach in einer unterschiedlichen Beurteilung der jüngsten politischen Entwicklung. Vielmehr standen dahinter auch gegensätzliche theologische Grundentscheidungen. Bonhoeffer konnte den vermeintlichen Ordnungen des politischen Lebens keine unbedingte Geltung zugestehen; vielmehr relativierte er ihren Gehorsamsanspruch von der Neuschöpfung in Jesus Christus her.[49] Ebenso hat er den verbreiteten Antiliberalismus aus theologischen Gründen abgelehnt.[50]

Bonhoeffer konnte der Auffassung Schreiners, Künneths und der meisten anderen Jungreformatoren, man sei mit der Glaubensbewegung einig in ihrer grundsätzlichen Haltung zum neuen Staat, nicht zustimmen.[51] Wenn man betonte, die Gegensätze zu den Deutschen Christen lägen »nicht auf politischem, sondern auf rein kirchlichem Gebiet«, so war das Ausdruck eines neulutherischen Zwei-Reiche-Denkens, von dem sich Bonhoeffer in der Christologievorlesung des Sommers 1933 abgegrenzt hat. Der Dissens hatte sich schon in der Beurteilung der staatlichen Ariergesetzgebung vom 7. April 1933 gezeigt. Während Bonhoeffer durch sie die Staatlichkeit des Staates aufs Spiel gesetzt und damit die politische Verantwortung der Kirche gefordert sah, anerkannte die Jungreformatorische Bewegung die Berechtigung der Ariergesetzgebung für den Bereich des Staates.[52]

II. Bonhoeffers Anteil an den Betheler Arbeiten zur Formulierung eines aktuellen Bekenntnisses

Als Symptom seiner Isolierung in den kirchenpolitischen Streitigkeiten des Sommers 1933 nannte Bonhoeffer in dem zitierten Brief an K. Barth das mangelnde Verständnis für seine Anliegen bei der Erarbeitung des Betheler Bekenntnisses. Da zu seiner Entstehung in jüngster Zeit verschiedene

48 Bei den Reichstagswahlen am 5. März 1933 gab er seine Stimme der NSDAP (vgl. J. Schmidt, Martin Niemöller im Kirchenkampf, Hamburg 1977, 48). Schmidt sieht eine Affinität zwischen Nationalsozialismus und »den von Martin Niemöller geteilten politischen Auffassungen der national-revolutionären ›Weltanschauung‹..., die selbst als Konglomerat von nationalsozialistischen Ideen, völkischen Staatstheorien und antisemistischen Ressentiments zu kennzeichnen ist«(ebd.).

49 Vgl. oben 1. Kap. III.B.1.

50 Vgl. oben 3. Kap. IV.

51 Vgl. die Presseerklärung der Jungreformatorischen Bewegung, in: Protestantenblatt Jg. 66 (1933), Nr. 21, Sp. 329; wiederabgedr. in: van Norden, Protestantismus, 246f.

52 Ebd.; vgl. auch Smid, Judentum, 7. Kap.

Untersuchungen vorgelegt wurden, sollen im Folgenden nur die zum Verständnis der Auseinandersetzung um Fragen der theologischen Ethik des Politischen unerläßlichen Gesichtspunkte ausgeführt werden.

A. Die unmittelbaren Voraussetzungen der Betheler Bekenntnisarbeiten

Nach der von den Deutschen Christen mit großer Mehrheit gewonnenen Kirchenwahl am 23. Juli 1933 beschlossen die Jungreformatoren, sich aus der Kirchenpolitik zurückzuziehen.[53] Man wollte den Kampf auf die Frage des rechten Bekenntnisses konzentrieren. Am 30. Juli verfaßte M. Niemöller 16 Thesen für eine Besprechung der Vertrauensmänner-Versammlung der Jungreformatorischen Bewegung, in denen er dieser Intention Ausdruck verlieh.[54]

Auch Bonhoeffers Ziel war, über individuelle Bekenntnisformulierungen hinaus zu einer verbindlichen Entscheidung der Kirche über ihre Glaubensgrundlage zu kommen.[55] Wie in der Alten Kirche üblich, sollte ein Konzil den Bekenntnisstand aktuell formulieren, insbesondere die strittigen Punkte. Auf der erwähnten Diskussionsveranstaltung im Juni 1933 wandte er sich gegen die Bagatellisierung des Bekenntnisses durch die Glaubensbewegung.[56] Bonhoeffer verstand seine Arbeit an einem Bekenntnis als Schritt auf dem Weg zu einem evangelischen Konzil, das nicht nur über theologische Lehrfragen verbindlich entscheiden sollte, sondern auch über deren konkrete Konsequenzen in der Gegenwart; das hieß unter Umständen auch über die eventuelle Notwendigkeit eines unmittelbar politischen Handelns der Kirche.

Bonhoeffer wußte um die Bedeutung der Kirchenwahlen am 23. Juli 1933 für den künftigen Weg der Kirche. In einer Predigt an diesem Tag über Matthäus 16, 13–18 meinte Bonhoeffer, die »Bedeutung des heutigen Tages« liege in der »Scheidung der Geister«.[57] Er ruft die Kirche eindringlich zum Christusbekenntnis, an dem ihre Existenz hänge. Unter Bezug auf den bekennenden Petrus, dem Jesus mit der Verheißung: »Du bist Petrus, und auf diesen Felsen will ich bauen meine Gemeinde, und die Pforten der Hölle sollen sie nicht überwältigen« antwortet, spricht er von der Petruskirche. »Petruskirche – das heißt Felsenkirche, Kirche des Christusbekenntnisses. Petruskirche, das heißt nicht Kirche der Ansichten und Mei-

53 Vgl. Scholder, Band 1, 575ff.

54 Vgl. JK 1 (1933), 101.

55 Vgl. die zahlreichen Versuche einzelner Personen und Gruppen im Jahre 1933, ein zeitgemäßes Bekenntnis zu formulieren, in: Schmidt, Bekenntnisse 1933.

56 Vgl. oben I.

57 Vgl. GS IV, 131. Auf diese Predigt vom 23. Juli 1933 haben schon E. Bethge (DB, 348) u. C.-R. Müller, Judenverfolgung, 97 hingewiesen.

nungen, sondern Kirche der Offenbarung; nicht Kirche, in der von dem geredet wird, was ›die Leute sagen‹, sondern Kirche, in der das Bekenntnis des Petrus neu gesagt und ausgerichtet wird; Kirche, die gar nichts anderes tut, als immer und allein das Bekenntnis singend, betend, verkündigend, handelnd auszurichten; Kirche, die so lange Fels unter sich hat, als sie hierin bleibt, und die alsbald das auf Sand gebaute Haus wird, das der Wind dahin bläst, wenn sie hiervon aus irgendeinem verwegenen Grund meint abgehen oder auch nur einen Augenblick absehen zu dürfen.«[58] Das Thema des Bekennens als einzigem menschlichen Tun beim Bau der Kirche zieht sich durch die gesamte Predigt. Bonhoeffers Ausführungen laufen auf die Mahnung zu: »Sieh nicht nach Meinungen und Ansichten, frage nicht nach Urteilen, rechne nicht immer wieder, sieh dich nicht nach anderem Halt um! Kirche bleibe Kirche! Sondern du, Kirche, bekenne, bekenne, bekenne! Christus allein ist dein Herr. . .«[59]

Nur eine Woche später am 31. Juli und am 1. August 1933 erhielt der zurückgetretene Reichsbischof Friedrich von Bodelschwingh, der als Exponent der kirchlichen Opposition galt, zwei Briefe, in denen er um die Initiative zu einer Neuformulierung des Bekenntnisses gebeten wurde.[60] Der eine Brief stammte von einer Gruppe Berliner Studenten, die sich ausdrücklich als »in unserem Studium und Leben mehr oder weniger bestimmend beeinflußt durch die Theologie und persönliche Haltung Lic. Bonhoeffers« bezeichnen.[61] Auch unter den Unterzeichnern des 2. Briefes eines »Kreis(es) junger Theologen« findet sich mit Jürgen Winterhager ein Schüler und ökumenischer Mitarbeiter Bonhoeffers.[62] In beiden Schreiben wurden D. Bonhoeffer und H. Sasse für die Bekenntnisarbeit vorgeschlagen, in einem zusätzlich der Berliner Kollege Sasses und Bonhoeffers G. Jacobi.[63] Auch wenn, wie E. Bethge berichtet, die Jungreformatoren Sasse und Bonhoeffer schon am 24. und 25. Juli 1933 mit der Formulierung eines Bekenntnisses beauftragt haben,[64] ist der Einfluß Bonhoeffers auf die Betheler Bekenntnisarbeiten offensichtlich.[65]

58 GS IV, 133.

59 GS IV, 135.

60 HA 2/39–96, f. 2f.

61 HA 2/39–96, f. 2. Der Brief war unterzeichnet u.a. von Hubert Jehle, Winfried Maechler, Christoph Harhausen, Ernst Tillich, Albrecht Schönherr, Hilde Enterlein, Ernst Block, Lydia Giesler und Inge Karding.

62 Vgl. HA 2/39–96, f. 3a.

63 Sasse wurde im Jahre 1933 als Professor nach Erlangen gerufen.

64 Vgl. DB, 53.

65 Zu beachten ist auch die Tatsache, daß Bonhoeffer die erste diesbezügliche Besprechung am 5. August 1933 ohne Sasse und Jacobi allein mit den Bethelern Bodelschwingh und Merz besuchte (vgl. HA 2/39–96, f. 4).

B. Der von Bonhoeffer und Sasse erstellte Vorentwurf

Mithilfe der neuen Quellen hat J. van der Kooi Beginn und Dauer der Betheler Bekenntnisarbeiten sowie die Anzahl der beteiligten Personen rekonstruiert. Ungeklärt sind bislang jedoch die genauen Umstände der Entstehung des Vorentwurfes sowie insbesondere der Anteil der beteiligten Autoren. Zehn Tage nach der erwähnten Besprechung von Bodelschwinghs mit Merz und Bonhoeffer am 5. August 1933 begannen die Bekenntnisarbeiten in Bethel. Der Zeitpunkt des Beginns geht zweifelsfrei aus einem Brief hervor, den G. Merz am 16. August 1933 an den Inhaber des Christian Kaiser-Verlages Albert Lempp schrieb: »Ich muß jetzt Schluß machen, denn die Herren Sasse und Bonhoeffer, die seit gestern hier zu theologischer Arbeit eingetroffen sind, rücken an, um mit mir zusammen den Nachmittag zu arbeiten.«[66]

Als Teilnehmer der Arbeiten nannte G. Stratenwerth, der von Bodelschwingh Ende Juli mit den Aufgaben eines Koordinators und Redakteurs betraut worden war, neben sich selbst Bonhoeffer, Sasse und Merz. Am 14. September 1933 schrieb er an A. Schlatter über die Entstehung des Betheler Bekenntnisses: »Die Arbeit ist in 14tägigem Zusammensein von Merz, Bonhoeffer und mir – in der ersten Woche auch von Sasse – entstanden. Der Tenor des Ganzen und der Plan stammen von Sasse und Bonhoeffer...«[67] In einem Brief an M. Niemöller vom 18. August 1933, drei Tage nach Beginn der Arbeiten, nannte Stratenwerth demgemäß nur die zwei Verfasser Sasse und Bonhoeffer.[68] Sasse sprach im Rückblick von einer »beglückenden Zusammenarbeit« mit Bonhoeffer, so daß seine vorzeitige Abreise nach einer Woche nicht auf mangelnde Einigkeit zurückzuführen sein dürfte.[69]

Wie auch Stratenwerths Erinnerung bestätigt, hat Bodelschwingh somit zunächst Sasse und Bonhoeffer um einen Entwurf gebeten.[70] Ein Einfluß

66 Christian Kaiser-Verlag, Akte: Mai 1932 – Dezember 1933. Merz-Korrespondenz; vgl. C.-R. Müller, Judenverfolgung, 104.

67 Zit.in: GS II, 82.

68 Vgl. GS II, 89.

69 Brief an E. Bethge vom 28. September 1956, zit. in: GS II, 82. Am 17. August war Sasse noch in Bethel, da Bodelschwingh Bonhoeffer und ihm an diesem Tag die eben eingetroffenen Korrekturbögen des Tecklenburger Bekenntnisses als Hilfe für ihre eigene Arbeit übergab (vgl. HA 2/39-96, f. 7). Da G. Merz am 21. August 1933 an A. Lempp schrieb, Sasse sei einige Tage dagewesen, muß Sasse Bethel zwischen dem 18. und 21. August verlassen haben (Brief G. Merz' an A. Lempp vom 21. August 1933, Christian Kaiser-Verlag, Akte 1932 – Dezember 1933; vgl. C.-R. Müller, Judenverfolgung, 104).

70 G. Stratenwerth teilte E. Bethge am 25. September 1956 mit: »Nachdem ich Ende Juli 1933...nach Bethel zurückkehrte, setzte die Arbeit am Betheler Bekenntnis ein, derart, daß Bodelschwingh zunächst Sasse und Bonhoeffer um einen Entwurf bat« (GS II, 83).

Merz' auf diesen sogenannten Vorentwurf ist trotz seines erwähnten Treffens mit Sasse und Bonhoeffer am Nachmittag des 16. August, also einen Tag nach Beginn der Arbeiten, weder aus dem Text nachzuweisen noch durch andere Zeugnisse belegt. Der Vorentwurf wurde »alsbald einem größerem Kreise vorgelegt«, der ihn besprach und um zusätzliche Artikel erweitert hat.[71] Daraus entstand der sogenannte Erstentwurf, der den Gutachtern als Grundlage gedient hat.

Im ersten Niederschlag der Bekenntnisarbeiten, dem sogenannten Vorentwurf, findet sich noch kein eigener Abschnitt zum Thema »Kirche und Staat«. Hingegen nimmt die Entfaltung der Lehrstücke von der Schöpfung und der Kirche, wie von Bonhoeffer am 22. Juni 1933 gefordert, breiten Raum ein.[72] Diese nach Bonhoeffers Auffassung gegenwärtig am meisten strittigen Punkte umfassen fünfzehn Seiten, während der gesamte übrige Bekenntnisinhalt auf nur neun Seiten dargelegt wird.[73] Dabei ist zu beachten, daß man den Locus »Schöpfung« nicht für sich, sondern in unauflöslichem Zusammenhang mit der Lehre von der Sünde unter der Überschrift »Von Schöpfung und Sünde« behandelt hat. Der Abschnitt enthält die vier Unterpunkte: 1. Schöpferglaube und natürliche Erkenntnis, 2. Die Ordnungen, 3. Das Gesetz und 4. Die Sünde. Neben dem Abschnitt »Von Schöpfung und Sünde« enthält der Vorentwurf Artikel »Von der Heiligen Schrift«, »Von Christus«, »Vom Heiligen Geist«, »Von Rechtfertigung und Glaube« und den nicht überschriebenen »Von der Kirche«.

Eine Aufteilung des Vorentwurfes in entweder von Bonhoeffer oder von Sasse verfaßte Abschnitte ist schwer möglich.[74] Insgesamt überwiegen bei

71 Ebd.

72 Vgl. Glenthoj, MW V, 97 u. oben II.A.

73 Vgl. zum Folgenden HA 2/72–6, 21. Insgesamt handelt es sich um zwanzig einseitig mit Maschine beschriebene Blätter. Sie weisen keine durchgehende Seitenzählung auf. Jeder der sechs Abschnitte (der Abschnitt »Von der Kirche« hat keine eigene Überschrift) wurde für sich paginiert. Aber auch hierbei gibt es Unstimmigkeiten. So sind die sechs Seiten des Artikels »Von der Kirche« aufgeteilt in S. 1–4 und 1–2. Eine weitere Unstimmigkeit in der Seitenzählung muß ebenso auf Unkundigkeit des Schreibers oder der Schreiberin hinsichtlich des Inhalts der Seiten zurückgeführt werden. Anstelle des ersten Teilabschnitts »Schöpferglaube und natürliche Erkenntnis« (S. 1–2) wurde bei der Paginierung des Abschnitts »Von Schöpfung und Sünde« der dreiseitige Abschnitt »Von der Heiligen Schrift« an den Anfang gestellt, so daß sich für den Abschnitt »Von Schöpfung und Sünde« die Seitenzählung 1–2 (= 1. Unterabschnitt) und dann 4–10 (= 2.-4. Unterabschnitt) ergab. Der 1. Unterabschnitt des Artikels »Von Schöpfung und Sünde« ist mit engerem Zeilenabstand und einer anderen Maschine geschrieben als der übrige Text. Aus den genannten Gründen sowie der Tatsache, daß an mehreren Stellen theologische Fachtermini ausgelassen und handschriftlich ergänzt wurden, folgt mit großer Wahrscheinlichkeit, daß der Text von einer Betheler Schreibkraft getippt worden ist.

74 J. van der Kooi hat dies mithilfe eines Inventarisierungszettels G. Straten-

weitem Anklänge an Formulierungen in Bonhoeffers Werk. Die sechs Seiten von der Kirche weisen deutlich auf Sasses Verfasserschaft,[75] der Abschnitt über die Ordnungen hingegen auf die Bonhoeffers.[76] Vor einer Auslegung dieses Textes ist kurz auf Übereinstimmungen und Differenzen in Bonhoeffers und Sasses Ethik des Politischen hinzuweisen.

Sasse hat wie Bonhoeffer die Bedrohung der Kirche durch den Nationalsozialismus schon früh in großer Klarheit gesehen.[77] Er verteidigte die streng reformatorische Obrigkeitslehre gegen die Angriffe des jungen nationalen Luthertums um Hirsch, Stapel und Althaus, die – in freilich ausgesprochen antiliberaler und antirepublikanischer Tendenz – obrigkeitliche Autorität an die Übereinstimmung mit dem Volkswillen gebunden sahen.[78] Im Unterschied zu jenen vermischte er die Ethik des Politischen, wie sie die Reformatoren vertreten hatten, nicht mit einem romantischen Volkstumsbegriff, sondern wandte diese kritisch gegen die gesamte neuzeitliche Entwicklung.

Wie Bonhoeffer in der ökumenischen Bewegung tätig und bis 1933 Pfarrer in Berlin suchte er den überkommenen lutherischen Bekenntnisstand gegenüber den verschiedenen Formen völkischer Religiosität zu sichern.

werths (vgl. das Inhaltsverzeichnis zu Zoellners Gutachterexemplar, HA 2/39–209, 12) auf der erwähnten IBK-Tagung in Hirschluch/DDR versucht. Die Abschnitte »Von Schöpfung und Sünde«, »Von Christus«, »Vom Heiligen Geist« und »Von Rechtfertigung und Glaube« sind seiner Auffassung nach von Bonhoeffer, der Artikel »Von der Kirche« im wesentlichen von Sasse verfaßt. Der Abschnitt »Von der Heiligen Schrift« lasse die Verfasserschaft Sasses und eine Überarbeitung durch Bonhoeffer erkennen.

75 Vgl. z. B. die Rede von »den von Gott gesetzten Ämtern des Volkes («Volkes» gestrichen und mit unleserlicher Handschrift verbessert, CS) und der weltlichen Obrigkeit« (vgl. dazu H. Sasse, Vom Sinn des Staates (1932), in: ders., In statu confessionis. Gesammelte Aufsätze und kleine Schriften, hg.v.F.W. Hopf, Bd. 2, Berlin 1976, 342 u. KJ 59 (1932), 31f Anm. 1).

76 Vor der schriftlichen Fixierung eines Vorschlags dürften korrigierende oder ergänzende Formulierungen des jeweils anderen eingeflossen sein. Sechs der insgesamt 23 Seiten tragen handschriftliche Verbesserungen oder Einfügungen Bonhoeffers. In keinem Fall handelt es sich dabei um inhaltliche Verbesserungen oder Einfügungen, sondern lediglich um stilistische Verbesserungen oder eine andere Zitationsweise. An zwei Stellen hat die Schreibkraft, die den Text getippt hat, die theologischen Fachtermini ausgelassen. Bonhoeffer hat eine von ihnen handschriftlich ergänzt (im Abschnitt »Von Schöpfung und Sünde« auf S. 6 »ordo oeconomicus«). Der auf S. 11 freigelassene Raum für das Wort »Arianer« blieb unaufgefüllt.

77 Vgl. vor allem seine Ausführungen über »Die Kirche und die politischen Mächte der Zeit«, in: KJ 59 (1932), 30ff; zu Sasse vgl. auch W. von Loewenich, Erlebte Theologie. Begegnungen, Erfahrungen, Erwägungen, München 1979, 132–136 u. F.W. Hopf, Vorwort zu: H. Sasse, Zeugnisse. Erlanger Predigten und Vorträge vor Gemeinden, 1933–1944, hg.v. F.W. Hopf, Erlangen 1979, 15–21.

78 Am weitesten ging E. Hirsch mit seiner Lehre »vom verborgenen Suverän« (!) (vgl. oben Anm. III/212).

Dieses Anliegen trat jedoch hinter einen wachsenden Konfessionalismus zurück, der zu einer Entfremdung der beiden Theologen führte.[79] Ausdruck dessen war Sasses strikte Ablehnung der Barmer Theologischen Erklärung vom Mai 1934, die Bonhoeffer freudig begrüßte und in der ökumenischen Bewegung als grundlegendes Bekenntnis der einen wahren evangelischen Kirche propagiert hat.

Die Grundfrage der politischen Ethik nach dem Verhältnis von Individuum und Gemeinschaft beantworteten Sasse wie Bonhoeffer mit Hilfe des Gedankens, daß der Mensch Person durch den Anruf Gottes werde. Nur so werde die schöpfungsgemäße, aber zerbrochene Einheit von Person und Gemeinschaft wiederhergestellt. Bonhoeffer wie Sasse wenden sich sowohl gegen eine atomistische Auffassung der Gesellschaft, für die der Einzelne das Entscheidende sei, als auch gegen die Organismuslehre, welche von dem Begriff des Ganzen ausgehe; aber auch die Vorstellung der idealistischen Philosophie von einem Dritten, das über der empirischen Person und über der empirischen Gemeinschaft liege, wird abgelehnt.[80] Beide Autoren begründen ferner staatliche Autorität wie die Reformatoren als von Gott gesetztes Amt und nicht aus der Übereinkunft oder Zustimmung der Betroffenen.[81]

Differenzen in der theologischen Ethik des Politischen finden sich vor allem an zwei Stellen. Sasse lehnt zum einen nicht wie Bonhoeffer den Begriff der Schöpfungsordnung ab und versteht die Obrigkeit als zu ihr gehörig.[82] Zum anderen teilt er nicht dessen strikte Begrenzung des Volksbegriffes und aller nationalen Ansprüche in der Theologie. Sasse lehnt zwar die Begründung der obrigkeitlichen Autorität aus der Anerkennung des Volkes ab, aber für ihn gibt es einen »(wesensmäßigen) Zusammenhang zwischen Volk und Obrigkeit«.[83] Symptomatisch für die Differenz zu Bonhoeffer ist Sasses – für jenen unmögliche – Rede von einem »letzte(n) Rest des Wissens um das Schöpfungsgeheimnis des Volkes«.[84]

Der Abschnitt über »Die Ordnungen« im Vorentwurf läßt, wie angedeutet, Bonhoeffers Verfasserschaft erkennen. In einem ersten Absatz wird

79 Die neue Verfassung der DEK vom 14. Juli 1933 war für Sasse Ausdruck eines gefährlichen Unionsdenkens (vgl. H. Sasse, Die deutsche Union von 1933. Ein Wort zur »Verfassung der Deutschen Evangelischen Kirche«, in: ThBl 12(1933), 274–280; wiederabgedr. in: ders., In statu confessionis, Bd. 1, 265–272).

80 Vgl. Sasse, Vom Sinn des Staates, 335ff u. SC, 16ff/DBW 1,19ff.

81 Vgl. Sasse, Vom Sinn des Staates, 350 u. GS II, 29f u.ö.

82 Vgl. KJ 59(1932), 63.

83 Eine Obrigkeit, die in keinem Sinne mehr Repräsentantin des Volkes ist und nicht mehr von seinem Vertrauten getragen wird, müßte zerfallen (vgl. Sasse, Vom Sinn des Staates, 350).

84 AaO., 347. Aber auch Sasse kann sagen: »Was für ein fürchterlicher Mißbrauch wird heute z. B. mit dem Wort ›Schöpfungsordnung‹ getrieben« (H. Sasse, Zur Staatslehre der evangelischen Kirche, in: Der Vormarsch, 3. Jg., 1933, 2).

das Wesen der Ordnungen und ihre Begründung erläutert; ein zweiter zählt die verschiedenen Ordnungen auf und ein dritter legt das Problem des Konfliktes der verschiedenen Ordnungen dar. Den Abschluß bildet die Verwerfung von sechs Irrlehren.[85]

Der erste Absatz entfaltet den von Bonhoeffer 1932 erstmals geäußerten Gedanken, daß die Ordnungen nicht Ordnungen der ursprünglichen Schöpfung seien, sondern »Ordnungen, in denen Gott die Menschen am Leben erhält um der Zukunft Christi und der Neuschöpfung willen.«[86] Wenn der Vorentwurf von gültigen, das heißt nicht gleichgültigen, aber auch nicht endgültigen Ordnungen Gottes spricht, nimmt er wörtlich Formulierungen Bonhoeffers auf.[87]

Im zweiten Absatz fällt auf, daß dem Volk nicht die geringste Priorität gegenüber den anderen Ordnungen der Ehe, der Familie und des Eigentums eingeräumt wird. Diese Nüchternheit und Zurückhaltung im Umgang mit dem Volksbegriff im Sommer 1933 zeugt von einer bemerkenswerten Distanz zu der in Kirche und Theologie verbreiteten Überhöhung von Volk und Volkstum. Die eine Ordnung läßt sich nicht in die andere überführen oder verwandeln. »Ehe bleibt Ehe, Volk bleibt Volk, Obrigkeit bleibt Obrigkeit. Daran vermögen keine geschichtlichen Umwälzungen etwas zu verändern.« Mit diesem Satz, der im Erstentwurf weggelassen wurde, spielt Bonhoeffer offensichtlich auf die nationale Revolution der Nationalsozialisten an. Die mit großem Pathos beschworene Umwälzung hin zum totalen Staat findet an den genannten Ordnungen ihre Grenze. Auch die folgende Aussage, daß weder die Bibel noch die lutherischen Bekenntnisse etwas von einer Ordnung der Rasse wüßten, ist offenkundig gegen eine religiöse Untermauerung der nationalsozialistischen Rassenideologie gerichtet.

Aus dem Anspruch der verschiedenen Ordnungen ergibt sich für den Menschen ein dauernder Konflikt. Zwar hat der Staat im Rahmen seines Auftrags, mit dem Schwert die Rechtsordnung zu schützen, die Aufgabe einer innerweltlichen Lösung des Konfliktes; der Christ aber weiß zugleich von der endgültigen Lösung aller Konflikte durch die Erlösung in Christus. Die Verwerfungen grenzen sich noch einmal gegen die Auffassung ungebrochener Schöpfungsordnungen ab. Mit der Verwerfung der Irrlehre, daß »eine bestimmte ständische Ordnung als Gottes Schöpfungsordnung« zu verstehen sei, nimmt Bonhoeffer seine Kritik an Stapels unzutreffender Rechtfertigung des ständisch gegliederten Staates aus dem »Herrschet über. . .!« der Schöpfungsgeschichte auf.[88] Wie in der Auseinandersetzung mit Stapel in der Vorlesung des Wintersemesters 1932/33 wird Luther als Zeuge für die eigene Auffassung herangezogen. Die folgende Verwerfung

85 Vgl. HA 2/72–6, 21.

86 Vgl. GS I, 51f u. oben 1. Kap. III.B.1.

87 Vgl. GS I, 217 (1934) u. 152.

88 Vgl. oben 3. Kap. II.C.

der Irrlehre, daß der Gehorsam gegen die Ordnungen abhängig zu machen sei von der Christlichkeit der Person, die diese Ordnungen verkörpert, ist ein für die lutherischen Theologen Bonhoeffer und Sasse gleichermaßen wichtiger Gedanke.[89]

Der Vergleich der Aussagen des Vorentwurfs zu den Ordnungen mit dem erweiterten Erstentwurf ergibt einen auffallenden Befund. Neben kleineren inhaltlichen und sprachlichen Veränderungen sowie einer Abschwächung der Kritik am religiös fundierten Rassedenken wurde der Erstentwurf mit zwei zusätzlichen Abschnitten »Kirche und Volk« sowie »Kirche und Staat« versehen.[90] Im Vorentwurf wurde die theologische Ethik des Politischen, das heißt vor allem die Bewertung der weltlichen Ordnungen und die Frage des Verhältnisses von Kirche und Staat innerhalb der Artikel »Von der Kirche«[91] und »Von Schöpfung und Sünde« beziehungsweise des Unterabschnittes über »Die Ordnungen« abgehandelt. Das Verhältnis von Kirche und Volk spielt eine ganz nebensächliche Rolle.[92]

Damit hält sich der Vorentwurf an Bonhoeffers im Juni 1933 geäußerte Forderung, daß es im Kampf um das Bekenntnis darum gehe, die zwei strittigen Lehrpunkte »Von der Schöpfung« und »Von der Kirche« bindend zu entscheiden.[93] Diese Forderung war von Bonhoeffer gerade in der Absicht geäußert worden, das Einfließen untheologischer, ideologisch-politischer Wertungen in die Argumentation der Deutschen Christen offenbar zu machen. das Fehlen eines eigenen Artikels zum Verhältnis von Kirche und Volk beziehungsweise Staat entsprach somit dem Willen zu einer geistlichen Konzentration, die – ganz im Sinne Karl Barths – die größte Widerstandsfähigkeit gegen die herrschenden, auch in Kirche und Theologie eindringenden Ideologien verhieß.

C. Die Veränderungen im Erstentwurf

Zwischen der Erarbeitung des Vorentwurfes und der des Erstentwurfes lagen nur wenige Tage. Aus einem Brief Bodelschwinghs an Bonhoeffer vom 26. August 1933 geht hervor, daß dieser am 23. noch in Bethel war, am 26. August aber schon abgereist war.[94] Da Bodelschwingh sofort nach

89 Zu Sasse vgl. ders., Vom Sinn des Staates, 357f u. KJ 59 (1932), 62f.

90 Vgl. GS II, 112–115.

91 Vgl. die 7. bis 9. Verwerfung.

92 Vgl. die 10. u. 11. Verwerfung.

93 Vgl. Glenthoj, MW V, 97.

94 »Als ich nach Soest fuhr, hatte ich die Hoffnung, Sie nach meiner Rückkehr noch hier anzutreffen. Nun waren Sie bereits abgereist. So kann ich Ihnen zunächst nur auf diesem schriftlichen Wege meinen herzlichen Dank aussprechen für Ihre Mitarbeit während der vergangenen Wochen« (Brief Bodelschwinghs an Bonhoeffer vom 26. August 1933, HA 2/39–96, f. 13).

seiner Rückkehr von einer Synode in Soest am 25. August die erste Fassung eines Rundbriefes angefertigt hat, in dem bekannte Theologen um Begutachtung des Erstentwurfes gebeten wurden, dürfte der Erstentwurf in den Tagen zwischen dem 18. und 25. August entstanden sein.[95] G. Stratenwerth hat nach dem Krieg berichtet, daß der Vorentwurf alsbald einem größeren Kreis vorgelegt wurde, »aus dem einzelne noch wieder zu Autoren wurden.«[96] Das gelte für den Abschnitt »Kirche und die Juden«, den der Betheler Alttestamentler Wilhelm Vischer entworfen habe.[97] Weiter erinnert sich Stratenwerth, daß die Abschnitte »Kirche und Volk« sowie »Kirche und Staat« von ihm selbst verfaßt worden seien.[98] Zu dem größeren Kreis, der den Erstentwurf erarbeitete, hätten neben ihm als Redakteur mit Sicherheit Bonhoeffer, Sasse, Merz und Vischer gehört. »Doch meine ich, daß noch ein oder zwei andere in den acht Tagen, in denen das Bekenntnis in seiner ersten vervielfältigten Fassung erarbeitet wurde, versammelt waren.«[99] Wer diese ein oder zwei anderen gewesen sind, läßt sich nicht mehr sicher klären. Vielleicht war es Bonhoeffers Freund Franz Hildebrandt, wie sich G. Merz erinnert, eventuell auch Hans Fischer aus Bochum.[100]

Der Erstentwurf unterscheidet sich vom Vorentwurf in erster Linie durch mehrere, teilweise schon angesprochene Erweiterungen; daneben gibt es an einigen Stellen Änderungen meist weniger inhaltlicher als sprachlicher Art. Der Erstentwurf ist stärker trinitarisch orientiert, was sich auch in einem übersichtlicheren Aufbau niederschlägt. Nach dem Abschnitt über die Heilige Schrift wurden die zwei neuen Artikel »Was ist Reformation?« und »Von der Dreieinigkeit« eingefügt. Pneumatologie, Ekklesiologie, Rechtfertigungslehre und Eschatologie bilden zusammen mit den schon erwähnten neu hinzugefügten Artikeln »Kirche und Volk«,

95 Vgl. HA 2/39–96, f. 14ff. Mithilfe eines Briefes an seine Großmutter kann Bonhoeffers Abreise aus Bethel recht genau bestimmt werden. Er schrieb ihr am 20. August, er könne nicht zu ihrem Geburtstag kommen, da die Betheler Arbeit noch nicht abgeschlossen sei. »Sie wird wohl auch vor Mittwoch abend nicht fertig sein. Dann hoffe ich allerdings am Donnerstag (24. August 1933, CS) noch für zwei Tage heraufkommen zu können« (GS II, 77). Da Bonhoeffer bei Bodelschwinghs Rückkehr aus Soest am 25. August nicht mehr in Bethel war, muß er in der Zeit zwischen dem Abend des 23. August und dem Morgen des 25. August abgereist sein.

96 GS II, 83.

97 Vgl. GS II, 83. W. Vischer hat das nach dem Krieg bestätigt; vgl. zur Frage des Anteils Bonhoeffers an dem Abschnitt C.-R. Müller, Judenverfolgung, 121f.

98 Diese Angabe Stratenwerths aus dem Jahre 1956 wird durch seine handschriftlichen Notizen in dem bereits erwähnten Inhaltsverzeichnis einer Vervielfältigung des Bekenntnisses, die für Generalsuperintendent a.D. Zoellner bestimmt war, bestätigt (HA 2/ 39–209, 12).

99 GS II, 83.

100 Ebd.

»Kirche und Staat« sowie »Kirche und die Juden« einen großen Abschnitt »Vom Heiligen Geist und der Kirche«.[101]

Der Abschnitt über die Ordnungen ist im wesentlichen unverändert geblieben. An zwei Stellen wurden Bonhoeffers handschriftliche Verbesserungen aufgenommen.[102] Einmal tilgte man einen sinnentstellenden Schreibfehler in einem Zitat,[103] an einer Stelle wurde ein Artikel hinzugefügt.[104] Bei der Aufzählung der verschiedenen Ordnungen nennt der Erstentwurf zusätzlich den Beruf. Im Anschluß an die Verwerfung der Irrlehre, daß der Gehorsam gegenüber der Obrigkeit von ihrer Christlichkeit abhänge, ist ein wichtiges Zitat aus dem 16. Artikel der Confessio Augustana hinzugefügt: »Derhalben sind wir Christen schuldig, der Obrigkeit untertan und ihren Geboten gehorsam zu sein in allem, so ohne Sünde geschehen mag. Denn so der Obrigkeit Gebot ohne Sünde nicht geschehen mag, soll man Gott mehr gehorsam sein denn den Menschen.«[105]

Das Zitat, für das als Belegstelle auch ausdrücklich die Clausula Petri Apostelgeschichte 5,29 genannt wird, begegnet dem Mißverständnis, der Gehorsam der Christen, auch heidnischen Obrigkeiten gegenüber, sei unbegrenzt. Im Jahre 1933 bekam die Frage der Grenzen des Gehorsams gegen eine Obrigkeit, die nicht nur selbst gegen Gottes Gebot verstößt, sondern solches Tun auch von ihren Untertanen fordert, für die Verfasser des Betheler Bekenntnisses neue Aktualität. Wiederum mit offensichtlich

101 Die von Bethge in den Gesammelten Schriften abgedruckte »Erstform des Betheler Bekenntnisses« weicht geringfügig von dem an die Gutachter gesandten Erstentwurf ab. Vorlage für den Abdruck stellte die sogenannte Berliner Abschrift dar, die unter Berliner Studenten Bonhoeffers kursierte. Die kleinen Unterschiede sind fast ausschließlich sprachlicher Art und ohne Relevanz für den Inhalt. Zum Teil entsprechen sie den Unterschieden zwischen Vorentwurf und Erstentwurf. Im Folgenden wird der Erstentwurf nach dem an K. Barth gesandten Exemplar zitiert (HA 2/39–209, 3) und zugleich die Belegstelle in den Gesammelten Schriften angegeben.

102 Auf S. 5 des Vorentwurfs statt: »Wir verwerfen jede Lösung, aus dem Evangelium der Liebe ein Gesetz für den Aufbau einer neuen harmonischen Gesellschaftsordnung zu machen« heißt es nun stärker: »Wir verwerfen daher jeden Versuch, ...«(vgl. HA 2/39–209,3, f. 9/GS II, 101). Auf S. 7 des Vorentwurfs ist eine Belegstelle geändert (statt »Apologie« jetzt »F.C. I, III«; vgl. HA 2/39–209,3, f. 10/GS II, 102).

103 Anstelle »Das Evangelium zu reissen, nicht weltlich Regiment...« auf S. 5 des Vorentwurfs heißt es nun: »Das Evangelium zerreisset nicht weltlich Regiment...« vgl. HA 2/39–209,3, f. 9/GS II, 101). Die sinnlose Formulierung im Vorentwurf könnte durch einen Hörfehler beim Diktat entstanden sein.

104 Anstelle »verschiedene Ordnungen und Stände« auf S. 6 des Vorentwurfs heißt es nun: »den verschiedenen Ordnungen und Ständen« (vgl. HA 2/39–209,3, f. 9/GS II, 101). Ferner finden sich geringfügige Veränderungen in der Interpunktion und die Hinzufügung von Klammern bei der Angabe von Belegstellen.

105 HA 2/39–209,3, f. 10/GS II, 101f.

aktuellem Bezug, aber im entgegengesetzten Sinn einer Abschwächung wurde dreimal das Wort »Konflikt« durch den Begriff »Spannung« ersetzt.[106] Im dritten Absatz des Artikels über die Ordnungen, in dem von dem dauernden Konflikt aufgrund des Anspruchs der verschiedenen Ordnungen die Rede war, geht es nun um eine »dauernde Spannung«. In ihr steht der Christ und ihre innerweltliche Lösung obliegt der weltlichen Obrigkeit.

Die umfangreichste Veränderung haben die Ausführungen über Wesen und Gestalten der Ordnungen erfahren. Hieß es ursprünglich: »Ehe bleibt Ehe, Volk bleibt Volk, Obrigkeit bleibt Obrigkeit. Daran vermögen keine geschichtlichen Umwälzungen etwas zu ändern«, so ist im Erstentwurf der zweite, gegen die »nationale Revolution« gerichtete Satz weggefallen.[107] Vielmehr wird am Ende des vorangehenden Absatzes zugestanden: »Die Ordnungen bleiben, aber ihre Gestalt wandelt sich mit der Geschichte.«[108] Damit wird zugleich die schroffe Aussage, daß alle Ordnungen vom Ende her immer schon zerbrochen und überwunden seien, gemildert.

Im Fortgang der Argumentation entfaltet der Erstentwurf die kurze Feststellung des Vorentwurfes, daß weder die Bibel noch die lutherischen Bekenntnisschriften von einer Ordnung der Rasse reden und vielmehr auf die in Apostelgeschichte 17,26 beschriebene Herkunft des einen Menschengeschlechts zu verweisen sei. Jetzt heißt es nicht mehr, eine angebliche Ordnung der Rasse widerspreche dem, sondern lediglich, vom »modernen Begrif der Rasse« sei in Bibel und Bekenntnis nicht die Rede.[109] Kommt diese Veränderung einer Abschwächung gleich, so wird dennoch eine Überbewertung der Grenzen einer »Blutsgemeinschaft« vom Alten Testament her zurückgewiesen. Hinzugefügt wurde ferner das alttestamentliche Gebot aus Leviticus 19,34, nach dem die Rechte des Fremdlings gewahrt werden müssen. Die Forderung, er solle »bei euch wohnen wie ein Einheimischer unter euch«, bezog sich offensichtlich auf die Entrechtung der nichtarischen Mitbürger seit der nationalsozialistischen Machtübernahme und wurde auch so verstanden – wie die Streichung in der gedruckten Fassung des Bekenntnisses zeigt.[110]

Zusammenfassend läßt sich sagen, daß die Ausführungen des Vorentwurfes zur Frage der Ordnungen zwar an einigen Stellen etwas abgeschwächt wurden, dem aber die zuletzt genannte Ergänzung gegenüber steht. Sie konnte im Jahre 1933 durchaus als Verteidigung der vehement

106 Vgl. HA 2/39–209,3, f. 9.

107 Vgl. HA 2/39–209,3, f. 8/GS II, 99.

108 Ebd.

109 Zwar ist weiterhin unter Verweis auf Apostelgeschichte 17,26 gesagt, daß Bibel und Bekenntnisschriften um die Einheit des Menschengeschlechts wüßten, aber es wird nicht mehr mithilfe des Adverbs »vielmehr« eine klare Alternative zum Rassegedanken aufgestellt (vgl. HA 2/39-209,3, f. 8/GS II, 99f).

110 Vgl. GS II, 100 u. Schmidt, Bekenntnisse 1933, 119.

bekämpften Judenemanzipation seit dem 19. Jahrhundert verstanden werden.

D. Die Gutachten Adolf Schlatters und Karl Barths

Von den ausgesandten Gutachterexemplaren des Erstentwurfes ist nur ein Teil erhalten.[111] Viele Gutachter erhoben Einwände gegen den Abschnitt »Die Ordnungen«.[112] Auch die zwei anderen für unsere Fragestellung wichtigen, aber nicht von Bonhoeffer verfaßten Abschnitte »Kirche und Volk« sowie »Kirche und Staat« wurden sehr kontrovers diskutiert. Da eine Darstellung der vielfältigen Bemerkungen den Rahmen der vorliegenden Untersuchung sprengen würde, sollen im Folgenden nur die in entgegengesetzter Hinsicht schärfsten Kritiker Adolf Schlatter und Karl Barth zu Wort kommen. Schlatters Gutachten war – via Stratenwerth – Ursache eines Großteils der für Bonhoeffer nicht akzeptablen Veränderungen des Erstentwurfes und der Novemberfassung.[113] Barths Gutachten hingegen enthielt zahlreiche kritische Anfragen an den Erstentwurf, die Bonhoeffer selbst weitgehend geteilt haben dürfte.[114]

1. Anklänge an deutsch-christliche Theologumena bei Schlatter

Am 24. September 1933, zehn Tage nachdem er den zu begutachtenden Text erhielt, schrieb der 81-jährige Adolf Schlatter an Bodelschwingh ein vernichtendes Urteil über den Erstentwurf des Betheler Bekenntnisses: »...Ich würde es bedauern, wenn dieser dogmatische Abriß veröffentlicht würde. Er ist fern von der Natur, so volksfremd, auch so weit vom Neuen Testament entfernt,...daß ich nicht hoffen kann, daß ein SA-Mann dafür ein Ohr haben könne...Die Sätze über das Verhältnis der Kirche zum

111 Vgl. van der Kooi, Einführung, 14.

112 An diesen und die benachbarten Abschnitte »Das Gesetz« und »Schöpferglaube und natürliche Erkenntnis« wurden die meisten Anfragen überhaupt gerichtet.

113 Bezeichnend sind Stratenwerths Bemerkungen in seinem Gutachterexemplar. Er verweist am laufenden Band auf Schlatters Änderungsvorschläge (vgl. HA 2/39–209, f. 9b).

114 Bonhoeffer hat Barths Gutachten, das dieser erst nach dessen Weggang nach London zurücksandte, mit hoher Wahrscheinlichkeit gekannt (vgl. HA 2/39–96, f. 35). Bonhoeffer selbst hatte Barth darum gebeten und war natürlich stärkstens interessiert an dessen Beurteilung. Bonhoeffers Bekannter aus den Bonner Studientagen im Sommer 1931, Hans Fischer, mit dem Bonhoeffer den Erstentwurf durchgesprochen hat, kannte nachweislich Barths Gutachten (vgl. HA 2/39–209,17, f. 9 u. 19–21).

Volk kann er nur als Lähmung und Entehrung seines Wollens empfinden.«[115]

Schlatter wollte zum großen Teil eben die Passagen des Textes geändert haben, auf die es Bonhoeffer besonders ankam. Wenn der Vor- und Erstentwurf betont haben, die Ordnungen seien nicht Ordnungen der ursprünglichen Schöpfung, heißt es bei Schlatter: »Diese Ordnungen sind nicht die Ordnungen der kommenden Welt und der vollendeten Menschheit.«[116] Damit wird die Ablehnung der Lehre von den ungebrochenen Schöpfungsordnungen ersatzlos gestrichen. Auf der gleichen Linie liegt die Tilgung des Satzes, daß die Ordnungen der Erhaltung keinen eigenen Wert hätten, sondern allein auf die Neuschöpfung in Christus bezogen seien. Stattdessen behauptet Schlatter das Gegenteil. Diese Ordnungen der Erhaltung hätten »den unbedingten Wert göttlicher Satzung und ihre Übertretung macht uns zu Widersachern Gottes und verschließt uns den Zugang zum Christus.«[117] Wo der Erstentwurf feststellt, die Ordnungen der Erhaltung seien vom Ende her immer schon zerbrochen und überwunden, meint Schlatter: »Sie werden durch keine selbsterwählte Heiligkeit der Kirche zerbrochen werden.«[118]

Im zweiten Absatz des Artikels über die Ordnungen hieß es im Erstentwurf sehr zurückhaltend, daß der Mensch sich keiner der Ordnungen Obrigkeit, Volk usw. entziehen könne. Schlatter trägt ungebrochen das Pathos der angeblichen geschichtlichen Stunde des Jahres 1933 ein: »Mit jeder dieser Ordnungen soll sich der Mensch mit ganzem Willen einigen.«[119] Ein paar Sätze weiter entfällt der gesamte Abschnitt, in dem auf die mangelnde biblische Begründung des Rassebegriffs und des alttestamentlichen Rechts des Fremdlings hingewiesen wird. Schlatter bietet ganz im Gegenteil eine neutestamentliche Begründung, die die nationalsozialistische Rasse-Ideologie naiv verharmlost: »Das, was der moderne Begriff ›Rasse‹ meint, Gebundenheit des inwendigen Lebens an den leiblichen Bestand, hat der Apostel mit höchster Kraft und Deutlichkeit mit dem bezeugt, was er von unserem Fleisch sagt.«[120]

Die Spannung, in die der Mensch durch den Anspruch der verschiedenen Ordnungen gestellt ist, sieht Schlatter nicht als Hinweis auf die Unerlöstheit der Welt. Vielmehr gibt diese Spannung dem Leben des Menschen »den reichen Inhalt und macht aus ihm Arbeit und Kampf.«[121] Gegenüber dem Erstentwurf, der in diesem Zusammenhang betont, Aufgabe der weltlichen Obrigkeit sei es, ihre Rechtsordnung mit dem Schwert zu schützen,

115 HA 2/39–96, f. 30.
116 HA 2/39–209,7, f. 8.
117 Ebd.
118 Ebd. Schlatter nimmt damit einen alten lutherischen Topos auf.
119 Ebd.
120 Ebd.
121 HA 2/39–209,7, f. 9.

wendet Schlatter ein: »Wenn die Obrigkeit einzig im Gebrauch des Schwertes ihren Beruf sieht, hat sie ihn nicht erkannt, und Römer 13,1–7 ist grob mißdeutet. Sie hat die Rechtsordnung nicht nur zu schützen, sondern zu schaffen.«[122] Ob sich der 81-jährige Schlatter wirklich im Klaren war, wie sein Votum im Herbst 1933 verstanden werden mußte, scheint fraglich. Hitler ging es ja nur scheinbar darum, im Zuge des nationalen Aufbruchs im Jahre 1933 Recht und Ordnung wiederherzustellen. Eigentliches Ziel war vielmehr eine völlige Außerkraftsetzung der Weimarer Verfassung und ein neues nationalsozialistisches Strafrecht, dessen oberste Norm der Schutz von Rasse und Volkstum war. Gerade im September 1933 veröffentlichten der preußische Justizminister Hanns Kerrl und sein Staatssekretär Roland Freisler eine Denkschrift über »Nationalsozialistisches Strafrecht«, die die Grundlage der Nürnberger Gesetze vom September 1935 bildete und mit der sich Bonhoeffers Schwager Hans von Dohnanyi von nun an ständig auseinanderzusetzen hatte.[123]

Bonhoeffer war dieser Kontext bewußt, so daß er auf die Unterscheidung der Aufgabe des Staates, die Rechtsordnung zu schützen, von der, sie zu schaffen, genau achtete. Im April 1933 hatte er noch ausdrücklich das grundsätzliche Recht des Staates, auch neues Recht zu schaffen, betont. Jedoch war dies schon hier im Sinne einer selbstverständlichen Grundaussage gemeint, die angesichts der aktuellen Lage sogleich in mehrfacher Hinsicht wieder eingeschränkt wurde. Im Herbst 1933 verzichtete Bonhoeffer angesichts der vorangeschrittenen Aushöhlung des Rechtsstaates ganz darauf.[124] Dadurch wirken seine Aussagen zum Schwertamt der Ob-

122 Ebd. Wo der Erstentwurf sagt, die weltliche Obrigkeit trage das Schwert, um der Unordnung zu wehren, ersetzt Schlatter: »Die Verwalter der Macht sind Gottes Diener zum Guten, Röm 13, 4. Daß sie den Widerstand auch mit dem Schwert zu brechen haben, ist ein abgeleiteter Teil ihres Dienstes, und es ist unheilvoll, wenn die Christenheit den Henker für den wichtigsten Verwalter des Staates erklärt« (HA 2/39–209,7, f. 19). An anderer Stelle meint Schlatter: »Wenn die Obrigkeit nichts anderes tut als daß sie das Schwert führt, hat sie nicht begriffen, wozu ihr Gott die Macht gegeben hat« (HA 2/39–209,7, f. 20).

123 Nationalsozialistisches Strafrecht. Denkschrift des Preußischen Justizministers, Berlin 1933. Bezeichnend ist, daß der Oberregierungsrat im Reichsinnenministerium Hans Globke in seinem berüchtigten Kommentar zu den Nürnberger Rassegesetzen vom September 1935 von »christlichen Schöpfungsordnungen«, die es zu erhalten gelte, sprach (vgl. Stuckart-Globke, Kommentare zur deutschen Rassengesetzgebung, Bd. I. Reichsbürgergesetz vom 15. September 1935. Gesetz zum Schutze des deutschen Blutes und der deutschen Ehre vom 15. September 1935. Gesetz zum Schutze der Erbgesundheit des deutschen Volkes (Erbgesundheitsgesetz) vom 18. Oktober 1935. Nebst allen Ausführungsvorschriften und den einschlägigen Gesetzen und Verordnungen erläutert von Dr. Wilhelm Stuckart, Staatssekretär, und Dr. Hans Globke, Oberregierungsrat, beide im Reichs- und Preußischen Ministerium des Inneren, München und Berlin 1936).

124 Vgl. oben 4. Kap. II.B.1.

rigkeit für heutiges Empfinden recht steril und geraten in die Nähe von undemokratischen und obrigkeitsstaatlichen Vorstellungen. Jedoch ist zu bedenken, daß sich Bonhoeffer von einem antiliberalen, völkischen Rechts- und Staatsdenken abgrenzt und sich in der am Ende der Weimarer Republik fundamentalen Alternative zwischen diesem und dem liberaldemokratischen Verfassungsstaat auf die Seite des letzteren stellt.

Die Tragik eines Theologen wie Schlatter bestand darin, diese Alternative und ihre Konsequenzen nicht gesehen zu haben. Wo der Erstentwurf zurückhaltend formuliert, daß sich der Christ der Lösung der Konflikte durch den Staat »gehorsam beugt«, spricht Schlatter wie auch mancher andere Gutachter von freudiger Mitwirkung.[125] In seinen Änderungsvorschlägen zu dem gesamten Abschnitt »Von Schöpfung und Sünde« geht es Schlatter immer wieder um einen Punkt: Natur und Schöpfung beziehungsweise deren Erkenntnis sollen trotz Sündenfall ein eigenes Recht auch neben der Offenbarung in Christus und der Schrift haben.[126] Seine Theologie wurde durch diese Grundentscheidung unfähig, kritische Vorbehalte gegen die religiös-ideologische Überhöhung von Rasse, Volk und Führertum zu formulieren.

In der Folge lesen sich Schlatters Änderungsvorschläge für den von Bonhoeffer zwar nicht formulierten, aber mitgetragenen Abschnitt »Kirche und Staat« wie Verlautbarungen der Deutschen Christen. Während der Erstentwurf die weltliche Obrigkeit »nicht im Raume des Heils, sondern im Raume des Todes« am Werke sieht, spricht Schlatter von einer Wirksamkeit im Raume »natürlichen Lebens«.[127] Der Erstentwurf spricht von einer dreifachen Verbundenheit der weltlichen Obrigkeit mit der Kirche.[128] Die erste bestehe darin, daß das Wort der Kirche an denselben Menschen gerichtet sei, der durch das Amt des Schwertes am Leben erhalten wird. Schlatter sieht ihr Wort hingegen an »die zum Volk verbundenen Menschen gerichtet, die durch die völkische Gemeinschaft das Leben mit allem, was es füllt, empfangen.«[129] Die zweite Verbundenheit der Kirche

125 Vgl. HA 2/39–209,7, f. 9; vgl. z. B. auch das Gutachten von Pastor Imert (HA 2/39–209, 20).

126 Die Belege lassen sich noch vermehren. Anstelle der Verwerfung der Irrlehre, daß es in der gefallenen Welt irgendwelche endgültigen Ordnungen gäbe, die nicht durch den Fall unter den Fluch Gottes gestellt sind und die als ungebrochene Schöpfungsordnungen erkannt werden können, schlägt Schlatter vor: »Wir verwerfen die Irrlehre, dass die Ordnungen Gottes, die uns das Leben geben, uns von seinem Fluch auferlegt seien«(HA 2/39–209,7, f. 9). Und an anderer Stelle: »Wir verwerfen die Irrlehre, daß es zerstörte Schöpfungsordnungen gebe. Zerstören kann der Mensch nur sich selbst und darum kann er auch das Zusammenleben der Menschen zerstören. Das tut er aber im Streit mit der göttlichen Ordnung« (HA 2/39–209,7, f. 10).

127 HA 2/39–209,7, f. 19.

128 Vgl. GS II, 113f.

129 HA 2/39–209,7, f. 20 (Schlatter hat das gesamte Zitat unterstrichen).

mit der weltlichen Obrigkeit besteht nach dem Erstentwurf darin, daß ihr Wort den Menschen wieder hinein in die Ordnung der Obrigkeit als Gottesordnung weist. Bei Schlatter heißt es: »Ihr Wort rüstet diese Menschen zur tätigen und fruchtbaren Beteiligung am völkischen Handeln.«[130] Schließlich nennt der Erstentwurf als dritte Verbundenheit die Tatsache, daß die Kirche sich selbst in ihrer sichtbaren Gestalt der Ordnung der Obrigkeit untertan weiß. Schlatter macht daraus eine ungebrochene Gehorsamspflicht der Kirche und folgt bis in die Terminologie hinein der herrschenden Ideologie: »Die Kirche weiß, daß sie mit ihrem eigenen Handeln die *Führung des Volkes* nicht hindern, sondern stützen soll.«[131]

In der Folge streicht Schlatter auch die Ablehnung der Irrlehre, daß die Kirche sittlich-religiöses Fundament, Seele oder Gewissen des Staates sei.[132] In dem Abschnitt »Kirche und Volk« schließlich sucht er die Vorbehalte gegen eine volksgemäße Verkündigung zu mildern. Wo der Erstentwurf schlicht von der Teilhabe der Christen an der Schuld des Volkes spricht, muß Schlatter anfügen: »Und arbeiten mit am Wohl ihres Volkes.«[133]

Was Bonhoeffer von den Änderungsvorschlägen hielt, machen seine Ausführungen vor einer Pfarrerkonferenz im englischen Bradford zwei Monate später, am 28. November 1933, deutlich. Hier stellt er Schlatter in eine Reihe mit den Deutschen Christen.[134] Bei der Frage, ob es eine Offenbarung Gottes unabhängig von der Christusoffenbarung in der Schrift und der Verkündigung der Kirche gebe, geht es für ihn im Jahre 1933 um eine fundamentale Alternative: »Es ist der Kampf zwischen germanischer Volksreligiosität und Kirche.«[135] Diesen Kampf führte Bonhoeffer bis in die Zeit der Haft hinein, als er mit seinem Postulat eines »religionslosen Christentums« die Konsequenzen für die Zeit nach dem Ende der Nazi-Herrschaft zu bedenken suchte.

130 Ebd. (Schlatter hat den gesamten Änderungsvorschlag unterstrichen).

131 Ebd. (Wiederum ist der gesamte Änderungsvorschlag unterstrichen).

132 HA 2/39–209,7, f. 21. Schlatter tritt zudem an mehreren Stellen vehement für eine Priorität der christlichen gegenüber der nichtchristlichen Obrigkeit ein. Während Bonhoeffer und Sasse unter Berufung auf die lutherischen Bekenntnisschriften betonen, daß der Gehorsam gegen die Obrigkeit nicht darin begründet liege, daß sie christlich oder heidnisch ist, sondern darin, daß sie ihr weltliches Amt recht versehe, verfolgt Schlatter die gegenteilige Intention: »Nicht weniger verwerfen wir die Irrlehre, daß es für die Gerechtigkeit und Heilsamkeit der staatlichen Leistung ohne Bedeutung sei, ob die Führung des Volkes in den Händen von Christen oder Heiden liege« (HA 2/39–209,7, f. 10; vgl. f. 19).

133 HA 2/39–209,7, f. 19 (Schlatter hat die Hinzufügung unterstrichen).

134 »Althaus, Hirsch, Schlatter, Fezer: Offenbarung durch Christus in der Kirche (und?) in der Predigt (muß) abgelehnt werden, sondern in der Fülle der Schöpfung hätten wir die Offenbarung« (Nachschrift von J. Rieger, GS VI, 307).

135 GS VI, 306f.

2. *Barths Verdacht einer gefährlichen Nähe zu natürlicher Theologie*

Ein anderer Gutachter, Karl Barth, hatte gleichfalls grundlegende Bedenken gegen den Text, ohne daß seine Kritik auch nur annähernd so wohlwollend aufgenommen wurde wie die Schlatters. Bonhoeffer hatte Barth erst am 9. September 1933 im Auftrag der Betheler Mitarbeiter ein Exemplar des Erstentwurfes zur Begutachtung zugesandt.[136] Während Barths Mitte Oktober zurückgesandte Kritik bei der Umarbeitung des Erstentwurfes kaum Berücksichtigung fand, dürfte sie für Bonhoeffers weitere theologische Entwicklung nicht ohne Folgen gewesen sein. Barth formulierte am Beginn seiner kritischen Anmerkungen drei Anfragen, auf die Bonhoeffer in den folgenden Jahren mit den Arbeiten zu seinem Buch »Nachfolge« zu antworten suchte.[137] Gegen den Abschnitt über »Die Ordnungen« erhebt er ernstliche Bedenken und fragt, ob es den Verfassern als lutherischen Theologen nicht möglich sei, »I. Der Lehre von den ›*Ordnungen*‹ einen solchen Ort und eine solche Gestalt zu geben, daß sie aus der Nachbarschaft mit einer dem (von ihnen so klar vertretenen) Schriftprinzip widerstreitenden natürlichen Theologie verschwindet und eindeutig zu einem Bestandteil der Lehre von *Gottes offenbarem* Gebot wird?«[138] Barth ist unverständlich, wie angesichts der »vorzüglichen« Lehre von der Alleingenügsamkeit der Heiligen Schrift und angesichts der scharfen Ablehnung aller natürlichen Theologie diese Lehre von den – vom Gesetz zu unterscheidenden! – Ordnungen nun doch wieder Raum gewinnen konnte. Mehr noch, wie sie sogar beherrschend werden und mit unverkennbarem Pathos vorgetragen werden konnte.[139] Zwar werde nachträglich von dem »konkreten Herrschaftsanspruch Gottes« gesprochen, der sich auch auf das bezieht, was unter uns Menschen als Ordnung ausgegeben wird. Da das aber nicht zuerst und vor allem geschehe, schleiche sich der durch das erste Gebot verbotene Anspruch der Ordnungen ein, an sich und im voraus als göttliche Ordnung Geltung zu haben. Damit lasse man freilich eine zweite Offenbarungsquelle zu Worte kommen.[140]

Den Gedanken führt Barth im Zusammenhang des folgenden Abschnittes fort, in dem das Gesetz als persönliche Anrede des Menschen durch Gott und seine Offenbarung behandelt wird. Von den hier angesprochenen richtigen Einsichten aus müßte die im vorangegangenen Abschnitt

136 Vgl. GS II, 127. Nach van der Koois Darstellung hat Barth das zu begutachtende Exemplar am 12. September 1933 erhalten (vgl. ders., Einführung, 15).

137 Vgl. unten 7. Kap. II.

138 HA 2/39–209, 3 (»Grundsätzliches«).

139 Vgl. HA 2/39–209,3, f. 8. »Woher wollen die Verfasser nach ihren eigenen Voraussetzungen um diese ›Ordnungen‹ anderswoher wissen als aus Gottes einer Offenbarung und also aus der heil.(igen) Schrift?«

140 Ebd. Zur Aufzählung der Ordnungen Ehe, Familie usw. bemerkt Barth: »Quo jure werden diese gewiß diskutablen, aber doch eben diskutablen Aufstellungen als Kirchenlehre ausgegeben?«

dargelegte Lehre von den Ordnungen revidiert werden. Das heißt, ihre illegitime Selbständigkeit müßte beseitigt werden. Auch und gerade von den Ordnungen dürfte nur im Rahmen der Lehre vom Gesetz oder – wie Barth einfügt – besser: vom Gebot Gottes die Rede sein. Das Nebeneinander von Ordnung und Gesetz bedeute »einen Rückfall in den Dualismus von ›natürlicher‹ und ›offenbarter‹ Theologie.«[141]

Aus dem Widerspruch gegen eine Loslösung der Ordnungen vom Gesetz Gottes folgt eine kritische Anmerkung Barths zu dem Absatz über die Spannung auf Grund des Anspruchs der verschiedenen Ordnungen. Versteht man unter Ordnung nichts anderes als den konkreten Herrschaftsanspruch Gottes, dann wird man nach Barths Auffassung die Spannung, in der sich der Mensch hinsichtlich der Ordnungen befindet, nicht aus dem göttlichen Anspruch, sondern aus dem Versagen des Menschen diesem Anspruch gegenüber herleiten.[142]

Einen für Bonhoeffers theologische Ethik wichtigen Einwand bringt Barth gegenüber der Verwerfung der Irrlehre, die aus dem Evangelium der Liebe ein Gesetz für den Aufbau einer neuen harmonischen Gesellschaftsordnung zu machen sucht. Diese Anathematisierung muß nach Barths Auffassung »vorsichtig gesichert« werden gegen ein Verständnis, als solle unter dem Titel Ordnungen ein ganzer Bereich der menschlichen Wirklichkeit gegenüber dem Anspruch des göttlichen Gesetzes – »das doch wohl immer auch das Gesetz der Liebe ist!« – seiner Eigengesetzlichkeit überlassen werden. »Die Abweisung des Chiliasmus wird illegitim, wenn sie auf der metaphysischen Unterscheidung eines Bereichs des Gesetzes und eines Bereichs des Evangeliums beruht. Der Anspruch des *einen* Wortes Gottes gilt auch und gerade gegenüber dem Bereich, den wir jeweils für durch die schon erkannten ›Ordnungen‹ schon geordnet halten.«[143] Der von Barth angesprochenen Gefahr ist Bonhoeffer in der Christologievorlesung des Sommersemesters 1933 begegnet, nachdem er – wie oben dargelegt – noch im April 1933 den Staat als Ort des Gesetzes im Unterschied zur Kirche als den des Evangeliums bezeichnet hatte.[144]

Nach dem Gesagten verwundert es nicht, daß Barth zum Abschnitt »Kirche und Volk« in einem dem Gutachten Schlatters entgegengesetzten Sinn Stellung nimmt. Ihm scheint darin verdunkelt zu sein, »daß eine direkte Beziehung der Kirche *zu einzelnen Völkern als solchen* im NT nun einmal überhaupt nicht vorgesehen ist.«[145] Bei der Besprechung des Abschnitts

141 HA 2/39–209,3, f. 10.

142 Vgl. HA 2/39–209,3, f. 9. Barth fragt weiter »Mit welchem Recht wird in der zweiten Hälfte des Absatzes gerade die innerweltliche Bedeutung der Obrigkeit in dieser Weise ausgezeichnet?«

143 Ebd.

144 Vgl. oben 4. Kap. III.C.3.

145 »Die ›Völker‹ interessieren das NT nur in ihrer Gesamtheit im Unterschied zum jüdischen Volk, aber gerade nicht als deutsches, chinesisches. . .Volk. . .Man

»Kirche und Staat« legt Barth wiederum ganz im Gegensatz zu Schlatter den Akzent auf eine Begrenzung des staatlichen Anspruchs. Das »von Gott Sein« der Kirche und des Staates hat in dem Anspruch des göttlichen Gebotes seine Grenze.[146]

Barth fehlt in dem Entwurf die offene Ankündigung, daß die Kirche in dem Falle, daß sich eine schrankenlos gewordene Obrigkeit als Lebensspender und Heilsbringer anbeten lassen will, sich »nicht etwa auf ihre Unsichtbarkeit zurückziehen und die Welt dem Teufel überlassen« wird; daß sie vielmehr dann in der Sichtbarkeit versuchen wird, Gott mehr zu gehorchen als den Menschen.[147] Schließlich wendet Barth gegen die Verwerfung einer schwärmerischen Aufrichtung der sichtbaren Gottesherrschaft auf Erden ein, es scheine ihm »etwas billig«, mit diesem völlig unaktuellen Anathematismus »noch einmal und noch einmal gegen die armen Schwärmer des 16. Jahrhunderts Front zu machen. . .*Wo bleibt dagegen der Anathematismus gegen die* heute von allen Dächern gepredigte *Lehre vom totalen Staat*???«[148]

Barth verfolgte in der theologischen Ethik des Politischen das gleiche Ziel, das Bonhoeffer mit seiner Konzeption der »Erhaltungsordnungen auf Christus hin« zu erreichen suchte. Die Ordnungen sollten kein Eigenrecht neben der Offenbarung in Jesus Christus erhalten. Dieses Grundanliegen reformatorischer Theologie trennte Barth und Bonhoeffer nicht nur von Schlatters Schöpfungsordnungstheologie, sondern auch vom Verständnis der geschichtlichen Stunde des Jahres 1933 im jungen nationalen Luthertum. Ebenso aber war es auch Ursache der Trennung Barths von seinem langjährigen Mitstreiter für eine »dialektische Theologie«, dem bayerischen Lutheraner und Mitarbeiter am Betheler Bekenntnis Georg Merz.[149]

sollte den Deutschen Christen nicht die leiseste Konzession machen«(HA 2/39–209,3, f. 19).

146 Vgl. HA 2/39–209,3, f. 20.

147 Ebd. Barth warnt vor der »Bequemlichkeit einer allzu übersichtlich durchgeführten Lehre von (der, CS) Sichtbarkeit und Unsichtbarkeit der Kirche«. Diese Gefahr sei aber gegeben, wenn es im Erstentwurf heißt, die Kirche wisse sich selbst in ihrer sichtbaren Gestalt der Ordnung der Obrigkeit untertan. Wenn das in der alten Kirche wörtlich und uneingeschränkt gegolten hätte, »dann wäre es wohl zu keiner Christenverfolgung gekommen, sondern das Evangelium wäre auf dem freien Feld der ›sichtbaren Gestalt‹ im Gehorsam gegen die Obrigkeit gemächlich verraten worden« (ebd.).

148 HA 2/39–209,3, f. 21. Zum Abschnitt »Die Kirche und die Juden« bemerkt Barth: »Ist die bürgerliche Behandlung, die man den Juden im heutigen Deutschland systematisch zuteil werden läßt, eine solche, zu der ›wir‹ nichts zu bemerken haben? Die ›wir‹, weil sie von der ›Obrigkeit‹ verfügt ist, als gottgewollt hinnehmen und mitmachen?« (HA 2/39–209,3, f. 22).

149 Vgl. W. Koch, Karl Barths erste Auseinandersetzungn mit dem Dritten Reich, in: Richte unsere Füße auf den Weg des Friedens. H. Gollwitzer zum 70sten Geburtstag, München 1979, 491–513.

Barth sah in dem Nebeneinander der Lehre vom Gesetz und von den Ordnungen den Hauptmangel des Betheler Erstentwurfes. Dadurch, daß von den Ordnungen unabhängig von Gottes konkretem Herrschaftsanspruch in seinem Gebot gesprochen werde, sei der natürlichen Theologie Tür und Tor geöffnet. Ihre aktuelle Gestalt in Form der völkischen Religiosität abzuwehren, war freilich auch Bonhoeffer ein zentrales Anliegen. Sowohl sein ständiger Verweis auf die Barmer Theologische Erklärung als grundlegendes Bekenntnis der Bekennenden Kirche im Kirchenkampf als auch seine Ansätze zu einer neuen Lehre von Gebot und Nachfolge seit dem Jahre 1934 dienten diesem Zweck.

E. Bonhoeffers Ablehnung der November-Fassung

Für die Zeit bis zur Anfertigung des Erstentwurfes gibt es keine Hinweise auf unüberbrückbare Gegensätze der beteiligten Personen.[150] Bonhoeffer hat an der Verteilung des Erstentwurfes an die Gutachter noch aktiv teilgenommen.[151] Seine Äußerung über »Hintertreibereien und einen merkwürdigen Kurs« Bodelschwinghs kann sich also nicht auf die Tatsache beziehen, daß der Erstentwurf noch von einigen bekannten Theologieprofessoren und Pfarrern begutachtet werden sollte.[152] Wenn Bonhoeffer, wie er an Barth schrieb, an der Entstehung des Betheler Bekenntnisses »wirklich leidenschaftlich« mitgearbeitet hat,[153] ist es sehr wahrscheinlich, daß er einen zweiten Aufenthalt in Bethel eingeplant hat, um den zur Begutachtung versandten Erstentwurf anhand der Gutachten zu überarbeiten.[154]

150 Bonhoeffer äußerte sich am 20. August 1933 in einem Brief an seine Großmutter durchaus positiv: »Unsere Arbeit macht uns viel Freude und viel Mühe«(GS II, 78).

151 Vgl. GS II, 83f.

152 Laut einer Nachschrift des Londoner Auslandspfarrers Julius Rieger sagte Bonhoeffer auf einer Pfarrkonferenz in Bradford/England am 28. November 1933 über das Betheler Bekenntnis: »Durch Hintertreibereien und einen merkwürdigen Kurs Bodelschwinghs wurde die Sache vereitelt. Es kommt jetzt heraus, nachdem ein paar Pastoren die (ursprüngliche) Sache vereitelt haben« (GS VI, 306).

153 Vgl. GS II, 132.

154 Bethge hält es für unwahrscheinlich, daß Bonhoeffer an weiteren Sitzungen in Bethel teilgenommen hat (vgl. GS II, 82). C.-R. Müller schließt einen zweiten Aufenthalt in Bethel aus, ohne ganz überzeugende Argumente dafür vorbringen zu können (vgl. C.-R. Müller, Judenverfolgung, 157f).

1. Das wichtigste Indiz gegen einen zweiten Aufenthalt Bonhoeffers in Bethel ist nach C.-R. Müllers Auffassung die Tatsache, daß ein solcher »in keiner Akte und in keinem Brief« erwähnt wird. Dieses Argument trifft nicht zu, da Bonhoeffer selbst zwei Monate später auf der erwähnten Pfarrkonferenz in Bradford/England berichtet hat, er habe »Anfang September« mit Merz und Sasse ein Bekenntnis ausgearbeitet (vgl. GS VI, 2306). C.-R. Müller meint, Bonhoeffer habe sich hier wohl im

Datum geirrt, was aber innerhalb von zwei Monaten sehr unwahrscheinlich ist (vgl. C.-R. Müller, Judenverfolgung, 525 Anm. 274).
2. Auch das Argument, ein voller Terminkalender habe im September oder Oktober 1933 einen zweiten Aufenthalt in Bethel unmöglich gemacht, sticht nicht. Zwischen den bekannten Terminen hat er ohne Probleme für ein paar Tage Bethel besuchen können (Ende August in Friedrichsbrunn, 1. September in Berlin, 5.-9. September in Berlin, 15.-20. September auf der Weltbund-Tagung in Sofia, 27.-29. September auf der Nationalsynode in Wittenberg, ab 17. Oktober in London.
Als einziges Gegenargument gegen einen zweiten Aufenthalt Bonhoeffers in Bethel könnte man eine Äußerung G. Merz' anführen. In dem bereits zitierten Brief vom 5. Dezember 1933 schrieb er an M. Niemöller: »Das (die ablehnende Haltung Bonhoeffers zur Überarbeitung des Entwurfs, CS) ist mir sehr leid, aber er selbst ist nicht ohne Schuld, weil er nach seinem ersten Aufenthalt in Bethel, wofür er wohl Gründe hat, nicht mehr zur Verfügung stand«(GS II, 86). Daß Merz drei Monate später lediglich von einem Aufenthalt spricht, kann jedoch dadurch bedingt sein, daß er im Rückblick eine erste Arbeitsperiode von Mitte August bis Anfang bzw. Mitte September von den Arbeiten im Oktober und November unterschied.
Wie ein Brief Wilhelm Stählins an Bonhoeffer vom 14. September 1933 belegt, hat dieser Anfang September Stählin gegenüber das Vorhaben eines Aufenthalts in Bethel geäußert (vgl. GS VI, 275). Neben Bonhoeffers eigenem Bericht vor der Pfarrerkonferenz in England ist das entscheidende Argument für einen zweiten Aufenthalt in Bethel die Erinnerung Pastor Hans Fischers, der im Jahre 1933 bei Hans Ehrenberg in Bochum arbeitete und mit Bonhoeffer seit dessen Bonner Aufenthalt im Sommer 1931 bekannt war (vgl. oben Anm. I/96). Er schrieb am 18. Dezember 1956 an E. Bethge, er habe vor allem den Abschnitt »Die Ordnungen« und flüchtig »Kirche und Staat« mit Bonhoeffer durchgesprochen. »Dietrich Bonhoeffer und ich lebten einige Tage in Bethel in Klausur. . .Ich erinnere mich wohl, daß die Souveränität, mit der er die Kritik der Gutachten aufnahm und verarbeitete, mich vermuten ließ, daß D. Bonhoeffer entscheidenden Anteil, wenn nicht gar den entscheidenden Anteil an der Formulierung der ersten Fassung hatte. . .« (GS II, 83; vgl. den Niederschlag der Gespräche in seinem Gutachten, HA 2/39–209,17, f. 19–21).
Die Frage ist nun, ob sich diese Erinnerung auf die Zeit vor dem 25. August, also die Zeit der Erarbeitung des Erstentwurfes, beziehen kann. Dies ist aus zwei Gründen zu verneinen. Zum einen spricht H. Fischer eindeutig von der Verarbeitung der Kritik der Gutachten, was frühestens in der ersten Septemberhälfte geschehen sein kann. Zum anderen dürfte die Besprechung – einige Tage in Bethel in Klausur – kaum vor der unter Zeitdruck erfolgten Fertigstellung des Erstentwurfes stattgefunden haben. Daß Fischer und Bonhoeffer sich unmittelbar danach Ende August besprachen, ist unwahrscheinlich, da dieser sofort nach Beendigung der Arbeiten am Erstentwurf nach Friedrichsbrunn reisen wollte (vgl. GS II, 77). Zudem hatten Fischer und Ehrenberg schon vor dem 28. August einen Brief mit Anregungen zum Betheler Bekenntnis an Bodelschwingh geschrieben (vgl. Bodelschwinghs Antwortbrief, in: Glenthoj, MW V, 107). Wenn nicht nach einem ersten Aufenthalt Fischers in Bethel vor dem 28. August später noch ein zweites Gespräch mit Bonhoeffer stattgefunden hätte, wäre eine erneute Mitteilung der Kritik am Erstentwurf in Fischers Gutachterexemplar unsinnig.
Zwar läßt sich der genaue Zeitpunkt eines zweiten Aufenthalts Bonhoeffers in Bethel nicht feststellen, aber nach dem Gesagten erscheinen die Tage zwischen

Welchen Grund hätte Bonhoeffer Ende August haben können, die weitere Mitarbeit am Betheler Bekenntnis plötzlich einzustellen? Die Einholung von Gutachten kann es nicht gewesen sein, zumal er selbst bei der Verteilung der Exemplare an die Gutachter mitgeholfen hat. Verstimmungen haben sich erst ergeben, als Bonhoeffer sich in seinem Vorhaben, auf der Nationalsynode in Wittenberg Ende September ein Bekenntnis, das die Deutschen Christen stellen sollte, vorzulegen, von Bodelschwingh und Stratenwerth alleingelassen oder sogar hintergangen fühlte.[155]

Eine zweite Ursache der Entfremdung waren die gewichtigen inhaltlichen Veränderungen an der Erstform, vor allem aufgrund von Schlatters Gutachten.[156] Sowohl Bodelschwinghs als auch Stratenwerths Abrücken vom Erstentwurf ist belegt. Bodelschwingh meinte mit Blick auf den Erstentwurf, man dürfe nichts weitergeben, was »uns selbst nicht befriedigt«.[157] Er zeigte sich auf die Nachricht von Bonhoeffers Ablehnung einer weiteren Mitarbeit am Betheler Bekenntnis Ende November »nicht sonderlich überrascht«. Er könne es bis zu einem gewissen Grade verstehen, daß Bonhoeffer »die wohl an manchen Stellen durch Bruder Stratenwerth vorgenommenen Änderungen des Stils als fremdartig findet, weil sein eigenes Denken und seine Sprache nun einmal anders sind.«[158] Stratenwerth selbst schrieb Mitte September an Schlatter, er sei »bereits über diese

9. und 15. September am wahrscheinlichsten. Bonhoeffer drängte es mit der Überarbeitung, so daß er Niemöllers Gutachterexemplar bis zum 7. September zurückerbat. Am 9. September war er noch in Berlin (vgl. GS II, 126). Zwei Tage später nahm er jedoch an einer im Zusammenhang der Gründung des Pfarrernotbundes sehr wichtigen Zusammenkunft nicht teil, so daß seine Abwesenheit von Berlin während dieser Zeit zu vermuten ist. Bis zum 14. oder 15. September, an dem er zu einer Weltbund-Tagung nach Sofia fuhr, könnte er gut in Bethel gewesen sein. Sein durch die Abreise nach Sofia bedingtes Fehlen bei der Besprechung der Gutachten am 15. September ist vielleicht der Grund für die zitierte Erinnerung Merz', Bonhoeffer habe sich nur einmal in Bethel aufgehalten (vgl. van der Kooi, Einleitung, 14f).

155 Bodelschwingh plante schon im August, das Bekenntnis erst im Oktober, d.h. nach den wichtigen Herbstsynoden, erscheinen zu lassen – wahrscheinlich, um Konfrontationen oder gar eine Spaltung zu verhindern (vgl. HA 2/39–96, f. 13). Am 30. August schrieb Stratenwerth noch an M. Niemöller, daß das Bekenntnis für die Nationalsynode gebraucht werde (vgl GS II, 84). Mitte September betonte er jedoch seinem Lehrer Adolf Schlatter gegenüber, daß die Rücksendetermine für ihn nicht gelten würden.

156 Vgl. C.-R. Müllers eingehende Darstellung von Schlatters Einfluß bei der Abschwächung des Artikels »Die Kirche und die Juden« (dies., Judenverfolgung, 151ff).

157 Brief Bodelschwinghs an Stratenwerth vom 30. September 1933 (HA 2/39–96, f. 32a).

158 Brief Bodelschwinghs an Merz vom 25. November 1933 (HA 2/39–96, f. 47).

Arbeit hinausgeschritten«.[159] Schließlich berichtete auch Merz am 5. Dezember 1933, Bonhoeffer habe sich »mit ganzer Entschiedenheit gegen die Überarbeitung erklärt« und sei gegen die Veröffentlichung im vorliegenden Zustand.[160]

Bonhoeffer blieb bis zum Rückgabetermin der Gutachten am 15. September nicht untätig.[161] Vielmehr übergab er zu begutachtende Exemplare des Erstentwurfes an die Berliner G. Jacobi, M. Niemöller und W. Künneth und sammelte die Gutachten persönlich wieder ein.[162] Wie eine Notiz auf dem für Niemöller bestimmten Exemplar zeigt, wollte er noch vor dem 15. September mit der endgültigen Überarbeitung fortfahren.[163] Im Laufe des September, spätestens Anfang Oktober hat Bonhoeffer sich von den Bekenntnisarbeiten zurückgezogen.[164]

Da E. Bethge schon auf die gewichtigen Unterschiede zwischen Erstentwurf und der mit der November-Fassung weitestgehend identischen Endfassung hingewiesen hat,[165] sollen einige Bemerkungen dazu genügen. In der November-Fassung wird das Problem der Ordnungen nicht mehr im Zusammenhang von »Schöpfung und Sünde«, sondern innerhalb der Lehre vom Heiligen Geist und seinen Gaben abgehandelt.[166] Die Abschnitte über »Die Ordnungen« und »Das Gesetz« im ersten Entwurf sind

159 Brief Stratenwerths an Schlatter vom 14. September 1933 (HA 2/39–96, f. 24).

160 Vgl. GS II, 86.

161 Die Anzahl der Gutachter ist unklar. Stratenwerth sprach am 30. August 1933 von »etwa 20« von Bodelschwingh bestimmten Leuten (vgl. GS II, 84). Dazu kamen noch einige weitere Gutachter. Insgesamt wurden 42 Exemplare versandt, zum Teil aber mehrere an eine Person (vgl. van der Kooi, Einleitung, 14). Bethge meint, daß Bonhoeffer von vorneherein nicht mit der Auswahl der Gutachter einverstanden gewesen sei (vgl. GS II, 87).

162 Vgl. GS II, 84 u. DB, 356.

163 »Herrn Pfarrer Niemöller mit der Bitte um Rückgabe bis Donnerstag, den 7. September mit der Kritik an Bonhoeffer« (GS II, 84). Auch das für Pastor Woermann bestimmte Gutachterexemplar ging laut einer Notiz schon Anfang September zurück: »Durchgesehen und mit Verbesserungsvorschlägen zurückgegeben von Wilh. Vischer am 8. Sept. 1933« (HA 2/39–209,11, f. 24).

164 Merz zeigt sich in einem Brief an Bodelschwingh vom 24. November 1933 verwundert über Bonhoeffers schroffe Ablehnung der ihm zugesandten November-Fassung: »Keine Bagatelle, sondern eine Katastrophe!«(HA 2/39–96, f. 46). Merz deutet an, daß die Spannungen, die zu diesem Totalrückzug des ehemaligen Hauptmitarbeiters Bonhoeffer führten, schon von Anfang an vorhanden waren. »Ich könnte höchstens sagen, dass ich es in gewisser Weise habe so kommen sehen und dass ich während aller Beratungen Hemmungen nicht los wurde. Dabei trifft allerdings die Schuld Bonhoeffer selber, der die Sache zu jäh anpackte und sie rasch wieder losliess« (ebd.). Bonhoeffers schroffe Ablehnung der November-Fassung stellte nur den Schlußstrich der vorangegangenen Entfremdung dar.

165 Vgl. GS II, 87ff.

166 Wenn keine Differenzen zwischen November-Fassung und Endfassung vor-

in der November-Fassung unter der Überschrift »Vom Gehorsam gegen das Gesetz und vom Leben in den Ordnungen (Nation, Staat, Volk)« zusammengefaßt.

Die theologischen Grundentscheidungen des Abschnittes über die Ordnungen blieben weitgehend erhalten, jedoch hat sich das Gewicht der Aussagen verschoben. Durch Hinzufügungen sucht man die Gültigkeit der Ordnungen gegenüber ihrer Relativierung von der Neuschöpfung her stärker zu betonen. »Die Ordnungen der Erhaltung haben den unbedingten Wert göttlicher Satzung und ihre Übertretung macht uns zu Widersachern Gottes und verschließt uns den Zugang zum Christus.«[167] Solche Verschiebungen in den theologischen Grundentscheidungen, die Bonhoeffer eben nicht wie Bodelschwingh als Stilfrage verstehen konnte, hatten gewichtige Veränderungen in den Konkretionen zur Folge.

Die kritischen Vorbehalte gegen das herrschende Rassedenken und die Entrechtung der Juden, wie sie der Erstentwurf vom biblischen Zeugnis her formulierte, fallen weitgehend fort. In fast wörtlicher Anlehnung an Schlatters Gutachten heißt es jetzt: »Der Wahrheitsgehalt der modernen Rassenlehre, die Gebundenheit des inwendigen Lebens an die Gestalt unserer Leiblichkeit, bezeugt die Heilige Schrift mit dem, was sie über unser Fleisch sagt.«[168] Die Spannung zwischen dem Anspruch der verschiedenen Ordnungen wird nicht mehr als Ausdruck der Unerlöstheit der Welt verstanden, sondern gibt nach Meinung der November-Fassung »dem Leben seinen reichen Inhalt und macht aus ihm Arbeit und Kampf.« Darum wirke der Christ an der innerweltlichen Lösung der Konflikte *freudig* mit und beuge sich ihr; nicht nur gehorsam – wie es noch im Erstentwurf geheißen hatte.[169]

Die Verschiebung der theologischen Grundentscheidungen in Richtung auf eine stärkere Betonung des von Gott gesetzten Rechts der Ordnungen wirkt sich auch in Veränderungen der Abschnitte über Kirche und Volk beziehungsweise Staat aus.[170] Die Volksgemäßheit der Kirche spielt eine größere Rolle; die Kirche hat, wie die November-Fassung hervorhebt, nicht nur Anteil an der Schuld ihres Volkes, sondern auch an ihrem Ruhm.[171] In der Neufassung des Abschnitts »Kirche und Obrigkeit« ist die allgemeine Einführung über das Wirken der weltlichen Obrigkeit im

handen sind, wird im Folgenden die bei Schmidt, Bekenntnisse 1933, abgedruckte Endfassung zitiert.

167 AaO., 119.

168 Ebd.

169 AaO., 119f.

170 Die Abschnitte sind in der November-Fassung neu überschrieben: »Die Kirche und die geschichtlichen Gemeinschaften« sowie »Kirche und Obrigkeit« (aaO., 125f).

171 AaO., 125. Vgl. die Gutachten von Pastor Leutiger (HA 2/39–209,4, f. 19) und Pastor Imert (HA 2/39–209,20, f. 20).

Raume des Todes ganz fortgefallen, wofür wiederum Schlatters Gutachten den Ausschlag gegeben hat.

Zwar hat Bonhoeffer unter den Veränderungen in Abschnitt »Kirche und Obrigkeit« manche wie zum Beispiel die starke Hervorhebung des Amtes der weltlichen Obrigkeit durchaus mittragen können. Aber auch hier fließt das herrschende völkische Denken an einigen Stellen ungehindert ein. Der Erstentwurf spricht nüchtern davon, daß Kirche und Obrigkeit dadurch verbunden seien, daß ihr Wort an denselben durch das Amt des Schwertes am Leben erhaltenen Menschen gerichtet ist. Dagegen schreibt die November-Fassung unter Aufnahme von Verbesserungsvorschlägen Schlatters: Der Dienst der Kirche und der weltlichen Obrigkeit »gilt den Menschen, die in der gleichen völkischen oder staatlichen Ordnung die Gemeinschaft des leiblichen Lebens mit allem, was es füllt, empfangen.« In bedenklicher Angleichung an die nationalsozialistische Lehre vom totalen Staat wird hinzugefügt:»In ihrem Amt nehmen beide den ganzen Menschen in Anspruch.«[172]

Die Änderung des folgenden Satzes mußte im Herbst 1933 als theologische Legitimierung des Führer-Staates verstanden werden, in dem immerhin schon seit Juli alle Parteien außer der NSDAP verboten waren und dessen Organe den Terror der Parteigliederungen weitgehend gewähren ließen. Der Erstentwurf hatte noch zurückhaltend formuliert, das Wort der Kirche leite den Menschen wieder hinein in die Ordnung der Obrigkeit als Gottesordnung; zwar ist auch hier die Gefahr der Predigt einer Obrigkeitshörigkeit nicht abgewiesen; die November-Fassung jedoch ruft die Kirche zu einer Unterstützung der Obrigkeit auf, wie sie kaum massiver hätte ausfallen können: »Die Obrigkeit fordert und zwingt den Menschen in ihre Ordnung, die die Kirche ihn erkennen lehrt als Gottesordnung und für die sie ihn zum richtigen Handeln aus dem Gehorsam Gottes rüstet.[173]

Nach Bonhoeffers Auffassung ging es bei all den kleinen Verschiebungen nicht um Stilfragen oder gar theologisch irrelevante Meinungsunterschiede. Vielmehr war er der Ansicht, daß Kirche und Theologie zum Spielball politischer Mächte würden, wenn sie die Forderung der Christusoffenbarung als einziger letzter Norm theologischen Urteilens aufgäben oder auch nur aufweichten. Hier liegt die Ursache und die Bedeutung von Bonhoeffers und Barths für unser heutiges Ohr fast penetrantem Beharren auf einer Relativierung des Rechtes der Ordnungen durch Gottes konkreten Herrschaftsanspruch. Wie die November-Fassung des Betheler Bekenntnisses zeigt, war mit der Aufweichung dieser theologischen Grundentscheidung im Jahre 1933 ein breites Einfließen des herrschenden völkischen Denkens in die theologische Ethik des Politischen verbunden.

172 Schmidt, Bekenntnisse 1933, 126.
173 Ebd.

Ergebnis

Schon bald nach Beginn des Kirchenkampfes wurden die Differenzen in den theologischen Grundentscheidungen und der Beurteilung der politischen Verhältnisse auch innerhalb der kirchlichen Opposition offenbar. Trotz großer menschlicher Nähe und gemeinsamer Aktivitäten geriet Bonhoeffer in eine zunehmende »Isolierung und radikale Opposition« selbst zu seinen engsten Mitstreitern. Einerseits vertrat der 27-jährige eine ungewöhnlich selbständige und wache Position, andererseits fühlte er sich den Fragen und Ansprüchen, die an ihn herantraten, »einfach äußerlich nicht mehr gewachsen« – wie er zur Begründung seines Wechsels nach London an Barth schrieb.[174] Bonhoeffer äußert im gleichen Brief, daß er »einfach sehr unsicher« wurde und fürchtete, sich aus Rechthaberei zu verrennen; »und dabei sah ich gar keinen Grund dafür, daß ich jetzt gerade diese Dinge richtiger und besser sehen sollte, als so mancher ganz tüchtige und gute Pfarrer, zu denen ich einfach aufsehe.«[175]

Inwieweit sich die Unsicherheit, von der Bonhoeffer spricht, auch auf theologische Fragen erstreckt hat, läßt sich nur vermuten. Es fällt auf, daß Bonhoeffer den Begriff »Erhaltungsordnung auf Christus hin« nach dem Sommer 1933 nicht mehr verwendet hat.[176] Die Arbeiten am Betheler Bekenntnis, das naturgemäß ein Konsensdokument sein mußte, hatten gezeigt, daß der Begriff nicht klar genug gegen die deutsch-christliche Verabsolutierung politischer Gegebenheiten mithilfe schöpfungstheologischer Begründungen zu sichern vermochte. Eine Grundlegung staatlicher Ordnung in der Christologie, wie er sie in der Vorlesung des Sommersemesters 1933 entwickelt hat, schien ihm wohl bei den Betheler Arbeiten nicht

174 GS II, 132.

175 Ebd.

176 Vgl. DB, 525. Mayer, Christuswirklichkeit, vergleicht in einem Exkurs (124ff) die Verwendung des Begriffs »Erhaltungsordnung« bei Bonhoeffer und bei W. Künneth. Er weist Bethges Auffassung, daß Bonhoeffer den Ausdruck in dem Augenblick fallen gelassen habe, als andere Lutheraner wie Künneth ihn aufnahmen, um ihr eigenes Konzept von den zwei Reichen auf dieser Basis zu errichten, zurück (aaO., 124). Mayer übersieht, daß Künneths Überlegungen über die Erhaltungsordnungen in dem Werk »Die Nation vor Gott« im Frühsommer 1933 als Zustimmung zum Wollen des neuen Staates verstanden werden mußten. Die Infragestellung der Erhaltungsordnungen durch die Neuschöpfung, wie sie für Bonhoeffers Begriff der »Erhaltungsordnung auf Christus hin« fundamental war, läßt Künneth kaum zu. »...wenn danach von der über der Welt stehenden Verheißung Gottes auch rassisches, volkhaftes, staatliches Dasein nicht ausgeschlossen sein soll und das eschatologische Ausgerichtetsein dieser Ordnungen auf Kommendes verweist, so kann das nichts anderes heißen, als daß Gott in dem eschatologischen Geschehen zur Sinnerfüllung bringt, was er zutiefst mit der Besonderheit der Rassen, mit der Einzigartigkeit der Volkstümer und der Kraft staatlicher Willensbildung als Werk seiner Schöpferfülle meinte« (Künneth, Offenbarung, 22).

konsensfähig zu sein. Der Versuch, eine Entfaltung der Ethik des Politischen von der Schöpfungslehre her dadurch abzuwehren, daß die Ordnungsproblematik unter der Überschrift »Von Schöpfung *und Sünde*« abgehandelt wurde, erwies sich als untauglich. Vielleicht hat Bonhoeffer Barths Einwand gegen den Erstentwurf des Betheler Bekenntnisses, das Nebeneinander von Ordnung und Gesetz beziehungsweise Gebot bedeute einen Rückfall in den Dualismus von natürlicher und offenbarter Theologie, aufgenommen. Jedenfalls hat er sich in den folgenden Jahren an keiner Stelle zum Thema »Ordnungen« geäußert und ganz auf die Entfaltung des offenbarten Gebotes konzentriert.

Bereits im Sommer 1933 begann sich die Eigenart von Bonhoeffers Position im Kirchenkampf abzuzeichnen. Aufgrund seiner Einschätzung des Nationalsozialismus als eines politischen Messianismus konnte er nicht das von der überwiegenden Mehrheit der Opposition vertretene Verständnis der Auseinandersetzung mit den Deutschen Christen als eines ausschließlich innerkirchlichen Konflikts teilen. Während die führenden Vertreter der Jungreformatorischen Bewegung nicht müde wurden zu betonen, daß man auf dem Boden des neuen Staates stehe, enthielt sich Bonhoeffer jeder zustimmenden Äußerung zum neuen Staat der nationalen Revolution. Vielmehr forderte er die Kirche auf, ihr Bekenntnis, insbesondere die am meisten umstrittenen Lehrpunkte von der Kirche und von der Schöpfung, gegenüber den Deutschen Christen zu formulieren und diese vor die Entscheidung zu stellen.

Liegt aber nicht hierin gerade eine Beschränkung der Auseinandersetzungen auf einen innerkirchlichen Konflikt? In der Tat hat Bonhoeffer den Streit mit den Deutschen Christen primär als einen innerkirchlichen Kampf um das Bekenntnis gesehen. Jedoch wußte er um die politischen Zusammenhänge, in die der Konflikt einzuordnen war. Wie in den letzten beiden Kapiteln aufgezeigt wurde, rechnete er mit einem grundsätzlichen Konflikt von Kirche und Staat, wenn ein politisches Messiastum wie der Nationalsozialismus die Staatsgewalt seinen Zielen dienstbar machte. Während er im April 1933 die Kirche aufrief, gegen die Zerstörung des Weimarer Rechtsstaats Einspruch zu erheben, konzentrierte er sich seit dem Sommer 1933 auf die Abwehr der nationalsozialistischen Eingriffe in die Kirche mithilfe der Deutschen Christen. Wie Karl Barth, der in seiner wirkungsvollen Schrift »Theologische Existenz heute!« vom Juni 1933 die Bildung von »geistlichen Widerstandszentren« forderte, ging es ihm zuerst um die Bewahrung der kirchlichen Verkündigung und Ordnung.[177] Jedoch hat er – ebenfalls in Übereinstimmung mit Barth – die weitreichenden politischen Konsequenzen eines solchen Beharrens gesehen. Ein Erfolg an dieser Stelle wäre von größter Bedeutung für den Kampf der noch vorhandenen Ordnungsmächte gegen das politische Messiastum.

177 Vgl. Barth, Theologische Existenz heute!, 36.

In diesen Machtkampf der alten Eliten in Politik und Verwaltung mit der nationalsozialistischen Bewegung und ihren in die staatlichen Ämter drängenden Führern hatte Bonhoeffer durch seinen Schwager Hans von Dohnanyi, der an wichtiger Stelle in der Justizverwaltung tätig war, einen hervorragenden Einblick. Auch über die wahren Absichten der nationalsozialistischen Kirchenpolitik konnte sich Bonhoeffer aufgrund der Informationen Dohnanyis keine Illusionen machen. Der Kampf um das Bekenntnis bedeutete zwar eine scheinbar unpolitische Beschränkung, aber es gibt keinen Hinweis darauf, daß Bonhoeffer die politische Verantwortung der Kirche seit Beginn des Kirchenkampfes im Sommer 1933 weniger stark gewichtet hätte als in dem besprochenen Aufsatz zur Judenfrage vom April 1933. Dann aber mußten nicht nur die Gleichschaltungsversuche der Kirche, sondern auch das Bemühen von Teilen der alten Eliten in Politik und Verwaltung, die Zerstörung des Weimarer Rechtsstaats – der Fall eines Zuwenig an Recht und Ordnung – zu verhindern oder zu hemmen, Thema kirchlichen Redens und Handelns sein. Nach Bonhoeffers Auffassung waren die Auseinandersetzungen um das Betheler Bekenntnis keine politisch irrelevanten dogmatischen Streitigkeiten, sondern hier fiel die Entscheidung darüber, ob die Kirche bei ihrer Sache blieb und die gebotene politische Verantwortung übernehmen konnte. Zunächst bedeutete der Streit um das Bekenntnis eine Scheidung der Wege selbst enger Mitstreiter innerhalb der kirchlichen Opposition, unter der Bonhoeffer durchaus gelitten hat.

6. Kapitel: Hans von Dohnanyis Tätigkeit im Reichsjustizministerium in den Jahren 1933 bis 1938

Einführung

E. Bethge hat den Weg geschildert, auf dem Bonhoeffer in den Jahren nach 1938 durch seinen Schwager Hans von Dohnanyi zum Mitwisser und Teilnehmer an konspirativen Umsturzvorbereitungen gegen Hitler wurde.[1] Schon in den Jahren zuvor verband die beiden eine zunehmend engere Freundschaft. Bevor die Auswirkungen, die dieses Vertrauensverhältnis Bonhoeffers zu einem an zentraler Stelle des nationalsozialistischen Herrschaftssystems tätigen Beamten auf dessen Rolle im Kirchenkampf und seine theologische Ethik des Politischen hatten, geklärt werden kann, sind Person und Tätigkeit Hans von Dohnanyis in den Jahren 1933 bis 1938 zu charakterisieren. Obwohl Dohnanyi nach dem 20. Juli 1944 von der Gestapo »der Urheber und das geistige Haupt der Bewegung zur Beseitigung des Führers« genannt worden war,[2] ist sein Kampf gegen den Nationalsozialismus bisher kaum gewürdigt worden.[3] Gemeinhin wird er dem soge-

1 Vgl. DB, 698ff. u. 763ff.

2 Vgl. Brief Ch.v.D.s an Otto John vom 19. September 1945 (BA, NL DB, Fiche A 87/1–2, 6); vgl. auch d. Bericht des Oberarztes am Berliner Staatskrankenhaus Dr. Albrecht Tietze über ein Gespräch mit dem Gestapo-Kommissar Franz Sonderegger am 6. April 1945 (IfZ, Akte »v. Dohnanyi«, Zs 603); Sonderegger hat nach dem Krieg berichtet, daß Dohnanyi in Verschwörerkreisen als der »kommende Mann« bezeichnet wurde (vgl. BA, NL DB, Fiche A 87/2–2,7, S.13).

3 Es liegen lediglich einige Artikel und Aufsätze vor: O. John, Männer im Kampf gegen Hitler. VII.: Hans von Dohnanyi, in: Blick in die Welt 2(1947), 16f; A. Leber, Das Gewissen steht auf. 64 Lebensbilder aus dem deutschen Widerstand 1933–1945, Berlin-Frankfurt a.M. 1954, 111f; G. Leibholz, Hans von Dohnanyi, in: H.-J. Schultz (Hg.), Der 20. Juli 1944 – Alternative zu Hitler?, Stuttgart-Berlin 1974, 139–145; vgl. auch F. von Schlabrendorff, Offiziere gegen Hitler, erweiterte Ausgabe von W. Bußmann, Berlin 1984, 75ff u. 147ff.
Die unsachliche und von Rivalitäten geprägte Darstellung Dohnanyis bei H.B. Gisevius, Bis zum bitteren Ende. Bericht eines Augenzeugen aus den Machtzentren des Dritten Reiches, 3. Aufl., München-Zürich (1946) 1982, 102, 168 u. 312ff, wirkt noch heute in der Forschung nach. So hat H. Höhne, Canaris. Patriot im Zwielicht, 2. Aufl., München 1978, bes. 491ff, Gisevius' Urteile teilweise wörtlich übernommen. Höhne kommt zu einer in vieler Hinsicht negativen Beurteilung der Rolle Dohnanyis im Widerstand gegen Hitler, weil er sich zudem im wesentlichen der Sicht des gegen Dohnanyi ermittelnden Oberstkriegsgerichtsrats Dr. Manfred Roeder anschließt. Hauptquelle Höhnes ist der Schlußbericht des Lüneburger Staatsanwalts Dr. Finck zu einem in den fünfziger Jahren gegen Roeder laufenden Ermittlungsverfahrens, das aufgrund von Fincks Bericht eingestellt worden ist. Höhnes Urteile hat wiederum – teilweise wörtlich – R.G. Graf von Thun-Hohenstein, Der Verschwörer. General Oster und die Militäropposition, Berlin 1982, übernommen

nannten bürgerlich-konservativen oder, wie man heute meist sagt, der »nationalkonservativen Opposition« zugerechnet. Diesem Teil des Widerstands gegen Hitler ist, wie eingangs erwähnt, in den letzten Jahren häufig eine partielle Identität der außen- und gesellschaftspolitischen Ziele sowie eine weitgehende Kooperation mit dem Nationalsozialismus vorgeworfen worden.[4] Man sei mit den Nationalsozialisten in der Ablehnung der liberalen Demokratie einig gewesen und habe den Umschwung im Jahre 1933 freudig begrüßt. Trifft dies auch für Dohnanyi zu? Ist sein Verhalten in den Jahren nach 1933 lediglich exemplarisch für das Bestreben der alten Eliten in Politik, Militär und Verwaltung, Privilegien und Kompetenzen gegenüber den Machtansprüchen der Parteigliederungen zu verteidigen?

Es fehlte bisher nicht nur eine Darstellung zu Dohnanyi, sondern auch eine Untersuchung über das Reichsjustizministerium in den Jahren nach 1933, in dem er mit kurzen Unterbrechungen von 1929 bis 1938 als persönlicher Referent des Ministers tätig war.[5] Da Dohnanyi fast immer im Namen des Ministers geschrieben und gehandelt hat, sind Belege über seine Aktivitäten in den Akten des Reichsjustizministeriums spärlich. Er war jedoch durch seine Dienststellung als persönlicher Referent des Ministers in geheimste Vorgänge eingeweiht. Wie das handschriftliche Signum Dohnanyis auf vielen Akten des Ministerbüros zeigt, ging die an den Reichsjustizminister gerichtete Post zum größten Teil durch seine Hände. Wenn nötig, hatte er zu entscheiden, in welche Abteilung sie weiterzuleiten sei.

Unter den herangezogenen Quellen ist zuerst der bisher lediglich von E. Bethge teilweise eingesehene Nachlaß Hans und Christine von Dohnanyis

(vgl. bes. 253ff). Die Urteile über Dohnanyi sind jedoch in der Taschenbuchausgabe von 1984 getilgt. Eine Auseinandersetzung mit dem offensichtlich in verleumderischer Absicht gegen den Sohn Hans von Dohnanyis, den früheren Hamburger Ersten Bürgermeister Klaus von Dohnanyi, verfaßten Artikel von N. von Preradovich, Hans von Dohnanyi und die Schwarze Kapelle. Eine zeitgemäße Erinnerung, in: Deutsche Monatshefte 33 (1982), Heft 12, 24–28, erübrigt sich.

4 Zum Problem der sogenannten nationalkonservativen Opposition vgl. oben Einl. I. u. 8. Kap. IV.

5 Die umfangreiche und ausgewogene Untersuchung Lothar Gruchmanns (Justiz im Dritten Reich 1933–1940. Anpassung und Unterwerfung in der Ära Gürtner (Quellen und Darstellungen zur Zeitgeschichte, hg.v. Institut für Zeitgeschichte, Bd. 28), München 1988) konnte leider nicht mehr berücksichtigt werden. Die Urteile in dem folgenden Kapitel der vorliegenden Arbeit, zum Beispiel betr. die Verhinderung einer von der SA-Führung geforderten eigenen Strafgerichtsbarkeit durch das Reichsjustizministerium sowie die Darstellung der Gesetzgebungstätigkeit des Reichsjustizministeriums auf dem Gebiet des materiellen Strafrechts, stimmen mit denen Gruchmanns (vgl. aaO., Kap. IV.5 u. Kap. VII) weitgehend überein. Lediglich in der Frage, ob die Erstellung eines Diensttagebuches im Ministerbüro eher auf Gürtner oder auf Dohnanyi zurückgeht, kann ich Gruchmanns These von der Urheberschaft Gürtners nicht zustimmen (vgl. aaO., 254 Anm. 61 und unten I.C.).

zu nennen. Er umfaßt ungefähr vierzig Aktenordner und enthält neben zahlreichen Privatbriefen der Eheleute von Dohnanyi und anderer Personen amtliche Schriftstücke und mehrere in der Nachkriegszeit abgefaßte Berichte Christine von Dohnanyis über Lebenslauf und Tätigkeiten ihres Mannes.[6] Wichtige Hinweise auf Hans von Dohnanyis juristische Argumentationen und Positionen geben die in der Bibliothek des Bundesgerichtshofes (Karlsruhe) aufbewahrten Protokolle der amtlichen Strafrechtskommission.[7] Unter den im Bundesarchiv (Koblenz), im Münchener Institut für Zeitgeschichte und im Zentralen Staatsarchiv (Potsdam) gesammelten Materialien vermitteln die Akten des Ministerbüros und der Strafrechtsabteilung, die Korrespondenz des Ministers und die Geschäftsverteilungspläne des Ministeriums ein Bild der Tätigkeit Hans von Dohnanyis im Reichsjustizministerium.[8] Die bei weitem detailliertesten und interessantesten Informationen über Dohnanyis Stellung und Wirkungsbereich im Reichsjustizministerium enthält jedoch das von Dohnanyi als Leiter des Ministerbüros geführte Diensttagebuch des Reichsjustizministers.[9]

Dohnanyi mußte selbstverständlich das größte Interesse daran haben, daß seine Ablehnung des nationalsozialistischen Regimes und seine Hilfstätigkeit für dessen Opfer möglichst wenig bekannt und schon gar nicht in den Akten festgehalten würden. Zudem war er gezwungen, als eine in wachsendem Maße gefährdete Person aus Gründen der Tarnung Vieles

6 Der Nachlaß wurde dem Heidelberger Forschungsprojekt »Der Widerstand des Bonhoeffer-Dohnanyi-Kreises gegen Hitler 1933–1945« von der Tochter Hans von Dohnanyis, Frau Barbara Bayer (Wuppertal) zur Bearbeitung und Auswertung überlassen. Der Zusammenarbeit mit Herrn Dr. Peter Möser bei der aufwendigen Katalogisierung, Transkription und Auswertung des Nachlasses verdanke ich wichtige Erkenntnisse des folgenden Kapitels. Schriftstücke aus dem Nachlaß von Dohnanyi werden wie folgt zitiert: Nr. des Ordners/Nr. der Sichthülle, in der das betreffende Dokument aufbewahrt wird; falls nötig auch Seitenzahl.

7 Die Protokolle dürften die Äußerungen Dohnanyis im wesentlichen zuverlässig wiedergeben, obwohl mit Veränderungen des ursprünglichen Stenogramms gerechnet werden muß (vgl. E. Reitter, Franz Gürtner. Politische Biographie eines deutschen Juristen 1881–1941 (Beiträge zu einer historischen Strukturanalyse Bayerns im Industriezeitalter, Bd. 13), Berlin 1976, 189 Anm. 64).

8 Vgl. BA, R 22 u. IfZ, MA 108 u. MA 118. Die Akten des Reichsjustizministeriums aus der Zeit vor der Zusammenlegung mit dem preußischen Justizministerium im Herbst 1934 befinden sich im Zentralen Staatsarchiv der DDR (Potsdam). Auf eine Anfrage vom 25. Juli 1985 hin teilte die staatliche Archivverwaltung der DDR am 11. November 1985 mit, daß Dohnanyi betreffendes Material lediglich in drei Zusammenhängen vorhanden sei: 1. eine Liste entlassener Beamter aus dem Reichsjustizministerium (u.a. Dohnanyi) vom 7. November 1941 mit Hitlers Unterschrift; 2. Erwähnungen in den Vorlesungsverzeichnissen der Hochschule für Politik in den Wintersemestern 1935/36 und 1938/39; 3. eine Erwähnung in den Nürnberger Prozeßakten (Wilhelmstraßenprozeß).

9 Vgl. unten I.C.

mitzumachen, was nicht seiner Überzeugung entsprach oder gar gegen sie verstieß. Durch Berichte von Betroffenen wissen wir, daß Dohnanyi während seiner aktiven Teilnahme an Umsturzvorbereitungen gegen Hitler im Unterschied zu seinem Mitstreiter General Oster in großer Selbstdisziplin jede kritische Äußerung gegen den nationalsozialistischen Staat zurückgehalten hat.[10] Er erschien dem Hilfesuchenden als der Beamte, der pflichtbewußt und zuverlässig seinen Auftrag erfüllte. Im Reichsjustizministerium kannte man jedoch seine antinationalsozialistische Gesinnung, so daß er lange Zeit hindurch nur durch die Protektion des Ministers gegen den Druck der nationalsozialistischen Kräfte in seiner Stellung gehalten werden konnte.[11]

Offensichtlich ist die bewußte Tarnung der eigenen Auffassung hinter nationalsozialistischen Phrasen in den Artikeln, die er als Vertreter des Reichsjustizministers in der Zeitschrift »Deutsche Justiz« zu schreiben hatte. Dohnanyi wurde für die Abfassung des Artikels »Wochenschau«, der Geschehnisse in Rechtspflege und Rechtspolitik kurz berichtete und kommentierte, insgesamt neunmal in den Jahren 1934 und 1935 herangezogen.[12] Später blieb ihm die Verleugnung eigener Rechtsauffassungen im Rahmen dieser amtlichen Kurzberichte erspart.

Als Beispiel für das Problem einer angemessenen Quelleninterpretation sei die »Wochenschau« vom 9. August 1934 genannt.[13] Dohnanyi hatte hier das nach Hindenburgs Tod erlassene Gesetz über das Staatsoberhaupt des Deutschen Reiches sowie das damit verbundene Amnestiegesetz anzuzeigen. Zwar nimmt er weitgehend den nationalsozialistischen Sprachgebrauch auf, aber hinter den Worten ist die Tendenz deutlich, Hitler an den politischen Willen Hindenburgs zu binden. Nach dem »Schicksalsschlag«, der Deutschland mit dem Tod des Reichspräsidenten getroffen habe, versinken nach Dohnanyis Auffassung alle Ereignisse der letzten Tage im Nebel des Bedeutungslosen.

»Sein Vermächtnis zu wahren, liegt in der Hand des Führers und Reichskanzlers.« Dohnanyi sieht darin geradezu den Sinn des verabschiedeten Gesetzes. »In dem *Gesetz über das Staatsoberhaupt des Deutschen Reiches* kommt dieser Gedanke zum Ausdruck. Denn der Satz, daß das Amt des Reichspräsidenten mit dem des Reichskanzlers vereinigt wird, hat nicht nur die verfassungsrechtliche Bedeutung, daß nunmehr alle Machtfülle im Staat in die Hand *eines* Mannes gelegt ist, der nur vor dem Volk und

10 Dies berichtet zum Beispiel Frau Walburg-Lehfeldt (Bremen). Dohnanyi hat sich zugleich unermüdlich darum bemüht, daß ihr Gutshof in Polen, den sich ein Parteigenosse aneignen wollte, nicht in dessen Hände fiel.

11 Vgl. unten III.

12 DJ 96,2 (1934), 1023 (9. August), 1268f (10. Oktober), 1400ff (7. November) u. 1578f (12. Dezember); DJ 97,1 (1935), 106f (6. März), 564f (3. April) u. 772 (22. Mai).

13 DJ 96,2 (1934), 1023.

seinem Gewissen die Verantwortung trägt für die Gestaltung des deutschen Schicksals.«[14] Dohnanyi grenzt sich somit von einer Auslegung des Gesetzes ab, die in ihm nur die verfassungsrechtliche Legitimation des Alleinherrschaftsanspruchs Hitlers sieht. Vielmehr liege der eigentliche Sinn des Gesetzes in der Wahrung des Vermächtnisses Hindenburgs.

Den gleichen Gedanken äußert Dohnanyi im Blick auf die Abstimmung über das Gesetz am 19. August, die sein Schwager Bonhoeffer in einem außerhalb Deutschlands versandten Brief als »Lüge des 19. August« bezeichnet hat.[15] »Wenn unser Volk, wie es dem Wunsch des Führers selbst entspricht, am 19. August in freier Abstimmung dem Gesetz über das Staatsoberhaupt des Deutschen Reiches zustimmen wird, so wird es das tun mit dem Bild der deutschen Zukunft vor Augen, das dem großen Deutschen, der von uns gegangen ist, an jenem historischen 30. Januar 1933 vorgeschwebt haben mag.«[16]

Auch wenn man Einwände gegen eine zu wohlwollende Interpretation solcher Sätze erheben mag, ist zu bedenken, daß ein Oberregierungsrat in einer quasi regierungsamtlichen Äußerung kaum anders reden konnte. Zudem sprechen nicht nur die Überzeugungen des gesamten engeren Familien- und Freundeskreis der Bonhoeffers gegen eine echte Partizipation an nationalsozialistischem Gedankengut zu irgendeinem Zeitpunkt, sondern auch zahlreiche andere Zeugnisse über Hans von Dohnanyis Denken und Tun.

Die hier dargebrachte Interpretation des »Wochenschau«-Artikels wird bestätigt durch einen Brief des großen Gegenspielers Dohnanyis im Reichsjustizministerium, Staatssekretär Roland Freisler.[17] In dem Schreiben vom 28. Dezember 1934 ermahnt er Dohnanyi zu einer veränderten Gestaltung der »Wochenschau«. Nach genauer Durchsicht der in den letzten Monaten herausgekommenen Rundschauen sei er zu dem Ergebnis gelangt, »daß die Wochenschau im großen und ganzen auf ein Gleise gekommen ist, das ihrem Zwecke nicht entspricht.« Die »Wochenschau« enthalte meistens nur eine Inhaltsangabe der in der vergangenen Woche herausgekommenen Gesetze oder Verordnungen. Das entspreche aber nicht ihrem Zweck. Unmißverständnlich fügt Freisler hinzu: »Ich darf daran erinnern, daß wir bereits über den Sinn und Zweck der Wochenschau mehrfach gesprochen haben, und wäre dankbar, wenn künftig die Wochenschau ihrem eigentlichen Zwecke wieder zugeführt würde.«[18]

Bezeichnend sind die Stichworte, die sich Dohnanyi für eine Antwort an Freisler auf der Rückseite des Schreibens notiert hat. Drei Argumente hält er Freisler entgegen: Einmal seien Material und Kenntnisse unzureichend,

14 Ebd.

15 Brief an E. Sutz vom 11. September 1934 (GS I, 34); vgl. unten 7. Kap. I.A.

16 DJ 96,2 (1934), 1023; vgl. auch unten 7. Kap. I.A.

17 NL von Dohnanyi, 2/20.

18 Ebd.

um »Unjuristisches« darzulegen. Sodann sei zu fragen, ob nicht der Minister engagiert werden sollte und, wie im Amtsblatt, der Name des Ministers unter die Wochenschauen gesetzt werden könnte. Schließlich führt Dohnanyi Zeitgründe gegen Freislers Forderung einer Ausweitung der Wochenschauen über bloße Berichterstattung hinaus an. Die Artikel seien »nur zu machen, wenn ich mich auf (mein) Fach beschränke.«[19]

Zum zweiten soll auf die besonderen Schwierigkeiten, die Briefe der Eheleute Dohnanyi angemessen auszuwerten, hingewiesen werden. Die mehrfach bezeugte Überlieferung, daß Dohnanyi äußerst vorsichtig mit politischen Äußerungen gewesen sei, wird durch seine Briefe aus den dreißiger Jahren bestätigt.[20] Es findet sich in ihnen an keiner Stelle eine offene Kritik am Nationalsozialismus. Lediglich Bemerkungen über einzelne Persönlichkeiten, vor allem die Nationalsozialisten im Reichsjustizministerium, die ihn aus seiner Vertrauensstellung bei Gürtner drängen wollten, geben Hinweise. Zugleich ist keinerlei Identifikation mit dem Anliegen der Strafrechtskommission, ein neues nationalsozialistisches Strafrecht zu schaffen, spürbar. Dohnanyi rechnete wegen seiner exponierten Stellung im Reichsjustizministerium jederzeit damit, daß seine Korrespondenz überwacht würde.[21]

Aber es bleibt die Frage, ob auf diese Weise alle zwielichtigen Äußerungen über den nationalsozialistischen Staat erklärt werden können. Wie ist zum Beispiel eine begeistert klingende Schilderung des Reichsparteitages in Nürnberg 1936, auf den er seinen Minister begleiten mußte, zu verstehen? In einem Brief an seine Frau vom 11. September 1936 heißt es in auffälliger Abweichung von Dohnanyis ansonsten eher nüchternem Stil: »Hier in der Stadt dröhnen die Straßen vom Tritt der marschierenden Bataillone, ist die Luft erfüllt von den Heilrufen der Menge, durch die man sich zu Fuß kaum einen Weg bahnen kann. Ganz Nürnberg ist in ein rotes Fahnenmeer getaucht. . .der Jubel, der den Führer umgibt, ist nicht zu beschreiben, gewaltig ist der Eindruck seiner genial konzipierten Reden, und es war für mich eine schwere Enttäuschung, daß heute in der Kongreß-

19 Ebd. (Rs).

20 Ch. von Dohnanyi hat berichtet, daß ihr in den Vernehmungen im Jahre 1943 vorgehalten worden sei, »man könne meinem Mann ja nicht eine politische Äußerung nachweisen und gerade das beweise, ein wie gefährlicher Staatsfeind er sei!« (dies., Prozeßbericht, NL von Dohnanyi, 26/18 u. BA, NL DB, Fiche A 87/1–2, 1).

21 In den Briefen gibt es unzweifelhafte Hinweise darauf, daß die Dohnanyis mit einer Mißachtung des Postgeheimnisses gerechnet haben. Mitte September schrieb Ch. von Dohnanyi an ihren Mann: »Wir hören oft Musik, weniger erfreuliche als interessante« (NL von Dohnanyi, 7/54; vgl. 7/49). Schon am 14. April 1933 schrieb Dietrich Bonhoeffer an einen ausländischen Freund: »Daß ich heute nicht mehr über die hiesigen Verhältnisse schreibe, liegt daran, daß, wie sie wissen, das Briefgeheimnis zur Zeit nicht gilt« (GS I, 38).

halle mein Platz besetzt war, so daß ich (da stehen nicht erlaubt ist) ins Hotel zurückkehren mußte...«[22]

Wollte Dohnanyi mit diesen Äußerungen, die allem, was wir sonst von Dohnanyis Denken wissen, widersprechen, eventuelle Mitleser täuschen? Sind es ironische Worte eines sich überlegen fühlenden Menschen? Ein Satz im gleichen Brief, den jeder, der Dohnanyi gekannt hat, richtig verstand, bestätigt die zuletzt genannte Vermutung: »Menschen wie ich, die sich im Getriebe der Masse erst wohlfühlen (du kennst mich ja in dieser Hinsicht), kommen wahrlich auf ihre Kosten!« Wer sich in den umfassenden Briefwechsel der Eheleute Dohnanyi einliest, stellt fest, daß sie sich im Laufe der Jahre ein differenziertes Kommunikationsvermögen angeeignet haben, aufgrund dessen ein schnelles Verstehen mittels knapper Andeutungen möglich war. Trockener Humor und mitunter bissige Ironie hatten dabei einen festen Platz.[23] Man kann durchaus von einer ausgebildeten Technik der Camouflage in den Briefen der Eheleute von Dohnanyi sprechen.

Aus dem Gesagten ergibt sich folgende vorläufige Beurteilung der Quellen: Sie vermitteln weniger einen Einblick in die verschiedenen Aktivitäten Dohnanyis. Deutlicher wird die umfassende Kenntnis von Personen, Strukturen und Entwicklungen innerhalb des nationalsozialistischen Herrschaftsgefüges, über die er in den Jahren 1933 bis 1938 verfügt hat.

I. Die Stellung als persönlicher Referent des Reichsjustizministers Franz Gürtner

A. Beruflicher Werdegang seit dem Ende der Weimarer Republik

Hans von Dohnanyi wurde im Dezember 1928 von dem damaligen Reichsjustizminister und Parteivorsitzenden der Deutschen Demokratischen Partei, Erich Koch-Weser, als persönlicher Referent in das Reichsjustizministerium berufen.[24] Am 17. August 1928 zum Gerichtsassessor ernannt,

22 Brief H.v.D.s an Ch.v.D. vom 11. September 1936 (NL von Dohnanyi, 6/58). In einem Brief vom nächsten Tag schreibt Dohnanyi im gleichen Stil: »...der Appell der politischen Leiter war optisch ein nicht wiederzugebender grandioser Anblick« (NL von Dohnanyi, 6/60; vgl. 6/61).

23 Vgl. unten Ergebnis, bes. Anm. VI/238.

24 Der Ruf war zuerst an Gerhard Leibholz ergangen, der ihn aber mit Blick auf eine Universitätslaufbahn ablehnte und stattdessen Hans von Dohnanyi als den »besser Geeigneten« vorschlug (vgl. oben Anm II/152). Vgl. zum Folgenden die Berichte Ch. von Dohnanyis: Fassung A) des Berichts über die politische Tätigkeit H.v.D.s (»angefertigt auf Wunsch von Schlabrendorff für eine amerikanische Stelle«), NL von Dohnanyi, 26/12 u. BA, NL DB, Fiche A 87/1–2,3 (2.) sowie Fassung B) des Berichts über die politische Tätigkeit H.v.D.s (angefertigt »für die ernsthafte Arbeit einiger Männer der Widerstandsbewegung«), NL von Dohnanyi, 26/14 u. BA, NL DB, Fiche A 87/1–2,3 (1.); ferner Aufzeichnungen über Gesprä-

hatte er am 22. August desselben Jahres eine Stelle beim Staatsamt für Auswärtige Angelegenheiten in Hamburg angetreten.[25] Dohnanyi begann seine neue Tätigkeit im Reichsjustizministerium am 19. Januar 1929 als Hilfsrichter, ab dem 1. Juni 1931 als Staatsanwalt. Er blieb nach dem Rücktritt Koch-Wesers unter den letzten Justizministern des Kabinetts Brüning, Bredt und Joël, weiter deren persönlicher Referent. Besonders zu dem parteilosen und »nichtarischen« Curt Joël hat sich ein persönliches Verhältnis ergeben.[26]

Nach den Berichten seiner Frau war Hans von Dohnanyi kein ausgeprägter Anhänger einer politischen Partei. Sie beschreibt ihn als Mann liberaler christlicher Gesinnung, der »am nächsten wohl der demokratischen Partei« stand.[27] »Als die Staatspartei gegründet (wurde), sah er kurze Zeit eine letzte Hoffnung in diesem Versuch, der politischen Vernunft noch einmal zur Geltung verhelfen zu wollen, sah dann aber bald die Sinnlosigkeit und wandte sich davon ab.«[28] Schon Anfang der zwanziger Jahre betrachtete Dohnanyi das Treiben der Rechten als sehr gefährlich für die junge Republik.[29] Er verurteilte nicht nur die reaktionären und

che mit Frau Barbara Bayer, geb. von Dohnanyi vom 16./17. Oktober 1983 und 15.-17. Februar 1984 sowie den Briefwechsel Ch.u.H. von Dohnanyis in den Jahren 1928–1932 (NL von Dohnanyi, 10). Eine wichtige Quelle ist ferner die unter den Archivmaterialien des Reichsgerichts befindliche Personalakte Hans von Dohnanyis (Deutsches Zentralarchiv Potsdam, Oberreichsanwalt, Personalia, Bl. 171, teilweise abgedr. bei F.K. Kaul, Geschichte des Reichsgerichts, Bd. IV: 1933–1945, Glashütten i. Taunus 1971, 266).

25 Ch. von Dohnanyi schrieb am 30. Dezember 1928 an ihre Mutter: »...Koch-Weser hat einen sehr netten Brief an Petersen (Hamburger Bürgermeister, CS) geschrieben, von dem er gestern eine Abschrift an Hans schickte«(NL von Dohnanyi, 10/14).

26 H. von Dohnanyi hat den »nichtarischen« Minister Joël später gegen die Verfolgungen der Nationalsozialisten unterstützt (vgl. den Bericht des Sohnes Ministerialdirektor Dr. Günther Joël vom 22. August 1953; NL von Dohnanyi, 29/1 u. unten I.C.).

27 Ch.v.D., Fassung B), 1.

28 NL von Dohnanyi, 26,I/11, 1.

29 Dohnanyis republikanische Gesinnung ist in einem Brief an seine spätere Frau Christine Bonhoeffer wenige Tage nach dem Attentat auf den Außenminister Walther Rathenau am 22. Juni 1922 dokumentiert. »...wenn Rathenaus Tod einen Sinn gehabt hat, so ist es jedenfalls der der Erkenntnis, daß die bestehende Staatsform in Gefahr ist. Die Polizei hat ganze Mordlisten zutage gefördert«(Brief H.v.D.s an Ch. Bonhoeffer vom 1. Juli 1922, NL von Dohnanyi, 3/50). Den rechten Heidelberger Physik-Professor und Nobelpreisträger Lenard, der in bewußter Mißachtung der anläßlich der Ermordung Rathenaus verfügten Staatstrauer Vorlesung hielt, bezeichnet Dohnanyi in dem gleichen Brief als »alte(n) (politische(n)) Trottel«. In ähnlicher Weise bestürzt und kritisch äußert sich Ch. Bonhoeffer in einem Brief an H.v.D. vom 29. Juni 1922: »Es war auch hier eine allgemeine furchtbare Bestürzung. Es ist merkwürdig, aber mir ist auch von all den Scheußlichkeiten

teilweise kriminellen Kampfmethoden der äußersten Rechten, sondern auch den Opportunismus der Deutschnationalen.[30] Anders als viele spätere Teilnehmer am Widerstand gegen Hitler hat sich Dohnanyi klar gegen Exponenten der »konservativen Revolution« wie Oswald Spengler abgegrenzt.[31]

Am 1. April 1932 kehrte Hans von Dohnanyi aus dem Reichsjustizministerium nach Hamburg zurück, um dort ein staatsanwaltschaftliches Referat zu übernehmen. Über Brünings Sturz am 30. Mai 1932 war er nach der Erinnerung seiner Frau sehr erschüttert und reagierte darauf mit den Worten: »finis Germaniae«.[32] In durchaus realistischer Einschätzung der Lage hatte Dohnanyi geglaubt, daß Brüning wohl der einzige Mann war, der den Zerfall der Republik noch hätte aufhalten können.[33]

Eine Woche nach der Machtergreifung, am 8. Februar 1933, trat Dohnanyi eine Stelle als Adjutant des Reichsgerichtspräsidenten Erwin Bumke

dieser verfluchten Hakenkreuzleute noch keine so scheußlich vorgekommen. Nach allem, was man von Rathenau hörte, hatte man doch den Eindruck, daß er wirklich aus ganz reinen Motiven heraus, nicht aus zufälligem Ehrgeiz, seine Tätigkeit übernommen hatte, bei all den anderen habe ich das nicht gedacht, vielleicht war es falsch, aber es war halt so mein Eindruck, und deshalb hatte ich bei dem Mord so das Gefühl von einer scheußlichen Undankbarkeit. Das war es, was es mir persönlich so gräßlich gemacht hat, was politisch alles an ihm gehangen hat, kann ich natürlich nur so wenig beurteilen, wie du ja weißt. Aber dann ist es ein Symptom für eine Richtung, die ich hier genügend kennenlerne. 100 von den Studenten, die bei Lenard trampeln, hätten genau dasselbe fertigbringen können, abgesehen davon, daß sie den Mumm dazu nicht hätten« (NL von Dohnanyi, 3/49).

30 Vgl. Brief H.v.D.s an Ch. Bonhoeffer vom 1. Juli 1922 (NL von Dohnanyi, 3/50).

31 Dohnanyis souveränes Urteil über Spenglers Ergüsse, vor allem sein vielgelesenes, zweibändiges Werk »Der Untergang des Abendlandes«, dürfte die Haltung des gesamten Freundes- und Familienkreises um die Bonhoeffers widerspiegeln: »Es ist schon fast lächerlich, wie man es im Gespräch mit weiten Kreisen beobachten kann, in welch enorm bedrückender Weise das Erscheinen beispielsweise des 2. Bandes Spengler auf die Verallgemeinerungskrankheit einwirkt. Mir ist es schon oft aufgefallen, wie groß die Zahl derer ist, die in summarischen Sätzen sprechen, und ich glaube, daß diese Erscheinung nicht jeder Zeit in so auffallender Weise eigentümlich ist«(ebd.).

32 Vgl. Ch.v.D., Fassung A), 1.

33 Dohnanyi hat jedoch auch Zweifel an der Fähigkeit der Regierung Brüning, die Welle von rechts aufzuhalten, geäußert. In den Auseinandersetzungen um das sogenannte Uniformverbot in Preußen und seine Übertragung auf das gesamte Reich im Juli 1930, das heißt noch vor dem großen Stimmenzuwachs der NSDAP am 14. September 1930, setzte er sich »sehr stark für eine sehr weitgehende und rigorose Formulierung« desselben ein (ebd.; vgl. Bracher, Diktatur, 202; ders., Auflösung, 333 u. 406 u. A. Bullock, Hitler. Eine Studie über Tyrannei, Düsseldorf 1959, 163f).

an.[34] Er war der zuständige Referent für die Angelegenheiten des Staatsgerichtshofes und hatte in dieser Funktion den nach dem sogenannten Preußenputsch vom 20. Juli 1932 laufenden Prozeß Preußen contra Reich zu bearbeiten.[35] Am 1. Juni 1933 wurde er in die Abteilung II des Reichsjustizministeriums gerufen, um an der geplanten Strafrechtsreform mitzuarbeiten.[36] Zugleich zog ihn der deutschnationale Reichsjustizminister Franz Gürtner zur besonderen Verwendung heran und sandte ihn als seinen persönlich beauftragten Beobachter zum Reichstagsbrand-Prozeß nach Leipzig.[37] Wahrscheinlich im Herbst 1933 machte er Dohnanyi zum Leiter des Ministerbüros, bevor dieser am 1. März 1934 zum Oberregierungsrat befördert und endgültig in den Reichsdienst übernommen wurde.[38] Als es Gürtner nicht mehr möglich war, seinen Referenten gegen die Angriffe nationalsozialistischer Kreise in Schutz zu nehmen, beförderte er ihn am 16. September 1938 als Reichsgerichtsrat an das Reichsgericht nach Leipzig, wo Dohnanyi am 1. Oktober 1938 seinen Dienst antrat.

B. Die Vertrauensstellung bei Gürtner

Grundlegend für Dohnanyis Tätigkeit im Reichsjustizministerium war sein zunehmend enges Vertrauensverhältnis zum Minister. Gürtner, als deutschnationaler Justizminister in Bayern von Papen 1932 in das Reichs-

34 Vgl. den Bericht Dr. Carl Kirchners, ehemals Reichsanwalt beim Reichsgericht in Leipzig, o.D. (NL von Dohnanyi, 24/11) u. den Bericht Dr. Karl Schneidewins, ehemals Reichsanwalt beim Reichsgericht in Leipzig, vom 22. Januar 1947 (NL von Dohnanyi, 24/10). Als im Zusammenhang des Reichstagsbrandprozesses der für jedes Rechtsstaatsverständnis liberaler Provenienz konstitutive Grundsatz »nulla poena sine lege« mißachtet wurde, bemühte sich der junge Dohnanyi nach dem Bericht seiner Frau, den Reichsgerichtspräsidenten Bumke dazu zu bewegen, eine gemeinsame Aktion des Richterstandes gegen eine solche Vergewaltigung des Rechts herbeizuführen. Bumke soll ihm unter dem Eindruck der Massenhysterie gesagt haben: »Glauben Sie mir, Herr Kollege; es wird uns niemand verstehen, die Walze geht über uns hinweg, wir sind die letzten« (Ch.v.D., Fassung A), 2).

35 Ebd.

36 Die Abteilungen I (teilweise), II und III unterstanden seit dem Herbst 1934 Staatssekretär Freisler, die Abteilungen I (teilweise), IV, V und VII dem zweiten Staatssekretär Schlegelberger. Die Geschäftsverteilungspläne des Reichsjustizministeriums belegen, daß Dohnanyis Tätigkeit als Ministerreferent im Lauf der Zeit zu seiner Hauptaufgabe wurde (vgl. BA, R 22/4222, f. 3, 10, 12 u. 44 (S. 3, 16 u. 51); vgl. auch R 22/4223, f. 25, 26 u. 70).

37 Gürtner hat Dohnanyi wohl darum zum persönlichen Referenten gemacht, weil dieser schon Jahre hindurch bei seinen Amtsvorgängern als persönlicher Referent tätig war und wegen seiner juristischen Fähigkeiten in besonderem Ansehen stand.

38 Vgl. Kaul, Reichsgericht, 266. Die vom Reichspräsidenten unterzeichnete Ernennungsurkunde ist auf den 15. Februar 1934 datiert (NL von Dohnanyi, 1/13).

kabinett berufen und von Hitler 1933 übernommen, versuchte die Einwirkungen von Partei, Gestapo und SS auf die Justiz, so gut es ging, in Schranken zu halten.[39] Gürtners Biograph Ekkehard Reitter hat gezeigt, daß dieser, von Hitler 1937 auf dem Wege der Verleihung des Goldenen Parteiabzeichens in die Partei aufgenommen, kein Nationalsozialist war.[40] Nach Reitters Auffassung ist Gürtner jedoch mit seiner Strategie gegen den Nationalsozialismus gescheitert. Zum ersten Mal sei dies offensichtlich geworden an Gürtners Legalisierung der vom 30. Juni bis 2. Juli 1934 verübten Mordaktionen im Zusammenhang des sogenannten Röhm-Putsches durch ein Gesetz, in dem es hieß, daß die »vollzogenen Maßnahmen . . .als Staatsnotwehr rechtens« waren.[41] Er habe politisches Wohlverhalten durch vorübergehende Preisgabe einer unabhängigen Justiz verbunden mit der Hoffnung, durch eine neue Rechtsordnung wieder das Maß an Rechtssicherheit zu erlangen, welches allein geordnete Verhältnisse garantieren könnte. Diese Überlegungen basierten freilich auf einer grundlegend falschen Einschätzung der nationalsozialistischen Ideologie.[42]

Ch. von Dohnanyi bezeugt die offensten Gespräche ihres Mannes mit Gürtner, auch über die Notwendigkeit und die Möglichkeit, das Regime auf irgendeine Weise zu beseitigen.[43] Während Gürtner der Auffassung war, der Nationalsozialismus sei eine Fieberkrankheit des deutschen Volkes und man müsse auf eine »Gesundung des Organismus« warten, drängte Dohnanyi auf Aktivitäten.[44] Je genauer er die Zerstörung des

39 Ch. von Dohnanyi hat Gürtner nach dem Krieg als »tragische Gestalt, die dazu bestimmt war, das Grab des deutschen Rechts zu graben«, bezeichnet (NL von Dohnanyi, 26,I/12).

40 Vgl. Reitter, Gürtner, 219 u.ö.

41 RGBl. 1934, Teil I, 529.

42 Reitter, Gürtner, 168.

43 Vgl. Ch.v.D., Fassung B), 4.

44 Ch. von Dohnanyi berichtet von einem Gespräch, das sie mit Gürtner über die Frage des Verbleibens im Amt und über die Notwendigkeit des aktiven Widerstands mit Gürtner geführt hat: »Als ich ihn einmal gelegentlich eines persönlichen Zusammenseins, bei dem er wieder verzweifelte Äußerungen über sein Amt getan hatte, fragte, warum er nicht aufgebe, antwortete er ziemlich wörtlich folgendes: ›Der Nationalsozialismus ist eine Fieberkrankheit des deutschen Volkes und solange das Fieber dauert, verläßt ein Arzt das Krankenbett nicht, selbst wenn er glaubt, nicht mehr viel helfen zu können‹. Mit einem Blick auf meinen Mann, dessen ständiges Drängen nach Aktivität er kannte, fügte er hinzu: ›Im übrigen läßt sich nicht jede Krankheit operieren. Manche muß man ablaufen lassen, damit der Organismus von selbst die nötigen Widerstandskräfte bildet‹. Bei Beginn dieses Gesprächs hatte ich von der Notwendigkeit gesprochen, Hitler mit Gewalt zu beseitigen, worauf er erwiderte: ›Überschätzen Sie doch nicht die Macht eines Einzelnen; das Ganze ist ein viel elementareres Geschehen, als Sie es glauben wollen‹« (Ch.v.D., Eidesstattliche Erklärung (betr. Gürtner), o.D., NL von Dohnanyi, 25/10, 1).

Rechtsstaates durchschaute, umso schwerer wurde es ihm, in seiner Stellung bei Gürtner auszuharren. Nach dem Bericht seiner Frau hat er ihr oft gesagt, die einzige Rechtfertigung für einen Mann seiner Gesinnung, eine solche Stellung im Staatsdienst zu bekleiden, müsse er darin sehen, »einerseits den nationalsozialistischen Wahnsinn zu sabotieren, andererseits den Geschädigten durch seine Machtmittel zu helfen.«[45]

Spätestens seit den Ereignissen des Sommers 1934 glaubte Dohnanyi nicht mehr wie Gürtner, den Rechtsstaat durch Kompromisse mit dem Nationalsozialismus bewahren zu können.[46] Er sah im Rahmen seiner Amtstätigkeit lediglich die Möglichkeit, den einzelnen Opfern zu helfen und an manchen Stellen das Wirken der verschiedenen Parteigliederungen zu behindern. Die Differenzen zwischen Gürtner und Dohnanyi zeigten sich in der unterschiedlichen Beurteilung der Morde im Zusammenhang des Röhm-Putsches. Während Dohnanyi seinem Minister dringend riet zurückzutreten, gab sich dieser dazu her, die Morde zu legalisieren. Als Dohnanyi im Jahre 1935 einen Ruf als Ordinarius für Straf- und Strafprozeßrecht an die Universität Leipzig annehmen wollte, bat Gürtner ihn, im Reichsjustizministerium zu bleiben. Er sah es als Fahnenflucht vor dem Feind an, wenn ein Mann von Dohnanyis Einstellung und Fähigkeiten in der derzeitigen Situation den Justizdienst verlasse.[47]

Dohnanyi und Gürtner repräsentierten zwei unterschiedliche Möglichkeiten Nationalsozialismus-kritischen Verhaltens innerhalb der Ministerialbürokratie. In gewisser Weise sind es jedoch komplementäre Positionen, da erst Gürtners lange Zeit unangefochtene Stellung Dohnanyis entschiedenere und radikalere Opposition ermöglichte.

45 Ch.v.D., Fassung B), 4.

46 Vgl. unten 7. Kap. I.A.

47 Vgl. Ch.v.D., Eidesstattliche Erklärung (betr. Gürtner), NL von Dohnanyi, 25/10,1; vgl. auch die diesbezüglichen Schreiben des sächsischen Justizministers Thierack an den sächsischen Minister für Volksbildung und an Gürtner vom 2. Januar 1935 sowie Gürtners Antwortschreiben vom 3. Januar 1935 (BA, R 22/4146, f. 38–40). P. Möser hat einen Dohnanyi betreffenden Vorgang in den vom Institut für Zeitgeschichte herausgegebenen Akten der Parteikanzlei der NSDAP entdeckt (Bd. I, f. 10118470–10118484). Nach Darstellung der Dohnanyi feindlich gesinnten Nationalsozialisten im Reichsjustizministerium (vgl. das Gutachten des Fachschaftsgruppenleiters im Reichsjustizministerium, Kammergerichtsrat Friedrich, vom 30. April 1937, aaO., f. 10118475ff) und eines nationalsozialistischen Oberregierungsrates im sächsischen Ministerium für Volksbildung mit Namen Studentkowsky sollen die Berufungsverhandlungen an Dohnanyis überzogenen Gehaltsforderungen gescheitert sein (aaO., f. 10118508ff).

C. Die Bedeutung des von Dohnanyi initiierten und geführten Diensttagebuchs des Reichsjustizministers

Die Vertrauensstellung bei Gürtner ermöglichte Dohnanyi einen ungewöhnlich tiefen Einblick in das Kampfgeschehen der rivalisierenden Machtzentren innerhalb des nationalsozialistischen Herrschaftssystems. Schon bald lernte er Hitler und andere führende Nationalsozialisten persönlich kennen und zeigte sich erschreckt über deren Niveau.[48] Lediglich in dem Adjutanten Hauptmann Wiedemann, dem Vorgesetzten des Gefreiten Hitler im 1. Weltkrieg, fand er einen aufrechten Gesprächspartner, mit dem er sogar die Frage eines Attentats auf Hitler erörtern konnte.[49] Von den anderen Adjutanten Hitlers, Brückner und Schaub, hörte er bei mehreren Aufenthalten auf dem Obersalzberg zahlreiche interessante Details über das Leben des Führer, war aber entsetzt über ihre »Dummheit« und »Brutalität«.[50]

Ebenso wichtig für Dohnanyis Beurteilung des Dritten Reiches war seine Kenntnis der Korrespondenz des Reichsjustizministers mit nachgeordneten Justizbehörden und Dienststellen des Staates, der NSDAP, ihren Gliederungen und angeschlossenen Verbänden. Auf diese Weise hatte er Zugang zu geheimsten Dokumenten und dadurch auch Kenntnis von kriminellen Vergehen führender Nationalsozialisten. Vor allem erschloß sich ihm ein einzigartiger Einblick in die Übergriffe von Partei, Gestapo, SA und SS gegen die reguläre Justizverwaltung.

Nach den Berichten Ch. von Dohnanyis hat ihr Mann seit dem Jahre 1933 Material über Willkür und Verbrechen führender Nationalsozialisten sowie die Zerstörung des Rechtsstaats durch ein teilweise ungehemmtes Walten der Parteigliederungen gesammelt. Von der Existenz dieser sogenannten Skandalchronik hätte nur der Minister gewußt. Er habe sie ebenso wie eine von Dohnanyi angelegte Kartothek über die kriminellen Vergehen führender Nationalsozialisten diesem 1938 bei seinem Ausscheiden

48 Über den Eindruck seiner ersten Begegnung mit Hitler berichtet Ch. von Dohnanyi: »Im Sommer 1933 lernte mein Mann zum ersten Mal Hitler auf dem Obersalzberg kennen. Er war damals in Begleitung von Gürtner auf dem Obersalzberg zu Gast. Als man ihn nach seiner Rückkehr nach seinem Eindruck über Hitler fragte, war das Erste, was er sagte, ›Meines Erachtens ist der Kerl verrückt‹. Und zwar begründete er es mir gegenüber mit einer merkwürdig starren Art des Blickes, der für ihn durchaus nicht das Faszinierende gehabt hatte, von dem allgemein gesprochen wurde, sondern lediglich etwas Gestörtes. Im übrigen habe er dauernd Bewegungen ausgeführt, die bei normalen Menschen nicht üblich sind« (Ch.v.D., Fassung B), 2f; vgl. auch den Bericht Dr. Albrecht Tietzes, NL von Dohnanyi, 21/16, 2).

49 Ch.v.D., Fassung A), 3.

50 Ch.v.D., Fassung B), 3.

aus dem Reichsjustizministerium übergeben.[51] Die Frage ist nun, inwieweit die Chronik, die als Beweismaterial gegen die nationalsozialistische Führungsclique dienen sollte und dann in den Ermittlungen gegen die Verschwörergruppe um Dohnanyi und General Oster eine wichtige Rolle spielte, mit dem erhaltenen Diensttagebuch des Reichsjustizministers identisch ist.[52]

Dieses wurde in den Nürnberger Kriegsverbrecherprozessen vom 14. November 1945 bis 1. Oktober 1946 als Beweismaterial verwendet, aber dort nicht ganz korrekt als »Tagebuch Gürtners« bezeichnet.[53] Aus zahlreichen handschriftlichen Zusätzen und Verbesserungen geht ohne Zweifel hervor, daß Dohnanyi der Autor dieser detaillierten Chronik verschiedenster Vorgänge, mit denen der Reichsjustizminister befaßt war, gewesen ist. Die Aufzeichnungen beginnen am 5. Oktober 1934 und enden am 24. Dezember 1938. Eine Eintragung am 11. Dezember 1936 belegt die Vermutung, daß das Tagebuch mit der Chronik – zumindest weitgehend – identisch ist. Dohnanyi nennt dort selbst das Tagebuch »Chronik«.[54]

Zwar wurde das Tagebuch nach Dohnanyis Dienstantritt am Reichsgericht in Leipzig am 1. Oktober 1938 noch kurze Zeit weitergeführt, aber die Eintragungen gingen ab Oktober 1938 stark zurück. Es findet sich lediglich ein Bruchteil der vorangegangenen Zahl an Eintragungen. Während bis September 1938 fast täglich Berichte gegeben wurden, verging nun zwischen den einzelnen Eintragungen meist mehr als eine Woche. Inhalte mit politischer Brisanz fehlen jetzt fast völlig. Die letzte handschriftliche Randnotiz, die mit Sicherheit von Dohnanyi stammt, findet sich am 19. September 1938, auch noch am 20. September scheint Dohnanyi einen Vermerk an den Rand geschrieben zu haben. Am 22. und 23. September sind die Eintragungen außergewöhnlich kurz, die nächste folgt im Abstand von über drei Wochen erst wieder am 15. Oktober 1938. Alle diese Beobachtungen können als Belege für eine persönliche Verantwortung Dohnanyis für das Tagebuch gewertet werden.

Auch die Tatsache, daß die Chronik nach Dohnanyis Weggang aus dem

51 Vgl. Ch.v.D., Fassung B), 5 u. Aufzeichnung über das Schicksal der Dokumentensammlung meines Mannes...(NL von Dohnanyi, 26/18, 3).

52 Ebd.

53 Vgl. Nürnberger Prozesse. Der Prozeß gegen die Hauptkriegsverbrecher vor dem Internationalen Militärgerichtshof. Nürnberg, 14. 11. 1945–1.10.1946, Nürnberg 1947-1949, Bd. 33, 56. Mir liegt das Tagebuch in Gestalt dreier Microfilme vor, die die National Archives of the USA (Washington) hergestellt und E. Bethge im Jahre 1977 zur Identifikation der handschriftlichen Eintragungen Dohnanyis übersandt haben. Im Institut für Zeitgeschichte wurde von Christiane Wilke ein Personen- und Sachregister erstellt (jeweils Teil I: 5. 10. 1934 bis 31. 3. 1937 u. Teil II: 1. 4. 1937 bis 24. 12. 1937; vgl. BA, R 22/4352 u. 4353).

54 Es geht um ein »der Chronik beigefügte(s)« Manuskript mit dem Titel »Aufgabe des NS-Rechtswahrerbundes (1936/37)«. Eine Abschrift dieser dreiseitigen Ausarbeitung ist tatsächlich im Anschluß an die Eintragung eingeheftet.

Reichsjustizministerium noch ein paar Monate in entschärfter, verminderter Form weitergeführt wurde, findet eine Erklärung. Verschiedene Schreibfehler zeigen, daß die Chronik von Schreibkräften des Ministerbüros als *offizielles* Diensttagebuch niedergeschrieben wurde.[55] Neben Dohnanyis handschriftlichen Hinzufügungen finden sich weitere Bemerkungen unter anderem von Gürtner.[56] Häufig hat Dohnanyis Mitarbeiter im Ministerbüro, Dr. Bodo Richter, Notizen eingefügt.[57] Mit großer Wahrscheinlichkeit stammen auch einige Zusätze nach Dohnanyis Weggang aus dem Reichsjustizministerium im September 1938 von Richters Hand.[58] So ist zu vermuten, daß Richter in den Monaten Oktober bis Dezember 1938 das freilich an Umfang und Bedeutung des Inhalts verminderte Diensttagebuch weitergeführt hat.[59]

Welche Gründe Dohnanyi bewogen haben, seine Aufzeichnungen ab Oktober 1934 in Gestalt eines offiziellen Diensttagebuchs fortzuführen, läßt sich nicht mehr restlos klären. Vielleicht waren die einschneidenden Ereignisse des Sommers 1934 die Ursache hierfür. Möglich ist aber auch ein Zusammenhang mit der veränderten Organisationsstruktur im Reichsjustizministerium seit der Zusammenlegung mit dem preußischen Justizministerium im Herbst 1934. Offen muß ferner bleiben, ob die sogenannte Skandalchronik, die als Beweismaterial nach einem Umsturz verwendet werden sollte, den gesamten Inhalt des Diensttagebuchs umfaßt oder nur eine Auswahl.[60]

55 So ist z. B. der Name des Staatssekretärs im Reichskirchenministerium Muhs falsch geschrieben (»Muß«; vgl. Eintragung 1. am 12. 2. 1937).

56 Hs. Bemerkungen Gürtners finden sich z. B. am 1. 12. 1934, am 7. 3. 1935 u. am 14. 12. 1936.

57 Der Eintragung vom 11. November 1936 ist ein Zettel beigelegt, auf dem Richter einige handschriftliche Zeilen mit seinen Initialen »B.R.« unterzeichnet hat. Richter war ursprünglich Mitarbeiter Dohnanyis in der Abteilung II des Reichsjustizministeriums. Im Dezember 1937 schied Richter dort aus und wurde auf Antrag Dohnanyis im Hauptgeschäftsverteilungsplan des Ministeriums schließlich als dessen Mitarbeiter im Ministerbüro geführt (vgl. BA, R 22/4223, f. 25, 26 u. 70 Rs).

58 Vgl. Eintr. am 4. 11. 1938, am 22. 11. 1938 u. am 9. 12. 1938.

59 Das Diensttagebuch mit Dohnanyis Weggang aus dem Reichsjustizministerium abzubrechen, hätte Verdacht erregen müssen.

60 Die Erinnerung Ch. von Dohnanyis, die Aufzeichnungen ihres Mannes, das heißt die Skandalchronik, seien diesem bei seinem Ausscheiden aus dem Reichsjustizministerium von Gürtner übergeben worden, deutet darauf hin, daß es sich nicht um rein private Aufzeichnungen, sondern das offizielle Diensttagebuch oder einen Ausschnitt daraus gehandelt hat (vgl. Ch.v.D., Fassung B), 5; vgl. zum Ganzen auch die in E. Bethges Bonhoeffer-Biographie abgedruckten Aufzeichnungen Ch.v.D.s zu den Zossener Akten, DB, 1047–1052).

Ein Fund Gerold Guensbergs in den National Archives beweist, daß es zumindest bruchstückhafte handschriftliche Kopien des Diensttagebuchs gegeben hat. In einem Brief vom 30. November 1977 an E. Bethge berichtet G. Guensberg, er habe

Die chronologisch gegliederten Akten enthalten Eintragungen mit inhaltlichen Angaben von Korrespondenzen des Reichsjustizministeriums mit nachgeordneten Justizbehörden und Dienststellen des Staates, der NSDAP, ihrer Gliederungen und angeschlossener Verbände. Behandelt werden die verschiedensten Vorgänge wie Personalsachen, Schutzhaftfälle, Angelegenheiten der Rechtsanwaltschaft, Ermittlungs-, Gerichts-, Begnadigungs- und Niederschlagungsverfahren, die vor allem Straftaten von Angehörigen der NS-Bewegung, antijüdische Aktionen und den Kirchenkampf betreffen.

Zahlreiche Schreiben werden im Auszug zitiert, in Einzelfällen in Abschrift vollständig wiedergegeben. Die Tatsache, daß die Eintragungen zum großen Teil solche Eingänge umfassen, die sich auf illegale Eingriffe in das Justizwesen beziehen, bestätigt die Vermutung, daß Beweismaterial gesammelt werden sollte. Zwar lassen die Eintragungen nur in den seltensten Fällen die Reaktion des Ministers erkennen, aber sie vermitteln ein detailliertes Bild der Zerstörung geordneter Gerichtsbarkeit und Justizverwaltung.

Auch wenn es interessant wäre, die in dem Tagebuch festgehaltenen Ungeheuerlichkeiten im einzelnen wiederzugeben, kann hier nur eine sehr summarische Charakteristik des Inhalts geleistet werden. Ein großer Teil der Eintragungen, besonders in den Jahren 1934 bis 1936, bezieht sich auf den Kirchenkampf. Dazu wird unten noch mehr gesagt werden. Ein weiterer, ebenso umfassender Teil gibt Berichte und Anfragen der Justizverwaltung wieder, wie man sich gegenüber den zahlreichen gewichtigen Vergehen von Partei- oder SA-Führern zu verhalten habe.

Diese Fälle liefen fast immer nach dem gleichen Schema ab: Durch eine Anzeige oder auch eine Privatklage wurden Gerichte mit hemmungslosen Bereicherungen, Vergehen gegen den § 175 StGB, teilweise grausamen Mißhandlungen, offener Willkür oder irgendwelchen Perversitäten konfrontiert. Sobald die Ermittlungen anliefen oder gar eine Gerichtsverhandlung und Verurteilung in Sicht waren, begannen Terrorakte verschiedenster Art gegen die beteiligten Richter und Staatsanwälte. Von öffentlicher Verleumdung und Versetzung durch nationalsozialistische Vorgesetzte bis hin zu brachialer Gewalt gegen Hab und Gut oder gar Leib und Leben war den betroffenen Nationalsozialisten kein Mittel unbillig.

innerhalb des OKW-Materials, das sich hauptsächlich mit Wehrwirtschaft und Rüstung, für die General Thomas zuständig war, befaßt, ungefähr fünfzig handgeschriebene Seiten aus der Zeit 1937/38 gefunden. Sie enthielten Notizen und Berichte über Vergehen der NSDAP und ihrer Gliederungen. Typische Überschriften seien: Kampf gegen die evangelische Kirche, Selbstmorde von Schutzhäftlingen, Kampf gegen den Katholizismus usw. Unter den Überschriften erscheine eine kurze Beschreibung von Fällen und danach ein Datum. Guensberg hat durch einen Vergleich mit dem Diensttagebuch festgestellt, daß jeder in den handgeschriebenen Seiten festgehaltene Vorfall auch dort beschrieben ist. Ich konnte das mithilfe einiger Kopien der handschriftlichen Seiten nachprüfen.

Selbst höchste Nationalsozialisten wie der Reichsminister für Ernährung und Landwirtschaft Dr. Darré machten dabei keine Ausnahme und ließen ihrer Willkür freien Lauf. Darré hatte am 20. Juni 1935 Fahrer und Beifahrer eines Lastkraftwagens mit einer Lederpeitsche geschlagen, nachdem ein Fahrzeug aus der Begleitung des Ministers mehrmals vergeblich versucht hatte, den Lkw zu überholen.[61] Dohnanyi hat den Akten die vollständige Abschrift eines streng geheimen, persönlichen Briefes, den Gürtner am 4. Juli 1935 an Hitler mit einer detaillierten Schilderung des Vorfalls schrieb, beigelegt.[62]

Ein weiteres, sich ständig wiederholendes Thema des Tagebuchs waren die dauernden schweren Mißhandlungen von KZ-Insassen, Schutzhäftlingen und politischen Gefangenen, oft mit Todesfolge. Die Mißhandlungen geschahen gleichermaßen durch Angehörige der SA, der Gestapo und in wachsendem Maße der SS. War es allgemein üblich, der Justiz eine Strafverfolgung zu erschweren oder zu verunmöglichen, so taten sich besonders Himmler und sein Stellvertreter Heydrich dabei hervor, die Mißhandlungen an Gefangenen gegenüber dem Reichsjustizminister zu verteidigen.[63] In vielfacher Weise spiegeln die Berichte den wachsenden Druck wider, der von der SS auf den Reichsjustizminister ausgeübt wurde und dem er nur wenig entgegenzusetzen hatte.[64]

D. Die Hilfstätigkeit für Opfer nationalsozialistischer Willkür

Das Tagebuch und die übrigen erhaltenen Dienstakten des Reichsjustizministeriums lassen kaum erkennen, in welcher Weise Dohnanyi sein als Legitimation, im Amt zu bleiben, angeführtes Bemühen, den durch die nationalsozialistische Gewaltherrschaft Geschädigten zu helfen, verwirklicht hat. Jedoch geben die Berichte Christine von Dohnanyis und mehrere im Nachlaß von Dohnanyi erhaltene Dankesbriefe ein anschauliches Bild seiner vielfältigen Hilfstätigkeit. Dohnanyis Büro bei Gürtner wurde allmählich zu einem Sammelpunkt für Menschen, die mit ihren Sorgen und politischen Schwierigkeiten zu ihm kamen und seinen Rat und seine Hilfe erbaten.[65]

61 Vgl. Eintr. am 18. 7. 1935 u. am 11. 9. 1935.

62 Vgl. Eintr. am 11. 9. 1935.

63 Vgl. z. B. Eintr. am 2. 4. 1935 u. 27. 7. 1935.

64 Unter den Akten des Ministerbüros befinden sich mehrere geheime Briefe des Reichsführers SS, die Dohnanyi mit seinem Signum versehen hat. Darin wird die Justiz zu härterem Durchgreifen gegen Gesetzesverstöße, meist im Zusammenhang der Nürnberger Gesetze vom 15. September 1935, aufgefordert. Aus den Akten geht auch die Taktik hervor, mit deren Hilfe sich die Beamten zu wehren suchten. Antwortschreiben wurden teilweise so lange hinausgezögert, daß Himmler bzw. Heydrich sich zur Anmahnung einer Antwort gezwungen sahen (vgl. BA, R 22/50, f. 125ff, bes. 130).

65 Vgl. Ch.v.D., Fassung B), 4.

Zum einen geschah Dohnanyis Hilfstätigkeit auf Ersuchen der Bekennenden Kirche, die ihm über seinen Schwager Bonhoeffer oder auch den Justitiar der Bekennenden Kirche Friedrich Justus Perels überbracht wurden. Wie Ch. von Dohnanyi berichtet, kamen neben den aus religiösen Gründen Verfolgten, darunter auch ernsten Bibelforschern, später die aus politischen Gründen Verfolgten, die Freimaurer und vor allem Juden hinzu. »Durch seine gute Kenntnis der jeweiligen politischen Lage und Pläne der Führung, über die er durch Gürtner ständig rückhaltlos auf dem Laufenden gehalten wurde, konnte er manchen wichtigen Hinweis und manche rechtzeitige Warnung in diese Kreise gehen lassen. So ist es ihm in dieser Zeit gelungen, manchen Verfolgten vor KZ und Gefängnis zu retten, und wenn auch das, was erreicht wurde, häufig kurz darauf wieder durch neue schärfere Maßnahmen in Frage gestellt wurde, so daß er oft über seine Sisyphusarbeit klagte, hat ihm doch das Gefühl, vielen Menschen eine Hilfe zu sein, eine innere Beruhigung gegeben.«[66]

Von den im Nachlaß von Dohnanyi erhaltenen Bitt- oder Dankesbriefen beziehen sich die meisten auf Schicksale von der Nichtariergesetzgebung des 7. April 1933 und den Nürnberger Gesetzen vom 15. September 1935 Betroffener. In einem Brief vom 12. Oktober 1935 bedankt sich zum Beispiel ein Landgerichtsrat beim Landgericht Berlin für eine ihm gewährte Unterredung.[67] Er war jüdischer Abstammung und von dem am 15. September 1935 verkündeten Gesetz zum Schutz des deutschen Blutes und der deutschen Ehre betroffen. Als Frontsoldat im Ersten Weltkrieg schwer verwundet, suchte er auf die Durchführungsbestimmungen des Gesetzes Einfluß zu nehmen. Wenigstens verwundeten Frontkämpfern und ihren Familien sollten Ausnahmeregelungen zugestanden werden.[68]

Am 2. Dezember 1935 schilderte ein am Oberlandesgericht in Hamburg beschäftigter Dr. Rudolf Wohlwill, der Dohnanyi aus dessen Hamburger Zeit kannte, in einem Brief seine verzweifelte Lage aufgrund der Nürnberger Gesetze. Er solle zum 1. Januar 1936 sein Amt verlieren, zudem sei in seinem Haushalt eine arische Hausangestellte beschäftigt, deren Entfer-

66 Ch.v.D., Fassung A), 2.

67 NL von Dohnanyi, 2/25.

68 Vgl. die beiliegende Abschrift einer Eingabe an das Reichsministerium des Inneren vom 17. September 1935 (NL von Dohnanyi, 2/24): »Ich bin jüdischer Abstammung, bin Anfang August 1914 im Alter von 17 Jahren in das 2. Garderegiment zu Fuß als Kriegsfreiwilliger eingetreten und als Angehöriger dieses Regiments dreimal – am Fuß, Rücken, Kopf und Arm – verwundet worden; anläßlich einer Gewaltpatrouille habe ich im Februar 1917 meinen rechten Arm aus dem Schultergelenk verloren. Ich besitze das Eiserne Kreuz I. u. II. Klasse, das Silberne Verwundetenabzeichen und das Frontkämpferehrenkreuz. Ebenso wie meine Frau stets mit ganzem Herzen der nationalen Sache ergeben und als bewußte Deutsche und überzeugte Christen ohne Fühlung mit jüdischen Kreisen, sind wir aufs Schwerste getroffen. Ich vertraue auf die Frontkämpferkameradschaft und die Gerechtigkeit des deutschen Volkes.«

nung gemäß dem Reichsbürgergesetz für seine kranke Frau wahrscheinlich schwere gesundheitliche Folgen haben werde.[69] Fast ein Jahr zuvor hatte Dohnanyis Doktorvater Albrecht Mendelssohn-Bartholdy die Bitte übersandt, sich für einen von der Nichtariergesetzgebung des 7. April 1933 betroffenen Cecil Rhodes-Stipendiaten einzusetzen.[70]

Der Sohn des ehemaligen Reichsjustizministers Curt Joël, Günther Joël, hat nach dem Krieg die selbstlose Unterstützung Dohnanyis für seinen ebenfalls unter den Nichtariergesetzen leidenden Vater bezeugt.[71] Dohnanyi habe nach der Machtergreifung ohne Scheu die vertrauensvolle Verbindung zu seinem ehemaligen Vorgesetzten aufrechterhalten. Günther Joël wandte sich in den Jahren seit 1933 wiederholt an Dohnanyi wegen der wachsenden Schwierigkeiten, die für seinen Vater entstanden. »Rückhaltlos und mit großem Mut hat Herr von Dohnanyi mir jedesmal seinen Rat und im Rahmen des äusserst Möglichen seine Hilfe zuteil werden lassen.«[72]

Auch wenn die Auswahl der erhaltenen Briefe zufällig ist, wirft sie doch ein Licht auf Dohnanyis Hilfstätigkeit im Reichsjustizministerium in den Jahren 1933 bis 1938. In gleicher Weise wurde sein Büro in der militärischen Abwehr unter Admiral Canaris während des Krieges wiederum eine Anlaufstelle für Verfolgte aller Art.

E. Dohnanyi und der Kirchenkampf

Die Stellung als persönlicher Referent des Justizministers verschaffte Dohnanyi eine Kenntnis der Hintergründe der nationalsozialistischen Kirchenpolitik und des Kirchenkampfes, wie sie nur wenige andere Personen während des Dritten Reiches besessen haben dürften. Da sein Verhältnis zur Bekennenden Kirche in den Ermittlungen nach der Verhaftung am 5. April 1943 eine wichtige Rolle spielte, hat sich Dohnanyi in den Vernehmungen im Jahre 1944 selbst dazu geäußert. Er betonte, der Bekennenden Kirche nicht anzugehören, nie Beiträge gezahlt oder sie sonst finanziell unterstützt zu haben. Er könne auch nicht sagen, daß er »schlechthin auf dem Boden der Bekenntniskirche« stehe. »Ich habe manches nicht gebilligt. Ich habe es für nicht richtig gehalten, wenn von der Kanzel politisiert wurde; wohl aber stehe ich auf dem Standpunkt, dass das freie Wort Gottes von der Kanzel zulässig sein muß. Ich selbst bin m.E. niemals in einem

69 NL von Dohnanyi, 2/26.

70 Brief vom 19. Februar 1934 (NL von Dohnanyi, 2/16). Am 22. Januar 1938 bedankte sich eine Berta Schmidtlein, die zusammen mit ihrem Mann ein Grundstück in der Nähe von Hitlers Berghof besaß, in ergreifender Weise dafür, daß ihr Mann dank seiner Hilfe frühzeitig aus der Haft entlassen worden war (NL von Dohnanyi, 2/34).

71 Vgl. die eidesstattliche Erklärung vom 22. August 1953 (NL von Dohnanyi, 29/1).

72 Ebd.

Bekenntnisgottesdienst gewesen – abgesehen von Predigten meines Schwagers; Niemöller z. B. habe ich nie gehört. Abgesehen von meinem Schwager habe ich auch zu Persönlichkeiten der Bekenntniskirche keine näheren Beziehungen.[73] Dibelius habe ich einmal, m.E. noch im Jahre 1936, flüchtig gesehen, als sein Prozeß lief und er durch mein Vorzimmer zum Minister Gürtner ging.«[74]

Die Tendenz der Äußerungen, die Beziehungen zur Bekennenden Kirche zu verharmlosen, um den Verdacht einer wohlwollenden Haltung ihren Angelegenheiten gegenüber zu entkräften, ist offensichtlich. Im Folgenden soll gezeigt werden, daß Dohnanyi, der von seiner nächsten Umgebung für »sehr religiös« gehalten wurde, bewußt ein falsches Bild seines Verhältnisses zur Bekennenden Kirche entworfen hat.[75]

1. Die Berichterstattung über den Kirchenkampf in der Chronik

Soweit ich sehe, ist die Bedeutung des von Dohnanyi geführten Diensttagebuchs des Reichsjustizministers für die Erforschung des Kirchenkampfes in der Literatur bisher an keiner Stelle beachtet worden.[76] Dabei gibt es kaum ein zweites Dokument, das ähnlich detailliert und umfangreich verschiedenste Vorgänge des Kirchenkampfes aus dem gesamten Reichsgebiet festgehalten hat. Das Diensttagebuch bestätigt den Bericht Ch. von Dohnanyis, daß die ersten Jahre der nationalsozialistischen Herrschaft für ihren Mann »stark unter dem Zeichen des Kirchenkampfes« gestanden hätten.[77] Ungefähr ein Viertel aller Aufzeichnungen des Diensttagebuchs befassen sich mit dem Konflikt der evangelischen und katholischen Kirche sowie anderer religiöser Vereinigungen wie zum Beispiel der Bibelforscher mit Partei und Staat.[78]

Die Chronik zeigt, daß die Auseinandersetzung der Bekennenden Kir-

73 Die letzten drei Worte wurden im Vernehmungsprotokoll handschriftlich ergänzt.

74 Vernehmungsprotokoll des Oberreichskriegsanwalts (vertreten durch Oberstkriegsgerichtsrat Dr. Kutzner) vom 13. April 1944 (NL von Dohnanyi, 13,II/39, 1).

75 Auskunft von Frau Sabine Leibholz, geb. Bonhoeffer, am 20. Juli 1985. Ch. von Dohnanyi berichtet, ihr Mann habe »starke religiöse Bindungen« empfunden (dies., Fassung B), 5). Gegen Dohnanyi wurde der schwere Vorwurf der Wehrkraftzersetzung erhoben, da er unzulässigerweise für die Uk-Stellung seines Schwagers Dietrich Bonhoeffer gesorgt habe. Auf Notizzetteln, mit deren Hilfe sich Dohnanyi während seiner Haftzeit auf die Vernehmungen vorbereitete, finden sich zahlreiche Namen von führenden Vertretern der BK. Am häufigsten werden die Namen Niemöller und Dibelius genannt (vgl. NL von Dohnanyi, Ordner 14 u. 15).

76 W. Koch hat in seiner Autobiographie »Sollen wir K. weiter beobachten?« Ein Leben im Widerstand, Stuttgart 1982, 22, aus einer ihn betreffenden Eintragung am 13. Juli 1937 zitiert.

77 Ch.v.D., Fassung B), 5.

78 Im Zeitraum vom 5. Oktober 1934 bis Ende Juni 1935, als der Reichsinnenmi-

che mit deutsch-christlichen Kirchenleitungen oder Maßnahmen der Partei beziehungsweise des Staates vor unabhängigen Gerichten in den ersten Jahren des Kirchenkampfes von entscheidender Bedeutung für ihre Entstehung und ihren Fortbestand war.[79] Die Vertreter der Bekennenden Kirche gewannen einen Großteil der Prozesse gegen die neu eingesetzten deutsch-christlichen Kirchenleitungen. Ebenso geht aus Dohnanyis Aufzeichnungen die Bedeutung des Kirchenkampfes für die Verteidigung der Reste des Rechtsstaats gegen die nationalsozialistische Willkürherrschaft hervor. Die von Vertretern und Organen der Bekennenden Kirche initiierten Prozesse gaben den Gerichten die Möglichkeit, ihre Unabhängigkeit gegenüber den Manipulationsversuchen von Partei und Staat zu behaupten, wie sie kaum bei anderen Prozessen gegeben war. Viele Gerichte leisteten faktisch Widerstand gegen die Verwirklichung der nationalsozialistischen Gleichschaltungspolitik, indem sie gegen deutsch-christliche Kirchenleitungen entschieden oder es ablehnten, in innerkirchlichen Streitigkeiten ein Urteil zu fällen.

Gerade weil die Bekennende Kirche jeden Verdacht mangelnder Loyalität gegenüber dem neuen Staat zu vermeiden bestrebt war, konnten Richter zu ihren Gunsten gegen die Deutschen Christen entscheiden, ohne sich aufs schwerste zu gefährden. Die Tatsache, daß die nationalsozialistische Gleichschaltungspolitik in den Kirchen auf stärkere Widerstände stieß als in anderen Bereichen der Gesellschaft, wirkte sich unterstützend auf die dem Nationalsozialismus widerstrebenden Kräfte innerhalb der Justiz aus. Die von Vertretern der Bekennenden Kirche geführten Prozesse stellten in den Jahren 1933 bis 1935 ein wichtiges Mittel dar, mit dessen Hilfe sich viele Gerichte einen Rest von Unabhängigkeit gegenüber dem Druck von seiten der Partei und des Staates bewahrten.

Die Eintragungen der Chronik zeigen ferner die große Bedeutung einer Verordnung, die der Reichsinnenminister Frick am 26. Juni 1935 wenige Wochen vor der Übertragung der kirchlichen Angelegenheiten auf den Minister ohne Geschäftsbereich Hanns Kerrl erließ, für den weiteren Verlauf des Kirchenkampfes. Dadurch, daß er die Bildung einer Beschlußstelle beim Reichsinnenministerium anordnete, wurde die Rechtssprechung in kirchlichen Angelegenheiten praktisch den Gerichten entzogen und dem Staat übertragen.[80] Seit Juli 1935 ging dementsprechend die Zahl

nister Frick die Verordnung zur Errichtung einer Beschlußstelle für die Angelegenheiten der evangelischen Kirche erließ, liegt der Anteil um einiges höher.

79 Vgl. zum Ganzen P. Haller, Der Rechtskampf der Bekennenden Kirche und ihre Juristen, Diss. jur., Freiburg i.B. 1963 u. K. Scholder, Die Kirchen und das Dritte Reich, Band 2: Das Jahr der Ernüchterung 1934. Barmen und Rom, Berlin 1985.

80 Vgl. Siegele-Wenschkewitz, Nationalsozialismus, 211. In der VKL verkannte man die Bedeutung der Verordnung für die weitere Entwicklung des Kirchenkampfes und versäumte es, dagegen zu protestieren oder auch nur eine öffentliche Erklä-

der Eintragungen im Diensttagebuch, die sich mit dem Kirchenkampf befassen, drastisch zurück. Von nun an werden vornehmlich Auseinandersetzungen zwischen dem Staat oder nationalsozialistischen Parteigliederungen und der katholischen Kirche behandelt.

Vom Beginn der Chronik im Oktober 1934 an bis einschließlich Juni 1935 haben insgesamt einundsechzig Berichte Geschehnisse aus dem Bereich des evangelischen Kirchenkampfes zum Thema, fünfundzwanzig den Konflikt der katholischen Kirche mit dem Nationalsozialismus und drei Strafsachen gegen Bibelforscher.[81] Die Fülle des Materials kann in der vorliegenden Arbeit nicht dargestellt werden. Die Aufzeichnungen sind im Folgenden lediglich im Blick auf eine mögliche Hilfstätigkeit Dohnanyis für die Bekennende Kirche auszuwerten.[82]

2. Die Hilfstätigkeit für die Bekennende Kirche

Wie das zitierte Verhör aus dem Jahre 1944 zeigt, war Dohnanyi darauf bedacht, Spuren einer Zusammenarbeit mit Vertretern der Bekennenden Kirche zu verwischen. Gleichwohl ist von verschiedenen Seiten glaubhaft bezeugt, daß er über Dietrich Bonhoeffer sowie dessen Freund, Niemöllers Hilfsprediger Franz Hildebrandt, und den Juristen Friedrich Justus Perels Informationen oder Warnungen weitergab sowie im Sinne der Bekennenden Kirche Einfluß auf den Justizminister Gürtner und andere Instanzen der Justizverwaltung zu nehmen suchte. So schrieb der zeitweise mit Dohnanyis Verteidigung beauftragte Rechtsanwalt Paul Schulze zur Wiesche am 7. Mai 1946 an Dohnanyis Frau: »...Ich weiß auch von meinem Freunde Perels, wie sehr er auf unterirdischen Kanälen der Bekennenden Kirche half, wo er eben konnte. Jetzt, wo Perels tot ist, bin ich vielleicht der Einzige, der das noch bezeugen kann.«[83]

rung abzugeben. »Anfänglich glaubten die Mitglieder der VKL, daß das Gesetz über die Beschlußstelle als »Versuch einer Rechtshilfe« zu betrachten sei. Es brauche nicht als verhängnisvoll angesehen werden, »wenn Männer, die für das kirchliche Leben Verständnis haben, in die Stelle berufen werden« (Schmidt, Niemöller, 497 Anm. 357; mit Zitaten aus dem Protokoll der VKL-Sitzung am 1. Juli 1935). Ganz im Gegensatz dazu wies Bonhoeffer im Sommer 1936 auf den gefährlichen Charakter der Verordnung: »Beschlußstelle – damit Anrufung der Gerichte für die Kirche unmöglich« (D. Bonhoeffer, in: G. van Norden, Kirche zwischen Bekenntnis und Anpassung, 93).

81 Da das Geschehen des Kirchenkampfes eine schwer definierbare Größe darstellt, können die Zahlenangeben selbstverständlich nur ungefähre Gültigkeit beanspruchen. Strafsachen gegen Bibelforscher sind in Eintr. 4. am 28. 5. 1935, Eintr. 1. am 17. 6. 1935 u. Eintr. 1. am 29. 6. 1935 verzeichnet.

82 Eine Untersuchung des Diensttagebuchs im Blick auf den Kirchenkampf, insbesondere die Bedeutung der noch vorhandenen »Inseln« der Rechtsstaatlichkeit für Entstehung und Bestand der BK wäre eine lohnende Aufgabe.

83 NL von Dohnanyi, 21,I/20. Dohnanyis Kollege im Reichsjustizministerium,

Neben ehemaligen Kollegen Dohnanyis im Reichsjustizministerium hat vor allem seine Frau über die Hilfstätigkeit für die Bekennende Kirche berichtet: »Die ersten Jahre der nationalsozialistischen Herrschaft standen neben den politischen Ereignissen stark unter dem Zeichen des Kirchenkampfes. Mein Mann, der selbst starke religiöse Bindungen empfand, stand mit meinem Bruder Dietrich Bonhoeffer in einem nahen freundschaftlichen Verhältnis. Über meinen Bruder trug die Bekennende Kirche ihre Sorgen immer wieder an ihn und auf diesem Wege an Gürtner heran. Der Sturz der Kirchenkommissare Werner und Jäger, die damals durch ihre im Grunde antikirchliche Haltung die kirchlichen Kreise stark erregten, wurde auf dem Wege erreicht, dass Gürtner, obwohl Hitler ihm, als er von diesen Dingen zu sprechen anfing, das Wort verbieten wollte, das Gespräch fortsetzte und es ihm gelang, Hitler von der Sinnlosigkeit und Gefahr dieser Institution zu überzeugen.«[84]

Dieser Bericht Ch. von Dohnanyis wird durch Chronikeinträge vom 12. November und 1. Dezember 1934 weitgehend bestätigt. Zwar hatte der Rechtsanwalt Dr. Friedrich Werner niemals die Funktion eines Staatskommissars und wurde auch nicht aus seiner Stellung als kommissarischer Präsident des Evangelischen Oberkirchenrats der ApU »gestürzt«, aber als von Jäger eingesetzter Amtsträger war er von dessen Sturz Ende Oktober 1934 mitbetroffen.[85]

Der Jurist August Jäger, am 24. Juni 1933 als Leiter der Kirchenabteilung im preußischen Kultusministerium zum Staatskommissar für den Bereich sämtlicher evangelischen Landeskirchen Preußens ernannt und seit dem 12. April 1934 »Rechtswalter der DEK«, schied am 26. Oktober 1934 aus seinen Ämtern aus. Die Chronik berichtet am 1. Dezember 1934, Gürtner habe am 24. Oktober 1934 bei Hitler über kirchenpolitische Angelegenheiten Vortrag gehalten. In einer Eintragung am 12. November 1934 hielt Dohnanyi Genaueres über den Inhalt fest, unter anderem daß Gürtner weitgehende Bedenken gegen die Rechtmäßigkeit der von Reichsbischof Müller erlassenen Kirchengesetze geäußert habe.[86] Der Bericht Ch.

Ministerialrat Otto Riese schrieb am 1. Oktober 1946 an Ch.v. Dohnanyi, ihr Mann habe ihm von seiner dienstlichen Beschäftigung mit der Kirchenverfolgung erzählt (NL von Dohnanyi, 24/12).

84 Ch.v.D., Fassung B), 5; vgl. dies., Fassung A), 2.

85 Als in der ersten Hälfte des Dezember 1934 das Geistliche Ministerium der DEK neugebildet wurde, bestellte man Werner als juristisches Mitglied (vgl. K. Meier, Der evangelische Kirchenkampf. Gesamtdarstellung in drei Bänden, Bd. 2: Gescheiterte Neuordnungsversuche im Zeichen staatlicher »Rechtshilfe«, 2. Aufl., Göttingen 1984, 3).

86 Eintr. 9. am 12. 11. 1934. Am 29. November 1934 schrieb der preußische Kultusminister Rust, es sei ihm unter der Hand mitgeteilt worden, daß im Reichsjustizministerium ein Gutachten eines namhaften nationalsozialistischen Juristen vorliege, wonach die Anordnungen der Kirchenregierung seit dem Herbst 1933 »größtenteils ungültig« seien (vgl. Eintr. 6. am 1. 12. 1934). Es hieße darin, im Interesse

von Dohnanyis läßt vermuten, daß zwischen Gürtners Vortrag bei Hitler und der Entlassung des Rechtswalters Jäger zwei Tage später am 26. Oktober 1934 ein ursächlicher Zusammenhang besteht. Zudem ist nicht unwahrscheinlich, daß Gürtners Haltung durch Dohnanyi beeinflußt war.

In Ansätzen wird Dohnanyis Aktivität für die Bekennende Kirche noch in einem anderen Zusammenhang deutlich: der Sache Martin Niemöllers. Wiederum liegt ein Bericht Ch. von Dohnanyis darüber vor: »Die Verteidiger Niemöllers sind später immer wieder an meinen Mann herangetreten, nachdem schon vor seiner Verhaftung durch meinen Bruder und Niemöllers Hilfspfarrer Franz Hildebrandt mein Mann ständig mit der Niemöllerschen Sache befasst war.[87] Ich muss hier sagen, dass mein Mann mit der Niemöllerschen Haltung nicht immer einverstanden war, ebenso wenig wie Hildebrandt und mein Bruder. Mein Mann hat oft missbilligt, dass sich Niemöller teils durch sein Temperament, teils durch eigene Freude an seiner ungewöhnlichen Schlagfertigkeit immer wieder zu Äusserungen hinreissen liess, die zwar sowohl in Pfarrer- wie in Laienkreisen mit einer gewissen mit Humor gewürzten Freude begrüsst wurden, aber nach Ansicht meines Mannes weder notwendig (waren), noch der Sache, die er vertrat, dienen konnten. Mein Mann hat nie an die Unantastbarkeit Niemöllers seitens der Gestapo in dem Masse geglaubt, in dem Niemöller selbst und seine nächste Umgebung davon überzeugt war(en), und hat mit

einer Befriedung sei es nicht zweckmäßig, »jetzt ein Strafverfahren gegen Personen durchzuführen, die sich gegen rechtlich nicht einwandfreie Anordnungen kirchenbehördlicher Stellen zur Wehr gesetzt haben« (ebd.). Der preußische Kultusminister bat, ihm das Gutachten zugänglich zu machen.
Dohnanyi formulierte schriftliche Anweisungen für die Beantwortung des Schreibens: »Der Herr Minister ist ganz der Auffassung, daß es nicht zweckmäßig erscheint, ein Strafverfahren gegen Personen durchzuführen, die sich gegen kirchenbehördliche Anordnungen zur Wehr gesetzt haben, deren Rechtmäßigkeit zweifelhaft erscheinen kann. Was die Frage der Mitteilung des angeblichen Gutachtens anlangt, so wünscht der Herr Minister, daß dem Sinne nach etwa folgendes geantwortet wird: Ein solches Gutachten liege nicht vor (dem Herrn Minister ist jedenfalls davon nichts bekannt). Dagegen habe der Herr Minister Ende Oktober durch den Führer und Reichskanzler den Auftrag erhalten, beschleunigt die Frage nachzuprüfen, welchen Ausgang ein in der Revision beim Reichsgericht schwebender Rechtsstreit des Pfarrers Niemöller gegen die Gemeinde Dahlem voraussichtlich haben werde. Der Vortrag beim Führer über diese Frage habe am 24. Oktober stattgefunden. Der Herr Minister habe hierbei seiner Auffassung dahin Ausdruck gegeben, daß an einem für die Beklagte und Revisionsklägerin (Gemeinde Dahlem) ungünstigen Ausgang des Prozesses kaum gezweifelt werden könne, da die gegen den Pfarrer Niemöller kirchenbehördlicherseits ergriffenen Maßnahmen der Rechtswirksamkeit entbehrten« (ebd.).

87 Die falsche Schreibweise «Hildebrand« wurde von mir korrigiert. In einem Notizkalender Dohnanyis aus dem Jahre 1937 sind innerhalb von nur 5 Wochen drei Treffen mit Hildebrandt vermerkt (31. Januar, 3. Februar u. 4. März).

grosser Sorge diese Entwicklung der Dinge verfolgt. Er hat auch hin und wieder Niemöllers Hilfsprediger gebeten, Niemöller dahin zu beeinflussen, in diesem Kampf sachlich zu bleiben und nicht menschlich zu werden und die politischen Notwendigkeiten einzukalkulieren. Trotzdem hat mein Mann die aufrechte Haltung Niemöllers verehrt und nach Kräften geholfen und beraten.«[88]

Auf Bonhoeffers Differenzen mit Niemöller ist im letzten Kapitel schon eingegangen worden. Die übrigen von Ch. von Dohnanyi genannten Aspekte des Verhältnisses Dohnanyis und Bonhoeffers zu Niemöller können durch Dohnanyis Aufzeichnungen in der Chronik weiter aufgehellt werden.[89] Die erste Eintragung, die Martin Niemöller betrifft, ist schon zitiert worden.[90] Niemöller hatte seine Dahlemer Gemeinde in Abstimmung mit dieser pro forma auf Auszahlung seines Gehaltes verklagt, nachdem er vom Reichsbischof am 26. Januar 1934 seines Amtes enthoben worden war. Er erreichte damit, daß der Unrechtscharakter einiger der vom Reichsbischof kurz zuvor erlassenen Verordnungen festgestellt wurde, wie Gürtner auch dem Führer gegenüber betonte.[91]

Verschiedentlich hielt Dohnanyi in der Chronik auch Berichte über Privatklageverfahren fest, die Niemöller angestrengt hatte, um gegen immer wieder erhobene verleumderische Vorwürfe vorzugehen.[92] Eine Gefährdung Niemöllers zeichnet sich in Dohnanyis Aufzeichnungen zum ersten Mal Ende Februar und Anfang März 1936 ab. In einem Strafverfahren gegen einen Vikar wurde Niemöller als Zeuge vernommen, da jener sich auf Äußerungen Niemöllers über ein Gespräch mit dem preußischen Ministerpräsidenten Göring berief. Niemöller habe unter anderem den Ausspruch Görings: »Dieser 2000-jährige Aberglaube an den Jesus von Nazareth, der muß verschwinden« berichtet.[93] Dohnanyi schloß den Bericht mit dem Hinweis: »Ministerpräsident hat nunmehr seinen Strafantrag gegen S. (Vikar Schulze, CS) zurückgenommen und sich weitere Maßnahmen gegen Niemöller vorbehalten.«[94]

88 Vgl. Ch.v.D., Fassung B), 5f. Ch. von Dohnanyi erwähnt weiter einige interessante Details über Gürtners Verhältnis zu Niemöller: »Gürtner selbst hat auch noch nach der Verhaftung Niemöllers die Freundschaft seiner Söhne mit den Niemöllerschen gepflegt und manche wichtige Nachricht und Warnung auf diesem Wege oder auf dem Wege über den Schwager Niemöllers ihm zukommen lassen. Bis eine peinliche Indiskretion diesen Möglichkeiten nach aussen ein Ende setzte« (aaO., 6).

89 Dohnanyi hat seinem Kollegen Riese erzählt, er sei mit der Angelegenheit Niemöllers befaßt (vgl. Brief an Ch.v.D. vom 1. Oktober 1946, NL von Dohnanyi, 24/12).

90 Vgl. oben Anm. 86.

91 J. Schmidt, Niemöller, 188ff.

92 Vgl. Eintr. 7. am 8. 7. 1935, Eintr. 1. am 12. 2. 1935 u. Eintr. 5. am 23. 6. 1937.

93 Eintr. 2. am 26. 2. 1936.

94 Ebd.

Am 9. März 1936 informierte der Generalstaatsanwalt beim Kammergericht Berlin den Reichsjustizminister über eine gegen Niemöller laufende Strafsache wegen des Vergehens gegen das Heimtücke-Gesetz und übersandte einen Bericht des ermittelnden Staatsanwalts beim Landgericht vom 21. Februar. Niemöller wurden Äußerungen vorgeworfen, die er am 22. September 1935 in Salzwedel auf Versammlungen der Bekennenden Kirche getan hatte.[95]

Ferner hielt man Niemöller eine Predigt vom 6. Oktober 1935 in der Jesus Christus-Kirche in Dahlem vor. Bei der Kollektenabkündigung hatte er darauf hingewiesen, daß das Gesetz zur Sicherung der DEK vom 3. Oktober 1935 einen letzten Versuch darstelle, der Irrlehre ein Heimatrecht in der Deutschen Evangelischen Kirche zu schaffen. Das dritte Vergehen stellte die Bekanntgabe verschiedener Informationen über Äußerungen und Absichten des Reichsministers für kirchliche Angelegenheiten in einem Gottesdienst am 1. Dezember 1935 dar. Niemöller hatte dies ausdrücklich damit begründet, daß die Bekennntnissynode eine Verfügung der Gestapo erhalten habe, wonach die Mitglieder der Bekennenden Kirche unter Zensur gestellt seien.

Der ermittelnde Staatsanwalt beim Landgericht Berlin war der Meinung, daß die Äußerungen öffentliche, beleidigende und gehässige Kundgebungen gegen das Gesetz zur Sicherung der DEK darstellten und geeignet seien, das Vertrauen des Volkes zur politischen Führung zu untergraben. Da eine Anklageerhebung nach § 130a StGB keinen sicheren Erfolg böte, empfahl er persönlich Strafverfolgung aufgrund des Heimtückegesetzes. Der Generalstaatsanwalt beim Kammergericht trat dem »an sich« bei, riet jedoch von einer Anklageerhebung ab, da die Begründung der Anklage nicht ausreichend sei. »Es erscheint. . .nicht unzweifelhaft, ob das Sondergericht bei den gegebenen Umständen davon ausgehen wird, daß die Kundgebungen des Beschuldigten gehässig oder hetzerisch waren.«[96]

Dohnanyi hat nicht nur einen Bericht über die Angelegenheit in die Chronik eingefügt, sondern war auch persönlich mit ihr befaßt. Das geht aus der Tatsache hervor, daß er an den Rand der Aufzeichnung über den Vorgang die Bemerkung »Kerrl beteiligen« schrieb. Kaum zwei Monate später findet sich erneut ein Bericht des Generalstaatsanwalts beim Kammergericht Berlin über die Frage der Anklageerhebung gegen Niemöller. Diesmal ging es um Äußerungen in einer Predigt, die Niemöller am 3. November 1935 in der Jesus Christus-Kirche in Dahlem gehalten hatte. Jedoch war der Generalstaatsanwalt beim Kammergericht, diesmal in Über-

95 Niemöller hatte dort gesagt, die christliche Kirche befinde sich zur Zeit in Not und Bedrängnis und warte auf das Zeichen des Herrn. Sich christlich bekennen sei heute nur noch hinter verschlossenen Türen möglich, er wisse nicht, was von der Jugend, an der heute gesündigt werde, in einer Generation noch dasein werde (vgl. Eintr. 5. am 14. 3. 1936).

96 Ebd.

einstimmung mit dem ermittelnden Staatsanwalt beim Landgericht, der Auffassung, daß bei Anklage aufgrund des § 130a StGB der innere Tatbestand kaum nachzuweisen sein werde. Ebenso seien die Voraussetzungen eines Vorgehens nach § 2 des Heimtückegesetzes »wohl auch nicht zweifelsfrei« erfüllt. Dohnanyi notierte dazu: »Er empfiehlt daher Strafverfolgung nicht.«[97]

Am 12. Dezember 1936 sandte auch der Generalstaatsanwalt in Hamm den Bericht über eine Strafsache gegen Niemöller an das Reichsjustizministerium.[98] Die Ermittlungen waren durch eine Mitschrift einer Predigt Niemöllers am 11. November 1936 in Gütersloh ausgelöst worden, die die Staatspolizeileitstelle Bielefeld dem Oberstaatsanwalt in Bielefeld mit der Bitte übergab, ein Strafverfahren wegen Heimtückevergehens einzuleiten. Der Oberstaatsanwalt in Bielefeld gab die Sache an den Oberstaatsanwalt in Dortmund ab. Dieser führte die Ermittlungen aufgrund einer Rundverfügung vom 25. August 1936, die die Unterbrechung aller die evangelischen Kirche betreffenden Strafverfahren anordnete, jedoch nicht fort. Dohnanyi notierte, der Generalstaatsanwalt in Hamm habe zunächst nur den Vorgang dem Reichsjustizminister mitgeteilt und beabsichtige, den Sachverhalt durch den Oberstaatsanwalt weiter aufklären und vor Abschluß der Ermittlungen sich Bericht erstatten zu lassen. Daneben hielt Dohnanyi in der Chronik einen langen Auszug aus dem Staatspolizeibericht über die Predigt Niemöllers fest, in dem dieser unter anderem auch die Zerstörung der unabhängigen Gerichtsbarkeit beklagte.[99]

Eine Eintragung im Diensttagebuch am 12. Februar 1937 macht vollends verständlich, warum Dohnanyi nicht den verbreiteten Glauben an die Unantastbarkeit Niemöllers seitens der Gestapo teilen konnte. Der Staatssekretär des Kirchenministers Kerrl, Hermann Muhs, hatte am 9. Februar 1937 in Vertretung des Kirchenministers zum Urteil in einem Privatklageverfahren beim Amtsgericht Berlin Stellung genommen.[100] Ein von Niemöller und einem weiteren Kläger, Rechtsanwalt Bunke, beklagter Deutscher Christ, war zu 300 Reichsmark Geldstrafe verurteilt worden, weil er Niemöller und Bunke als Staatsfeinde bezeichnet hatte. Nach Muhs' Auffassung verlangten es dringende staatspolitische Interessen, daß »diesen beiden ausgesprochenen Staatsfeinden« nicht gerichtlich bestätigt werde, sie seien keine Staatsfeinde. Die Tatsache der Staatsfeindlichkeit vieler Bekenntnispfarrer sei allgemein bekannt. Demgegenüber erscheine ihm das Urteil wie ein »Beispiel reichlich weltfremder Begriffsrechtsfindung oder aber sogar als Beispiel wohlwollender Anerkennung der Bekenntnisfront. Wenn z. B. Niemöller schon längst wegen seines ausgesprochen staatsfeindlichen Verhaltens im Konzentrationslager sitzen müßte

97 Eintr. 5. am 11. 5. 1936.

98 Vgl. Eintr. 2. am 18. 12. 1936.

99 Vgl. ebd.

100 Vgl. Eintr. 1. am 12. 2. 1937.

(was zur Zeit lediglich aus kirchenpolitischen Gründen vermieden werde), so dürfe ihm jedoch gerichtlich nicht gerade das Gegenteil bescheinigt werden.«[101]

Mit hoher Wahrscheinlichkeit hat Dohnanyi Niemöller über Hildebrandt oder Bonhoeffer auf diese akute Gefahr der Verbringung in ein KZ, der zur Zeit lediglich kirchenpolitische Gründe entgegenstanden, hingewiesen. Denkbar ist auch eine direkte Warnung, da Dohnanyi mit Niemöller spätestens seit Sommer 1934 persönlichen Kontakt hatte, wie eine Notiz in dessen Amtskalender aus diesem Jahr belegt.[102]

Dohnanyi war über die bis zur Verhaftung ständig wachsende Gefährdung Niemöllers genau informiert. Zweieinhalb Monate vor der Festnahme am 1. Juni 1937 überreichte der Kirchenminister dem Reichsjustizminister zwei Schreiben der Gestapo und eines des Propagandaministers Goebbels.[103] Kerrl beziehungsweise sein Stellvertreter Muhs baten darum, diese Niemöller betreffenden Vorgänge zu dem gegen Niemöller laufenden Verfahren zu nehmen und dieses »mit aller Strenge und möglichst im Schnell- und Sondergerichtsverfahren« zum Abschluß zu bringen. »Die Angriffe des N. gegen Staat und Bewegung werden immer zügelloser und in Form und Inhalt derartig unverschämt, daß nun ein schnelles und festes Zufassen unerläßlich ist, sowohl zur Aufrechterhaltung der Ordnung und zum Schutze der Staatsautorität als auch, um den bisher schon durch diese Handlungen entstandenen Schaden leidlich wieder gut zu machen.«[104] Kerrl bat um Prüfung der Möglichkeit des Erlasses eines richterlichen Haftbefehls. »Ich würde den Erlaß eines solchen Haftbefehls sehr begrüßen.« Wenn eine Anhörung des Stellvertreters des Führers notwendig sei, wolle er sich sofort mit ihm in Verbindung setzen.[105]

Am 15. Mai 1937 teilte der zuständige Staatsanwalt beim Landgericht Berlin dem Reichsjustizminister mit, daß nunmehr das Ermittlungsverfahren in der Strafsache gegen Niemöller eingeleitet worden sei.[106] Zunächst seien die von der Gestapo benannten Zeugen gehört worden. Die Anklage solle sich auf zwei in Bielefeld am 17. und 30. Januar 1937 gehaltene Predigten, die von Kriminalassistenten mitangehört worden seien, gründen. Ferner liege der Bericht eines unbekannten Vertrauensmannes des SD

101 Ebd.

102 Am 9. Juli 1934 ist in Niemöllers Amtskalender ein Besuch bei Dohnanyi im Reichsjustizministerium verzeichnet (vgl. Schmidt, Niemöller, 492 Anm. 240).

103 Vgl. Eintr. 6. am 21. 4. 1937.

104 Ebd.

105 Dohnanyi gibt in der Eintragung wiederum eine Inhaltsangabe eines Gestapo-Berichts über eine Predigt Niemöllers am 1. April 1937.

106 Vgl. Eintr. 3. am 21. 5. 1937 (II). Kurz vorher hatte der Chef der Reichskanzlei, Staatssekretär Lammers, ein persönliches Schreiben in der Sache Niemöller an Gürtner gesandt. Dohnanyi zitiert einen Satz daraus: »Ihr Aktenvermerk stimmt mit dem meinigen inhaltlich überein« (Eintr. 1. am 13. 5. 1937 (I)).

über eine Predigt vom 1. April 1937 vor. Da Niemöller im allgemeinen seine Ausführungen nicht abstreite, solle er zunächst vernommen werden.

Wiederum ist es in hohem Maße wahrscheinlich, daß Dohnanyi diese Nachrichten über Bonhoeffer und Hildebrandt oder auch unmittelbar an Niemöller weitergegeben hat. Bonhoeffer kam eben an dem Tag, als Niemöller verhaftet worden war, mit E. Bethge in dessen Dahlemer Haus und wurde zusammen mit Hildebrandt, Bethge und einem ehemaligen Finkenwalder Kandidaten dort mehrere Stunden von der Gestapo festgehalten.[107]

Zwar geht aus den Quellen kaum mehr als die Wahrscheinlichkeit ständiger Weitergabe wichtiger Informationen über drohende Maßnahmen von Gestapo und Justiz gegen Niemöller hervor, so daß eventuelle andere Hilfstätigkeiten Dohnanyis für Niemöller im Dunkeln bleiben müssen. Jedoch bringt die Auswertung des Diensttagebuches und der Berichte Ch. von Dohnanyis in zweifacher Hinsicht auch neue Erkenntnisse zum Prozeß gegen Martin Niemöller. Jürgen Schmidt hat in seiner Studie über »Martin Niemöller im Kirchenkampf« die These aufgestellt, Niemöller sei maßgeblich aufgrund einer Dahlemer Predigt vom 19. Juni 1937, durch die sich Hitler wahrscheinlich in seinem persönlichen Prestige gekränkt gefühlt habe, verhaftet worden. Wenn echte Gründe für eine Festnahme schon vorher vorgelegen hätten, wäre er nicht als einziger Teilnehmer einer Sitzung des Reichsbruderrates am 23. Juni 1937 von der Verhaftung verschont geblieben.[108]

Dagegen kann mithilfe der Aufzeichnungen Dohnanyis gezeigt werden, daß der Verhaftung umfassende Aktivitäten der Gestapo, des Reichskirchenminister und verschiedener Organe der Justizverwaltung voranginge. Man wartete mit der Inhaftierung Niemöllers lediglich, um genügend hieb- und stichfestes Belastungsmaterial zusammenzubekommen. Zudem wirkten sich kirchenpolitische Gründe verzögernd aus.[109]

Zum anderen muß das bislang von Schmidt gezeichnete Bild der Rolle Gürtners in den Ermittlungen und dem Prozeß gegen Niemöller modifiziert werden. Schmidt berichtet unter Berufung auf Martin Niemöllers Bruder Wilhelm von einer »persönlichen Ermahnung« Martin Niemöllers

107 Vgl. DB, 654ff u. Schmidt, Niemöller, 432.

108 AaO., 430f.

109 In einem von Dohnanyi in der Chronik erwähnten Schreiben vom 7. Juni 1937 (Eintr. 5. am 23. 6. 1937) rechnete der Kirchenminister mit einer unmittelbar bevorstehenden Entscheidung im Strafverfahren gegen Niemöller. Im Zusammenhang einer Privatklage Niemöllers wegen übler Nachrede bat er das Reichsjustizministerium, dieses Verfahren einzustellen oder aber es bis zur Entscheidung des Strafverfahrens gegen Niemöller auszusetzen. Da in letzterem Fall mit einer Abweisung der Privatklage zu rechnen sei, halte er diesen Weg für noch empfehlenswerter.

durch Gürtner kurz vor seiner Verhaftung.[110] Ferner habe der Staatsanwalt unmittelbar nach Prozeßbeginn den Antrag auf Ausschluß der Öffentlichkeit gestellt, »offenbar auf Veranlassung der Nebenkläger, der Reichsminister Kerrl, Goebbels und Gürtner«.[111] Schließlich schreibt Schmidt ohne weitere Erläuterung, das Gericht habe am folgenden Tag »unter dem Druck einer massiven Intervention des Justizministeriums« auch noch die verbliebenen Vertreter der Bekennenden Kirche von der Teilnahme an der Verhandlung ausgeschlossen.[112]

Der zitierte Bericht Ch. von Dohnanyis hebt hingegen hervor, daß Gürtner Niemöller ausgesprochen wohlgesinnt war und ihn auch durch wichtige Nachrichten und Warnungen unterstützt hat.[113] E. Reitter hat unter Bezug auf Notizen Gürtners vermutet, dieser habe im Zusammenhang des Prozesses gegen Niemöller »alles unternommen«, um einer außergerichtlichen Lösung begegnen zu können.[114] Daß solche Bestrebungen vorhanden waren, dürfte Gürtner in seinen zahlreichen Besprechungen vor Beginn des Verfahrens mit Hitler, Himmler und Kerrl erfahren haben.[115] Als Niemöller noch am Tage der Urteilsverkündung in ein Konzentrationslager abgeführt wurde, schrieb Gürtner die Worte »veritas victura« in sein Tagebuch.[116]

Wie unmittelbar der Minister und sein persönlicher Referent an dem Schicksal Niemöllers beteiligt waren, offenbart auch ein Brief Dohnanyis an seine Frau vom 4. Mai 1937. Die Forderungen von Seiten Kerrls, Goebbels' und der Gestapo nach einer baldigen Verhaftung und Aburteilung gingen Gürtner, der gerade zu einer Tagung der Strafprozeßkommission in Bad Schwalbach im Taunus weilte, persönlich sehr nahe. Dohnanyi schrieb, der Minister sei »in der Stimmung sehr herunter«: »Nach Tisch war ich bei G.(Gürtner, CS). Die Sache N.(Niemöller, CS)(über die er auf der Herfahrt mit Schw.- Kr.(Reichsfinanzminister Schwerin von Krosigk, CS), der auch im Zug war, gesprochen hatte) drückt ihn sehr.«[117]

Auch nach dem Ende des Prozesses gegen Niemöller und dessen Überführung in das KZ Sachsenhausen war Dohnanyi mit der Sache Niemöllers

110 Vgl. Schmidt, Niemöller, 431 u. W. Niemöller, Macht geht vor Recht. Der Prozeß Martin Niemöllers, München 1952, 29.

111 Schmidt, Niemöller, 438.

112 Ebd.

113 Dohnanyis ehemaliger Kollege im Reichsjustizministerium Otto Riese hat nach dem Krieg berichtet, Gürtner sei der einzige Minister gewesen, der nach der Inhaftierung Niemöllers noch Delegationen aus allen Teilen Deutschlands empfing, die für dessen Befreiung eintraten (Brief an Ch.v.D. vom 1. Oktober 1946, NL von Dohnanyi, 24/12).

114 Vgl. Reitter, Gürtner, 213.

115 Vgl. die Nachweise aaO., 213f Anm. 58.

116 AaO., 214.

117 NL von Dohnanyi, 7/24.

befaßt.[118] Aus dem gesamten Reichsgebiet gelangten Proteste wegen der Inhaftierung Niemöllers und Strafsachen gegen daran Beteiligte an das Reichsjustizministerium. Dohnanyi hat eine ganze Anzahl solcher Fälle in der Chronik festgehalten, zum Teil versehen mit ausführlichen Berichten. Am 22. Oktober 1937 schrieb er an seine Frau von einer Tagung der Strafprozeßkommission, auf die er den Reichsjustizminister begleitet hatte: »Ich fürchte, die Vorträge beim Minister (darunter die Sache mit N.(Niemöller, CS) werden bis in die späte Nacht dauern.«[119]

In dem vorliegenden Abschnitt über die Hilfstätigkeit Dohnanyis für die Bekennende Kirche ist wenigstens kurz auf seine Rolle in den Prozessen gegen einen weiteren führenden Vertreter der Bekennenden Kirche hinzuweisen. Auch in dem Strafverfahren gegen den suspendierten Generalsuperintendenten Otto Dibelius sowie dessen Privatklageverfahren wird ein Engagement in Umrissen sichtbar. Damit kann zugleich die anfangs zitierte Selbstdarstellung Dohnanyis über seine Beziehungen zur Bekennenden Kirche in einer Vernehmung als bewußte Irreführung erwiesen werden. Dohnanyi hatte hier ausgesagt, er habe Dibelius nur einmal, wohl im Jahre 1936, gesehen, als dieser durch sein Vorzimmer zum Minister Gürtner ging.[120]

Otto Dibelius ist in Dohnanyis Aufzeichnungen der nach Martin Niemöller wohl meistgenannte Repräsentant der Bekennenden Kirche. In den Jahren 1937/38 gingen mehrere Berichte des Kirchenministers Kerrl und verschiedener Generalstaatsanwälte im Reichsjustizministerium ein, welche die Einleitung eines Strafverfahrens gegen Dibelius ankündigten. Dohnanyi fertigte teilweise ausführliche Eintragungen darüber in der Chronik an.[121] Meist waren die Ursache der Ermittlungen Äußerungen Dibelius' in Predigten und Vorträgen. Am 7. Dezember 1937 berichtete ein Berliner Generalstaatsanwalt über die Einleitung eines Strafverfahrens gegen Dibelius wegen dessen im Jahre 1937 erschienener Schrift »Drei Randbemerkungen zu einem Kapitel Rosenberg«. Jedoch schien ihm der Erfolg einer Anklageerhebung zweifelhaft, weshalb er auch von einer Anfrage bei dem Reichsleiter Alfred Rosenberg absehen wolle.[122] Auch die übrigen Stellungnahmen zu Strafsachen gegen Dibelius seit dem Herbst 1937 äußerten zumeist die Sorge, dieser könnte erneut freigesprochen werden.[123]

118 Vgl. Eintr. 1. am 16. 5. 1938, Eintr. 1. am 18. 5. 1938, Eintr. 2. am 4. 7. 1938 u. Eintr. 2. am 1. 9. 1938.

119 NL von Dohnanyi, 7/32.

120 Vgl. oben Anm. 74.

121 Vgl. Eintr. 1. am 30. 9. 1937, Eintr. 2. am 29. 11. 1937, Eintr. 2. u. 3. am 18. 12. 1937 u. Eintr. 1. am 26. 1. 1938.

122 Vgl. Eintr. 2. am 18. 12. 1937.

123 Das aufsehenerregende Strafverfahren, das Kirchenminister Kerrl gegen Dibelius wegen eines von diesem an ihn Ende Februar 1937 gerichteten Briefes anstrengte, hatte am 6. August 1937 mit einem Freispruch geendet (vgl. O. Dibelius,

Breiten Raum in der Chronik nehmen Berichte über ein Privatklageverfahren ein, das Dibelius im Frühjahr 1935 gegen einen nationalsozialistischen Pfarrer angestrengt hatte.[124] Insgesamt neun Eintragungen im Diensttagebuch gehen auf dieses Verfahren ein.[125] Pfarrer Falkenberg in Neuruppin, der Dibelius als Hoch- und Landesverräter sowie als Pazifist bezeichnet hatte, wurde in erster Instanz zu 1000, in zweiter Instanz zu 600 Reichsmark Strafe verurteilt.[126] Diese Urteile wurden Anlaß zu heftigen Angriffen des Gauleiters und Oberpräsidenten der Provinz Brandenburg, Wilhelm Kube, gegen die verantwortlichen Richter.

Dohnanyi hielt diese Angriffe in der Chronik fest und übernahm dabei ganze Abschnitte im wörtlichen Zitat. Dem Vorsitzenden Richter habe Kube öffentlich gedroht.[127] Ferner habe er mehrmals die Anhänger der Bekennenden Kirche als »kirchlich getarnte politische Dunkelmänner, Wühlmäuse und Lumpen« bezeichnet. Von Dibelius sprach er als von einem »hergelaufenen Generalsuperintendenten«.[128] Das Urteil habe in nationalsozialistischen Kreisen größtes Ärgernis erregt, so daß er in seiner Stellung als Gauleiter dem Stellvertreter des Führers Bericht erstatten mußte.

Da diese Angriffe noch vor der Berufungsverhandlung stattfanden, befürchtete Dibelius eine Beeinträchtigung der richterlichen Unabhängigkeit durch Kubes Äußerungen. Bezeichnenderweise sandte Dibelius am 12. und 13. Mai 1935 zwei *persönliche* Briefe an Dohnanyi, in denen er um die Möglichkeit zum Vortrag bei Gürtner bat. Dohnanyi gab die Briefe in den Geschäftsgang des Reichsjustizministeriums und antwortete, daß er den Minister zunächst über den Sachverhalt aufklären werde.[129]

Es ist zu vermuten, daß die ungewöhnliche persönliche Kontaktaufnahme unter Umgehung des Dienstwegs durch Bonhoeffers Vermittlung zustande gekommen ist. Dibelius kannte Bonhoeffer schon seit Anfang der

Ein Christ ist immer im Dienst. Erlebnisse und Erfahrungen in einer Zeitenwende, Stuttgart 1961, 194; Meier, Kirchenkampf, Bd. 2, 150, nennt als Datum irrtümlicherweise den 6. April 1937).

124 Vgl. auch Dibelius, Christ, 185–189.

125 Vgl. Eintr. 1. am 11. 5. 1935, Eintr. 3. am 14. 5. 1935, Eintr. 7. a) u. b) am 18. 5. 1935, Eintr. 7. am 29. 5. 1935, Eintr. 4. am 20. 6. 1935, Eintr. 12. am 27. 6. 1935, Eintr. 6. am 15. 7. 1935, Eintr. 4. am 17. 8. 1935 u. Eintr. 5. am 13. 9. 1935.

126 Falkenberg bezog sich bei dem Vorwurf des Pazifismus auf Dibelius' im Jahre 1930 erschienenes Buch »Friede auf Erden«.

127 Vgl. Eintr. 7. am 18. 5. 1935.

128 Ebd.

129 In der Chronik heißt es am 14. Mai 1935 (Eintr. 3.): ». . .persönliche Briefe an mich in den Geschäftsgang. . .« Am Rand der Eintragung notierte Dohnanyi: »Vortrag (Sachverhalt?) Dibelius habe ich geantwortet, daß Herr Min. (Minister, CS) sich zunächst den Sachverhalt werde vortragen lassen.«

dreißiger Jahre gut und schätzte ihn sehr.[130] In seiner Autobiographie aus dem Jahre 1961 berichtet Dibelius über Kontakte mit dem Berliner Stadtkommandanten und Verwandten Bonhoeffers, General von Hase, sowie Admiral Canaris, die durch Bonhoeffer ermöglicht worden waren. Auch an anderen Stellen des Buches finden sich Hinweise auf Bonhoeffers Vermittlungstätigkeit zu führenden Männern des Staates und der Wehrmacht, wohl meist mit Dohnanyis Hilfe: »Dietrich Bonhoeffer war uns dabei der nie versagende Vermittler.«[131] Wenn auch Dohnanyis oben zitierte Aussage, er habe Dibelius nur einmal flüchtig gesehen, formal zutreffend sein könnte, so ist es doch offensichtlich, daß er vor dem Oberreichskriegsanwalt ein falsches Bild von seinen Aktivitäten für die Bekennende Kirche vortäuschen wollte.

II. Dohnanyis Arbeiten auf dem Gebiet der Strafgesetzgebung

Dohnanyi war, wie erwähnt, neben seiner Tätigkeit als Ministerreferent auch Angehöriger der Abteilung II im Reichsjustizministerium, die für Strafgesetzgebung zuständig war. In dieser Eigenschaft hat er einen Kommentar zur Strafgesetzgebung der Jahre 1931 bis 1935 verfaßt.[132] Sodann war er von November 1933 bis Oktober 1936 Mitglied der amtlichen *Strafrechtskommission*. Ab Anfang Februar 1937 wurde die Arbeit an der Strafrechtserneuerung im Rahmen einer *Strafprozeßkommission* fortgesetzt. Dohnanyi gehörte ihr bis zu seinem Ausscheiden aus dem Reichsjustizministerium an und nahm noch kurz vor seinem Weggang nach Leipzig zum 1. Oktober 1938 an einer Sitzungsperiode der Kommission im Ostseebad Zinnowitz in der zweiten Augusthälfte teil.

Die Strafrechtsabteilung des Reichsjustizministeriums bestand zum großen Teil aus hochqualifizierten Juristen, die dem nationalsozialistischen Rechtsdenken distanziert gegenüberstanden. Durch die Verreichlichung der Justiz seit dem Jahre 1933 blähte sich der Beamtenapparat des Reichsjustizministeriums jedoch gewaltig auf, da nun die Verwaltungsfunktionen der verschiedenen Landesjustizministerien übernommen werden mußten. Im Zuge dieser Ausweitung traten in wachsendem Maße Nationalsozialisten in den Dienst des Reichsjustizministeriums. Auch der Kammergerichtsrat Friedrich, der mit seinen Denunziationen maßgeblich an Dohnanyis erzwungenem Abschied beteiligt war, gelangte so in das Reichsjustizministerium.[133]

Dohnanyis juristische Argumentationen sind nur angemessen zu verstehen, wenn man sie auf dem Hintergrund der Reserviertheit der Ministe-

130 Vgl. DB, 207.

131 Dibelius, Christ, 204 (Kursivdruck des Namens aufgehoben, CS).

132 Vgl. unten II.C.

133 Vgl. unten III.

rialbürokratie, das heißt in diesem Fall der Strafrechtsabteilung des Reichsjustizministeriums, gegenüber nationalsozialistischen Ideologen wie Freisler betrachtet. Dohnanyi selbst hat sich nach Ablauf der Arbeiten der Strafrechtskommission am Beginn der Verhandlungen der Strafprozeßkommission über die Spannung zwischen der Strafrechtsabteilung und ihrem Vorgesetzten Staatssekretär Freisler geäußert: »Einiges hat man in den 4 Jahren Reformarbeit doch gelernt und auch das Misstrauen des Staatssekretärs gegen die ›Abteilung‹ scheint gemildert.«[134]

A. Die Bedenken gegen die Einführung einer SA-Strafgerichtsbarkeit

Die ersten erhaltenen Belege über juristische Arbeiten Dohnanyis im Reichsjustizministerium stammen aus dem Sommer 1933. Als junger Staatsanwalt und Sachbearbeiter in der Abteilung für Strafgesetzgebung wurde er mit den Bemühungen der Obersten SA-Führung, eine eigene SA-Gerichtsbarkeit zu schaffen, konfrontiert.[135] Nach dem weitgehenden Erfolg der Gleichschaltungsaktionen im Juni 1933 ging es dem Obersten SA-Führer Ernst Röhm darum, die Macht seiner mittlerweile zu einer riesigen Organisation angewachsenen SA zu sichern und auszubauen.[136] Eine maßgebliche Voraussetzung dafür war die Schaffung einer eigenen SA-Gerichtsbarkeit, welche die SA-Mitglieder der Strafverfolgung durch öffentliche Gerichte entzog.

Das Reichskabinett hatte am 28. April 1933 ein Gesetz verabschiedet, in dem Hitler die Ermächtigung zur Einrichtung einer öffentlich-rechtlichen Dienststrafgewalt für die NSDAP erhielt.[137] Röhm wollte aber nicht nur eine die ordentliche Strafgerichtsbarkeit ergänzende Disziplinargerichtsbarkeit, sondern die Herausnahme aller von SA-Männern begangenen Straftaten aus der ordentlichen Gerichtsbarkeit. Auf einer Führertagung am 1./2. Juli 1933 in Bad Reichenhall gab Hitler die Zustimmung zu einer solchen SA-Strafgerichtsbarkeit.

Röhm ließ sogleich den Entwurf einer SA-Strafgerichtsordnung erstellen und versuchte, dafür im Reichsjustizministerium Zustimmung zu erhalten.[138] Noch am Tage eines Gespräches über den Entwurf mit Abgesandten Röhms, am 21. Juli 1933, verfaßte Dohnanyi eine Beurteilung der

134 Brief H.v.D.s an Ch.v.D. vom 3. Februar 1937 (NL von Dohnanyi, 7/2).

135 Zu den Versuchen, eine SA-Strafgerichtsbarkeit zu etablieren vgl. K.M. Graß, Edgar Jung. Papenkreis und Röhmkrise 1933/34, Diss. phil., Heidelberg 1966, 134ff u. H. Höhne, Mordsache Röhm. Hitlers Durchbruch zur Alleinherrschaft 1933–1934, Rheinbek bei Hamburg 1984, 126f u. 152f.

136 Vgl. Sauer, Mobilmachung, 254ff u. 318ff.

137 RGBl. 1933, Teil I, 230; vgl. Graß, Röhmkrise, 135.

138 Vgl. die im IfZ auf Microfilm fotographierten Akten des Reichsjustizministeriums »Strafgerichtsordnung, Strafprozeß 1/40«, MA 108, Fasz. 5429, f. 6ff).

Vorlage aufgrund einer vorläufigen Prüfung.[139] Die fünfseitige Ausarbeitung zeigt Dohnanyis Einschätzung der politischen Situation im Sommer 1933 und sein Bestreben, die Unabhängigkeit der Justiz gegenüber dem Zugriff der Parteigliederungen zu sichern.

Zwar kommt Dohnanyi im Folgenden nach Abwägung aller Vor- und Nachteile zu einer grundsätzlichen Bejahung des Vorschlags, aber er fügt dem sogleich eine umfangreiche Liste von erforderlichen Veränderungen an. Sie sind alle unter der einen Grundforderung zusammenzufassen: »Es erscheint erforderlich, die Rechtsgarantien in dem Entwurf weiter auszubauen.«[140]

Einmal müsse die »restlose Durchführung des Legalitätsprinzips« gewährleistet sein. Es dürfe nicht zugunsten eines Opportunitätsprinzips für den Gerichtsherrn, die SA-Führer, aufgehoben werden. Sodann hält Dohnanyi die Einführung eines Beschwerderechts der Verletzten für notwendig. In der alten und neuen Militärstrafgerichtsordnung sei das Recht der Beschwerde an das Reichsgericht gegeben. »Die Rechte des Verletzten im Rahmen der hier vorgeschlagenen Sondergerichtsbarkeit dürfen keinesfalls geringer sein als die Rechte des Verletzten im Rahmen der Militärstrafgerichtsbarkeit. Als Beschwerdegericht wäre auch hier das Reichsgericht vorzusehen.«[141] Eine weitere Forderung Dohnanyis ist die Errichtung einer Revisionsinstanz. In Anknüpfung an die Regelung des Entwurfes einer neuen Militärgerichtsordnung sei hier wiederum das Reichsgericht vorzusehen.[142] Drittens sei eine Verstärkung des berufsrichterlichen Elements in den Sondergerichten erforderlich. Es genüge nicht, zu den Sondergerichten »Rechtsberater« hinzuzuziehen, vielmehr müßten neben Angehörigen der genannten Verbände als Mitglieder der Sondergerichte Berufsrichter herangezogen werden.[143] Ferner ist nach Dohnanyis Auffassung ein Zusammentreten der Sondergerichte von Fall zu Fall unakzeptabel. Vielmehr sei eine ständige Berufung notwendig.[144] Auch müsse die Möglichkeit der Abgabe von Strafsachen durch die Sondergerichte an bürgerliche Gerichte bestehen. Und schließlich hält Dohnanyi eine Regelung der Zuständigkeit der Sondergerichte nach objektiven Gesichtspunkten für erforderlich. Keinesfalls dürfe die Entscheidung über das zuständige Sondergericht im Einzelfall durch den Gerichtsherrn erfolgen.[145]

Die Tendenz der Corrigenda und Desideria Dohnanyis ist offensichtlich:

139 AaO., f. 19–21. In der maschinenschriftlichen Ausarbeitung sind von Dohnanyis Hand Verbesserungen eingefügt und Belegstellen nachgetragen. Sie ist unterschrieben mit »von Dohnanyi 21/7 (21. Juli 1933, CS)«.

140 AaO., f. 20.

141 Ebd. (Vs u. Rs).

142 Ebd. (Rs).

143 Ebd.

144 Ebd.

145 AaO., f. 21.

die Möglichkeiten von Willkür auf ein Minimum einzuschränken oder, wie er selbst formuliert hat, die Rechtsgarantien weiter auszubauen. Der Gesetzentwurf betreffend die SA-Gerichtsbarkeit sei soweit wie möglich an die Militärstrafgerichtsordnung anzulehnen. Die bürgerliche Gerichtsbarkeit sollte in Gestalt des Beschwerderechts an das Reichsgericht, durch die Überordnung desselben Gerichts als Revisionsinstanz, durch die Verstärkung des berufsrichterlichen Elements in den Sondergerichten sowie durch die Möglichkeit der Abgabe von Strafsachen an bürgerliche Gerichte so viel Einfluß wie möglich behalten.

In einer Beratung am 4. August 1933, an der Vertreter des Reichsjustiz- und des Reichswehrministeriums, der Obersten SA-Führung sowie des Reichsministeriums des Inneren teilnahmen, wurden einige der Einwände Dohnanyis aufgenommen, man kam aber zu keinem Ergebnis. Dohnanyi, der weiter mit der Angelegenheit befaßt war und das Protokoll der Sitzung schrieb, meldete sich – nach seinem Protokoll – nur an einer Stelle zu Wort.[146] Er erhob ähnlich wie in seiner Beurteilung das Bedenken, ob das Legalitätsprinzip im Rahmen der geplanten SA-Strafgerichtsbarkeit uneingeschränkt Geltung besitze. Der Vertreter der Obersten SA-Führung, Dr. Luetgebrune, sicherte dies daraufhin ausdrücklich zu.[147]

Offensichtlich ist es den Vertretern des Reichsjustizministeriums gelungen, die anfangs sehr eilige Angelegenheit kräftig zu verzögern. Erst durch das Gesetz zur Sicherung der Einheit von Partei und Staat vom 1. Dezember 1933 wurde eine besondere Partei- und SA-Gerichtsbarkeit geschaffen.[148] Willfähriger erwies sich das preußische Justizministerium unter dem Nationalsozialisten Hanns Kerrl. Dieser verkündete schon am 26. August 1933 einen Erlaß, daß SA- und SS-Angehörige – abgesehen von Festnahmen auf frischer Tat – nur im Einvernehmen mit ihrer zuständigen Führung strafrechtlichem Einschreiten ausgesetzt werden dürften und daß auch das zu unterlassen sei, wenn die Führung selbst die Sicherheitsverwahrung der Beschuldigten verfügt.[149]

B. Die Auseinandersetzung mit Freisler in der Strafrechtskommission

Seit dem Herbst 1933 beschränkte sich Dohnanyis Tätigkeit in der Strafrechtsabteilung des Ministeriums im wesentlichen auf die Mitarbeit an der geplanten Strafrechtsreform. Die Bestrebungen zu einer Strafrechtsreform im Jahre 1933 hatten zwei Wurzeln.[150] Schon in der Zeit der Weimarer

146 AaO., f. 69–75 (einschl. Anwesenheitsliste).

147 AaO., f. 73.

148 RGBl. 1933, Teil I, 1016. Am 12. Dezember 1933 gab Röhm der stark angewachsenen SA eine neue Dienststrafordnung (vgl. Sauer, Mobilmachung, 267).

149 AaO., 254.

150 Eine Darstellung der Tätigkeit der amtlichen Strafrechtskommission fehlte

Republik gab es Vorbereitungen zu einer Reform des deutschen Strafgesetzbuches von 1871.[151] Sie wurden jedoch immer wieder von den geistigen und politischen Auseinandersetzungen der Zeit in Mitleidenschaft gezogen und gerieten im Frühjahr 1932 ganz ins Stocken.[152] Nach dem 30. Januar 1933 suchten die neuen Machthaber sich sogleich diese Bestrebungen für ihr Ziel eines neuen nationalsozialistischen Strafrechts zunutze zu machen. Der Konstituierung der amtlichen Strafrechtskommission Ende 1933 ging ein zäher Kleinkrieg des Reichsjustizministers mit dem bayerischen Justizminister und neuen Reichsjustizkommissar Hans Frank voraus. Dieser weigerte sich, den Anweisungen Gürtners Folge zu leisten, und beanspruchte stattdessen selbst die Kompetenz zur Rechtserneuerung. Er sei als Reichsjustizkommissar und Präsident der neugeschaffenen Akademie für Deutsches Recht dafür zuständig, während der Reichsjustizminister lediglich für die Justiz*verwaltung* Verantwortung trage. Schließlich gelang es Gürtner durch dringende Appelle an die Reichskanzlei, Hitlers Unterstützung in dem Streit zu erlangen, so daß der Konflikt wenigstens vorläufig beigelegt werden konnte.

Begleitet von diesen Auseinandersetzungen, die letztlich nur ein Aus-

bisher (vgl. oben Anm. 5). In mehreren Untersuchungen wird die Thematik am Rande behandelt. Schulz, Anfänge, widmet den Bemühungen um eine Strafrechtsreform einen kurzen Abschnitt (194–204). Er weist darauf hin, in wie starkem Maße ein politisches Verständnis der Strafjustiz das Bewußtsein um den Wert liberaler Errungenschaften schon in den Jahren 1933/34 verdrängen konnte (203f). E. Reitter geht in seiner erwähnten Gürtner-Biographie auf den Kompetenzkonflikt zwischen dem Reichsjustizminister Gürtner und dem neu ernannten Reichsjustizkommissar und bayerischen Justizminister Hans Frank ein, welcher der Arbeit der Strafrechtskommission voranging. Er hat einen Teil der Akten des Reichsjustizministeriums ausgewertet und kann die Darstellung der Auseinandersetzungen Gürtners mit Frank, die dieser kurz vor seiner Hinrichtung im Jahre 1953 niedergeschrieben hat, an wichtigen Stellen zurückweisen (vgl. Reitter, Gürtner, 133ff u. H. Frank, Im Angesicht des Galgens. Deutung Hitlers und seiner Zeit aufgrund eigener Erlebnisse und Erkenntnisse, Neuhaus 1955).
Frank hat behauptet, daß ihm Gürtner im April 1933 einen freundlichen Brief übersandt habe, in dem er ihm mitteilte, daß er »gerne die gesamten Geschäfte der Justizreform, vor allem im Hinblick auf die ›Gleichschaltung‹. . .der Justizverwaltung in den Ländern des Reiches einem eigenen ›Gleichschaltungskommissar‹ übergeben möchte«, der sich an der allgemeinen Rechtsreform maßgeblich beteiligen solle (aaO., 147f). Reitter stellt richtig fest – ohne die entscheidende Akte aus dem Reichsjustizministerium (BA, R 22/3168) zu zitieren –, daß der Vorgang anders abgelaufen sei. Die Initiative ging nicht auf Gürtner, sondern auf Frank selbst zurück. Nach dem Willen Gürtners sollte die Durchführungskompetenz der Justizreform niemals aus dem Aufgabenbereich des Reichsjustizministeriums ausgegliedert werden (vgl. Reitter, Gürtner, 133).

151 Vgl. zur Geschichte der Reformarbeiten E. Schäfer, Deutsche Strafgesetzentwürfe von 1909 bis 1927, Leipzig 1927, VIIIf.

152 Schulz, Anfänge, 194.

druck des allgegenwärtigen Dualismus von Parteigliederungen und Staat waren, begann die amtliche Strafrechtskommission am 3. November 1933 mit ihrer ersten, konstituierenden Sitzung. Die Anwesenheitslisten weisen Dohnanyi als Mitglied der Kommission aus, das von der ersten Stunde an dabei war.[153] In den Debatten setzte sich der Konflikt zwischen den Parteivertretern, die eine Umgestaltung des Strafrechts im Sinne der nationalsozialistischen Ideologie propagierten, und den juristischen Fachleuten aus der Strafgesetzgebungsabteilung des Reichsjustizministeriums fort.

Hochrangige Nationalsozialisten unter den Mitgliedern der Kommission waren der sächsische Justizminister und spätere Präsident des Volksgerichtshofes Thierack, zeitweise auch der preußische Justizminister und spätere Reichskirchenminister Kerrl. Den bei weitem größten Einfluß auf den Gang der Arbeiten nahm jedoch Staatssekretär Freisler. Er war zugleich stellvertretender Vorsitzender des Strafrechtsausschusses der Akademie für Deutsches Recht und hatte, wie erwähnt, bereits im August 1933 mit Kerrl zusammen eine Denkschrift zum neuen nationalsozialistischen Strafrecht herausgegeben.[154] Hier waren die antiliberalen, etatistischen und rassistischen Grundentscheidungen nationalsozialistischer Rechtsanschauung formuliert, mit der sich die Strafrechtskommission in den folgenden Jahren ständig auseinanderzusetzen hatte. Freisler und andere verwiesen in den Debatten häufig auch ausdrücklich auf die Denkschrift, konnten sich aber nur selten in vollem Umfang durchsetzen. In der zweiten Lesung des Abschnitts »Angriffe auf Rasse und Erbgut« zum Beispiel wandte Freisler unter Bezug auf Äußerungen Dohnanyis und des Leiters der Strafrechtsabteilung, Ministerialdirektor Ernst Schäfer, ein: »Meines Erachtens geht aber die Einschränkung der preußischen Denkschrift sehr viel weiter als diese Formulierung.«[155]

Im Begleitwort zur Denkschrift meinte Freisler, das im 19. Jahrhundert entstandene deutsche Strafrecht trage »den Stempel jener materialistisch-individualistischen Zeit«, da es nur Schutz gegen Eingriffe in den Besitz des einzelnen gewährleiste.[156] Das neue Strafrecht werde dagegen den Schutz des Volkes und der Rasse, seiner Bluts- und Schicksalsgemeinschaft in den Mittelpunkt stellen. E. Reitter hat zutreffend festgestellt, daß die

153 Anwesenheitsliste bei der Eröffnungssitzung am 3. November 1933. Die Anwesenheitslisten sind teilweise aufgegliedert in »Mitglieder«, »Kommissare«, »Z.b.V. (Zur besonderen Verwendung, CS) und «Protokollführer«. Dohnanyi ist in diesem Fall wie auch die übrigen Teilnehmer, die der Strafrechtsabteilung des Reichsjustizministeriums angehörten, unter den Kommissaren genannt (vgl. z. B. die Anwesenheitsliste der 40. Sitzung am 12. September 1934).

154 Vgl oben Anm. V/123.

155 Protokoll der 96. Sitzung vom 11. Januar 1936, 28. Auch Dohnanyi bezog sich mitunter auf die preußische Denkschrift (vgl. Protokoll der 32. Sitzung am 30. Mai 1934, 29).

156 Nationalsozialistisches Strafrecht, 6.

amtliche Strafrechtskommission weitgehend dem Aufbauvorschlag der preußischen Denkschrift gefolgt sei, wenn sie bei der Bearbeitung des Besonderen Teils nicht »Rechtsgüter« in den Vordergrund stellte, sondern die »Lebensgrundlagen« des Volkes.[157] Der Aufbau des von der Strafrechtskommission erarbeiteten Entwurfes ist ganz von der nationalsozialistischen Auffassung des Volkes als Norm allen Rechts bestimmt. Die ersten drei Teile behandeln den Schutz des Volkes, der Volkskraft und der Volksordnung, ein fünfter hat den Vorwurf des strafbaren Eigennutzes zum Inhalt und nur der vierte legt die Paragraphen zum »Schutz der Persönlichkeit« dar.

Bezeichnend ist auch der Vorspruch des Entwurfes: »Das gesunde Empfinden des Volkes für Recht und Unrecht bestimmt Inhalt und Anwendung des Strafrechts. Ehre und Treue, Rasse und Erbgut, Wehrhaftigkeit und Arbeitskraft, Zucht und Ordnung bewahren, ist seine Aufgabe. Das Bekenntnis ›Gemeinnutz geht vor Eigennutz‹ gibt ihm die Prägung.«[158] Die Arbeit der Strafrechtskommission war von mehreren einschlägigen Publikationen begleitet, die Einzelfragen des neuen Strafrechts erörterten oder die völkische Rechtsanschauung des Nationalsozialismus als seine Grundlage hervorhoben.[159] Die beherrschende Figur bei der Darstellung und Interpretation des neuen Strafgesetzbuches war wiederum nicht Gürtner, sondern sein Staatssekretär Freisler.[160]

Zwar hatte Gürtner die Einflußnahme Franks erfolgreich abwehren können, aber in Gestalt Freislers, der nach der Auflösung des preußischen Justizministeriums im Herbst 1934 als zweiter Staatssekretär ins Reichsjustizministerium wechselte, war ihm der originellere und klügere Propagandist eines neuen nationalsozialistischen Strafrechts in die eigenen Reihen geraten. Zwar konnten die dem Nationalsozialismus zurückhaltend gegen-

157 Vgl. Reitter, Gürtner, 185.

158 Entwurf eines Deutschen Strafgesetzbuchs (internes Manuskript, gedruckt im Strafgefängnis Berlin-Tegel), o.D.(1936/37), Neudruck April 1939, 1.

159 Vgl. F. Gürtner (Hg.), Das kommende deutsche Strafrecht. Bericht über die Arbeit der amtlichen Strafrechtskommission, Allgemeiner Teil, Berlin 1935. Im Jahre 1936 gaben Gürtner und Freisler ein Werk heraus, welches das neue Strafgesetzbuch mithilfe grundsätzlicher Vorträge, einem detaillierten Zeitplan der Arbeiten zur Strafrechtserneuerung und umfangreichen Literaturangaben vorstellen und einführen sollte (F. Gürtner u. R. Freisler (Hg.), Das neue Strafrecht. Grundsätzliche Gedanken zum Geleit, Berlin 1936).

160 Vgl. bes. R. Freisler, Willensstrafrecht. Versuch und Vollendung, in: F. Gürtner (Hg.), Das kommende deutsche Strafrecht, Allgemeiner Teil, Berlin 1934, 9–36; ders., Aufbau des Besonderen Teils und seine Stellung im Gesetz. Einiges über den inneren Aufbau der Tatbestände und über Strafrahmen, in: F. Gürtner (Hg.), Das kommende Strafrecht, Besonderer Teil, Berlin 1935, 9–66; ders., Das neue Strafrecht als nationalsozialistisches Bekenntnis, in: ders. u. F. Gürtner (Hg.), Das neue Strafrecht. Grundsätzliche Gedanken zum Geleit, Berlin 1936, 33–151; sowie die Bibliographien ebd. (175–203).

überstehenden Fachjuristen der Strafrechtsabteilung im Zuge der dreijährigen Debatten in vielen Detailfragen ihre Vorstellungen durchsetzen, aber in den grundsätzlichen Erörterungen glich man sich der nationalsozialistischen Diktion und Terminologie weitgehend an. Für Dohnanyi bestand freilich eine klare Alternative. Seiner Auffassung nach ging es »im Grunde um die Frage der politischen oder unpolitischen Betrachtung des Rechts.«[161] Im Rahmen dieser Alternative sind die meisten Äußerungen Dohnanyis in den Debatten der Strafrechtskommission zu verstehen. Der junge Beamte sah seine Aufgabe darin, die Arbeit zu versachlichen und die ideologisch-politische Überfremdung durch nationalsozialistisches Gedankengut möglichst zurückzudrängen.

So gestand er zum Beispiel bei der Diskussion der Gestaltung der Konkurrenzformen im künftigen Strafrecht zwar zu, daß man diesem Problem eine grundsätzliche Seite abgewinnen könne. Zugleich betonte er aber in der Sitzung am 3. März 1934: »Hierzu zu sprechen, halte ich mich nicht für befugt. Ich bitte vielmehr meine Ausführungen auf die Erörterung einiger juristisch-technischer Fragen beschränken zu dürfen.«[162] Die meisten Beiträge Dohnanyis in den Debatten behandeln darum juristische Detailfragen, die hier nicht weiter zu untersuchen sind.

Bei der Erarbeitung des Allgemeinen Teils übernahm er das Sachgebiet »Täterschaft und Teilnahme« und schrieb dazu einen Aufsatz.[163] Ohne die Probleme des nationalsozialistischen Willensstrafrechts ausdrücklich zu thematisieren, vertritt Dohnanyi die Auffassung, Täter und Teilnehmer seien grundsätzlich gleich zu behandeln. Bezeichnend ist, daß Dohnanyi sich gegen das neue nationalsozialistische Willensstrafrecht, das schon gegen den Willen zu volksschädlichem Verhalten, nicht erst gegen die versuchte oder vollendete Tat vorzugehen erlaubte und damit der Willkür Tür und Tor öffnete, abgrenzt.[164] Nach Dohnanyis Auffassung ist die Strafbarkeit jedes Mitwirkenden unabhängig von der Strafbarkeit der anderen Mitwirkenden. Die Bedeutung dieser Vorschrift liege darin, »daß die Strafbarkeit der Mitwirkung *mindestens* die Verwirklichung des äußeren Tatbestandes einer strafbaren Handlung voraussetzt.[165]

Für den Bericht über die Arbeiten am Besonderen Teil des neuen Strafgesetzbuches übernahm Dohnanyi das Spezialgebiet »Wucher, Preistreiberei«. Hier entfaltet er die schlichte These, daß das kommende Strafrecht

161 Brief H.v.D.s an Ch.v.D. vom 12. Juni (1935) (NL von Dohnanyi, 6/7).

162 Protokoll der 19. Sitzung am 3. März 1934, 1.

163 H. von Dohnanyi, Täterschaft und Teilnahme, in: F. Gürtner (Hg.), Das kommende deutsche Strafrecht, Allgemeiner Teil, Berlin 1934, 73–84.

164 Zum nationalsozialistischen Willensstrafrecht vgl. R. Freisler, Versuch und Vollendung, in: F. Gürtner (Hg.), Das kommende deutsche Strafrecht, Allgemeiner Teil, Berlin 1934, 9–36.

165 Von Dohnanyi, Täterschaft und Teilnahme, 82 (Hervorheb. hinzugef., CS).

den Wucher intensiver bekämpfen werde.[166] Daneben war er Mitglied zahlreicher Unterkommissionen, unter anderem der, die sich mit Landesverrat befaßte.[167] In seinen Voten zu diesem Thema nennt Dohnanyi das zu schützende Rechtsgut in Abgrenzung gegen nationalsozialistischen Sprachgebrauch ausdrücklich nicht »Wohl des Volkes«, sondern »Wohl des Reiches«.[168] Ferner war Dohnanyi für den Abschnitt »Tötung« Referent, für den über »Zweikampf« als Mitglied der Unterkommission Sachbearbeiter. An seine Frau schrieb er darüber am 28. Oktober 1935 aus Plau, wohin sich die Strafrechtskommission zehn Tage zurückgezogen hatte: »...da es sich um eine ›weltanschaulich‹ gebundene Tat handelt, ist dieses Problem besonders prekär.»[169]

Auch wenn man sich bemühte, die unfruchtbaren und zum Teil endlosen Diskussionen zu versachlichen und auf die Erörterung juristischer Fachprobleme zu beschränken, brach der unüberbrückbare weltanschauliche Gegensatz doch ständig hervor. Das Protokoll der 61. Sitzung am 28. März 1935 über Notwehr und Notstand hat dies in anschaulicher Weise festgehalten. Hier entwickelte sich die Debatte zu einer scharfen Kontroverse zwischen Freisler und anderen nationalsozialistisch gesinnten Mitgliedern der Kommission einerseits sowie Dohnanyi, Gürtner und einigen weiteren auf der anderen Seite.

Der eigentlichen Auseinandersetzung, die im folgenden dargelegt werden soll, ging ein Disput zwischen Dohnanyi und Freisler voraus, in dessen Verlauf jener Freisler viermal widersprach und dieser ihm schließlich ins Wort fiel.[170] Der Münchener Strafrechtler Professor Mezger hatte klargestellt, daß im bisherigen Verlauf der Debatte über die Beurteilung von Notwehr- und Notstandshandlungen die drei unterschiedlichen Begriffe »Schuld«, »objektive Rechtswidrigkeit« und »Unrecht« verwendet worden seien.

Als Freisler Einwände gegen den Begriff der objektiven Rechtswidrigkeit erhob, stellte Dohnanyi die Frage, wie seiner Meinung nach das Problem des Widerstandsrechts gegen Notwehr und Notstand zu beurteilen sei. Freisler gab die Frage an Dohnanyi zurück, worauf dieser seinen Standpunkt darlegte. Gegen den Notwehrtäter gebe es kein Recht auf Widerstand, weil dieser sich gegen einen rechtswidrigen Angriff verteidigt oder, mit anderen Worten, weil er rechtmäßig handelt; denn eine Verteidi-

166 H. von Dohnanyi, Wucher, Preistreiberei, in: F. Gürtner (Hg.), Das kommende deutsche Strafrecht, Besonderer Teil, Berlin 1935, 359–367.

167 Vgl. Protokoll der 28. Sitzung am 25. April 1934, 33. Wichtige Unterkommissionen, an denen Dohnanyi teilnahm, waren ferner die über »Tötung« (vgl. Protokoll der 22. Sitzung am 18. April 1934) und über »Zweikampf« (Protokoll der 41. Sitzung am 13. September 1934, 12).

168 Vgl. Protokoll der 28. Sitzung am 25. April 1934, 26f.

169 Brief H.v.D.s an Ch.v.D. vom 28. Oktober 1935 (NL von Dohnanyi, 6/27).

170 Vgl. Protokoll der 61. Sitzung am 28. März 1935, 26f.

gung gegen einen rechtswidrigen Angriff sei immer rechtmäßig. Anders verhält es sich nach Auffassung im Falle des Notstandes. Da hier nicht unbedingt ein rechtswidriger Angriff zugrunde liegt, müsse man dem von einer Notstandshandlung Betroffenen ein Widerstandsrecht einräumen.[171]

Im Fortgang der Debatte, in die sich auf Seiten Dohnanyis neben anderen vor allem Gürtner und der Leiter der Strafrechtsabteilung, Ministerialdirektor Ernst Schäfer, einschalteten, konzentrierten sich die Differenzen auf die Frage, ob ein Unterschied zwischen »objektiv-rechtswidrigem« und »schuldhaftem« Handeln zu machen sei.

Dohnanyi begründete die Unterscheidung von Schuld und Rechtswidrigkeit mit dem möglichen Fall einer Putativnotwehr, das heißt einer nur vermeintlichen Notwehrhandlung. Wenn eine Person eine zweite verletze und sich dabei irrtümlicherweise in einer Notwehrsituation glaube, sei ihr Verhalten zwar rechtswidrig, aber schuldlos.[172] Freisler stimmte Dohnanyi insoweit zu, daß es die allgemeine Feststellung einer Rechtswidrigkeit gebe, die fernab von allen Problemen der Schuld liegend getroffen werden könne, schränkte jedoch sogleich ein: ». . .sobald wir uns um die Frage zu bemühen haben, ob jemand schuldhaft handelt, dann können wir nicht einen Unterschied zwischen der Rechtswidrigkeit und der Schuld machen.«[173]

Nach Freislers Auffassung kann man denselben Vorgang von der einen Seite als rechtswidrigen Angriff ansehen; von der anderen Seite könne man sagen, daß es in diesem Zusammenhang gar nicht die Frage der Rechtswidrigkeit an sich gebe, sondern nur die Frage, wie der Mensch zu beurteilen sei, der so gehandelt hat. Dohnanyi entgegnete Freisler daraufhin: »Herr Staatssekretär, es sollte doch denjenigen, die dieser Auffassung zunächst nicht beizupflichten vermögen, nicht der Vorwurf liberalistischen ›Trennungsdenkens‹ gemacht werden. Umgekehrt scheint mir gerade die von ihnen, Herr Staatssekretär, vertretene Auffassung zu einer bedenklichen Aufspaltung zu führen, indem Sie einen einheitlichen Lebensvorgang. . .rechtlich verschieden qualifizieren, je nachdem von welchem Standpunkt aus Sie. . .(ihn) ansehen. Ich finde, daß das ›Trennungsdenken‹ in dieser Zerlegung sehr viel stärker zum Ausdruck kommt, als wenn ich sage, es liegt eine schuldlose, aber rechtswidrige Handlung vor.«[174] In seiner Entgegnung nahm Freisler ein schon ausgeführtes Beispiel auf, nach dem ein Spaziergänger einen zweiten mit einem Stock geschlagen habe, weil er sich von ihm irrtümlicherweise bedroht fühlte. Dieser Vorgang sei in sehr verschiedener Weise zu betrachten. Einmal könne man den Vorgang so, wie er in der Welt da ist, nämlich als Heruntersausen des Stockes sehen; zum anderen könne man den Blick auf die Gesinnung und die

171 AaO., 27.
172 AaO., 32.
173 Ebd.
174 AaO., 33; vgl. oben 3. Kap. III.B.

geistigen Vorgänge im Hirn dessen, der diesen Stock heruntersausen läßt, richten.[175]

An dieser Stelle des Disputs ergriff Gürtner das Wort und wies auf die gefährlichen Folgen hin, die sich aus Freislers Auffassung ergaben. Die Frage der Rechtswidrigkeit beim Angriff sei nicht *von einer Person aus* zu betrachten, sondern *von der Rechtsordnung aus*.«[176] Freisler beharrte jedoch weiter auf der Unterscheidung zwischen der Feststellung und der Beurteilung eines Vorgangs. Die Feststellung beziehe sich auf den an sich neutralen Vorgang, während er von dem aus, auf den der Stock heruntersaust, als rechtswidrig betrachtet werden müsse. Im Blick auf den Täter bestehe die Frage der Schuld, nämlich in welcher Gesinnung und in welcher Absicht er den Stock habe heruntersausen lassen.[177]

In seiner Antwort brachte Gürtner den Konflikt auf den zentralen Punkt: »Gibt es überhaupt die Möglichkeit, vom Standpunkt der Rechtsordnung aus zu einem Vorgang oder einer Handlung zu sagen: ›Das wird von der Rechtsordnung nicht gebilligt; das ist nicht mit den Geboten der Rechtsordnung vereinbar?‹ Oder kann ich die Frage gar nicht stellen und muß es so subjektivieren, daß ich sage: ›Ob es mit der Rechtsordnung zusammengeht oder nicht, ob es eine Auflehnung gegen die Rechtsordnung ist, kann ich nur beurteilen, wenn ich den Menschen mit seiner Gesinnung dazwischenschalte?‹ Nun entsteht für mich innerlich folgende Schwierigkeit: Diese Individualisierung bei der Aussage, ob etwas mit der Rechtsordnung zusammengeht oder nicht, die in letzter Übertreibung dazu führen könnte, zu sagen: Jeder trägt seine Rechtsordnung in sich, scheint mir mit den Grundgedanken, die wir sonst hier ausgetauscht haben, kaum vereinbar zu sein.«[178]

Nach einem Zwischenruf Freislers[179] fuhr Dohnanyi im Sinne Gürtners

175 Ebd.

176 »Ich selber stehe trotz allen Bemühens, das Gegenteil in mich aufzunehmen, immer noch auf dem Standpunkt, daß es irgendsoetwas wie eine Rechtsordnung, die über alle Volksgenossen hinweg wirksam ist, gibt, und daß man sich von dieser Rechtsordnung aus einen Vorgang anschauen und darüber ein Urteil abgeben kann. Das war der Leitfaden, der uns dazu geführt hat, das Wort ›rechtswidrig‹ zu gebrauchen. Das dürfen wir nicht mehr, wenn wir die Frage so subjektivieren und sagen: denselben Vorgang muß ich einmal vom Standpunkt des Schlagenden, einmal vom Standpunkt des Geschlagenen anschauen. Vom Standpunkt des Schlagenden aus ist es keine schuldhafte Handlung – die Frage der Rechtswidrigkeit interessiert mich dabei gar nicht – vom Standpunkt des Geschlagenen aus ist es aber eine rechtswidrige Handlung; deswegen darf er sich verteidigen. Das ist die Konsequenz. Dann dürfen wir das Wort ›rechtswidrig‹ überhaupt so nicht gebrauchen; denn dieses ›rechtswidrig‹ war eine Relation zwischen der Rechtsordnung und dem Angriff« (ebd.).

177 Ebd.

178 AaO., 34.

179 »So ist es doch nicht, Herr Minister!« (ebd.).

fort und sprach noch einmal die Frage der Beurteilung der Putativnotwehr an. Er wurde jedoch von Freisler dreimal unterbrochen,[180] bevor Vizepräsident Grau aus dem Reichsjustizministerium das Wort übernahm[181] und vom Standpunkt der nationalsozialistischen Juristen aus antwortete. Seiner Auffassung nach sollte man in einem Willensstrafrecht von einer objektiven Rechtswidrigkeit im bisherigen Sinne besser nicht reden.[182]

Ferner könne man vom Standpunkt des Willensstrafrechts aus einen Unterschied in den Rechtsfolgen der Notwehr und der Putativnotwehr nicht machen. Entscheidend sei die Tatsache, daß der Täter sich, wenn auch irrtümlicherweise, in einer Notwehrsituation geglaubt habe. Gleichwohl erkenne man an, daß für die Gegenseite diese Handlung rechtswidrig sei. Auf Dohnanyis Zwischenruf, es gebe also eine rechtmäßige Handlung, die rechtswidrig sei, antwortete Grau mit einem klaren Nein. Es gebe lediglich keine rechtswidrige Handlung, deren Rechtswidrigkeit durch eine rein objektive Betrachtung des Sachverhalts festzustellen wäre. Ausgangspunkt für die Bewertung einer Handlung sei stets der Handelnde, dessen Verhalten zur Beurteilung stehe.[183]

Nachdem Schäfer, Gürtner, Freisler und Senatspräsident Professor Klee das Wort ergriffen hatten, kam Dohnanyi noch einmal auf Graus Äußerungen zurück. Auf Dohnanyis Frage, ob nun der Putativnotwehrtäter von seinem Standpunkt aus rechtmäßig handele, antwortete dieser, das sei nach seiner Ansicht ganz gleich. Für Dohnanyi folgte daraus, daß der Täter, der einem anderen in vermeintlicher Notwehr Schaden zufüge, jedenfalls von seinem Standpunkt aus nicht rechtswidrig handele. Vom Standpunkt des Geschädigten aus jedoch tue er es. »Das scheint mir nun in der Tat eine Betrachtungsweise zu sein, die letzten Endes

180 »Oberregierungsrat Dr. von Dohnanyi: Vielleicht kommt es auf dieses Problem, das eben erörtert wird, gar nicht so sehr an, Herr Staatssekretär. Denn eins werden sie nicht bestreiten können: Es gibt eine schuldlose Handlung, eben die Putativnotwehr, die von der Rechtsordnung nicht gebilligt wird. (Staatssekretär Dr. Freisler: Nein, die gibt es nicht, sonst müßte ich die bestrafen.)
- Dann gibt es auch keine Notwehr gegen Putativnotwehr. (Staatssekretär Dr. Freisler: Doch! Natürlich!)
- Notwehr gibt es aber – siehe § 379 Abs. 2 – doch nur gegen einen rechtswidrigen Angriff. (Staatssekretär Dr. Freisler: Der Angriff ist auch rechtswidrig.)
- Dann billigt ihn die Rechtsordnung aber nicht« (ebd.).

181 Grau hatte schon an der erwähnten Denkschrift über »Nationalsozialistisches Strafrecht« mitgearbeitet.

182 Die Notwehr und der Notstand müßten zunächst vom Standpunkt desjenigen aus geregelt werden, der in Notwehr und Notstand handelt, und bei dieser Regelung könne und dürfe nicht sofort Rücksicht genommen werden auf den Fall, daß gegenüber dem in Notwehr Handelnden nun wieder Notwehr geübt wird (ebd.).

183 Ebd.

darauf hinausläuft, die Rechtsordnung zur Disposition des Einzelnen zu stellen.«[184]

Aus diesem Votum Dohnanyis ergab sich wiederum eine Kontroverse mit Freisler. Dieser beharrte auf der Unterscheidung der Sicht des Betroffenen von der des Täters und meinte zu Dohnanyi gewandt: »Im Grunde können Sie die Verschiedenartigkeit dieser Dinge genau so wenig aus der Welt schaffen, wie Sie die Verschiedenartigkeit des Aktivums und des Passivums aus der Sprache herausbringen können.«[185]

Auf Dohnanyis Frage, ob vom Standpunkt des Putativnotwehrtäters aus gesehen diese Handlung schuldlos, das heißt also rechtmäßig sei, konnte Freisler nur noch antworten: »Sie verlangen, daß wir uns einzwängen in eine Betrachtungsweise des Begriffs ›Schuld‹ oder ›Rechtswidrigkeit‹, die wir von vornherein für unmöglich halten.«[186] Gürtner empfahl daraufhin, den Begriff der Rechtswidrigkeit ganz wegzulassen, wenn er nicht seine Norm an einer objektiven Rechtsordnung finde. Dies sei der Fall, wenn es nur eine Rechtswidrigkeit gebe, die mit den Augen jedes einzelnen Menschen gesehen werde und nur bezogen auf sein persönliches Erlebnis sei.

Die Auseinandersetzung zog sich noch eine ganze Weile hin, ohne daß wesentlich neue Gesichtspunkte hinzukamen. Ein Votum des Kieler Strafrechtlers Professor Dahm machte noch einmal die gegensätzlichen Standpunkte und besonders die Rolle des jungen Oberregierungsrates Dohnanyi in dem Konflikt sichtbar. Nach Dahms Auffassung handelte es sich nicht um eine logische, sondern um eine Entscheidungsfrage. »Alle Versuche der Gegenseite, insbesondere des Herrn von Dohnanyi, unsere Auffassung logisch zu widerlegen, sind meiner Meinung nach gescheitert.«[187] Selbstverständlich sei es logisch möglich, eine Handlung rein objektiv zu bewerten, das heißt festzustellen, ob eine Handlung billigenswert, richtig ist oder nicht. Es frage sich aber, ob das wirklich Sinn habe. »Und hier scheiden sich die Wege. Diejenigen, die geneigt sind, das Wesentliche in der Verletzung einer festen und statischen Ordnung zu erblicken, werden Wert auf die Feststellung legen, daß eine Handlung ›an sich‹ gegen diese Ordnung verstößt, und die Schuldfrage als eine selbständige Frage ins Auge fassen. Wer aber den Schwerpunkt auf die Bedeutung des Täters für die Gemeinschaft legt, kann eine Handlung gar nicht ›als solche‹ betrachten, sondern nur als Ausdruck einer Gesinnung, und damit als Einheit von Unrecht und Schuld.«[188]

184 AaO., 35.

185 AaO., 36.

186 Ebd.

187 AaO., 36. Über eine Kontroverse mit Dahm in einem anderen Zusammenhang berichtet Dohnanyi seiner Frau in einem Brief vom 21. April 1936: »Wir sind mitten in einer fürchterlichen Debatte, die schon seit heute morgen währt und bei der ich als Referent aufpassen muß. Dahm ist mein Gegner. Im Hauptpunkt ist er unterlegen« (NL von Dohnanyi, 6/35).

188 Protokoll der 61. Sitzung am 28. März 1935, 36.

Damit war der Dissens Gürtners, Schäfers und Dohnanyis mit nationalsozialistisch gesinnten Juristen wie Dahm, Grau und vor allem Freisler klar ausgesprochen. Die zitierten Äußerungen Dohnanyis zeigen, daß auch er hier einen unüberbrückbaren Gegensatz zwischen einem an der objektiven Rechtsordnung orientierten Rechtsdenken in liberaler Tradition und dem nationalsozialistischen Willensstrafrecht, das die Gesinnung des Volksgenossen als entscheidendes Kriterium für die Rechtsfindung bewertete, gesehen hat. Er beteiligte sich auch kaum an den hoffnungslosen Versuchen Gürtners, den weltanschaulichen Gegensatz zu verharmlosen. Dieser meinte, es sei in Wirklichkeit ein Streit um Worte. »Ich weiß nicht, ob es ein weltanschaulicher Streit ist; vorläufig begreife ich das nicht, daß man sich befehdet, weil der eine sagt: Ich frage: Was hast du getan?, und dabei muß ich prüfen: Was hast du gewollt?, während der andere sagt: Ich frage: Was hast du gewollt, und wie hat sich dein Wille in der Tat offenbart?«[189] Die Hoffnungslosigkeit dieses Versuchs, die Gegensätze einzuebnen, zeigte sich sogleich an der Entgegnung Freislers. Er sei im Gegenteil der Meinung, »daß wir hier an einem Punkte stehen, wo die Frage auftaucht, ob wir im Strafrecht eine Wendung machen wollen oder nicht.«[190]

Zwar findet sich unter den 107 Sitzungen der Strafrechtskommission keine zweite Sitzung, in welcher der weltanschauliche Gegensatz zwischen Freisler und Dohnanyi so offen zutagetrat, aber die Kontroverse war auch nicht untypisch für die Auseinandersetzungen. Oft machte Dohnanyi nüchterne Einwände vom Standpunkt des Fachjuristen aus, wenn jener einmal mehr mit großen Worten das neue Strafrecht, das die Errungenschaften des Rechtsstaats liberaler Provenienz zugunsten einer ausschließlich an den vermeintlichen Lebensnotwendigkeiten von Volk und Rasse orientierten Rechtsordnung verdrängen sollte, propagierte.[191] Mehrere im Nachlaß von Dohnanyi erhaltene Schriftstücke bezeugen den Respekt, der Dohnanyi aufgrund seiner Standhaftigkeit gegen den mächtigen Freisler entgegenge-

189 AaO., 38.

190 Ebd. Auch die Bemühungen Schäfers, sich auf den Boden eines Willensstrafrechts zu stellen, um von da aus das Schlimmste zu verhindern, konnte Dohnanyi kaum teilen. Schäfer stellte in Frage, ob man vom Standpunkt eines Willensstrafrechts aus gezwungen sei, die Trennung in objektiven und subjektiven Tatbestand aufzugeben. »Es scheint mir, als ob wir im Begriff sind, das Willensstrafrecht hier viel zu radikal durchführen zu wollen und nur noch subjektive, nur noch willensmäßige Gesichtspunkte ins Auge zu fassen« (aaO., 37).

191 Die Protokolle haben Wortwechsel bzw. Kontroversen zwischen Freisler und Dohnanyi an folgenden Stellen festgehalten: 28. Sitzung am 25. April 1934, 33; 41. Sitzung am 13. September 1934, 10 u. 12; 55. Sitzung am 29. September 1934, 5 u. 106. Sitzung am 30. Oktober 1936, 4. Bezeichnend ist auch eine Äußerung Dohnanyis über Freisler in einem Brief vom 20. Oktober 1937 an seine Frau: »Ich bin gestern nicht rechtzeitig zum Schreiben gekommen, weil ich auf Wunsch des Ministers einen poetischen Erguss des Staatssekretärs über die neue Ordnung des Jüterboger Lagers in nüchternes Deutsch übersetzen musste« (NL von Dohnanyi, 7/30).

bracht wurde.[192] Wie der Briefwechsel des Ehepaares Dohnanyi zweifelsfrei belegt, war Freisler dann auch die treibende Kraft bei der Entfernung Dohnanyis aus dem Reichsjustizministerium im Sommer 1938.[193]

Ein Vergleich der Arbeiten der amtlichen Strafrechtskommission mit den Veröffentlichungen einzelner Nationalsozialisten auf dem Gebiet der Strafgesetzgebung[194] sowie des Zentralausschusses der Strafrechtsabteilung der Akademie für Deutsches Recht zeigt,[195] daß sie nicht wirklich eine Umgestaltung der Rechtsordnung im Sinne des Nationalsozialismus verhindern konnte. Wohl wurde die »biologisch-technizistische Analogiesprache«[196] nationalsozialistischer Rechtsideologen oder der offene Antisemitismus der preußischen Denkschrift nicht in den Entwurf eines neuen Strafgesetzbuches übernommen.[197] Auch folgte die amtliche Strafrechtskommission nicht der preußischen Denkschrift bei der Verdrängung des Satzes »nulla poena sine lege« durch das totale politische Schutzprinzip, das auch die nicht kodifizierte Gefährdung des Rechtsgutes durch abschreckende Strafmaßnahmen zu hindern sucht.[198] Aber mit der antiliberalen Bestimmung des Volkes als dem allein entscheidenden Grund der Rechtsordnung, der Erhebung des gesunden Volksempfindens zur beherr-

192 Dohnanyis zeitweiliger Kollege im Reichsjustizministerium Otto Riese schrieb am 1. Oktober 1946 an Ch. von Dohnanyi: »Bei den Beratungen traf ich ihn einen Tag in Oberhof, und war erstaunt, wie bestimmt und ablehnend er gegen den damals mächtigen St.S.Fr. (Staatssekretär Freisler, CS) auftrat und ihm über den Mund fuhr« (NL von Dohnanyi, 24/12).
Der Berliner Arzt Dr. Albrecht Tietze, der den inhaftierten Dohnanyi um die Jahreswende 1944/45 behandelt hat, berichtete Ch. von Dohnanyi am 5. Oktober 1946 von seinen Gesprächen mit H. von Dohnanyi: »Er hatte mit Freisler wiederholt ernste Zusammenstösse und hatte aus seinem Munde mehrfach gehört, dass er auch noch an die Reihe käme« (NL von Dohnanyi, 21/14, 2).

193 Vgl. bes. die Briefe H.v.D.s an Ch.v.D. vom 6. Mai 1938 (NL von Dohnanyi, 7/35), 9. Mai 1938 (NL von Dohnanyi, 7/37) u. vom 28. August 1938 (NL von Dohnanyi, 7/45); vgl. unten III).

194 Vor allem Freisler hat in den dreißiger Jahren neben den oben genannten (Anm. VI/160) eine Fülle weiterer Aufsätze besonders in der Zeitschrift »Deutsche Justiz« veröffentlicht (vgl. die Zusammenstellung der Arbeiten bei G. Buchheit, Richter in roter Robe. Freisler – Präsident des Volksgerichtshofes, München 1968, 285–290); vgl. auch die vom Reichsrechtsamt der NSDAP herausgegebenen »Nationalsozialistische(n) Leitsätze für ein neues deutsches Strafrecht«.

195 Im Juni 1934 erschien, herausgegeben von R. Freisler, W. Luetgebrune u.a., eine »Denkschrift des Zentralausschusses der Strafrechtsabteilung der Akademie für Deutsches Recht über die Grundzüge eines Allgemeinen Deutschen Strafrechts« (Schriften der Akademie für Deutsches Recht, H.1), Berlin 1934.

196 Vgl. Schulz, Anfänge, 197.

197 Vgl. L. Gruchmann, »Blutschutzgesetz« und Justiz, in: VfZ 31(1983), 419.

198 Vgl. K. Schäfer, Nullum crimen sine lege, nulla poena sine lege (Analogie. Zeitliche Geltung der Strafgesetze), in: F. Gürtner (Hg.), Das kommende deutsche Strafrecht. Allgemeiner Teil, Berlin 1934, 128–139 u. Schulz, Anfänge, 197f.

schenden Norm des Rechtsdenkens sowie dem Einfließen eines Willensstrafrechts, das die Willkür der Verfolgung unliebsamer Gesinnung ermöglichte, waren die Dämme gegen die Zerstörung der alten Rechtsordnung liberaler Provenienz gebrochen.

Bezeichnend für die Aussichtslosigkeit der Bemühungen, solche Dämme zu bewahren, war der weitere Fortgang der Strafrechtsreform. Nachdem die Strafrechtskommission in ihrer 13. und abschließenden Tagungsperiode vom 26. bis 31. Oktober 1936 eine letzte Durchprüfung des Entwurfes vorgenommen und die zweite Lesung beendet hatte, legte Gürtner ihn sogleich dem Kabinett zur Beratung vor. Der erste Abschnitt »Schutz des Volkes« kam aber erst am 11. Mai 1937 zur Beratung.[199] Das neue Strafgesetzbuch trat niemals in Kraft. Hitler hatte aufgrund seiner bekannten Ablehnung aller Rechtswissenschaft nicht nur kein Interesse an ihm, sondern war auch bestrebt, jede rechtliche Ordnung, die ihn gebunden hätte, zu verhindern. Gerade die Tatsache, daß kein geltendes nationalsozialistisches Strafrecht vorhanden war, ermöglichte ihm eine fast uneingeschränkte Willkürherrschaft mit Führerbefehlen, die auf dem Verordnungsweg erlassen wurden und das alte Strafrecht jederzeit brechen konnten.[200]

C. Der Kommentar zur Strafgesetzgebung der Jahre 1931 bis 1935

Neben der Mitarbeit an der Strafrechtsreform war Dohnanyi auch in anderen Zusammenhängen als Jurist tätig. Er hatte eine Vorlesung an der Hochschule für Politik in Berlin zu halten[201] und dabei auch Arbeiten von Studenten zu korrigieren.[202] Seit dem Jahre 1934 war er Mitglied des

199 Vgl. Reitter, Gürtner, 186.

200 Dohnanyi war auch nach Beendigung der Arbeit der Strafrechtskommission mit der Strafrechtsreform befaßt (vgl. Brief H.v.D.s an Ch.v.D. vom 16. März 1937, NL von Dohnanyi, 7/7) und hatte in diesem Zusammenhang ein längeres Manuskript zu schreiben. Als die Mitteilung von Staatssekretär Lammers aus der Reichskanzlei kam, daß das Strafgesetzbuch nicht vor Mai verabschiedet werde, reagierte er erleichtert, da er dadurch für die Fertigstellung seines Manuskripts Zeit gewann. »Ein schwacher Trost liegt darin, dass. . .das Strafgesetzbuch nach Mitteilung von Lammers jedenfalls nicht vor Mai verabschiedet wird, so dass ich also bis Ende Februar noch Zeit habe mit der Fertigstellung des Manuskripts« (Brief H.v.D.s an Ch.v.D. vom 11. Februar 1937, NL von Dohnanyi, 7/9). Aus einem Brief H.v.D.s an Ch.v.D. vom 7. Februar 1937 geht hervor, daß es sich wahrscheinlich um eine Einführung zu dem Gesetzentwurf handelte: »Ich muss allerdings sagen, dass die ›Einleitung‹ vorläufig noch aus Gedankensplittern besteht, von denen ich noch nicht recht weiss, wie ich sie aneinander reihen werde. Es ist doch gar nicht so einfach, wie ich mir das vorgestellt habe. Aber es wird schon werden« (NL von Dohnanyi, 7/4).

201 Vgl. Brief Ch.v.D.s an H.v.D., o.D. (Anfang Februar 1937), NL von Dohnanyi, 7/14.

202 Vgl. Brief H.v.D.s an Ch.v.D. vom 10. Februar (1937) (NL von Dohnanyi,

Reichsjustizprüfungsamtes und hatte als vierter Prüfer in den Gebieten der Staats- und Volkskunde zu prüfen.[203] Zusammen mit dem mehrfach erwähnten Ministerialdirektor Ernst Schäfer hat Dohnanyi zudem 1935 einen Kommentar zur Strafgesetzgebung der Jahre 1931 bis 1935 verfaßt.[204] Anlaß der Veröffentlichung war die Notwendigkeit der Kommentierung der Gesetze, die nach dem Erscheinen der letzten Auflage des großen Kommentars von Reinhard Frank im Frühjahr 1931 erlassen worden waren.[205]

7/7; Brief H.v.D.s an Ch.v.D. vom 11. März 1937 (NL von Dohnanyi, 7/16) u. Brief H.v.D.s an Ch.v.D. vom 16. März 1937 (NL von Dohnanyi, 7/17).

203 Vgl. Schreiben des Präsidenten des Reichsjustizprüfungsamtes vom 14. Dezember 1934 (NL von Dohnanyi, 2/18). Dohnanyi verstand seine Aufgabe so, daß er den Prüfungsstoff im wesentlichen aus solchen Gebieten nahm, »die, wenn auch an der Peripherie des engeren Fachwissens liegend, doch mit der Rechtswissenschaft noch in unmittelbarem Zusammenhang stehen« (Schreiben H.v.D.s an den Präsidenten des Reichsjustizprüfungsamtes vom 19. Dezember 1934, ms. Entwurf mit hs. Ergänzungen, NL von Dohnanyi, 2/19). Dazu gehörten seiner Auffassung nach Themen wie die deutsche Verfassungsgeschichte, das Problem von Unitarismus und Föderalismus sowie daran anknüpfend die Verfassungsgesetze des neuen Staates, etwa die verfassungsrechtliche Stellung des Führers und Reichskanzlers, der Reichsstatthalter usw. Dohnanyi sah hier eine »ausserordentlich lückenhafte« Kenntnis der Rechtsreferendare und empfahl, den weltanschaulichen Unterricht in den Gemeinschaftslagern über diese Themen abzuhalten (ebd.). Es schien ihm bedenklich, wenn viele Referendare auf die Prüfer dadurch Eindruck machen zu können glaubten, daß sie statt sachlichen Wissens ihre nationalsozialistische Überzeugung »mit Betonung hervorkehrten« (ebd.).

204 E. Schäfer u.H. von Dohnanyi, Die Strafgesetzgebung der Jahre 1931 bis 1935. Nachtrag zur 18. Auflage von: Reinhard Frank, Das Strafgesetzbuch für das Deutsche Reich, Tübingen 1936.

205 Neben einer Vielzahl kleiner Gesetze, die im Anhang abgedruckt und teilweise kommentiert sind, handelt es sich vor allem um fünf große Novellen: die Verordnung des Reichspräsidenten zur Erhaltung des inneren Friedens vom 19. Dezember 1932, das Gesetz zur Abänderung strafrechtlicher Vorschriften vom 26. Mai 1933, das Gesetz gegen gefährliche Gewohnheitsverbrecher und über Maßregeln der Sicherung und Besserung vom 24. November 1933, das Gesetz zur Änderung von Vorschriften des Strafrechts und des Strafverfahrens vom 24. April 1934 sowie das Gesetz zur Änderung des Strafgesetzbuches vom 28. Juni 1935.
Die beiden Novellen vom 24. November 1933 und vom 28. Juni 1935, welche die entscheidenden Schritte zu einer Umgestaltung des bisher gültigen Reichsstrafgesetzbuches von nationalsozialistischem Rechtsdenken her darstellten, hat Schäfer kommentiert (vgl. Schäfer/Dohnanyi, Strafgesetzgebung, 66f u. 184f). Dohnanyi hat den gesamten Anhang bearbeitet. Jedoch sind die hier abgedruckten Gesetze teils nur mit kurzen Erläuterungen versehen, teils sogar nur dem Wortlaut nach abgedruckt. So hat Dohnanyi zum Beispiel das Gesetz zum Schutz des deutschen Blutes und der deutschen Ehre vom 15. September 1935 sowie die erste Verordnung zur Ausführung dieses Gesetzes vom 14. November 1935 ohne jede Kommentierung gelassen (aaO., 300ff).

Der Kommentar wurde wie auch die anderen erwähnten rechtswissenschaftlichen Arbeiten Dohnanyis von Gegnern des Nationalsozialimus dankbar aufgenommen, da er ihnen innerhalb des freilich gering gewordenen Spielraums vor den Gerichten Argumentationshilfen gewährte. Bezeichnend dafür ist eine Äußerung des Rechtsanwalts Paul Schulze zur Wiesche über Dohnanyi, die er dessen Frau unmittelbar nach dem Krieg geschrieben hat. »Wir Juristen der Anti-Nationalsozialisten-Front verlieren in ihm einen Mann, von dem wir viel erwarteten, der uns doch durch seine juristischen Arbeiten schon sehr viel geholfen hat. Wie oft habe ich gerade in Prozessen vor den Sondergerichten mich bei Widerlegung der Auffassung der Nazi-Behörden auf den Kommentar und sonstige Veröffentlichungen Ihres Mannes stützen können.«[206]

Was Schulze zur Wiesche damit angesprochen hat, kann im Folgenden nur an einigen Punkten aufgezeigt werden, wie überhaupt eine vollständige Würdigung des Kommentars im vorliegenden Zusammenhang unmöglich ist. Im Unterschied zu einem Großteil der Arbeiten auf den verschiedenen Gebieten der Rechtswissenschaft läßt sich Dohnanyi kaum auf Duktus und Terminologie der nationalsozialistischen Rechtslehre ein. Die für nationalsozialistische Juristen charakteristische Unterordnung aller staatlichen Begriffe unter die mystische Kategorie des Volkes unterbleibt. Dohnanyi bemüht sich vielmehr sichtbar um einen klar umgrenzten Gebrauch der Begriffe Volk, Staat, Reich, Bewegung und Partei, die im nationalsozialistischen Rechtsdenken zu einem nebulösen Gemisch vermengt wurden. Auf diese Weise sollte die mit der Indienststellung des Rechts für politische Zwecke verbundene Willkür der nationalsozialistischen Machthaber wenigstens ein Stück weit eingedämmt werden.

Als Beispiel hierfür sei Dohnanyis Kommentierung der noch vor der Machtergreifung erlassenen Verordnung zur Erhaltung des inneren Friedens vom 19. Dezember 1932 genannt. Unter § 134a sollte folgende Vorschrift neu eingefügt werden: »Wer öffentlich das Reich oder eines der Länder, ihre Verfassung, ihre Farben oder Flaggen oder die deutsche Wehrmacht beschimpft oder bösartig und mit Überlegung verächtlich macht, wird mit Gefängnis bestraft.«[207]

Dohnanyi beginnt seine Kommentierung mit dem grundlegenden Satz: »Die Vorschrift trifft Bestimmungen über den *Ehrenschutz des Staates*.«[208] Damit, daß der Staat in diesem Paragraphen als höchstes Rechtsgut angesehen wurde, ist eine Abgrenzung zu den vielfältigen Formen des völkischen Rechtsdenkens der Nationalsozialisten vollzogen, welches den Staat nur als äußere Form des Volkes betrachtete. Unter diesem allgemeinen Leitsatz werden die zu schützenden einzelnen Rechtsgüter Reich und Län-

206 Brief vom 7. Mai 1946 (NL von Dohnanyi, Grüner Aktendeckel »Schulze zur Wiesche-Müller-Gis«, Nr. 13).

207 Schäfer/Dohnanyi, Strafgesetzgebung, 20.

208 Ebd.

der, ihre Verfassung, ihre Farben oder Flaggen sowie die deutsche Wehrmacht abgehandelt.

Im Abschnitt »Das Reich und die Länder« setzt sich Dohnanyi mit Versuchen, den Begriff »Reich« auszulegen, auseinander.[209] »Die von (dem bereits erwähnten Kieler Strafrechtler, CS) Dahm. . .vertretene Auffassung, daß hierunter ›nicht ein staatsrechtlicher Tatbestand, eine äußere Ordnung oder ein Inbegriff von Normen zu verstehen‹ sei, sondern ›eine lebendige politische Lebenswirklichkeit, die konkrete politische Gestalt des deutschen Volkes‹, ist nicht unbedenklich. Denn sie führt. . .zu einer Identifizierung von Reich, Volk und Bewegung, die offenbar dem Willen des Gesetzgebers nicht entspricht.«[210] Das Gesetz unterscheide mit Vorbedacht zwischen »Wohl des Volkes« und »Wohl des Reiches«.

Dohnanyi betont ausdrücklich, daß beide Begriffe sich nicht decken. Auch »Reich« und »Bewegung« behandele der Gesetzgeber nicht als inhaltlich gleiche Begriffe. Als Beleg für diese Auffassung verweist Dohnanyi auf Artikel I § 1 des Gesetzes gegen heimtückische Angriffe auf Staat und Partei vom 20. Dezember 1934. Hier werden das »Wohl des Reiches« und das »Ansehen der NSDAP und ihrer Gliederungen« selbständig nebeneinander aufgeführt. Artikel I § 1 Abs. 3 unterscheide ausdrücklich zwischen solchen heimtückischen Angriffen, die ausschließlich gegen das Ansehen der NSDAP gerichtet sind, und solchen, die sich auch – oder nur – gegen das Wohl des Reiches richten.

Daß Dahms Identifizierung von Reich, Volk und Bewegung nicht dem Willen des Gesetzgebers entspricht, zeigt nach Dohnanyis Auffassung eine dem kommentierten § 134a wörtlich entsprechende Strafbestimmung wegen Beschimpfung der NSDAP. Sie wäre, wenn die Ansicht Dahms die Meinung des Gesetzgebers wiedergäbe, überflüssig. Als weiteren Beleg für seinen Standpunkt einer klaren Unterscheidung von Reich, Volk und Bewegung führt Dohnanyi schließlich das Gesetz zur Sicherung der Einheit von Partei und Staat vom 1. Dezember 1933 an. Das Gesetz erkläre lediglich, daß die NSDAP als die Trägerin des deutschen Staatsgedankens mit dem Staat »unlöslich verbunden« sei. Es lasse aber gerade durch diese Formulierung erkennen, daß Reich und Bewegung begrifflich auseinanderzuhalten seien. »›Reich‹ im Sinne des § 134a ist der *staatliche* Gesamtorganismus, dessen Wesenskern in der Tat in der *äußeren Ordnung* zu erblicken ist.«[211]

Die beschriebene Differenz zwischen Dahm und ihm ist nach Dohnanyis Auffassung nicht nur von dogmatischer, sondern auch von erheblicher praktischer Bedeutung. Jener müsse zwangsläufig in jeder Beschimpfung der Bewegung oder des Führers den Tatbestand des § 134a – also eine *unmittelbare* Beschimpfung des Reiches – erblicken. Die von ihm vertretene Auffassung führe hingegen zu dem Ergebnis, daß eine Beschimpfung des Führers

209 AaO., 21.
210 Ebd.
211 Ebd.

oder der NSDAP mittelbar eine Beschimpfung des Reiches darstellen *kann*, aber keinesfalls eine solche rechtsnotwendig in sich schließen *muß*.[212]

Dohnanyi war um eine restriktive Auslegung der neuen Strafgesetze bemüht, um einem ausufernden und auf ein Gesinnungsstrafrecht zielenden Umgang mit den Bestimmungen im Rahmen des Möglichen zu begegnen.[213] Während der Arbeit an dem Kommentar wurde er jedoch zunehmend unsicher hinsichtlich Sinn und Nutzen desselben. Aus dem Briefwechsel mit seiner Frau spricht nicht das Bewußtsein um den Wert des Kommentars im Kampf gegen die nationalsozialistische Zerstörung des Rechtsstaats, wie es Schulze zur Wiesche formuliert hat. Vielmehr war nur noch von einem »Unglückskommentar« die Rede.[214] Am 26. Oktober 1935 schrieb er an seine Frau: »Der Kommentar hängt mir zum Halse heraus; die Frage, *wozu* ich ihn eigentlich schreibe, scheint mir immer wieder als ein großes Fragezeichen auf jedem Blatt Papier, das ich beschreibe. Das lähmt. Ich muß mir immer wieder klarmachen, daß es sich um die Erfüllung einer dem Verlag gegenüber übernommenen zivilrechtlichen Pflicht handelt. . .«[215]

Dohnanyi sah die Aussichtslosigkeit der Versuche, hemmend auf die Paralysierung des Rechts zu wirken. Als einzige Möglichkeit schien nur das Bestreben zu bleiben, sich an seinem jeweiligen beruflichen Ort auf sachliche Arbeit zu konzentrieren und wenigstens so dem Eindringen der nationalsozialistischen Ideologie zu wehren. Wie wenig Dohnanyi dies auf Dauer als einen aussichtsreichen Weg ansah, geht aus einigen Sätzen im gleichen Brief vom 26. Oktober 1935 hervor: »Ich beobachte immer wieder an mir selbst, wie die Auffassungen des Mannes von Beruf und Arbeit abhängig sind von den ideellen Grundlagen des beruflichen Lebens. Ich bin zum Techniker geworden.«[216]

212 Interessant sind auch Dohnanyis Bemerkungen zum Problem der Verfassung im Dritten Reich (aaO., 20ff).

213 Im Zusammenhang einer Bestimmung zum Schutz der Ehre des deutschen Volkes schreibt er: ». . .nicht jeder Angriff auf die Ehre des deutschen Volkes stellt eine Gefährdnung oder sogar eine ›schwere‹ Gefährdung – seines Ansehens dar. Es wäre schlecht bestellt um den Namen des deutschen Volkes in der Welt, wenn es durch jede Lügenmeldung in seinem Ansehen gefährdet werden könnte. Ob eine erhebliche Gefahr für das Ansehen des deutschen Volkes durch die Tat herbeigeführt worden ist, wird also jeweils nach den Umständen des Einzelfalles sorgfältig geprüft werden müssen. Die Anwendung der Vorschrift setzt voraus, daß die Gefahr objektiv eingetreten ist und mit der vom Täter aufgestellten oder verbreiteten Behauptung in ursächlichem Zusammenhang steht« (aaO., 163f).

214 Brief Ch.v.D.s an H.v.D., o.D.(1935): »Ich bedauere dich so, dass du so schuften musst, und doch bin ich froh, wenn du den Unglückskommentar nun endlich geboren haben wirst« (NL von Dohnanyi, 6/15); vgl. auch Brief Ch.v.D.s an H.v.D., o.D. (1935): »Ich bete für die Vollendung deines Kommentars. . .« (NL von Dohnanyi, 6/17).

215 NL von Dohnanyi, 6/24.

216 Ebd.

Aus diesen Konflikten hinsichtlich Sinn und Zweck seiner beruflichen Arbeit wurde Dohnanyi dadurch befreit, daß die Versuche nationalsozialistischer Kreise, ihn aus seiner Vertrauensstellung bei Gürtner zu drängen, immer vehementer wurden.

III. Die Eskalation des Konfliktes mit Freisler und anderen Nationalsozialisten

Nach Beendigung der Arbeiten der Strafrechtskommission im Oktober 1936 nahm Dohnanyi seit Februar 1937 bis zu seinem Ausscheiden aus dem Reichsjustizministerium im Herbst 1938 an den Beratungen einer Kommission teil, die zur Reform des Straf*prozeß*rechts eingesetzt war.[217] Da sich gegenüber der Arbeit der Strafrechtskommission keine wesentlich neuen Gesichtspunkte ergeben und zudem weit weniger Quellenmaterial vorliegt, soll nur kurz auf Dohnanyis Äußerungen über die Beratungen in den Briefen an seine Frau eingegangen werden. Dohnanyi hat zwar an einem großen Teil der Sitzungen teilgenommen, aber die meiste Zeit während der Tagungen war von den Geschäften, die er als persönlicher Referent des Ministers zu erledigen hatte, in Anspruch genommen.

Die Arbeit der Strafprozeßkommission begann mit zwei Sitzungsperioden in Altenburg im Erzgebirge vom 14. bis 19. Dezember 1936 und vom 4. bis 13. Februar 1937 in dem thüringischen Ort Schwarzenburg.[218] Wenn Dohnanyi nicht durch seine Geschäfte als Ministerreferent abgehalten wurde, unterstützte er in den Debatten seinen Minister bei der Verhandlungsführung. Die Auseinandersetzungen nichtnationalsozialistischer Juristen mit Freisler hielten unvermindert an. Am 12. Mai 1938 schrieb Dohnanyi darüber an seine Frau aus Bad Schwalbach im Taunus, wohin sich

217 Der Plan zur Einsetzung einer Strafprozeßkommission entstand schon im Jahre 1933. Am 25. September 1933 versandte der Reichsjustizminister einen Brief an den Reichsjustizkommissar und bayerischen Justizminister Frank sowie den sächsischen Justizminister Thierack und den preußischen Justizminister Kerrl. Darin wurde zur unverzüglichen Einsetzung einer kleinen Arbeitskommission aufgefordert, die eine Strafprozeßreform vorbereiten solle. Man erwarte den Abschluß der Strafgesetzreform noch im Winter (!). Im unmittelbaren Anschluß daran müsse eine Änderung des Strafprozeßrechts erfolgen (BA, R 22/3168, f. 7).

218 Nach der Ankunft in Schwarzenburg berichtete Dohnanyi seiner Frau die ersten Eindrücke: »Die Verhandlungen unterscheiden sich äusserlich nicht sehr von denen der Strafrechtskommission. Am Tisch sind 25 Herren, also wieder zuviel. Infolgedessen wird auch wieder viel (zuviel) geredet. Immerhin sind die Debatten disziplinierter als früher. Einiges hat man in den vier Jahren Reformarbeit doch gelernt. . .« (Brief H.v.D.s an Ch.v.D. vom 3. Februar 1937, NL von Dohnanyi, 7/2). Die Kommission beendete ihre Arbeit mit der 79. Sitzung am 10. Dezember 1938 in Bad Brückenau, nachdem die zweite Lesung des Entwurfs einer neuen Strafprozeßordnung abgeschlossen worden war.

die Strafprozeßkommission für zehn Tage zurückgezogen hatte: »Die Geschäftsführung ist schon schwierig hier, Fr.(Freisler, CS) zur Zeit wieder müde Primadonna und schwer zu behandeln. In jedem denkbaren Punkt sind seine Vorschläge anders als die berliner (Strafgesetzgebungsabteilung des Reichsjustizministeriums, CS). Die Ausbalancierung dieser Gegensätze bleibt z.T. auf mir hängen. Natürlich macht ihn das misstrauisch (oder besser: *noch* misstrauischer).«[219]

Gleich zu Beginn der Arbeiten im Februar 1937 war der Gegensatz Freislers zu dem Reichsgerichtsrat Emil Niethammer in aller Schärfe aufgebrochen.[220] Dohnanyi, der in der Sitzung nicht anwesend sein konnte, weil er »Ministergeschäfte« zu erledigen hatte, berichtete darüber mit unverhohlener Sympathie: »Leider habe ich den interessantesten Teil – eine Contrahage Freisler-Niethammer, bei der letzterer sachlich und menschlich weit überlegen gewesen sein soll – nicht miterlebt.«[221]

Dohnanyis Mitarbeit an der Strafprozeßrechtsreform war von den Versuchen nationalsozialistischer Kreise im Reichsjustizministerium, ihn aus seiner Vertrauensstellung bei Gürtner zu drängen, überschattet. Am 30. April 1937 schrieb der persönliche Adjutant Freislers, Kammergerichtsrat Friedrich, der zugleich Leiter der nationalsozialistischen Fachschaftsgruppe im Reichsjustizministerium war, an den Reichsleiter der NSDAP, Martin Bormann, daß es untragbar erscheine, einen Mann wie Dohnanyi in einer solchen Position zu belassen.[222]

Aus der Tatsache, daß Dohnanyi für den Großvater mütterlicherseits keinen zweifelsfreien Ariernachweis vorlegen konnte, folgerte Friedrich, Dohnanyi hätte im Jahre 1933 entweder aus dem Staatsdienst ausscheiden oder den Nachweis der Frontkämpfereigenschaft erbringen müssen. Ursprünglich sei ein Gutachten über Dohnanyi wegen einer eventuellen Beförderung in Abstimmung mit dem Personalreferenten Ministerialrat Wagner erstellt worden. Nach Vortrag bei Freisler habe dieser bereits erreicht, daß die Beförderungsangelegenheit einstweilen zurückgestellt worden sei. Freisler wolle in der Sache auch beim Minister vorstellig werden.

Friedrich beschreibt Dohnanyi als einen Mann von enormen Fähigkeiten, aber auch »übergroßem« Ehrgeiz. »Entsprechend seiner rassischen Zusammensetzung, die man ihm äußerlich freilich nicht anmerkt, hat er kein Verständnis für die Rassengesetzgebung des Dritten Reiches, der er innerlich ablehnend gegenübersteht. So hat er die Auffassung geäußert, die rassische Haltung des Nationalsozialismus sei unmöglich, weil sie mit der christlichen

219 NL von Dohnanyi, 7/38.

220 Vgl. z. B. Protokoll der 7. Sitzung am 4. Februar 1937, 18f u. 8. Sitzung am 5. Februar 1937, 11; vgl. Dohnanyis Urteil über Reichsgerichtsrat Niethammer in einem Brief an seine Frau vom 5. Juni 1936: »ein verehrungswürdiger Mann« (NL von Dohnanyi, 6/39).

221 Brief H.v.D.s an Ch.v.D. vom 6. Februar 1937 (NL von Dohnanyi, 7/3).

222 Vgl. Akten der Parteikanzlei, f. 10118475ff.

Auffassung der evangelischen Kirche im Widerspruch stehe.«[223] Äußerlich bekenne er sich zum heutigen Staat. Friedrich hielt es jedoch »bei seiner charakterlichen Haltung und rassischen Zusammensetzung« für ausgeschlossen, daß von ihm jemals »ein mannhaftes, rückhaltloses« Eintreten für den nationalsozialistischen Staat erwartet werden könne.

Im Frühjahr 1938 wurde die Lage für Dohnanyi immer unerträglicher, so daß er während einer Sitzungsperiode der Strafprozeßkommission in Bad Schwalbach am 5. Mai 1938 Gürtner zu einer Klärung der Situation zu bewegen suchte.[224] Dieser hatte sich zwar schon Ende 1937 wegen der Sache mit dem Chef der Kanzlei des Führers, Reichsleiter Philipp Bouhler, in Verbindung gesetzt, aber seither war die Gefährdung Dohnanyis noch gestiegen. Ein Dohnanyi betreffender Vorschlag Gürtners, wahrscheinlich mit dem Ziel der Beförderung, wurde von Freisler blockiert. Als Ergebnis des Gesprächs mit Gürtner notierte Dohnanyi: »Festhalten an der Absicht, die Sache baldigst mit Hess (Stellvertreter des Führers, CS) persönlich zu bereinigen.«[225] Dohnanyi bot wiederholt an, selbst mit Freisler zu sprechen. Aber nach Gürtners Auffassung sollte das erst nach einem Gespräch, das er mit Freisler möglichst bald führen wolle, geschehen, falls sich dadurch nicht etwas anderes ergeben würde.[226]

Am 7. Juli 1938 übersandte Bormann das Dohnanyi betreffende Material an den Chef der Reichskanzlei, Staatssekretär Lammers, da dieser nun für die weitere Beurteilung des Falles zuständig war.[227] Nachdem Bormann in Vertretung von Heß am 7. Juli 1938 noch nachdrücklich eine Entfernung Dohnanyis aus seiner Stellung bei Gürtner gefordert hatte, teilte Heß Gürtner am 13. August mit, er werde gegen einen Beförderungsvorschlag zum Reichsgerichtsrat keinen Einspruch erheben.[228] Auch von seiten Lammers' bestanden keine Bedenken. Er erachtete es für »zweckmäßig«, Dohnanyi »aus seiner Stellung als persönlicher Referent des Reichsjustizministers abzulösen und ihm ein anderes geeignetes Amt, z. B. als Reichsge-

223 AaO., f. 10118483.

224 Vgl. Brief H.v.D.s an Ch.v.D. vom 6. Mai 1938 (NL von Dohnanyi, 7/34).

225 Ebd.

226 Anscheinend war Dohnanyi nicht sehr erfreut über Gürtners Vorgehensweise, dennoch schrieb er seiner Frau: »Wirf keine Steine auf ihn. Wenn die Sache gutgeht, müssen wir ja doch dankbar sein. Das muss jetzt abgewartet werden; ich glaube, dass ich dann dem konzentrischen Angriff vorzeitig aus dem Wege gehen muss. Guter Abgang erwünscht, Methode bleibt vorbehalten und bedarf genauester Überlegung«(ebd.). Freisler entzog sich jedoch einem Gespräch über die Angelegenheit (vgl. Brief H.v.D.s an Ch.v.D. vom 7. Mai 1938, NL von Dohnanyi, 7/35) und der »gute Abgang«, den Dohnanyi sich wünschte, blieb vorerst noch unbesprochen (vgl. Brief H.v.D.s an Ch.v.D. vom 9. Mai 1938, NL von Dohnanyi, 7/37).

227 Vgl. Brief des Stellvertreters des Führers (i.V. Bormann) an Lammers vom 7. Juli 1938 (Akten der Parteikanzlei, f. 10118470ff) u. Brief Lammers' an Gürtner vom 27. Juli 1938 (aaO., f. 10118493f).

228 Brief Gürtners an Lammers vom 14. August 1938 (aaO., f. 10118495).

richtsrat, zu übertragen.«[229] Als auch die Reichsminister des Inneren und der Finanzen zustimmten, unterzeichnete Hitler auf Lammers' Vortrag hin die Ernennungsurkunde am 4. September 1938.[230]

Bis Hitlers Unterschrift sicher war, vergingen für die Dohnanyis bange Wochen. Dohnanyi berichtete am 28. August 1938 von einer gemeinsamen Zugfahrt mit Gürtner, auf der sich das Thema ständig in den Vordergrund schob: »Das Gespräch drehte sich immer wieder – nicht auf meine Veranlassung – um die ›Unterschrift‹. G's (Gürtners, CS) Sorge, dass alles gut gehe, ist rührend. Oft schweift der Blick lang und schweigend durchs Fenster; ich glaube, er denkt an grössere Dinge, bis er mit einer plötzlichen Wendung das Thema wieder von einer anderen Seite beginnt. Sachlich nichts neues. L.(Lammers, CS), G.(Gürtner, CS) hofft, ich hoffe – abwarten. L.(Lammers, CS) beabsichtigt anscheinend einen Warnungsbrief an F (Freisler, CS)(wenn alles in Ordnung gegangen ist); ich finde die Idee ausgezeichnet. Wir müssen wirklich dankbar sein, dass es noch solche Menschen gibt, und dass sie an diesen Plätzen sitzen.«[231] Schließlich ging die Angelegenheit zu Dohnanyis Zufriedenheit aus, auch wenn sie noch ein Nachspiel um seine angeblich »nichtarische« Abstimmung nach sich zog, in das auch seine Schwester Grete und deren Mann Karl-Friedrich Bonhoeffer verwickelt wurden.[232]

Ergebnis

Nach dem Gesagten kann kein Zweifel an Dohnanyis antinationalsozialistischer Haltung auch in der Frühzeit des Dritten Reiches bestehen. Zwar mußte er im Rahmen seiner Tätigkeit beim Reichsjustizminister durchaus Kompromisse schließen, aber die eingangs erwähnte, heute gängige Charakterisierung des Verhaltens eines Großteils der alten Eliten in Politik und Verwaltung mit Begriffen wie »Anpassung«, »Teilbündnis« und »Kooperation« trifft Dohnanyis Verhalten gegenüber den nationalsozialistischen Machthabern kaum. Die genannten Begriffe suggerieren eine echte Partizipation oder Identifikation mit nationalsozialistischem Gedanken-

229 Vermerk Lammers' vom 4. September 1938 (aaO., f. 10118599).

230 Ebd.

231 Brief H.v.D.s an Ch.v.D. vom 28. August 1938 (NL von Dohnanyi, 7/45). Am folgenden Tag teilte Dohnanyi seiner Frau mit, daß nichts Neues zu melden sei. Er habe lediglich am Morgen auf Gürtners Weisung hin den Ministerialdirektor in der Reichskanzlei Kritzinger angerufen, um diesem zu sagen, daß die »sagenhafte Urkunde« an Gürtners Privatadresse geschickt werden solle. »Das Telephon war unnötig, da Unterzeichnung praktisch vor Donnerstag nicht in Betracht kommt. Damit schwindet die Chance m.L. (mit Leipzig, d.h. die Stelle am Reichsgericht, CS) fast zu einem Nichts zusammen« (Brief H.v.D.s an Ch.v.D. vom 29. August 1938, NL von Dohnanyi, 7/46).

232 Vgl. Akten der Parteikanzlei, f. 10118505–10118525.

gut. Auseinandersetzungen mit Nationalsozialisten wären dann nur Ausdruck eines Kompetenzkonfliktes. Dohnanyi hat jedoch die Grundgedanken nationalsozialistischer Rechtsideologie, die die Ersetzung des liberalen Weimarer Rechtsstaats durch ein allein am Schutz von Volk und Rasse ausgerichtetes Recht propagierte, unzweifelhaft abgelehnt. Schon seine Bejahung der Weimarer Republik unterscheidet ihn auch von großen Teilen der Ministerialbürokratie. Die Tatsache, daß er wie Gerhard Leibholz die grundlegenden Errungenschaften des Liberalismus für unaufgebbar gehalten hat, machte ihn in weit größerem Maße resistent gegen Teilbündnisse mit den Nationalsozialisten als viele spätere »nationalkonservative« Oppositionelle.

Dohnanyi, der nicht einmal Mitglied im nationalsozialistischen Rechtswahrerbund war,[233] hat selbst um die Problematik seiner beruflichen Arbeit gewußt und in den Briefen an seine Frau häufig an deren Sinn und Berechtigung gezweifelt. So weit es ihm die mangelnde Achtung des Postgeheimnisses zu erlauben schien, offenbarte er seiner Frau die Verzweiflung über »fürchterliche« Debatten in der Strafrechtskommission.[234] »Es ereignet sich hier nichts, außer daß die Meinungsverschiedenheiten im Grundsätzlichen sich in einer Tiefe auftun, die ganz ungeahnt war.«[235] »Die Arbeit schleicht hier weiter. Es ist qualvoll zuzuhören. Bei der Erörterung grundsätzlicher Fragen läuft alles auf geistigen Stelzen – wir könnten 5 Lesungen (des Entwurfes zu einem neuen Strafgesetzbuch, CS) abhalten.«[236]

Wo immer der weltanschauliche Gegensatz in den Arbeiten der Strafrechtskommission aufbrach, entwickelte sich ein zäher Kleinkrieg: »Wir befinden uns z.Z. in einer schrecklichen Debatte über den Schutz der Gemeinschaftsehre, unter dem sich jeder etwas anderes vorstellt, weiterzukommen ist nicht, weil es sich im Grunde um die Frage der politischen oder unpolitischen Betrachtung des Rechts handelt.«[237] Dohnanyi blieb in seinem Kampf gegen die politische Betrachtung des Rechts, die seiner Auffassung nach dessen Auflösung gleichkam, mitunter nur noch eine bissige Ironie. »Nach dem Frühstück begannen die Sitzungen mit dem Thema: ›Angriffe gegen die Arbeitskraft‹. Ich hatte den Eindruck, daß die gesamte Kommission sich gegen einen im Gesetz vorgeschlagenen Generaltatbestand, der das ›Lähmen der Arbeitsfreudigkeit‹ unter Strafe stellt, in schwerster Weise verging.«[238]

233 Vgl. Leber, Gewissen, 112.

234 Vgl. Brief H.v.D.s an Ch.v.D. vom 21. April 1936 (NL von Dohnanyi, 6/35).

235 Brief H.v.D.s an Ch.v.D. vom 13. Juni 1936 (NL von Dohnanyi, 6/49).

236 Brief H.v.D.s an Ch.v.D. vom 24. Juni (1935) (NL von Dohnanyi, 6/9).

237 Brief H.v.D.s an Ch.v.D. vom 12. Juni 1935 (NL von Dohnanyi, 6/7).

238 Brief H.v.D.s an Ch.v.D. vom 23. Oktober 1935 (NL von Dohnanyi, 6/20). Im gleichen Brief heißt es weiter: »Die Nachmittagssitzung war qualvoll; wir bekamen wieder Spitzfindigkeiten vorgesetzt, die mein Gefühl für Blut und Boden schwer verletzten.« An jenem 23. Oktober wurde im Zuge der zweiten Lesung des

Zu dem Gefühl, von den ideellen Grundlagen seines Berufes abgeschnitten und zum »Techniker« geworden zu sein, gesellte sich die Erfahrung der Isolation. Nur wenige Menschen besaßen das charakterliche Standvermögen und den intellektuellen Horizont, um dem scheinbar unaufhaltsamen Siegeszug des Nationalsozialismus entgegenzutreten. Dohnanyi empfand die in einer solchen Situation ermöglichte besondere Gemeinschaft einiger weniger sehr stark.[239] Die ständigen Auseinandersetzungen, die mit großen Sorgen um die berufliche und familiäre Zukunft verbunden waren, hatten ferner eine enorme Nervenbelastung zur Folge.[240] Im Grunde war der Zustand für die Dohnanyis nur dadurch auszuhalten, daß man ständig auf ein Ende der nationalsozialistischen Herrschaft wartete. Als im August 1938 die Entscheidung über Dohnanyis berufliche Zukunft unmittelbar bevorstand, schrieb ihm seine Frau: »Was unsere Sache angeht, so werden wir uns auf *das seit fünf Jahren geübte Warten* (d.h. seit 1933, CS) verlegen.«[241]

Auch wenn Dohnanyi zeitweise die Tätigkeit beim Reichsjustizminister aufgeben wollte, so gab es doch drei Gründe für ihn, dort weiterzuarbeiten. Einmal hatte er verschiedene Möglichkeiten, von nationalsozialistischer Willkür Betroffenen zu helfen. Auch die vielfältige Unterstützung der Bekennenden Kirche ist hier zu nennen. Sodann konnte er wenigstens an einzelnen Punkten das Vordringen nationalsozialistischer Rechtsideologie verhindern. Und schließlich gelangte er in der Vertrauensstellung bei Gürtner an geheimste Informationen über Personen und Geschehnisse, die bei der Bekämpfung des Nationalsozialismus von entscheidender Bedeutung sein konnten.

Nachdem Dohnanyi im Zuge der sogenannten Fritsch-Krise Anfang 1938 Oberst Oster, Admiral Canaris und Generaloberst Beck kennenge-

neuen Entwurfes über die Themen »Angriffe auf die Volksgesundheit« und »Angriffe auf körperliche Volksgüter« debattiert. Dohnanyis Urteil über die sich in Details verlierende Debatte war offensichtlich ironisch gemeint.

239 »Man soll sich nicht in bittere Stimmungen bringen lassen. Ich gewöhne mich daran, mit der Karte (?) eines Naturforschers festzustellen, dass auch hier wieder die Regel sich bestätigt – jene Regel, die wir viel zu früh haben erkennen lernen, und die unsere Generation illusionslos gemacht hat, dass die species Mensch unter den Lebewesen nicht allzu hoch einzuschätzen ist. Ich stelle das fest und lege es zum Übrigen. Wie alles zwei Seiten hat, so auch dieses. Denn wenn wir einmal einen Menschen finden, der auch unter widrigen Umständen sich als zuverlässig erweist, dann ist das ein Geschenk, dessen Grösse und Schönheit uns jetzt erst so ganz zu Bewusstsein kommt, und das wir nicht, wie vielleicht frühere Generationen selbstverständlich hinnehmen« (Brief H.v.D.s an Ch.v.D. vom 5. Mai (1938), NL von Dohnanyi, 7/33).

240 Als Dohnanyi Anfang Mai 1938 die Nachricht erhielt, daß sich der Sektionschef des österreichischen Justizministers kaum zwei Monate nach dem Einmarsch deutscher Truppen das Leben genommen habe, reagierte er mit den Worten: »...Nerven behalten ist doch auch eine Aufgabe!« (ebd.).

241 Brief Ch.v.D.s an H.v.D. vom 29. August 1938 (NL von Dohnanyi, 7/44; Hervorheb. hinzugef., CS).

lernt hatte, wurde vereinbart, daß er im Falle des erwarteten Kriegsausbruchs sogleich in den persönlichen Stab des Admirals eingezogen werde. Der junge Oberregierungsrat aus dem Reichsjustizministerium war für die Verschwörer von großer Bedeutung. Seine Vertrauensstellung beim Reichsjustizminister verschaffte ihm einen seltenen Überblick über das Ausmaß der kriminellen Vergehen der nationalsozialistischen Führungsclique und den fortgeschrittenen Zustand der Zerstörung des Rechtsstaates durch die verschiedenen Parteigliederungen. Selbst der in seiner innenpolitischen Kompetenz stark beschränkte militärische Geheimdienst unter Canaris dürfte nicht über vergleichbare Informationen verfügt haben.[242] Einen ersten Beweis seines Wissens hatte Dohnanyi im Zuge der Fritsch-Krise erbracht, als er der ahnungslos in die Falle tappenden Wehrmachtsführung aus seiner Kenntnis geheimster Akten, die Hitler Gürtner persönlich übergeben hatte, wichtige Informationen über Görings und Himmlers Rolle in der Affäre zuspielte.[243]

Es scheint daher nicht abwegig zu vermuten, daß Dohnanyis Kenntnis des Verbrechertums der Nationalsozialisten die Umsturzpläne der Militärs um Oster und Beck beschleunigt hat. Durch den Kontakt Osters und Becks mit Dohnanyi fiel ein Problem fort, das sich bislang hemmend auf die Umsturzplanungen ausgewirkt hatte: Wie sollte nach einem Putsch der Wehrmacht gegen Hitler das Volk für den Umsturz gewonnen werden und damit diese erst wirklich Erfolg haben? Dohnanyis Chronik konnte hier unschätzbare Dienste leisten.

242 Vgl. DB, 823 u. H. Höhne, Krieg im Dunkeln. Macht und Einfluß des russischen und deutschen Geheimdienstes, München 1985.

243 Vgl. Ch.v.D., Fassung A), 4f; zur »Blomberg-Fritsch-Affäre« vgl. H.C. Deutsch, Das Komplott oder die Entmachtung der Generale, o.O. 1974 u. J. Schmädeke, Die Blomberg-Fritsch-Krise: Vom Widerspruch zum Widerstand, in: ders./Steinbach, Widerstand, 368–382 (dort auch weitere Literatur).

7. Kapitel: Bonhoeffers Konzentration auf eine Ethik des konkreten Gebotes der Kirche im Konflikt mit einem christentumsfeindlichen Staat 1934 bis 1938

Einführung

In dem erwähnten Parteigutachten wird über Dohnanyi gesagt, er habe die nationalsozialistische Rassengesetzgebung mit der Begründung abgelehnt, daß sie zur Auffassung der evangelischen Kirche im Widerspruch stehe.[1] Da die diesbezüglichen Ansichten auch innerhalb der Bekennenden Kirche keineswegs eindeutig waren,[2] ist zu vermuten, daß sich Dohnanyi auf die oben dargelegte Haltung seines Schwagers Dietrich Bonhoeffer bezogen hat.

Auch in anderen Zusammenhängen läßt sich eine Übereinstimmung in der Beurteilung der politischen und kirchenpolitischen Situation aufzeigen. Zwischen Dohnanyi und Bonhoeffer bestand seit Beginn der dreißiger Jahre ein intensiver Austausch.[3] Im Jahre 1938 weihte jener Bonhoeffer sogar in Überlegungen zu einem Umsturz gegen Hitler ein. Auch in der Zeit des Auslandspfarramts in London von Oktober 1933 bis April 1935 erhielt Bonhoeffer »fast täglich« Nachrichten über den Kirchenkampf und die jüngste politische Entwicklung.[4] In den Jahren der Predigerseminarstätigkeit fuhr Bonhoeffer häufig von Finkenwalde aus nach Berlin, um sich mit Dohnanyi und anderen Gliedern der Familie zu besprechen.[5] Dohnanyi war mehrmals bei jenem in Finkenwalde[6] und besuchte Gottesdienste Bonhoeffers.[7] Dieser hat ferner zahlreiche Kontakte von Vertretern der

1 Vgl. oben 6. Kap. III. u. Anm. VI/223.

2 Vgl. W. Gerlach, Zwischen Kreuz und Davidstern. Bekennende Kirche in ihrer Stellung zum Judentum im Dritten Reich, Diss., Hamburg 1972; Scholder, Band 1, 322ff; Smid, Judentum u. C.-R. Müller, Judenverfolgung.

3 Vgl. z. B. DB, 499, 514 u. 557. Neben Ch. von Dohnanyi hat dies auch Bonhoeffers Zwillingsschwester Sabine Leibholz bestätigt.

4 Vgl. GS II, 133; GS VI, 324 u. 335 sowie DB, 390 u. 455f.

5 Bis zum Entzug der Lehrbefugnis am 5. August 1936 las Bonhoeffer eine einstündige Vorlesung an der Berliner Universität.

6 Vgl. Brief H.v.D.s an Ch.v.D. vom 5. Juni 1936 (NL von Dohnanyi, 6/39) u. DB, 496 u. 637. Als das Finkenwalder Seminar Ende September 1937 von der Gestapo versiegelt worden war, erkundigte sich Dohnanyi nach Bonhoeffers Befinden (vgl. Brief H.v.D.s an Ch.v.D. vom 20. Oktober 1937, NL von Dohnanyi, 7/30). Während der Zeit der Sammelvikariate hat Dohnanyi Bonhoeffer vor eventuellen Aktionen der Gestapo gewarnt (vgl. GS II, 533).

7 Vgl. das Protokoll der Vernehmung Dohnanyis durch Oberstkriegsgerichtsrat Dr. Kutzner am 13. April 1944 (NL von Dohnanyi, 13,II/39, 1).

Bekennenden Kirche mit dem im Reichsjustizministerium tätigen Freund und Schwager vermittelt.[8]

Zugleich konzentrierte Bonhoeffer seine theologischen Erörterungen in den Jahren 1934 bis 1938 ganz auf die Probleme, die der anhaltende Kirchenkampf stellte. Als Ertrag dieser Periode starker Konzentration hat er 1937 und 1939 die später vielgelesenen Schriften »Nachfolge« und »Gemeinsames Leben« veröffentlicht, bevor die Mitwisserschaft an ersten Umsturzplanungen andere Fragestellungen in den Vordergrund schob.[9] Die »Nachfolge« und das »Gemeinsame Leben« sind unmittelbar aus Bonhoeffers Ausbildungstätigkeit mit den sogenannten illegalen Pfarramtskandidaten in Finkenwalde hervorgegangen. Mit den Themen Nachfolge, Bergpredigt und Kirche wurden die Fragen der bedrängten Glieder der Bekennenden Kirche, die sich an die Beschlüsse der Barmer und Dahlemer Synoden gebunden wußten, behandelt. Bonhoeffer ging es darum, den illegalen Kandidaten der Bekennenden Kirche, die fast wieder wie neutestamentliche Wanderprediger rechtlos und besitzlos waren, geistliche Heimat und Widerstandskraft gegen die Angriffe der nationalsozialistischen Machthaber zu geben. In dieser Lage treten für Bonhoeffer die Probleme der ethischen Theorie zurück. Die Fragen einer rechten theologischen Begründung der weltlichen Ordnungen beziehungsweise Institutionen, die die politische Ethik zu beantworten sucht, werden in den Jahren 1934 bis 1938 an keiner Stelle erörtert.

In der Situation der akuten Bedrohung der Kirche und elementarer Lebensgrundlagen der Menschen durch den nationalsozialistischen Staat löst Bonhoeffer das Postulat ein, das er Anfang der dreißiger Jahre formuliert hatte: Er versucht, die Frage nach dem konkreten Gebot der Kirche angesichts dieser Lage zu beantworten. Im Jahre 1934 hieß das für den nach London Übergesiedelten zuerst einmal die Aufforderung an die ökumenische Bewegung, als *Kirche* das Gebot des Friedens unter Verzicht auf Sicherheit zu verkünden. Nach der Rückkehr nach Deutschland im April 1935 hebt Bonhoeffer in wachsendem Maß die Bergpredigt als das konkrete Gebot für die Bekennende Kirche hervor. Am gehorsamen Tun dieses Gebotes entscheidet sich, ob auf dem Kampf und dem Leiden der Kirche Gottes Verheißung ruht. Die wehrlose Liebe, die ins Leiden führt, ist für den Bonhoeffer der Jahre 1934 bis 1938 die erfolgversprechendste Form des Widerspruchs der Kirche gegen einen übermächtigen christentumsfeindlichen Staat. Das Leiden der Gemeinde als der treuesten Dienerin des Staates durch eben diesen Staat ist ein sichtbares und wirkungsvolles Zeugnis dafür, daß er seinen Auftrag verfehlt und seine Staatlichkeit gefährdet.

Im Folgenden sind Bonhoeffers Äußerungen der Jahre 1934 bis 1938 auf

8 Vgl. DB, 455f, 557 u. 637; vgl. auch oben 6. Kap. I.E.2.

9 Vgl. DB, 698ff u. 763ff.

dem Hintergrund seiner – zumindest im kirchlichen Bereich – ungewöhnlich kompetenten Einschätzung der politischen Situation zu interpretieren. Damit läßt sich auch die in der Forschung kontrovers diskutierte Frage entscheiden, ob Bonhoeffer Mitte der dreißiger Jahre den Standpunkt einer unpolitischen Weltentsagung vertreten hat.[10] Gegen ein solches Urteil haben Bethge und Peters zu Recht eingewandt, daß es Bonhoeffer um die aktive Auseinandersetzung mit einer christentumsfeindlichen Welt ging.[11] Der Austausch mit Dohnanyi kann verdeutlichen und illustrieren, daß Bonhoeffer dabei den Begriff »Welt« bewußt als eine theologische Metapher für die von dem totalen Anspruch des nationalsozialistischen Staates bestimmte Lebenswelt verwendet hat.

Ein erster Teil dieses Kapitels arbeitet Bonhoeffers durch Dohnanyis Sachkenntnis mitbedingte Einschätzung der politischen und kirchenpolitischen Entwicklung heraus. Der zweite Teil stellt Bonhoeffers Auffassungen zum Verhalten des Christen im politischen Leben im Zusammenhang der Grundentscheidungen seiner Theologie Mitte der dreißiger Jahre dar.

I. Die Einschätzung der jüngsten politischen und kirchenpolitischen Entwicklung

Wie dargelegt, hat Bonhoeffer schon im Jahre 1933 den beginnenden Kirchenkampf nicht einfach als innerkirchlichen Streit zwischen deutschchristlicher Häresie und rechter Lehre verstanden, sondern auf den notwendigen Konflikt der Kirche mit einem Staat, dessen sich ein politisches Messiastum bemächtigt hatte, aufmerksam gemacht.[12] Ebenso hatte er im Rahmen seiner ökumenischen Arbeit vor den friedensgefährdenden Zielen des Nationalsozialismus gewarnt.[13] Angesichts der etablierten Wirklichkeit des Dritten Reiches präzisiert und verschärft er diese Warnungen. Bonhoeffer gelangte zu der Auffassung, daß Hitlers Macht durch die Ereignisse des Sommers 1934 derart gefestigt war, daß nicht mehr mit einem baldigen Abwirtschaften der Nationalsozialisten, sondern einem langwierigen Kampf der Kirche mit dem nationalsozialistischen Staat zu rechnen war.

10 Vgl. Feil, Theologie, 275ff.

11 Vgl. Bethge, Nachwort zur 12. Auflage der Nachfolge (N, 291ff); Peters, Präsenz, 44f u. 57ff; ders., Radikalismus, 103f u. R. Strunk, Nachfolge Christi. Erinnerungen an eine evangelische Provokation, München 1981, 205f.

12 Vgl. 5. Kap. Ergebnis.

13 Vgl. 1. Kap. II.B.

A. Die Bedeutung der Ereignisse des Sommers 1934 für die weitere politische Entwicklung

In einem Brief vom 11. September 1934 hat sich Bonhoeffer zu der Frage geäußert, ob ein Gespräch zwischen Hitler und Karl Barth als einem der führenden Theologen der Bekennenden Kirche sinnvoll sei. Seiner Auffassung nach ist ein solches Gespräch »nunmehr ... völlig aussichtslos und sogar gar nicht mehr erlaubt. Hitler hat sich als der ganz klar gezeigt, der er ist, und die Kirche muß wissen, mit wem sie zu rechnen hat.«[14] Den Versuch der Oxfordbewegung, Hitler zu bekehren, nennt er »eine lächerliche Verkennung dessen, was vorgeht.«[15] Auf die Erzählung seines Freundes Sutz, er habe Hitlers Leibarzt Brandt bei einer Alpenwanderung kennengelernt, geht er mit ein paar Sätzen ein, die seine Kenntnis und Beurteilung des politischen Geschehens in Deutschland im Sommer 1934 verraten: »Was ist dieser Brandt für ein Mann? Ich verstehe nicht, wie sich ein Mann in Hitlers Umgebung aufhalten kann, der nicht entweder Nathan oder aber mitschuldig ist am 30. Juni, am 25. Juli, an der Lüge des 19. August – mitschuldig am nächsten Krieg! Verzeihen Sie, aber mir scheinen diese Dinge wahrlich *so* ernst zu sein. Ich mag jetzt in diesen Dingen gar kein Spielen mehr.«[16]

Diese Sätze zeigen nicht nur, daß Bonhoeffer über die entscheidenden Daten der politischen Entwicklung im Sommer 1934 gut informiert war, sondern auch, daß sich für ihn durch die genannten Ereignisse die Lage endgültig geklärt hatte. Er brachte das auf die zitierte Formel, Hitler habe sich ganz klar als der gezeigt, der er ist. Die Aufzählung der Ereignisse entspricht der, die Ch. von Dohnanyi von den für ihren Mann im Sommer 1934 wichtigen Geschehnissen gibt, und weist auf einen Austausch der beiden.[17] Es ist bezeichnend für Bonhoeffers und wohl auch Dohnanyis Beurteilung der politischen Situation, wenn im Anschluß an die drei Ereignisse die Gefahr eines kommenden Krieges genannt wird.

Mit dem ersten Datum spricht Bonhoeffer die als Röhm-Putsch bezeichneten Ereignisse des 30. Juni und 1. Juli 1934 an. Eine Notiz von Bonhoeffers Kollegen im Londoner Auslandspfarramt, Julius Rieger, belegt, daß jener von seinem Schwager Dohnanyi über die Vorgänge dieser Tage informiert worden war. Rieger schrieb am 11. September 1934 in sein Tagebuch: »Bonhoeffer weiß aus dem Justizministerium, daß am 30. Juni und 1. Juli 207 Menschen erschossen wurden.«[18]

Eine Predigt, die Bonhoeffer eine Woche nach dem »Röhm-Putsch« gehalten hat, läßt erkennen, daß er von Dohnanyi sogleich in den Tagen

14 GS I, 42.

15 GS I, 42f.

16 GS I, 43.

17 Vgl. Ch.v.D., Fassung B), 6–8.

18 GS VI, 324.

nach den Ereignissen informiert worden war.[19] Schon die Wahl der Perikope Lukas 13, 1–5 als Predigttext ist bezeichnend. In ihm wird die Auffassung abgelehnt, daß die von Pilatus getöteten galiläischen Pilger sowie die Opfer eines Turmeinsturzes an ihrem Tod in besonderer Weise schuld seien. Vielmehr wolle der Text sagen, daß die Hörer ebenso umkommen würden, wenn sie sich nicht besserten.

Daß der Bezug des Predigttextes auf die blutigen Ereignisse der vergangenen Woche offensichtlich war, zeigt Bonhoeffers einleitender Satz: »Vielleicht erschreckt ihr über diesen Text und meint, er sei doch heute gar zu aktuell und darum gefährlich für einen Gottesdienst.«[20] Bonhoeffer wendet sich gegen die Auffassung, die Welt der Zeitungen und der Sensationsmeldungen gehöre nicht in die Kirche. Ihm geht es demgegenüber darum zu wissen, wie man sich als *Christ* zu diesen Dingen zu stellen habe. Er lehnt sodann die »offizielle Ansicht, sagen wir: Die Tagespresse« über diese Ereignisse ab, die den Beschuldigten ihre gerechte Strafe zuspricht; ebenso sei im Sinne der Worte Jesu ein moralisches Urteil über die Exekutoren unangebracht. Für Jesus sei diese erschütternde Zeitungsnachricht von dem furchtbaren Geschehen nichts anderes als ein erneuter, unüberhörbarer Ruf Gottes zur Buße, zur Umkehr an alle, die ihn vernehmen.[21] Nach Bonhoeffers Auffassung war das Morden des 30. Juni 1934 lediglich die Frucht dessen, was vorher an Haß gesät worden war. Die letzten Ereignisse in Deutschland hätten nun unzweifelhaft gezeigt, wohin die Fahrt gehe. Dem amerikanischen Theologen Reinhold Niebuhr gegenüber äußerte er in bitteren Worten seine Verwunderung darüber, daß unter den Erschossenen des 30. Juni kein evangelischer Pfarrer gewesen sei.[22]

Bonhoeffers Schwager Dohnanyi war als persönlicher Referent des Reichsjustizministers bald mit dem vollen Ausmaß der Aktionen am 30. Juni und 1. Juli 1934 konfrontiert. In Dohnanyis Chronik spielen die Vorgänge um den sogenannten Röhm-Putsch noch lange Zeit eine große Rolle.[23] Im Reichsjustizministerium wurde häufig angefragt, ob Anklagen gegen Personen, die sich kritisch zu den Ereignissen geäußert hatten, auf-

19 Predigt am 8. Juli 1934 (GS V, 521ff).

20 GS V, 521.

21 Vgl. GS V, 525.

22 Vgl. GS VI, 296.

23 Am 13. November 1934 hielt Dohnanyi den Inhalt eines Schreibens des Reichsinnenministers Frick an den Reichsjustizminister vom 10. November fest (Eintr. 3. am 13. 11. 1934). Frick bezeichnete darin ein beigefügtes Schreiben des Geheimen Staatspolizeiamtes als »ein starkes Stück«. Dem Schreiben nach war das Ableben des ehemaligen Reichsorganisationsleiters der NSDAP, Gregor Strasser, den man als gefährlichen NS-Dissidenten am 30. Juni gleich mit umbrachte, auf Selbstmord zurückzuführen. Die Witwe werde daher mit ihrem Anspruch auf Auszahlung der Versicherungssumme auf Schwierigkeiten stoßen. Dies ging dem alten Nationalsozialisten Frick entschieden zu weit.

recht erhalten werden sollten. Die Staatsanwaltschaften fürchteten die notwendig damit verbundene öffentliche Erörterung der Vorgänge und stellten die betreffenden Anklagepunkte oftmals zurück.[24] In Predigten katholischer Pfarrer wurden Opfer wie der Leiter der katholischen Aktion, Ministerialdirektor Erich Klausener, oder der Kaufmann Adalbert Probst als Märtyrer der Kirche bezeichnet.[25] Den Reichsjustizminister erreichten ferner Bitten um die Ehrenrettung von Erschossenen des 30. Juni 1934[26] sowie Anfragen verschiedener staatlicher Organe um die Übermittlung von Strafakten Erschossener.[27] Die Tatsache, daß Dohnanyi Bonhoeffer die Zahl von 207 Toten genannt hat, legt einen genauen Einblick in die Geschehnisse des Röhm-Putsches nahe. Offiziell war die Zahl der Toten auf 77 festgelegt worden. Der von Hitler als Nachfolger Röhms zum Stabschef der SA ernannte Victor Lutze verzeichnete jedoch allein 82 Morde an SA-Führern, hinzu kommen Tötungen nationalsozialistischer Dissidenten wie Gregor Strasser und alter Gegner Hitlers wie Ritter von Kahr und General von Schleicher sowie prominenter konservativer Kritiker wie des Publizisten Edgar Julius Jung und persönliche Abrechnungen lokaler SS-Führer.[28] Man war sich im Reichsjustizministerium freilich nicht in jedem Fall sicher, ob ein Toter dieser Tage zu den im Zusammenhang des 30. Juni Erschossenen zu rechnen sei. Wichtig war diese Frage, da Hitler bestimmt hatte, die Hinterbliebenen sollten – vorläufig durch das Geheime Staatspolizeiamt ausgezahlte – Renten erhalten.[29]

Darauf, daß Dohnanyi die ungewöhnlich exakte Zahl von 207 Toten aus genauer Kenntnis des Sachverhalts nannte, weisen auch die Berichte seiner Frau und des Arztes Dr. Albrecht Tietze. Diesem Arzt, der ihn kurz vor seiner Hinrichtung betreute und unterstützte, hatte Dohnanyi bezeichnende Details über die Vorgänge berichtet. Tietze schrieb am 5. Oktober 1946 an Ch. von Dohnanyi: »...wegen der Morde vom 30. 6. 1934 kam es zu einem erbitterten Kampf Ihres Mannes mit den Schergen, die die Gelegenheit benutzten, auch persönliche Widersacher zu liquidieren.«[30]

24 Vgl. Eintr. 3. am 8. 12. 1934 u. Eintr. 1. am 25. 9. 1935.

25 Vgl. Eintr. 3. am 15. 11. 1934, Eintr. 2. am 22. 2. 1935, Eintr.2. am 15. 3. 1935 u. Eintr. 1. am 25. 9. 1935.

26 Eingabe der Ehefrau des am 30. Juni 1934 in Lichterfelde erschossenen SA-Gruppenführers Georg von Detten (vgl. Eintr. 6. am 2. 4. 1935) und Eingabe der Ehefrau des am 1. Juli 1934 ebenfalls in Lichterfelde erschossenen SA-Obergruppenführers Fritz von Krausser (vgl. Eintr. 7. am 2. 4. 1935). Gertrud von Krausser legte unter anderem eine Erklärung vor, daß ihr Mann noch am 27. Juni 1934 mit dem Führer gesprochen habe. Dabei habe der Führer vor Zeugen gesagt: »Krausser, Sie sind der einzige, zu dem ich noch Vertrauen habe.«

27 Vgl. z. B. Eintr. 3. am 25. 9. 1935.

28 Vgl. Sauer, Mobilmachung, 324ff, bes. 350 u. 359ff; Broszat, Der Staat Hitlers, 271 u. Bracher, Diktatur, 262.

29 Vgl. z. B. Eintr. 1. am 20. 11. 1934.

30 NL von Dohnanyi, 21,III/14, 2.

Tietze führt den Fall des Führers des SS-Oberabschnitts Südost, Gruppenführer Udo von Woyrsch, an. Er war bis zum Jahre 1933 zugleich SA-Sonderkommissar in Oberschlesien gewesen, dann aber wie auch andere SS-Führer von Röhm aus dieser Funktion hinausgedrängt worden. Woyrsch tat sich daraufhin bei den Morden des 30. Juni durch besondere Brutalität hervor. Scinc Truppen gerieten schließlich außer Kontrolle, so daß sich selbst führende Nationalsozialisten empörten.[31] Als Woyrsch kurzerhand einen Gläubiger erschießen ließ,[32] bemächtigte sich nach Tietzes Bericht der »noch anständigen« Richter eine große Erregung und der Justizminister flog mit Dohnanyi zunächst zu Göring nach Ostpreußen und anschließend mit kurzer Zwischenlandung in Berlin zu Hitler auf den Obersalzberg. Tietze hat die entwürdigende Behandlung durch Göring, der sich weigerte, über die Morde des 30. Juni zu sprechen, in anschaulichen Details geschildert.[33]

Schließlich zeigt eine Erinnerung Ch. von Dohnanyis an ein kleines Vorkommnis, in wie hohem Maße ihr Mann von der Öffentlichkeit unzugänglichen Interna der Angelegenheit Kenntnis hatte. Dohnanyi war in den Tagen nach dem 30. Juni zufällig Zeuge eines Telephongesprächs zwischen Göring, der neben Himmler und Hitler der Hauptakteur in dem ganzen Geschehen war, und Gürtner. Göring habe diesem angeboten, im Rahmen der augenblicklichen Situation noch etwa fünfzehn mißliebige Männer aus Gürtners Behörde zu erledigen. Dieser habe ihm darauf sehr gereizt geantwortet, er serviere nicht fünfzehn Köpfe auf einem silbernen Tablett.[34]

Ch. von Dohnanyi hat auch im Blick auf das zweite Ereignis, das Bonhoeffer als für die politische Entwicklung entscheidend erachtete, die Ermordung des österreichischen Bundeskanzlers Dollfuß am 25. Juli 1934, eine wichtige Einzelheit aufbewahrt. Nachdem die illegale österreichische NSDAP schon Monate lang, zum Teil mit massiver Unterstützung aus Deutschland, eine Regierungsbeteiligung zu erzwingen gesucht hatte, kam es im Juli 1934 zu einem Putschversuch, bei dem Dollfuß getötet wurde. Auch wenn Hitler sich sogleich öffentlich davon distanzierte, konnte die Abhängigkeit der österreichischen Nationalsozialisten von den deutschen schwer geleugnet werden.

Ch. von Dohnanyi berichtet, ihr Mann habe kurz vor dem Dollfuß-Mord

31 Vgl. Höhne, Mordsache Röhm, 158 u. 285.

32 Dohnanyi hat in der Chronik unter dem Datum des 21. Februar 1935 die Bitte eines Oberstaatsanwalts festgehalten, die Immunität des Reichstagsabgeordneten von Woyrsch wegen Siegel- und Arrestbruchs im Zusammenhang einer Pfändung auf dem Rittergut Schwanowitz aufzuheben.

33 Brief Dr. Tietzes an Ch.v.D. vom 6. Okt. 1946, NL von Dohnanyi, 21,III/14, 3).

34 Ch.v.D., Fassung B), 7f.

mit einem Adjutanten des Reichsjustizkommissars Frank gesprochen. Als Dohnanyi diesem erzählte, daß er in die Ferien fahren wolle, habe dieser »recht unangenehme Parteimann« mit einem vielsagenden Lächeln erwidert: »Reisen Sie ruhig in die Ferien. Wir haben keine Zeit. Aber Sie werden, wenn Sie in den Ferien sind, etwas Schönes von uns hören, aber nicht hier aus dem Reich.«[35] Dohnanyi habe später, als Dollfuß' Tod im Radio bekannt gegeben wurde, angenommen, daß die Umgebung Franks über die Vorbereitung dieser Aktion zumindest Bescheid wußte.

Die Einschätzung des dritten von Bonhoeffer genannten Ereignisses, der »Lüge des 19. August« beruht ebenfalls mit großer Wahrscheinlichkeit auf Informationen Dohnanyis. Was Bonhoeffer als Lüge bezeichnet hat, wurde von den Nationalsozialisten als große Errungenschaft der plebiszitären Führerdemokratie propagiert. Das Volk sollte die noch am Tage von Hindenburgs Tod verfügte Vereinigung der Ämter des Reichskanzlers und des Reichspräsidenten in dem »Führer und Reichskanzler Adolf Hitler« absegnen. Diese Abstimmung über ein bereits in Kraft gesetztes Regierungsgesetz, bei der eine freie und geheime Stimmabgabe nicht mehr gewährleistet war, ergab dann auch eine überwältigende Mehrheit an Ja-Stimmen.[36]

Nach dem Bericht seiner Frau kannte Dohnanyi delikate Hintergründe der Vereinigung der Ämter des Reichspräsidenten und des Reichskanzlers in der Person des Führers. Der Tod Hindenburgs am 2. August 1934 wurde ihm seinerzeit telegraphisch mitgeteilt, woraufhin er seinen Urlaub abbrechen mußte. Er reiste sogleich mit Gürtner nach Tannenberg zur Beerdigung. Als er von dort zurückkam, erzählte er seiner Frau, er habe dort mit einem Offizier ein Gespräch geführt – nach Ch. von Dohnanyis Erinnerung wohl einem der Adjutanten des Generalfeldmarschalls von Mackensen. Dieser habe ihm die näheren Umstände des Todes Hindenburgs auseinandergesetzt und versichert, er sei genau darüber informiert, daß das Testament Hindenburgs von Hitler gefälscht worden sei, Hindenburg habe sich zwei- oder dreimal geweigert, Hitler zu empfangen. »Als er schließlich nicht mehr anders konnte, hat er verlangt, angezogen zu werden, mit der Begründung, diesen Kerl empfange ich jedenfalls nur im Frack oder Cut.«[37] Das Sich-Eindrängen Hitlers in die Krankenstube sei damals von Hindenburgs Umgebung als äußerst taktlos und rücksichtslos empfunden worden.

Bezeichnend für den engen Austausch Bonhoeffers und Dohnanyis ist die schon angedeutete Tatsache, daß Christine von Dohnanyi eben die drei Zusammenhänge als die für Hans von Dohnanyi im Sommer 1934 wichtigen darstellt, die auch Bonhoeffer für die entscheidenden in der veränderten politischen Situation des Sommers 1934 gehalten hat. Darüber hinaus

35 AaO., 8.

36 Vgl. Erdmann, Deutschland 1933–1939, 102f.

37 Ch.v.D., Fassung B), 8.

spricht Bonhoeffer im Anschluß an die drei Ereignisse von der Gefahr des nächsten Krieges. Es ist anzunehmen, daß er durch die drei Geschehnisse im Sommer 1934 die Kriegsgefahr sprunghaft ansteigen sah.

Durch ihre Haltung wohlwollender Duldung den Morden des 30. Juni 1934 gegenüber wurden die führenden Militärs Komplizen des nationalsozialistischen Verbrechertums und gaben einen beträchtlichen Teil ihrer Unabhängigkeit, ihres Ethos und ihrer Traditionen auf.[38] Zudem wurde durch die Ausschaltung der SA der Raum frei für eine weder durch Kompetenzkonflikte noch durch Rivalitäten gehemmte Unterstützung Hitlers im Blick auf die gewaltigen Aufrüstungspläne der Reichswehrführung.

Auch dem Dollfuß-Mord kommt eine gewisse Bedeutung im Zusammenhang einer wachsenden Kriegsgefahr zu. Er offenbarte nicht nur die gänzliche Mißachtung des Völkerrechts durch die Nationalsozialisten, sondern war auch eine der Hauptursachen für die rasch fortschreitende außenpolitische Isolierung Deutschlands und die Stärkung eines gegen Deutschland gerichteten Bündnisses, in welches Frankreich nun auch die Sowjetunion integrieren wollte.[39]

Die Übernahme des Reichspräsidentenamtes durch Hitler schließlich machte diesen zum Oberbefehlshaber der Wehrmacht. Der Reichswehrminister Blomberg und sein Ministeramtschef Reichenau wußten nichts Besseres zu tun, als die rückhaltlose Unterwerfung der Wehrmacht noch am 2. August 1934 mit einem Eid der gesamten Wehrmacht, der nun nicht mehr auf die Verfassung verpflichtete, sondern zu unbedingtem persönlichen Gehorsam dem Führer gegenüber, zu demonstrieren.

Die Hoffnungen, daß die Nationalsozialisten in Kürze abgewirtschaftet hätten, bestätigten sich nicht. In einem Brief, den Bonhoeffer am 8. August 1934 an den dänischen Bischof Ammundsen wegen der bevorstehenden ökumenischen Konferenz in Fanö schrieb, weist Bonhoeffer auch selbst auf eine Veränderung seiner Haltung: »Es muß, *gerade auch in unserer Stellung zum Staat*, hier ganz ehrlich geredet werden, um Jesu Christi willen und der ökumenischen Sache willen. Es muß klar werden – so furchtbar es ist –, daß die Entscheidung vor der Tür steht: Nationalsozialist *oder* Christ; daß wir einen Schritt weitergehen müssen, als wir vor einem Jahr waren (ich weiß, Sie haben es damals schon gesagt!).«[40]

38 Man protestierte nicht einmal gegen die Ermordung der Generäle von Schleicher und von Bredow (vgl. K.-J. Müller, Reichswehr und »Röhm-Affäre«. Aus den Akten des Wehrkreiskommandos (Bayer.) VII, in: Militärgeschichtliche Mitteilungen 1/1968, 107–144, bes. 109ff).

39 Die Aufnahme der UdSSR in den Völkerbund am 16. September 1934 war ein für Hitler »sehr peinlicher« Erfolg dieser Politik (vgl. Broszat, Der Staat Hitlers, 282). Selbst im Verhältnis zu dem faschistischen Italien wuchsen die Spannungen. Mussolini ließ unmittelbar nach der Ermordung Dollfuß' Truppen an der Tiroler Grenze aufmarschieren.

40 GS I, 205f.

B. Die kompromißlose Ablehnung der staatlichen Kirchenpolitik

Auch nach seinem Wechsel in ein Auslandspfarramt nach London im Oktober 1933 hat sich Bonhoeffer auf seiten der Bekennenden Kirche am Kirchenkampf beteiligt. Er setzte seine ökumenischen Kontakte dafür ein, den Kampf der Bekennenden Kirche gegen die Reichskirchenregierung unter dem deutsch-christlichen Reichsbischof Ludwig Müller zu unterstützen. Insbesondere das nahe Verhältnis zu dem Vorsitzenden des Ökumenischen Rates für praktisches Christentum, Bischof Bell von Chichester, bewirkte eine Stärkung der Bekennenden Kirche durch die Ökumene.[41] Bonhoeffer hat ferner gegen den Widerstand des kirchlichen Außenamtes unter Bischof Heckel die Loslösung der deutschen Gemeinden in London von der deutsch-christlichen DEK und ihren Anschluß an die Bekennende Kirche betrieben.[42]

Nach der Rückkehr aus London im April 1935 begann für Bonhoeffer eine neue Phase des Kirchenkampfes. Als Leiter eines der fünf Predigerseminare der Bekennenden Kirche in Altpreußen suchte er seine Kandidaten auf einen langfristigen Konflikt mit einem Staat, der im Dienst christentumsfeindlicher Mächte stand, vorzubereiten. Im Jahre 1935 hatte der organisatorische Ausbau der Bekennenden Kirche nach den Synoden von Barmen und Dahlem seinen Höhepunkt erreicht, zugleich änderten sich jedoch die Mittel der staatlichen Kirchenpolitik.[43] Man versuchte nun nicht mehr die DEK mithilfe deutsch-christlicher Kirchenleitungen gleich- beziehungsweise auszuschalten, sondern erließ staatliche Gesetze, unterzeichnet von Hitler und dem preußischen Ministerpräsidenten Göring, um ein eigenständiges kirchliches Leben unmöglich zu machen.

Im Februar und März 1935 errichtete der preußische Staat als »Rechtshilfe« die Finanzabteilungen bei den altpreußischen Landeskirchen.[44] Indem den bekenntnistreuen Gemeinden die eigenständige Verfügung über ihr Vermögen und Spendenaufkommen entzogen wurde, beseitigte man eine entscheidende Voraussetzung für ein unabhängiges Gemeindeleben. Am 26. Juni 1935 erließ die Reichsregierung die bereits erwähnte Verordnung über die Errichtung einer Beschlußstelle in Rechtsangelegenheiten

41 Vgl. DB, 411ff.

42 Vgl. DB, 389ff; C.-R. Müller, Judenverfolgung, 238ff hat Bonhoeffers umfangreiche Hilfstätigkeit für aus rassischen und politischen Gründen Verfolgte während der Londoner Zeit dargestellt.

43 Vgl. zum Folgenden Meier, Kirchenkampf, Bd. 2, 66ff.

44 Erlaß des Evangelischen Oberkirchenrats betr. Bildung von Finanzabteilungen im Evangelischen Oberkirchenrat und in den Konsistorien vom 3. Februar 1935 und Gesetz über die Vermögensverwaltung in den Evangelischen Landeskirchen vom 11. März 1935 (vgl. Kirchliches Jahrbuch für die evangelische Kirche in Deutschland, 60.-71. Jg., 1933–1944, begründet v. Johannes Schneider, hg.v.J. Beckmann, 2. Aufl., Gütersloh (1948) 1976, 99f).

der DEK.[45] Schließlich richtete Hitler am 16. Juli 1935 ein Kirchenministerium unter der Leitung des bisherigen Ministers ohne Geschäftsbereich Hanns Kerrl ein.[46] Auch diese Aktion entpuppte sich bald als erneuter Versuch, die Bekennende Kirche organisatorisch lahmzulegen. Am 24. September 1935 erließ Kerrl das »Gesetz zur Sicherung der DEK«, welches mit seinen insgesamt siebzehn Durchführungsverordnungen schließlich auch maßgeblich für den Niedergang der Bekennenden Kirche verantwortlich war.[47] Die erste Durchführungsverordnung verfügte am 3. Oktober 1935 die Bildung eines Reichskirchenausschusses, der die bisherige Reichskirchenregierung ablösen sollte, sowie eines Landeskirchenausschusses der ApU und entsprechender Provinzialkirchenausschüsse.[48]

Nach dem Willen Kerrls sollten die Kirchenausschüsse das ganze Spektrum kirchlicher Richtungen repräsentieren, um die Spaltung der evangelischen Kirche zu überwinden. Er konnte in der Bekennenden Kirche angesehene Persönlichkeiten wie den ehemaligen Generalsuperintendenten der westfälischen Kirchenprovinz D. Wilhelm Zoellner und den 1933 vorzeitig pensionierten provinzialsächsischen Generalsuperintendenten D. Johannes Eger für eine Mitarbeit gewinnen. So sahen auch viele Anhänger der Bekennenden Kirche in den Plänen des Kirchenministers eine positive Wandlung der nationalsozialistischen Kirchenpolitik. Bis zum Rücktritt des von Zoellner geführten Reichskirchenausschusses am 12. Februar 1937 wurde die Bekennende Kirche durch die Frage der Zusammenarbeit mit den Kirchenausschüssen oder gar einer Mitarbeit in ihnen entzweit. Zwar erreichte Kerrl sein Ziel einer Vereinigung aller wichtigen Kräfte in der evangelischen Kirche unter den Kirchenausschüssen, die dem Kirchenministerium verantwortlich waren, zu keiner Zeit. Jedoch bewirkte der dauernde Streit um die Stellung zu den Kirchenausschüssen eine nachhaltige Schwächung der Bekennenden Kirche und bereitete ihren Verfall mit vor. In den erhaltenen Quellen findet sich kein Hinweis, daß Bonhoeffer zu irgendeiner Zeit in seiner Haltung gegenüber Kerrls Kirchenausschußpolitik schwankend wurde. Seine erste Reaktion auf die Einsetzung der Kirchenausschüsse war nicht nur eindeutig ablehnend, sondern er sah auch die entzweiende Wirkung für die Bekennende Kirche voraus: »In der kirchlichen Entwicklung sehe ich ziemlich schwarz. Ich glaube, es werden uns jetzt viele verlassen, und scheint mir der Weg in die Freikirche einfach vorgeschrieben und notwendig. Ich halte das Eingehen auf den Kerrlschen Vorschlag einfach für unmöglich.«[49]

45 Zu den katastrophalen Folgen für die Bekennende Kirche vgl. oben 6. Kap. I.E.1.

46 Erlaß über die Zusammenfassung der Zuständigkeiten des Reichs und Preußens in Kirchenangelegenheiten vom 16. Juli 1935 (vgl. KJ 1933–1944, 105).

47 AaO., 105f.

48 AaO., 106f.

49 Brief an Susanne Dress, o.D., vermutlich 2. Hälfte Oktober 1935 (GS VI,

In einem Gutachten über »Irrlehre in der Bekennenden Kirche« vom Juni 1936 formulierte er eine theologisch begründete Ablehnung der Kirchenausschüsse, die an Deutlichkeit nichts zu wünschen übrig ließ.[50] Darin hieß es, die Kirchenausschüsse könnten nach lutherischer Lehre nicht als Kirchenleitung anerkannt werden, weil sie bekenntniswidrig seien, in ihrer Einsetzung, ihrer Zusammensetzung und ihren Grundsätzen. Es sei nicht nur nachweislich, daß Irrlehrer in den Kirchenausschüssen mitarbeiteten, sondern auch, daß die rechte Lehre verfolgt werde. Ferner sei in den Äußerungen Zoellners, Egers und anderer im Keim alles enthalten, was an Irrlehre über das Wesen der Kirche und des Staates bei den Deutschen Christen vorhanden ist.

Bonhoeffer kritisierte die Reichsbekenntnissynode in Bad Oeynhausen vom 17. bis 22. Februar 1936, weil sie kein klares Verbot einer Mitarbeit in den Kirchenausschüssen ausgesprochen habe. »Es ist unzweifelhaft, daß sie (die Kirchenleitung der Ausschüsse, CS) der wahren Kirchenleitung gefährlicher ist als die Reichskirchenregierung.«[51] Es ist zu vermuten, daß Bonhoeffers ablehnende Haltung gegenüber der staatlichen Kirchenpolitik durch den Austausch mit Dohnanyi mitbedingt war. Den Kirchenminister Kerrl hatte dieser schon im Zuge der Arbeiten an der Strafrechtserneuerung kennengelernt.[52] Kerrl war damals als Herausgeber der erwähnten Denkschrift über ein neues nationalsozialistisches Strafrecht auf rassischer und völkischer Grundlage hervorgetreten. Die darin geäußerten Gedanken konnten in den Sitzungen der Strafrechtskommission teilweise zurückgewiesen oder zumindest modifiziert werden, bildeten dann aber eine der Hauptquellen für die berüchtigten Nürnberger Gesetze vom September 1935.[53]

Im Diensttagebuch des Reichsjustizministers hat Dohnanyi mehrere Dokumente abschriftlich festgehalten, in denen Kerrl beziehungsweise sein Staatssekretär Muhs sich – anders als in der Öffentlichkeit – als ausgesprochene Scharfmacher gegen die Bekennende Kirche offenbaren. Unter dem Datum des 11. Dezember 1936 heftete Dohnanyi ein von Muhs gezeichnetes, vertrauliches Schreiben des Kirchenministers vom 8. Dezember 1936 ab.[54] In ihm wird zu den Bestimmungen des neuen Strafgesetzbuchentwurfes über Angriffe auf die Religion Stellung genommen. Im Gegensatz zur Strafrechtskommission wollte der Kirchenminister beziehungsweise Staatssekretär Muhs den § 231 über die Beschimpfung einer Religionsgesell-

365); zu Bonhoeffers hellsichtiger Einschätzung der Beschlußstelle in kirchlichen Angelegenheiten beim Innenminister vgl. oben Anm. VI/80.

50 Vgl. GS II, 273f.

51 GS II, 237; vgl. GS II, 507.

52 Vgl. oben 6. Kap. II.B.

53 Vgl. L. Gruchmann, »Blutschutzgesetz« und Justiz. Zur Entstehung und Auswirkung des Nürnberger Gesetzes vom 15. September 1935, in: VfZ 31(1983), 418f.

54 Vgl. den Bericht über den Vorgang in Eintr. 9. am 11. 12. 1936.

schaft getilgt haben. »Er unterstreicht den Schutz der Religionsgesellschaft in einer Weise, die mir viel zu weit zu gehen scheint.« Eine Zusatzbestimmung zum § 230 über die Verletzung des religiösen Empfindens wäre völlig ausreichend, wobei die Religionsgesellschaften jedoch nicht den Gemeinschaftsehrenschutz erhalten dürften. Ferner begrüßte er den ausdrücklichen Hinweis darauf, daß »unter Gott kein irgendwie dogmatisch festgelegter Begriff« verstanden werde.[55] Ist schon dieser Satz bezeichnend für das »positive Christentum« des Kirchenministers und seines Staatssekretärs, so offenbart der abschließende Satz des Schreibens die wahren Grundlagen der Zusammenarbeit mit den Kirchenausschüssen. Es sei nicht beabsichtigt, die Bestimmungen über Angriffe auf die Religion dem Reichskirchenausschuß zur Stellungnahme zuzuleiten. Denn angesichts der kirchenpolitischen Lage und der bisherigen Haltung der Kirchen sei ihre Beteiligung an einem so grundlegenden Staatsgesetz nicht wünschenswert.

Mehrmals wandte sich Kerrl an den Reichsjustizminister, um ein schärferes Durchgreifen der Justiz gegen Aktivitäten der Bekennenden Kirche zu erreichen;[56] auch ein härteres Vorgehen gegen Niemöller mahnte Kerrl an.[57] Als Ende November 1937 eine Verschärfung des Heimtückegesetzes vom 20. Dezember 1934 zur Debatte stand, konnte sich Kerrl nicht den Bedenken, die der Stellvertreter des Führers Heß und Reichsminister Frank dagegen vorgebracht hatten, anschließen.[58]

Er sei im Gegenteil der Auffassung, daß durch den Neuentwurf des Reichsjustizministers noch nicht alle strafwürdigen und im öffentlichen Interesse notwendig strafbaren Fälle erfaßt würden. Drei Monate später betonte Muhs in einem vertraulichen Schnellbrief, er könne die Auffassung des Reichsjustizministers nicht teilen, daß die Umgestaltung der Materie des Heimtückegesetzes zweckmäßig der allgemeinen Strafrechtserneuerung überlassen bleiben solle. Gerade an dem »Fehlurteil« gegen Niemöller habe sich die dringende Notwendigkeit, die erheblichen Mängel des Heimtückegesetzes baldmöglichst zu beheben, deutlich gezeigt.[59]

Auf dem Hintergrund der Sach- und Personalkenntnis seines Schwagers mußte es Bonhoeffer unmöglich sein, der offiziellen Darstellung der staatlichen Kirchenpolitik Glauben zu schenken. Die Kerrlsche Kirchenausschußpolitik betrachtete er nicht als einen Weg, die zerstrittenen Gruppierungen in der Bekennenden Kirche zu versöhnen, sondern als einen Versuch, die evangelische Kirche einem pseudomessianischen Kräften dienstbar gemachten Staat einzugliedern. Die Einschätzung, daß die wahren antikirchlichen und christentumsfeindlichen Ziele des nationalsozialisti-

55 Ebd.
56 Vgl. z. B. Eintr. 1. am 1. 4. 1937 u. Eintr. 1. am 30. 3. 1937.
57 Vgl. Eintr. 6. am 21. 4. 1937.
58 Vgl. Eintr. 2. am 29. 11. 1937.
59 Vgl. Eintr. 1. am 5. 3. 1938.

schen Regimes einmal unverhüllt hervortreten würden, bestimmte Bonhoeffers gesamte Finkenwalder Arbeit. So schrieb er im Jahre 1936 an die ehemaligen Finkenwalder: »Ich meine, wir sollten uns alle bereit machen, durch leibliche und geistliche Zucht für den Tag, an dem wir einmal auf die Probe gestellt werden.«[60]

C. Der pseudomessianische Anspruch des nationalsozialistischen Staates

Bonhoeffers Urteil über das Dritte Reich folgt aus seiner dargestellten Einschätzung der nationalsozialistischen Bewegung als eines politischen Messiastums. Ein Staat, der in den Dienst pseudoreligiöser Ziele gestellt wird, versucht die Bestimmung der Kirche zu erfüllen und verfehlt seinen Auftrag, für Recht und Frieden zu sorgen.[61] Bonhoeffer hat zwar in den Jahren 1934 bis 1938 den nationalsozialistischen Staat nicht direkt mit den

60 GS II, 486. Vor allem über Angelegenheiten, die Finkenwalder Kandidaten betrafen, dürfte Dohnanyi Bonhoeffer informiert haben. So schrieb er z. B. am 11. Mai und am 14. Juli 1936 ausführliche Berichte über die Sache des Pastors Johannes Pecina aus Seelow bei Frankfurt a.O. in das Diensttagebuch. Dieser war Anfang Mai 1937, noch vor der großen Verhaftungswelle des Jahres 1937, wie auch sein Nachfolger, der Finkenwalder Willi Brandenburg, verhaftet worden. Bonhoeffer fuhr daraufhin nach Frankfurt und versuchte vergeblich zu ihnen in das Gefängnis vorzudringen (vgl. DB, 612 u. GS II, 478; vgl. auch W. Niesel, Kirche unter dem Wort. Der Kampf der Bekennenden Kirche der altpreußischen Union 1933–1945 (AGK, Ergänzungsreihe Bd. 11), Göttingen 1978, 107).
Vgl. auch die Ermittlungen über die Todesursache des BK-Juristen Friedrich Weißler (Eintr. 1. am 13. 3. 1937) und die Verhaftung des ehemaligen Finkenwalders Werner Koch (Eintr. 4. am 13. 7. 1937). Beide waren im Zusammenhang der folgenschweren Veröffentlichung einer für Hitler bestimmten Denkschrift der 2. VKL im Juli 1936 in Haft genommen worden (vgl. DB, 602ff u. Koch, Leben, 136ff).

61 Die pseudoreligiösen Ansprüche des Staates waren z. B. Anlaß für den Konflikt um eine sogenannte »Totenauferstehungsfeier« zum Gedächtnis der im Jahre 1923 in München Gefallenen. Die Finkenwalder nahmen Anstoß daran, daß die Kirchen durch eine Flaggenverordnung des Innenministers vom 15. September 1935 gezwungen wurden, auch am Tage dieser »Totenauferstehungsfeier« die kirchlichen Gebäude zu beflaggen. »Wir stellen fest, daß hiermit eine staatliche Feier in ausgesprochen kultischen Formen, und zwar unter Benutzung spezifisch biblischer Terminologie vor sich gegangen ist. Durch eine ausdrückliche Flaggenverordnung des Innenministers sind die christlichen Kirchen gezwungen worden, an dieser Feier teilzunehmen. Hiermit ist die Evangelische Kirche zu einer offenkundigen Bekenntnisverletzung verleitet worden« (GS II, 456). Die Kirchenleitung wurde dringend gebeten, angesichts eines immer bedrohlicher werdenden pseudochristlichen Staatskultes ihr Wächteramt wahrzunehmen und unverzüglich ein klares Wort hierzu zu sagen. Eben das Problem der Beflaggung kirchlicher Gebäude war auch Thema mehrerer Schreiben, die im Winter 1935/36 über Dohnanyis Schreibtisch gingen. Beleg dafür, daß Dohnanyi wenigstens am Rande mit der Angelegenheit

Prädikaten aus Apokalypse 13 angeklagt, aber in einer Predigt über Apokalypse 14, 6–13 vom November 1935 charakterisiert er dessen Gegensatz zur Kirche Christi mit entsprechenden Metaphern.[62] Die Geschichte vom Fall Babylons dient Bonhoeffer dazu, der Bekennenden Kirche die Furcht vor dem scheinbar übermächtigen nationalsozialistischen Staat zu nehmen, der in Wirklichkeit schon gerichtet sei. »Wer ist Babylon; war es Rom? Wo ist es heute? Wir wagen es heute noch nicht zu sagen – nicht aus Furcht vor den Menschen! Sondern die Gemeinde weiß es noch nicht – aber sie sieht furchtbare Dinge und Enthüllungen herannahen.«[63] Im Fortgang der Predigt setzt Bonhoeffer jedoch Babylon, das von seinen Anbetern blinde Liebe und Rausch verlangt, mit dem Dritten Reich gleich.

In Anlehnung an den Predigttext prophezeit er dessen nahendes Ende.[64] »Fürchtet euch nicht vor Babylon, es kann euch nichts anhaben – es ist schon gerichtet! Es ist nichts wie Staub und Grau und Trümmer. Nehmt es nicht ernst, so blutig ernst; verzehrt euch nicht in euerem Haß oder euerem Eifer; es ist ja alles nur so vorläufig...«[65] Im Sinne der Staatslehre von Apokalypse 13 betont Bonhoeffer schließlich den Gegensatz des christlichen Bekenntnisses gegen das Babylons, womit er wiederum offensichtlich den Widerspruch des christlichen Glaubens gegen die nationalsozialistische Ideologie im Blick hat: »Das Tier ist der Herr Babylons, der Mensch der Lästerung, der Überhebung und der Gewalt. Und das ist das Furchtbare: das Tier hat nicht genug daran, daß ihm die Menschen dienen, sondern es will, daß sie sich mit seinem Zeichen bezeichnen an Stirn und Hand; daß sie ihm sichtbar gehören mit Kopf und Tat, das Tier will Bekenntnis! Wie die Christen sich bezeichnen mit dem Zeichen des Kreuzes, so will das Tier, daß mit dem Malzeichen der Gotteslästerung gezeichnet seien, die ihm gehören. Und sie beten das Tier an und sagen: »Wer ist größer und mächtiger als dies Tier? Wer will ihm widerstehen? Wer ist herrlicher und göttlicher?...«[66]

Nach Bonhoeffers Auffassung traf die Verwerfung der fünften These der Barmer Theologischen Erklärung den nationalsozialistischen Staat. Hier war die falsche Lehre zurückgewiesen worden, »als solle und könne der Staat über seinen besonderen Auftrag hinaus die einzige und totale Ordnung menschlichen Lebens werden und also auch die Bestimmung der Kirche erfüllen.«[67]

befaßt war, ist sein Signum auf den betreffenden Dokumenten (vgl. BA, R 22/2, f. 100f u. 117).

62 Predigt am 24. November 1935 (GS V, 568ff).

63 GS V, 573.

64 Vgl. GS V, 572.

65 GS V, 573.

66 GS V, 573f.

67 K.D. Schmidt, Die Bekenntnisse und grundsätzlichen Äußerungen zur Kirchenfrage, Band 2: Das Jahr 1934, Göttingen 1935, 94.

Bonhoeffer hat auch die zweite in der Verwerfung der Barmer Erklärung genannte Charakteristik einer falschen Staatslehre im nationalsozialistischen Staat verwirklicht gesehen. Der Staat darf nicht zu einem totalen werden und das Eigenleben der übrigen weltlichen Ordnungen zerstören. Bonhoeffer hat vor allem die Verletzung des Rechtes zweier Ordnungen vor Augen: Ehe und Elternschaft.[68] Er betont, daß die Ehe nicht *durch* den Standesbeamten geschlossen werde, sondern durch Mann und Frau *vor* ihm als dem Beauftragten des Staates.[69] Der nationalsozialistische Staat sehe die Ehe als eine politische Organisation. Darum meine er, bestimmte Ehen verbieten und aus vorhandenen die Kinder wegnehmen zu dürfen. Bonhoeffer wendet sich offensichtlich gegen das Gesetz zum Schutze des deutschen Blutes und der deutschen Ehre vom 15. September 1935, das die Ehe zwischen Juden und Deutschen unter Strafe stellte,[70] wenn er betont: »Das ist eine klare Überschreitung seiner Kompetenzen.«[71]

Auch die elterliche Ordnung ist nach Bonhoeffers Auffassung nicht ein Teil der politischen Ordnung, sondern steht dieser gegenüber. Darum müsse Luther widersprochen werden, wenn er in seiner Erklärung des vierten Gebotes die Ehre der Eltern und den Gehorsam gegen sie auf die Obrigkeit ausdehnt.[72] »Die Ordnung der Ehe und der Eltern hat vor Gott ein eigenes Recht und begrenzt das Recht des Staates.«[73] Der politischen Ordnung stehen andere weltliche Ordnungen gegenüber, die sie begrenzen.

Bonhoeffers drittes kritisches Urteil über den nationalsozialistischen Staat bezieht sich auf die fortgeschrittene Zerstörung der Grundlagen des liberalen Rechtsstaats. Am 15. Januar 1936 hielt er seiner Großmutter Julie Bonhoeffer die Grabrede und stellte ihr Leiden an der nationalsozialistischen Unrechtsherrschaft heraus: »Sie konnte es nicht ertragen,. . .wo sie das Recht eines Menschen vergewaltigt sah. Darum waren ihre letzten Jahre getrübt durch das große Leid, das sie trug über das Schicksal der Juden in unserem Volk, an dem sie mittrug und mitlitt.«[74] Bonhoeffer

68 Vgl. GS V, 412. Die betreffenden Äußerungen finden sich im Text der Vorlesung über »Seelsorge«, die aus Nachschriften des SS 1936, WS 1936/37, SS 1937, WS 1937/38 u. WS 1938/39 rekonstruiert wurde.

69 Ebd.; vgl. auch EN, 186.

70 RGBl. 1935, Teil I, 1145f.

71 GS V, 412.

72 So vor allem in der Auslegung des vierten Gebotes in dem Traktat: »Von den guten Werken« (1520, WA 6, 250–265) und im »Große(n) Katechismus« (1529, WA 30,I, 147–157); vgl. E. Kinder, Luthers Ableitung der geistlichen und weltlichen »Oberkeit« aus dem 4. Gebot (1959), in: H.-H. Schrey (Hg.), Reich Gottes und Welt. Die Lehre Luthers von den zwei Reichen (WdF 107), Darmstadt 1969, 221–241.

73 GS V, 412.

74 GS IV, 459. Die Grabrede war einem anwesenden Vetter, der einen hohen

zählte die »Unbeugsamkeit des Rechtes« zu dem Erbe, das sie verkörperte, und mahnte, dieses Erbe, für das ihr zu danken sei, sinke nicht mit ihr ins Grab, sondern müsse den Lebenden Verpflichtung sein.[75] Die brennendste, erhaltene Anklage Bonhoeffers gegen die Verachtung des Rechts durch die Nationalsozialisten findet sich in einer Predigt am 11. Juli 1937 über einen Rachepsalm.[76] Im Juni 1937 war eine große Verhaftungswelle über die Bekennende Kirche hinweggegangen und am 1. Juli hatte die Gestapo Martin Niemöller, über dessen Gefährdung sich Dohnanyi keine Illusionen machte, angeblich nur zu einem Verhör abgeholt.[77] Bonhoeffers Worte sprechen für sich: »Eine böse Zeit, wenn die Welt stumm das Unrecht geschehen läßt. Wenn die Bedrückung der Armen und Elenden laut zum Himmel schreit und die Richter und Herren der Erde schweigen dazu. Wenn die verfolgte Gemeinde in höchster Not Gott um Hilfe und die Menschen um Gerechtigkeit anruft, und kein Mund tut sich auf Erden auf, ihr Recht zu schaffen.«[78]

Bonhoeffer wendet den Blick von der Bedrängnis der Bekennenden Kirche auf die von staatlichem Unrecht betroffenen Menschen insgesamt: »Menschenkinder sind es, denen Unrecht geschieht. Muß denn das in solchen Zeiten immer vergessen sein? Hört ihr es: Menschenkinder, die Geschöpfe Gottes sind wie ihr, die Schmerz und Elend empfinden wie ihr, die ihr ihnen Gewalt tut; die ihr Glück und ihre Hoffnungen haben wie ihr; die ihre Ehre und ihre Schmach fühlen wie ihr; Menschenkinder, die Sünder sind wie ihr und die Gottes Barmherzigkeit brauchen wie ihr; euere Brüder! ›Seid ihr denn stumm?‹ O nein, sie sind nicht stumm, man hört ihre Stimme auf Erden wohl. Aber es ist ein unbarmherziges, ein parteiisches Wort, das sie sprechen. Es richtet nicht nach dem Recht, sondern nach dem Ansehen der Person.«[79] Bonhoeffer weist mit dieser unmißverständlichen Anklage das nationalsozialistische Bestreben einer Gesetzgebung und Rechtssprechung nach rassischen und politischen Gesichtspunkten zurück. Ihm geht es um das Recht der »Menschenkinder«, jedes einzelnen Individuums, das nicht zugunsten von Rasse oder Volkstum aufgegeben werden kann.

Staatsposten innehatte, so anstößig, daß dieser Bonhoeffer nach der Predigt die Hand verweigerte (vgl. DB, 574).

75 Vgl. GS IV, 458f.

76 Vgl. GS IV, 413ff. In der Predigt finden sich ca. 40 Begriffe des Wortstamms »Recht«.

77 Schon die Wahl von Psalm 58 als Predigttext kommt in dieser Situation einer Anklage gleich. Es heißt dort unter anderem: »Seid ihr denn stumm, daß ihr nicht reden wollt, was recht ist, und richten nach Gebühr die Menschenkinder? Ihr alle urteilt unrecht im Lande und geht stracks durch, mit euren Händen zu freveln. . .« (zu Niemöllers wachsender Gefährdung vgl. oben 6. Kap. I.E.2.).

78 GS IV, 415.

79 Vgl. GS IV, 415ff.

Von der »Entstaatlichung des Staates«, wie sie Bonhoeffer beschrieben hat, ist die Kirche in besonderer Weise betroffen. Zum einen hat sie für die Opfer dieser Entwicklung den Mund aufzutun und diakonisch tätig zu sein, zum anderen aber hat sie selbst darunter in herausragender Weise zu leiden.

II. Theologische Grundentscheidungen im Kirchenkampf

Bonhoeffer hat seine theologische Arbeit in der neuen Situation eines grundlegenden Konflikts der evangelischen Kirche mit dem Staat auf die dadurch gestellten Fragen konzentriert.

A. Der Raumanspruch der sichtbaren Kirche

Fast alle Veröffentlichungen und sonstigen Äußerungen in den Jahren 1934 bis 1938 widmen sich der Stärkung, Verteidigung und Erneuerung der Kirche.[80] Schon die Dissertation von 1927 hatte Probleme der Ekklesiologie behandelt. Die Lehre von der Kirche sollte nicht einen Locus der Dogmatik neben anderen, sondern den Boden jeder theologischen Aussage bilden. »Die Kirche gehört vor die Klammer der Theologie.«[81] Nur in der Gemeinschaft der Kirche kann theologische Arbeit betrieben werden, da sie der Ort der Offenbarung Gottes ist.[82] Bonhoeffer präzisiert seine vielfach beschriebenen ekklesiologischen Grundauffassungen in den Jahren des Kirchenkampfes in mehrfacher Hinsicht.[83]

Aufgrund der gespannten Situation in Deutschland sucht er das Verhältnis von Bekennender Kirche und Ökumene zu klären. Der Ökumenische Beirat der Vorläufigen Kirchenleitung der Bekennenden Kirche hatte beschlossen, die Teilnahme an ökumenischen Versammlungen abzulehnen, bei denen auch die Reichskirchenregierung vertreten sei.[84] Als Bonhoeffer

80 Vgl. die Zusammenstellung bei G.L. Müller, Für andere da. Christus – Kirche – Gott in Bonhoeffers Sicht der mündig gewordenen Welt (Konfessionskundliche und kontroverstheologische Studien, Bd. 14), Paderborn 1980, 158 Anm. 20.

81 GS V, 235.

82 GS V, 230.

83 Zur Entwicklung von Bonhoeffers Ekklesiologie vgl. H.C. von Hase, Begriff und Wirklichkeit der Kirche in der Theologie Dietrich Bonhoeffers, in: MW I, 26–46; P.L. Berger, Sociology and Ecclesiology, in: The Place of Dietrich Bonhoeffer. Problems and Possibilities in His Thought, hg.v. M.E. Marty, 2. Aufl., New York 1964, 53–80; M. Honecker, Kirche als Gestalt und Ereignis. Die sichtbare Gestalt der Kirche als dogmatisches Problem (Forschungen zur Geschichte und Lehre des Protestantismus, Bd. X, 25), München 1963, 124–156; G. Hourdin, Bonhoeffer. Une église pour demain, Paris 1971, 129–161; G.L. Müller, Für andere da, 154–192 u. Huber, Wahrheit und Existenzform, 87–139.

84 Vgl. GS I, 227ff.

im Juni 1935 eine Einladung erhielt, an der Sitzung eines Ausschusses der Bewegung für »Glauben und Kirchenverfassung« teilzunehmen,[85] fragte er nach, ob die Reichskirchenregierung ebenfalls eingeladen sei. Auf eine bejahende Antwort hin verfaßte Bonhoeffer den Aufsatz »Die Bekennende Kirche und die Ökumene«.[86] Seiner Auffassung nach müssen die Bekennende Kirche und die Ökumene als eine andere Gestalt der Kirche wechselseitig das Bekenntnis voneinander fordern.[87]

Die ökumenische Bewegung könne nur dann Kirche sein, wenn sie der Frage nach dem Bekenntnis nicht ausweicht. Dann aber habe sie sich von der Kirche der Deutschen Christen zu trennen. Umgekehrt stellt die Begegnung mit der ökumenischen Bewegung die Bekennende Kirche vor die Notwendigkeit bekennender Selbstkritik. »Sollte die Bekennende Kirche in ihrem Bekenntnisanspruch sich so isolieren, daß ihr Bekenntnis keinen Raum mehr für den ökumenischen Gedanken offen läßt, so würde sich allen Ernstes die Frage stellen, ob in der Bekennenden Kirche selbst noch Kirche Christi sei.«[88] Denn das Bekenntnis zur Einheit der Kirche gehört zu jedem Bekenntnis notwendigerweise hinzu.

In einem Vortrag »Zur Frage der Kirchengemeinschaft« vom April 1936 weist Bonhoeffer die Konsequenzen aus der Einsicht auf, daß die Reichskirche sich von der wahren Kirche Christi getrennt hat.[89] Zwar sage der evangelische Kirchenbegriff lediglich, was die Kirche ist, und lasse ihre Grenzen offen, aber es können der Kirche von außen Grenzen aufgezwungen werden. Im Bekenntnis hat die Kirche die Anerkennung der ihr von außen gesetzten Grenzen zu vollziehen. Bonhoeffer unterscheidet zwischen »anderer Kirche« beziehungsweise »irrender Kirche« einerseits und »antichristlicher Kirche« andererseits.[90] Kennzeichen der letzteren ist ein Vernichtungswille gegen die wahre Kirche. Eben dies treffe für die Reichskirchenregierung beziehungsweise die Kirche der Ausschüsse zu. Aus der Auffassung, daß die Bekennende Kirche wahre Kirche Jesu Christi in Deutschland ist, zieht Bonhoeffer Konsequenzen, die bald darauf heftigen Widerspruch erregen: »Wer sich wissentlich von der Bekennenden Kirche trennt, trennt sich vom Heil.«[91] Ebenso umstritten war seine zugespitzte Auffassung, in den Beschlüssen von Barmen und Dahlem habe Gott gesprochen.[92] Bonhoeffers ekklesiologische Erörterungen Mitte der dreißiger Jahre sind von der Frage bestimmt, wie die Kirche ihren Raum gegenüber den Ansprüchen des totalen Staates bewahren konnte. Zwei zentrale

85 Vgl. GS I, 230ff.
86 GS I, 240–261.
87 Vgl. Huber, Wahrheit und Existenzform, 111ff.
88 GS I, 257.
89 GS II, 217–241.
90 GS II, 227f.
91 GS II, 238.
92 Vgl. GS II, 214 u. 231.

Kapitel der »Nachfolge« haben »Die sichtbare Gemeinde« zum Thema.[93] Sowohl in der Bergpredigtauslegung als auch in den Abschnitten, die der paulinischen Theologie gewidmet sind, entfaltet er sein Verständnis der sichtbaren Kirche gegenüber der Rede von ihrer demütigen Unsichtbarkeit. Unter Berufung auf die reformatorische theologia crucis werde hier ein totales Aufgehen in Weltförmigkeit gepredigt. Oder man betrachtet Verfassung und äußere Ordnung der Kirche als vom Staat nach weltlichen Grundsätzen zu gestaltende Bereiche.

Für Bonhoeffer ist Kirche dagegen nur von der Fleischwerdung Gottes her zu begründen; das heißt aber, ihre menschliche, weltliche Gestalt läßt sich nicht trennen von einem sogenannten inneren Wesen. »Der Leib Christi nimmt Raum ein auf Erden. Mit der Menschwerdung fordert Christus Raum unter den Menschen. . .Was Raum einnimmt, ist sichtbar: So kann der Leib Jesu Christi nur ein sichtbarer Leib sein, oder er ist nicht Leib.«[94] Wie die dritte These der Barmer Theologischen Erklärung und in deren Gefolge die Dahlemer Synode betont Bonhoeffer, daß die Kirche nicht nur einen Raum der Verkündigung, sondern auch einen Raum der Gemeindeordnung beanspruche.[95] Zwar ist die Gemeinde frei in der Gestaltung ihrer Ordnungen; wenn aber ihre Ordnung angetastet wird, so ist damit die sichtbare Gestalt des Leibes Christi selbst angetastet.[96]

Über die Barmer Theologische Erklärung hinaus formuliert Bonhoeffer den Raumanspruch der Kirche in einer weiteren Hinsicht. Auch für das tägliche Leben ihrer Glieder oder, wie es an anderer Stelle heißt, für ihr bürgerliches Leben beansprucht die Gemeinde Raum.[97] Das hat weitreichende Konsequenzen für die Frage der Grenzen des Lebens im weltlichen Beruf.[98] Die Grenzen sind durch die Zugehörigkeit zur sichtbaren Gemeinde Christi gesetzt.[99] Gegebenenfalls muß dem Ruf in den weltlichen Beruf der Ruf wieder heraus folgen.

93 N, 90ff u. 220ff. Ernst Lange hat darauf hingewiesen, daß in der »Nachfolge« zwei Kirchenbegriffe nebeneinanderstehen. Während einmal die Kirche als Funktion der Nachfolge beschrieben werde, fasse Bonhoeffer im zweiten Teil die Nachfolge als Kirchlichkeit auf. Aus der Kirche in der Nachfolge werde unter der Hand die Nachfolge in der Kirche (vgl. E. Lange, Kirche für andere. Dietrich Bonhoeffers Beitrag zur Frage einer verantwortbaren Gestalt der Kirche in der Gegenwart, in: ders., Kirche für die Welt. Aufsätze zur Theorie kirchlichen Handelns, hg.v. R. Schloz, München-Gelnhausen 1981, 19–82, bes. 38; dagegen Mayer, Christuswirklichkeit, 154 Anm. 316).

94 N, 220.

95 Vgl. N, 226 u. 231; GS II, 325ff u. EN, 214ff; vgl. auch G.L. Müller, Für andere da, 180f. Während die dritte Barmer These von einem Zeugnischarakter der Ordnung der Kirche spricht, formuliert er schärfer einen Raumanspruch.

96 Vgl. N, 225.

97 Vgl. N, 226 u. 239.

98 Vgl. N, 239f.

99 Vgl. unten Ergebnis.

Die Kirche als der sichtbare Leib Christi beansprucht ihren Raum in und zugleich gegen die Welt bekennend und, wenn es sein muß, auch leidend. Nachfolge ist nach Bonhoeffers Auffassung Bindung an den leidenden Christus. Das Leiden müsse von der Gemeinde getragen werden, damit es vorübergeht. »Entweder die Welt muß es tragen und daran zugrundegehen, oder es fällt auf Christus und wird in ihm überwunden. So leidet Christus stellvertretend für die Welt. Allein sein Leiden ist erlösendes Leiden. Aber auch die Gemeinde weiß nun, daß das Leiden der Welt einen Träger sucht. So fällt in der Nachfolge Christi das Leiden auf sie, und sie trägt es, indem sie selbst von Christus getragen ist. Stellvertretend steht die Gemeinde Jesu Christi für die Welt vor Gott, indem sie nachfolgt unter dem Kreuz.«[100] In dieser Aufforderung zur Teilnahme am messianischen Leiden Jesu liegen die Wurzeln der Rede von der »Kirche für andere« in den Briefen aus der Haft.[101]

Das Zentrum des Bonhoefferschen Kirchenverständnisses ist nicht die Forderung nach einem eigenen abgesonderten Raum, sondern die Teilnahme an Jesu Sendung. In den Jahren des Kirchenkampfes hieß das nicht nur den Mund für die Verfolgten aufzutun, sondern auch selbst mitzuleiden. In Analogie zur Passion Jesu hat die Gemeinde die Aufgabe, durch ihr Leiden das Unrecht der Welt, womit Bonhoeffer zweifellos die nationalsozialistischen Machthaber in Partei und Staat im Blick hat, offenbar zu machen.[102] Gerade das Zeugnis der unschuldig leidenden Jünger Jesu ist »tödlich« für die Unrecht-tuenden.[103]

B. Das Wagnis des ungesicherten Friedens als konkretes Gebot für die Ökumene im Sommer 1934

Seit dem Jahre 1932 hat Bonhoeffer die ökumenische Bewegung dazu aufgefordert, sich als Gestalt der Kirche zu verstehen.[104] Als Hitler im Sommer 1934 seine Macht auf unabsehbare Zeit gefestigt hatte, so daß ein Krieg unausweichlich zu sein schien,[105] hat er die Konsequenzen für die politische Ethik gezogen. Auf einer Tagung des Ökumenischen Rates für praktisches Christentum und des Weltbundes für Freundschaftsarbeit der Kirchen vom 24. bis 30. August 1934 in Fanö[106] äußert er sich dezidiert zum

100 N, 68.

101 Vgl. WEN, 413ff.

102 Vgl. N, 116f u. GS IV, 416.

103 Vgl. N, 89.

104 Vgl. oben 1. Kap. II.B.

105 Vgl. oben I.A.

106 Schon seit dem 22. August fand eine parallel laufende Jugendkonferenz statt, für deren Vorbereitung und Gestaltung Bonhoeffer als ökumenischer Jugendsekretär mitverantwortlich war.

Problem »Kirche und Völkerwelt«.[107] Zum ersten Mal konzentriert sich Bonhoeffer ganz auf die schlichte Entfaltung des von der Ökumene als Kirche zu verkündigenden Gebotes. Die Grundfragen einer theologischen Ethik des Politischen, die Unterscheidung der Regimente Gottes, die Begründung der weltlichen Ordnungen und die Unterscheidung von Gesetz und Evangelium werden mit keinem Wort erwähnt.

Am 14. Juni 1934 sandte der Leiter der Forschungsabteilung des Ökumenischen Rates, Hans Schönfeld, eine Beschreibung der geplanten Arbeitstagung an Bonhoeffer. Danach sollte am ersten Tag eine Aussprache über »Kirche und Staat« stattfinden, das Thema des zweiten Tages sollte »Kirche und Völkerwelt« heißen. Als Leitfragen für den zweiten Themenbereich formulierte Schönfeld: »1. Von welchen Grundlagen her und mit welchem Recht hat die Kirche die Verantwortung, zu den internationalen Problemen zu sprechen? Das Verhältnis von Ökumenizität und Internationalität und sein rechtes Verständnis? 2. Welches sind die Mittel und Grenzen der Mitarbeit der Kirche an der Lösung internationaler Probleme?«[108] Bonhoeffers vorläufige Thesen über »Die Kirche und die Welt der Nationen«, die er wahrscheinlich für eine Vorbesprechung der Referenten am 24. August verfaßt hat, sind als Antwort auf diese Fragen zu verstehen. In seinem Bestreben, auf die Verkündigung des konkreten Gebotes der Kirche angesichts einer akuten Gefährdung des Weltfriedens hinzuwirken,[109] konzentriert er sich ganz auf das Kriegsproblem – so stark, daß Schönfeld »ziemlich entsetzt« darüber war, was er »mit seiner engen Begrenzung auf das Kriegsproblem« vorgelegt hatte.[110]

Für Bonhoeffer hing alles daran, ob sich der Weltbund beziehungsweise die ökumenische Bewegung insgesamt als Kirche verstand. »Das Schicksal des Weltbundes entscheidet sich daran, ob er sich als Kirche oder als Zweckverband versteht. Kirche ist der Weltbund, sofern er im gehorsamen und gemeinsamen Hören und Verkündigen des Wortes Gottes seinen Grund hat. Zweckverband ist er, wenn er in der Verwirklichung von Zwecken und Zuständen irgendwelcher Art sein Wesen hat. Nur als Kirche kann der Weltbund vollmächtig das Wort Christi den Kirchen und Völkern sagen. Als Zweckverband steht er neben zahllosen anderen

107 Vgl. die Thesen zu einem Vortrag über »Die Kirche und die Welt der Nationen« und eine Auslegung von Psalm 85,9 mit dem Titel »Kirche und Völkerwelt« (GS I, 212ff). Zu Entstehungsgeschichte u. Bewertung der Texte vgl. DB, 431ff; E.-A. Scharffenorth, Bonhoeffers Pazifismus u. Tödt, Friedensethik, 103ff; vgl. ferner Boyens, Kirchenkampf und Ökumene 1933-1939, 110ff u. J. Glenthoj, Walter Birnbaums Flugfahrt, unveröffentl. Manuskript o.J.

108 GS I, 196.

109 Vgl. DB, 446.

110 Vgl. Brief H. Schönfelds an N. Ehrenström vom 10. August 1934 (GS I, 207 Anm. 1).

gleichartigen Verbänden ohne Vollmacht.«[111] Bonhoeffer teilt darum nicht die Argumente des »säkularen Pazifismus« gegen eine sittliche Rechtfertigung des Krieges. Dieser argumentiere nicht von Christus, sondern von einem erwünschten oder unerwünschten Weltbild aus.[112] Er wolle eine rationale Organisation schaffen, welche die Mächte, die zum Krieg führen, eindämmt. Zugleich müsse der Krieg beseitigt werden, um die Welt als gute Welt zu enthüllen.[113]

Bonhoeffer hat den ungeteilten Gehorsam gegen Gottes Gebot für den einzigen Weg zum Frieden gehalten. Gegen die Auffassung, der Krieg diene der Erhaltung des Staates und dem kommenden Frieden, stellt er die schlichten Sätze: »Der menschliche Wille muß konfrontiert werden mit dem Gebot ›Du sollst nicht töten‹. Gott dispensiert nicht von der Erfüllung seines Gebotes. Der Mensch wird durch Übertretung vor Gott schuldig. Der Gott der Bergpredigt richtet ihn.«[114] Noch stärker als die Vortragsthesen drängt eine am 28. August 1934 vorgetragene Auslegung von Psalm 85,9 »Ach, daß ich hören sollte, was der Herr redet, daß er Frieden zusagt seinem Volk und seinen Heiligen« auf ein gehorsames Verkündigen und Tun des Gebotes.

Als Glied der Ökumene habe der Weltbund für Freundschaftsarbeit der Kirchen Gottes Ruf zum Frieden vernommen und diesen »Befehl« an die Völkerwelt auszurichten. Die theologische Aufgabe der Fanöer Konferenz bestehe darum allein darin, dieses Gebot als bindendes Gebot zu vernehmen und nicht als offene Frage zu diskutieren.[115] Friede ist nach Bonhoeffers Auffassung nicht auf dem Weg der Sicherheit zu gewinnen, sondern muß gewagt werden, ja ist selbst das eine große Wagnis. »Friede heißt sich gänzlich ausliefern dem Gebot Gottes, keine Sicherung wollen, sondern in Glaube und Gehorsam dem allmächtigen Gott die Geschichte der Völker in die Hand legen und nicht selbstsüchtig über sie verfügen wollen.«[116]

Bonhoeffer setzt den Rechtfertigungsversuchen des Krieges und ebenso dem säkularen Pazifismus keine Argumente entgegen, sondern weist ledig-

111 GS I, 212.

112 GS I, 213.

113 Bonhoeffer wird mit dieser Charakterisierung den Anliegen des Pazifismus kaum gerecht. Sein Bestreben, den Weltbund als Gestalt der Kirche anzusprechen, führt dazu, daß er das berechtigte Ziel des säkularen Pazifismus, völkerrechtliche Regelungen und übernationale Organisationen zur Kontrolle aufzubauen, vernachlässigt. H.E. Tödt hat darauf hingewiesen, Bonhoeffer sei »Anfang der dreißiger Jahre noch zu sehr in die Abgrenzungsneigung der Dialektischen Theologie verwikkelt, als daß er Differenz und Analogie christlicher und säkularer Friedensbemühungen hätte voll in den Blick bekommen können« (Tödt, Friedensethik, 110).

114 GS I, 213.

115 Vgl. GS I, 216.

116 GS I, 218.

lich auf das von der Kirche zu hörende und zu verkündigende Gebot Gottes. Es gehe nicht um ein allgemeingültiges Prinzip, zum Beispiel das der Wehrlosigkeit, sondern um Gottes konkretes Gebot angesichts der Situation des Sommers 1934. Und das heißt nach Bonhoeffers Auffassung, daß das ökumenische Konzil der Heiligen Kirche Christi den radikalen Ruf zum Frieden an die Christusgläubigen ausgehen zu lassen habe. Die Völker im Osten und Westen warteten darauf.[117] Er betont, daß es primär nicht um eine andere Verhaltensweise einzelner Menschen geht, sondern um das Zeugnis der *Kirche* als dem von Evangelium und Gebot angesprochenen ethischen Subjekt.

C. Die Bergpredigt als konkretes Gebot für die Bekennende Kirche in den Jahren des Kirchenkampfes

Das Beharren auf dem einfältigen Gehorsam gegen Gottes Gebot weist auf eine große Nähe der Fanöer Friedensreden vom Sommer 1934 zu der Theologie und Gedankenwelt, wie sie Bonhoeffer in den folgenden Jahren im Finkenwalder Predigerseminar entfaltet hat. In Briefen aus dem Sommer 1934 berichtet er mehrfach, er sitze an einer Arbeit über die Bergpredigt.[118] E. Bethge hat darauf hingewiesen, daß Bonhoeffer im Frühsommer 1934 Predigten über Stücke der Bergpredigt hielt, die allerdings nicht mehr erhalten sind.[119] Bonhoeffer stellt selbst den Zusammenhang seiner Arbeiten an der Bergpredigt mit dem Kirchenkampf her. Gegenüber einem Verständnis des Kirchenkampfes als einem Ringen um die reine Lehre und die Eigenständigkeit kirchlichen Lebens bei gleichzeitiger Bejahung des Nationalsozialismus betont er, die Fronten lägen »ja ganz woanders«.[120]

In einem Brief am 13. Juli 1934 erläutert Bonhoeffer seine Auffassung: »...obwohl ich mit vollen Kräften in der kirchlichen Opposition mitarbeite, ist es mir doch ganz klar, daß *diese* Opposition nur ein ganz vorläufiges Durchgangsstadium zu einer ganz anderen Opposition ist, und daß die Männer dieses ersten Vorgeplänkels zum geringsten Teil die Männer jenes zweiten Kampfes sind. Und ich glaube, die ganze Christenheit muß mit uns darum beten, daß das ›Widerstehen bis aufs Blut‹ kommt, und daß Menschen gefunden werden, die es erleiden. Einfach erleiden – darum wird es dann gehen – nicht Fechten, Hauen, Stechen – das mag für das Vorgefecht noch erlaubt und möglich sein, der eigentliche Kampf, zu dem es vielleicht später kommt, muß einfach ein glaubendes Erleiden sein und dann, dann

117 Vgl. GS I, 219.

118 Vgl. die Briefe an E. Sutz vom 28. August 1934 (GS I, 41) u. an R. Niebuhr vom 13. Juli 1934 (GS VI, 297).

119 Vgl. DB, 524. Zu Neujahr 1934 schrieb er eine Andacht für den Gemeindeboten über die drei Nachfolgenden aus Lukas 9 (vgl. GS IV, 171ff).

120 Brief an E. Sutz vom 28. April 1934 (GS I, 40).

vielleicht wird sich Gott wieder zu seiner Kirche mit seinem Wort bekennen, aber bis dahin muß viel geglaubt, viel gebetet, viel gelitten werden. Wissen Sie, ich glaube – vielleicht wundern Sie sich darüber – daß die ganze Sache an der Bergpredigt zur Entscheidung kommt.«[121]

Die Auseinandersetzung mit den Deutschen Christen und das Ringen um eine Erhaltung der intakten lutherischen Landeskirchen bei weitgehender Zustimmung zu den Zielen der nationalsozialistischen Staatsführung war für Bonhoeffer ein reines Vorgeplänkel des eigentlichen Kampfes. Er sprach sogar von der großen Gefahr eines orthodoxen, sogenannten intakten Kirchenkörpers und hielt es für möglich, daß eines Tages der Staat in dieser Art Kirche noch seinen besten Bundesgenossen finden werde. Eine orthodoxe Kirche sei für den nationalsozialistischen Staat ganz gewiß noch »eine viel sicherere Garantie als die Müllerkirche«, das heißt die deutschchristlich beherrschte, häretische offizielle DEK unter Reichsbischof Müller.[122]

Er warnt vor dieser Gefahr, bei allem Nachdruck, der auf eine Orthodoxie zu legen sei. Hier sei man in der Bekennenden Kirche sehr kurzsichtig, zumal ein Mann wie der Reichsbischof Müller sich nicht genieren werde, »unsere gesamte Orthodoxie« zu unterschreiben – und vielleicht sogar subjektiv mehr oder weniger ehrlich. »Die Trennungslinie liegt woanders, nämlich bei der Bergpredigt. Es ist jetzt der Zeitpunkt gekommen, wo aufgrund einer bis zu einem gewissen Grad wiederhergestellten reformatorischen Theologie die Bergpredigt – und zwar in einem anderen als dem reformatorischen Verständnis – wieder in Erinnerung zu bringen ist. Und genau an dieser Stelle wird sich die gegenwärtige Opposition noch einmal aufspalten.«[123]

Anlaß für Bonhoeffers Forderung einer kritischen Auseinandersetzung mit einem neulutherischen, vermeintlich reformatorischen Bergpredigtverständnis[124] ist die Entwicklung, daß eine ehemals christliche Obrigkeit zu

121 GS I, 40. Am 14. Januar 1935 schrieb Bonhoeffer an seinen Bruder Karl-Friedrich über die Bergpredigt: »Hier sitzt die einzige Kraftquelle, die den ganzen Zauber und Spuk einmal in die Luft sprengen kann, bis von dem Feuerwerk nur ein paar ausgebrannte Reste übrig bleiben« (GS II, 25).

122 GS VI, 296; vgl. Bonhoeffers häufige Kritik an der uneingeschränkten Huldigung des Staates nicht nur unter den Deutschen Christen, sondern auch in der Bekennenden Kirche (Briefe an Bischof Bell vom 29. Juni 1934, GS II, 176, u. vom 12. Juli 1934, GS II, 177).

123 GS VI, 296. Bonhoeffer fährt fort: »Und ehe wir nicht dahin gekommen sind, ist alles nur Vorbereitung. Die neue Kirche, die in Deutschland werden muß, wird sehr anders aussehen, als die jetzige Oppositionskirche« (aaO., 297).

124 Hier war man der unzutreffenden Auffassung, für Luther habe die Bergpredigt ausschließlich die Bedeutung eines Gesetzes, das den Menschen seiner Sünde überführe und so für die Annahme des Evangeliums bereit mache, gehabt. Luther hat die Bergpredigt auch als Handlungsgebot zum Beispiel im Bereich der Wirtschaft verstanden (so in den Schriften »Großer Sermon vom Wucher« (1520) und

einer säkularen staatlichen Ordnung geworden und nun in den Dienst antikirchlicher und christentumsfeindlicher Mächte geraten ist.[125] In dieser Situation kann die Kirche auf Dauer nur bestehen, wenn sie das Wagnis des Gehorsams gegenüber der Bergpredigt eingeht und ihren Verheißungen traut.[126] Den Ertrag seiner Arbeit an einer neuen Auslegung der Bergpredigt hat Bonhoeffer 1937 in dem Buch »Nachfolge« veröffentlicht. Hier werden auch die Konsequenzen für die politische Ethik gezogen. Stärke und Grenze der Erörterungen ist der implizite Bezug auf die konkrete politische Situation Mitte der dreißiger Jahre.

D. Das Verhalten der Christen im politischen Leben nach Römer 13

In einem zwischen Juni und August 1943 verfaßten Briefentwurf an den gegen ihn ermittelnden Oberstkriegsgerichtsrat Roeder weist Bonhoeffer mit dem Ziel, seine konspirativen Aktivitäten zu verschleiern, auf die Römer 13-Auslegung in der »Nachfolge«. »Wenn man meine Auffassung von der christlichen Gehorsamspflicht gegenüber der Obrigkeit etwas kennenlernen will, so sollte man in meinem Buch ›Nachfolge‹ meine Auslegung von Römer 13 nachlesen. Der Appell an die Unterwerfung unter den Willen und die Forderungen der Obrigkeit um des christlichen Gewissens willen ist wohl selten stärker ausgesprochen worden als dort. Das ist meine persönliche Einstellung zu diesen Fragen.«[127] Hat Bonhoeffer in diesen Sätzen seine wahren Standpunkte offengelegt oder stellen sie eine bewußte Täuschung dar?

Die Ausführungen innerhalb des zweiten Abschnitts der »Nachfolge«

»Von Kaufshandel und Wucher« (1524)); vgl. G. Scharffenorth, Die Bergpredigt in Luthers Beiträgen zur Wirtschaftsethik. Erwägungen zur Theorie ethischer Urteilsbildung, in: Ch. Frey u. W. Huber (Hg.), Schöpferische Nachfolge. FS für H.E. Tödt (Texte und Materialien der Forschungsstätte der Evangelischen Studiengemeinschaft, Reihe A, Nr. 5), Heidelberg 1978, 177–204; U. Duchrow, Dem Rad in die Speichen fallen – aber wo und wie? Luthers und Bonhoeffers Ethik der Institutionen im Kontext des heutigen Wirtschaftssystems, in: Ch. Gremmels (Hg.), Bonhoeffer und Luther. Zur Sozialgestalt des Luthertums in der Moderne (IBF 6), München 1983, 16–58 u. Th. Strohm, Luthers Wirtschafts- und Sozialethik, in: Leben und Werk Martin Luthers von 1526 bis 1546. Festgabe zu seinem 500. Geburtstag, hg.v. H. Junghans, Göttingen 1983, Bd. I, 205–223.

125 Vgl. auch die Äußerung vom 11. September 1934: »Wir sollen bekehrt werden, nicht Hitler« (GS I, 43).

126 Vgl. GS I, 40. In diesem Sinn sind auch Bonhoeffers Bemühungen zu verstehen, Methoden des gewaltlosen Widerstands gegen eine tyrannische Obrigkeit kennenzulernen, wie sie Mahatma Gandhi entwickelt und praktiziert hat (DB, 460ff u. L. Rasmussen, Gandhis Einfluß auf Bonhoeffer. Bemerkungen zum Plan einer Reise, in: Zeichen der Zeit 24 (1970), 100–103).

127 WEN, 75.

über »Die sichtbare Gemeinde« setzen sich kritisch mit der im Neuluthertum verbreiteten Auslegung von Römer 13,1ff im Sinne einer Staatsmetaphysik auseinander.[128] Bonhoeffer fällt keine allgemeingültigen Urteile über das Wesen des Staates oder der Obrigkeit, sondern er spricht ermahnend zu den Christen. Mehrmals hebt er ausdrücklich hervor, daß nicht die Obrigkeiten angeredet sind, sondern die Christen. Paulus wolle nicht die Christenheit über die Aufgaben der Obrigkeit belehren, sondern »von den Aufgaben der Christenheit gegenüber der Obrigkeit allein spricht er«.[129]

Es wird nicht mit der Möglichkeit gerechnet, daß unter den Obrigkeiten Christen sind. Der Ort des Christen sei nach Römer 13 »unten«. »Nicht nach oben hin zu den Gewalthabern soll es den Christen verlangen, sondern unten zu bleiben ist seines Berufes. Die Obrigkeiten sind über (...) ihm, er bleibe darunter (...). Die Welt herrscht, der Christ dient, darin hat er Gemeinschaft mit seinem Herrn, der Sklave wurde.«[130] Bonhoeffer stellt bezeichnenderweise dem Gebot sich unterzuordnen in Römer 13 das Verbot von Herrschaft und Gewalt in der Gemeinde nach Markus 10, 42–45 zur Seite.

Die Aussage in Römer 13, daß alle Obrigkeit von Gott sei, kommentiert er wiederum mit der Feststellung, daß das dem Christen und nicht den Obrigkeiten gesagt sei. Der Sinn der Aussage bestehe darin, die Christen wissen zu lassen, daß sie gerade dort unten, wohin sie durch die Obrigkeiten verwiesen sind, Gottes Willen erkennen und tun. Für die Christen sei es ja ein Trost, daß Gott selbst durch die Obrigkeit hindurch ihnen zugute wirken will, daß ihr Gott der Herr auch der Obrigkeiten ist.[131]

Bonhoeffer betont, daß das nicht eine allgemeine Erwägung und Erkenntnis über das Wesen der Obrigkeit bleiben, sondern seine Anwendung auf die Stellung des Christen zu den tatsächlich bestehenden Obrigkeiten finden soll.[132] Gemäß Römer 13 bedeutet das: »Wer sich ihnen widersetzt, widersetzt sich der Setzung Gottes..., der es so gewollt hat, daß die Welt herrscht, und daß Christus im Dienst siegt und mit ihm seine Christen.«[133]

Hier scheint Bonhoeffer doch einer kritiklosen Bejahung aller bestehenden politischen Herrschaft im Anschluß an Römer 13 das Wort zu reden, jedoch stehen andere Absichten hinter den Sätzen. Er hebt ja ausdrücklich hervor, daß keine Obrigkeit diesen Worten eine göttliche Rechtfertigung ihrer Existenz entnehmen kann.[134] Jeder Verdacht, die Christen seien unzuverlässige Staatsbürger, soll von vorneherein vermieden werden. Die Christen können sich nicht anmaßen, aufgrund einzelner Fehler und Un-

128 Vgl. N, 234ff.
129 N, 236; vgl. N, 234f.
130 N, 234.
131 Vgl. ebd.
132 Ebd.
133 Ebd.
134 Vgl. N, 236.

rechtshandlungen der Obrigkeit ungehorsam zu sein. Eine zwingende Ablehnung blinden Untertanengehorsams folgt für Bonhoeffer aus einer grundsätzlicheren Argumentation.

Er sieht das Verhältnis des Christen zur Obrigkeit bestimmt durch den Konflikt von Gemeinde und Welt.[135] Der Kampf der sichtbaren Gemeinde mit der Welt ist der Gesamtzusammenhang, in dem das Verhältnis des Christen zur Obrigkeit nach Römer 13 erörtert wird. Der Christ, der herrschen will, wie es die Welt tut, würde sich der Welt gleichstellen; Christus siegt im Dienst und mit ihm die Christen. Die Zugehörigkeit zum sichtbaren Leib des Menschgewordenen und die Gleichgestaltung mit seinem Weg der Erniedrigung ist die über alles Verhalten entscheidende Bindung des Christen. Hier stellt sich die Frage der Grenzen des Gehorsams gegen die Obrigkeit wie auch des weltlichen Berufs. Bonhoeffers vehementes Insistieren auf den Raumanspruch der sichtbaren Kirche im Konflikt mit dem der Welt beziehungsweise des Staates zeigt, daß er den Gehorsam gegen die Obrigkeit durch die Zugehörigkeit zum Leib Christi eng begrenzt sah.

Bonhoeffer scheint ein Widerspruch der Christen gegen die Obrigkeit aus dem Grunde, daß man Anstoß nimmt an den Fehlern und dem Unrecht der Obrigkeit, gefährlich. »...mit solchen Betrachtungen sind die Christen bereits in höchster Gefahr, auf etwas anderes zu achten, als auf den Willen Gottes, den sie selbst zu erfüllen haben. Mögen sie selbst nur überall auf das Gute bedacht sein und es auch tun, wie es ihnen Gott befiehlt, so können sie ›ohne Furcht‹ vor der Obrigkeit leben...«[136] Auf dieses Gebot, das Gute zu tun, legt Bonhoeffer größtes Gewicht. »Tue du das Gute, ohne Furcht, ohne Einschränkung, ohne Bedingung!«[137] Nach Römer 13 empfange der, der Gutes tut, von der Obrigkeit Lob. Der Fall des Konfliktes mit der Obrigkeit wird nicht ausgeführt.

Bonhoeffer sieht selbst das Unbefriedigende in der Aussage des Paulus, daß der Christ, der das Gute tut, Lob von der Obrigkeit empfangen werde. »So sehr denkt Paulus von der christlichen Gemeinde her, so sehr ist es ihm allein um die christliche Gemeinde und ihr Heil und ihren Wandel zu tun, daß er die Christen vor eigenem Unrecht und Bösen warnen muß, aber die Obrigkeit ohne Vorwurf läßt.«[138] Alles liege daran, daß nicht in der christlichen Gemeinde Böses geschehe. Eben darum rede Paulus aus-

135 Hier liegt ein gewichtiger Unterschied zu den meisten zeitgenössischen Auslegungen von Römer 13 (vgl. z. B. P. Althaus, Der Brief an die Römer (Das Neue Testament deutsch, Bd. 6), 13. Aufl., Göttingen (1932) 1978, 129ff).

136 N, 235.

137 Ebd. Insgesamt achtmal mahnt er dazu und erinnert er daran. Nur als einer, der selbst das Gute tut, könnte der Christ die Obrigkeit um ihrer Fehler willen tadeln. Überall das Gute zu tun, hieß für Bonhoeffer auch, die Stimme für die von staatlichem Unrecht Betroffenen zu erheben.

138 N, 235.

schließlich die Christen und nicht die Obrigkeit an. »Daß die Christen in der Buße, im Gehorsam erhalten bleiben, wo sie auch seien, welche Konflikte ihnen auch drohen, nicht daß eine Obrigkeit der Welt gerechtfertigt oder verworfen würde, ist Paulus wichtig! Keine Obrigkeit kann diesen Worten eine göttliche Rechtfertigung ihrer Existenz entnehmen.«[139]

Paulus spricht nach Bonhoeffers Auffassung so zu den Christen, nicht weil die Ordnungen der Welt gut wären, sondern weil ihre Güte oder Schlechtigkeit unwichtig ist gegenüber dem allein Wichtigen, daß in der Gemeinde der Wille Gottes herrsche und befolgt werde.[140] Immer wieder läuft Bonhoeffers Auslegung von Römer 13 auf die Aussage zu, daß an der gehorsamen Nachfolge der Gemeinde alles andere hänge. Seit dem Jahre 1934 war Bonhoeffer der Ansicht, daß dieser Weg in eine Gleichgestaltung der Gemeinde mit dem Leiden ihres Herrn und seiner Überwindung der Welt führe. Von daher legt er auch die Feststellung des Paulus aus, der Christ, der Gutes tue, empfange Lob von der Obrigkeit.

Wie ist es zu verstehen, wenn er statt Lob Strafe und Verfolgung erhält? Der Christ dient dann durch sein unschuldiges Leiden der Obrigkeit, dadurch aber zuletzt Gott, dessen Dienerin diese ist.[141] Wiederum liegt diesem Gedanken ein am menschgewordenen Christus orientiertes Kirchenverständnis und die Auffassung von der Gleichgestaltung der Gemeinde mit ihrem Herrn zugrunde. Wie Pilatus nach Gottes Willen an der Überwindung aller Obrigkeiten und Mächte der Welt durch die Kreuzigung und Auferstehung Jesu Christi mitwirken mußte, so dient auch die gegenwärtige Obrigkeit – ob sie will oder nicht – notwendig dem Handeln Gottes an der Welt mittels seiner Kirche. Bonhoeffer beruft sich auf Paulus als jemanden, der die Obrigkeit als Gottes Dienerin bezeichnet hat, obwohl er durch diese Obrigkeit mehrmals unschuldig Gefangenschaft und harte Prügelstrafe hatte leiden müssen.[142]

Im Anschluß daran formuliert Bonhoeffer den Grundgedanken seiner Auslegung von Römer 13. «Alles Gesagte steht hier aber unter der Ermah-

139 N, 236.

140 »Träfe dieses Wort wirklich einmal eine Obrigkeit, so wäre es für sie in eben derselben Weise ein Bußruf, wie es in Wahrheit und hier ein Bußruf an die Gemeinde ist. Ein Gewaltiger..., der dieses Wort hörte, könnte hieraus niemals die göttliche Autorität seiner Amtsführung entnehmen, er müßte vielmehr den Auftrag hören, Gottes Diener zu sein, der Christenheit, die Gutes tut, zugute« (N, 236).

141 Vgl. N, 236f.

142 Vgl. N, 237. L. Schottroff hat diesen Gedanken jetzt für die Auslegung von Römer 13 fruchtbar gemacht. Ziel des bis zum Martyrium leidenden Paulus sei es gewesen, mithilfe der Sätze, die den Gehorsam gegen die Obrigkeit stark hervorheben, den Unrechtscharakter der ihn marternden staatlichen Macht offenkundig zu machen (vgl. L. Schottroff, »Gebt dem Kaiser, was dem Kaiser gehört, und Gott, was Gott gehört.« Die theologische Antwort der urchristlichen Gemeinde auf ihre gesellschaftliche und politische Situation, in: Annahme und Widerstand, hg.v.J. Moltmann, München 1983, 15–58).

nung, die Paulus den Sätzen über die Obrigkeit vorangestellt hat. ›Laß dich nicht (durch) das Böse überwinden, sondern überwinde das Böse mit Gutem‹ (Röm 12,21). Nicht um die gute oder böse Obrigkeit, sondern um die Überwindung alles Bösen durch die Christen geht es.»[143] Bonhoeffer findet in dieser paulinischen Formulierung des Grundgedankens der Bergpredigt den exegetischen Beleg für seinen Versuch, Römer 13 von der Bergpredigt und der synoptischen Nachfolge-Theologie her auszulegen.[144]

Die Forderung des einfältigen Gehorsams, der unter Umständen in unschuldiges Leiden führt, ist für Bonhoeffer alles andere als eine unkritische Hinnahme staatlicher Willkür. Es ist vielmehr die Gestalt des Kampfes gegen die Welt, die an der Überwindung der Welt durch Jesu Tod und Auferstehung ihr Vorbild und ihre Verheißung hat. Die Christen haben nicht gegen einzelne Unrechtsakte der Obrigkeit Widerstand zu leisten, sondern sie erweisen sich als die treuesten Staatsbürger. Ihr Widerspruch gegen eine ungerechte Obrigkeit ist grundsätzlicher: Als Teil der sichtbaren Gemeinde kämpfen sie in der Welt gegen die Welt. Der Weg des unschuldigen Leidens nimmt die Überwindung der gefallenen Welt und damit auch der ungerechten Obrigkeit erst wirklich ernst. Das unschuldige Leiden der Gemeinde macht den Unrechtscharakter einer Herrschaft eben durch seine Unschuld offenbar.

Bonhoeffer hat aufgrund seiner Erfahrungen im Kirchenkampf und infolge des Austausches mit Dohnanyi die Willkür und das maßlose Unrecht der nationalsozialistischen Führungsclique klar gesehen. Er reagiert in den Jahren 1934 bis 1938 jedoch nicht damit, daß er den einzelnen Christen zum Widerstand auffordert. Das Unrechtshandeln des Staates sowie die Ausweitung seines Herrschaftsanspruches auf das ganze Leben der Bürger ist letztlich nur Folge dessen, daß der Staat von pseudomessianischen und christentumsfeindlichen Mächten beherrscht wird. Daher muß es zum Konflikt mit der Kirche Jesu Christi kommen. Die Kirche kann in diesem Kampf auf Leben und Tod nur bestehen, wenn sie in Lehre und Leben die Verheißung der Überwindung der Welt durch Tod und Auferstehung Jesu Christi ernst nimmt. Der Kampf entscheidet sich daran, ob die Gemeinde in einfältigem Gehorsam den Weg der Bergpredigt geht, der ins Leiden führt. Bonhoeffer sieht die Verheißung dieser Situation. Die Christen sind in ganz neuer Weise vor die Notwendigkeit, auf die Seligpreisungen und den Zuspruch der Bergpredigt zu trauen, gestellt. Daher kann Bonhoeffer den Kirchenkampf als Evangelium, nicht als aufgezwungenes Gesetz bezeichnen.[145]

In seiner Erörterung des Verhaltens der Christen zur Obrigkeit geht es

143 N, 237.

144 In der gegenwärtigen exegetischen Diskussion ist diese Argumentation umstritten (vgl. z. B. dagegen E. Käsemann, zur Stelle; dafür L. Schottroff, »Gebt dem Kaiser, was dem Kaiser gehört, und Gott, was Gott gehört«, 15ff).

145 Vgl. GS II, 301.

ihm nicht um eine traditionelle Bestimmung des Verhältnisses von Kirche und Staat.[146] Vielmehr wird dieses ganz im Rahmen des Konflikts der sichtbaren Gemeinde mit der Welt abgehandelt. Die paulinische Aufforderung, in den weltlichen Ordnungen zu bleiben, wird durch das unbedingte Nachfolge-Gebot der Synoptiker, welches aus den Ordnungen der Welt herausruft, relativiert. Bonhoeffer spitzt seine Intention auf die paradoxe Formel zu, der Christ solle in der Welt um des frontalen Angriffs gegen die Welt willen bleiben. Der Widerspruch gegen die Welt müsse in der Welt ausgetragen werden. »Darum – und darum allein! – ...bleibe der Christ der Obrigkeit untertan.«[147]

Gehorsam unter der Ordnung der Obrigkeit leben, heißt dann nicht kritiklose Legitimierung der bestehenden obrigkeitlichen Verhältnisse. Ganz im Gegenteil verläuft die Grenze zwischen Gemeinde und feindlicher Welt für Bonhoeffer Mitte der dreißiger Jahre zwischen Christen und Obrigkeit. Dann aber gewinnt der Gehorsam der Christen gegenüber der Obrigkeit die Gestalt des unschuldigen Leidens. Dies stellt im Sinne des Bergpredigtgebotes, das Böse mit dem Guten zu überwinden, die radikalste und verheißungsvollste Form des Kampfes gegen die Welt dar.

Damit ist nicht gesagt, daß der Kampf der sichtbaren Gemeinde gegen den Raumanspruch der Welt nicht auch eine andere Gestalt annehmen kann. So zeigt Bonhoeffers ständige Mahnung, die Kirche dürfe angesichts rechtloser oder pseudoreligiöser Handlungen des Staates nicht schweigen, daß er zumindest den Wortwiderstand gefordert hat.[148] Die Folgen waren in gehorsamem Leiden zu tragen, wenngleich das für ihn nicht hieß, Rede- und Aufenthaltsverbote staatlicher Instanzen hinzunehmen. Der von Bonhoeffer immer wieder betonte Raumanspruch des Leibes Christi machte

146 Bonhoeffer beschränkt sich bewußt auf die Fragen des Verhaltens des Christen im politischen Leben und sucht Seins-Begriffe wie »Staat« zu vermeiden, da diesem an sich kein theologisches Recht zukomme.
Grundsätzliche Erörterungen zum Verhältnis von Kirche und Staat finden sich nur im Zusammenhang der Ausführungen über die von Bonhoeffer besonders betonte Sichtbarkeit der Kirche. Die Frage, ob die Kirche des Wortes Gottes einen Raum in der Welt einnimmt und welcher Art er ist, bezeichnet seiner Auffassung nach die gegenwärtige kirchliche und theologische Situation. Ferner ist das »im Grunde die Frage, um die es in der ganzen theologischen Auseinandersetzung mit dem Staat geht« (GS III, 326). Die Erfahrungen der letzten Jahre hätten gelehrt, daß die Kirche über das bisherige theologische Wissen hinaus feiner reagiert auf gewisse Grenzen ihres Leibes, deren sie sich bisher nicht bewußt war. Aufgrund der Zusammenstöße mit Partei und Staat stellte sich die Frage neu, wie sich der Raum der Kirche von den anderen sie umgebenden Räumen abgrenzen läßt (ebd.).

147 N, 238.

148 Bonhoeffer bezeichnete es als existenznotwendig für die Kirche, die Stimme für die von staatlichem Unrecht Betroffenen – womit er vor allem die sog. nichtarischen Mitbürger im Blick hatte – zu erheben (vgl. bes. das »Nachfolge«-Kapitel »Der Bruder«, N, 102ff; vgl. auch N, 229f).

den Verstoß gegen staatliche Gesetze und Verordnungen auch durch die Tat notwendig.

Wie Jesus Christus als Mensch in der Welt war, so gibt es keine Kirche ohne äußere Gestalt. Wo der vom Leib Christi in dieser Welt beanspruchte und eingenommene Raum des Gottesdienstes, der kirchlichen Ämter und des bürgerlichen Lebens mit dem Raumanspruch der Welt kollidiert, dort ist die Grenze erreicht. Spätestens seit dem Jahre 1935, als der Staat mittels zahlreicher Verordnungen auch direkt in den Kirchenkampf einzugreifen begann, war es einem Pfarrer geboten, ständig staatlichen Gesetzen wie zum Beispiel dem Gesetz zur Sicherung der DEK mit seinen Durchführungsverordnungen zuwider zu handeln. Hier war aufgrund des Theologumenons der sichtbaren Gemeinde die Notwendigkeit des Ungehorsams gegen die Obrigkeit gegeben.

Auf diesem Hintergrund sind Bonhoeffers Überlegungen zum Problem von Widerstand und Revolution in der »Nachfolge« zu verstehen.[149] Auflehnung und Umsturz der gegebenen Ordnungen würde seiner Auffassung nach genauso zum Knecht der Welt machen wie deren religiöse Verklärung. Zudem bestünde bei einem revolutionären Umsturz der Gesellschaftsordnung die Gefahr, daß der Blick für die göttliche Neuordnung aller Dinge durch Jesus Christus verdunkelt würde.[150] Bonhoeffer betrachtet die Möglichkeit von Revolution und Widerstand skeptisch, weil Gottes Reich mit einem Reich dieser Welt verwechselt werden könnte. Jedoch ist damit nicht ausgeschlossen, daß die Zugehörigkeit zum sichtbaren Leib Jesu Christi Widerstand mit Wort und Tat gebietet. Ungehorsam oder jede andere Form widerständigen Verhaltens gegen die Obrigkeit kann jedoch für den Bonhoeffer der »Nachfolge« nur darin ihre Begründung finden, daß der Kampf der sichtbaren Kirche gegen den Raumanspruch der Welt es gebietet.

Ergebnis

Die für die evangelische Kirche neue Situation eines Konflikts mit einem christentumsfeindlichen Mächten unterworfenen Staat veranlaßt Bonhoeffer zu einer Überprüfung der überkommenen reformatorischen Ethik des Politischen. Zwar entspricht sein Versuch, Römer 13 von der Bergpredigt her zu verstehen, durchaus den Intentionen Luthers in seiner Obrigkeitsschrift von 1523; jedoch fehlt in Bonhoeffers »Nachfolge« Luthers Schema der zwei Regimente. Von dessen Bestreben, Jesu radikale Forderung, das Böse mit dem Guten zu überwinden, mithilfe der Unterscheidung von Person und Amt praktikabel zu machen, grenzt er sich ausdrücklich ab.[151]

149 Vgl. N, 232f u. 238.

150 Vgl. Barth, Römerbrief, 2. Aufl., 461ff.

151 Vgl. N, 117ff u. 123. Schon Ernst Troeltsch hatte Luther eine »doppelte

Es sei unmöglich, die Bereiche wirklich auseinanderzuhalten.[152] Auch müsse, wie erwähnt, Luther widersprochen werden, wenn er in seiner Erklärung des vierten Gebotes die Ehre der Eltern und den Gehorsam gegen sie auf die Obrigkeit ausdehnt.[153]

Die Aussagen über den Staat in der Confessio Augustana und der Apologie bezeichnet Bonhoeffer als »sehr problematisch«.[154] Ferner habe das Jesus-Wort Matthäus 22,21 eine wesentlich andere Auslegung zu finden als bisher.[155] Die dort geäußerte Forderung »Gebt dem Kaiser, was des Kaisers ist« zu erfüllen, sei noch kein Gottesdienst.[156] Nicht Bewährung in der iustitia civilis könne das Kennzeichen der Gemeinde sein, sondern nur ihre außerordentliche Sichtbarkeit.[157]

Das Programm der »Nachfolge« richtet sich jedoch nicht gegen Luther selbst, sondern dieser wird gegen seine späteren Interpreten ins Feld geführt. Unter Berufung auf die Reformation sei eine Abwertung der Theologie der Synoptiker gegenüber der des Paulus üblich geworden.[158] Die Folgen zeigen sich an der gegenwärtigen Vernachlässigung des Begriffs der Nachfolge. Er drücke bei den Synoptikern fast den gesamten Inhalt und Umfang der Beziehungen der Jünger zu Jesus Christus aus, trete bei Paulus jedoch stark in den Hintergrund. Dadurch, daß Luthers Schüler das

Moral« vorgeworfen. Bonhoeffers Lehrer Karl Holl hat dem jedoch leidenschaftlich mit dem Argument widersprochen, daß Luthers Amtsethik und Personethik ihre Einheit in der Liebesabsicht hätten (vgl. von Loewenich, Luthers Stellung zur Obrigkeit, 437f).

152 Vgl. N, 118.

153 Vgl. oben I.C.

154 DB, 514. Aus E. Bethges Erinnerung geht lediglich der Vorwurf hervor, daß die Begrifflichkeit in dem Artikel eine gewisse Verlegenheit und ein Schwanken zwischen Funktions- (»Obrigkeit«) und Seins-Begriffen (»Staat«) zeige. Das Verhältnis zwischen faktischer Positivität der Ordnung und ihrem verpflichtenden Recht sei nicht wirklich geklärt. Bethge berichtet ferner, Bonhoeffer habe neben Luthers »uneinheitlichen Antworten« auch die Auffassungen Thomas Müntzers, der schottischen Calvinisten und der Schwärmer Melchior Hoffmann und Sebastian Franck zur Staatsproblematik vorgestellt, ohne sie rundweg zu verurteilen. Ebenso habe er Versuche besprochen, zwischen dem Widerstandsrecht der Amts- und der Privatperson zu unterscheiden (vgl. DB, 514).

155 Vgl. GS II, 205.

156 Lediglich diejenigen, die von Berufs wegen Steuern eintreiben, tun nach Bonhoeffers Auffassung damit einen Gottesdienst (vgl. N, 237).

157 Vgl. N, 93.

158 Vgl. N, 199f. Danach habe Paulus den Christus verkündigt, der uns noch ebenso gegenwärtig sei, das Zeugnis der Synoptiker aber spreche von einer Gegenwart Jesu Christi, die wir nicht mehr kennen. »So zu reden gilt zwar weithin als reformatorisch-geschichtliches Denken, ist aber in Wahrheit das Gegenteil davon, nämlich gefährlichste Schwärmerei« (N, 199). Zu diesem harten Urteil gelangt Bonhoeffer, weil hier nicht mehr die ganze heilige Schrift Grundlage der Theologie ist.

Gebot der Nachfolge vernachlässigten, verdarben sie dessen reformatorische Erkenntnis von der Rechtfertigung des Sünders allein aus Gnade.[159]

Bonhoeffers zentrales Thema in den Jahren 1934 bis 1938 ist die Auseinandersetzung der Kirche als einer sichtbaren Nachfolgegemeinschaft mit der Welt. Daraus ist kein Bestreben einer unpolitischen Entweltlichung herzuleiten, wie manche Interpreten meinen.[160] Bonhoeffer sieht vielmehr das Verhalten des Christen gegenüber der Obrigkeit ganz durch diesen Gegensatz bestimmt. Gegenüber einem übermächtigen christentumsfeindlichen Staat – eben dafür steht die Metapher »Welt« – soll sich der Christ nach den Maximen der Bergpredigt verhalten.[161] Im Konfliktfall gehört seine Loyalität eindeutig der sichtbaren Kirche, was für Bonhoeffer nicht nur passiven Widerstand, sondern ebenso notwendig Akte tätigen Ungehorsams bedeuten kann.

Aus dem Vorherrschen des Gegensatzes von sichtbarer Kirche und Welt ergibt sich auch die Begrenztheit der ethischen Darlegungen Mitte der dreißiger Jahre. Sie sind an die Teile der Bekennenden Kirche gerichtet, die sich an die Beschlüsse der Barmer und Dahlemer Synode gebunden wußten, und versuchen das angesichts einer feindlichen politischen Herrschaft, deren Ende nicht abzusehen war, Zu-tuende zu formulieren. Das Verständnis der Kirche als »versiegelter Zug im fremden Lande« wird einer volkskirchlichen Situation unter anderen Bedingungen als denen einer schroff antikirchlichen Umwelt nur unzureichend gerecht.[162] Die Überlegungen waren freilich ganz konkret auf die Situation Mitte der dreißiger Jahre bezogen. Die Kirche sollte den Opfern der Unrechtsherrschaft beistehen. Ferner hatte sie durch ihren leidenden Gehorsam im Sinne der Bergpredigt den Unrechtscharakter staatlichen Handelns offenbar zu ma-

159 Wenn Luther von der Gnade sprach, habe er sein eigenes Leben immer mitgemeint, das durch die Gnade erst in den vollen Gehorsam Christi gestellt worden war. Luthers Schüler wiederholten dessen Auffassung, daß die Gnade allein es tue, wörtlich, hätten aber fortgelassen, was dieser immer selbstverständlich mitgedacht hatte: die Nachfolge. »Aus der Rechtfertigung des Sünders in der Welt wurde die Rechtfertigung der Sünde und der Welt. Aus der teuren Gnade wurde die billige Gnade ohne Nachfolge«(N, 20f).

160 Vgl. oben Anm. 10. H. Müller hat die falsche Alternative aufgestellt, es habe für Bonhoeffer nach der Entzweiung der Bekennenden Kirche mit der Oeynhausener Reichsbekenntnissynode im Jahre 1936 nur noch den Weg in Konventikel oder in die Welt (ders., Von der Kirche zur Welt, 252) gegeben. Bonhoeffers angeblicher Weg in die Konventikelhaftigkeit wird von Müller als »Holzweg« bezeichnet (ebd.). Bonhoeffer hat jedoch mehrfach ausdrücklich betont, daß »nicht klösterliche Abgeschiedenheit, sondern innerste Konzentration für den Dienst nach außen. . .das Ziel« sei (GS II, 449; vgl. GL, 7 u. 28 u. GS I, 42).

161 Bethge (N, 299f) und Strunk (Provokationen, 212f), haben auf die Probleme bei der Bestimmung des Weltbegriffs, die sich aus der Situationsbezogenheit der »Nachfolge« ergeben, hingewiesen.

162 Vgl. N, 253.

chen. Schließlich ging es Bonhoeffer, wie besonders die praktischen Anweisungen der Schrift »Gemeinsames Leben« zeigen, um ein Durchhalten von Kirche und christlichen Traditionen bis zum Ende der nationalsozialistischen Herrschaft.[163]

Bonhoeffer hat selbst das Problem gesehen, daß seine theologisch-ethischen Überlegungen in den Jahren 1934 bis 1938 Menschen wie seinem Schwager Dohnanyi, die in verantwortlichen Positionen des Staates tätig waren und dort den alten Rechtsstaat, so gut es ging, zu verteidigen suchten, nur bedingt Orientierung bieten konnten. Im Vorwort zur »Nachfolge« äußert er, daß ihn noch die Frage bedränge, was der Ruf in die Nachfolge Jesu heute für den Arbeiter, den Geschäftsmann, für den Landwirt, für den Soldaten bedeuten könne.[164]

Auf Dohnanyis Problem, ob es angesichts der nationalsozialistischen Unrechtsherrschaft geboten sei, die berufliche Stellung beim Reichsjustizminister aufzugeben, kann Bonhoeffers Theologie der sichtbaren Kirche nur unzureichend Antwort geben. Die Grenzen des weltlichen Berufes sind für den Christen nach dessen Auffassung durch die Zugehörigkeit zur sichtbaren Gemeinde Christi gegeben.[165] Dem Ruf in den weltlichen Beruf hinein müsse der Ruf heraus folgen, wo der vom Leib Christi in dieser Welt beanspruchte und eingenommene Raum des Gottesdienstes, der kirchlichen Ämter und des bürgerlichen Lebens mit dem Raumanspruch der Welt kollidiert. Bonhoeffer verweist auf die Situation der frühen Christenheit. Während die Welt den ersten Christen immer noch den Raum, in dem sie sich von ihrer Hände Arbeit ernähren und kleiden konnten, gewährt habe, versuche sie nun »gründlicher«, sich der Christen zu entledigen. »Eine vollkommen antichristlich gewordene Welt kann aber den Christen auch diese private Sphäre beruflichen Wirkens und Arbeitens um das tägliche Brot nicht mehr überlassen. Sie muß von ihnen um jeglichen Stückes Brot willen, das sie essen wollen, die Verleugnung ihres Herrn fordern.«[166]

Was hier in schrillen Metaphern ausgeführt wird, erinnert an Dohnanyis Selbsteinschätzung seiner beruflichen Situation. In den Briefen an seine Frau hat er die Verzweiflung darüber geäußert, daß er zum Techniker geworden sei und den Sinn seiner juristischen Tätigkeit in Frage stelle.[167] Bonhoeffer hielt dagegen, daß ein Rückzug in eine »private Sphäre beruflichen Wirkens« in einer »vollkommen antichristlich« gewordenen Welt zumindest für den Christen unmöglich sei.[168]

In den Jahren 1938 bis 1940 schwindet die Konzentration seiner theolo-

163 Vgl. auch die spätere Äußerung dazu in: WEN, 359.
164 Vgl. N, 10.
165 Vgl. N, 239f.
166 N, 240.
167 Vgl. oben 6. Kap. III. u. Ergebnis.
168 Vgl. N, 240.

gisch-ethischen Erörterungen auf die Fragen, die durch Situation und Perspektiven der sogenannten illegalen Kandidaten der Bekennenden Kirche gestellt sind. Bonhoeffer bedenkt nun in wachsendem Maße die Probleme, mit denen er durch den Umgang mit seinem Schwager Dohnanyi konfrontiert wird. Als offensichtlich wurde, daß die Kirche die hochgesteckten Erwartungen in der Auseinandersetzung mit dem Nationalsozialismus nicht erfüllen konnte, wendet Bonhoeffer den Blick dem Einzelnen und seinen Handlungsmöglichkeiten zu.

8. Kapitel: Auswertung und Ausblick auf die Zeit nach 1938

I. Bonhoeffers Widerspruch gegen Geist und Macht des Nationalsozialismus

Bonhoeffers Erörterungen zu Fragen einer Ethik des Politischen standen seit Beginn der dreißiger Jahre im Banne einer kritischen Auseinandersetzung mit dem Nationalsozialismus. Noch im Jahre 1929 hatte er selbst Überzeugungen vertreten, die denen der nationalprotestantischen Gegner der Republik nahekamen. Im Zuge vielfältiger ökumenischer Aktivitäten und intensiver Kontakte mit dem westlichen Ausland grenzte er sich jedoch bald gegen nationalistische Tendenzen in Kirche und Theologie ab.

Bonhoeffers Kritik am Nationalsozialismus richtete sich in den Jahren 1931/32 vor allem gegen dessen friedensgefährdenden Charakter und seine kriegstreiberische Agitation. In der Situation der akuten Bedrohung der Republik nach Brünings Sturz im Mai 1932 bezeichnet er den Nationalsozialismus als gefährlichen politischen Messianismus, der die Grundlagen des liberalen Rechtsstaats zu zerstören beabsichtige. Als die Krise der Weimarer Republik im Winter 1932/33 auf ihren Höhepunkt zusteuerte, gelangt er im Zuge eines verstärkten Austausches mit dem Schwager Leibholz und wohl ebenso den übrigen Angehörigen des Familien- und Freundeskreises zu einer neuen Würdigung liberaler Traditionen.

Wenige Wochen nach der Machtübernahme formuliert Bonhoeffer angesichts der neuen Lage programmatisch die Verhaltensmöglichkeiten der Kirche gegenüber dem nationalsozialistisch beherrschten Staat. Er legt seiner Erörterung einen liberalen Rechtsstaatsbegriff, der von unaufgebbaren Rechten des Individuums ausgeht, zugrunde und weist völkische oder rassische Rechts- und Staatsbegründungen zurück. Die Möglichkeit eines völligen Versagens der Machthaber und eines Verlustes der Staatlichkeit des Staates wird bereits erwogen. In diesem Fall hat die Kirche »dem Rad in die Speichen zu fallen«, das heißt für Bonhoeffer offener Widerspruch und unter Umständen auch Akte tätigen Ungehorsams und stellvertretenden Handelns der Kirche anstelle staatlicher Gewalt.

Bonhoeffer erörtert die Möglichkeiten kirchlichen Handelns gegenüber dem Staat am Beispiel der nationalsozialistischen Judenpolitik. Anders als die meisten Theologen und Kirchenführer hat er die Bedeutung der Judenfrage für die Zerstörung des Rechtsstaats liberaler Provenienz erkannt. Er beschränkte sich nicht auf die entstehende Kirchenfrage und den Versuch, das innere Leben der Kirche unbeeinträchtigt von politischen Eingriffen zu erhalten, sondern sah die Gleichrangigkeit beider Bereiche staatlichen

Handelns im Blick auf die weitere Entwicklung.[1] Ursache für diese in Theologie und Kirche seltene Haltung war neben seiner an unaufgebbaren Rechten des Individuums und dementsprechend auch der Minderheiten orientierten Staatsauffassung das Verständnis des Nationalsozialismus als eines politischen Messiastums.[2] Es mußte mit dem jüdischen ebenso wie mit dem christlichen Messiasglauben in Konflikt geraten.

Als im Frühjahr 1933 die Auseinandersetzungen zwischen den Deutschen Christen und bekenntnistreuen Gruppierungen um den Weg der Deutschen Evangelischen Kirche begannen, beteiligte er sich sogleich an dem Kampf um die Bewahrung des rechten Bekenntnisses. Wie Dohnanyi im Rahmen seiner Tätigkeit als Jurist am Reichsgericht und im Reichsjustizministerium konzentriert er sich auf die Abwehr der nationalsozialistischen Gleichschaltungspolitik an seinem beruflichen Ort. Bonhoeffer hat den Kirchenkampf von Anfang an nicht als einen lediglich innerkirchlichen Konflikt zwischen bekenntnistreuen Kräften und deutsch-christlicher Häresie verstanden, sondern seinen politischen Kontext klar gesehen. So war der verbreitete Antiliberalismus und die in seinen Augen naive Einschätzung der neuen nationalsozialistischen Machthaber innerhalb der bekenntnistreuen Opposition ein wesentlicher Grund dafür, daß er sich bald ins Abseits gedrängt sah und im Herbst 1933 ein Auslandspfarramt in London antrat. Hier nahm er weiter starken Anteil am Kirchenkampf in Deutschland, indem er die Ökumene zu einer Anerkennung der Bekennenden Kirche als der einen wahren evangelischen Kirche in Deutschland zu bewegen suchte.

Bonhoeffer maß dem Ringen um die wahre Lehre und Ordnung der Kirche eine entscheidende Bedeutung für die gesamte politische Entwicklung zu. Die Kirche hat durch ihr Wort und unschuldiges Leiden den Unrechtscharakter eines Staates offenbar zu machen und ist das verborgene Zentrum der noch vorhandenen Ordnungsmächte, wie Bonhoeffer sie zum Beispiel im Reichsjustizministerium vor Augen hatte.[3]

Die Ereignisse des Sommers 1934 eröffneten Bonhoeffer zwar keine neue Sicht des Nationalsozialismus, aber mit der Ausschaltung wichtiger

1 Zum Zusammenhang von Juden- und Kirchenfrage vgl. Siegele-Wenschkewitz, Nationalsozialismus und Kirchen, 51ff.

2 Der israelische Historiker Saul Friedländer hat jüngst gefordert, den pseudoreligiösen Charakter des Nationalsozialismus stärker zu berücksichtigen, da weder die Totalitarismus-Theorie noch andere Faschismus-Theorien verständlich machen könnten, warum der Antisemitismus eine so zentrale Rolle in der nationalsozialistischen Ideologie gespielt hat (vgl. S. Friedländer, Vom Antisemitismus zur Judenvernichtung: Eine historiographische Studie zur nationalsozialistischen Judenpolitik und Versuch einer Interpretation, in: E. Jäckel u. J. Rohwer (Hg.), Der Mord an den Juden im Zweiten Weltkrieg. Entschlußbildung und Verwirklichung, Stuttgart 1985, 48).

3 Vgl. EN, 115f.

Gegner oder Rivalen und der Ablösung Hindenburgs als Reichspräsident und Oberbefehlshaber der Wehrmacht konnte Hitler seine Macht derart ausbauen, daß mit einem raschen Abwirtschaften der Nationalsozialisten nicht mehr zu rechnen war. Die Bekennende Kirche mußte sich auf einen langwierigen Kampf mit dem von christentumsfeindlichen Mächten beherrschten Staat, dessen Endc nicht abzusehen war, einrichten. Von dieser Einschätzung der Lage ist Bonhoeffers Ausbildungstätigkeit mit den Kandidaten der Bekennenden Kirche in den folgenden Jahren bestimmt.

Spätestens mit dem Sommer 1934 weitet Bonhoeffer sein Bemühen um eine Wahrung des rechten Bekenntnisses und die Abwehr der deutschchristlichen Häresie auf eine kritische Überprüfung der überkommenen reformatorischen Traditionen aus. Dabei hat er die großen Teile des Neuluthertums vor Augen, deren Versagen angesichts der für die evangelischen Kirche neuartigen Situation des Konflikts mit einem christentumsfeindlichen Staat im Laufe des Kirchenkampfes offensichtlich wurde.[4]

Bonhoeffer betont, daß die Situation des Kirchenkampfes nicht als Gesetz, sondern als Evangelium zu verstehen sei.[5] Der Bekennenden Kirche sei die Möglichkeit geschenkt, den Verheißungen der Bergpredigt in neuer Weise zu trauen. Die Entdeckung der Bergpredigt als konkrete Verheißung und konkretes Gebot für die Bekennende Kirche ist der Schlüssel zum Verständnis der Bonhoefferschen Auseinandersetzung mit dem scheinbar übermächtigen nationalsozialistischen Staat in den Jahren nach 1934. Im Konflikt mit den Raumansprüchen der Welt, womit Bonhoeffer offensichtlich die Forderungen und Übergriffe des totalen Staates meint, hat die Kirche nur dann eine Chance, wenn sie sich auf die Verheißung und das Gebot der Bergpredigt, das Böse mit dem Guten zu überwinden, einläßt. Das Verhalten des Christen im politischen Leben wie im weltlichen Beruf kommt nur insofern in den Blick, als der einzelne Christ Teil der – sichtbaren – Kirche als des primären ethischen Subjekts ist.

Bonhoeffer hat selbst gesehen, daß ein solches Konzept die Fragen der an maßgeblicher Stelle in Staat, Wehrmacht und Wirtschaft tätigen und sich als Christen verstehenden Hitler-Gegner nur unzureichend beantworten konnte. Zudem machte die veränderte Lage sowohl in der Bekennenden Kirche als auch im Staat mit dem Jahre 1938 einen neuen Denkansatz notwendig.

II. Der Neuansatz der theologischen Ethik des Politischen seit dem Krisenjahr 1938

Nach der Schließung des Predigerseminars in Finkenwalde Mitte Oktober 1937 verschärfte sich die Lage der von Bonhoeffer betreuten sogenannten

4 Vgl. unten Anm. 53.

5 GS II, 301; vgl. GS II, 438.

illegalen Kandidaten und der Bekennenden Kirche insgesamt zunehmend.[6] Mithilfe einer Verordnung vom 26. Februar 1938 betreffend die Aufnahme der von einer nichtamtlichen Stelle geprüften Theologen, suchte man die jungen Brüder, die im Dienst der Bekennenden Kirche als »illegal« galten, zur Unterstellung unter die Konsistorien zu bewegen.[7] Auch unter Bonhoeffers ehemaligen Finkenwalder Kandidaten wählten einige angesichts der Auflösungserscheinungen der Bekennenden Kirche im Jahre 1938 den Weg in die Legalität des landeskirchlichen Dienstes.[8]

Nachdem der Präsident des Evangelischen Oberkirchenrats, Dr. Friedrich Werner, am 20. April 1938 allen Pfarrern der Altpreußischen Union einen Treueeid auf Hitler befohlen hatte, entzweite sich die Bekennende Kirche an der Frage, ob dem Folge zu leisten sei.[9] Am 31. Juli beschloß die 6. Bekenntnissynode der ApU in Berlin-Steglitz mit knapper Mehrheit, der Aufforderung Folge zu leisten. Man war der irrigen Ansicht, daß der Eid von staatlicher und nicht von kirchlicher Seite gefordert und somit rechtens sei. Anfang September 1938 wurde jedoch zur großen Bestürzung der Getäuschten ein Brief des Reichsleiters Martin Bormann an alle Gauleiter der Partei bekannt, in dem er bereits am 13. Juli betont hatte, die

6 Vgl. DB, 685ff. Bonhoeffer war seit Januar 1938 von einem Aufenthaltsverbot für Berlin betroffen.

7 Vgl. Niesel, Kirche unter dem Wort, 169.

8 E. Bethge hat das Jahr 1938 als das Jahr der größten Schwäche der Bekennenden Kirche bezeichnet (vgl. DB, 673). Wie sehr die Auffassungen auch unter den Finkenwaldern auseinandergingen, zeigt ein Brief Gerhard Krauses an Bonhoeffer vom Februar 1939: Während dieser in der Debatte um eine »Legalisierung« der pommerschen Hilfsprediger und Vikare eine Zusammenarbeit mit den staatlich eingesetzten Kirchenausschüssen unmißverständlich ablehnte und alles andere für gefährlich hielt, sucht Krause einen kompromißvolleren Weg zu gehen. Bonhoeffer erachtete das staatliche Kirchenregiment im Unterschied zu Krause nicht für nur »tyrannisch«, sondern für ihn bestand kein Zweifel, daß es »häretisch« sei und man ihm als solchem um Christi willen ungehorsam sein müsse, »auch wenn es staatlich eingesetzt ist« (GS II, 340). Im Zusammenhang damit wendet er sich gegen eine falsche Auslegung von 1 Petrus 2,18, die den Gehorsam gegen jegliche »wunderliche Herren« fordert, auch wenn sie gegen die Kirche vorgehen. Er fragt, ob die Kirche das häretische Kirchenregiment der Deutschen Christen als die wunderlichen Herren hätte ertragen müssen. Für Bonhoeffer ist es jedoch »ein böser Mangel an Unterscheidungsvermögen, wenn man die ›wunderlichen Herren‹ und die Zerstörer der Kirche verwechselt, d.h. wenn man den schuldigen Gehorsam auch gegen eine ›wunderliche‹ weltliche Obrigkeit und das Wächteramt der Kirche (ihr gegenüber) nicht mehr zu unterscheiden vermag« (GS II, 334).

9 Vgl. A. Gerlach-Praetorius, Die Kirche vor der Eidesfrage. Die Diskussion um den Pfarrereid im »Dritten Reich« (AGK, Bd. 18), Göttingen 1967; Niesel, Kirche unter dem Wort, 174ff; K. Meier, Der evangelische Kirchenkampf. Gesamtdarstellung in 3 Bänden, Band 3: Im Zeichen des zweiten Weltkriegs, Göttingen 1984, 43ff u. J. Glenthoj, Die Eideskrise in der Bekennenden Kirche 1938 und Dietrich Bonhoeffer, in: ZKG 96 (1985), 377–394.

Eidleistung sei eine innerkirchliche Angelegenheit.[10] Durch die Fehlentscheidung der Bekenntnissynode wurde Bonhoeffers Vertrauen in die Bekennende Kirche und ihre Synoden erschüttert wie nie zuvor.[11]

Zur gleichen Zeit begannen erneute Verhandlungen zwischen Vertretern der Bruderräte, den süddeutschen Bischöfen Meiser und Wurm sowie vermeintlich Neutralen wie dem ehemaligen Geistlichen Vizepräsidenten des Evangelischen Oberkirchenrats, D. Burghart, über die Errichtung einer gemeinsamen Kirchenleitung.[12] Ergebnis dieser sogenannten Essener Verhandlungen war neben einem Gutachten zu Barmen (Essen I) und Überlegungen zu einer Notordnung der DEK (Essen II) ein von Präses Koch und Pfarrer Fritz Müller-Dahlem an alle Pfarrer der ApU versandter »Entwurf einer Ordnung zur Bestellung einer Kirchenleitung« (Essen III) vom 23. August 1938. Bonhoeffer wandte sich empört gegen das Kompromißdokument, da es die »Verleugnung der uns von Gott geschenkten Erkenntnisse der Barmer und Dahlemer Synode« bedeute.[13]

Wenige Wochen später wurde die Bekennende Kirche durch die Auseinandersetzungen um einen Brief Karl Barths an den Prager Theologieprofessor Josef Hromádka und die Ausarbeitung einer Gebetsliturgie durch die 2. Vorläufige Kirchenleitung angesichts der drohenden Kriegsgefahr erneut schwer erschüttert.[14] Barths Brief, in dem die Tschechen aufgefordert wurden, dem drohenden deutschen Einmarsch auch um der Kirche Christi willen zu widerstehen, war an die Öffentlichkeit gelangt und hatte einen Sturm der Entrüstung entfacht. Die nationalistisch angeheizte Stimmung entlud sich über den Verfassern der Gebetsliturgie in der Vorläufigen Kirchenleitung, die die Gemeinden aufgefordert hatten, mit einem mutigen Schuldbekenntnis um Abwendung der unmittelbaren Kriegsgefahr zu beten. Unter Führung der lutherischen Bischöfe Meiser, Wurm und Marahrens distanzierte sich der größte Teil der Bekennenden Kirche von der Vorläufigen Kirchenleitung, während diese wiederum Barth der

10 Vgl. Niesel, Kirche unter dem Wort, 178.

11 Vgl. GS II, 308ff u. 318.

12 Vgl. Niesel, Kirche unter dem Wort, 160ff; DB, 681 u. Meier, Kirchenkampf, Bd. 3, 34–42 u. 189–195.

13 GS II, 315. Bonhoeffer schrieb weiter an Koch und Müller-Dahlem: »Sagen Sie bitte nicht, es sei aus mannigfachen Gründen höchst unklug, gerade jetzt Opposition zu treiben. Was klug oder unklug ist, wissen wir in dieser Lage alle nicht. Aber daß es nicht geraten ist, gegen Gottes klare Weisung, gegen die erkannte Wahrheit und gegen das Gewissen zu handeln, das ist gewiß. Sie wissen selbst, welche Verwirrung die 6. Synode (ApU-Synode am 11.-13. Juni 1938 in Nikolassee u. am 31. Juli 1938 in Steglitz, CS) in der BK angerichtet hat. Wir hatten nach dieser Niederlage in der Tat ein anderes, ein geistlicheres Wort unserer Kirchenleitung erwartet. Was uns nun angeraten wird, ist die Selbstaufgabe der Bekennenden Kirche. Hier werden wir nicht mehr folgen« (GS II, 318).

14 Vgl. DB, 683f; Niesel, Kirche unter dem Wort, 187ff u. Meier, Kirchenkampf, Bd. 3, 53ff.

häretischen Vermischung des geistlichen und politischen Bereiches beschuldigte.

Die Krise der Bekennenden Kirche wog in Bonhoeffers Augen besonders schwer, da das Jahr 1938 zugleich weitere schwere Niederlagen der noch vorhandenen staatlichen Ordnungsmächte gegen das revolutionäre politische Messiastum der Nationalsozialisten brachte. Gleich zu Beginn des Jahres wurde die bis 1938 noch relativ unabhängige Wehrmacht durch eine von Himmler und Göring gelenkte Intrige, die zur Ablösung des Reichskriegsministers von Blomberg und des Oberbefehlshabers des Heeres, Generaloberst Freiherr von Fritsch, führte, entscheidend geschwächt.[15] Hitler hatte in einer geheimen Besprechung am 5. November 1937 der Wehrmachtsführung erstmals seine weitreichenden Kriegspläne dargelegt und machte sich, um die Widerstände gegen seine gefährliche Politik auszuräumen, selbst zum Oberbefehlshaber der Wehrmacht. Die Klärung und öffentliche Erörterung der skandalösen Vorgänge im Zuge der sogenannten Blomberg-Fritsch-Krise wurde vom Jubel über den kurze Zeit später erfolgten Anschluß Österreichs am 12. März 1938 übertönt.

Als der Generalstabschef des Heeres, Generaloberst Ludwig Beck, mit seinen Warnungen vor einem Angriff gegen die Tschechoslowakei und dem erwarteten Eingreifen der Westmächte bei Hitler kein Gehör fand, trat er am 18. August 1938 zurück und wurde bald zum unbestrittenen Haupt der Verschwörer innerhalb des Militärs. Am 1. Oktober erfolgte der deutsche Einmarsch ins Sudetenland, nachdem sich die Westmächte unmittelbar zuvor durch das Münchener Abkommen selbst die Hände gebunden hatten.

Bonhoeffer war durch Dohnanyi, der seit seinen erwähnten Aktivitäten in der Blomberg-Fritsch-Krise mit den führenden Verschwörern in der Wehrmacht engen Kontakt hielt, über die Ereignisse genau orientiert.[16] Neben der Einschnürung von Kirche und Wehrmacht nahm er ebenso besorgt den verstärkten Terror gegen die Juden wahr.[17] Kurz vor dem bislang schlimmsten Judenpogrom am 9. November 1938 begleitete er den gefährdeten Schwager Gerhard Leibholz und dessen Familie auf dem Weg in die Emigration.[18] Schließlich wurde Bonhoeffer, wie erwähnt, im Jahre 1938 durch Dohnanyi Mitwisser an den Umsturzvorbereitungen innerhalb der Wehrmacht.

Die Bekennende Kirche konnte nach Bonhoeffers Auffassung im Jahre 1938 nicht mit dem notwendigen Zeugnis auf die Tatsache reagieren, daß die nationalsozialistischen Machthaber die Grundordnungen des Lebens offen mißachteten und unzweifelhaft expansive Kriegspläne verfolgten.

15 Vgl. oben 6. Kap. Ergebnis, bes. Anm. VI/243 (dort auch Literatur).

16 Vgl. oben 6. Kap. Ergebnis.

17 Vgl. DB, 684f u. Bethge, Bonhoeffer und die Juden, 1980, 195ff; vgl. jetzt auch C.-R. Müller, Judenverfolgung, 348f.

18 Vgl. Bethge, Dietrich Bonhoeffer und die Juden, 1980, 197.

Mit dem Jahre 1938 gab Bonhoeffer die Konzentration auf die sichtbare Kirche als das primäre ethische Subjekt auf. Stattdessen nimmt er verstärkt die uneingeschränkte Verantwortung des einzelnen in den Blick.[19] Die Mitwisserschaft und Teilnahme an den Umsturzvorbereitungen einzelner Verschwörer stellt Bonhoeffer vor neue Themen theologisch-ethischer Reflexion. Jedoch ist auch jetzt nicht der isolierte und auf private Verwirklichung beschränkte Mensch das Subjekt ethischer Verantwortung, sondern »der in der Begegnung mit anderen Lebende, für sie Eintretende, der Verantwortliche«.[20]

Bonhoeffer hat sein ethisches Konzept der Jahre 1934 bis 1937, nach dem die sichtbare Kirche ihren Raumanspruch gegen den der »Welt« im Gehorsam gegen die Bergpredigt durchzusetzen habe, nach 1938 nicht verworfen.[21] Vielmehr hebt er auch weiterhin die Aufgabe der Kirche hervor, mit ihrem Wort und wenn nötig auch ihrem Leiden Zeugnis gegen staatliches Unrecht abzulegen.[22] Zugleich sieht er in der außerordentlichen

19 Vgl. EN, 238ff.

20 So H.E. Tödt, zit. in: Bethge, Dietrich Bonhoeffer und die theologische Begründung seines politischen Widerstandes, 59.

21 Bonhoeffer hat die Redeweise vom Raumanspruch der sichtbaren Kirche nach 1940 nicht mehr verwendet, um sich klarer von dem von ihm für verhängnisvoll erachteten Zwei-Räume-Denken infolge des neulutherischen Mißverständnisses der Reiche- und Regimente-Lehre Luthers abzugrenzen (vgl. EN, 208ff). Zur Modifkation der Ekklesiologie im Zuge der Entwicklung der Mandatenlehre vgl. G.L. Müller, Für andere da, 159ff.

22 Bonhoeffer reflektiert in den Jahren 1938–1940 häufig auf die Situation der durch den nationalsozialistischen Staat schwer bedrängten Kirche. In dreifacher Hinsicht sucht er die Verheißung und die Gefahren des Leidens für die Gemeinde aufzuzeigen. Zum einen soll die Gemeinde nach der heiligen Schrift in Zeiten der Bedrängnis nicht nur für die noch erhaltene Ordnung danken, sondern auch für den Angriff der Feinde, unter dem sich der Glaube der Gemeinde erst bewähren kann. Gerade in Tagen der Drangsal und Verfolgung ergreift sie freudig die Verheißung dessen, der ihr vorangeht (vgl. die Notizen und Stichworte zur Übung über die Pastoralbriefe aus dem Sommer 1938, GS IV, 366, und die Meditationen über Psalm 119 aus den Jahren 1939/40, GS IV, 531; vgl. auch die Predigt über Römer 5 vom März 1938, GS IV, 434–441).

Sodann begründet Bonhoeffer diesen positiven Aspekt des Leidens der Gemeinde aufgrund der Verfolgung durch menschliche Herrscher ausdrücklich christologisch. In einer Lesepredigt für den Sonntag nach Neujahr 1940 identifiziert er den Weg der verfolgten Gemeinde mit dem Weg Jesu. Schon durch seinen Willen, daß Jesu Eltern mit ihm nach Ägypten fliehen sollten, zeigt Gott, daß »der Weg Jesu gleich von Anfang ein Weg der Verfolgung« sei, der ihm Teilhabe am Geschick seines Volkes, der Knechtschaft in Ägypten, gewähre (GS IV, 475f). Anhand der Tötung der Kinder von Bethlehem durch Herodes, die Bonhoeffer als »erste Märtyrer der Christenheit« bezeichnet, weist er als das Ziel aller Verfolgung »die endgültige Beseitigung Jesu Christi«, den Christusmord, auf (GS IV, 476). Wenn auch durch die Verfolgung des Herrn Jesus Christus großes Leid über die Menschen kommt,

Situation jedoch die Notwendigkeit des stellvertretenden Handelns einzelner, die in eigener Verantwortung handeln, auch wenn ihr Tun nicht durch die Kirche oder das geltende Recht gedeckt ist.[23] Dieser Fall tritt dann ein – und hier denkt Bonhoeffer durchaus lutherisch – , wenn staatliche Machthaber die Grundordnungen des Lebens zerstören, die Rechtsordnung auflösen und die Kirche an der Ausübung ihres Auftrages hindern.[24]

Angesichts der verschärften politischen Situation und der bedrängten Lage der Bekennenden Kirche im Jahre 1938 ging Bonhoeffer von einem Nebeneinander zweier »christlicher« Wege aus: dem Zeugnis der Kirche als einer korporativen Größe und dem Handeln einzelner Christen, die durch berufliche und gesellschaftliche Stellung besonders qualifiziert waren,[25] auf eigene Verantwortung hin.[26] Das hieß gerade nicht, daß die

wiederholt sich doch das Schicksal des mächtigen Herodes ständig in der Kirchengeschichte. Er ist gestorben, »ohne sein Ziel erreicht zu haben, Jesus aber lebt« (GS IV, 477).

Schließlich weist Bonhoeffer aber auch auf das Bedrohliche und Gefährliche der Zeiten des Leidens und der Bedrängnis für die Gemeinde hin. Sie beinhalten sowohl die »Versuchung der Unordnung« in Gestalt einer Auflösung der Ordnungen des christlichen Lebens als auch die Gefahr, daß der Gemeinde das Gebet für die Bedrücker zu schwer wird. Darum fordert er dazu auf, die Obrigkeiten in Gebet, Fürbitte und Danksagung ausdrücklich zu erwähnen, da »die Gemeinde dazu neigt, die Machthaber dieser Welt zu verurteilen, besonders in Zeiten der Bedrückung« (GS IV, 365f).

Neben dem Aspekt der Gleichgestaltung der Gemeinde mit Christus, dessen Leben von Anfang an ein Weg des Leidens war (vgl. auch EN, 68ff), ist Bonhoeffer die Abgrenzung gegen ein apokalyptisches Verständnis des Leidens und einer damit verbundenen pauschalen Verachtung der weltlichen Machthaber wichtig, wie es sich in wachsendem Maß innerhalb der Bekennenden Kirche verbreitete. Er fordert die Kirche wider alle entweltlichenden Tendenzen zur Erfüllung ihres Wächteramtes gegenüber der Obrigkeit auf: »Die Gemeinde, die sich der Verantwortung gegen die Welt. . .entzieht, die sich auf sich selbst zurückzieht, verleugnet das Evangelium und ihr Amt« (GS IV, 364f).

23 Vgl. die große Bedeutung des Gedankens der Stellvertretung in der »Ethik« (EN, 238ff u. 316ff).

24 J. Glenthoj hat darauf hingewiesen, daß Bonhoeffer Luthers Zirkulardisputation über Matthäus 19,21, in der dieser die Widerstandspflicht im Falle der Auflösung der Grundordnungen des Lebens vertritt, mit großer Wahrscheinlichkeit gekannt hat (vgl. Glenthoj, Eideskrise, 388).

25 Letzteres entspricht der Auffassung Calvins von einer Widerstandspflicht der unteren Magistrate gegen eine Obrigkeit, die ihren Auftrag verfehlt (zu Luther vgl. H. Scheible (Hg.), Das Widerstandsrecht als Problem der deutschen Protestanten 1523–1546, Gütersloh 1969, 23f u. 94ff sowie K.-F. Stolzenau, Die Frage des Widerstandes gegen die Obrigkeit bei Luther zugleich in ihrer Bedeutung für die Gegenwart (1962), in: G. Wolf (Hg.), Luther und die Obrigkeit (WdF 85), Darmstadt 1972, 196–302, bes. 221).

26 In diesem Sinne verstand Bonhoeffer auch sein Vorhaben einer Kriegsdienst-

Kirche die politischen Konsequenzen ihrer Verkündigung unterschlagen dürfte. Bonhoeffer hat in den Jahren nach 1938 vielmehr häufig auf die Notwendigkeit oder auch die Gefahren des Leidens der Kirche, die Zeugnis gegen rechtlos und christentumsfeindlich gewordene staatliche Machthaber ablegt, hingewiesen.[27]

III. Grundentscheidungen der theologischen Ethik des Politischen

A. Umrisse eines ethischen Konzepts

Bonhoeffer hat erst im Jahre 1939 mit der systematischen Entfaltung einer christlichen Ethik begonnen, die freilich nicht mehr zu Ende geführt werden konnte.[28] Das Problem einer christlichen Ethik hat ihn seit Beginn seiner Dozententätigkeit Anfang der dreißiger Jahre beschäftigt.[29] Während er noch 1929 eine »dezisionistische Augenblicksethik« im Banne nationalprotestantischer Theologumena vertreten hatte, entwarf er im Jahre 1931/32 im Zuge seiner ökumenischen Erfahrungen und Tätigkeiten das Konzept einer Ethik des konkreten Gebotes der Kirche von der Christusoffenbarung her.[30] Danach liegt die letzte Norm der ethischen Urteilsfindung nicht in vermeintlichen Schöpfungsordnungen oder dem biblischen Gesetz der Bergpredigt, sondern in der Christusoffenbarung, wie sie die biblischen Schriften bezeugen. Die Kirche als Christus praesens ist der Ort der gegenwärtigen Offenbarung des Gebotes. Weil Bonhoeffer die Offenbarung des Gebotes in Entsprechung zur Offenbarung Gottes in dem konkreten Menschen Jesus von Nazareth versteht, kann das Gebot der Kirche nur als ein *konkretes* Gottes Gebot sein. Wiederum in Analogie zur Rede von der sowohl göttlichen als auch menschlichen Wirklichkeit in der Person Jesu und der Kirche wird das Gebot durch das Zusammenspiel zweier Faktoren gefunden: der Perspektive der Herrschaft Christi über die gesamte Welt und der tiefsten Kenntnis des jeweiligen Ortes der Weltwirklichkeit.

Bonhoeffer war nicht der Ansicht, daß die Kirche zu allen Fragen des

verweigerung im Falle einer Einberufung in Hitlers Armee (vgl. P. Möser, Gewissenspraxis und Gewissenstheorie bei Dietrich Bonhoeffer, Diss. theol., Heidelberg 1983, 144ff).

27 Vgl. z.B. oben Anm. VII/22; vgl. auch die Mitarbeit in einem 1942 vom Bruderrat eingesetzten Ausschuß, der eine synodale Erlärung gegen die Verletzung des 5. Gebotes vorbereiten sollte (vgl. DB, 795ff u. Niesel, Kirche unter dem Wort, 270ff).

28 Vgl. die Überlegungen zu einem möglichen Titel (E. Bethge, Vorwort zur »Ethik«, EN, 12)

29 Vgl. das Seminar im SS 1932 zum Thema »Gibt es eine christliche Ethik?« (GS V, 275–300) und seine Bemerkung während der Haftzeit, er müsse nun nur noch eine Ethik schreiben (WEN, 182).

30 Vgl. 1. Kap. Ergebnis.

Lebens ein kompetentes Wort und ein konkretes Gebot habe. Es ist nur dort zu finden, wo aus einer akuten Bedrohung heraus gefragt wird.[31] Dies war am Ende der Weimarer Republik vor allem im Bereich des Politischen gegeben. So hat Bonhoeffer im Blick auf die Gefährdung des Weltfriedens und angesichts der Zerstörung des Rechtsstaats durch die Nationalsozialisten Entscheidungshilfe bei der Verkündigung des konkreten Gebotes zu geben versucht. Beide Male ist nach Bonhoeffers Auffassung das Konzil der Kirche Christi die Instanz, die das konkrete Gebot auszusprechen habe.[32]

Die Theorie des Ineinanders der Perspektive der Herrschaft Christi über die Welt und der detaillierten Sachkenntnis der jeweiligen Weltwirklichkeit hat Bonhoeffer im Winter 1932/33 veranlaßt, die Kompetenz der befreundeten und verschwägerten Juristen in Fragen der politischen Gestaltung in seine ethischen Erörterungen aufzunehmen. In der Situation der Bedrohung durch die nationalsozialistische Revolution in Kirche und Staat entwickelt er die Theorie jedoch nicht weiter. Während der Vortrag »Die Kirche vor der Judenfrage« vom April 1933 noch die Wesensgesetze von Recht und Staat in der Perspektive der Christusherrschaft erörtert, beschränken sich die Fanöer Friedensreden vom August 1934 im wesentlichen auf die schlichte Wiedergabe biblischer Gebote. Weltliche Erfahrung wird nun vernachlässigt und die Reflexion auf Gesetzlichkeiten in den Beziehungen zwischen den Völkern als Flucht vor dem Tun des Gebotes betrachtet.[33] Die Analyse der Wirklichkeit tritt zugunsten der Perspektive der Christusherrschaft, wie sie die biblischen Gebote vertreten, zurück.

Weil sein theologisches Denken ganz im Dienste und im Banne des Kirchenkampfes stand, hat Bonhoeffer die Überlegungen zu einer ethischen Theorie, die das Ineinander von Christuswirklichkeit und Wesensgesetzen der Welt expliziert, erst im Jahre 1941 wieder aufgenommen und weitergeführt. Anfang der dreißiger Jahre waren die Erörterungen im wesentlichen darauf konzentriert, die verbreitete Verabsolutierung und religiöse Überhöhung einzelner Strukturen der Welt wie Rasse und Volkstum zurückzuweisen und die Kirche als den Ort, an dem noch am ehesten eine sachliche Diskussion politischer Probleme möglich war, hervorzuheben.

Im Jahre 1941 geht es Bonhoeffer darum, die Wirklichkeits- beziehungsweise Sachgemäßheit als ein unverzichtbares Moment verantwortlichen Lebens aufzuzeigen.[34] Verantwortliches Leben kann weder Servilität gegenüber dem Faktischen noch die prinzipielle Auflehnung gegen das Fakti-

31 Bonhoeffer hat keine klare Bestimmung dieses Falls gegeben (vgl. 3. Kap. Ergebnis).

32 Vgl. GS I, 219 u. GS II, 49.

33 Zum Problem des Mangels einer angemessenen Würdigung der Friedensbemühungen des säkularen Pazifismus vgl. oben Anm. VII/113.

34 Vgl. EN, 238ff, bes. 250ff u. GS III, 458ff.

sche im Namen irgendeiner höheren idealen Wirklichkeit bedeuten.[35] »Anerkennung des Faktischen und Widerspruch gegen das Faktische sind im echten wirklichkeitsgemäßen Handeln unlösbar miteinander verbunden. Das hat seinen Grund darin, daß *die Wirklichkeit* zuerst und zuletzt nicht ein Neutrum, sondern *der Wirkliche*, nämlich der menschgewordene Gott ist. Alles Faktische erfährt von *dem* Wirklichen, dessen Name Jesus Christus heißt, seine letzte Begründung und seine letzte Aufhebung. . .«[36]

Die Wirklichkeit ohne den Wirklichen verstehen zu wollen, bedeutet nach Bonhoeffers Auffassung endloses Schwanken zwischen den Extremen der Servilität und der Auflehnung gegenüber dem Faktischen. Der verantwortlich Handelnde hingegen ist fähig zum rechten Umgang mit den Wesensgesetzen, die jeder Sache innewohnen.[37] Der Umgang mit den Wesensgesetzen erschöpft sich nicht in einer formalen Technik, zum Beispiel der Technik der Staatskunst.[38] Weil der Staat mit der menschlichen Existenz unlöslich verbunden ist, reicht das Wesensgesetz des Staates zuletzt über alles gesetzlich Faßbare hinaus. Hier erst wird die Tiefe verantwortlichen Handelns erreicht. Wo die sachliche Befolgung des formalen Gesetzes eines Staates mit den nackten Lebensnotwendigkeiten von Menschen zusammenprallt, tritt verantwortliches, sachgemäßes Handeln aus dem Bereich des Prinzipiell-gesetzlichen, des Regulären vor die durch kein Gesetz mehr zu regelnde, außerordentliche Situation letzter Notwendigkeiten.[39]

Wer die letzte Wirklichkeit in *dem Wirklichen* sieht, für den hat das Wesensgesetz des Staates nur *relative* Gültigkeit.[40] Es gibt außerordentliche Situationen, in denen sich die Frage der ultima ratio stellt und das Wesensgesetz des Staates durchbrochen werden muß. Die Gültigkeit der Wesensgesetze zu leugnen und die ultima ratio selbst wieder zu einem

35 Vgl. EN, 242.

36 EN, 242f.

37 ». . .überall muß das betreffende Wesensgesetz aufgedeckt werden, durch das diese Größe Bestand hat. Je stärker eine Sache mit der Existenz eines Menschen verbunden ist, desto schwerer ist es, ihr Wesensgesetz zu bestimmen« (EN, 251). Möglicherweise ist Bonhoeffers Auffassung von den Wesensgesetzen, die jeder Sache innewohnen und mit denen es richtig umzugehen gilt, durch eine Veröffentlichung des Freiburger Historikers Gerhard Ritter, mit dem Bonhoeffer in der Bekennenden Kirche zusammengearbeitet hat, beeinflußt. Sein 1940 erschienenes Buch »Machtstaat und Utopie. Vom Streit um die Dämonie der Macht seit Machiavelli und Morus« hatte kurz vor Bonhoeffers Niederschrift des Abschnitts »Welt der Dinge – Sachgemäßheit – Staatskunst« (EN, 250–255) im Sommer 1941 im Gefolge Machiavellis das Problem der Staatskunst und der »›Naturgesetze‹ oder besser: die naturgemäße, d.h. von der Sache geforderte Technik des politischen Kampfes« beschrieben (G. Ritter, Machtstaat und Utopie. Vom Streit um die Dämonie der Macht seit Machiavelli und Morus, München und Berlin 1940, 105).

38 Vgl. EN, 252.

39 Vgl. EN, 253.

40 Vgl. EN, 254.

rationalen Gesetz, den Grenzfall zum Normalen zu machen, hieße jedoch, alles in gefährlicher Weise zu verkehren.[41] Bonhoeffer nennt als Fall der ultima ratio im politischen Bereich den Krieg.[42] Ebenso fällt darunter – von Bonhoeffer verständlicherweise nicht ausdrücklich genannt – der Umsturz, für den es ebenfalls keine prinzipielle Rechtfertigung geben kann.[43] Diese Ablehnung einer grundsätzlichen Begründung des Rechts auf Umsturz bei gleichzeitigem Verweis auf die Pflicht dazu um der »nackten Lebensnotwendigkeiten von Menschen« willen gibt Bonhoeffer das Grundproblem seiner Erörterung der Struktur verantwortlichen Lebens vor.[44]

Bonhoeffer hat auch in den späten Ethikentwürfen kein methodisch durchreflektiertes Schema ethischer Urteilsfindung ausgearbeitet.[45] Aber der am Ende der Weimarer Republik formulierte Versuch, die Notwendigkeit detaillierter Sachkenntnis in der christlichen Ethik theologisch zu begründen, der im Zuge des Kirchenkampfes zurückgetreten war, wird Anfang der vierziger Jahre wieder aufgenommen und fortgeführt. Auch wenn Bonhoeffers theologisch-ethische Erörterungen auf den ersten Blick starken Veränderungen zu unterliegen scheinen, zeigt sich in den theologischen Grundentscheidungen eine große Kontinuität.[46]

Der Ausgangspunkt aller theologischen Argumentation liegt für Bonhoeffer in der Gottesoffenbarung in Jesus Christus, die sich in der Kirche als dem Christus praesens ereignet. Sein gesamtes theologisches Werk ist von dem dynamischen Verhältnis von Ekklesiologie und Christologie her zu verstehen.[47] In der frühen Phase von der Dissertation »Sanctorum Communio« aus dem Jahre 1927 bis zur Christologievorlesung des Sommersemesters 1933 wird die Christologie auf Kosten der Ekklesiologie stärker profiliert.[48] In den Jahren des Kirchenkampfes 1933 bis 1938 wird das Theologumenon der sichtbaren Kirche der Nachfolgenden zum Schlüssel-

41 Ebd.

42 Vgl. EN, 253.

43 Widerstand kann aber geboten sein, wenn es die Verantwortung z. B. für den Beruf und den persönlichen Lebensbereich erfordert. »Es gibt nach der Heiligen Schrift kein Recht auf Revolution, aber es gibt eine Verantwortung jedes einzelnen für die Reinhaltung seines Amtes und Auftrages in der Polis« (EN, 373).

44 Vgl. EN, 238.

45 Vgl. H.E. Tödts weiterführende Überlegungen an dieser Stelle: Versuch zu einer Theorie ethischer Urteilsbildung, in: ZEE 21(1977), 81–93.

46 Vgl. das Referat der kontroversen Positionen in der Frage von Kontinuität und Wandel in Bonhoeffers Theologie bei G.L. Müller, Für andere da, 18ff.

47 Zuerst hat das John A. Phillips, The Form of Christ in the World. A Study of Bonhoeffer's Christologie, London 1967, herausgearbeitet; zur Kritik der Arbeit vgl. Feil, Standpunkte, Sp. 11f.

48 Vgl. Feil, Theologie, 137ff; vgl. aber W. Hubers modifizierende Kritik an der mangelnden Würdigung der christologischen Grundorientierung in »Sanctorum Communio« bei E. Feil (Wahrheit und Existenzform, 133 Anm. 15).

begriff der Theologie Bonhoeffers. Die spekulative Christologie hingegen tritt ganz zurück. Jedoch bleibt das entscheidende Konstitutivum der sichtbaren Kirche die Christusgemeinschaft.

In den Jahren nach 1938 vollzieht sich wiederum die umgekehrte Entwicklung. Ein christologischer Wirklichkeitsbegriff verdrängt die Auffassung von der Kirche als Ort des gegenwärtigen Christus.[49] Die Konzentration auf den Kirchenbegriff wird aufgehoben zugunsten einer unmittelbar von der Christologie her entfalteten Theologie. Die Tendenz einer stärkeren Gewichtung der Christologie gegenüber der Ekklesiologie, die für die Jahre 1927 bis 1933 festzustellen ist, setzt sich nach 1938 fort. Die durch den Kirchenkampf bedingte Verengung auf den Schlüsselbegriff der sichtbaren Kirche wird nun wieder aufgegeben. Insofern hat der Kirchenkampf mit seinen Erfordernissen an theologischer Arbeit retardierend auf Bonhoeffers theologische Entwicklung gewirkt.

Die Veränderungen in der gegenseitigen Gewichtung von Christologie und Ekklesiologie haben unmittelbare Folgen für die Ethik. Anfang der dreißiger Jahre entwickelt Bonhoeffer sein Modell einer Ethik des konkreten Gebotes der Kirche als des gegenwärtigen Christus. Im Zuge des Kirchenkampfes seit 1933 setzt sich die Tendenz durch, christliche Ethik ausschließlich von der Ekklesiologie her zu entwerfen. Entscheidendes Kriterium der Ethik ist der Raumanspruch der sichtbaren Kirche gegenüber dem der Welt. Von hier aus werden die Fragen nach dem Verhalten des Christen im politischen Leben und das Problem der Grenzen des weltlichen Berufs beantwortet.

Angesichts der Eskalation des Jahres 1938 und der Schwäche der Bekennenden Kirche erweist sich diese außerordentliche Belastung der Ekklesiologie als nicht mehr haltbar. Damit wirkt Bonhoeffer selbst dem Defizit seiner frühen Theologie entgegen, daß die Welt des freien Protestantismus als zwar auf die Kirche bezogenes, aber nicht durch die Kirche vermitteltes Wirken des christlichen Glaubens vernachlässigt wird. Hier dürften die engen Kontakte mit Menschen wie Hans von Dohnanyi, die sich durchaus als Christen verstanden, dem kirchlichen Leben aber fernstanden, nicht ohne Wirkung gewesen sein.

B. Theologische Grundentscheidungen in kritischem Bezug auf lutherische Tradition

Bonhoeffer, der in den Jahren 1931 und 1936 zwei Versuche eines lutherischen Katechismus verfaßt hat,[50] war nicht nur lutherischer Theologe, sondern auch lutherischer Ethiker.[51] Zwar hat er im Zuge der für den Prote-

49 Vgl. EN, 200ff.

50 Vgl. GS III, 148–257 u. 335–367.

51 Vgl. DB, 228–232; Ch. Gremmels (Hg.), Bonhoeffer und Luther. Zur Sozial-

stantismus neuen Situation der Auseinandersetzung mit einem christentumsfeindlichen Staat auch vereinzelt Kritik an Luther selbst geübt.[52] In der Hauptsache ging es ihm jedoch um eine Abgrenzung gegen das Neuluthertum seiner Zeit, dessen Theologie und Ethik die Anpassung an die Politik der nationalsozialistischen Machthaber zumeist eher beförderte als verhinderte. E. Bethge urteilt, daß das kompromißbereite Luthertum Bonhoeffer in den Jahren des Kirchenkampfes »zum gefährlichsten Feind (wurde, CS), weil es nach seiner Meinung den Müdewerdenden und Verwirrten die ideologische Rechtfertigung anbot.«[53]

Eine erste grundlegende Gemeinsamkeit zwischen Bonhoeffer und Luther ist das übereinstimmmende Verständnis des Leibes Christi als Ansatzpunkt einer christlichen Ethik, auf das besonders Ulrich Duchrow hingewiesen hat.[54] Bonhoeffer hat die vom jungen Luther stark betonte Gemeinschaft des sichtbaren Leibes Christi aufgenommen und gegen die neulutherische Unterscheidung von sichtbarer und wahrer unsichtbarer Kirche behauptet.[55] Wie Luther sieht Bonhoeffer die Gemeinschaft des sichtbaren Leibes Christi im Abendmahl begründet. Gleich jenem betont er mithilfe einer pointierten Inkarnationschristologie die Realpräsenz des Gottmenschen im Abendmahl.[56]

Das damit verbundene Streben nach Konkretion in der Ethik unterscheidet sich jedoch von der im Neuluthertum verbreiteten Kairos-Theologie, die viel zur religiösen Überhöhung der »deutschen Stunde« des Jahres 1933 beigetragen hat, durch eine entschiedene Konzentration auf die Christologie. Im Gegensatz zu den nicht christologisch zentrierten, vom deutschen Idealismus und der Romantik geprägten Geschichtsdeutungen vieler anderer lutherischer Theologen hat seine Betonung der Wirklichkeits- und Situationsbezogenheit theologisch-ethischer Rede ihren Grund und ihre

gestalt des Luthertums in der Moderne (IBF 6), München 1983; Vgl. auch die Forderung einer angemesseneren Würdigung des Verhaltens lutherischer Theologen im Kirchenkampf bei K. Nowak, Protestantischer Widerstand im Dritten Reich. Bericht über den Stand der historischen Forschung, in: LuMo 24(1985), 171–174.

52 Vgl. oben 7. Kap. Ergebnis.

53 DB, 573; vgl. Bonhoeffers Bemerkung in einem Finkenwalder Rundbrief vom 22. Juli 1936: »Die allerschwerste Sorge ist mir der Lutherische Rat«(GS II, 495; Zum Luth. Rat vgl. Meier, Kirchenkampf, Bd. 2, 108ff).

54 Vgl. Duchrow, Dem Rad in die Speichen fallen, 19–34.

55 Vgl. oben 7. Kap. II.A. Peters übersieht in dem interessanten Kapitel über Bonhoeffers »Kritische Luther-Rezeption« die Nähe Luthers und Bonhoeffers an diesem und anderen zentralen Punkten, da seinen Ausführungen ein neulutherisches Lutherbild zugrundeliegt. Peters spricht unzutreffenderweise von »jener Dialektik Luthers, derzufolge nur ›die unsichtbare, geistliche, verborgene, innere Kirche‹ die allein wahre sein kann« (Peters, Präsenz, 93 Anm. 5).

56 Vgl. die Christologievorlesung vom SS 1933 (GS III, 166–242) und den im Februar 1940 verfaßten Brief »Vom heiligen Abendmahl« (GS III, 393–398).

Norm in der Christologie. Die Relevanz der menschlichen und weltlichen Wirklichkeit für die Theologie folgt für Bonhoeffer ausschließlich aus der Menschwerdung Gottes in Jesus Christus.

Dabei gibt es keine Eigengesetzlichkeit oder gar Eigenreligiosität der Geschichte, auch fehlt ihr jeder Offenbarungscharakter. Allein durch Jesus Christus als dic Mitte der Geschichte ist ein angemessener Zugang zur geschichtlichen Wirklichkeit möglich.[57] Für Bonhoeffer gibt es keinen allgemeinen religiösen oder ethischen Sinn irgendwelcher weltlicher Ordnungen. Der Christ reagiert nicht auf vermeintlich von der Geschichte gestellte Fragen, sondern er sucht mit seinem Leben auf das Jesu Christi zu antworten.

Schließlich wendet sich Bonhoeffer nicht gegen Luthers Unterscheidung zweier Reiche und Regimente, sondern gegen ein sie völlig trennendes neuzeitliches Zwei-Räume-Denken, wie er es im Neuluthertum vor Augen hatte.[58] Da die Welt des Politischen nicht dem Herrschaftsbereich Christi entzogen sei, könnten die weltlichen Ordnungen ein Recht nur als Erhaltungsordnung auf die Neuschöpfung in Jesus Christus hin beanspruchen. In den späten »Ethik«-Fragmenten tritt die vielmißbrauchte Unterscheidung der zwei Reiche und Regimente zurück zugunsten einer an Luthers Ständelehre orientierten Rede von den vier Mandaten Gottes.[59]

Schon zu Beginn seiner Dozententätigkeit hat Bonhoeffer der Lutherinterpretation seines Lehrers Holl, der Luthers Glauben als Gewissensreligion charakterisierte, ein christologisches Defizit vorgeworfen.[60] In seiner christologischen Konzentration ist Bonhoeffer wie Barth aber auch über Luther selbst hinausgegangen. Gerade die nationale Inanspruchnahme Luthers machte klarere Abgrenzungen gegen dessen teilweise uneindeutigen Gebrauch schöpfungstheologischer Argumentationen notwendig.

Ein Vergleich der zwei Katechismusversuche aus den Jahren 1931 und 1936 zeigt Bonhoeffers Reaktion auf die mannigfache Inanspruchnahme Luthers in den dreißiger Jahren. Im zweiten Versuch treten dezidierte lutherische Argumentationen zugunsten biblischer Begründungen zurück.[61] Angesichts der nationalsozialistischen Machtübernahme wendet er

57 Vgl. GS III, 196–198 u. oben 4. Kap. III.C.

58 Vgl. EN, 208ff. Peters beschreibt unter Bezug auf W. Pannenberg und G. Ebeling die Differenz zwischen Bonhoeffers Auffassung einer polemischen Einheit der zwei Reiche und der angeblich unpolemischen bei Luther (vgl. Peters, Präsenz, 97 Anm. 23). Jedoch ist einzuwenden, daß Luther seine »politische Theologie der zwei Reiche« nicht auf den »unpolemischen Gedanken« einer »entspannten Koexistenz von entsakralisierter, säkularer Herrschaft und spiritueller, entpolitisierter Christlichkeit« gegründet hat (Peters, aaO., 96f). Ein solcher moderner Gedanke lag außerhalb von Luthers Horizont.

59 Vgl. EN, 220ff, 277, 295, 303ff, 350 u. 365ff sowie WEN, 216f.

60 Vgl. GS V, 224.

61 Vgl. GS III, 335–367 u. Peters, Präsenz, 92.

gegen Gogartens Verabsolutierung der Obrigkeit ein, ihr komme nach dem Neuen Testament kein absolutes Recht zu, auch wenn das möglicherweise nicht mit lutherischer Lehre übereinstimme.[62]

Bonhoeffer hat am Beginn des Kirchenkampfes das Bestreben der Jungreformatorischen Bewegung geteilt, angesichts der deutsch-christlichen Häresie verstärkt auf Luther zurückzugreifen. Zugleich sah er die Notwendigkeit einer Kritik am konservativen Übergewicht der politischen Ethik Luthers vom Neuen Testament her. Denn der auch in der Bekennenden Kirche weitverbreitete, kaum beschränkte Obrigkeitsgehorsam, der eine Wahrnehmung der politischen Dimensionen des Kirchenkampfes erschwert und verhindert hat, berief sich gerade auf Luther. Die Grundentscheidungen von Bonhoeffers theologischer Ethik des Politischen blieben jedoch Luthers Intentionen verpflichtet.

IV. Die Konkretionen der theologischen Ethik des Politischen und das Problem der sogenannten nationalkonservativen Opposition gegen Hitler

Bonhoeffers Auseinandersetzung mit dem Nationalsozialismus ist im Zusammenhang seines theologisch-ethischen Konzepts und im Horizont des Gesprächs mit der Welt liberaler rechtsstaatlicher Politik, wie sie der Freundes- und Familienkreis am Ende der Weimarer Republik verkörperte, dargestellt worden. Welche Gesichtspunkte ergeben sich daraus für eine Beantwortung der eingangs gestellten Frage, ob die in der neueren Forschung über die sogenannte nationalkonservative Opposition geäußerten Urteile für ihn und seine Freunde zutreffen?

Die Erforschung der Vorgeschichte und der Voraussetzungen der aktiven Teilnahme an Umsturzvorbereitungen in den dreißiger Jahren zeigt, daß man im Falle Bonhoeffers und Dohnanyis nicht von einer weitgehenden Anpassung oder Kooperation mit dem Nationalsozialismus sprechen kann. Beide haben ähnlich wie einige andere sogenannte nationalkonservative Oppositionelle den Nationalsozialismus von Anfang an unzweideutig abgelehnt.[63]

Sowohl Bonhoeffers scheinbar unpolitische Konzentration auf die Verteidigung von Lehre und Ordnung der Kirche als auch Dohnanyis systemimmanenter Kampf gegen das Vordringen des völkischen Rechtsdenkens waren nicht im Sinne einer Modifikation extremer Strömungen im Nationalsozialismus, sondern als Beitrag zu einer vollständigen Abwehr gemeint. Bonhoeffer sprach der Kirche ferner die Aufgabe zu, durch ihr

62 Vgl. GS V, 328.

63 Mommsen nennt als Beispiele: Ewald von Kleist-Schmenzin, Hans Oster, Adam von Trott zu Solz und Helmuth James von Moltke (vgl. Mommsen, Der Widerstand gegen Hitler und die deutsche Gesellschaft, 19 Anm. 5).

Wort und Leiden den Unrechtscharakter des nationalsozialistischen Staates offenkundig zu machen. Dohnanyi sah seine Mitarbeit im Reichsjustizministerium, an deren Sinn er oft gezweifelt hat, nur durch die Möglichkeit zu Hilfs- und Sabotagetätigkeiten gerechtfertigt.

Ebenso fragwürdig ist es, im Blick auf Bonhoeffer und Dohnanyi von einer Teilidentität der Ziele mit dem Nationalsozialismus zu sprechen. Zwar berührten sich die Auffassungen an manchen Stellen, so zum Beispiel in der – freilich auch von Sozialdemokraten erhobenen – Forderung nach einer Revision des Versailler Diktatfriedens; die wesentlichen Zielsetzungen nationalsozialistischer Politik, die Durchsetzung völkisch-rassistischer Prinzipien in Recht und Gesellschaft sowie die Veränderung der deutschen Grenzen mit aggressiv-kriegerischen Mitteln wiesen Dohnanyi und der schon 1936 als »Pazifist und Staatsfeind« denunzierte Bonhoeffer entschieden zurück.[64]

Zweifellos bleiben Bonhoeffers politische Anschauungen für unser gegenwärtiges Empfinden in mancherlei Hinsicht unbefriedigend und den Bedingungen seiner Herkunft und Zeit befangen. So deutet er den Nationalsozialismus ausschließlich mit ideologischen und theologischen Kategorien. Zwar kritisiert er die Bürgerlichkeit der Kirche, aber eine an den soziologischen Arbeiten Max Webers oder marxistischer Tradition geschulte Analyse fehlt völlig. Er orientiert sich einseitig am Ethos des Bildungsbürgertums und sieht in dessen Traditionen neben denen des Christentums die Kräfte des Widerstands gegen den Nationalsozialismus und eines Neubeginns nach einem Umsturz.[65]

Wie zahlreiche andere Oppositionelle hat Bonhoeffer die Vermassung für den eigentlichen Fluch der Zeit gehalten.[66] Die Nationalsozialisten galten ihm als Exponenten und Nutznießer einer entwurzelten Masse. Eine Elite *aus allen Gesellschaftsschichten*, die zu Bindung und Verantwortung fähig ist, habe ihnen entgegenzutreten.[67] Die Zerstörung der Weimarer Republik durch die radikalen Massenbewegungen und die Verführung des Volkes durch die nationalsozialistische Propaganda bewirkten eine Skepsis gegen den Parlamentarismus unter den Bedingungen einer modernen Massendemokratie.

64 So der Leiter des Kirchlichen Außenamtes, Bischof Theodor Heckel, in einem Brief an den Landeskirchenausschuß vom 7. März 1936 (Glenthoj, MW V, 184). Bonhoeffer hat 1939 Deutschland verlassen, um der Einberufung in Hitlers Armee zu entgehen (vgl. Möser, Gewissenstheorie, 144ff u. E. Bethge, Dietrich Bonhoeffers Weg vom »Pazifismus« zur Verschwörung, in: H. Pfeifer (Hg.), Frieden – das unumgängliche Wagnis. Die Gegenwartsbedeutung der Friedensethik Dietrich Bonhoeffers (IBF 5), München 1982, 118–136).

65 Vgl. bes. die Bewertung der abendländischen Geschichte in dem »Ethik«-Text »Erbe und Verfall« (EN, 106f).

66 Vgl. GS II, 25f; EN, 107f u. WEN, 21f.

67 Vgl. WEN, 21ff.

Ebenso teilten Bonhoeffer und seine Freunde die Überzeugung eines deutschen Sonderweges zwischen westlichem Individualismus und östlichem Kollektivismus. Jedoch kann man bei Bonhoeffer ebensowenig wie bei Helmuth Graf von Moltke ein »antiwestliches Trauma« diagnostizieren.[68] Bonhoeffer ist im Zuge zweier Amerika-Aufenthalte und umfassender ökumenischer Kontakte zu einer differenzierten Würdigung westlicher Traditionen gelangt.[69] So hebt er nach seinem zweiten Aufenthalt in Amerika im Sommer 1939 die christlichen Wurzeln der amerikanischen Demokratie hervor, die nicht im Mythos vom befreiten Menschen gründe, sondern das Reich Gottes und die Begrenzung aller irdischen Gewalten durch die Souveränität Gottes zum Ziel habe.[70]

Auch der der »nationalkonservativen« Opposition vorgeworfene schroffe Antiliberalismus findet sich so nicht bei Bonhoeffer, Dohnanyi und Leibholz. Zwar wandte man sich gegen extreme Formen des Wirtschaftsliberalismus und gegen eine »zersetzende liberalistische Kulturkritik«,[71] aber zugleich wurde der unaufgebbare Wert bestimmter Errungenschaften des Liberalismus gesehen.[72] Hier ist wiederum eine große Nähe zu den Überzeugungen Moltkes, mit dem Dohnanyi schon seit 1939/40, noch vor der Konstituierung des Kreisauer Kreises, eng zusammengearbeitet hat, festzustellen.[73]

68 Gegen Mommsen, Gesellschaftsbild, 164; In einem für angelsächsische Freunde bestimmten Gutachten wirbt er darum, daß die Westmächte bereit sein sollten, mit einer neuen Regierung zu verhandeln, »auch wenn sie zunächst nicht im angelsächsischen Sinn des Wortes demokratisch aussieht« (GS I, 360; Hervorheb. hinzugef., CS). Für unabdingbar hält er neben der Freiheit der Kirche und einer Presse, die der Wahrheit dient, die »Wiederherstellung der Hoheit des gleichen Rechts für alle« (ebd.).

69 Vgl. GS I, 356ff u. 362f. Dohnanyi hat schon während seiner Assistententätigkeit am Hamburger Institut für auswärtige Politik in den zwanziger Jahren Kontakte in das westliche Ausland geknüpft, so 1925 durch eine Reise nach England (P. Möser hat hierzu vor kurzem neues Material gefunden).

70 Vgl. GS I, 238ff u. EN, 111. »Man wird sich Gedanken darüber machen müssen, warum es auf dem europäischen Kontinent niemals gelungen ist, eine Demokratie christlich zu fundamentieren, daß vielmehr Demokratie und Christentum auf unserem Kontinent immer in irgendeinem Gegensatz zueinander gesehen werden, während in Amerika die Demokratie als die schlechthin christliche Staatsform verherrlicht werden kann« (GS I, 341).

71 So in der Eingabe zum »Fall Dehn« (GS VI, 205); vgl. auch K. Barths Zustimmung in einem Korrekturvorschlag (Beilage zu einem Brief Ch.v. Kirschbaums an G. Staewen vom 21. Februar 1932, Durchschlag im Karl Barth-Archiv Basel).

72 Vgl. oben 4. Kap. II.B.

73 Mindestens dreizehn Treffen bzw. Besprechungen Moltkes und Dohnanyis in den Jahren 1940 bis 1944 sind belegt (vgl. F. von Moltke, M. Balfour u. J. Frisby, Helmuth James von Moltke 1907–1945. Anwalt der Zukunft, Stuttgart 1975, 191f); zudem die Tatsache mehrfacher Besuche Moltkes im Privathaus der Dohnanyis in Sakrow bei Potsdam (Notizkalender H.v.D.s von 1941 u. Erinnerungen Frau Bar-

Die Kritik an den Staatsvorstellungen der »nationalkonservativen« Opposition kumulieren in dem Urteil, man habe sich mit der Forderung nach einem autoritären Staat in großer Nähe zu nationalsozialistischen Auffassungen befunden. So rechnet Hans Mommsen Bonhoeffer zu der »hochkonservativen Verschwörergruppe« um Ulrich von Hassell, Johannes Popitz, Jens Jessen, Ewald von Kleist-Schmenzin und Erwin Planck. Hier habe man sich als »Repräsentanten und Vollstrecker der ›nationalen Revolution‹ von 1932/33« empfunden und deren Rückbildung in ein Parteienregime beklagt.[74]

Bonhoeffers Überlegungen zur politischen Ethik in den Jahren 1929 bis 1938 widerlegen dieses Urteil. Zwar ist zutreffend, daß die Staatsauffassungen der bürgerlich-konservativen Hitler-Gegner am Beginn der vierziger Jahre durch die krisenhafte Situation der Demokratie am Ende der Weimarer Republik bestimmt waren. Bonhoeffer, Leibholz und Dohnanyi haben jedoch die Weimarer Republik als legitime rechtsstaatliche Ordnung gegen ihre nationalsozialistischen Zerstörer verteidigt. Angesichts der immensen Mobilisierung der Massen durch die republikfeindlichen Parteien traten sie für eine Stärkung der Autorität der gefährdeten Republik ein – gerade um ihrer Erhaltung willen.

Ihrer Auffassung nach bestand die grundsätzliche Trennungslinie nicht zwischen Demokraten und Antidemokraten, sondern zwischen einem demokratischen Verfassungsstaat, der die Rechte des Individuums wahrt, und einer kollektivistischen Volksherrschaft, die die Rechte des Individuums ausschließlich von den Interessen des Volksganzen her versteht. Anfang der vierziger Jahre sahen sie wie am Ende der Weimarer Republik als entscheidende Alternative die zwischen einem *kollektivistischen*, *mythisch-*

bara Bayers, geb. von Dohnanyi). Dohnanyi und Moltke wurden fast zur gleichen Zeit, im August bzw. September 1939, in das Amt Ausland/Abwehr unter Admiral Canaris eingezogen. Dohnanyi war enger Mitarbeiter von Admiral Canaris und Oberst Oster, zuständig für politische Berichterstattung. Moltke beriet als Mitglied der völkerrechtlichen Gruppe der Abwehr das OKW in völkerrechtlichen Fragen (vgl. van Roon, Moltke als Völkerrechtler im OKW). Beide haben sich schon bald nach Beginn ihrer Tätigkeit in der Abwehr am Tirpitzufer in Berlin persönlich kennengelernt. Dohnanyi hat im September 1941 für Moltke einen Text über die Rechtmäßigkeit des Eides auf Hitler und das Recht auf Widerstand geschrieben (vgl. Moltke/Balfour/Frisby, 161 u. G. van Roon, Neuordnung im Widerstand. Der Kreisauer Kreis im Rahmen der deutschen Widerstandsbewegung, München 1967, 280). Die Tochter eines jüdischen Konsulenten, Dorothee Fliess, die im Zuge der von Dohnanyi organisierten sog. Aktion U 7 noch im September 1942 Deutschland verlassen konnte, berichtet, daß Dohnanyi bei dieser langwierigen und dramatischen Rettungsaktion mit Moltke zusammengearbeitet hat. Moltke habe sogar angeboten, sie auf seinem Kreisauer Gut aufzunehmen (vgl. D. Fliess, Geschichte einer Rettung, in: R. von Voss u. G. Neske (Hg.), Der 20. Juli 1944. Annäherung an den geschichtlichen Augenblick, Pfullingen 1984, 69–87, bes. 75).

74 Mommsen, Verfassungs- und Verwaltungsreformpläne, 573.

totalen und einem *autoritären* Staat an, der das freiheitliche Erbe der letzten Jahrhunderte respektiert. Leibholz' Begründung der Notwendigkeit politischer Parteien in der veränderten Situation einer modernen Massendemokratie zeigt, daß daraus nicht eine antiparlamentarische und antidemokratische Einstellung folgt.[75] Man sah das Einparteiensystem des Dritten Reiches durchaus nicht als folgerichtige Fortsetzung des Weimarer Parteienstaates.[76]

Mit dem Einwand, daß ein Großteil der Urteile über die Staatsauffassung der sogenannten nationalkonservativen Opposition für den Bonhoeffer-Dohnanyi-Kreis nicht zutrifft,[77] ist keineswegs eine uneingeschränkt positive Haltung zur parlamentarischen Demokratie behauptet. Bonhoeffer gestand aufgrund seiner Erfahrung der Verführbarkeit der Massen der öffentlichen Meinungsbildung nur eine geringe Bedeutung zu. Ferner hat er seine theologische Kritik an einer Verabsolutierung staatlicher Macht, die nicht nur Gegenmittel gegen die Macht der Sünde, sondern auch selbst von ihr betroffen ist, nicht im Sinne demokratischer Kontrolle weiter ausgeführt.[78]

Das Beispiel des Bonhoeffer-Dohnanyi-Kreises zeigt, daß für eine der historischen Situation angemessene Beurteilung der Staatsvorstellungen die Frage der Bewertung liberaler Traditionen entscheidend ist. Erst von daher kann ein Urteil über die Stellung zur Demokratie gefällt werden. Die Gegner der Weimarer Republik erhoben gerade den Anspruch, die wahre Volksherrschaft herbeizuführen und die egoistische Parteienherrschaft des verhaßten Weimarer »Systems« zu überwinden. Die Traditionen des Liberalismus wie Grundrechtsgedanke, Gewaltenteilungsprinzip als Grundlage des Rechtsstaates oder Minderheitenschutz bekämpfte man aufs schärfste. Bonhoeffer, Dohnanyi und Leibholz zählten dieses freiheitliche Erbe der letzten Jahrhunderte hingegen zu den unabdingbaren Grundlagen des Staates. Die Befürwortung eines autoritären Staates im Gegensatz zum totalen bedeutete nicht ein pauschal antiliberales Denken, sondern das Bemühen um eine differenzierte Würdigung liberaler Traditionen. Auch wenn Bonhoeffer, Dohnanyi und Leibholz nicht die Position

75 Vgl. oben 2. Kap. Ergebnis.

76 Gegen Mommsen, Der Widerstand gegen Hitler und die deutsche Gesellschaft, 11: »Für die Verschwörer stand die Weimarer Erfahrung nicht im Gegensatz zu derjenigen des Nationalsozialismus, vielmehr erschien dieser als deren folgerichtige Fortsetzung. Im Einparteiensystem des Dritten Reiches schien der Parteienstaat Weimars zu seiner äußersten Konsequenz vorangetrieben zu sein.«

77 Ebenso läßt sich der der nationalkonservativen Opposition vorgeworfene weitgehende Antisemitismus (vgl. Ch. Dipper, Der Widerstand und die Juden, in: Schmädeke/Steinbach, Widerstand, 598–616) in der Gruppe nicht feststellen (vgl. oben 4. Kap. II.B.2. u. 7. Kap. Einführung sowie Smid, Judentum, Ergebnis u. C.-R. Müller, Judenverfolgung, Ergebnis).

78 Vgl. oben 3. Kap. IV.A.u.B.

des – am Ende der Weimarer Republik faktisch nicht mehr vorhandenen – klassischen Liberalismus eingenommen haben, war ihr Gegensatz zu den verschiedenen Ausprägungen des völkisch-rassischen Rechtsdenkens unzweideutig.

Eine solche Haltung läßt sich nur mißverständlich mit dem Etikett »nationalkonservativ« charakterisieren. Angemessener wäre der Begriff »liberalkonservativ«, da er sowohl auf das Bewußtsein um den Wert des freiheitlichen Erbes der Neuzeit als auch die Betonung der Notwendigkeit von Bindungen in einer Zeit der Vermassung hinweist. Auch eine Charakterisierung mithilfe des Begriffs »republikanisch« ist zutreffend. Trotz seiner Allgemeinheit umschreibt er die Grundorientierung des Kreises angesichts der ausgeprägten Republikfeindschaft seit Beginn der dreißiger Jahre angemessen und ist weniger gefährdet für aktuelle Äquivokationen als die Begriffe »nationalkonservativ« und »liberalkonservativ«.[79] Der Nachweis einer Würdigung der vom Nationalsozialismus bedrohten und bekämpften liberalen Traditionen darf nicht den Blick dafür versperren, daß auch andere – zum Teil gegenläufige – Sachmomente in Bonhoeffers politischer Ethik wirksam sind. Neben der konservativen Hervorhebung des Wertes der überkommenen Bindungen findet sich ein autoritatives und elitäres Moment, das die persönliche Verantwortung der Personen in den Ämtern betont und die Legitimation der Autorität durch die Massen skeptisch beurteilt.

Im Unterschied zu weiten Teilen in Kirche und Theologie hat Bonhoeffer jedoch Verfassungsstaat, Menschenrechte, Demokratie und Emanzipation zur rechtlichen Gleichheit aller Menschen nicht pauschal als »westliche« Verirrungen abgelehnt. Vielmehr erkannte er die Gefahr der »antineuzeitlichen Bindungen neulutherischer Theologie und bemühte sich – gerade als lutherischer Theologe – um den Durchbruch der theologischen Ethik zu einem Wirklichkeits- und Politikverständnis, welches das faktisch vollzogene Mündigwerden der Welt, also eben die Neuzeit, begriff und verarbeitete.«[80] In seinem letzten Lebensjahr hat Bonhoeffer den theologischen Ertrag der Auseinandersetzung mit den verschiedenen Gestalten der völkischen Religiosität, die sich gegen eben diese neuzeitliche Freiheitsgeschichte wandte, in wirkungsvoller Weise neu zu formulieren begonnen.[81]

79 G. van Roons Charakterisierung der Haltung Moltkes als »nationalliberal« scheint mir den Standort Bonhoeffers und Dohnanyis im Spektrum der Positionen nicht ganz angemessen zu beschreiben. Dohnanyi war – wie auch Moltke – schon früh um Kontakte mit dem westlichen Ausland bemüht. Dietrich Bonhoeffer hat sich zudem seit Beginn der dreißiger Jahre ständig mit dem für die ökumenische Bewegung gefährlichen Nationalismus auseinandergesetzt.

80 H.E. Tödt, Vorwort zu: DBW 1, XVII.

81 Vgl.z.B. WEN, 391ff.

Abkürzungsverzeichnis

AELKZ	Allgemeine Evangelisch-Lutherische Kirchenzeitung
AGK	Arbeiten zur Geschichte des Kirchenkampfes
AkZG	Arbeiten zur kirchlichen Zeitgeschichte
AöR	Archiv des öffentlichen Rechts
ApU	Altpreußische Union
AS	D. Bonhoeffer, Akt und Sein, 4. Aufl. 1976.
BA	Bundesarchiv (Koblenz)
BK	Bekennende Kirche
Ch.v.D.	Christine von Dohnanyi
CS	Christoph Strohm
CW	Die Christliche Welt. Protestantische Halbmonatsschrift für Gebildete aller Stände
DB	E. Bethge, Dietrich Bonhoeffer. Theologe, Christ, Zeitgenosse, 5. Aufl. 1985.
DBW	Dietrich Bonhoeffer Werke, 1986ff.
DC	Deutsche Christen
D.C.S.V.	Deutsche Christliche Studentenvereinigung
DEK	Deutsche Evangelische Kirche
DJ	Deutsche Justiz
DJZ	Deutsche Juristenzeitung
ED	Das Evangelisches Deutschland. Kirchliche Rundschau für das Gesamtgebiet des Deutschen Evangelischen Kirchenbundes, ab Nr. 30 vom 23. Juli 1933:. . .der Deutschen Evangelischen Kirche.
Eintr.	Eintragung
EN	D. Bonhoeffer, Ethik. Neuausg., 9. Aufl., 1981.
EOK	Evangelischer Oberkirchenrat
EvKom	Evangelische Kommentare
EvTh	Evangelische Theologie
F.C.	Formula Concordiae
FAZ	Frankfurter Allgemeine Zeitung
GS I-VI	D. Bonhoeffer, Gesammelte Schriften, Bd. 1–6, 1958ff.
HA	Hauptarchiv der v. Bodelschwinghschen Anstalten (Bethel).
hs.	handschriftlich
H.v.D.	Hans von Dohnanyi
IBF	Internationales Bonhoeffer Forum. Forschung und Praxis
IBF 1	H. Pfeifer (Hg.), Genf '76, 1976.
IBF 2	E. Feil (Hg.), Verspieltes Erbe?, 1979.
IBF 3	E. Feil u. I. Tödt (Hg.), Konsequenzen, 1980.
IBF 4	W. Huber u. I. Tödt (Hg.), Ethik im Ernstfall, 1982.
IBF 5	H. Pfeifer (Hg.), Frieden – das unumgängliche Wagnis, 1982.
IBF 6	Ch. Gremmels (Hg.), Bonhoeffer und Luther, 1983.
IBK	Internationales Bonhoeffer-Komitee
IfZ	Institut für Zeitgeschichte (München)
JK	Junge Kirche. Halbmonatsschrift für reformatorisches Christentum

JZ	Juristenzeitung
KD	K. Barth, Kirchliche Dogmatik, 1932ff.
KJ	Kirchliches Jahrbuch
KuD	Kerygma und Dogma
KZG	Kirchliche Zeitgeschichte
LuMo	Lutherische Monatshefte
ms.	maschinenschriftlich
MW I-IV	Die mündige Welt, Bd. 1–4, 1955ff.
MW V	J. Glenthoj, Dokumente zur Bonhoefferforschung, 1969.
N	D. Bonhoeffer, Nachfolge, 12. Aufl. 1981.
N.F.	Neue Folge
NL	Nachlaß
NL DB	Nachlaß Dietrich Bonhoeffer
NPL	Neue Politische Literatur
PVS	Politische Vierteljahresschrift
RGBl.	Reichsgesetzblatt
RGG	Die Religion in Geschichte und Gegenwart, 2. Aufl., 1930ff; 3. Aufl. 1957ff.
Rs	Rückseite
SC	D. Bonhoeffer, Sanctorum Communio, 4. erw. Aufl., 1969.
SF	D. Bonhoeffer, Schöpfung und Fall, Neuausg., 1968.
StGB	Strafgesetzbuch
SZ	Süddeutsche Zeitung
TB	Taschenbuch
TEh	Theologische Existenz heute
ThA	Theologische Arbeiten
ThB	Theologische Bücherei
ThBl	Theologische Blätter
ThLZ	Theologische Literaturzeitung
ThRv	Theologische Revue
ThZ	Theologische Zeitschrift
TRE	Theologische Realenzyklopädie
uk	unabkömmlich
VfZ	Vierteljahrshefte für Zeitgeschichte
VKL	Vorläufige Kirchenleitung
Vs	Vorderseite
WA	Martin Luthers Werke, Weimar 1883ff.
WdF	Wege der Forschung
WEN	D. Bonhoeffer, Widerstand und Ergebung, Neuausg., 2. Aufl. 1977.
WRV	Weimarer Reichsverfassung
ZEE	Zeitschrift für Evangelische Ethik
ZKG	Zeitschrift für Kirchengeschichte
ZZ	Zwischen den Zeiten

Quellen- und Literaturverzeichnis

A. Ungedruckte Quellen

1. Archiv des Christian Kaiser-Verlags, München
- Akte: Mai 1932 – Dezember 1933, Merz-Korrespondenz

2. Hauptarchiv der v. Bodelschwinghschen Anstalten, Bethel
- HA 2/39–96 Briefwechsel zum Betheler Bekenntnis
- HA 2/39–209 Gutachten
- HA 2/72–6, 21 Vorentwurf

3. Bibliothek des Bundesgerichtshofs, Karlsruhe
- Protokolle der Strafrechtskommission 1933–1937
- Protokolle der Strafprozeßkommission 1937–1938

4. Bundesarchiv, Koblenz
- R 22 Reichsjustizministerium
- R 23 Reichsgericht
- Nachlaß Erich Koch-Weser
- Nachlaß Dietrich Bonhoeffer

Fiche:

A 20 Briefwechsel mit theologischen Lehrern und Freunden 1928–1931

A 25 Ansprachen und Arbeiten am Union Theological Seminary 1930–1931

A 26 Bewerbung, amtlicher Schriftwechsel und Bericht über das Studium am Union Theological Seminary, USA 1930–1931

A 27 Briefe aus den USA 1930–1931

A 29 Briefe als Studentenpfarrer und an Erwin Sutz

A 32 Gemeindetätigkeit in Berlin: theologische Aufsätze, Vorträge und Entwürfe 1932–1933

A 34 Entwürfe und Berichte über ökumenische Tagungen 1932–1933

A 36 Der Vortrag: Wandlungen des Führerbegriffs in der jungen Generation 1933

A 37 Der Vortrag: Die Kirche vor der Judenfrage April 1933

A 38 Kirchenkampf 1932/33

A 39 Bewerbung um die Pfarrstelle in London 1933–1934

A 40 Die Konferenz in Fanö (22.-30. 8. 1934) 1933–1935

A 41 Die Pfarrstelle in London und die kirchenpolitische Lage in Deutschland, Abschriften aus englischen Archiven 1933–1935

A 44 Briefwechsel mit der Familie und Eberhard Bethge 1933–1940

A 45 Briefe an Freunde, Kollegen und Schüler als Lehrer am Predigerseminar 1935–1940 (41)

A 46 Briefwechsel zum Verhältnis der Bekennenden Kirche zur Ökumene 1935–1939

A 47 Einrichtung und Auflösung des Predigerseminars in Finkenwalde 1935–1937 (1941)

A 54 Theologische Fragmente ca. 1935–1939

A 56 Aufsätze zur kirchenpolitischen Situation 1936–1938

A 57 Theologische Vorträge und Entwürfe 1935–1937

A 87 Hans von Dohnanyis Verhaftung, Krankheit und Tod

A 89 Über den Tod von Paul von Hase, F.J.Perels, Rüdiger Schleicher, Klaus und Dietrich Bonhoeffer
A 90 Prozeß gegen Walter Huppenkothen und Dr. Otto Thorbeck
B 3 Seminarmitschriften »Gibt es eine christliche Ethik?« (SS 1932)
B 4 Vorlesungsmitschriften »Jüngste Theologie« (WS 1932/33)
B 7 Vorlesungsmitschriften »Christologie« (SS 1933)
B 8 Vorlesungsmitschrift »Nachfolge« (1934/35)
B 11 Vorlesungsmitschriften »Seelsorge« (1936–1939)
B 14 Mitschriften »Kirchenordung (Unterricht der Visitatoren), Kirchenverfassung, Augsburger Konfession (1935)
C 5 Briefe Christine von Dohnanyis an Dietrich Bonhoeffer

5. Evangelisches Zentralarchiv, Berlin
– EOK Gen II, 42 Bd. I Auswirkungen der nationalen Revolution auf die Kirche
– EKD A 2/479 Kirche und politisches Leben

6. Institut für Zeitgeschichte, München
– Akten der Parteikanzlei der NSDAP (Mikrofiche-Edition)
– ED 92 Akte Dr. J. Müller
– MA 108 Dokumente aus dem Reichsjustizministerium
– MA 118 Dokumente aus dem Reichsjustizministerium
– MC-5 Spruchkammerverfahren gegen Sonderegger
– Zs 49 RA Rüdiger Graf von der Goltz
– Zs 603 von Dohnanyi
– Zs / A 26 Sammlung Ricarda Huch

7. Karl Barth-Archiv, Basel
– Briefwechsel betr. Dehn-Eingabe 1932

8. National Archives and Records Service, Washington
   – Diensttagebuch des Reichsjustizministers 1934–1938

9. Nachlaß Hans und Christine von Dohnanyi
   Ordner:
1 Urkunden, Zeugnisse, Bescheinigungen
2 Briefwechsel, beruflich, 1920–1943
3 Briefwechsel, H.v.D. u. Ch. Bonhoeffer, 1919–1922
5 Briefwechsel, H.v.D. u. Ch.v.D., 1925–1928
6 Briefwechsel, H.v.D. u. Ch.v.D., 1934–1936
7 Briefwechsel, H.v.D. u. Ch.v.D., 1937–1938
10 Briefwechsel mit den Eltern Bonhoeffer, 1928–1932
13 Amtlicher Schriftverkehr, Aktenvermerke, Vernehmungsprotokolle
14 Ermittlungen Roeders, Verteidigungsnotizen H.v.D.s
15 Entwürfe zur Schutzschrift
21 Nachforschungen, bes. Zossener Akten
24 »Ricarda Huch«-Briefwechsel mit Ch.v.D. und Zuschriften zur Widerstandsdokumentation
25 Eidesstattliche Erklärungen Ch.v.D.s
26 Aufzeichnungen u. Berichte Ch.v.D.s
29 Briefwechsel Ch.v.D.s mit Familienangehörigen, 1945ff
Notizkalender H.v.D.s vom Jahre 1937
Notizkalender H.v.D.s vom Jahre 1941
Grüner Aktendeckel »Schulze zur Wiesche-Müller-Gis«

10. Unveröffentlichte Manuskripte
– Carter, G., Bekenntnis aus Bethel, August 1933: Vorläufiger Entwurf oder endgültiges Zeugnis?, ms. Manuskript 1984.
– Entwurf eines Deutschen Strafgesetzbuchs (internes Manuskript, gedruckt im Strafgefängnis Berlin-Tegel), o.D. (1936/37), Neudruck April 1939.
– Glenthoj, J., Walter Birnbaums Flugfahrt, ms. Manuskript o.D.
11. Mündliche und schriftliche Auskünfte
– Frau Barbara Bayer, geb. von Dohnanyi, Wuppertal
– Frau Renate Bethge, geb. Schleicher, Wachtberg-Villiprot
– Prof. Dr. Eberhard Bethge DD., ebd.
– Dr. Ludwig Hammerstein, Berlin
– Prof. Dr. Peter Hoffmann, Montreal
– Frau Marianne Leibholz, London
– Frau Sabine Leibholz, geb. Bonhoeffer, Göttingen
– Frau Dr. Marianne Meyer-Krahmer, geb. Goerdeler, Heidelberg
– Prof. Dr. Ger van Roon, Amsterdam
– Prof. Dr. Peter Steinbach, Passau
– Zentrales Staatsarchiv der DDR, Potsdam

B. Veröffentlichte Arbeiten Dietrich Bonhoeffers

Sanctorum Communio. Eine dogmatische Untersuchung zur Soziologie der Kirche (ThB 3), 4. erweit. Aufl., München (1930) 1969; Neuausg. v. J. von Soosten (DBW 1), München 1986.
Akt und Sein. Transzendentalphilosophie und Ontologie in der systematischen Theologie (ThB 5), 4. Aufl., München (1931) 1976 Neuausgabe v. H.-R. Reuter (DBW 2), München 1988.
Schöpfung und Fall. Theologische Auslegung von Genesis 1 bis 3 (1933), Neuausg. zus. mit der Bibelarbeit »Versuchung« (1938), München 1968.
Nachfolge, 12. Aufl., München (1937) 1981.
Gemeinsames Leben, 17. Aufl., München (1939) 1980.
Ethik, neu zusammengestellt u. hg.v. E. Bethge, 9. Aufl., München (1949) 1981.
Widerstand und Ergebung. Briefe und Aufzeichnungen aus der Haft (1951), Neuausgabe v. E. Bethge, 2. Aufl., München 1977.
Gesammelte Schriften, hg.v.E. Bethge, Bd. I: Ökumene. Briefe, Aufsätze, Dokumente. 1928–1942, 2. Aufl., München (1958) 1965.
Bd. II: Kirchenkampf und Finkenwalde. Resolutionen, Aufsätze, Rundbriefe. 1933–1943, 2. Aufl., München (1959) 1965.
Bd. III: Theologie – Gemeinde. Vorlesungen, Briefe, Gespräche. 1927–1944, 2. Aufl., München (1960) 1966.
Bd. IV: Auslegungen – Predigten. 1931–1944, 2. Aufl., München (1961) 1965.
Bd. V: Seminare – Vorlesungen – Predigten. 1924–1941, München 1972.
Bd. VI: Tagebücher – Briefe – Dokumente. 1923–1945, München 1974.
Von Barmen nach Oeynhausen. Stichwort-Manuskript vom 10. Januar 1936, hg. mit einem Nachwort von E. Bethge, in: G. van Norden (Hg.), Zwischen Bekenntnis und Anpassung. Aufsätze zum Kirchenkampf in rheinischen Gemeinden, in Kirche und Gesellschaft, Köln 1985, 91–96. Weitere wichtige Texte sind veröffentlicht in den Dokumentensammlungen von J. Glenthoj (aaO.).

C. Gedruckte Quellen und Literatur

Abendroth, W., Die deutschen Professoren und die Weimarer Republik, in: J. Tröger (Hg.), Hochschule und Wissenschaft im Dritten Reich (Reihe Campus Bd. 1009), Frankfurt a.M.-New York 1986, 11–25.

Adam, U.D., Judenpolitik im Dritten Reich, Düsseldorf 1979.

Albertin, L., Liberalismus und Demokratie am Anfang der Weimarer Republik. Eine vergleichende Analyse der Deutschen Demokratischen Partei und der Deutschen Volkspartei, Düsseldorf 1972.

Althaus, P., Das Erlebnis der Kirche, 2. Aufl., Leipzig 1924.

ders., Staatsgedanke und Reich Gottes (Schriften zur politischen Bildung, 10. Reihe, Christentum H.1), 3. Aufl., Langensalza 1926.

ders. u. Hirsch, E., Evangelische Kirche und Völkerversöhnung, in: ThBl 10 (1931), 177f (auch in: Neuwerk 13 (1931/32), 120f).

ders., Der Brief an die Römer (Das Neue Testament Deutsch, Bd. 6), 13. Aufl., Göttingen (1932) 1978.

Anderbrügge, K., Völkisches Rechtsdenken. Zur Rechtslehre in der Zeit des Nationalsozialismus (Beiträge zur Politischen Wissenschaft 28), Berlin 1978.

Aristoteles, Die Nikomachische Ethik, übers. u.hg.v.O. Gigon, 5. Aufl., München 1984.

Asmussen, H., Der Christ im heutigen Staate, in: Tägliche Rundschau vom 24. März 1933.

ders., Konfessionalität und politische Haltung, in: ZZ 11 (1933), Heft 2 (März), 111–125.

Barth, K., Der Römerbrief, 12. unveränd. Abdr. d. neuen Bearb. von 1922, Zürich 1978.

ders., Ethik II. Vorlesung Münster Wintersemester 1928/29, wiederholt in Bonn Wintersemester 1930/31, hg.v. D. Braun (K.Barth, Gesamtausgabe, Bd. 10, Abt. II), Zürich 1978.

ders., Der heilige Geist und das christliche Leben, in: Beiheft Nr. 1 von »Zwischen den Zeiten«, München 1930.

ders., Fides quaerens intellectum. Anselms Beweis der Existenz Gottes im Zusammenhang seines theologischen Programms, München 1931.

ders., Theologische Existenz heute! (1933), neu hg.v.H. Stoevesandt (TEh 219), München 1984.

ders., Rechtfertigung und Recht (Theologische Studien 1), Zürich 1938.

ders., Christengemeinde und Bürgergemeinde (Theol. Studien 20), Zürich 1946.

ders., Kirchliche Dogmatik, Bd. I,1: Die Lehre vom Wort Gottes. Prolegomena zur Kirchlichen Dogmatik, 6. Aufl., Zollikon-Zürich 1952.

ders., Die protestantische Theologie im 19. Jahrhundert. Ihre Vorgeschichte und ihre Geschichte, 4. Aufl., Zürich 1978.

ders., Brief an Eberhard Bethge, in: EvTh 28 (1968), 555f.

Bauer, W., Wertrelativismus und Wertbestimmtheit im Kampf um die Weimarer Demokratie. Zur Politologie des Methodenstreites der Staatsrechtslehrer (Beiträge zur Politischen Wissenschaft, Bd. 3), Berlin 1968.

Das Bekenntnis der Väter und die bekennende Gemeinde. Zur Besinnung dargeboten von einem Kreis von evangelischen Theologen und in ihrem Namen herausgegeben von Martin Niemöller, München 1934.

Berger, P.L., Sociology and Ecclesiology, in: The Place of Dietrich Bonhoeffer. Problems and Possibilities in His Thought, hg.v.M.E. Marty, 2. Aufl., New York 1964, 53–80.

Berning, C., Vom Abstammungsnachweis zum Zuchtwart. Vokabular des Nationalsozialismus, Berlin 1964.

Besier, G., Ansätze zum politischen Widerstand in der Bekennenden Kirche – Zur gegenwärtigen Forschungslage, in: J. Schmädeke u. P. Steinbach (Hg.), Der Widerstand gegen den Nationalsozialismus. Die deutsche Gesellschaft und der Widerstand gegen Hitler, München-Zürich 1985, 265–280.

ders., Die Bekennende Kirche und der Widerstand gegen Hitler. Einzelbeobachtungen, in: Wort und Dienst. Jahrbuch der Kirchlichen Hochschule Bethel, N.F. 18 (1985), 197–227.

ders. u. Ringshausen, G. (Hg.), Bekenntnis, Widerstand, Martyrium. Von Barmen 1934 bis Plötzensee 1944, Göttingen 1986.

Bethge, E., Besprechung: Hanfried Müller, Von der Kirche zur Welt..., in: Die Mündige Welt, Bd. IV, München 1963, 169–174.

ders., Dietrich Bonhoeffer, Theologe. Christ. Zeitgenosse, 6. Aufl., München (1967) 1986.

ders., Dietrich Bonhoeffer und die theologische Begründung seines politischen Widerstandes, in: ders., Am gegebenen Ort. Aufsätze und Reden 1970–1979, München 1979, 48–62.

ders., Dietrich Bonhoeffer und die Juden, in: E. Feil u.I. Tödt (Hg.), Konsequenzen. Dietrich Bonhoeffers Kirchenverständnis heute (IBF 3), München 1980, 171–214.

ders., Dietrich Bonhoeffers Weg vom »Pazifismus« zur Verschwörung, in: H. Pfeifer (Hg.), Frieden – das unumgängliche Wagnis. Die Gegenwartsbedeutung der Friedensethik Dietrich Bonhoeffers (IBF 5), München 1982, 118–136.

ders., Dietrich Bonhoeffer – Widerstand in preußischer Tradition?, in: ders., Kirche in Preußen, 1983, 107–125.

ders. u.R. Bethge (Hg.) Letzte Briefe im Widerstand. Aus dem Kreis der Familie Bonhoeffer, München 1984.

ders., Dietrich Bonhoeffer und die Juden, in: H. Kremers (Hg.), Die Juden und Martin Luther – Martin Luther und die Juden: Geschichte, Wirkungsgeschichte, Herausforderung, Neukirchen-Vluyn 1985, 211–248.

ders., Besorgnis vor der Barmer Synode: Bonhoeffers Stimme aus London im April 1934, in: G. van Norden (Hg.), Zwischen Bekenntnis und Anpassung. Aufsätze zum Kirchenkampf in rheinischen Gemeinden, in Kirche und Gesellschaft, Köln 1985, 89f.

Bizer, E., Der Fall Dehn, in: FS für Günther Dehn, hg.v.W. Schneemelcher, Neukirchen 1957, 239–261.

Böckenförde, E.-W. (Hg.), Staatsrecht und Staatsrechtslehre im Dritten Reich (Recht – Justiz – Zeitgeschehen, Bd. 41), Heidelberg 1985.

Bonhoeffer, K., Lebenserinnerungen, in: Karl Bonhoeffer. Zum 100. Geburtstag am 31. März 1968, hg.v. H. Zutt u.a., Berlin-Heidelberg-New York 1969.

Bonhoeffer, Kl., Grundformen des Rechts, in: Weiße Blätter. Monatsschrift für Geschichte, Tradition und Staat, hg.v. K.L. Freiherr zu Guttenberg, November/Dezember 1942, 165–174.

Bornkamm, H., Luthers Lehre von den zwei Reichen, in: H.-H. Schrey (Hg.),

Reich Gottes und Welt. Die Lehre Luthers von den zwei Reichen (WdF 107), Darmstadt 1969, 165–195.

Boyens, A., Kirchenkampf und Ökumene 1933–1939. Darstellung und Dokumentation, München 1969.

Bracher, K.D., Die Auflösung der Weimarer Republik. Eine Studie zum Problem des Machtverfalls in der Demokratie, Nachdr. d. 5. Aufl., Düsseldorf (1955) 1978.

ders., Die deutsche Diktatur. Entstehung, Struktur, Folgen des Nationalsozialismus, 6. erw. Aufl., Frankfurt a.M.- Berlin-Wien 1979.

ders., Zeitgeschichtliche Kontroversen. Um Faschismus, Totalitarismus, Demokratie, 5. Aufl., München-Zürich 1984.

Brakelmann, G., Protestantische Kriegstheologie im 1. Weltkrieg. Reinhold Seeberg als Theologe des deutschen Imperialismus, Bielefeld 1974.

ders., Barmen V – ein historisch-kritischer Rückblick, in: EvTh 45 (1985), 3–20.

Broszat, M., Der Staat Hitlers. Grundlagen und Entwicklung seiner inneren Verfassung, 10. Aufl., München 1983.

ders., Die Machtergreifung. Der Aufstieg der NSDAP und die Zerstörung der Weimarer Republik, München 1984.

ders., Zur Sozialgeschichte des deutschen Widerstands, in: VfZ 34 (1986), 293–309.

Brunner, E., Das Gebot und die Ordnungen. Entwurf einer protestantisch-theologischen Ethik, 4. Aufl., Zürich (1932) 1978.

Buchheit, G., Richter in roter Robe. Freisler – Präsident des Volksgerichtshofes, München 1968.

Büchel, R., Der deutsche Widerstand im Spiegel von Fachliteratur und Publizistik seit 1945 (Schriften der Bibliothek für Zeitgeschichte, H. 15), München 1975.

Büchner, F., Was ist das Reich? Eine Aussprache unter Deutschen, Oldenburg 1932.

Bullock, A., Hitler. Eine Studie über Tyrannei, Düsseldorf 1959.

Burtness, J.H., Shaping the Future. The Ethics of Dietrich Bonhoeffer, Philadelphia 1985.

Busch, E., Karl Barths Lebenslauf. Nach seinen Briefen und autobiographischen Texten, 3. Aufl., München 1978.

Butler, W.W., A Comparison of the Ethics of E. Brunner and D. Bonhoeffer with Special Attention to the Orders of Creation and the Mandates, Emory University 1970.

Cartarius, U. (Bearb.), Forschungsgemeinschaft 20. Juli e.V. Bibliographie »Widerstand«, München-New York-London-Paris 1984.

Claussen, R. u. Schwarz, S.(Hg.), Vom Widerstand lernen. Von der Bekennenden Kirche bis zum 20. Juli 1944, Bonn 1986.

Conway, J.S., Die nationalsozialistische Kirchenpolitik 1933–1945. Ihre Ziele, Widersprüche und Fehlschläge (übers. v.C. Nicolaisen), München 1969.

Dahm, G. u. Schaffstein, F., Methode und System des neuen Strafrechts, Berlin 1937.

Dannemann, G., Legale Revolution, Nationale Revolution. Die Staatsrechtslehre zum Umbruch von 1933, in: E.-W. Böckenförde, Staatsrecht und Staatsrechtslehre im Dritten Reich, Heidelberg 1985, 3–22.

Das Evangelische Deutschland. Kirchliche Rundschau für das Gesamtgebiet des Deutschen Evangelischen Kirchenbundes, ab Nr. 30 vom 23. Juli 1933: . . .der Deutschen Evangelischen Kirche, 10. Jg. (1933).

Day, Th., Dietrich Bonhoeffer on Christian Community and Common Sense, New York 1983.

Dehn, G., Der Gottessohn. Eine Einführung in das Evangelium des Markus (Die urchristliche Botschaft 2), Berlin 1929.

ders., Kirche und Politik. Bemerkungen zu den Angriffen auf Hermann Schafft, in: Neuwerk 13 (1930/31), 117–120.

ders., Kirche und Völkerversöhnung. Dokumente zum Halleschen Universitätskonflikt, Berlin o.J. (1931).

ders., Die alte Zeit. Die vorigen Jahre. Lebenserinnerungen, München 1962.

Der Vormarsch. Evangelische Monatsschrift für Politik und Kultur, hg.v. G. Kunze u. F. Söhlmann, Jg. 3 (1933).

Deutsch, H.C., Das Komplott oder die Entmachtung der Generale, o.O. 1974.

Dibelius, O., Friede auf Erden?. Frage, Erwägungen, Antwort, Berlin 1930.

ders., Ein Christ ist immer im Dienst. Erlebnisse und Erfahrungen in einer Zeitenwende, Stuttgart 1961.

Dipper, Ch., Der Widerstand und die Juden, in: J. Schmädeke u. P. Steinbach, Der Widerstand gegen den Nationalsozialismus. Die deutsche Gesellschaft und der Widerstand gegen Hitler, München-Zürich 1985, 598–616.

Dohnanyi, H. von, Täterschaft und Teilnahme, in: F. Gürtner (Hg.), Das kommende deutsche Strafrecht, Allgemeiner Teil, Berlin 1934, 73–84.

ders., Wucher, Preistreiberei, in: F. Gürtner (Hg.), Das kommende deutsche Strafrecht, Besonderer Teil, Berlin 1935, 359–367.

ders. u. E. Schäfer, Die Strafgesetzgebung der Jahre 1931 bis 1935. Nachtrag zur 18. Auflage von: Reinhard Frank, Das Strafgesetzbuch für das Deutsche Reich, Tübingen 1936.

Domarus, M., Hitler. Reden und Proklamationen. 1932–1945, kommentiert von einem deutschen Zeitgenossen, Bd. I: Triumph, 1. Halbbd. 1932–1934, 2. Halbbd. 1935–1938, München 1965.

Dreier, R., Widerstandsrecht im Rechtsstaat?. Bemerkungen zum zivilen Ungehorsam, in: Recht und Staat im sozialen Wandel. FS für Hans Ulrich Scupin, Berlin 1983, 573–599.

Duchrow, U., Christenheit und Weltverantwortung. Traditionsgeschichte und systematische Struktur der Zweireichelehre (Forschungen und Berichte der Evangelischen Studiengemeinschaft, Bd. 25), 2. Aufl., Stuttgart (1970) 1983.

ders. u. W. Huber (Hg.), Die Ambivalenz der Zweireichelehre in lutherischen Kirchen des 20. Jahrhunderts (Texte zur Kirchen- und Theologiegeschichte, 22), Gütersloh 1976.

ders., Dem Rad in die Speichen fallen – aber wo und wie? Luthers und Bonhoeffers Ethik der Institutionen im Kontext des heutigen Wirtschaftssystems, in: Ch. Gremmels (Hg.), Bonhoeffer und Luther. Zur Sozialgestalt des Luthertums in der Moderne (IBF 6), München 1983, 16–58.

Echterhölter, R., Das öffentliche Recht im nationalsozialistischen Staat (Quellen und Darstellungen zur Zeitgeschichte, Bd.16. Die deutsche Justiz und der Nationalsozialismus, Teil II), Stuttgart 1970.

Ehrt, A., Kirche, Staat und Bolschewismus, in: ED 10 (1933), Nr. 12, 94f; wiederabgedr. in: G. van Norden, Der deutsche Protestantismus im Jahr der nationalsozialistischen Machtergreifung, Gütersloh 1979, 47f.

Erdmann, K.D., Die Weimarer Republik (Gebhardt, Handbuch der deutschen Geschichte, Bd. 19), TB-Ausg., 3. Aufl., München 1982.

ders., Deutschland unter der Herrschaft des Nationalsozialismus 1933–1939 (Gebhardt, Handbuch der deutschen Geschichte, Bd. 20), TB-Ausg., 3. Aufl., München 1982.

Euchner, W., Die Staatslehre von Gerhard Leibholz im Spiegel der Leibholz-Festschrift, in: NPL 15 (1970), 320–331.

Feil, E., Standpunkte der Bonhoeffer-Interpretation. Versuch einer kritischen Zusammenfassung, in: ThRv 64 (1968), 1–14.

ders., Die Theologie Dietrich Bonhoeffers, Hermeneutik. Christologie. Weltverständnis (Gesellschaft und Theologie, Abteilung Systematische Beiträge Nr. 6), 3. Aufl., München-Mainz 1971.

ders., Neues über Bonhoeffer. Rezension zu R. Mayer, Christuswirklichkeit..., in: EvKom 3 (1970), 176f.

ders., Widerstand und Ergebung. Zum politischen Engagement aus christlichem Glauben nach Dietrich Bonhoeffer, in: Stimmen der Zeit, 110. Jg. (1985), 555–568.

Fialkowski, J., Die Wendung zum Führerstaat, Köln 1958.

Finger, A., Das Staatsrecht des Deutschen Reiches der Verfassung vom 11. August 1919, Stuttgart 1923.

Fliess, D., Geschichte einer Rettung, in: R. von Voss u. G. Neske (Hg.), Der 20. Juli 1944. Annäherung an den geschichtlichen Augenblick, Pfullingen 1984, 69–87.

Forschbach, E., E.J. Jung, Ein konservativer Revolutionär. 30. Juni 1934, Pfullingen 1984.

Forsthoff, E., Der totale Staat, Hamburg 1933.

Frank, H., Im Angesicht des Galgens. Deutung Hitlers und seiner Zeit aufgrund eigener Erlebnisse und Erkenntnisse, Neuhaus 1955.

Freisler, R., Versuch und Vollendung, in: F. Gürtner (Hg.), Das kommende deutsche Strafrecht, Allgemeiner Teil, Berlin 1934, 9–36.

ders., W. Luetgebrune, u.a. (Hg.), Denkschrift des Zentralausschusses der Strafrechtsabteilung der Akademie für Deutsches Recht über die Grundzüge eines Allgemeinen Deutschen Strafrechts (Schriften der Akademie für Deutsches Recht, H.1), Berlin 1934.

ders., Willensstrafrecht. Versuch und Vollendung, in: F. Gürtner (Hg.), Das kommende deutsche Strafrecht, Allgemeiner Teil, Berlin 1934, 9–36.

ders., Aufbau des Besonderen Teils und seine Stellung im Gesetz. Einiges über den inneren Aufbau der Tatbestände und über Strafrahmen, in: F. Gürtner (Hg.), Das kommende Strafrecht, Besonderer Teil, Berlin 1935, 9–66.

ders., Das neue Strafrecht als nationalsozialistisches Bekenntnis, in: ders. u. F. Gürtner (Hg.), Das neue Strafrecht. Grundsätzliche Gedanken zum Geleit, Berlin 1936, 33–151.

Freytagh-Loringhoven, A. von, Die Weimarer Verfassung in Lehre und Wirklichkeit, München 1924.

Friedländer, S., Vom Antisemitismus zur Judenvernichtung: Eine historiographische Studie zur nationalsozialistischen Judenpolitik und Versuch einer Interpretation, in: E. Jäckel u. J. Rohwer (Hg.), Der Mord an den Juden im Zweiten Weltkrieg. Entschlußbildung und Verwirklichung, Stuttgart 1985, 18–60.

Friedrich, D., Das Betheler Bekenntnis, unveröffentl. Zulassungsarbeit, Tübingen 1973.

Friedrich, M., Die Grundlagendiskussion in der Weimarer Staatslehre, in: PVS 13 (1972), 582–598.

ders., Der Methoden- und Richtungsstreit. Zur Grundlagendiskussion der Weimarer Staatsrechtslehre, in: AöR 102(1977), 161–209.

Gall, L. (Hg.), Liberalismus (Neue Wissenschaftliche Bibliothek 85, Geschichte), 2. Aufl., Königstein i. Taunus 1980.

Gerhard, J., Bedingungen und Chancen der Widerstandsgruppe ›Weiße Rose‹, in: Kölner Zs. für Soziologie und Sozialpsychologie, Sonderheft 25/1983, 343–359.

Gerlach, W., Zwischen Kreuz und Davidstern. Bekennende Kirche in ihrer Stellung zum Judentum im Dritten Reich, Diss., Hamburg 1972.

Gerlach-Praetorius, A., Die Kirche vor der Eidesfrage. Die Diskussion um den Pfarrereid im »Dritten Reich« (AGK, Bd. 18), Göttingen 1967.

Gisevius, H.B., Bis zum bitteren Ende. Bericht eines Augenzeugen aus den Machtzentren des Dritten Reiches, 3. Aufl., München-Zürich (1946) 1982.

Glenthoj, J., Dietrich Bonhoeffers Kampf gegen den Arierparagraphen, in: Kirche in der Zeit 20 (1965), 439–444.

ders., Dokumente zur Bonhoeffer-Forschung 1928–1945 (Die Mündige Welt V), München 1969.

ders., Zu Dietrich Bonhoeffers Eintritt in die ökumenische Arbeit, in: Aktiver Friede. Gedenkschrift für Friedrich Siegmund-Schultze (1885–1969), hg.v. H. Delfs (Schriften des ökumenischen Archivs der Evangelischen Kirche in Deutschland, Bd. VII), Soest 1972, 194–200.

ders., Zu Dietrich Bonhoeffers Eintritt in die ökumenische Arbeit. Dokumente 1931–32, Fredericia 1974.

ders., Die Eideskrise in der Bekennenden Kirche 1938 und Dietrich Bonhoeffer, in: ZKG 96 (1985), 377–394.

Göppinger, H., Die Verfolgung der Juristen jüdischer Abstammung durch den Nationalsozialismus, Villingen 1963.

Gogarten, F., Politische Ethik, Jena 1932.

ders., Ist Volksgesetz Gottesgesetz?, Hamburg 1934.

ders., Verhängnis und Hoffnung der Neuzeit. Die Säkularisierung als theologisches Problem, Stuttgart 1958.

Gollwitzer, H., Amt und »Führertum« in der Kirche. Ein Beitrag zur Frage konfessioneller Verständigung, in: EvTh 1 (1934/35), 79–113.

Graf, F.W., Ein Radikaler unter den Theologen. Zum 100. Geburtstag: Kritische Erinnerung an Karl Barth, in: SZ vom 10./11. Mai 1986.

ders., Der Weimarer Barth – ein linker Liberaler?, in: EvTh 47 (1987), 555–566.

Graner, R., Die Staatsrechtslehre in der politischen Auseinandersetzung der Weimarer Republik, Freiburg i.B. 1980.

Graß, K.M., Edgar Jung. Papenkreis und Röhmkrise 1933/34, Diss. phil., Heidelberg 1966.

Green, G., Soteriologie und Sozialethik bei Bonhoeffer und Luther, in: Ch. Gremmels (Hg.), Bonhoeffer und Luther. Zur Sozialgestalt des Luthertums in der Moderne (IBF 6), München 1983, 93–128.

Gremmels, Ch. (Hg.), Bonhoeffer und Luther. Zur Sozialgestalt des Luthertums in der Moderne (IBF 6), München 1983.

Gruchmann, L., »Blutschutzgesetz« und Justiz. Zu Entstehung und Auswirkung des Nürnberger Gesetzes vom 15. September 1935, in: VfZ 31 (1983), 418–442.

Grüneberg, H., Zur Theorie des Antiparlamentarismus, in: Die Tat 22, 1(1930), 120ff.

Gürtner, F. (Hg.), Das kommende deutsche Strafrecht. Bericht über die Arbeit der amtlichen Strafrechtskommission, Allgemeiner Teil, Berlin 1935.

ders. u. R. Freisler (Hg.), Das neue Strafrecht. Grundsätzliche Gedanken zum Geleit, Berlin 1936.

ders. (Hg.), Das kommende deutsche Strafverfahren, Berlin 1938.

ders. (Hg.), Bericht der amtlichen Strafprozeßkommission, Berlin 1938.

Haller, P., Der Rechtskampf der Bekennenden Kirche und ihre Juristen, Diss. jur., Freiburg i.B. 1963.

Harder, G., Die Bekennende Kirche und der Staat, in: Tutzinger Texte, Sonderband I: Kirche und Nationalsozialismus. Zur Geschichte des Kirchenkampfes, hg.v. P. Rieger u.J. Strauß, München 1969, 151–182.

Hase, H.C. von, Begriff und Wirklichkeit der Kirche in der Theologie Dietrich Bonhoeffers, in: MW I, 26–46.

Heidegger, M., Sein und Zeit, 15. Aufl., Tübingen 1979.

Heim, K., Das Führerproblem in der Gegenwart und das Christentum, in: Wort und Tat, Jg. 1932, Heft 3, 33–40.

Heinonen, R.D., Der Säkularisierungsbegriff bei Wilhelm Stapel. Die ideenpolitische Funktion eines Modewortes um 1930, in: Archiv für Begriffsgeschichte 14/1 (1970), 86ff.

Heller, H., Rechtsstaat oder Diktatur? (Recht und Staat in Geschichte und Gegenwart 68), Tübingen 1930.

Heuss, Th., Erinnerungen 1905–1933, Tübingen 1963.

ders., Hitlers Weg. Eine Schrift aus dem Jahr 1932, neu hg. u. eingel. v.E. Jäckel, Stuttgart 1968.

Hildebrand, K., Das Dritte Reich (Oldenbourg Grundriß der Geschichte, Bd. 17), 2. Aufl., München-Wien 1980.

Hildebrandt, H., (Hg.), Die deutschen Verfassungen des 19. und 20. Jahrhunderts, 11. erg. Aufl., Paderborn 1979.

Hielscher, F., Das Reich, Berlin 1931.

Hill, W., Gleichheit und Artgleichheit (Schriften zum Öffentlichen Recht, Bd. 28), Berlin 1966.

ders., Interview mit G. Leibholz am 9. Februar 1982, in: FAZ vom 22. Okt. 1984.

Hillgruber, A., Die politischen Kräfte der Mitte und die Auflösung der Weimarer Republik, in: H. Bodensiek (Hg.), Preußen, Deutschland und der Westen. Festschrift O. Hauser, Göttingen 1980, 155–175.

ders., Zum Stand der wissenschaftlichen Erforschung der NS-Zeit. Schwerpunkte und Kontroversen, in: Geschichte, Politik und ihre Didaktik 9 (1981), 5–22.

Hirsch, E., Vom verborgenen Suverän, in: Glaube und Volk, Jg. 2(1933), 4–13.

Hitler, A., Mein Kampf, Zwei Bände in einem Band, 25. Aufl., München 1933.

Höhne, H., Canaris. Patriot im Zwielicht, 2. Aufl., München 1978.

ders., Mordsache Röhm. Hitlers Durchbruch zur Alleinherrschaft 1933–1934, Rheinbek bei Hamburg 1984.

ders., Krieg im Dunkeln. Macht und Einfluß des russischen und deutschen Geheimdienstes, München 1985.

Hofer, W., Der Nationalsozialismus. Dokumente 1933–1945, 6. Aufl., Frankfurt a.M. 1981.

Hoffmann, P., Widerstand, Staatsstreich, Attentat. Der Kampf der Opposition gegen Hitler, 4. Aufl., München 1985.

Holl, K., Christliche Reden, Gütersloh 1926.

ders., Die Kulturbedeutung der Reformation, in: ders., Gesammelte Aufsätze zur Kirchengeschichte, Bd. 1: Luther, 4. u. 5. Aufl., Tübingen 1927, 468–543.

ders., Luthers Anschauung über Evangelium, Krieg und Aufgabe der Kirche im Lichte des Weltkriegs, in: Gesammelte Aufsätze zur Kirchengeschichte, Bd. III: Der Westen, Tübingen 1928, 147–170.

Honecker, M., Kirche als Gestalt und Ereignis. Die sichtbare Gestalt der Kirche als dogmatisches Problem (Forschungen zur Geschichte und Lehre des Protestantismus, Bd. X, 25), München 1963.

Hossenfelder, J., (Hg.), Volk und Kirche. Die amtlichen Berichte der ersten Reichstagung 1933 der Glaubensbewegung »Deutsche Christen«(Schriftenreihe der »Deutschen Christen«, Heft 4), Berlin 1933.

Hourdin, G., Bonhoeffer. Une église pour demain, Paris 1971.

Huber, E.R., Bedeutungswandel der Grundrechte, in: AöR N.F. 23 (1932), 1–98.

ders., Die Einheit der Staatsgewalt, in: DJZ 1934, Sp. 950ff.

ders., Deutsche Verfassungsgeschichte, Bd. 6: Die Weimarer Reichsverfassung, Stuttgart-Berlin-Köln-Mainz 1981.

Huber, W., Kirche und Öffentlichkeit (Forschungen und Berichte der Evangelischen Studiengemeinschaft, Bd. 28), Stuttgart 1973.

ders. u. H.E. Tödt, Menschenrechte. Perspektiven einer menschlichen Welt, 2. Aufl., Stuttgart-Berlin 1978.

ders., Wahrheit und Existenzform. Anregungen zu einer Theorie der Kirche bei Dietrich Bonhoeffer, in: E. Feil u. I. Tödt (Hg.), Konsequenzen. Dietrich Bonhoeffers Kirchenverständnis heute (IBF 3), München 1980, 87–139.

ders., Die Kirche vor der »Judenfrage«, in: R. Rendtorff u.E. Stegemann (Hg.), Auschwitz – Krise der christlichen Theologie. Eine Vortragsreihe (Abhandlungen zum christlich-jüdischen Dialog, Bd. 10), München 1980, 60–81.

ders., »Eigengesetzlichkeit« und »Lehre von den zwei Reichen« in: N. Hasselmann (Hg.), Gottes Wirken in seiner Welt. Zur Diskussion um die Zweireichelehre, 2. Band: Reaktionen, Hamburg 1980, 27–51.

ders., Wer ist Christus für uns?. Bonhoeffers Bedeutung für die Zukunft der Christenheit, in: EvKom 19 (1986), 191–194.

Hüttenberger, P., Vorüberlegungen zum Widerstandsbegriff, in: J. Kocka (Hg.), Theorien in der Praxis des Historikers (Geschichte und Gesellschaft, Sonderheft 3), Göttingen 1977, 117–134.

Hughes, C., Professor Leibholz and the science of politics: Considerations upon logic and method, in: K.D. Bracher, C. Dawson, W. Geiger, R. Smend u. H.-J. Rinck (Hg.), Die moderne Demokratie und ihr Recht. Modern Constitutionalism and Democracy, Festschrift für Gerhard Leibholz zum 65. Geburtstag, Bd. 1, Tübingen 1966, 179–188.

Iber, H., Kirche und Staat. Äußerungen einiger Lutheraner am Ende der Weimarer Republik, in: Richte unsere Füße auf den Weg des Friedens. FS für Helmut Gollwitzer zum 70sten Geburtstag, hg. v.A. Baudis u.a., München 1979, 514–521.

Internationales Bonhoeffer Forum. Forschung und Praxis, hg.v.E. Bethge u.a., Bd.1–6, München 1976ff.

Jacobs, M., Vom Liberalismus zur dialektischen Theologie, Theol. Habil.-Schrift, Hamburg 1966.

Jäckel, H., Der Weg zur Massendemokratie. Zu den Werken von Gerhard Leibholz, in: NPL 9 (1964), Sp. 247–258.

Jaspers, K., Die geistige Situation der Zeit (1931), unveränd. Abdruck der im Sommer 1932 bearbeiteten 5. Aufl., Berlin 1947.

Jellinek, G., System der subjektiven öffentlichen Rechte, 2. Aufl., Freiburg i.B. 1905.

ders., Die Erklärung der Menschen- und Bürgerrechte, 3. Aufl., München u. Leipzig 1919, bes. 29ff u. 50ff; wiederabgedr. in: R. Schnur (Hg.), Zur Geschichte der Erklärung der Menschenrechte, 2. Aufl., Darmstadt 1974, 1–77.

Joest, W., Das Verhältnis der Unterscheidung der beiden Regimente zu der Unterscheidung von Gesetz und Evangelium (1958), in: H.-H. Schrey (Hg.), Reich Gottes und Welt. Die Lehre Luthers von den zwei Reichen (WdF 107), Darmstadt 1969, 196–220.

John, O., Männer im Kampf gegen Hitler. VII.: Hans von Dohnanyi, in: Blick in die Welt 2 (1947), 16f.

Jung, E.J., Die Herrschaft der Minderwertigen. Ihr Zerfall und ihre Ablösung durch ein neues Reich, 2. Aufl., Berlin 1930.

ders., Deutschland und die konservative Revolution. Nachwort zu: Deutsche über Deutschland. Die Stimme des unbekannten Politikers, München 1932, 369–383.

ders., Sinndeutung der deutschen Revolution, Oldenburg 1933.

Käsemann, E., An die Römer (Handbuch zum Neuen Test., 8a), Tübingen 1973.

Karwehl, R., Politisches Messiastum. Zur Auseinandersetzung zwischen Kirche und Nationalsozialismus, in: ZZ 9 (1931), 519–543; wiederabgedr. in: W. Fürst (Hg.), Dialektische Theologie in Scheidung und Bewährung 1933–1936. Aufsätze, Gutachten und Erklärungen, München 1966, 19–41.

Kaltenborn, C.-J., Adolf von Harnack als Lehrer Dietrich Bonhoeffers (ThA 6), Berlin 1973.

Kantzenbach, F.W., Widerstand und Solidarität der Christen in Deutschland 1933–1945. Eine Dokumentation zum Kirchenkampf aus den Papieren des D. Wilhelm Freiherrn von Pechmann (Einzelarbeiten aus der Kirchengeschichte Bayerns 51), Neustadt/Aisch 1971.

Kaufmann, A. (Hg.), Widerstandsrecht (WdF 173), Darmstadt 1972.

Kaul, F.K., Geschichte des Reichsgerichts, Bd. IV: 1933–1945 (Veröffentlichungen des Bereichs zeitgenössische Rechtsgeschichte an der Sektion Rechtswissenschaft der Humboldt-Universität zu Berlin), Glashütten i. Taunus 1971.

Kelsen, H., Vom Wert und Wesen der Demokratie, 2. Aufl., Tübingen 1929.

Keßler, H., Wilhelm Stapel als politischer Publizist. Ein Beitrag zur Geschichte des konservativen Nationalismus zwischen den beiden Weltkriegen, Nürnberg 1967.

Kinder, E., Luthers Ableitung der geistlichen und weltlichen »Oberkeit« aus dem 4. Gebot (1959), in: H.-H. Schrey (Hg.), Reich Gottes und Welt. Die Lehre Luthers von den zwei Reichen (WdF 107), Darmstadt 1969, 221–241.

Kirchheimer, O., Politische Justiz. Verwendung juristischer Verfahrensmöglichkeiten zu politischen Zwecken, Neuwied-Berlin 1965.

Kirchliches Jahrbuch für die evangelischen Landeskirchen Deutschlands. Ein Hilfsbuch zur Kirchenkunde der Gegenwart, in d.Nachf.v. J. Schneider hg.v.H. Sasse, 59. Jg., Gütersloh 1932.

Kirchl. Jahrbuch für die ev. Kirche in Deutschland, 60.–71. Jg., 1933–1944, begründet v. Johannes Schneider, hg.v. J. Beckmann, 2. Aufl., Gütersloh (1948) 1976.

Klein, H.H., Gerhard Leibholz (1901–1982). Theoretiker der Parteiendemokratie und politischer Denker – ein Leben zwischen den Zeiten, in: F. Loos (Hg.), Rechtswissenschaft in Göttingen. Göttinger Juristen aus 250 Jahren (Göttinger Universitätsschriften, Serie A: Schriften, Bd. 5), Göttingen 1987, 528–547.

Klemperer, K., LTI. Notizbuch eines Philologen, 3. Aufl., Frankfurt a.M. 1985.

Klotz, L., (Hg.), Die Kirche und das dritte Reich. Fragen und Forderungen deutscher Theologen, 2 Bände, Gotha 1932.

Klügel, E., Die lutherische Landeskirche Hannover und ihr Bischof 1933–1945, Berlin 1964.

Knittermeyer, H., Grenzen des Staates, Berlin 1932.

Koch,W., Karl Barths erste Auseinandersetzungen mit dem Dritten Reich, in: Richte unsere Füße auf den Weg des Friedens. H. Gollwitzer zum 70sten Geburtstag, hg. v. A. Baudis u.a. München 1979, 491–513.

ders., »Sollen wir K. weiter beobachten?«. Ein Leben im Widerstand, Stuttgart 1982.

Koellreutter, O., Der nationale Rechtsstaat. Zum Wandel der deutschen Staatsidee (Recht und Staat in Geschichte und Gegenwart 89), Tübingen 1932.

Köttgen, A., Rezension zu: G. Leibholz, Das Wesen der Repräsentation..., in: AöR N.F. 19 (1930), 290–312.

Kolb, E., Die Weimarer Republik (Oldenbourg Grundriß der Geschichte, Bd. 16), München-Wien 1984.

Kooj, J. van der, Das Betheler Bekenntnis. Mit einer Einführung und einem Brief Dietrich Bonhoeffers (Bethel. Beiträge aus der Arbeit der v. Bodelschwinghschen Anstalten in Bielefeld-Bethel, Heft 25), Bielefeld 1983.

Kretschmar, G. (Hg.), Dokumente zur Kirchenpolitik des Dritten Reiches, Bd. 1: Das Jahr 1933, bearb.v.C. Nicolaisen, München 1971.

Krockow, Ch. Graf von, Die Entscheidung. Eine Untersuchung über E. Jünger, C. Schmitt, M. Heidegger (Göttinger Abhandlungen zur Soziologie, Bd. 3), Stuttgart 1958.

Küchenhoff, E., Nachruf auf Gerhard Leibholz, in: PVS 23 (1982), 362–364.

Kügler, H., Der Führer, der einzelne und die Gemeinde, in: Wort und Tat, Jg. 1932, Heft 5, 86–89 u. Heft 6, 111–115.

Künneth, W. u. Schreiner, H. (Hg.), Die Nation vor Gott, Berlin 1933.

ders., Die biblische Offenbarung und die Ordnungen Gottes, in: ders. u. H. Schreiner, Die Nation vor Gott, Berlin 1933, 1–23.

ders., Die Kirche und die Judenfrage in Deutschland, abgedr. in: W. Huber u.I. Tödt (Hg.), Ethik im Ernstfall. Dietrich Bonhoeffers Stellung zu den Juden und ihre Aktualität (IBF 4), München 1982, 255–257.

Lange, E., Kirche für andere. Dietrich Bonhoeffers Beitrag zur Frage einer verantwortbaren Gestalt der Kirche in der Gegenwart, in: ders., Kirche für die Welt. Aufsätze zur Theorie kirchlichen Handelns, hg.v.R. Schloz, München-Gelnhausen 1981, 19–82.

Lasserre, J., Der Krieg und das Evangelium, München 1956 (frz.: La Guerre et l'Évangile, 1953).

Leber, A., Das Gewissen steht auf. 64 Lebensbilder aus dem deutschen Widerstand 1933–1945, Berlin-Frankfurt a.M. 1954.

Lege, J., Neue methodische Positionen in der Staatsrechtslehre und ihr Selbstverständnis, in: E.-W. Böckenförde (Hg.), Staatsrecht und Staatsrechtslehre im Dritten Reich, Heidelberg 1985, 23–43.

Leibholz, G., Fichte und der demokratische Gedanke. Ein Beitrag zur Staatslehre, Freiburg i.B., o.J. (1922).

ders., Die Gleichheit vor dem Gesetz. Eine Studie auf rechtsvergleichender und rechtsphilosophischer Grundlage (Öffentlich-rechtliche Abhandlungen 6), Berlin 1925.

ders., Staatsangehörigkeit und Naturalisation, in: Wörterbuch des Völkerrechts und der Diplomatie, hg.v. K. Strupp, Bd. 2, Berlin u. Leipzig 1923, 588–595.

ders., Die Gleichheit vor dem Gesetz. Ein Nachwort zur Auslegung des Art. 109 Abs. 1 RV, in: AöR N.F. 12 (1927), 1ff.

ders., Zu den Problemen des fascistischen Verfassungsrechts (Beiträge zum ausländischen öffentlichen Recht und Völkerrecht 11), Berlin u. Leipzig 1928.

ders., Das Wesen der Repräsentation unter besonderer Berücksichtigung des Repräsentativsystems. Ein Beitrag zur allgemeinen Staats- und Verfassungslehre (Beiträge zum ausländischen öffentlichen Recht und Völkerrecht 13), Berlin u. Leipzig 1929.

ders., Besprechung von: Mainzer, Otto, Gleichheit vor dem Gesetz, Gerechtigkeit und Recht, in: AöR N.F. 18 (1930), 254–260.

ders., Zur Begriffsbildung im Öffentlichen Recht (1931), in: ders., Strukturprobleme der modernen Demokratie, Neuausg. d. 3., erweit. Aufl. von 1967, Frankfurt a.M. 1974, 262–276.

ders., Die Grundlagen des modernen Wahlrechts. Zugleich eine Betrachtung zur Wahlreform (1932), in: ders., Strukturprobleme der modernen Demokratie, Neuausg. d. 3., erweit. Aufl. von 1967, Frankfurt a.M. 1974, 9–40.

ders., Die Verfassungsdurchbrechung (1932), in: ders., Strukturprobleme der modernen Demokratie, Neuausg. d. 3., erweit. Aufl. von 1967, Frankfurt a.M. 1974, 185–198.

ders., Die Auflösung der liberalen Demokratie in Deutschland und das autoritäre Staatsbild (Wissenschaftliche Abhandlungen und Reden zur Philosophie, Politik und Geistesgeschichte 12), München u. Leipzig 1933.

ders., Volk und Partei im neuen deutschen Verfassungsrecht (1950), in: ders., Strukturprobleme der modernen Demokratie, Neuausg. d. 3., erweit. Aufl. von 1967, Frankfurt a.M. 1974, 71–77.

ders., Der Strukturwandel der modernen Demokratie (1952), in: ders., Strukturprobleme der modernen Demokratie, Neuausg. d. 3., erweit. Aufl. von 1967, Frankfurt a.M. 1974, 78–129.

ders., Die Problematik der sozialen Grundrechte. Vortragsthesen vom 20. Oktober 1956, in: ders., Strukturprobleme der modernen Demokratie, Neuausgabe der 3., erweit. Aufl. von 1967, Frankfurt a.M. 1974, 130f.

ders., Hans von Dohnanyi, in: H.-J. Schultz (Hg.), Der 20. Juli 1944 – Alternative zu Hitler?, Stuttgart-Berlin 1974, 139–145.

ders., Gedenkrede auf Rudolf Smend, in: In memoriam Rudolf Smend (Göttinger Universitätsreden 60), Göttingen 1976, 15–43.

Leibholz-Bonhoeffer, S., Vergangen, erlebt, überwunden. Schicksale der Familie Bonhoeffer, 4. Aufl., Gütersloh 1983.

Limperg, B., Personelle Veränderungen in der Staatsrechtslehre und ihre neue Situation nach der Machtergreifung, in: E.-W. Böckenförde (Hg.), Staatsrecht und Staatsrechtslehre im Dritten Reich, Heidelberg 1985, 44–67.

Link, Ch., Gerhard Leibholz – Leben und Werk, in: ders. (Hg.), Der Gleichheitssatz im modernen Verfassungsstaat. Symposion zum 80. Geburtstag von Bundesverfassungsrichter i.R. Professor Dr. phil. Dr. iur. Dr. h.c. Gerhard Leibholz am 21. November 1981, Baden-Baden 1982, 23–27.

ders., Zum Tode von Gerhard Leibholz, in: AöR 108 (1983), 153–160.

Loewenich, W. von, Luthers Stellung zur Obrigkeit (1966), in: G. Wolf (Hg.), Luther und die Obrigkeit (WdF 85), Darmstadt 1972, 425–442.

ders., Erlebte Theol. Begegnungen, Erfahrungen, Erwägungen, München 1979.

Löwenthal, R., Widerstand im totalen Staat, in: ders. u. P. von zur Mühlen, Widerstand und Verweigerung in Deutschland 1933 bis 1945, 2. Aufl., Berlin-Bonn 1984, 11–24; wiederabgedr. in: K.D. Bracher, M. Funke, H.-A. Jacobsen (Hg.), Nationalsozialistische Diktatur 1933–1945. Eine Bilanz (Schriftenreihe der Bundeszentrale für politische Bildung, Bd. 192), Bonn 1983, 618–632.

Lovin, R.W., The Christian and the Authority of the State: Bonhoeffer's Reluctant Revisions, in: J.D. Godsey u. G.B. Kelly (Hg.), Ethical Responsibility: Bonhoeffer's Legacy to the Churches (Toronto Studies in Theology 6), New York-Toronto 1981, 103–130.

ders., Christian Faith and Public Choices: The Social Ethics of Barth, Brunner and Bonhoeffer, Philadelphia 1984.

Luther, M., Werke. Weimarer Ausgabe, 1883ff.

Mádr, A., Eine Friedenskonferenz vor 35 Jahren. Ciernohorskè Kùpele Juli 1932, in: JK 12 (1967), 692–697.

Mainzer, O., Gleichheit vor dem Gesetz, Gerechtigkeit und Recht, Berlin 1929.

Majer, D., Blind auf dem linken Auge, in: DIE ZEIT v. 14. Februar 1986.

Martin, B., Das außenpolitische Versagen des Widerstands 1943/44, in: J. Schmädeke u. P. Steinbach (Hg.), Der Widerstand gegen den Nationalsozialismus. Die deutsche Gesellschaft und der Widerstand gegen Hitler, München-Zürich 1985, 1037–1060.

Matthias, E. u. Morsey, R. (Hg.), Das Ende der Parteien 1933, 2. Aufl., Düsseldorf 1979.

Maus, I., Bürgerliche Rechtstheorie und Faschismus. Zur sozialen Funktion und aktuellen Wirkung der Theorie Carl Schmitts, München 1976.

Mayer, R., Christuswirklichkeit. Grundlagen, Entwicklung und Konsequenzen der Theologie Dietrich Bonhoeffers (Arbeiten zur Theologie, II. Reihe, Bd. 15), Stuttgart 1969.

Meier, K., Die Deutschen Christen. Das Bild einer Bewegung im Kirchenkampf des Dritten Reiches, Göttingen 1964.

ders., Der evangelische Kirchenkampf. Gesamtdarstellung in drei Bänden, Bd. 1: Der Kampf um die »Reichskirche«, 2. Aufl., Göttingen 1984; Bd. 2: Gescheiterte Neuordnungsversuche im Zeichen staatlicher »Rechtshilfe«, 2. Aufl., Göttingen 1984; Bd. 3: Im Zeichen des zweiten Weltkriegs, Göttingen 1984.

Meinck, J., Weimarer Staatslehre und Nationalsozialismus. Eine Studie zum Problem der Kontinuität im staatsrechtlichen Denken in Deutschland 1928 bis 1936 (Campus: Forschung, Bd. 41), Frankfurt a.M.-New York 1978.

ders., Justiz und Justizfunktion im Dritten Reich, in: Zeitschrift für neuere Rechtsgeschichte 1981, 28–49.

Merz, G., Rezension zu: Wilhelm Stapel, Der christliche Staatsmann. Eine Theologie des Nationalismus, in: ZZ 10 (1932), 473–476.

ders., Kirche und Staat in der Gegenwart, in: Monatsschrift für Pastoraltheologie, 29. Jg. (1933), 176–182.

Möller, H., Die nationalsozialistische Machtergreifung. Konterrevolution oder Revolution?, in: VfZ 31 (1983), 25–51.

Moeller van den Bruck, A., Das Dritte Reich, Berlin 1923.

Möser, P., Gewissenspraxis und Gewissenstheorie bei Dietrich Bonhoeffer, Diss. theol., Heidelberg 1983.

Mohler, A., Die konservative Revolution in Deutschland 1918–1932. Ein Handbuch, 2. völlig neu bearbeitete und erweiterte Fassung, Darmstadt 1972.

Moltke, F. von, Balfour, M. u. Frisby, J., Helmuth James von Moltke 1907–1945. Anwalt der Zukunft, Stuttgart 1975.

Mommsen, H., Gesellschaftsbild und Verfassungspläne des deutschen Widerstands, in: W. Schmitthenner u. H. Buchheim (Hg.), Der deutsche Widerstand gegen Hitler. Vier historisch-kritische Studien, Köln-Berlin 1966, 73–167.

ders., Der Widerstand gegen Hitler und die deutsche Gesellschaft, in: J. Schmädeke u. P. Steinbach (Hg.), Der Widerstand gegen den Nationalsozialismus. Die deutsche Gesellschaft und der Widerstand gegen Hitler, München-Zürich 1985, 3–23.

ders., Verfassungs- und Verwaltungsreformpläne der Widerstandsgruppen des 20. Juli 1944, in: J. Schmädeke u. P. Steinbach (Hg.), Der Widerstand gegen den Nationalsozialismus. Die deutsche Gesellschaft und der Widerstand gegen Hitler, München-Zürich 1985, 570–597.

Morsey, R., Der Untergang des politischen Katholizismus. Die Zentrumspartei zwischen christlichem Selbstverständnis und »Nationaler Erhebung« 1932/33, Stuttgart-Zürich 1977.

Müller, C.-R., »Tue Deinen Mund auf für die Stummen!« Dietrich Bonhoeffer im Kampf gegen die nationalsozialistische Verfolgung und Vernichtung der Juden. Seine Haltung zur Judenfrage im Vergleich mit Stellungnahmen aus der evangelischen Kirche und Kreisen des deutschen Widerstands (Juni 1933 – April 1945), Diss. theol., Heidelberg 1986.

Müller, G.L., Für andere da. Christus – Kirche – Gott in Bonhoeffers Sicht der mündig gewordenen Welt (Konfessionskundliche und kontroverstheologische Studien, Bd. 14), Paderborn 1980.

Müller, H., Von der Kirche zur Welt. Ein Beitrag zu der Beziehung des Wortes Gottes auf die societas in Dietrich Bonhoeffers theologischer Entwicklung, 2. Aufl., Leipzig (Diss. theol. 1956) 1966.

ders., Die theologische Entdeckung des politischen Bonhoeffer in der BRD. Die Präsenz des Politischen in der Theologie Dietrich Bonhoeffers, in: ThLZ 102 (1977), Sp. 321–336.

ders., Dietrich Bonhoeffer – Christuszeuge in der Bekennenden Kirche für die mündige Welt, in: A. Schönherr u. W. Krötke (Hg.), Bonhoeffer-Studien. Beiträge zur Theologie und Wirkungsgeschichte Dietrich Bonhoeffers, München 1985, 36–50.

Müller, K.-J., Reichswehr und »Röhm-Affäre«. Aus den Akten des Wehrkreiskommandos (Bayer.)VII, in: Militärgeschichtliche Mitteilungen 1/1968, 107–144.

ders., Die nationalkonservative Opposition vor dem Zweiten Weltkrieg. Zum Problem ihrer begrifflichen Erfassung, in: Militärgeschichte. Probleme-Thesen-Wege, Stuttgart 1982, 215–242.

ders., Die Nationalkonservative Opposition in Deutschland, in: Nationalsozialismus im Unterricht. Studieneinheit 6: Widerstand und Opposition im Dritten Reich, Tübingen 1984.

ders., Struktur und Entwicklung der nationalkonservativen Opposition, in: Aufstand des Gewissens. Militärischer Widerstand gegen Hitler und das NS-Regime 1933–1945, Herford u. Bonn o.J. (1984), 263–309.

ders., Nationalkonservative Eliten zwischen Kooperation und Widerstand, in: J. Schmädeke u. P. Steinbach (Hg.), Der Widerstand gegen den Nationalsozialismus. Die deutsche Gesellschaft und der Widerstand gegen Hitler, München-Zürich 1985, 24–49.

Die Mündige Welt, Band 1–4, München 1955ff.

Nationalsozialistisches Strafrecht. Denkschrift des Preußischen Justizministers, Berlin 1933.

Neumann, P., Die Jungreformatorische Bewegung (AGK 25), Göttingen 1971.

Neurohr, J., Der Mythos vom Dritten Reich. Zur Geistesgeschichte des Nationalsozialismus, Stuttgart 1957.

Nicolai, H., Der Staat im nationalsozialistischen Weltbild, Leipzig 1933.

Nicolaisen, C., »Anwendung« der Zweireichelehre im Kirchenkampf – Emanuel Hirsch und Dietrich Bonhoeffer, in: N. Hasselmann (Hg.), Gottes Wirken in seiner Welt. Zur Diskussion um die Zweireichelehre, 2. Bd.: Reaktionen, Hamburg 1980, 15–26.

ders., Der Weg nach Barmen. Die Entstehungsgeschichte der Theologischen Erklärung von 1934, Neukirchen-Vluyn 1985.

Niemöller, W., Macht geht vor Recht. Der Prozeß Martin Niemöllers, München 1952.

Niesel, W., Kirche unter dem Wort. Der Kampf der Bekennenden Kirche der altpreußischen Union 1933–1945 (AGK, Ergänzungsreihe Bd. 11), Göttingen 1978.

Norden, G. van, Kirche in der Krise. Die Stellung der evangelischen Kirche zum nationalsozialistischen Staat im Jahre 1933, Düsseldorf 1963.

ders., Der deutsche Protestantismus im Jahr der nationalsozialistischen Machtergreifung, Gütersloh 1979.

ders., Zwischen Kooperation und Teilwiderstand: Die Rolle der Kirchen und Konfessionen – Ein Überblick über Forschungspositionen, in: J. Schmädeke u. P. Steinbach (Hg.), Der Widerstand gegen den Nationalsozialismus. Die deutsche Gesellschaft und der Widerstand gegen Hitler, München-Zürich 1985, 227–239.

ders., Kirche und Staat im Kirchenkampf, in: ders. (Hg.), Zwischen Bekenntnis und Anpassung. Aufsätze zum Kirchenkampf in rheinischen Gemeinden, in Kirche und Gesellschaft, Köln 1985, 97–116.

Nowak, K., Evangelische Kirche und Weimarer Republik. Zum politischen Weg des deutschen Protestantismus zwischen 1918 und 1932, Göttingen 1981.

ders., Kirche und Widerstand gegen den Nationalsozialismus 1933–1945 in Deutschland. Erwägungen zu einem Forschungsproblem der kirchlichen Zeitgeschichtsschreibung unter besonderer Berücksichtigung des Luthertums, in: C. Nicolaisen (Hg.), Nordische und deutsche Kirchen im 20. Jahrhundert. Referate auf der Internationalen Arbeitstagung in Sandbjerg/Dänemark 1981 (AkZG, Reihe B: Darstellungen, Bd. 13), Göttingen 1982, 228–270.

ders., Protestantischer Widerstand im Dritten Reich. Bericht über den Stand der historischen Forschung, in: LuMo 24 (1985), 171–174.

Nürnberger Prozesse. Der Prozeß gegen die Hauptkriegsverbrecher vor dem Internationalen Militärgerichtshof. Nürnberg, 14. 11. 1945 – 1. 10. 1946, Nürnberg 1947–1949.

Peters, K., Die Umgestaltung des Strafgesetzes in den Jahren 1933 bis 1945, in: A. Flitner (Hg.), Tübingen 1965.

Peters, T.R., Die Präsenz des Politischen in der Theologie Dietrich Bonhoeffers. Eine historische Untersuchung in systematischer Absicht (Gesellschaft und Theologie, Systematische Beiträge, Nr. 18), München-Mainz 1976.

ders., Jenseits von Radikalismus und Kompromiß. Die politische Verantwortung der Christen nach Dietrich Bonhoeffer, in: E. Feil (Hg.), Verspieltes Erbe?. Dietrich Bonhoeffer und der deutsche Nachkriegsprotestantismus (IBF 2), 94–115.

Petzold, J., Wegbereiter des deutschen Faschismus. Die Jungkonservativen in der Weimarer Republik, 2. Aufl., Köln 1983.

Phillips, J.A., The Form of Christ in the World. A Study of Bonhoeffer's Christologie, London 1967.

Pois, R.A., National Socialism and the Religion of Nature, New York 1986.

Potthast, K.H. (Hg.), Vergessene Bekenntnisse des Jahres 1933 (Materialien für den Dienst in der Evangelischen Kirche von Westfalen, Reihe A: Theologie und Verkündigung, Heft 21), Bielefeld 1984, 39–59.

Preradovich, N. von, Hans von Dohnanyi und die Schwarze Kapelle. Eine zeitgemäße Erinnerung, in: Deutsche Monatshefte 33 (1982), Heft 12, 24–28.

Quervain, A. de, Das Gesetz des Staates, Berlin 1932.

Radbruch, G., Rechtsphilosophie, hg. v. E. Wolf u. H.-P. Schneider, 8. Aufl., Stuttgart 1973.

Rasmussen, L., Gandhis Einfluß auf Bonhoeffer. Bemerkungen zum Plan einer Reise, in: Zeichen der Zeit 24 (1970), 100–103.

ders., Dietrich Bonhoeffer. Reality and Resistance, Nashville-New York 1972.

Rebentisch, D. u. Teppe, K. (Hg.), Verwaltung contra Menschenführung im Staat Hitlers. Studien zum politisch-administrativen System, Göttingen 1986.

Reitter, E., Franz Gürtner. Politische Biographie eines deutschen Juristen 1881–1941 (Beiträge zu einer historischen Strukturanalyse Bayerns im Industriezeitalter, Bd. 13), Berlin 1976.

Repgen, K. u. Borms, H. (Hg.), Akten der Reichskanzlei. Regierung Hitler 1933–1938, Teil 1: 1933/34, Bd. 1, bearb. v.K.-H. Minuth, Boppard a.Rh. 1983.

Rinck, H.-J., Gerhard Leibholz zum 70. Geburtstag, in: JZ 26 (1971), 701.

ders., In memoriam Gerhard Leibholz, in: P. Häberle (Hg.), Jahrbuch des öffentlichen Rechts der Gegenwart, N.F., Bd. 35, Tübingen 1986, 133–142.

Ritter, G., Machtstaat und Utopie. Vom Streit um die Dämonie der Macht seit Machiavelli und Morus, München und Berlin 1940.

Roon, G. van, Neuordnung im Widerstand. Der Kreisauer Kreis im Rahmen der deutschen Widerstandsbewegung, München 1967.

ders., Graf Moltke als Völkerrechtler im OKW, in: VfZ 18 (1970), 12–61.

ders., Helmuth James Graf von Moltke. Völkerrecht im Dienste der Menschen, Berlin 1986.

Rousseau, J.J., Vom Gesellschaftsvertrag oder Grundsätze des Staatsrechts, hg.v.H. Brockard, Stuttgart 1977.

Rothuizen, G.T., Een spaak in het wiel. Dietrich Bonhoeffer over de vrede, Baarn: Ten Have 1985.

Ruhbach, G., Das Betheler Bekenntnis, in: Die lutherischen Kirchen und die Bekenntnissynode von Barmen. Referate des Internationalen Symposiums auf der Reisensburg 1984, hg.v.W.-D. Hauschild, G. Kretschmar u.C. Nicolaisen, Göttingen 1984, 57–72.

Saage, R., Zum Begriff der Parteien und des Parlaments bei Carl Schmitt und Gerhard Leibholz, in: Das Argument. Zeitschrift für Philosophie und Sozialwissenschaften, Jg. 10(1968), Sonderbd., 174–193.

Sasse, H., Vom Sinn des Staates (1932), in: ders., In statu confessionis. Gesammelte Aufsätze und kleine Schriften, hg.v.F.W. Hopf, Bd. 2, Berlin 1976, 331–366.

ders., Die deutsche Union von 1933. Ein Wort zur »Verfassung der Deutschen Evangelischen Kirche«, in: ThBl 12 (1933), 274–280; wiederabgedr. in: ders., In statu confessionis, hg.v. F.W. Hopf, Bd. 1, 2. Aufl., Berlin-Hamburg 1975, 265–272.

ders., Zur Staatslehre der evangelischen Kirche, in: Der Vormarsch, 3. Jg., 1933, 2–4.

ders., Kirchenregiment und weltliche Obrigkeit (Bekennende Kirche Heft 30), München 1935.

ders., Zeugnisse. Erlanger Predigten und Vorträge vor Gemeinden, 1933–1944, hg.v.F.W. Hopf, Erlangen 1979.

Schaefer, A., Führergewalt statt Gewaltenteilung, in: E.- W. Böckenförde (Hg.), Staatsrecht und Staatsrechtslehre im Dritten Reich, Heidelberg 1985, 89–105.

Schäfer, A., Die theologische Beurteilung des Krieges in der deutschen protestantischen Theologie zwischen den Weltkriegen, dargestellt an den Beispielen P. Althaus, E. Hirsch, D. Bonhoeffer und dem sogenannten »Fall Dehn«, Diss. theol., Heidelberg 1978.

Schäfer, E., Deutsche Strafgesetzentwürfe von 1909 bis 1927, Leipzig 1927.

Schäfer, G., Die evangelische Landeskirche in Württemberg und der Nationalsozialismus. Eine Dokumentation zum Kirchenkampf, Bd. 1: Um das politische Engagement der Kirche 1932–1933, Stuttgart 1972.

Schäfer, H., Die Rechtsstellung des Einzelnen – Von den Grundrechten zur volksgenössischen Gliedstellung, in: E.-W. Böckenförde (Hg.), Staatsrecht und Staatsrechtslehre im Dritten Reich, Heidelberg 1985, 106–121.

Schäfer, K., Nullum crimen sine lege, nulla poena sine lege (Analogie. Zeitliche Geltung der Strafgesetze), in: F. Gürtner (Hg.), Das kommende deutsche Strafrecht. Allgemeiner Teil, Berlin 1934, 128–139.

Scharffenorth, E.-A., Die Kirche vor der Bekenntnisfrage. Bonhoeffers Aufruf zur Solidarität mit den Juden, in: W. Huber u.I. Tödt (Hg.), Ethik im Ernstfall. Dietrich Bonhoeffers Stellung zu den Juden und ihre Aktualität (IBF 4), München 1982, 184–234.

ders., Bonhoeffers Pazifismus, in: C. Frey u.W. Huber (Hg.), Schöpferische Nachfolge. FS für Heinz Eduard Tödt (Texte und Materialien der Forschungsstätte der Evangelischen Studiengemeinschaft, Reihe A, Nr. 5), Heidelberg 1978, 363–387.

Scharffenorth, G., Die Bergpredigt in Luthers Beiträgen zur Wirtschaftsethik. Erwägungen zur Theorie ethischer Urteilsbildung, in: Ch. Frey u. W. Huber (Hg.), Schöpferische Nachfolge. FS für H.E. Tödt (Texte und Materialien der Forschungsstätte der Evangelischen Studiengemeinschaft, Reihe A, Nr. 5), Heidelberg 1978, 177–204.

Schaumann, W., Gleichheit und Gesetzmäßigkeitsprinzip (Zu Ehren von Bundesverfassungsrichter Prof.Dr. Gerhard Leibholz zu dessen 65. Geburtstag), in: JZ 21 (1966), 721–727.

Scheible, H. (Hg.), Das Widerstandsrecht als Problem der deutschen Protestanten 1523–1546, Gütersloh 1969.

Schellenberg, U., Die Rechtsstaatskritik. Vom liberalen zum nationalen und nationalsozialistischen Rechtsstaat, in: E.-W. Böckenförde (Hg.), Staatsrecht und Staatsrechtslehre im Dritten Reich, Heidelberg 1985, 71–88.

Schlabrendorff, F. von, Offiziere gegen Hitler, erweiterte Ausgabe von W. Bußmann, Berlin 1984.

Schmädeke, J., Die Blomberg-Fritsch-Krise: Vom Widerspruch zum Widerstand, in: ders. u. P. Steinbach, Der Widerstand gegen den Nationalsozialismus. Die deutsche Gesellschaft und der Widerstand gegen Hitler, München-Zürich 1985, 368–382.

Schmädeke, J. u. Steinbach, P. (Hg.), Der Widerstand gegen den Nationalsozialismus. Die deutsche Gesellschaft und der Widerstand gegen Hitler, München-Zürich 1985.

Schmidt, J., Martin Niemöller im Kirchenkampf, Hamburg 1977.

Schmidt, K.D., Die Bekenntnisse und grundsätzlichen Äußerungen zur Kirchenfrage des Jahres 1933, Göttingen 1934.

ders., Die Bekenntnisse und grundsätzlichen Äußerungen zur Kirchenfrage, Band 2: Das Jahr 1934, Göttingen 1935.

Schmitt, C., Der Wert des Staates und die Bedeutung des einzelnen, Tübingen 1914.

ders., Die geistesgeschichtliche Lage des heutigen Parlamentarismus, 2. Aufl., München 1926.

ders., Die Diktatur. Von den Anfängen des modernen Souveränitätsgedankens bis zum proletarischen Klassenkampf, 3. Aufl. (unveränd. Nachdr. d.2.Aufl. von 1928), Berlin 1964.

ders., Der Hüter der Verfassung, 2. Aufl., Berlin (1931) 1969.

ders., Die Wendung zum totalen Staat (1931), in: ders., Positionen und Begriffe im Kampf mit Weimar – Genf – Versailles 1923–1939, Hamburg 1940, 146ff.

ders., Legalität und Legitimität, 2. Aufl. (unveränd. Neudr. d. 1. Aufl. von 1932), Berlin 1968.

ders., Der Begriff des Politischen, unveränd. Neudr. d. 1. Aufl. von 1932, Berlin 1963.

ders., Inhalt und Bedeutung des zweiten Hauptteils der Reichsverfassung, in: G. Anschütz u. R. Thoma (Hg.), Handbuch des Deutschen Staatsrechts, 2. Bd., Tübingen 1932, 572–606.

ders., Der Neubau des Staats- und Verwaltungsrechts, in: Deutscher Juristentag 1933 (4. Reichstagung des Bundes Nationalsozialistischer Deutscher Juristen e.V.), Ansprachen und Fachvorträge, Berlin 1933, 242–252.

ders., Staat, Bewegung, Volk. Die Dreigliederung der politischen Einheit, Hamburg 1933.

Schneider, F., Bibliographie Gerhard Leibholz. Mit einem Geleitwort v. Ernst Benda, Tübingen 1972.

Scholder, K., Die Kirchen und das Dritte Reich, Band 1: Vorgeschichte und Zeit der Illusionen 1918–1934, Frankfurt a.M.-Berlin-Wien 1977.

ders., Die Kirchen und das Dritte Reich, Band 2: Das Jahr der Ernüchterung 1934. Barmen und Rom, Berlin 1985.

ders., Politischer Widerstand oder Selbstbehauptung als Problem der Kirchenleitungen, in: J. Schmädeke u. P. Steinbach (Hg.), Der Widerstand gegen den Nationalsozialismus. Die deutsche Gesellschaft und der Widerstand gegen Hitler, München-Zürich 1985, 254–264.

Schottroff, L., »Gebt dem Kaiser, was dem Kaiser gehört, und Gott, was Gott gehört.« Die theologische Antwort der urchristlichen Gemeinde auf ihre gesellschaftliche und politische Situation, in: Annahme und Widerstand, hg.v. J. Moltmann, München 1983, 15–58.

Schüddekopf, O.E., Heer und Republik. Quellen zur Politik der Reichswehrführung 1918–1933, Hannover-Frankfurt a.M. 1955.

Schultz, E. (Hg.), Demokratie, ein Bilderwerk zur Geschichte der deutschen Nachkriegszeit, mit einer Einleitung von F.G. Jünger, Leipzig 1931.

Schulz, G., Die Anfänge des totalitären Maßnahmenstaates, in: K.D. Bracher, G. Schulz, W. Sauer, Die nationalsozialistische Machtergreifung. Studien zur Errichtung des totalitären Herrschaftssystems in Deutschland 1933/34, Bd. 2, Frankfurt a.M.-Berlin-Wien 1974.

Schumacher, M., Der Umschwung in Deutschland 1933. Eine unbekannte Artikelfolge des preußischen Staatsministers Otto Klepper (Dokumentation), in: VfZ 31(1983), 146–177.

Schwarz, H., Das Dritte Reich, Hamburg 1931.

Schwerin, D. Graf, Der Weg der »Jungen Generation« in den Widerstand, in: J. Schmädeke u. P. Steinbach (Hg.), Der Widerstand gegen den Nationalsozialismus. Die deutsche Gesellschaft und der Widerstand gegen Hitler, München-Zürich 1985, 460–471.

Sellin, V., Art. »Liberalismus«, in: Marxismus im Systemvergleich (Geschichte), hg.v. C.D. Kernig, Bd. 3: Liberalismus bis Pariser Kommune, Sp. 1–31.

Siegele-Wenschkewitz, L., Nationalsozialismus und Kirchen. Religionspolitik von Partei und Staat bis 1935 (Tübinger Schriften zur Sozial- und Zeitgeschichte 5), Düsseldorf 1974.

Smend, R., Verfassung und Verfassungsrecht (1928), in: Staatsrechtliche Abhandlungen und andere Aufsätze, 2. Aufl., Berlin 1968, 119ff.

ders., Gerhard Leibholz zum 70. Geburtstag, in: AöR 96 (1971), 568–572.

Smid, M., Deutscher Protestantismus und Judentum 1932/33. Dietrich Bonhoeffers Wendung gegen die Diskriminierung des Judentums zu Beginn des Dritten Reiches, Diss. theol., Heidelberg 1986.

Sontheimer, K., Politische Wissenschaft und Staatsrechtslehre, Freiburg i.B. 1963.

ders., Antidemokratisches Denken in der Weimarer Republik. Die politischen Ideen des deutschen Nationalismus zwischen 1918 und 1933, TB-Ausgabe der 2. Aufl., München 1978.

Soosten, J. von, Nachwort zu: D. Bonhoeffer, Sanctorum Communio. Eine dogmatische Untersuchung zur Soziologie der Kirche (DBW 1), 5. Aufl., München (1930) 1986.

Spengler, O., Der Untergang des Abendlandes, Bd. 1, München 1918, Bd. 2, München 1922.

Spiegel, Y., Dietrich Bonhoeffer und die »protestantisch-preußische Welt«, in: E. Feil (Hg.), Verspieltes Erbe? Dietrich Bonhoeffer und der deutsche Nachkriegsprotestantismus (IBF 2), München 1979, 58–93.

Staats, R., Adolf von Harnack im Leben Dietrich Bonhoeffers, in: ThZ Basel 37 (1981), 94–122.

Stapel., W., Der christliche Staatsmann. Eine Theologie des Nationalismus, Hamburg 1932.

ders., Volkskirche oder Sekte?, Hamburg 1934.

Stasiewski, B., Akten deutscher Bischöfe über die Lage der Kirche 1933–1945, Bd. 1: 1933–1934, Mainz 1968.

Stehkämper, H., Protest, Opposition und Widerstand im Umkreis der (untergegangenen) Zentrumspartei. Ein Überblick, Teil I: Protest und Opposition, in: J. Schmädeke u.P. Steinbach, Der Widerstand gegen den Nationalsozialismus. Die deutsche Gesellschaft und der Widerstand gegen Hitler, München-Zürich 1985, 113–150.

Steinbach, P., Gruppen, Zentren und Ziele des deutschen Widerstands, in: R. Lill u. H. Oberreuter (Hg.), 20. Juli. Portraits des Widerstands, Düsseldorf-Wien 1984, 29–46.

ders., Zum Verhältnis der Ziele der militärischen und zivilen Widerstandsgruppen, in: Schmädeke/Steinbach, Widerstand, 977–100.

ders., Wiederherstellung des Rechtsstaats als zentrale Zielsetzung des Widerstands, in: ders. u. J. Schmädeke (Hg.), Der Widerstand gegen den Nationalsozialismus. Die deutsche Gesellschaft und der Widerstand gegen Hitler, München-Zürich 1985, 617–636.

Stolzenau, K.-F., Die Frage des Widerstandes gegen die Obrigkeit bei Luther zugleich in ihrer Bedeutung für die Gegenwart (1962), in: G. Wolf (Hg.), Luther und die Obrigkeit (WdF 85), Darmstadt 1972, 196–302.

Strathmann, H., Nationalsozialistische Weltanschauung? (Christentum und Volkstum Nr. 1), Nürnberg 1932.

Strohm, Ch., Der Widerstandskreis um Dietrich Bonhoeffer und Hans von Dohnanyi – Seine Voraussetzungen zur Zeit der Machtergreifung, in: J. Schmädeke u.P. Steinbach (Hg.), Der Widerstand gegen den Nationalsozialismus. Die deutsche Gesellschaft und der Widerstand gegen Hitler, 295–313.

ders., Dietrich Bonhoeffers Ethik des Politischen, in: Civis 4 (1985), 52–59.

ders., Antiliberales Rechtsverständnis und »Zweireichelehre« bei Bonhoeffer?. Zu G. Ringshausens Interpretation des Aufsatzes »Die Kirche vor der Judenfrage«, in: Kirchliche Zeitgeschichte 1 (1988), 245–266.

Strohm, Th., Theologie im Schatten politischer Romantik. Eine wissenschafts-soziologische Anfrage an die Theologie Friedrich Gogartens (Gesellschaft und Theologie, Systematische Beiträge, Nr. 2), München-Mainz 1970.

ders., Luthers Wirtschafts- und Sozialethik, in: Leben und Werk Martin Luthers von 1526 bis 1546. Festgabe zu seinem 500. Geburtstag, hg.v. H. Junghans, Göttingen 1983, Bd. I, 205–223.

Strunk, R., Nachfolge Christi. Erinnerungen an eine evangelische Provokation, München 1981.

Stuckart-Globke, Kommentare zur deutschen Rassengesetzgebung, Bd. I. Reichsbürgergesetz vom 15. September 1935. Gesetz zum Schutze des deutschen Blutes und der deutschen Ehre vom 15. September 1935. Gesetz zum Schutze der Erbgesundheit des deutschen Volkes (Erbgesundheitsgesetz) vom 18. Oktober 1935. Nebst allen Ausführungsvorschriften und den einschlägigen Gesetzen und Verordnungen erläutert von Dr. Wilhelm Stuckart, Staatssekretär, und Dr. Hans Globke, Oberregierungsrat, beide im Reichs- und Preußischen Ministeriums des Inneren, München und Berlin 1936.

Thun-Hohenstein, R.G. Graf von, Der Verschwörer. General Oster und die Militäropposition, Berlin 1982 (TB- Ausgabe, München 1984).

Tilgner, W., Volksnomostheologie und Schöpfungsglaube. Ein Beitrag zur Geschichte des Kirchenkampfes (AGK 16), Göttingen 1966.

Tödt, H.E., Versuch zu einer Theorie ethischer Urteilsbildung, in: ZEE 21 (1977), 81–93.

ders., Rudolf Bultmanns Ethik der Existenztheologie (Ethiker des Protestantismus, Bd. 1), Gütersloh 1978.

ders., Die Bedeutung von Luthers Reiche- und Regimentenlehre für heutige Theologie und Ethik, in: N. Hasselmann (Hg.), Gottes Wirken in seiner Welt. Zur Diskussion um die Zweireichelehre, 2. Band: Reaktionen, Hamburg 1980, 52–126.

ders., Kirche und Ethik. Dietrich Bonhoeffers Entscheidungen in den Krisenjahren 1929 bis 1933, in: Kirche. FS für Günther Bornkamm, hg.v. D. Lührmann u. G. Strecker, Tübingen 1980, 447–463.

ders., Conscientious Resistance: Ethical Responsibility of the Individual, the Group and the Church, in: J.D. Godsey u. G.B. Kelly (Ed.), Ethical Responsibility: Bonhoeffer's Legacy to the Churches (Toronto Studies in Theology 6), New York-Toronto 1981, 17–41.

ders., Art. »Demokratie I«, in: TRE, Bd 8, Berlin-New York 1981, 434–452.

ders., Judendiskriminierung 1933 – Der Ernstfall für Bonhoeffers Ethik, in: W. Huber u. I. Tödt (Hg.), Ethik im Ernstfall. Dietrich Bonhoeffers Stellung zu den Juden und ihre Aktualität (IBF 4), München 1982, 139–183.

ders., Dietrich Bonhoeffers ökumenische Friedensethik, in: H. Pfeifer (Hg.), Frieden – das unumgängliche Wagnis. Die Gegenwartsbedeutung der Friedensethik Dietrich Bonhoeffers (IBF 5), München 1982, 85–117.

ders., Von der Auslieferung des Glaubens. Anmerkungen zu Gottfried Sprondels Bonhoeffer-Polemik, in: LuMo 25 (1986), 172–176.

Ueberschär, G.R., Gegner des Nationalsozialismus 1933–1945. Volksopposition, individuelle Gewissensentscheidung und Rivalitätskampf konkurrierender Führungseliten als Aspekte der Literatur über Emigration und Widerstand im Dritten Reich zwischen dem 35. und 40. Jahrestag des 20. Juli 1944, in: Militärgeschichtliche Mitteilungen 35,1 (1984), 141–196.

Underberg, K.I., Zur Wahlrechts- und Parteienstaatstheorie von Gerhard Leibholz, in: Verfassung und Verfassungswirklichkeit. Jahrbuch 1967, 222–257.

Vierhaus, R., Art . »Liberalismus«, in: O. Brunner, W. Conze u. R. Koselleck, Geschichtliche Grundbegriffe, Bd. 3, Stuttgart 1982, 741–785.

Visser't Hooft, W.A., The Background of the Social Gospel in America, Haarlem 1928.

Vogt, M.u. Dahrendorf, R. (Hg.), Theodor Heuss. Politiker und Publizist, Aufsätze und Reden, Tübingen 1984.

Vorländer, H., NS-Staat und Kirchen als Thema des Historikers, in: G. van Norden

(Hg.), Zwischen Bekenntnis und Anpassung. Aufsätze zum Kirchenkampf in rheinischen Gemeinden, in Kirche und Gesellschaft, Köln 1985, 117–131.

Weizsäcker, C.F. von, Gedanken eines Nichttheologen zur theologischen Entwicklung Dietrich Bonhoeffers (u. Diskussion), in: H. Pfeifer (Hg.), Genf 76. Ein Bonhoeffer-Symposion (IBF 1), München 1976, 29–67.

Wendebourg, E.-W., Erwägungen zu Ebelings Interpretation der Lehre Luthers von den zwei Reichen, in: KuD 13 (1967), 99–131.

Wendland, H.-D., Die evangelische Staatsanschauung (Schriften des evangelischen Volksdienstes in Baden Nr. 1), Durlach o.J.

ders., Volk und Volkstum, in: W. Künneth u.H. Schreiner, Die Nation vor Gott, Berlin 1933, 106–137.

ders., Staat und Reich, in: W. Künneth u.H. Schreiner, Die Nation vor Gott, Berlin 1933, 174–193.

ders., Reichsidee und Gottesreich, Jena 1934.

Wiebering, J., Zwei Räume – zwei Reiche? Bonhoeffers »Ethik« in ihrem Verhältnis zur Tradition der lutherischen Sozialethik, in: A. Schönherr u.W. Krötke (Hg.), Bonhoeffer-Studien. Beiträge zur Theologie und Wirkungsgeschichte Dietrich Bonhoeffers, Berlin 1985, 73–85.

Winter, J., Die Wissenschaft vom Staatskirchenrecht im Dritten Reich (Europäische Hochschulschriften, Reihe II: Rechtswissenschaft, Bd. 212), Frankfurt a.M.-Bern-Las Vegas 1979.

Wolf, E., Luthers Erbe?, in: EvTh 6 (1946/47), 82–114.

ders., Rezension über: Gunnar Hillerdal, Gehorsam gegen Gott und Menschen (1958), in: G. Wolf (Hg.), Luther und die Obrigkeit (WdF 85), Darmstadt 1972, 116–123.

ders., Sozialethik. Theologische Grundfragen, hg.v.Th. Strohm, 2. Aufl., Göttingen 1982.

Wright, J.R.C., »Über den Parteien«. Die politische Haltung der evangelischen Kirchenführer 1918–1933 (AkZG, Reihe B: Darstellungen, Bd. 2), Göttingen 1977.

Wünsch, G., Art. »Revolution und Christentum«, in: RGG, 2. Aufl., Bd. IV, Tübingen 1930, Sp. 2005–2008.

Zahn-Harnack, A. von, Adolf von Harnack, Berlin 1936.

Zeugnis für ein anderes Deutschland. Ehemalige Tübinger Studenten als Opfer des 20. Juli 1944 (Werkschriften des Universitätsarchivs Tübingen, hg.v.V. Schäfer), 2. Aufl., Tübingen 1984.

Ziegler, H.O., Autoritärer oder totaler Staat (Recht und Staat in Geschichte und Gegenwart 90), Tübingen 1932.

Zimmermann, W.-D. (Hg.), Begegnungen mit Dietrich Bonhoeffer, 4. Aufl., München 1969.

Bibelstellenregister

Personenregister

Herausgeber, Übersetzer und in Literaturtiteln genannte Eigennamen bleiben im Register unberücksichtigt.

Sachregister

Heidelberger Untersuchungen zu Widerstand, Judenverfolgung und Kirchenkampf im Dritten Reich

Herausgegeben von Heinz Eduard Tödt unter Mitarbeit von Ernst-Albrecht Scharffenorth

In den Jahren 1989 und 1990 werden folgende Bände erscheinen:

Christoph Strohm

Theologische Ethik im Kampf gegen den Nationalsozialismus

Der Weg Dietrich Bonhoeffers mit den Juristen Hans von Dohnanyi und Gerhard Leibholz in den Widerstand

Band 1

ca. 392 Seiten, kartoniert ca. DM 57.–
ISBN 3-459-01791-0
erscheint im Mai 1989

Marikje Smid

Deutscher Protestantismus und Judentum 1932/33

Band 2

ca. 496 Seiten,
kartoniert ca. DM 89.–
ISBN 3-459-01808-9
erscheint im 2. Halbjahr 1989

chr. kaiser verlag
Lilienstraße 70 · D-8000 München 80

Matthias Schreiber

Friedrich Justus Perels

Ein Weg vom Rechtskampf der Bekennenden Kirche in den politischen Widerstand
Band 3

ca. 240 Seiten, kartoniert ca. DM 36.–
ISBN 3-459-01809-7
erscheint im 2. Halbjahr 1989

Christine-Ruth Müller

Dietrich Bonhoeffers Kampf gegen die nationalsozialistische Verfolgung und Vernichtung der Juden

Band 5

ca. 360 Seiten, kartoniert ca. DM 70.–
ISBN 3-459-01811-9
erscheint im 1. Halbjahr 1990

Jürgen Schäfer

Kurt Gerstein

Ein protestantisches Schicksal zwischen Bekennender Kirche und Vernichtungsapparat der SS
Band 4

ca. 164 Seiten, kartoniert ca. DM 36.–
ISBN 3-459-01810-0
erscheint im 2. Halbjahr 1990

Weitere Bände sind vorgesehen

Bei Abnahme aller erscheinenden Bände der Reihe gilt ein Subskriptionspreis

Chr. Kaiser Verlag
Lilienstraße 70 · 8000 München 80